Bernhard R. Lehnart, Dr. theol. (1996), studierte Theologie in Trier, Jerusalem und Frankfurt/Main. Er arbeitet in der kirchlichen Erwachsenenbildung des Bistums Trier.

D1557879

PROPHET UND KÖNIG IM NORDREICH ISRAEL

SUPPLEMENTS

TO

VETUS TESTAMENTUM

EDITED BY
THE BOARD OF THE QUARTERLY

H.M. BARSTAD – PHYLLIS A. BIRD – R.P. GORDON
A. HURVITZ – A. van der KOOIJ – A. LEMAIRE
R. SMEND – J. TREBOLLE BARRERA
J.C. VANDERKAM – H.G.M. WILLIAMSON

VOLUME XCVI

PROPHET UND KÖNIG IM NORDREICH ISRAEL

Studien zur sogenannten vorklassischen Prophetie im Nordreich Israel anhand der Samuel-, Elija- und Elischa- Überlieferungen

VON

BERNHARD LEHNART

BRILL
LEIDEN · BOSTON
2003

This book is printed on acid-free paper.

Library of Congress Cataloging-in-Publication Data

Lehnart, Bernhard.
  Prophet und König im Nordreich Israel : Studien zur sogenannten vorklassischen
Prophetie im Nordreich Israel anhand der Samuel-, Elija- und Elischa-Überlieferungen / by
Bernhard Lehnart.
    p. cm. – (Supplements to Vetus Testamentum. ISSN 0083-5889 ; v. 96. Formation and
  interpretation of Old Testament literature ; 3)
  Includes bibliographical references and index.
  ISBN 90-04-13237-6 (cloth)
    1. Bible. O.T. Samuel–Criticism, interpretation, etc. 2. Bible. O.T. Kings–Criticism,
interpretation, etc. 3. Prophets. 4. Jews–Kings and rulers. I. Title. II. Supplements to
Vetus Testamentum ; v. 96. III. Supplements to Vetus Testamentum. Formation and
interpretation of Old Testament literature ; v. 3.

  BS1325.52.L44 2003
  222'.406–dc21

                                                                          2003044436

Bibliographic information published by Die Deutsche Bibliothek

Die Deutsche Bibliothek lists this publication in the Deutsche
Nationalbibliografie; detailed bibliographic data are
available on the Internet at http://dnb.ddb.de.

ISSN   0083-5889
ISBN   90 04 13237 6

PRINTED IN THE NETHERLANDS

INHALTSVERZEICHNIS

VORWORT

Die vorliegende Arbeit ist die gekürzte und überarbeitete Fassung meiner Dissertation, die im Sommersemester 1996 von der Philosophisch-Theologischen Hochschule St. Georgen in Frankfurt/Main angenommen wurde.

Berufliche und persönliche Belastungen haben die Drucklegung verzögert. Die seither erschienene Literatur habe ich versucht weitgehend einzuarbeiten, ohne das Gesamtgefüge zu zerstören. Erst nach Abschluss des Manuskriptes kam die wichtige und diskussionswürdige Arbeit von J. VERMEYLEN, *La loi du plus fort. Histoire de la rédaction des récits davidiques de 1 Samuel 8 à 1 Rois 2*, BEThL 154, zu meiner Kenntnis. Sie unterscheidet sich vor allem in der Annahme eines vordtr Textstratums, das David- und Saul-Traditionen umfasst habe und schon in salomonischer Zeit entstanden sein soll (1 Sam 1*–2 Kön 1*), von der in der vorliegenden Arbeit vertretenen Lösung. Ohne es im einzelnen an diesem Ort begründen zu können, erscheint mir jedoch eine Trennung von Saul- und David-Traditionen nach wie vor sinnvoll.

Moderator meiner Dissertation war Prof. Dr. Norbert Lohfink SJ. Über die wissenschaftliche Förderung hinaus gilt ihm mein Dank für den unkomplizierten und von einer menschlichen Weite geprägten Umgang. Dem Zweitkorrektor, Prof. Dr. Hans-Winfried Jüngling SJ, danke ich für manche hilfreiche Anregung.

Prof. Dr. André Lemaire, Paris, war so freundlich, diese Arbeit in die Reihe der „*Supplements to Vetus Testamentum*" aufzunehmen. Seine wichtigen Hinweise und vor allem seine Geduld waren eine wertvolle Unterstützung bei der Vorbereitung für die Publikation.

Ausdrücklich danken möchte ich auch Prof. Dr. Walter Dietrich, Bern, dem ich das Manuskript meiner Dissertation zugeschickt hatte, für seine weiterführenden Anregungen und seine Ermutigung zur Veröffentlichung.

Darüber hinaus müssen viele einen Beitrag leisten zum Gelingen einer solchen Arbeit, die neben dem normalen beruflichen Alltag entstanden ist. An erster Stelle sind hier meine Frau Heidi und unsere Kinder Judith, Rebekka und David zu nennen, die nicht nur die

Last der Entstehung mittragen mussten, sondern auch einen aktiven
Part durch Zuhören und Eintauchen in eine für sie fremde Welt
übernommen haben. Ihnen sei dieses Buch gewidmet.

Bernhard Lehnart

EINFÜHRUNG

1. Textauswahl und Anlage der Arbeit

Die Prophetenbücher stellen im ersttestamentlichen Kanon[1] einen erheblichen Anteil der überlieferten Schriften. In der jüdischen Tradition stehen die נביאים als zweite zusammenfassende Bezeichnung nach der תורה; zu den prophetischen Schriften werden auch die Bücher Josua bis 2 Könige gerechnet[2]. Damit wird deutlich, dass die Prophetie einen entscheidenden Beitrag zur Religion Israels geleistet hat. Insbesondere ist nahezu unumstritten, dass die prophetische Verkündigung in ihrer klassischen Ausprägung einen wesentlichen Anteil daran hatte, dass in der Krise des Exils der Glaube an Jhwh sich neu formieren konnte und damit lebendig blieb.

Immer im Schatten der Überlieferungen der im 8. Jhd. v. Chr. einsetzenden „klassischen" Prophetie standen und stehen die so genannten „vorklassischen" Propheten. Anders als bei ihren „klassischen" Nachfolgern sind ihre Worte und Handlungen nicht in eigenen Prophetenbüchern tradiert worden; über sie wird vornehmlich in dem narrativen Kontext der Darstellung der Geschichte Israels berichtet. Inhaltlich ist in den Überlieferungen eine große Spannbreite zu erkennen. Dabei kann es sich um gewaltige Ereignisse handeln wie innerhalb der Elija-Überlieferung die Hinführung Israels auf dem Karmel zum Bekenntnis, dass Jhwh *der* Gott sei (1 Kön 18,17–40), aber auch um den heutigen Leser eher seltsam anmutende Anekdoten und Erzählungen wie die Verfluchung der jungen Männer aus Bet-El durch Elischa (2 Kön 2,23–24) oder die Bestrafung des Gottesmannes aus Juda in 1 Kön 13.

Überblickt man das Auftreten prophetischer Gestalten in den narrativen Teilen des Ersten Testamentes, so zeigt sich eine ungleiche Verteilung. Innerhalb des Pentateuch stellt die Prophetie nur ein Randphänomen dar.

---

[1] Zur Bezeichnung „Erstes Testament" vgl. Zenger, *Testament*, ⁴1994, bes. 144–154.
[2] Die geschichtlichen Bücher werden näherhin als נביאים ראשונים bezeichnet.

In Gen 20,7 wird einmal der Erzvater Abraham als נביא bezeichnet, doch ist dies eher als Rückprojizierung späterer Vorstellungen
zu sehen[3]. Der Bruder des Mose, Aaron, erhält in Ex 7,1 die
Kennzeichnung als Prophet des Mose; eine Stelle, die zur
Priesterschrift gerechnet wird. Ebenfalls für die Schwester des Mose
und Aaron, Mirjam, wird in Ex 15,20 der Titel הנביאה verwen
det, doch lässt sich hier Näheres nicht erkennen. In Num 11 zeigt
sich prophetisches Verhalten, das inspiriert ist vom Geist JHWHS,
vermittelt durch Mose. Eine umfangreichere prophetische Überlieferung findet sich im Buch Numeri in Kapitel 22–24, wobei es
sich bei Bileam um einen nichtisraelitischen „Propheten" handelt.

Neben der Strafandrohung für einen נביא, der nicht im Namen
JHWHS redet (Dtn 13,2–6), wird im Buch Deuteronomium, in dem
aus der Exilszeit stammenden Prophetengesetz Dtn 18,9–22, Mose
als Idealtypus des נביא vorgestellt und die Prophetie als zentrale
Institution in Israel gesehen[4].

Eine untergeordnete Rolle spielen Propheten auch in den Büchern
Josua und Richter.

Während im Buch Josua Propheten überhaupt nicht erwähnt sind,
findet sich im Richterbuch bei Debora, die als „Mutter in Israel"
(Ri 5,7) gesehen wird, die Bezeichnung נביאה (neben dem Titel
„Richterin") in Ri 4,4. In Ri 6,7–10 ist ein anonymer נביא erwähnt,
der Israel vergeblich ermahnt, den Göttern der Amoriter nicht
nachzufolgen. Der Text ist klar spätdtr[5]. Die Ankündigung der
Geburt Simsons in Ri 13 geschieht durch einen „Gottesmann",

---

[3] Vgl. J. BECKER, „Prophetismus", in: ZMIJEWSKI, *Botschaft*, 1990, 15; anders VAN
DER TOORN, *JNWSL* 13 (1987), 191–218, der eine enge Verbindung zwischen den
Patriarchen und den späteren Propheten annimmt. Er sieht das beide Gruppen verbindende Konzept eines „divinely inspired individual who is to give guidance to
the community" (215), das er als eine vorkanaanäische Institution einstuft; Prototyp
dieses Leitungsamtes, das sich später in Israel in König und Prophet aufspaltet, sei
der arabische *kāhin*; MARGALIT, „Prophecy", in: M. DIETRICH/KOTTSIEPER, *Mose*,
AOAT 250, 1998, 515–532, sieht eine Form der Prophetie, die an die Gottheit El
gekoppelt ist und sich vor allem in Träumen zeigt. Dies spiegele sich in den Patriarchenüberlieferungen; zur Kritik dieser Auffassung vgl. LEMAIRE, *RA* 93 (1999), 55f.

[4] Zur Verbindung von Mose und den Propheten s. auch noch Num 11; 12,6–8;
Dtn 34,10–12 sowie Hos 12,14; zur Einordnung von Dtn 18,9–22 vgl. grundlegend
LOHFINK, „Sicherung" (1971), in: *Studien I*, SBAB 8, 1990, 305–323.

[5] Vgl. z.B. U. BECKER, *Richterzeit*, BZAW 192, 1990, 144f.; CAMPBELL/O'BRIEN,
Deuteronomistic History, 2000, 183.

der allerdings weniger als „Prophet", sondern eher als eine Engel-
gestalt gezeichnet ist (vgl. die parallel verwendete Bezeichnung
מלאך).

Eine bedeutendere Rolle von Propheten und Prophetie zeigt sich
dann in den Samuel- und Königsbüchern.

Nachdem noch in 1 Sam 2,27–36 ein ebenfalls anonymer
„Gottesmann" erwähnt wird, der den Eliden den Untergang ansagt,
gewinnen im Zusammenhang der Einführung des Königtums und
der weiteren Geschichte des Königtums prophetische Gestalten eine
herausragende und für das Geschehen zentrale Bedeutung[6]. Die erste
Gestalt, die hier zu nennen ist, ist Samuel, der in 1 Sam 3,19 als
נביא, in 1 Sam 9f. als „Gottesmann" (איש האלהים) und „Seher" (הראה)
bezeichnet wird. Er ist entscheidend an der Installation des Königtums
in Israel beteiligt, denn von ihm werden die ersten Könige Saul
(1 Sam 9,1–10,16) und David (1 Sam 16,1–13) gesalbt, und er verkündet Saul sein Scheitern als König (1 Sam 13,7–15; 15; 28). Neben
dieser Gestalt, die natürlich auch noch andere Facetten aufweist
(1 Sam 7 als „Richter"), zeigt sich in diesen Überlieferungen zum ersten
Mal das Phänomen der Gruppenprophetie (1 Sam 10,10–12; 19,18–24).

Im Umfeld Davids wird von zwei weiteren namentlich genannten
prophetischen Gestalten berichtet, dem als נביא bezeichneten Natan
(2 Sam 7; 12; 1 Kön 1), der David die Verheißung des Bestandes
seiner Dynastie vermittelt, ihn aber auch wegen seines Verhaltens in
der Batseba-Affäre kritisiert. Nur kurz erwähnt wird in 1 Sam 22,5
Gad; etwas ausführlicher kommt er in 2 Sam 24 zu Wort; dort steht
er dem Verhalten Davids im Hinblick auf die Volkszählung kritisch
gegenüber. Er wird ebenfalls wie Natan in 1 Sam 22,5 und 2 Sam
24,11 als נביא bezeichnet, in 2 Sam 24,11 zusätzlich noch als „Seher
Davids" (חזה דוד).

Im Südreich schweigt danach mit der Ausnahme des „Gottesmannes"
Schemaja, dem in 1 Kön 12,21–24 zur Zeit des Königs Rehabeam
ein erfolgreiches Wort gegen die Fortsetzung des Bruderkrieges
zwischen Nord- und Südreich zugeschrieben wird, die biblische

---

[6] Anfang und Ende der Prophetie werden deshalb gern in den Zusammenhang
der Monarchie in Israel und Juda gestellt, vgl. HERRMANN, *Ursprung*, 1976, 41;
J. BECKER, „Prophetismus", in: ZMIJEWSKI, *Botschaft*, 1990, 17; zur Diskussion über
das Ende der Prophetie vgl. den Überblick bei LEMAIRE, „Fin des prophètes", in:
DERS., *Prophètes et rois*, LeDiv Hors Série, 2001, 299–301.

Überlieferung über weitere prophetische Gestalten; erst mit dem Aufkommen der „klassischen" Prophetie wird die prophetische Tradition in Juda wieder fassbar[7].

Im Nordreich zeigen sich jedoch weiterhin Propheten in enger Verwobenheit mit der Geschichte des Nordreiches.

Ahija von Schilo, auch er mit dem Titel נביא versehen (1 Kön 11,29; 14,2.18), designiert Jerobeam zum König des Nordreiches und verheißt ihm den Bestand seiner Dynastie (1 Kön 11,29–40), in einer weiteren Erzählung kündigt er jedoch den Untergang des Hauses Jerobeams an (1 Kön 14).

Im Kontext dieses ersten nordisraelitischen Königs wird ein Zusammenstoß mit einem anonymen „Gottesmann" aus Juda in Bet-El berichtet, verbunden mit einer merkwürdigen Begegnung des Gottesmannes mit einem ebenfalls anonymen נביא aus Bet-El. Dieser נביא aus dem Nordreich verleitet den Gottesmann aus Juda zum Ungehorsam gegen JHWH und verursacht damit seinen Tod (1 Kön 13).

Nachdem die Dynastie Jerobeams durch Bascha hinweggefegt wurde (vgl. 1 Kön 15,25–32), wird auch dem Haus Baschas durch den נביא Jehu der Untergang angesagt (1 Kön 16,1–9).

Umfangreiche Überlieferungen über Elija, der in 1 Kön 18,22.36; 19,10.14 als נביא und in 1 Kön 17,17–24; 2 Kön 1 als „Gottesmann" bezeichnet wird, liegen in 1 Kön 17–19; 21 und 2 Kön 1 vor, zur Zeit der Omridenherrscher Ahab und Ahasja. Dabei zeigt sich ein spannungsvolles Gegeneinander zwischen König und Prophet (1 Kön 17–18), das am Ende von Kapitel 18 jedoch wieder zu einer Annäherung zu führen scheint, um dann jedoch in 1 Kön 21 in der Ansage des Endes der Omridendynastie zu münden (1 Kön 21,17–29). In 2 Kön 1 kündigt Elija dann auch den Tod des Ahabsohnes Ahasja an, der nach dem in 1 Kön 22 berichteten Tod seines Vaters den Thron in Israel bestiegen hatte.

---

[7] 1 Kön 12,21–24 wird meist eine spät- oder nachdtr Entstehungszeit zugewiesen, vgl. z.B. W. DIETRICH, *Prophetie*, FRLANT 108, 1972, 114 Anm 16; O'BRIEN, *Hypothesis*, OBO 92, 1989, 166 Anm 132.171.173; CAMPBELL/O'BRIEN, *Deuteronomistic History*, 2000, 374; COGAN, *Kings*, AncB 10, 2001, 354; KNOPPERS, *Nations II*, HSM 53, 1994, 17–22, spricht sich für eine Zuordnung dieses Textes zur grundlegenden dtr Redaktion aus.

In 1 Kön 19 werden auch Isebel und das Volk Israel selbst zu Gegnern Elijas. Zusätzlich wird noch davon berichtet, dass Isebel und auch Israel Jhwh-Propheten verfolgen und töten (1 Kön 18,3–4.12–14; 19,1f.10.14). Neben diesen anonym bleibenden Jhwh-Propheten, von denen lediglich die Anzahl überliefert wird, zeigen sich auch Baal- und Aschera-Propheten, die Elija auf dem Karmel bekämpft und tötet (1 Kön 18,17–40). Schon in Kapitel 19 wird deutlich, dass Elija einen Nachfolger bekommt, Elischa (1 Kön 19,15f.19–21), über den dann in 2 Kön 2–10; 13 berichtet wird.

Mitten in diesem Textkomplex zur Zeit des israelitischen Königs Ahab, der von den Überlieferungen des Propheten Elija dominiert wird, finden sich noch weitere prophetische Traditionen in 1 Kön 20 und 22.

In 1 Kön 20 unterstützt ein anonymer נביא[8] zunächst König Ahab im Kampf gegen die Aramäer, um ihm dann jedoch seinen Tod anzusagen, weil er den aramäischen König Ben-Hadad verschont hat. Ebenfalls im Kontext der Auseinandersetzung Israels mit den Aramäern zeigt sich eine weitere prophetische Gestalt, Micha, der Sohn Jimlas. Auf Wunsch des judäischen Königs Joschafat wird der als Jhwh-Prophet (1 Kön 22,7) bezeichnete Micha herbeigeholt. Er verheißt die Niederlage Israels und den Tod des Königs. Damit setzt er sich in einen Gegensatz zu den vorher befragten נביאים, die einen Sieg Israels ankündigten.

Dominant ist die Auseinandersetzung zwischen Micha und Zidkija, der wohl der Sprecher der נביאים ist, die einen Sieg Israels (und Judas) verheißen. Die Verhaltensweisen zeigen, dass hier wiederum das Phänomen der Gruppenprophetie begegnet. Während das Verhältnis der נביאים und ihres Sprechers Zidkija zu dem israelitischen König ungetrübt zu sein scheint, ist eine Spannung zwischen Micha und dem israelitischen König unverkennbar. Als Reaktion auf die Ankündigung der Niederlage Israels durch Micha wendet sich der israelitische König an den judäischen König Joschafat mit der Bemerkung: „Habe ich es dir nicht gesagt? Er weissagt (נבא Hitp.) mir nie Gutes, sondern immer nur Schlimmes". (1 Kön 22,18).

Ausführliche Überlieferungen, in deren Mittelpunkt Elischa steht, werden in 2 Kön 2–8; 9–10 (hier spielt Elischa allerdings nur in 2

Kön 9,1–13 eine Rolle) und 2 Kön 13,14–21 erkennbar. Dabei zeigt sich Elischa verbunden mit Gruppenpropheten, die die Bezeichnung בני הנביאים besitzen (2 Kön 2; 4; 5; 6,1–7). Als Titel für Elischa begegnen wie bei Elija die Bezeichnungen נביא und איש האלהים.

> Die Beziehung zu Königen spielt auch in der Elischa-Überlieferung eine herausragende Rolle. Dabei ist eine große Spannbreite gegeben. Einerseits ist in 2 Kön 3,13–15 ein feindseliges Verhältnis Elischas zum israelitischen König festzustellen, zum judäischen König jedoch eine positive Einstellung. Ein feindseliges Verhalten zwischen Elischa und dem israelitischen König wird auch in 2 Kön 6,31 deutlich, wo Elischa den israelitischen König als „Sohn eines Mörders" apostrophiert. Andererseits unterstützt Elischa den König im Kampf gegen die Aramäer (2 Kön 6,8–23; auch 6,24– 7,20; 13,14–19) und in der Frage Elischas in 2 Kön 4,13, ob Elischa beim König bzw. dem Obersten des Heeres ein gutes Wort für die Schunemiterin einlegen soll und in der Aufforderung des Königs gegenüber Gehasi, dass er ihm doch von den großen Taten Elischas berichten soll (2 Kön 8,4), schimmert eine positive Beziehung zwischen Elischa und dem israelitischen König durch.

In 2 Kön 9–10 wird berichtet, dass Elischa durch den Auftrag zur Salbung Jehus die Jehu-Revolution einläutete, die die bis dahin regierenden Omriden, denen es zum ersten Mal gelang, eine stabile Dynastiebildung im Nordreich Israel durchzusetzen, hinwegfegte.

Ein letzter namentlich erwähnter נביא im Nordreich zeigt sich in der kurzen Notiz in 2 Kön 14,25, wo berichtet wird, dass Jerobeam II. die Grenzen Israels von Lebo-Hamat bis zur Araba wiederherstellte. Dies sei so von Jona, dem Sohn Amittais aus Gat-Hefer, vorausgesagt worden. Damit ist schon die Zeit erreicht, in der die Anfänge der „klassischen" Prophetie liegen.

Dieser Überblick macht deutlich, dass im Nordreich Israel eine offensichtlich spannungsreiche und viele Nuancierungen aufweisende Beziehung zwischen prophetischen Gestalten und Königen herrschte. Hier zeigt sich ein dominantes Thema der mit prophetischen Gestalten verknüpften Überlieferungen. Die vielgestaltigen Facetten, die schon bei einem flüchtigen Durchlesen erkennbar werden und oft innerhalb der mit *einer* prophetischen Gestalt verbundenen Traditionen vorkommen, lassen erkennen, dass diese Texte eine Geschichte haben, die auf ein theologisches Ringen um das Verhältnis zwischen König und Prophet hinweist. Gleichzeitig tritt hier erstmals in der biblischen Darstellung das Phänomen der Prophetie machtvoll in den Vordergrund.

Dabei ist es schon angesichts des vorliegenden Textmaterials naheliegend, sich auf das Nordreich zu beschränken, wo offensichtlich Entwicklungen eher fassbar sind. Ausschlaggebend für die Beschränkung auf das Nordreich ist jedoch, dass bei dem einzigen im Nordreich wirkenden und aus ihm stammenden „klassischen" Propheten, Hosea, ebenfalls eine Auseinandersetzung mit dem Königtum erkennbar ist, während bei dem aus dem Südreich stammenden Amos die Institution des Königtums in seiner Verkündigung keine explizite Rolle spielt. Einzig in dem Fremdbericht Am 7,10–17 wird im Munde des Priesters Amazja erwähnt, dass Amos zum Aufruhr gegen Jerobeam aufruft und ihm den Tod durch das Schwert ankündigt (7,10f.).

Anders ist es dagegen bei Hosea, bei dem sich an etlichen Stellen eine intensive Auseinandersetzung mit der Institution „Königtum" zeigt, wobei er im Königtum eine rein menschliche Institution erblickt, die wie Israel insgesamt dem Gericht verfallen ist[9].

Es kommt hinzu, dass Hosea in Hos 6,5; 12,11 in eine prophetische Tradition gestellt wird. In Hos 12,14 wird erwähnt, dass Israel durch einen נביא, womit unzweifelhaft Mose gemeint ist, aus Ägypten herausgeführt wurde[10], so dass sich die Frage ergibt, inwieweit möglicherweise die „vorklassischen" Propheten des Nordreiches auf Hosea eingewirkt haben.

Um angesichts der schwierig zu beurteilenden literarkritischen und überlieferungsgeschichtlichen Verhältnisse dieser Texte zu einigermaßen sicheren Ergebnissen zu gelangen, ist es sinnvoll, sich auf die prophetischen Gestalten zu beschränken, bei denen umfangreichere Textkomplexe vorliegen und für die eine Entstehung im Nordreich zumindest nicht ausgeschlossen werden kann. Dies trifft auf die Samuel-Saul-Überlieferungen sowie den Komplex der Elija- und Elischa-Traditionen zu[11]. Sie stehen demnach im Zentrum dieser Arbeit.

---

[8] In 1 Kön 20,28 wird er zusätzlich als „Gottesmann" (איש האלהים) bezeichnet, in 20,35 als איש אחד מבני הנביאים.

[9] Vgl. CRÜSEMANN, *Widerstand*, WMANT 49, 1978, 85–94; MOENIKES, *Ablehnung*, BBB 99, 1995, 175–208.

[10] Vgl. UTZSCHNEIDER, *Prophet*, OBO 31, 1980, 232–234; ZENGER, „Menschen", in: RUPPERT, *Künder*, 1982, 183–201.

[11] Bei Ahija von Schilo ist vor allem die vordtr Tradition in 1 Kön 11,29–40 schwer zu fassen; es fehlt außerdem eine klar erkennbare Verbindung zu 1 Kön 14.

Dabei ist es unerlässlich, diese Texte zunächst unter diachronen Gesichtspunkten zu analysieren. Es soll auch die Frage verfolgt werden, ob nicht doch umfangreichere vordtr Textzusammenhänge erkennbar sind. Die diachrone Analyse bildet dann die Basis, um das Verhältnis zwischen König und „Prophet" näher zu beleuchten, wie es sich in den Texten darbietet. Dabei ist auch im Blickfeld zu behalten, welches Bild von Prophetie hinsichtlich ihrer Funktionen, Titel und ihres sozialen Umfeldes vermittelt wird. In einem weiteren Arbeitsschritt, der die Untersuchung der Einzeltexte abschließt, werden dann die Fragen nach der Datierung dieser Texte, ihren Überlieferungsträgern und der Beziehung zur historischen Wirklichkeit in ausgewählten Punkten betrachtet.

2. Stellungnahme zum deuteronomistischen Geschichtswerk

Die in dieser Arbeit zu behandelnden Texte stehen alle im größeren Zusammenhang des „deuteronomistischen Geschichtswerkes" (DtrG), einem von M. Noth 1943 in den „Überlieferungsgeschichtlichen Studien" erkannten und beschriebenen Textkomplex, der sich von Dtn 1 bis 2 Kön 25 erstreckt[12]. Aufgrund des Abschlusses mit 2 Kön 25,27–30 war klar, dass dieses Werk in exilischer Zeit entstanden sein musste. Die Frage dtr Autorenschaft bzw. Redaktionstätigkeit spielt demnach bei allen Texten in Dtn — 2 Kön eine wesentliche Rolle. Es ist deshalb von Bedeutung, die eigene Position zur Frage des DtrG darzulegen, auch wenn das eigentliche Interesse der vorliegenden Untersuchung bei den dem DtrG vorausliegenden Texten liegt[13].

Auf der Grundlage von Noth hat sich die heutige Forschungs-

---

[12] Diese Arbeit wird zu Recht von Provan, *Hezekiah*, BZAW 172, 1988, 1, als „paradigm shift" bezeichnet; forschungsgeschichtlich nicht so folgenreich war die 1939 verfasste, aber erst 1953 veröffentlichte Arbeit von Jepsen zu den Quellen der Königsbücher, der im Hinblick auf seine zweite Redaktionsschicht (R II) zu einem ähnlichen Ergebnis wie Noth kommt.

[13] Auf die Bedeutung der Abgrenzung der Texte, die der oder den dtr Redaktionen vorausgehen, macht Preuss, *ThR* 58 (1993), aufmerksam: „Eigenarten und Schichtungen oder Blöcke des DtrG werden solange nicht genau bestimmt werden können, als nicht die in sie aufgenommenen Vorlagen geklärt sind". (393); genauerhin liegt hier ein dialektischer Prozess vor, denn eine zumindest grobe Abklärung der Vorstellungen zum DtrG ist für die Erforschung der dem DtrG vorausliegenden Texte ebenfalls von Bedeutung.

situation stärker ausdifferenziert, ohne dass jedoch von allgemein anerkannten Ergebnissen ausgegangen werden kann[14].

Die kontrovers diskutierten Fragen zum DtrG sind die der Mehrschichtigkeit dieses Geschichtswerkes und der Datierung. Hier steht — vereinfacht gesagt — das auf Cross zurückgehende „Blockmodell" einer vorexilischen Ausgabe von DtrG mit in exilischer Zeit anzusetzenden Erweiterungen dem von R. Smend und seinen Schülern entwickelten „Schichtenmodell" gegenüber, das mit einem im Exil erstmals entstandenen DtrG rechnet (DtrH bzw. DtrG). DtrH wurde nach diesem Modell in schneller Abfolge noch innerhalb des Exils von einem prophetisch orientierten Deuteronomisten (DtrP) und schließlich von einem nomistischen Deuteronomisten (DtrN) überarbeitet[15].

Hier soll vor allen Dingen eine erste Klärung versucht werden, nämlich ob es möglich ist, mit einer vorexilischen Ausgabe des DtrG zu rechnen.

Entscheidend für diese Frage ist es, ob in 2 Kön 23,25a ein

---

[14] In den letzten Jahren vermehrt sich auch eine grundlegende Skepsis bezüglich der These eines DtrG; vgl. dazu Westermann, *Geschichtsbücher des AT*, ThB 87, 1994 und die bei S.L. McKenzie, „Divided Kingdom", in: Römer, *Future*, BEThL 147, 2000, 144f. angegebenen Forscher sowie zuletzt Römer, *ThZ* 57 (2001), 269–280.
[15] Die ganze Forschungsgeschichte braucht hier nicht entwickelt zu werden. Grundlegende Forschungsberichte aus jüngerer Zeit liegen von H. Weippert, *ThR* 50 (1985), 213–249, Preuss, *ThR* 58 (1993), 229–264.341–395 und Römer/de Pury, „L'Historiographie deutéronomiste", in: de Pury/Römer/Macchi, *Israël*, LMB 34, 1996, 9–120, vor; für die ältere Forschung vgl. Jenni, *ThR* 27 (1961), 1–32.97–146; Radjawane, *ThR* 38 (1973), 177–216. Einblicke in die neueste Forschung vermitteln Lemaire, *ZAW* 98 (1986), 221–236; Provan, *Hezekiah*, BZAW 172, 1988, 1–31; O'Brien, *Hypothesis*, OBO 92, 1989, 3–23; Cortese, „Theories", in: Brekelmans/Lust, BEThL 94, *Studies*, 1990, 179–190; S.L. McKenzie, *Trouble*, VT.S 42, 1991, 1–19; Halpern/Vanderhooft, *HUCA* 62 (1991), 179–244; Knoppers, *Nations* I, HSM 52, 1993, 1–56; Braulik, „Theorien", in: Zenger, *Einleitung*, ³1998, 180–190; W. Dietrich, Art. „Deuteronomistisches Geschichtswerk", *RGG*⁴ II, 1999, 689–692; Nentel, *Trägerschaft und Intentionen*, BZAW 297, Berlin 2000, 1–12; Campbell/O'Brien, *Deuteronomistic History*, 2000, 1–3; ebenso die Sammelbände Graham/S.L. McKenzie, *History*, JSOT.S 182, 1994; de Pury/Römer/Macchi, *Israël*, LMB 34, 1996 (engl. *Israel constructs its History*, JSOT.S 306, 2000); Schearing/S.L. McKenzie, *Phenomenon*, JSOT.S 268, 1999; Römer, *Future*, BEThL 147, 2000; Knoppers/McConville, *Reconsidering*, SBThS 8, 2000.
Neben den beiden „Schulen" von Cross und Smend gibt es auch noch Tendenzen, das DtrG stärker als einheitliches exilisch/nachexilisches Geschichtswerk zu sehen; vgl. z.B. die Studie von van Seters, *Search*, 1983, der zwar Quellen für DtrG annimmt, aber kaum (eine Ausnahme: die Saul-Überlieferung in 1 Sam 9–14*) schriftliche Vorlagen; Hoffmann, *Reform*, AThANT 66, 1980; Nentel, *Trägerschaft*, BZAW 297, 2000 (mit spätdtr Erweiterungen); Albertz, *Exilszeit*, BE 7, 2001, 210–231.

Abschluss gesehen werden kann. Joschija wird in 2 Kön 23,25a mit Formulierungen, die ähnlich auch in Dtn 6,5 vorkommen, für seine Treue gegenüber dem Gesetz des Mose positiv beurteilt. Keiner der ihm nachfolgenden Könige und vor ihm allenfalls David, mit dem Joschija ausdrücklich in 2 Kön 22,2 parallelisiert wird, und Hiskija (2 Kön 18,1–7) werden in dieser Weise gewertet. Dabei fällt auf, dass in dem an 2 Kön 23,25a anschließenden Text durch die bei den Söhnen Joschijas verwendete Formel ויעש הרע בעיני יהוה ככל אשר־עשׂו אבתיו (23,32.37) auch Joschija in die negative Wertung mit-einbezogen wird und somit ein Gegensatz zu der Hochschätzung Joschijas in 23,25a erzeugt wird[16]. Diesem Widerspruch, der für eine Trennung nach 2 Kön 23,25a spricht, hat VANONI[17] in Auseinander-setzung mit HOFFMANN noch weitere Argumente hinzugefügt. Er stellt fest, dass die von HOFFMANN beschriebene spezielle Kultterminologie[18] nach 23,26 ganz ausfällt, von der allgemeinen Kultterminologie eben-falls nur die wenig spezifischen Wendung עשׂה הישׁר בעיני יהוה sowie כעס im H-Stamm vorkommen und außerdem der nomistische Themenkreis im Text nach 2 Kön 23,25a nicht mehr vorhanden ist. Auf den Abschlusscharakter von 23,25a weist zudem hin, dass die Wendung שׁוב אל יהוה nur hier „in einem positiven perfektiv-konstatierenden Satz steht"[19]. Der Rückgriff auf Dtn 6,5, also auf einen Anfangstext von DtrG, verstärkt noch den Eindruck eines Abschlusses in 23,25a[20]. Damit wiegen die Gründe schwerer, die für

---

[16] Vgl. H. WEIPPERT, *Bib.* 53 (1972), 333f.; O'BRIEN, *Hypothesis*, OBO 92, 1989, 268f.; MOENIKES, ZAW 104 (1992), 337. Dieses Argument wird nicht widerlegt von CAMP, *Hiskija*, 1990, 17f., wenn er behauptet: „Es ist nun denkbar, dass in 2 Kön 23,32.37 durch den Plural ‚seine Väter' (= seine Vorfahren) die direkte Nennung Joschijas, die nach dem Vorbild, dem positiven Bewertungsschema, eigentlich zu erfolgen hätte, vermieden wird". Warum derselbe Autor, der Joschija so positiv bewertet, hier eine so missverständliche Formulierung wählen sollte, ist nicht ein-sichtig.

[17] Vgl. VANONI, „Beobachtungen", in: LOHFINK, *Deuteronomium*, BEThL 68, 1985, 357–362.

[18] Dies orientiert sich an den Listen bei HOFFMANN, *Reform*, AThANT 66, 1980, 341–366, vgl. auch 53f.

[19] VANONI, „Beobachtungen", in: LOHFINK, *Deuteronomium*, BEThL 68, 1985, 361.

[20] Die Gegenargumente von CAMP, *Hiskija*, 1990, 19f., gegen VANONI übersehen, dass es hier nicht um einen Sprachbeweis geht, sondern dass innerhalb eines bestimm-ten Textsegmentes, nämlich 23,25bff., sich die Terminologie ändert. Insofern ist diese Beobachtung signifikant für einen Autorenwechsel. Die von CAMP als entschei-dend angesehene chiastische Entsprechung von 23,25b zu V25a ist ein zu schwa-ches Argument, um ein Textende in 23,25a zu bestreiten. Wer sagt denn, dass redaktionelle Anfügungen immer unpassend in den Kontext eingefügt sein müssen?

den Abschluss einer ursprünglichen Ausgabe von DtrG mit König
Joschija (2 Kön 23,25a) sprechen[21].

In dieser Arbeit wird mit einem DtrG gerechnet, dessen grundlegende Redaktion schon in vorexilischer Zeit erfolgt ist. Diese Redaktion
wird mit dem Siglum „DTR I" bezeichnet.

Daneben ist es vor allem die strukturelle Bedeutung der Natan-
verheißung in 2 Sam 7 für das DtrG, die für eine Datierung von
DTR I noch in der Zeit Joschijas spricht. Auf diese Verheißung wird
innerhalb der Königsbücher positiv wie negativ immer wieder
zurückgegriffen. Das Thema erreicht den Höhe- und Endpunkt bei
Joschija, der neben Hiskija (2 Kön 18,3) der einzige König ist, der
vorbehaltlos David gleichgesetzt wird (2 Kön 22,2)[22].

Es ist schwer vorstellbar, dass eine solch positive Sicht Joschijas
angesichts der weiteren geschichtlichen Entwicklung, die sehr bald
zum Verlust der staatlichen Existenz Judas und der Exilierung von
Teilen der Bevölkerung führte, aus der Perspektive des Exils gestaltet wurde. Als weiteres Argument kommt hinzu, dass die innerhalb
dtr Texte erkennbar unterschiedliche Beurteilung des Königtums sich
mit einer vorexilischen Ausgabe und einer (mehreren) exilischen Über-
arbeitung(en) leichter in Einklang bringen lässt[23]. Dass die Voraus-

---

Vgl. jetzt auch Rösel, *Josua*, VT.S 75, 1999: „Man kann den unterschiedlichen
Charakter dieser Kapitel (scil. 23,25ff.) zwar versuchen zu erklären, zu bestreiten
ist er nicht." (104). Rösel selbst plädiert allerdings dafür, aufgrund inhaltlicher
Erwägungen 2 Kön 23ff. einem exilischen Dtr II zuzuschreiben und entscheidet
sich für ein extremes Blockmodell, das mit einer jeweils eigenen Ausgabe der einzelnen zum DtrG gerechneten Bücher rechnet (96–105.106f.).

[21] Für ein Textende in 23,25a plädieren auch Cross, *Myth*, 1973, 287 Anm 49;
Nelson, *Redaction*, JSOT.S 18, 1981, 83f.; Lohfink, *Rückblick*, 1984, 177; H. Weippert,
ThR 50 (1985), 242f.; Cortese, „Theories", in: Brekelmans/Lust, *Studies*, BEThL
94, 1990, 182; McKenzie, *Trouble*, VT.S 42, 1991, 133f.; Moenikes, *ZAW* 104
(1992), 337f.; Preuss, ThR 58 (1993), 393f.; Knoppers, *Nations I*, HSM 52, 1993,
46–50; Eynikel, *Reform*, OTS 33, 1996; Campbell/O'Brien, *Deuteronomistic History*,
2000, 464; anders S.L. McKenzie, „Divided Kingdom", in: Römer, *Future*, BEThL
147, 2000, 138–143, allerdings ohne auf den Aufsatz von Vanoni einzugehen.

[22] Vgl. McKenzie, *Trouble*, VT.S 42, 1991, 122f. Die David-Verheißung als wichtiges Strukturelement in DtrG wurde zuerst von von Rad erkannt. Lohfink, „Orakel",
in: Abusch, *Lingering over Words*, HSS 37, 1990, 349–370, hat anhand eines textkritischen Problems in 2 Kön 8,19 deutlich machen können, dass DTR I in der
Natansverheißung kein vorbehaltloses Ja zur Dynastie der Davididen erblickt und
außerdem auf die gewöhnlich unterschätzte Bedeutung des Ahija-Orakels in 1 Kön
11,38f. hingewiesen.

[23] Vgl. dazu U. Becker, *Richterzeit*, BZAW 192, 1990, 3f., der diesen Einwand
gegen die Auffassung von Veijola formuliert. Veijola beurteilt DtrG als prokönig-

setzungen für ein groß angelegtes Werk in der Zeit Joschijas gegeben waren und dass in dieser Zeit ein religiöser Umbruch sich
anbahnt, belegt jetzt auch die Untersuchung der bislang weitgehend
unerschlossenen ikonographischen Quellen dieser Zeit durch KEEL/
UEHLINGER, die in der materiellen Hinterlassenschaft Judas — und
damit unabhängig von den umstrittenen Textzeugnissen — „Spuren
früh-deuteronomistisch orthodoxer Religiosität"[24] im ausgehenden
7. Jahrhundert feststellen.

Die Gründe konvergieren dahingehend, dass in der vorliegenden
Untersuchung mit einer vorexilischen Ausgabe des DtrG zur Zeit
Joschijas gerechnet wird und demnach mit mindestens zwei dtr
Redaktionsschichten[25]. Die Frage weiterer dtr Redaktionsschichten ist
sehr komplex und kann hier nicht weiter diskutiert werden. Auf jeden
Fall müssen zwei dtr Redaktionsschichten in den Samuel-Saul-Überlieferungen wie auch in den Elija-Texten unterschieden werden. Fast
keine Spuren dtr Überarbeitung finden sich dagegen im Großteil der
Elischa-Traditionen in 2 Kön[26]. Der in dieser Arbeit verwendete
Begriff „DTR II" ist demnach bestenfalls als Sammelbegriff für exilisch-nachexilische Redaktionen zu verstehen; eine Verfasseridentität
ist damit nicht vorausgesetzt.

---

lich, die weiteren Redaktionsschichten DtrP und DtrN dagegen als königsfeindlich.
Zu diesem Problem vgl. weiter unten Kapitel I, Abschnitt 3.2.

[24] KEEL/UEHLINGER, *Göttinnen*, QD 134, 1992, 428f.

[25] Für eine vorexilische Datierung der grundlegenden dtr Redaktion vgl. z.B.
O'BRIEN, *Hypothesis*, OBO 92, 1989, McKENZIE, *Trouble*, VT.S 42, 1991, 117–134.149;
HALPERN/VANDERHOOFT, *HUCA* 62 (1991), 179–244; MOENIKES, *ZAW* 104 (1992),
348; KNOPPERS, *Nations I*, HSM 52, 1993, 54–56; STIPP, *Bibl* 76 (1995), 471–475;
DERS., *RB* 104 (1997), 482; BUIS, *Le livre des rois*, SBi, 1997, 22f. CAMPBELL/O'BRIEN,
Deuteronomistic History, 2000, 20–31; COGAN, *Kings*, AncB 10, 2001, 96–100; auch die
synchron orientierte Studie von EDELMAN zu 1 Sam spricht sich für ein vorexilisches DtrG aus, vgl. *Saul*, JSOT.S 121, 1991 16–19. Damit ist keine Entscheidung
getroffen über mögliche weitere, in sich eigenständige Blöcke, wie z.B. DtrL (so z.B.
LOHFINK, „Kerygmata" (1981), in: *Studien II*, SBAB 12, 1991, 125–142), allerdings
wird die weitere Untersuchung ergeben, dass die deuteronomistische Gestaltung der
Samuel-Gestalt auf die Texte im Richterbuch zurückverweist und damit ein ursprünglich selbständiger Textanfang mit 1 Sam 1, wie er von PROVAN, *Hezekiah*, BZAW
172, 1988, 157–170, angenommen wird, abgelehnt werden muss.

[26] Vgl. dazu weiter unten die Analyse der Elischa-Überlieferungen in Kapitel III.

KAPITEL I

DIE SAMUEL-SAUL-ÜBERLIEFERUNGEN

1. Überblick zu den Samuel-Saul-Texten und Forschungssituation

1.1. *Samuel und Saul im ersten Samuelbuch*

Neben den Überlieferungen 1 Sam 9,1–10,16; 10,17–27; 11; 13,7–15; 15; 28, in denen es zu einer Interaktion zwischen Samuel und Saul kommt, gibt es noch weitere Texte in 1 Sam, die Samuel bzw. Saul erwähnen. Sie sind neben David, der erstmals in Kap. 16 namentlich erwähnt wird und der in den nachfolgenden Kapiteln mit Ausnahme von 1 Sam 28 und 31 im Zentrum des Überlieferungsinteresses steht, die Hauptprotagonisten im ersten Buch Samuel. Bevor deshalb die o.a. Stellen näher analysiert werden, ist es angebracht, einen Überblick über den gesamten Umfang der Samuel und Saul betreffenden Texte in 1 Sam zu gewinnen.

In *1 Sam 1– 4,1a* werden die Geburt und das Aufwachsen Samuels bei Eli, dem Priester von Schilo, geschildert. Samuel gehört damit zu den wenigen Führergestalten in Israel, deren Geburt und Kindheit schon das Überlieferungsinteresse auf sich gezogen haben. Neben Mose, dessen Kindheitsgeschichte in Ex 1–2 erzählt wird, ist allein bei Simson noch eine Geburtsgeschichte überliefert (Ri 13)[1]. In ihnen spiegelt sich das Interesse, die späteren großen Taten schon in der Besonderheit der Geburt und frühen Jugend präformiert zu sehen; die Kindheitsgeschichten sind also Zeugnisse einer sekundären Traditionsbildung[2]. Wie vor ihm bei Mose und Simson steht schon die Kindheit Samuels unter der besonderen Fürsorge Jhwhs. Die

---

[1] Das Motiv der Unfruchtbarkeit und deren Überwindung durch (vermitteltes) göttliches Eingreifen, das in 1 Sam 1 breit entfaltet wird, zeigt sich neben Ri 13, wo es in V2–3 eher beiläufig erwähnt wird, noch in den Patriarchenüberlieferungen Gen 17,15–19; 18,1–14; 21,1–8 sowie in der Elischa-Überlieferung 2 Kön 4,8–37.

[2] Vgl. Mommer, *Samuel*, WMANT 65, 1991, 5, der für die Traditionsbildung auf die traditionsgeschichtlich spät einzuordnenden Kindheitsgeschichten Jesu hinweist; ebenso schon Macholz, *Untersuchungen*, 1966, 64; vgl. auch Rofé, *Stories*, 1988, 42.

Geburt wird wie bei Simson (Ri 13) auf göttliches Eingreifen zurück-geführt; er wächst dann auf bei Eli, dem als Priester von Schilo nach 1 Sam 4 die Sorge für die Lade Jhwhs anvertraut ist und der nach 1 Sam 4,18 als „Richter" Israels bezeichnet wird wie die Leitungs-gestalten Israels im Richterbuch. Während Samuel in 1 Sam 1–2 naturgemäß aufgrund seines Alters in einer passiven Rolle ist[3], wird er in Kapitel 3 gegenüber Eli erstmalig zum Akteur. In 1 Sam 3 zeigt sich ein neues Thema, das bisher noch keine Rolle spielte: Die Übermittlung des Jhwh-Willens in Wort und Vision (חזון). Samuel wird in diesem Kapitel zum Übermittler des Jhwh-Wortes, das nach 3,1 in jener Zeit ebenso selten war wie Visionen. Er verkündet Eli die Gerichtsansage Jhwhs an das Geschlecht der Eliden (3,11–14). Darüber hinaus kommt am Ende des Textes, in 3,19–4,1a, in das Blickfeld des Lesers/der Leserin, dass Samuel auch einen Auftrag gegenüber Israel wahrzunehmen hat. Deutlich wird dies jedoch erst in 1 Sam 7.

Im großen und ganzen ist Samuel in 1 Sam 1–4,1a die positiv besetzte Zentralgestalt dieses Textsegmentes. Die Voraussetzung, ein gutes Ansehen bei Gott und den Menschen (2,26), bringt er mit[4]. Damit ist Samuel am Ende dieses Textkomplexes eine anerkannte Leitungsfigur in Israel.

Der folgende Abschnitt *1 Sam 4,2–7,1* nimmt insofern eine Sonderstellung in 1 Sam ein, als hier weder Samuel noch Saul oder David im Mittelpunkt des Interesses stehen, sondern das Schicksal der Lade Jhwhs. Dies hat seit L. Rost (1926)[5] zur Annahme einer ehemals selbständigen Ladeerzählung geführt, die in 2 Sam 6 mit der Überführung der Lade nach Jerusalem ihren Abschluss findet.[6] Mit 1 Sam 1–3 sind diese Kapitel durch Eli

---

[3] Von ihm wird mitgeteilt, dass er noch jung (נער) war (1,24), dass er Jhwh unter der Aufsicht Elis diente (2,11.18); er trug ein bestimmtes Gewand (2,18: אפוד בד); es wird erwähnt, dass er heranwuchs (2,21.26) und dass er bei Gott und den Menschen wohlgelitten war (2,26: וטוב גם עם־יהוה וגם עם־אנשים).

[4] Wenig überzeugend ist angesichts von 1 Sam 2,26 und 3,19–4,1a die Auffassung von Polzin, *Samuel*, 1989, der Samuel in 1 Sam 3 einen „lack of insight" (49) bescheinigt und den Eindruck eines „imperceptive and mostly passive prophet" (50) gewinnt.

[5] Vgl. Rost, „Thronnachfolge Davids" (1926), in: Ders., *Credo*, 1965, 119–253.

[6] Die Einheitlichkeit von 1 Sam 4–6, die Zugehörigkeit von 2 Sam 6 wie auch die Existenz einer eigenständigen Ladeerzählung ist in der weiteren Forschungs-geschichte natürlich nicht einheitlich beurteilt worden. Einen Überblick zur Forschungs-situation geben Campbell, *JBL* 98 (1979), 31–43; Willis, *ThZ* 35 (1979), 201–211;

und seine Söhne sowie den Ort Schilo verbunden. Der Ort der Niederlage Israels gegen die Philister in 1 Sam 4, Afek, begegnet auch als der Ort des Sieges der Israeliten über die Philisiter in 1 Sam 7.

Erst in *1 Sam 7* begegnet dann wieder Samuel, mit dessen Vermittlung ein Sieg über die Philister an demselben Ort gelingt, an dem die Lade verlorenging. Erstmalig ist hier Mizpa der Versammlungsort Israels wie ansonsten nur noch in 10,17–27. Samuel steht im Zentrum dieser Überlieferung; er ist in einer Leitungsfunktion gegenüber Israel, wie sie schon in 3,19–4,1 angedeutet ist. Über Samuel läuft die Verbindungslinie von Israel zu JHWH und umgekehrt, ähnlich wie Samuel schon in 1 Sam 3 die Vermittlungsinstanz zwischen Eli und JHWH gewesen ist. Diese Leitungsfunktion gegenüber Israel wird in 7,6.15–17 mit dem Verbum שפט ausgedrückt, dadurch wird Samuel wie in 4,18 Eli in die Reihe der vorstaatlichen Richter eingereiht. Neben der Richterfunktion wird in der exegetischen Interpretation die Rolle Samuels aufgrund der kultischen Handlungen in 7,9–10 als die eines Priesters und als eines Propheten wegen der Fürbittfunktion in 7,5.8 umschrieben[7].

Gleichzeitig stellt 1 Sam 7 im übergreifenden Zusammenhang des deuteronomistischen Geschichtswerkes das Ende der Richterzeit dar, wobei die Kapitel 8–12 den Übergang zu einer neuen Zentralinstanz, dem Königtum, markieren. Personale Kontinuität wird jedoch durch Samuel hergestellt, der seine herausragende Bedeutung in den folgenden Überlieferungen behält.

In *1 Sam 8* steht Samuel weiterhin im Zentrum des Überlieferungsinteresses, sein Gegenüber ist wie in Kapitel 7 Israel bzw. dessen Repräsentanten, die Ältesten Israels (8,3). Deutlich wird in Kapitel 8 eine ambivalente Haltung gegenüber der neuen Institution des Königtums, die sich durch die folgenden Kapitel durchzieht und die

SMELIK, *Past*, OTS 28, 1992, 35–58; GITAY, *CBQ* 54 (1992), 221–230; W. DIETRICH/ NAUMANN, *Samuelbücher*, EdF 287, 1995, 121–143; W. DIETRICH, *Königszeit*, BE 3, 1997, 220–222; DIETRICH erwägt sogar eine Weiterführung der Ladeerzählung in 1 Kön 8* (ebd., 239–242; DERS., Art. „Samuel- und Königsbücher", *TRE 30*, 1998, 11); STIRRUP, *TynB* 51 (2000), 81–100; zur Eigenständigkeit der Ladeerzählung vgl. auch EYNIKEL, „Relation", in: DE MOOR/VAN ROOY, *Past, Present, Future*, OTS 44, 2000, 88–106.
[7] Zur weiteren Diskussion von 1 Sam 7 vgl. weiter unten Abschnitt 3.2.

schon bei WELLHAUSEN zu der forschungsgeschichtlich äußerst gewich-
tigen Aufteilung in eine „königsfreundliche" und „königsfeindliche"
Überlieferungsreihe geführt hat[8].

In *1 Sam 9,1–10,16* taucht Saul nun als neuer Akteur auf der
Bühne auf mit einer ausladenden genealogischen Einführung, die
ihn aus einem vermögenden Haus stammend zeigt. Sein Vater wird
in 9,1 als גבור חיל bezeichnet; Samuel bleibt jedoch ab 9,14 der
entscheidende Akteur. Er ist es, der Saul zum נגיד salbt. Seine Funktion wird hier als הראה bzw als איש האלהים bezeichnet, wobei
die Bezeichnung „Seher" in 9,9 mit נביא gleichgesetzt wird. Der
Handlungsort in 9,1–10,16 ist nicht näher bestimmt. Saul wird in
dieser Überlieferung in einer eher passiven Rolle dargestellt: er führt
die Anweisung seines Vaters aus; als er mit der Suche keinen Erfolg
hat, hilft der Rat des נער aus der Patsche, ansonsten ist es Samuel,
der das Geschehen vorantreibt. Eine Erklärung für die eher passive
Rolle Sauls könnte dabei sein Status als בחור sein[9]; allerdings begegnet
dieser Charakterzug Sauls auch noch in den folgenden Überlieferungen mit Ausnahme von 1 Sam 11 und den David-Überlieferungen
1 Sam 19–27.

Bei der Königswahl Sauls in *1 Sam 10,17–27*, stehen wiederum
Samuel und Saul im Zentrum des Interessses. Samuel und Israel
bzw. der Heerbann sind die entscheidenden Akteure; auch hier ver-
bleibt Saul in einer passiven Rolle, was allerdings den thematischen
Gegebenheiten entspricht. Samuel versammelt Israel in Mizpa — wie
in 1 Sam 7 —, er leitet das Loswahlverfahren, verkündet Israel das
„Königsrecht" und entlässt das Volk wieder. Das Volk sucht und
findet Saul und bricht in „Königsjubel" aus.

Als aktiv Handelnder zeigt sich Saul in *1 Sam 11*. Samuel tritt
dagegen in den Hintergrund. Er wird in 11,1–11 nur einmal kurz
erwähnt (11,7). Unter dem Einfluss der רוח־אלהים (11,6) besiegt Saul
die Ammoniter, die Jabesch-Gilead bedrohen. Zum Abschluss des
Kapitels kommt es zur Erneuerung des Königtums in Gilgal (11,12–15).
Hier ist auch der einzige Ort, an dem Samuel aktiv wird. Auf ihn

---

[8] Vgl. WELLHAUSEN, *Composition*, [4]1963, 240–246; zu ihr gehören 1 Sam 7; 8;
10,17–27; 12. Diese königsfeindlichen Texte wurden dann von NOTH, *Studien*, [3]1967,
54f. seinem Deuteronomisten zugeschrieben, auch hierin WELLHAUSEN folgend, der
von einem „nachdeuteronomischen" (243) Verfasser gesprochen hatte.

[9] Von V.P. LONG, *Reign*, SBL.DS 118, 1989, 204f., wird bestritten, dass בחור hier
einen jungen Mann meint. Vom Kontext her ergibt sich jedoch keine Notwendigkeit
für eine solche Deutung.

geht die Anweisung an das Volk zurück, zur Königserneuerung nach Gilgal zu gehen (11,14). In 11,12 fordert das Volk von Samuel die Auslieferung der Gegner Sauls von 10,27; doch gibt interessanterweise Saul die Antwort auf die Forderung des Volkes (11,13).

1 Sam 12 setzt ohne neue Ortsangabe den Zusammenhang fort. Dort beherrscht Samuel wieder eindeutig die Bühne des Geschehens. Israel ist sein Gegenüber; Samuel bringt wie schon in 1 Sam 8 die negativen Seiten des Königtums zum Ausdruck. Von Saul ist in diesem Kapitel namentlich nicht die Rede, obwohl in 12,2f.5 seine Anwesenheit vorausgesetzt ist. Samuel wird in diesem Kapitel in die Reihe der „Richter" Jerubbaal, Barak[10] und Jiftach eingegliedert (12,11), seine Funktion wird jedoch auch oft aufgrund der Fürbittfunktion und der Gerichtsankündigung als prophetisch umschrieben.

In *1 Sam 13–14* stehen Saul und sein Sohn Jonatan im Zentrum erfolgreicher kriegerischer Auseinandersetzungen mit den Philistern. Saul zeigt sich übereifrig bei der Befolgung von Enthaltsamkeitsvorschriften. Er ist sogar bereit, seinen Sohn Jonatan zu opfern; das Volk spricht sich jedoch dagegen aus (14,45). Auch in 14,31–35 ist ein eher skrupulöser Eifer bei Saul erkennbar. Er ist sehr bemüht, Jhwh nicht zu verstimmen und kein Gebot zu übertreten. Dies gilt ebenso im Hinblick auf seine Begegnung mit Samuel in 13,7–15. Er hat Angst davor, dass Jhwh nicht durch Opfer gnädig gestimmt ist, wenn die Auseinandersetzung mit den Philistern beginnt. So verstößt er lieber gegen die ausdrückliche Anweisung Samuels (1 Sam 10,8). Saul ist über die Maßen beflissen, es Jhwh recht zu machen und erreicht dabei schlicht das Gegenteil[11]. Dies führt zu dem Eindruck, dass Saul unbedingt der Leitung und Anweisung durch andere bedarf, ein Eindruck, der sich in 1 Sam 15 bestätigt. Abgesehen von 13,7–15 kommt Samuel in 1 Sam 13–14 nicht vor. Dabei kommt es in

---

[10] MT hat einen ansonsten unbekannten Richter „Bedan". Die Lesart „Barak" folgt hier der LXX, vgl. DAY, *VT* 43 (1993), 261–264; TSUMARU, *VT* 45 (1995), 122f.; möglich ist auch, dass mit „Bedan" der Richter Abdon, der in Ri 12,13–15 erwähnt ist, gemeint sein könnte (so JACOBSON, *VT* 42 (1992), 123–124; DERS., *VT* 44 (1994), 108–109); dem steht jedoch entgegen, dass von diesem Richter keinerlei kriegerische Aktivität berichtet wird.

[11] Auf diesem Hintergrund ist wohl auch die Darstellung in 1 Sam 28 zu sehen. In 1 Sam 28,3 wird gesagt, dass Saul die Totenbeschwörer und die Wahrsager (קסמים) aus dem Land vertrieben hat; angesichts der verzweifelten Lage und des Schweigens anderer Divinationsquellen bleibt Saul jedoch nicht anderes übrig, als die בעלת־אוב von En-Dor aufzusuchen.

13,7–15 zu einem ersten Konflikt zwischen Samuel und Saul, der sich in Kapitel 15 verschärft.

Im Zentrum von *1 Sam 15* stehen wiederum Samuel und Saul. Samuel gibt Saul im Namen Jhwhs den Auftrag, gegen die Amalekiter zu kämpfen und an ihnen den Bann zu vollziehen, d.h. alles Lebendige zu töten (1 Sam 15,3). Saul besiegt die Amalekiter, führt den Auftrag zur Bannung aber nur unvollständig aus. Dies führt nach 1 Sam 13,7–15 zu einem weiteren Konflikt zwischen Samuel und Saul. Auch hier zeigt sich — wie schon in 1 Sam 13–14 — ein religiöser Übereifer Sauls, denn er argumentiert gegenüber den Vorhaltungen Samuels damit, dass die besten Stücke geschont worden sind, um sie Jhwh in Gilgal zu opfern (1 Sam 15,15). Auch der Zug der Unselbständigkeit Sauls begegnet in 1 Sam 15 wieder. Das Volk war es, so argumentiert Saul, das die Tiere zum Opfer für Jhwh verschont habe (1 Sam 15,15.21). Saul wird damit als König untragbar, es kommt zu seiner Verwerfung (1 Sam 15,22–33). Handlungsort der Auseinandersetzung zwischen Samuel und Saul ist Gilgal, wie schon vorher in 11,12–15; 13,7–15. Dominierende Persönlichkeit in diesem Kapitel ist Samuel, Saul ist Befehlsempfänger. Meist wird die Rolle Samuels aufgrund dessen, dass er die Befehle Jhwhs an Saul übermittelt, hier als prophetisch umschrieben.

Zum erstenmal nach den indirekten Erwähnungen in 13,14 und 15,28 rückt in *1 Sam 16* David in den Mittelpunkt des Interesses und er bleibt die zentrale Gestalt der Überlieferungen in 1 Sam mit Ausnahme von 1 Sam 28; 31. Neben 1 Sam 19,18–24 ist 16,1–13 die einzige Szene, in der Samuel mit David zusammentrifft. Entscheidender Akteur ist auch hier Samuel. Es fällt allerdings auf, dass von ihm in 16,2 erwähnt wird, dass er Angst vor Saul hat. Dies ist unverständlich nach dem Vorhergehenden, wo Samuel ganz selbstverständlich Saul gegenübertritt und ihm seine Verwerfung als König ankündigt (1 Sam 13,7–15; 15). Die Angst Samuels vor dem Handeln Sauls ist nach den bisherigen Geschehnissen ohne Begründung. Sie wird aber verständlich auf dem Hintergrund der folgenden Ereignisse, wo Saul seinen Charakter ziemlich radikal wandelt. Von nun an ist er rachsüchtig (vgl. 1 Sam 22), heimtückisch (1 Sam 18,25–27), unberechenbar (18,10ff.) und unzuverlässig (18,17–19), kurz, er ist die negative Kontrastfigur, von der sich der untadelige David umso glänzender abhebt[12]. Dieser Bruch im Charakter Sauls erklärt sich im

---

[12] Zur Charakterisierung Davids in diesen Kapiteln, die im allgemeinen der

jetzigen Endtext durch das Befallensein Sauls mit der רוח רעה, die
Saul seit 16,14 quält. Sie erscheint in der Textfolge als Resultat des
Übergangs der רוח יהוה auf David aufgrund der Salbung durch
Samuel (16,1–13). In breiter Ausführlichkeit wird nach der Goliat-
Perikope 1 Sam 17 in Kapitel 18–27 der Konflikt zwischen Saul
und David geschildert, wobei die Rollen des Helden und des Schurken
in dieser Auseinandersetzung klar verteilt sind. Während Saul David
heimtückisch und unberechenbar verfolgt, reagiert David auf die
Anschläge Sauls allein durch Ausweichen und achtet immer das
Leben Sauls, des Gesalbten JHWHS.

EDELMAN[13] sieht in der Geistübertragung von Saul auf David in
16,1–13 ein übergreifendes literarisches „pattern", das das 1.
Samuelbuch zweiteilt in „under Yahweh's benevolent" bzw. „male-
volent spirit" und das für eine Gestaltung durch *einen* Autor spricht,
so dass die David- und Saul-Überlieferungen „were inextricably
intertwined" und „cannot be studied as a self-contained unit from
a structural perspective"[14]. Folgerichtig lehnt sie eine eigenständige
„Aufstiegsgeschichte Davids" ebenso wie eine „Thronfolgeerzählung"
ab. Es stellt sich jedoch die Frage, ob diese Zweiteilung von
1 Sam nicht doch besser als eine redaktionelle Handlung zu verstehen ist. Bei der Gestaltung durch einen Autor wäre doch zu
erwarten, dass der Begriff רוח einen breiteren Raum in den Texten
einnehmen würde. רוח begegnet bei Saul nur noch in 1 Sam 11,6,
bei David allein in 1 Sam 16,1–13[15], während im folgenden der
Begriff „Gesalbter" eine zentrale Rolle im Konflikt zwischen David
und Saul einnimmt. So liegt eine Erklärung aus der Wachstumsgeschichte der Texte näher, nämlich dass ein Redaktor hier die
unterschiedliche Charakterisierung von Saul durch die Einfügung
von 1 Sam 16,1–13 mit der Geistbegabung Davids nach der

Aufstiegsgeschichte Davids zugerechnet werden, vgl. KEGLER, *Geschehen*, CThM 8,
1977, 240. Deutlicher wird der Kontrast noch, wenn man auf 1 Sam 11,12–13
blickt, wo Saul sich gegenüber seinen Gegnern — entgegen dem Willen des Volkes
— großmütig verhält.

[13] Vgl. EDELMAN, „Deuteronomist's Story", in: BREKELMANS/LUST, *Studies*, BEThL
94, 1990, 208–210; DIES., *King Saul*, JSOT.S 121, 1991, 27–36.

[14] EDELMAN, „Deuteronomist's Story", in: BREKELMANS/LUST, *Studies*, BEThL 94,
1990, 208.

[15] Sieht man einmal ab von 2 Sam 23,2, wo David ebenfalls als Geistträger gesehen wird. Doch gehört dieser Text zu einem 2 Sam 21–24 umfassenden Nachtrag
zu den Samuelbüchern; vgl. dazu die Einleitungen und Kommentare.

Verwerfung Sauls durch Samuel erklärt. Diese Überlegungen sprechen zusammen mit dem Bruch in der charakterlichen Darstellung
von Saul und der plötzlich auftretenden Furcht Samuels vor Saul
eher für eine Eigenständigkeit der David-Überlieferungen, wobei
hier noch viele Fragen der Klärung harren.[16]

Ausnahmen innerhalb der auf David zentrierten Überlieferungen im
ersten Samuelbuch ab Kapitel 16 stellen 28 und 31 dar. Sie sollen
deshalb in diesem Überblick noch näher betrachtet werden.

Nachdem vorher (25,1) schon der Tod Samuels erwähnt worden
war, kommt es in *1 Sam 28,3–25* zu einer letzten Begegnung zwi-
schen Samuel und Saul, hervorgerufen durch die nekromantischen
Praktiken der בעלת־אוב. Dort zeigen sich noch einmal die gleichen
Interaktionsmuster zwischen Saul und Samuel wie in 1 Sam 9–15.
Saul weiß sich angesichts der Bedrohung durch die Philister keinen
Rat; Samuel soll ihm sagen, was er zu tun hat (1 Sam 28,15). Dieser
gibt ihm jedoch keine tröstliche Auskunft, sondern kündigt ihm die
Übergabe des Königtums an David an und darüber hinaus die
Niederlage Israels, seinen Tod und den seiner Söhne. Saul trägt
die Auskunft Samuels mit großer Fassung und fügt sich in das Unver-
meidliche; Saul zeigt dabei durchaus sympathische Züge und menschliche Größe. Samuel begegnet hier in einer eindeutigen Prophetenrolle.

Als tragische Gestalt zeigt sich Saul auch in *1 Sam 31*, wo der
Tod Sauls in der Schlacht gegen die Philister berichtet wird. Augenfällig
ist in diesem Kapitel wie auch schon in 1 Sam 28 die Unselbständigkeit Sauls. Er verlangt von seinem Waffenträger den Todesstoss und
damit die Entscheidung über Leben und Tod. Die Schwierigkeit der
Entscheidung ist für den Leser/die Leserin jedoch durchaus nachzuvollziehen. Angesichts eines sicheren Endes will er wenigstens vermeiden, den Philistern lebend in die Hände zu fallen. Er begegnet
also in 1 Sam 31 wie auch in 1 Sam 9–11; 13; 15 und 28 als eine

---

[16] Vgl. zur Frage der Aufstiegsgeschichte KAISER, *EThL* 66 (1990), 281–296, der
das Modell „Grundschicht — Redaktion" für die Aufstiegsgeschichte Davids vorschlägt und sich damit wieder der Position von WELLHAUSEN nähert; vgl. zu den
verschiedenen Positionen in der Forschung W. DIETRICH/NAUMANN, *Samuelbücher*, EdF
287, 1995, 66–79; Anfang wie Ende der Aufstiegsgeschichte sind umstritten, so dass
andere Modelle und Bezeichnungen für die auf David zentrierten Texte in 1 Sam
16 bis 2 Sam 5 (8) absehbar sind, vgl. dazu W. DIETRICH, *Königszeit*, BE 3, 1997,
213–220; DERS., Art. „Samuel- und Königsbücher", *TRE* 30, 1998, 11; KREUZER,
„Davidgeschichten", in: GRAUPNER, *Verbindungslinien*, 2000, 187–205.

eher tragische Gestalt mit durchaus positiven und menschlich sympathischen Zügen.

Angesichts dieser Unterschiede in den Überlieferungen von Saul und Samuel einerseits und David andererseits scheint es mir sinnvoller, mit Samuel-Saul-Überlieferungen einerseits und David-Überlieferungen andererseits zu rechnen.

Ein weiterer Punkt, der für eine Wachstumsgeschichte dieser Texte spricht, ist die unterschiedliche Rollenzuteilung bei Samuel ebenso wie seine unterschiedliche Stellung zum Königtums, die ihn einmal als Warner und Gegner des Königtums erscheinen lassen und ein anderes Mal als Promotor bei der Installation des Königtums (1 Sam 9,1–10,16; 10,17–27). Samuel bleibt jedoch sowohl in seiner Herrschaftsfunktion als „Richter" am Anfang des Samuelbuches (1 Sam 7) wie auch später in seiner vornehmlich prophetischen Funktion gegenüber dem König das entscheidende Bindeglied zu Jhwh.

Insgesamt nimmt das Königtum Sauls einen recht breiten Raum im größeren Zusammenhang von 1 Sam — 2 Kön ein: 1 Sam 13–31, hinzu kommt noch die Vorbereitung 1 Sam 9–12, also insgesamt 23 Kapitel. Doch muss man diese Feststellung gleich wieder relativieren, denn in der Mehrzahl dieser Kapitel steht Saul nicht im Mittelpunkt des Interesses, er ist nicht der Hauptakteur. In den Kapiteln 16–27; 29–30 spielt Saul die Rolle der negativen Kontrastfigur für den Helden David. Auch in Kapitel 9–10 muss Saul sich die Hauptrolle zumindest mit Samuel teilen; das gleiche gilt für 1 Sam 15; 28 und auch in 1 Sam 14 steht sein Sohn Jonatan mindestens im gleichen Ausmaß im Zentrum des Interesses wie Saul. Es verbleiben also Kapitel 11, Teile von Kapitel 13 und 31, in denen Saul das uneingeschränkte Interesse des Erzählers hat. Saul steht demnach weniger als Person im Vordergrund als vielmehr das spannungsvolle Mit- und Gegeneinander von Samuel und Saul bei der Einführung des Königtums in Israel.

1.2. *Die Frage vordeuteronomistischer Sammlungen und Redaktionen der Samuel-Saul-Überlieferungen*

Während es im Hinblick auf die David-Überlieferungen in 1–2 Sam (+ 1 Kön 1–2) in der deutschsprachigen Forschungsgeschichte mit der Rede von der „Aufstiegsgeschichte Davids" und der „Thronfolgeerzählung" zu einer festen Begriffsbildung für umfangreiche Textkomplexe gekommen ist[17], ließ sich eine analoge Entwicklung im Bereich der Samuel- und Saul-Überlieferungen nicht beobachten.

Die Gründe hierfür ergeben sich aus der anderen Textlage. Im Zentrum der Samuel-Saul-Texte steht nicht eine Hauptperson wie in den Davidgeschichten, sondern zwei Hauptpersonen (abgesehen von 1 Sam 1–3; 7–8, in denen Samuel allein dominiert), deren Beziehung sich zudem noch von Kapitel 9f. zu 1 Sam 15; 28 hin verändert; zumindest die Darstellung Sauls ist nicht einlinig; mal ist er eher passiv, dann aber auch aktiv gezeichnet. Die grundlegend neue Institution, das Königtum, das ab 1 Sam 8 eingeführt wird, wird außerdem in den Texten unterschiedlich beurteilt. Es kommt hinzu, dass in diesen Überlieferungen — speziell 1 Sam 8 und 1 Sam 12 — mit umfangreicher deuteronomistischer Redaktionstätigkeit gerechnet wird; dagegen tritt die deuteronomistische Redaktion im Bereich der David-Traditionen in den Hintergrund[18]. Diese Gründe veranlassten die Forschung zu größerer Zurückhaltung bei umfangreicheren Sammlungen oder übergreifenden vordtr Redaktionen. Dennoch sind auch im Bereich der Samuel- und Saul-Überlieferungen die Versuche zahlreich, zusammengehörige vordtr Textkomplexe aus der vorgegebenen Textmasse herauszuschälen[19].

---

[17] Grundlegend hierfür war die Untersuchung von Rost über die Thronnachfolge Davids aus dem Jahre 1926 (Nachdruck in Ders., *Credo*, 1965, 119–253). Dies gibt natürlich nur den „mainstream" der diachron orientierten Forschung wieder. Zunehmend ist zu beobachten, dass auch innerhalb der Davidüberlieferungen Neuansätze erforderlich sind; für den Bereich der Thronfolgeerzählung (Kernbereich: 2 Sam 9–1 Kön 2) vgl. de Pury/Römer, *Thronfolgegeschichte Davids*, OBO 176, 2000.

[18] Zur Forschungsgeschichte, die hier nicht entfaltet werden kann, siehe die Überblicke von Jenni, *ThR* 27 (1961), 136–141; Langlamet, *RB* 77 (1970), 161–200; Stoebe, *Samuelis I*, KAT VIII/1, 1973, 32–52; Vannoy, *Covenant*, 1978, 197–225; Eslinger, *Kingship*, 1985, 11–40; Caquot, Art. „Samuel", *DBS 11*, 1991, 1054–1062, sowie Wonneberger, *Redaktion*, FRLANT 156, 1992, 8–12; McCarter, „Books of Samuel", in: Graham/S.L. McKenzie, *History*, JSOT.S 182, 1994, 260–280; W. Dietrich/Naumann, *Samuelbücher*, EdF 287, 1995; W. Dietrich, Art. „Samuel- und Königsbücher", *TRE 30*, 1998, 5–30.

[19] Vgl. Noth, *Studien* ³1967, 60–62; Veijola, *Königtum*, AASF 198, 1977, 115; Humphreys, *JSOT* 6 (1978), 18–27; Ders., *JSOT* 18 (1980), 74–90; Ders., *JSOT* 22 (1982), 95–117; Seebass, *David*, 1980, 100–130; Halpern, *Constitution*, HSM 25, 1981, bes. 171–175; Arnold, *Gibeah*, JSOT.S 79, 1990, 88–93.137–139; Mommer, *Samuel*, WMANT 65, 1991, vor allem 192–202; W. Dietrich, *David*, BWANT 122, ²1992, Ders., *Königszeit*, BE 3, 1997, 229–273; Wonneberger, *Redaktion*, FRLANT 156, 1992, 180–312; Na'aman, *CBQ* 54 (1992), 638–658; Hentschel, *1 Samuel*, NEB, Lieferung 33, 1994, 34–44; Caquot/de Robert, *Les Livres de Samuel*, CAT VI, 1994, 19f.; Couffignal, *ETR* 73 (1998), 3–20, spricht von einm „récit du règne

Da in diesen Texten das Phänomen der Prophetie durch die Person Samuels und der Erwähnung von Gruppenpropheten (1 Sam 10,10–12; 19,18–24) deutlich hervortritt, ist in den letzten Jahrzehnten vor allem in der englischsprachigen Forschung der Anteil von Propheten bei der Ausgestaltung und Weitergabe der Samuel-Saul-Texte näher diskutiert worden[20].

de Saül", allerdings ohne literarkritische Überlegungen; ROLIN, *FV* 98 (1999), 40f. sieht einen 1 Sam 9,1–10,16; 13–14; 15; 28; 31 umfassenden „cycle de Saül"; SCHEFFLER, „Saul", in: DE MOOR/VAN ROOY, *Past, Present, Future*, OTS 44, 2000, 263–271, rechnet mit einer pro-saulidischen Tradition in 1 Sam 9–10; 11,1–15; 13,1–14,46; 14,47–52; 31,1–13, die von der pro-davidisch eingestellten dtr Redaktion zurückgedrängt worden sei.

[20] Wegweisend für den Bereich von 1 Sam 7–15 war die Arbeit von BIRCH, *Rise*, SBL.DS 27, 1976, der mit einem aus den Kreisen der Nordreichprophetie stammenden Redaktor rechnet, der kurz nach dem Untergang des Nordreiches die Einzeltraditionen in 1 Sam 7–15 zusammengeschlossen habe. Vorher hatte auch schon BUBER, *VT* 6 (1956), 113–173, bei dem Erzähler von 1 Sam 7–12 an ein Mitglied des Kreises um den Propheten Natan gedacht. Eine „nebiistische Bearbeitungsschicht" nimmt MILDENBERGER, *Saul-Davidüberlieferung*, 1962, 1–70, an. MACHOLZ, *Untersuchungen*, 1966, 205, sieht eine Mitwirkung prophetischer bzw. der Prophetie nahestehender Kreise bei der Überarbeitung von 1 Sam 9,1–10,16 und deren Zusammenfügung mit Kapitel 11. Auch KNIERIM, Concept, in: TROTTER, *Jesus*, 1968, 20–51 (vgl. die gekürzte Fassung in *EvTh* 30 (1970), 113–133), rechnet mit einer prophetischen Edition, die noch hinter den Texten von 1 Sam 9–11; 13–31 zu erkennen sei. An prophetische Zirkel am Heiligtum von Rama denkt auch WILLIS, *JBL* 90 (1971), 288–308, für den Bereich von 1 Sam 1–7. FRITZ, *ZAW* 88 (1976), 346–362, vertritt die Meinung, dass sich in 1 Sam 9,1–10,16 die prophetische Auffassung des Königtums spiegele. MAYES, *ZAW* 90 (1978), 1–19, spricht im Hinblick auf 1 Sam 9–10*; 13,2ff. von einem „predeuteronomistic prophetic cycle" (14; vgl. DERS., *Story*, 1983, 84f.). GARBINI, *Henoch* 1 (1979), 19–41, rechnet mit einer in Ri 9 beginnenden und in 2 Kön 10 endenden Geschichte, die in prophetischen Kreisen während der Herrschaft Jehus entstanden sei. HUMPHREYS, *JSOT* 18 (1980), 74–90, ist der Auffassung, dass die Saul-Tradition in nordprophetischen Kreisen überarbeitet wurde, wobei in Saul das Modell eines falschen Königtums erblickt wurde. Mit einer vordtr prophetischen Edition für den Bereich der beiden Samuelbücher, die er als „Prophetic History" bezeichnet, rechnen auch die Kommentare von MCCARTER (*I Samuel*, AncB 8, 1980, 18–23; *II Samuel*, AncB 9, 1984, 6–7). Im Anschluss an MCCARTER sieht S.L. MCKENZIE die Fortsetzung der „Prophetic History" auch in den Königsbüchern (*HAR* 10 (1985), 203–220); in seiner Monographie zum DtrG hat er diese These dann aufgegeben (*Trouble*, VT.S 42, 1991, 81–100). Einen umfangreichen „Prophetic Record" (= PR) glaubt CAMPBELL (*Prophets*, CBQ.MS 17, 1986) in den Samuel- und Königsbüchern entdecken zu können. Er beginne in 1 Sam 1,1 und ende in 2 Kön 10,28. Verfasst worden sei PR zeitlich im Umfeld der Jehu-Revolution von Prophetenkreisen, die zu den Schülern Elischas gehörten (vgl. auch DERS./O'BRIEN, *Deuteronomistic History*, 2000, 24–31); BETTENZOLI nimmt einen Erzählstrang 1 Sam 9,1–10,9; 15,1a.3–35; 28,4–25 an, der um die Gestalten von Samuel und Saul kreise und den er einer historiographischen Schule in Gilgal zuschreibt, die prophetisches Denken zum Ausdruck bringe (*BZ NF* 30 (1986), 222–236). W. DIETRICH, *David*, BWANT 122, ²1992, rechnet mit einem von DtrP verwendeten „Buch der Prophetengeschichten", dem innerhalb von der

Angesichts der eher auseinanderdriftenden Forschungslage ist es notwendig, die Samuel-Saultexte 1 Sam 9–11; 13,7–15; 15; 28 unter diachronen Gesichtspunkten näher zu untersuchen.

2. Diachrone Analyse von 1 Sam 9–11; 13; 15; 28

2.1. *1 Sam 9,1–10,16*

Die erste Begegnung zwischen Samuel und Saul in 1 Sam 9,1–10,16 ist eingebettet in den Zusammenhang der Installation einer neuen Institution in Israel, des Königtums, das die nach Josua vorherrschende Leitungsinstanz der „Richter" (Ri 2,11ff.) für Israel ablöst. Die Entstehungsgeschichte des Königtums wird in 1 Sam 8–12 erzählt. Die Ältesten Israels tragen gegenüber Samuel den Wunsch nach einem König vor (1 Sam 8,4–5), dem schließlich auch von Jhwh in 1 Sam 8,22a entsprochen wird. Der damit in Gang gesetzte Prozess wird jedoch in 1 Sam 8,22b mit der Entlassung der Israeliten zunächst wieder gestoppt[21]. Mit Kapitel 9 konstituiert sich dann ein anderes Szenario. Als neueingeführte Hauptgestalt zeigt sich hier Saul, von

---

Samuelbücher 1 Sam 15; 28 sowie 2 Sam 12; 24 angehörten, das aber wesentlich umfangreicher war und auch noch vom Chronisten verwendet wurde. Dieses „Buch der Prophetengeschichten" sei nach der Zerstörung des Nordreiches wohl unter der Herrschaft Manasses verfasst worden. W. Dietrich hat die These vom Buch der Prophetengeschichten für den Bereich der Samuel-Saul-Texte inzwischen aufgegeben (vgl. „Prophetie", in: Römer, *Future*, BEThL 147, 2000, 55f.). Stattdessen rechnet er mit einem umfangreichen, in höfischen Kreisen im Südreich nach 722/721 v. Chr. entstandenen Erzählwerk, das in sich auf unterschiedliche Quellen und Erzählkränze zurückgreift. Es setze wohl in 1 Sam 9 ein und reiche bis 1 Kön 2, vielleicht auch von 1 Sam 1 bis 1 Kön 12. Doch bedürfe es noch der Präzisierung (vgl. jetzt *Königszeit*, BE 3, 1997, 229–273; Art. „Samuel- und Königsbücher", *TRE 30*, 1998, 8–10). Mommer, *Samuel*, WMANT 65, 1991, führt von den drei großen vordtr Erzählblöcken 1 Sam 1–7*; 1 Sam 8–14* und 1 Sam 16–2 Sam 5* vor allem den ersten Erzählblock 1 Sam 1–7* auf eine prophetische Hand zurück, die im 9./8. Jahrhundert im Nordreich anzusiedeln sei. Hentschel, *1 Samuel*, NEB, Lieferung 33, 1994, 34–44, rechnet mit einer prophetischen Bearbeitung, die in 1 Sam 13,7b–15a und 1 Sam 15 zu fassen sei.

[21] Die Mittlerrolle Samuels zwischen Jhwh und Israel wird in 1 Sam 8 in den synchronen Untersuchungen oft sehr kritisch gesehen, vgl. z.B. Eslinger, *Kingship*, 1985, 281f.; Sternberg, *Poetics*, 1985, 503–515; Wénin, *Samuel*, EHS XXIII/342, 1988, 131–152; Fokkelman, *Vow*, 1993, 316–355; das negativste Urteil fällt Polzin, *Samuel*, 1989: „Seeing the chapter's obvious progression in this way, and primed by the narrator's reference to Samuel's initial displeasure at the people's request (v. 6), the reader develops a picture of a judge whose words and inaction show him to be obstructive in a self-interested way." (84; vgl. insgesamt 83–88); anders jedoch z.B. Berges, *Verwerfung*, FzB 61, 1989, 64f.

dessen Bestimmung zum König von Israel nun die Rede ist. Allerdings wird vom Königtum nur ganz am Ende des Textes explizit gesprochen, wo der Ausdruck דבר המלוכה (1 Sam 10,16) verwendet wird. Von Saul wird zunächst berichtet, dass er sich auf die Suche nach den verlorengegangenen Eselinnen seines Vaters befindet. Auf diesem Weg trifft er Samuel, der ihn zunächst zu einem Kultmahl einlädt, ihn bei sich übernachten lässt und am Morgen in aller Heimlichkeit zum נגיד salbt.

In dieser schönen und spannenden Geschichte wird weithin in der diachron orientierten Forschung eine alte und ehedem selbständige Tradition gesehen[22].

Hierfür spricht in der Tat neben dem in sich abgeschlossenen Erzählzusammenhang die alleinige Verwendung der Titel הָרֹאֶה und אִישׁ הָאֱלֹהִים für Samuel in diesem Textsegment, die thematische Parallele, die es in vielen Märchen gibt[23] und ebenso die plötzliche Rollenänderung bei Samuel nach 1 Sam 7–8, der in 1 Sam 9,1–10,16 auch als „Wahrsager" gesehen wird, den man bei den großen und kleinen Problemfällen des Lebens gegen Entgelt befragen kann (9,5f.).

Weitgehend herrscht die Auffassung vor, dass in diesem Text im wesentlichen zwei Textstufen zu unterscheiden sind, die am besten erklärbar sind durch das Modell von Grundschicht und Bearbeitung[24].

Die ausführlichsten Analysen liegen in drei Arbeiten vor, die fast zeitgleich entstanden sind und auf die in der Folgezeit meist Bezug genommen wurde.

---

[22] Neben den schon angegebenen Forschungsüberblicken vgl. zur älteren Forschung L. Schmidt, *Erfolg*, WMANT 38, 1970, 58–63; Kegler, *Geschehen*, CThM 8, 1977, 56–70; Ishida, *Dynasties*, BZAW 142, 1977, 42f.

[23] Vgl. vor allem Gressmann, *Geschichtsschreibung*, SAT II/1, ²1921, 34f.; Schroer, *Samuelbücher*, 1992, 63.

[24] Die Auffassung, dass zwei ursprünglich selbständige Geschichten die Spannungen innerhalb des Textes erklären, wie in neuerer Zeit — ohne die Vorgabe von Pentateuchquellen — Hertzberg, *Samuelbücher*, ATD 10, ⁵1973, 57–67, und Seebass, *ZAW* 79 (1967), 155–167 (anders dann Ders., *David*, 1980, 69–77, wo er 1 Sam 9,1–10,16 als im wesentlichen einheitlich betrachtet und als Zusätze nur 9,9.20a; 10,6b.16* ansieht), annehmen, ist nicht überzeugend; neuerdings vertritt auch Fenton, *VT* 47 (1997), 23–42, wieder dieses Modell, allerdings ohne ausführliche literarkritische Untersuchung; vgl. dazu schon L. Schmidt, *Erfolg*, WMANT 38, 1970, 81f. Einen ganz eigenen Weg geht Hylander, *Samuel-Saul-Komplex*, 1932, 133–154, der zwar auch das Modell „Grundschicht — Erweiterung" vertritt, dabei jedoch zu dem fragwürdigen Mittel der Textumstellung greift und so zu einer sehr komplexen Traditionsgeschichte kommt. Dem Urteil von L. Schmidt, *Erfolg*, WMANT 38, 1970, 62 Anm. 6: „Seine Begründungen reichen nicht aus, um seine weitgehenden Eingriffe in den überlieferten Aufbau zu rechtfertigen", ist zuzustimmen.

L. Schmidt[25] kommt zu dem Ergebnis, dass der Grundtext in
9,1–2a.3–8.10–13aα.β.b.14a.18f.22a.24b–27; 10,2–4.7.9 vorliege,
wobei ab 9,14 anstelle von Samuel die vorher geltende Bezeichnung
„Seher" oder einfach „ein Mann" einzusetzen sei. In diesem
Grundtext gehe es nur darum, dass der junge Saul von einem
unbekannten Seher zu kriegerischen Taten aufgefordert wird.
Umgestaltet zu einer Salbungsgeschichte, die das Königtum Sauls
auf eine Salbung durch Samuel zurückführt, wurde der Grundtext
durch einen Bearbeiter und Sammler von Saul-Überlieferungen,
der in der zweiten Hälfte des 9. Jahrhunderts gewirkt hat und
dem die Verse 9,13aγ.14b–17.20f.22b–24a; 10,1.13b–16 zuzuschreiben sind. Eine spätere Erweiterung des Textes geschah durch die
Einfügung der Begegnung Sauls mit den Gruppenpropheten
10,5–6.10–13a. Weitere Einfügungen stellen 10,8 dar (mit dem
Ziel der Vorbereitung von 1 Sam 13,7–15a), 9,2b, das bei der
Zusammenfügung mit 10,17ff. in den Text kam sowie die Glosse
9,9, die Seher und Prophet gleichsetzt[26].

Zeitgleich mit L. Schmidt erschien die Studie von W. Richter
zu den vorprophetischen Berufungsberichten, in der er ausführlich neben Ex 3f. und Ri 6,11b–17 auf 1 Sam 9f. eingeht[27]. Er
nimmt eine ursprüngliche Einheit an, die in 9,1–2a.3–8.10–
13a.14–19.22.23a.24abβ.25–27; 10,1–7.9aαb.13b vorliege, die jedoch
eine Bearbeitung in 9,14aββ.15–17.20f.; 10,1–7 erfahren habe,
deren Kennzeichen der Gottesname Jhwh und die Verwendung
von Formeln sei, die ein Berufungsschema erkennen lassen. Der
unbearbeitete Text sei schon in der „frühen Königszeit außer
Gebrauch gekommen"[28], die Bearbeitung erfolgte in frühkönigli-
cher Zeit im Nordreich. Für beide Schichten seien prophetische
Kreise verantwortlich, die Richter zu den Vornehmen in Israel

---

[25] Vgl. L. Schmidt, *Erfolg*, WMANT 38, 1970, 58–102.

[26] In dem wesentlichen Punkt seiner Analyse, der Abhebung einer Bearbeitungsschicht, die die Salbung Sauls durch Samuel einfügt, erfuhr L. Schmidt weithin
Zustimmung; vgl. Miller, *CBQ* 36 (1974), 158; Kegler, *Geschehen*, CThM 8, 1977,
70–77; Crüsemann, *Widerstand*, WMANT 49, 1978, 57; Campbell, *Prophets*, CBQ.MS
17, 1986, 18 Anm 2; W. Dietrich, *David*, BWANT 122, ²1992, 71f. Anm 48;
Mommer, *Samuel*, WMANT 65, 1991, 102 Anm 246; H.-C. Schmitt, *ZAW* 104
(1992), 208; Gleis, *Bamah*, BZAW 251, 1997, 34–46; Nihan, *FV* 98 (1999), 7–25;
Ders., „L'instauration", in: Römer, *Future*, BEThL 147, 2000, 147–177; Campbell/
O'Brien, *Deuteronomistic History*, 2000, 236–241.

[27] Vgl. Richter, *Berufungsberichte*, FRLANT 101, 1970, 13–56.

[28] Ebd., 56.

rechnet. Anders als L. SCHMIDT sieht RICHTER in der späten Einführung des Namens Samuel in 9,14 keinen Grund dafür, dass Samuel erst sekundär in den vorliegenden Zusammenhang eingefügt worden sein soll[29], stimmt mit ihm allerdings überein, dass die Salbung Sauls in 10,1 erst auf einer Bearbeitungsstufe in den Text eingedrungen ist[30].

Das gleiche gilt auch für BIRCH[31], der ebenfalls die Ursprünglichkeit von Samuel betont, der jedoch auch die Salbung als sekundäres Textelement ansieht, das erst durch einen Bearbeiter in den Text eingefügt wurde. BIRCH rechnet mit einem alten „folk-tale", das in 9,1–14.18–19.22–24; 10,2–4.9.14–16a vorliege und das zum Thema hat: „Saul's unwitting encounter as a youth with Samuel. Saul ate with him as the honoured guest and was relieved by the foretelling of the solution to the problems of the lost asses and the depleted bread supplies."[32] Ein weiteres eigenständiges Element in diesem Textzusammenhang sei die alte Ätiologie eines populären Sprichwortes in 10,10–13. Die Einfügung der Salbung geschah durch einen „editor", der in modifizierter Form die Struktur der prophetischen Berufungsberichte hier einfügte. Samuel wurde damit zum „prophetic designator of kings and is in keeping with the picture of early prophetic activity found elsewhere."[33] Auf diesen „editor" gehen 9,15–17.20–21.(25–26).27–10,1(LXX).5–8.16b zurück. Seine Stellung zu Saul sei positiv.

Die Überlieferungsträger, mit denen 9,1–10,16 und auch die Bearbeitung in Verbindung gebracht wird, werden — wie schon bei RICHTER und BIRCH — meist der prophetischen Bewegung zugerechnet.[34]

---

[29] Vgl. ebd., 44 Anm 41.

[30] Auf RICHTER beruft sich vor allem VEIJOLA, *Königtum*, AASF 198, 1977, 73 Anm 1; vgl. auch MOMMER, *Samuel*, WMANT 65, 1991, 102 Anm. 245, der auf die große Übereinstimmung in der Abgrenzung der Bearbeitungsschicht hinweist.

[31] Vgl. BIRCH, *JBL* 90 (1971), 55–68; DERS., *Rise*, SBL.DS 27, 1976, 29–42.

[32] BIRCH, *JBL* 90 (1971), 67.

[33] Ebd., 68.

[34] Für MILDENBERGER, *Saul-Davidüberlieferung*, 1962, 29, gehören 9,1–10,16 zu einer nebiistischen Bearbeitung; MACHOLZ, *Samuel*, 1966, 137–146.205, sieht in der Grundschicht eine ursprünglich in Benjamin beheimatete Volkssage, deren jetziger Überlieferungskreis, der vor allem für die Einfügung von 9,15ff.; 10,1 verantwortlich ist, jedoch in den Prophetenschulen zu suchen sei. Auch bei FRITZ, *ZAW* 88 (1976), 350, sind Prophetenkreise für die Überarbeitung verantwortlich. Das gleich gilt für METTINGER, *King*, CB.OT 8, 1976, 64–79, der annimmt, dass prophetische Zirkel hinter der Bearbeitung stehen. Für WALLIS, *Geschichte*, AzTh II, 13, 1968, 73,

Der Anteil einer oder mehrerer dtr Redaktionen wird in 9,1–10,16 meist gering veranschlagt[35].

Schunck[36] ordnet 9,2b.15–17.20b.21b; 10,1.8 seinem R II zu, den er mit Dtr identifiziert und dem er auch die Einfügung Samuels zuschreibt. Miller sieht in 10,13b–16 ein dtr Textelement[37]. Der Frage dtr Textanteile widmet sich ausdrücklich Veijola[38]. Auch er erkennt jedoch nur in 9,16b.; 10,1b(LXX).16b Texte, die er DtrG zuschreibt, bei 9,9 reichen für ihn die Beweise nicht aus[39].

Mit einem größeren Anteil rechnet dagegen van Seters, der 9,9.15–17.27aγb; 10,1.7–8.14–16 dem deuteronomistischen Autor zuschreibt[40]; ebenfalls Naʾaman, der 9,9.15–17.20–27; 10,1.5aβ. 6b.8.10b–13.16b auf deuteronomistische Hände zurückführt[41], während Caquot/de Robert allein 9,9 dem "éditeur deuteronomiste" zurechnen[42]. Für Nihan steht die Bearbeitungsschicht unter deuteronomistischen Vorzeichen. Eine erste dtr Redaktion habe die

---

ist es eine Prophetenlegende, für Kegler, *Geschehen*, CThM 8, 1977, 70–75, eine Prophetenerzählung; Campbell, *Prophets*, CBQ.MS 17, 1986, 18–21, rechnet 9,1–10,16 zu den Texten des PR; Mayes, *ZAW* 90 (1978), 14, sieht hinter der Bearbeitung „prophetic circles, northern prophets." (vgl. auch Ders., *Story*, 1983, 88); ebs. McCarter, *I Samuel*, AncB 8, 1980, 26f. 186; Ackroyd, *First Book of Samuel*, CNEB, 1971, 75f.; W. Dietrich, *David*, BWANT 122, ²1992, 71f., rechnet mit Prophetengruppen um Elischa. Vorsichtiger ist L. Schmidt, *Erfolg*, WMANT 38, 1970, 96f., der von „nordisraelitischen Kreisen" spricht. Dass es um Themen der Prophetie in 1 Sam 9,1–10,16 geht, nehmen unter der Voraussetzung einer synchronen Betrachtung des Textes auch Polzin, *Samuel*, 1989, 88f., und Berges, *Verwerfung*, FzB 61, 1989, 69–72, an. Ausdrücklich gegen eine Einordnung von 9,1–10,16 als „Prophetenerzählung" sprechen sich Seebass, *David*, 1980, 70 Anm. 35, und Mommer, *Samuel*, WMANT 65, 1991, 109f. aus; Press, *ZAW* 56 (1938), 215–218, denkt an eine Entstehung dieses Textes am nordisraelitischen Königshof; Wilson, *Prophecy*, 1980, 297–308, sieht dagegen in der ursprünglich mit Schilo verbundenen levitischen Priesterschaft des Nordreiches die „support group" der ephraimitischen Prophetentraditionen, zu denen auch noch der Südreichprophet Jeremia zu rechnen sei; an einen priesterlichen Überlieferungskreis denken auch Caquot/de Robert, *Les Livres de Samuel*, CAT VI, 1994, 130.

[35] Eine Ausnahme ist Peckham, *ZAW* 97 (1985), 190–209, der 1 Sam 9,1–10,16 auf Dtr¹ und Dtr² aufteilt.

[36] Vgl. Schunck, *Benjamin*, BZAW 86, 1963, 88.

[37] *CBQ* 36 (1974), 160.

[38] Vgl. Veijola, *Königtum*, AASF 198, 1977, 73–82.

[39] Vgl. ebd., 73.

[40] Vgl. van Seters, *Search*, 1983, 254–258.

[41] Vgl. Naʾaman, *CBQ* 54 (1992), 640–642.

[42] Vgl. Caquot/de Robert, *Les Livres de Samuel*, CAT VI, 1994, 130; Fenton, *VT* 47 (1997), 23.28, rechnet nur mit einer dtr Überarbeitung von 9,9, die den Titel נביא eingesetzt hat.

Salbung Sauls durch Samuel zum Nagid eingefügt (9,15–17; 10,1); 10,13–16 sowie 10,8 sind von einer nachfolgenden dtr Redaktion eingesetzt worden; 10,5–6.10–12.*13 gehen auf das Konto nachdtr Redaktionen[43]. Auch für S.L. McKenzie ist die Bearbeitungsschicht dtr, er rechnet allerdings nur mit einem deuteronomistischen Bearbeiter[44].

Im folgenden geht es darum, die Textschichtung in 9,1–10,16 zu überprüfen, insbesondere der Frage der ursprünglichen Verhaftung Samuels in dieser Tradition nachzugehen sowie zu klären, ob die Salbung Sauls durch Samuel auf eine Bearbeitungsschicht zurückzuführen ist. Schließlich stellt sich in diesem Textabschnitt auch die Frage nach dem Anteil der deuteronomistischen Redaktion.

1 Sam 9,1f. bieten zunächst die Vorstellung der Hauptperson der folgenden Geschichte, Saul.

9,1 beginnt mit einer üblichen Texteröffnungsformel (וַיְהִי אִישׁ מִן + Ortsangabe), wie sie auch in Ri 13,2; 17,1.7; 19,1b; 1 Sam 1,1 vorliegt[45]. Sie steht meist am Anfang eines selbständigen Textes und dient der Einführung einer bisher unbekannten Person; möglich ist es jedoch auch, dass sie im laufenden Text auftreten kann.[46] Bezieht man die schon eingangs genannten Gründe, die für eine Selbständigkeit des Textes sprechen, mit ein und berücksichtigt, dass auch der folgende Text die Kenntnis von 1 Sam 1–8 nicht voraussetzt, so lässt sich 1 Sam 9 am ehesten als Einsatz eines eigenständigen Textes begreifen[47].

Die Vorstellung Sauls beginnt mit einer ausladenden Genealogie, die deutlich macht, dass die neueingeführte Person, Saul, eine große Bedeutung besitzt[48].

---

[43] Vgl. Nihan, FV 98 (1999), 7–25; s. auch Ders., „L'instauration", in: Römer, Future, BEThL 147, 2000, 172–176.

[44] Vgl. S.L. McKenzie, „Divided Kingdom", in: Römer, Future, BEThL 147, 2000, 135–145.

[45] Vgl. Mommer, Samuel, WMANT 65, 1991, 93 Anm. 209.

[46] Vgl. Ri 17,7; vgl. dazu Gross, „Erscheinungen", in: Emerton, Congress Volume, VT.S 32, 1981, 134. Innerhalb dieser Texteröffnungsformel wird von BHS und einigen Handschriften mit Verweis auf 1 Sam 1,1 vorgeschlagen, nach dem einleitenden וַיְהִי־אִישׁ ein אֶחָד zu ergänzen. Es besteht jedoch keine zwingende Notwendigkeit, dieser Konjektur zu folgen.

[47] Vgl. Hentschel, 1 Samuel, NEB, Lieferung 33, 1994, 77f.

[48] Vgl. Edelman, Saul, 1991, 38 spricht hier von einer „opening genealogy", die "employs the seven-generation pattern to depict Saul as one destined to greatness."

Textkritische Schwierigkeiten sind nur in 9,1aß zu vermerken.
Störend ist entweder בן oder אישׁ. Mit einer „mechanischen Fehl-
schreibung" rechnet STOEBE[49] und liest aufgrund von 2 Sam 20,1;
Est 2,5 אישׁ ימני. Anders beurteilt RICHTER diese Textschwierigkeit[50].
Er hält אישׁ für eingedrungen aus V1a und vermutet ebenfalls in
בן einen Zusatz[51]. Sein Ziel ist es dabei, die doppelte Angabe „aus
Benjamin" in V1a zu beseitigen. RICHTER übersieht dabei jedoch,
dass die doppelte Stammesangabe nach der ungewöhnlich langen
Genealogie die Funktion einer Inklusion hat, die am Ende von
V1aß wieder auf Kisch, den Vater Sauls, hinführt. Bestätigt wird
die Lesart אישׁ ימני auch durch LXX[L], deren kürzere Lesart hier
eine grammatikalische Schwierigkeit beseitigt und die deshalb den
Vorzug verdient[52].

Durch die Endstellung wird Kisch, der Vater Sauls, als נבור חיל hervorgehoben. L. SCHMIDT meint dazu, dass aufgrund von Ri 6,12;
11,1 nur seine militärische Tüchtigkeit hervorgehoben werden soll[53].
Auch wenn der kriegerische Aspekt der Bezeichnung נבור חיל normalerweise im Vordergrund steht[54], so spricht doch der Kontext
gegen eine solche Deutung. Das Entlaufen der Eselinnen und die
Erwähnung von Knechten verweisen eher auf den Vermögensaspekt.
Die Deutung von L. SCHMIDT legt sich für unseren Vers nur nahe,
wenn man seine Einschätzung von Abschluss und Ziel der ursprünglichen Erzählung teilt. Demnach ist נבור חיל hier wie z.B. auch in
Rut 2,1; 2 Kön 15,20 als soziale Klassifizierung zu sehen, der die
Herkunft Sauls aus der freien und vermögenden Vollbürgerschicht
kennzeichnet[55]. Hat man dabei auch im Hinterkopf, dass aus dieser

---

Ein Abfolge von sieben Generationen ergibt sich jedoch nur dann, wenn in 9,1aß
בן־אישׁ als eigene Filiationsangabe gelesen wird; dies trifft jedoch kaum zu, die Angabe
ist sinnvoller als Stammesattribut zu lesen, vgl. WONNEBERGER, *Redaktion*, FRLANT
156, 1992, 183.
    Wie ESLINGER, *Kingship*, 1985, 285, zu einer Einschätzung von Saul als „nobody"
kommen kann, ist mir unerfindlich; vgl. dagegen auch FOKKELMAN, *Vow*, 1993, 374.
[49] STOEBE, *Samuelis I*, KAT VIII/1, 1973, 193.
[50] Vgl. RICHTER, *Berufungsberichte*, FRLANT 101, 1970, 14f.
[51] RICHTER folgt auch der von WELLHAUSEN, *Composition*, ⁴1963, 242, vorgeschla-
genen freien Konjektur für V1aα: מנבעת בן.
[52] Vgl. McCARTER, *I Samuel*, AncB 8, 1980, 168.
[53] Vgl. L. SCHMIDT, *Erfolg*, WMANT 38, 1970, 78.
[54] Vgl. KOSMALA, Art. „נבר", *ThWAT I*, 1970–1973, 906; KÜHLEWEIN, Art. „נבר",
THAT I, 1971, 400; vor allem SCHÄFER-LICHTENBERGER, *Eidgenossenschaft*, BZAW
156, 1983, 313–321.
[55] So auch STOEBE, *Samuelis I*, KAT VIII/1, 1973, 193; EDELMAN, *Saul*, 1991, 34;

Schicht der größte Widerstand gegen die Einführung des Königtums stammt[56], so ist es einsichtig, dass die Herkunft Sauls aus diesen Kreisen hier betont wird.

Nach der Vorstellung Sauls in V2aα, der als „jung und schön" (בחור וטוב)[57] bezeichnet wird, folgt in V2aβ ein Vergleich Sauls mit anderen Israeliten, der das Stichwort טוב aufgreift und deutlich macht, dass Saul ein besonderer Mann in Israel ist[58]. Obwohl der Vergleich in 2aβ schon abgeschlossen ist, führt V2b als weiteren Vergleichspunkt die Körpergröße ein. Die Körpergröße spielt ebenfalls eine Rolle in 10,23, dem folgenden Textabschnitt, der von der Wahl Sauls zum König in Mizpa berichtet. 9,2b weist also über den unmittelbaren Textzusammenhang hinaus. Das Aufeinandertreffen zweier Komparative[59], der Abschluss des Gedankenganges schon mit V2a sowie die fehlende Bedeutung der Körpergröße im weiteren Textablauf von 9,1–10,16 und die Verbindung mit 10,23, wo dieser Zug organischer mit dem Geschehen verknüpft ist, sprechen dafür, in V2b einen redaktionellen Zusatz anzunehmen. Es kommt hinzu, dass die Vergleichsgröße einmal die בני ישראל in 9,2a sind, in 9,2b jedoch כל העם[60].

Wenn in V2a, also im ursprünglichen Text, als Vergleichsgröße für Saul die „Söhne Israels" auftauchen, so zeigt dies einen Horizont, der über das Stammesgebiet von Benjamin hinausweist und auf die Bedeutung Sauls für ganz Israel verweist. Dies spricht gegen die Annahme eines nur auf den Stamm Benjamin bezogenen Grundtextes.

Nach der Vorstellung Sauls wird in V3 zunächst das (vordergründige) Problem dieser Erzählung formuliert: Die Eselinnen sind entlaufen und Kisch gibt Saul den Auftrag, gemeinsam mit einem der Knechte nach ihnen zu suchen. Recht summarisch wird dann in V4

G. ROBINSON, *Nations*, 1993, 56; FOKKELMAN, *Vow*, 1993, 373 Anm 17; CAQUOT/DE ROBERT, *Les Livres de Samuel*, CAT VI, 1994, 123.

[56] Vgl. dazu CRÜSEMANN, *Widerstand*, WMANT 49, 1978, 219–222.

[57] Anders SEEBASS, *David*, 1980, 73 Anm 44; V.P. LONG, *Reign*, SBL.DS 118, 1989, 204f., die בחור mit „chosen" bzw. „auserlesen" wiedergeben; dazu besteht jedoch keine Notwendigkeit.

[58] Dass Jugend und Schönheit (auch Größe) eine Verbindungslinie zur altorientalischen und auch israelitischen Königsideologie herstellen, betont SCHROER, *Samuelbücher*, 1992, 63, die für den israelitischen Bereich auf Ps 45,3.8; 1 Sam 10,23f.; 16,12.18; 2 Sam 14,25 hinweist.

[59] Vgl. RICHTER, *Berufungsberichte*, FRLANT 101, 1970, 25.

[60] Vgl. MOMMER, *Samuel*, WMANT 65, 1991, 94f.; ebs. GLEIS, *Bamah*, BZAW 251, 1997, 35.

mitgeteilt, dass Saul und sein Knecht ein umfangreiches Gebiet durch-
streifen. Die Suche bleibt jedoch ergebnislos.

Ein erstes Problem stellt die Determiniertheit der Eselinnen dar.
Damit wird der Eindruck erweckt, als seien die Eselinnen bereits
erwähnt worden[61]. McCarter macht darauf aufmerksam, dass bei
dieser Konstruktion auch eine andere Funktion des Artikels möglich ist, die in 1 Sam 14,16; 2 Sam 15,13; 17,17 belegt ist, so
dass die Übersetzung von האתנות mit „some asses" möglich sein
könnte[62]. Am wahrscheinlichsten ist jedoch die Deutung von
Stoebe[63], der die Determiniertheit als Hinweis auf einen Gesamt-
verlust versteht und sich gegen die textkritische Streichung des
Artikels wendet. Dabei ist es aber nicht notwendig, so viel Dramatik
in den Verlust der Eselinnen hineinzulesen wie Stoebe, der meint,
dass mit dem Verlust aller Eselinnen — da diese zur Ausrüstung
des Kriegers gehören — die militärische Potenz von Kisch in Frage
gestellt ist[64]. Es ist kein Hinweis im Text vorhanden, dass der
Verlust der Eselinnen etwas Außergewöhnliches oder gar Bedroh-
liches für Kisch darstellt. Vom Kontext her näher liegt die Interpretation der Eselinnen als „symbols of royalty" durch Edelman[65],
was sich natürlich mit einer Einbeziehung der Salbung in den
Grundtext besser verträgt.

In V4 wechselt unmotiviert der Numerus. Es ist jedoch nicht erforderlich,
ohne zusätzliche Indizien hieraus literarkritische Folgerungen zu ziehen[66].

---

[61] Vgl. Richter, *Berufungsberichte*, FRLANT 101, 1970, 17 Anm 11, der auf die
meist vertretene textkritische Lösung (Streichung des Artikels als Dittographie) hinweist, selbst aber keine Stellung bezieht.

[62] Vgl. McCarter, *I Samuel*, AncB 8, 1980, 173f.

[63] Vgl. Stoebe, *VT* 7 (1957), 362; Ders., *Samuelis I*, KAT VIII/1, 1973, 193.

[64] Vgl. Stoebe, *VT* 7 (1957), 362–366; dort gegen die kultmythologische Deutung
von Bič, *VT* 7 (1957), 92–97, formuliert. Aufgegriffen wurde die militärische Bedeutung
der Eselinnen von L. Schmidt, *Erfolg*, WMANT 38, 1970, 78, dem diese Deutung
natürlich gut in das Konzept seiner Grundschicht passt. Vgl. zur Deutung von
Stoebe und L. Schmidt auch Mommer, *Samuel*, WMANT 65, 1991, 102 Anm 247;
eine allegorische Bedeutung der Eselinnen als Bild für Israel vermag jetzt Rudman,
VT 50 (2000), 519–530, zu erkennen.

[65] Edelman, *Saul*, 1991, 43 + Anm 3; sie verweist auf 2 Sam 16,1–2; 1 Kön
1,33–35.38–40; Sach 9,9; neutestamentlich auf Mt 21,2–13; Mk 11,1–11; Lk 2,
28–48, ebenfalls auf eine Parallele aus Mari (ARM VI 76.20–25) sowie auf eine
Illustration aus MB IIA, die bei Ausgrabungen in Tell ed Dabʿa im Ostdelta Ägyptens
entdeckt wurde.

[66] Demnach besteht keine Notwendigkeit, LXX und Vulgata vorzuziehen, die
einheitlich den Plural lesen (so z.B. Richter, *Berufungsberichte*, FRLANT 101, 1970,

Trotz der subtilen Überlegungen von EDELMAN[67] bleibt der Weg, den Saul und sein Knecht einschlagen, aufgrund der unsicheren Identifizierung der Ortslagen weiterhin unklar.

Nach dem summarischen Itinerar in V4 beginnt in V5 eine neue Szene, die eingeleitet wird durch das betont vorangestellte Personalpronomen המה, das auch in V11.14.27 eine neue Szene einleitet[68]. Diese Szene, die sich bis V10 erstreckt, bietet ein Gespräch zwischen Saul und seinem Knecht. Dabei ist es Saul, der eher zögerlich ist und in V5 den Gedanken einwirft, dass sein Vater sich Sorgen machen könnte, ein Gedanke, der in 10,2 wieder begegnet, während der Knecht trotz des bisherigen Misserfolges einen neuen Weg sucht und auch die notwendigen Mittel mit sich führt, um diesen Weg beschreiten zu können[69].

Textkritische Schwierigkeiten sind in diesem Abschnitt nicht vorhanden[70].

In V6 macht der Knecht darauf aufmerksam, dass in der Stadt, in deren Nähe sich die beiden befinden, ein angesehener Gottesmann (איש נכבד) ist, dessen Auskünfte zuverlässig seien. Gegen eine Identifizierung der Stadt mit Rama, dem Heimatort Samuels, spricht sich zu Recht STOEBE aus[71].

Dass der später mit Samuel identifizierte Gottesmann in V6 zunächst indeterminiert eingeführt wird, „darf nicht literarisch oder inhaltlich

23; McCARTER, *I Samuel*, AncB 8, 1980, 168, der zusätzlich dem Textplus von LXX[L.] folgt).

[67] Vgl. EDELMAN, *ZDPV* 104 (1988), 44–67; DIES., *Saul*, 1991, 43. Ihre Verbindung mit 1 Sam 7,16, dem Weg, den Samuel beschreitet und die Folgerung daraus, dass Saul hier das Herrschaftsgebiet Samuels übernimmt, wirken konstruiert, vgl. auch MOMMER, *Samuel*, WMANT 65, 1991, 103 Anm 251.

[68] Vgl. LOHFINK, *Rückblick*, 1984, 53; FOKKELMAN, *Vow*, 1993, 356f.; CAQUOT/DE ROBERT, *Les Livres de Samuel*, CAT VI, 1994, 123.

[69] Dass der נער hier die Initiative ergreift, betont auch V.P. LONG, *Reign*, SBL.DS 118, 1989, 202.

[70] Der Vorschlag von McCARTER, *I Samuel*, AncB 8, 1980, 168, am Anfang von V5 mit Hinweis auf 11,27 LXX[B] zu folgen und die gewöhnlichere Abfolge המה באים zu lesen, um das Aufeinandertreffen zweier Perfekta zu vermeiden, folgt ebenso wie die Streichung von באריץ der *lectio facilior*. Zu weiteren textkritischen Problemen, die allesamt nicht von besonderem Gewicht sind, vgl. STOEBE, *Samuelis I*, KAT VIII/1, 1973, 194.

[71] Vgl. STOEBE, *Samuelis I*, KAT VIII/1, 1973, 194; VEIJOLA, *Königtum*, AASF 198, 1977, 35; EDELMAN, *ZDPV* 104 (1988), 54; STOEBE, *VT* 7 (1957), 363f., sieht in dem Hinweis des Knechtes, dass in dieser Stadt ein angesehener Gottesmann ist, einen Widerspruch zu den Angaben der Mädchen in 9,12, dass dieser Gottesmann in die Stadt gekommen sei.

ausgewertet werden (. . .), denn es entspricht hebräischem Erzählstil, Unbekannte indeterminiert einzuführen und sie dann bei späterer Erwähnung zu determinieren"[72]. In V7 wird das Gespräch zwischen Saul und seinem Knecht fortgesetzt. Es geht dabei um das Problem, wie der Gottesmann zu entlohnen sei. Die Erzählabfolge ist ohne Störung, es gibt keinen Grund für literarkritische Operationen. In V8 gibt der Knecht die Lösung des in V7 aufgeworfenen Problems. Er ist noch im Besitz eines Viertel-Schekels, mit dem er den Gottesmann bezahlen kann.

Literarkritische Fragen wirft in diesem Abschnitt nur V9 auf. Dort werden die beiden Titel ראה und נביא gleichgesetzt, obwohl bisher weder ein Seher noch ein נביא erwähnt worden ist, sondern nur von einem Gottesmann die Rede war. Allgemein wird dieser Vers als spätere Erklärung angesehen, die im Grundtext entbehrlich ist[73]. Klar ist, dass V9 das Gespräch zwischen Saul und seinem Knecht unterbricht. In V10 wird dieses Gespräch dann wieder fortgesetzt. Über den vorliegenden Zusammenhang hinaus weist die Verwendung des Titels נביא, der für Samuel im näheren Kontext nur noch in 1 Sam 3,20 begegnet. Außerdem wurde bis V9 der Titel ראה überhaupt noch nicht verwendet. Da der Titel נביא in den folgenden Erzählungen bei Samuel keine Rolle spielt, ist auch nicht anzunehmen, dass er in einer die Samuel bzw. Saul-Überlieferung zusammenfügenden Redaktion eine Rolle gespielt hat. Eine Klärung der Frage ist nur von 1 Sam 3,20 her möglich[74].

V10 nimmt wieder den Gesprächsgang zwischen Saul und seinem

---

[72] RICHTER, *Berufungsberichte*, FRLANT 101, 1970, 18 Anm 16.

[73] Vgl. MOMMER, *Samuel*, WMANT 65, 1991, 95 + Anm 216; RICHTER, *Berufungsberichte*, FRLANT 101, 1970, 18f. (dort auch ältere Lit.). Für eine Textumstellung nach V11 sprechen sich JUNKER, *Prophet*, 1927, 9; JEPSEN, *Nabi*, 1934, 100; SCHUNCK, *Benjamin*, BZAW 86, 1963, 89 aus, also nach der erstmaligen Erwähnung des Titels הראה; McCARTER, *I Samuel*, AncB 8, 1980, 177, plädiert für eine Umstellung nach V10; doch stellt sich die Frage, was damit gewonnen ist. Einen anderen Weg gehen HYLANDER, *Samuel-Saul-Komplex*, 1932, 140–142; STOEBE, *Samuelis I*, KAT VIII/1, 1973, 195.202f.; SEEBASS, *David*, 1980, 69, die aufgrund des doppelten לפנים mit einer zweistufigen Entwicklung von 9,9 rechnen; vgl. jetzt auch FENTON, *VT* 47 (1997), 23–42. Der Anhaltspunkt ist jedoch nicht ausreichend, um eine Aufteilung von 9,9 auf verschiedene Hände zu rechtfertigen.

[74] Vgl. dazu weiter unten Abschnitt 3.2. Von der sprachlichen Gestalt her lässt sich allerdings ein Beleg für eine Zuordnung zu einer dtr Bearbeitungsschicht nicht erbringen. VEIJOLA, *Königtum*, AASF 198, 1977, 73, führt zwar für eine dtr Verfasserschaft die Verwendung von לפנים an, sieht jedoch selbst, dass die Beweiskraft nicht ausreichend ist.

Knecht auf und schließt es mit der ausdrücklichen Zustimmung Sauls zu dem Vorschlag des Knechtes ab.

Mit dem betont vorangestellten Personalpronomen המה beginnt in V11 eine neue Szene mit neuen Akteuren. Es kommt zu einer Begegnung mit Mädchen, die außerhalb der Stadt Wasser schöpfen. Sie geben Saul und seinem Knecht Auskunft über den erstmalig als „Seher" bezeichneten Gottesmann. Diese Szene erstreckt sich bis V14a. ויעלו העיר in V14a bilden noch den Abschluss der Begeg-nungsszene mit den Mädchen. Erst in V14b wird wieder mit המה eine neue Szene eingeleitet. Dass hier eine andere Textebene vor-liegen soll[75], ist nicht erkennbar; die Szene setzt den bisherigen Zusammenhang fort. In V12 antworten die anonym bleibenden Mädchen, dass der Seher in der Stadt sei, dass er aber beabsichtigt, zur Kulthöhe (במה) hinaufzugehen, um dort das Opfer (זבה) zu seg-nen. Saul und der Knecht müssen sich also beeilen, wenn sie den Seher noch antreffen wollen[76].

An der literarkritischen Zugehörigkeit zu dem Vorhergehenden sind keine Zweifel möglich.

V13, der die Rede der Mädchen fortsetzt, wird von L. SCHMIDT jedoch in Teilen literarkritisch angezweifelt. Aufgrund der unter-schiedlichen Terminologie (קראים, עם) und weil V13a überfüllt scheint, scheidet er V13aγ aus. Dieser Teilvers bereite V22b vor, den er ebenfalls einer Bearbeitungsschicht zuordnet[77]. Es ist die Frage, inwieweit der Unterschied in der Terminologie die Aus-scheidung rechtfertigt. Immerhin wechseln ja auch die propheti-schen Titel „Seher" und „Gottesmann" auf derselben Textebene. Es ist RICHTER zuzustimmen, der meint: „Aber diese Beobachtungen schließen sich nicht aus und gestatten kaum einen literarkritischen Eingriff"[78].

---

[75] So vor allem STOEBE, *VT* 7 (1957), 364f., etwas zurückhaltender spricht er in seinem Kommentar von einer „vorher nicht zu beobachtende(n) Freude am plasti-schen Detail", redet aber immer noch von einer Erweiterung (vgl. STOEBE, *Samuelis I*, KAT VIII/1, 1973, 203). L. SCHMIDT, *Erfolg*, WMANT 38, 1970, 69f. hat jedoch deutlich gemacht, dass das Basisargument von STOEBE, der Widerspruch zwischen V12 und V6, kein Widerspruch ist.

[76] Zu den textkritischen Fragen in diesem Abschnitt vgl. STOEBE, *Samuelis I*, KAT VIII/1, 1973, 191.

[77] Vgl. L. SCHMIDT, *Erfolg*, WMANT 38, 1970, 70f.

[78] RICHTER, *Berufungsberichte*, FRLANT 101, 1970, 20. Es ist außerdem zu sehen, dass zwischen עם und קראים kein Widerspruch zu sehen ist, wenn man beachtet, dass das Kultmahl (זבה) zur Frömmigkeitsebene der Familie zu rechnen ist; vgl.

Mit V14b wird nun eine neue Szene eingeleitet, die die Begegnung mit dem Seher Samuel bringt; sie erstreckt sich bis V21.

Eine literarkritisch relevante Spannung liegt zwischen 9,14 und 9,18 vor. Nach 9,14 geschieht das Zusammentreffen zwischen Saul und Samuel inmitten der Stadt, nach 9,18 im Tor, d.h. am Eingang der Stadt. Die oftmals vorgenommene Änderung von בתוך העיר in בתוך השער „ist ein Musterbeispiel für künstliche Harmonisierung von Spannungen", die schon die LXX versucht hat zu überbrücken.[79]

Es ist festzuhalten, dass hier offensichtlich unterschiedliche Vorstellungen über den Ort der Begegnung zwischen Samuel und Saul aufeinandertreffen. Damit stellt sich die Frage, was einen Bearbeiter veranlasst haben könnte, den Begegnungsort zu verändern.

Deutlich ist, dass V15–17, in denen nachholend davon berichtet wird, dass Samuel schon durch JHWH auf die Begegnung mit Saul vorbereitet wurde, die schon in V14b sich abzeichnende Begegnung zwischen Samuel und Saul/Knecht (לקראתם) unterbrechen. Der Verdacht liegt nahe, dass es sich bei V15–17 um einen Einschub handelt. Von der Szenenfolge her ist es logisch, dass Saul und sein Knecht sich am Eingang der Stadt, also am Tor, nach dem Haus des Sehers erkundigen. Demnach scheint die Torszene in V18 am ehesten in den ursprünglichen Zusammenhang zu passen. Auf der anderen Seite kann die Fortsetzung von V14a nicht gut in V18 erblickt werden. Hier fehlt die in V18 vorausgesetzte vorherige Erwähnung des Sehers Samuel, bevor Saul sich Samuel nähern kann. Die Szene im Tor bedarf der Vorbereitung. Diese liegt in V14bα vor. Gehört aber V14b zum ursprünglichen Text, wie ist dann die widersprüchliche Ortsangabe zu V18 in V14bα zu erklären? Die Erklärung ergibt sich von V17 her. Dort wird gesagt, dass Samuel Saul sieht und dass JHWH ihn als denjenigen benennt, den er zu salben hat. Dies ist aber nicht gut möglich, wenn Samuel sich auf dem Weg befindet von seinem Haus zum Stadttor und gleichzeitig Saul und sein Knecht von außerhalb der Stadt auf das Stadttor zugehen.

dazu ALBERTZ, *Religionsgeschichte*, GAT 8/1, 1992, 154f. Die Verbindung zu 10,8 und 13,8–9 ist auch nicht eng genug, dass man gezwungen wäre, hier an dieselbe Textschicht zu denken. Immerhin ist es ebenfalls möglich, dass der Redaktor in 10,8 und 13,8–9 (s.u.) das dem ursprünglichen Text zugehörige Stück 9,11–13 bzw. 9,22–24 zur Ausgestaltung benutzt hat.

[79] So richtigerweise L. SCHMIDT, *Erfolg*, WMANT 38, 1970, 72; RICHTER, *Berufungsberichte*, FRLANT 101, 1970, 20, korrigiert ebenfalls den vorliegenden Text nach LXX, vgl. dort auch die ältere Literatur.

Von daher lässt der Bearbeiter, der V15–17 in den Zusammenhang eingefügt hat, Saul und seinen Knecht schon in V14bα inmitten der Stadt sein, bevor es zu der Begegnung zwischen Samuel und Saul im Tor kommt. Der ursprüngliche Text liegt zunächst in V14a vor. Es ist der Abschluss der Szene mit den Mädchen am Brunnen. Dann beginnt asyndetisch in V14bα die neue Szene der Begegnung zwischen Samuel und Saul, wobei in diesem Teilvers derselbe Redaktor, der V15–17 eingefügt, die Worte בתוך העיר eingefügt hat.

L. SCHMIDT rechnet die Bearbeitung in 9,15–17 zu einer Textschicht, die er in der Zeit zwischen 850–800 ansetzt,[80] MOMMER denkt aufgrund der Sprache an die davidisch-salomonische Zeit.[81] Dagegen sieht VEIJOLA in 9,16b aufgrund der Verbindung mit der Retterformel והושיע את־עמי מיד פלשתים ein Stück dtr Schultheologie[82]. Die aufgezeigten sprachlichen Parallelen für ראה את עני עמי (Ex 4,31; Dtn 26,7; 2 Kön 14,26) und בוא צעקתו עלי (Gen 18,21) sind jedoch kaum eindeutig dtr. Entscheidender ist aber, dass die Rettung Israels vor den Philistern durch Saul einem dtr Redaktor, der die David-Überlieferung vor Augen hatte, nicht zugemutet werden kann. Der Satz הושיע את עמי מיד פלשתים verweist auf den Abschluss von Kapitel 14, in dem Saul als siegreicher Kämpfer gegen die Philister erwähnt wird. Dieser Satz ist nicht vorstellbar auf einer Textebene, die die Überwindung der Philistergefahr durch David kennt und die zumindest die Hochschätzung Davids und das Negativbild Sauls der Daviderzählungen überliefert. Auf dieser Textebene wäre vorsichtiger und anders formuliert worden.

In V19 gibt sich nun Samuel als der gesuchte Seher zu erkennen; gleichzeitig lädt Samuel Saul auf die Kulthöhe ein, um mit ihm zu essen. Auskünfte wird er jedoch erst am folgenden Morgen geben.

Im Gegensatz zu V19 gibt Samuel in V20 dann doch überraschend Auskunft über die Eselinnen und bezeichnet Saul und das

---

[80] Vgl. L. SCHMIDT, *Erfolg*, WMANT 38, 1970, 101f.

[81] Vgl. MOMMER, *Samuel*, WMANT 65, 1991, 108f.

[82] Vgl. VEIJOLA, *Königtum*, AASF 198, 1977, 73f. Textkritisch ergänzt VEIJOLA in 9,16bα mit LXX עני, womit eine Angleichung an Ex 3,7 vollzogen ist. Diese textkritische Operation ist möglich, aber keineswegs zwingend; BARTHÉLEMY, *Critique*, OBO 50/1, 1982, 160, hält eine spätere Angleichung an Ex 3,7 „ici bien plus vraisemblable", wobei er aufgrund der unterschiedlichen Übersetzung des Begriffes עני ins Griechische diese Assimilation schon der „Vorlage" des griechischen Textes zuordnet. Fragwürdig ist auch die Zuordnung von Ex 3,7.9 zu einer dtr Textschicht durch VEIJOLA.

Haus seines Vaters als „Sehnsucht Israels" (חמדת ישׂראל). Die Auskunft bezüglich der Eselinnen wird noch einmal in 10,2 gegeben, dort passt sie sich organischer in das Geschehen ein und entspricht auch dem in V19 angegebenen Zeitpunkt.[83] Zusätzlich wird in der Erwiderung Sauls auch noch eine Spannung zu 9,1f. erkennbar, wo festgestellt wird, dass Saul aus vermögendem Hause stammt, während Saul in 9,21 die Unbedeutendheit seiner Sippe hervorhebt. Dieses „Kleinheitsmotiv" wird noch einmal in 15,17 aufgegriffen. Außerdem werden in 9,20 die Eselinnen Saul zugeordnet und nicht seinem Vater. Damit verdichten sich die Momente, die für eine redaktionelle Einfügung von 9,20f. sprechen. Diese Spannungen zum Kontext, die in ihrer Fülle schon gewichtig sind sowie die Tatsache, dass V22 nahtlos an V19 anknüpft, lassen V20f. als redaktionelle Erweiterung erkennen[84].

Eine Zuordnung zu einer dtr Redaktion erscheint angesichts der positiven Hochschätzung Sauls und seines Vaterhauses (Sehnsucht Israels!) unwahrscheinlich. Diese Hochschätzung Sauls verbindet V20f. mit 9,15–17.

Mit V22 beginnt, dieses Mal ohne einleitendes Personalpronomen, die Mahlszene. In dieser Szene, die sich bis V25a erstreckt, ist V24 nicht klar. Am sinnvollsten ist es wohl, dem Vorschlag von RICHTER zu folgen und den Redeteil V24aβγ auszuscheiden.[85] Darin wird betont, dass Samuel schon alle Vorbereitungen für einen festgesetzten Termin getroffen habe. Am ehesten scheint mir diese Einfügung in Verbindung mit 9,15–17 zu stehen, wo ja auch die (durch JHWH gelenkte) Initiative Samuels hervorgehoben wird; er steht in direkter Verbindung mit der göttlichen Autorität.

Möglicherweise gehört auch der zweite Relativsatz in V23b zu der gleichen Bearbeitung. Hier wird auf etwas zurückverwiesen, von dem nicht berichtet worden ist,[86] außerdem lässt sich in diesem Satz dieselbe Tendenz erkennen, das vorsorgliche und vorwissende Handeln

---

[83] Vgl. auch BIRCH, *Rise*, SBL.DS 27, 1976, 30; die dort von ihm ebenfalls vermerkte Spannung zwischen 9,19a, wo Samuel Saul auffordert, vor ihm her zur Kulthöhe zu gehen und V22, wo gesagt wird, dass Samuel Saul und seinen Knecht mitnahm (ויקח), ist jedoch kein Widerspruch.

[84] Vgl. MOMMER, *Samuel*, WMANT 65, 1991, 100; RICHTER, *Berufungsberichte*, FRLANT 101, 1970, 21; L. SCHMIDT, *Erfolg*, WMANT 38, 1970, 67f.

[85] Vgl. RICHTER, *Berufungsberichte*, FRLANT 101, 1970, 24.

[86] Vgl. ebd.

Samuels hervorzuheben. Die ursprüngliche Textabfolge war demnach 9,22–23a.24aα.b.

Mit V25a wird die Mahlszene beendet. Samuel und seine Gäste gehen wieder hinunter zur Stadt.

> Fraglich ist, ob V25b zum ursprünglichen Text gehört. Hier wird eine Unterredung zwischen Samuel und Saul auf dem Dach des Hauses von Samuel erwähnt, über deren Inhalt nichts gesagt wird. Es wird auch nicht erwähnt, dass Samuel das Dach wieder verlässt. Von daher ist man überrascht, dass Samuel in V26 Saul von unten her ruft. Dem Vorschlag von RICHTER zu folgen und hier die Lesart von GL ^{lg} einzusetzen, ist nicht sinnvoll, da keine Erklärung für die gestörte Abfolge in MT vorliegt[87]. Am besten ist es daher, V25b zur gleichen Bearbeitung zu rechnen, die auch V23b.24a* eingefügt hat.

V26 gehört offenbar noch als Abschluss zum Aufenthalt Sauls im Hause Samuels.

Mit V27, der wiederum mit dem als Struktursignal verwendeten Personalpronomen המה eingeleitet wird, beginnt dann die Salbungsszene, die sich bis 10,8 erstreckt.

Auf Anweisung von Samuel wird der Knecht in 9,27 vorgeschickt. Begründet wird die Anweisung damit, dass Samuel Saul ein Gotteswort (דבר אלהים) zu verkünden hat. Das Wegschicken des Knechtes lässt sich am besten verstehen, wenn im folgenden von einer Salbung die Rede ist. Denn das Alleinsein von Prophet und dem zu Designierenden ist auch noch in der Salbungsszene 2 Kön 9,1–14 belegt. In 2 Kön 9,2 heißt es ausdrücklich, dass Jehu aus dem Kreis seiner Brüder herausgerufen werden soll und dass die Salbung im innersten Gemach zu geschehen hat; dies geschieht dann auch (9,5–6.10b.11). Die Salbung durch den Propheten hat *privatim* zu erfolgen. Auch die Designation Jerobeams durch Ahija von Schilo erfolgt in 1 Kön 11,29ff. ohne Öffentlichkeit.

Mit der Salbungsszene nähern wir uns einem Kernproblem des Verständnisses von 1 Sam 9f. In den meisten neueren Bearbeitungen wird die Salbung als sekundäres Textelement gesehen.[88] Als weiteres Problem kommt noch die Textgestalt von 10,1 hinzu, da LXX

---

[87] Vgl. ebd.
[88] Vgl. oben (Abschnitt 1.2.) den Überblick über die neueren Arbeiten.

hier gegenüber MT einen erheblich erweiterten Text bietet. Am sinnvollsten ist es, die textkritische Frage zunächst zu diskutieren.

Der Text von 1 Sam 10,1 lautet:

LXX	MT
καὶ ἔλαβεν Σαμουηλ τὸν φακὸν τοῦ ἐλαιου	ויקח שמואל את־פך השמן
καὶ ἐπέχεεν ἐπὶ τὴν κεφαλὴν αὐτοῦ καὶ	
ἐφίλησεν αὐτὸν καὶ εἶπεν αὐτω Οὐχὶ	ויצק על־ראשו וישקהו ויאמר הלוא
κέχρικέν σε κύριος εἰςἀρχοντα ἐπὶ τὸν	כי־משחך יהוה על־נחלתו לנגיד
λαὸν αὐτοῦ, ἐπὶ Ισραηλ; καὶ σὺ ἄρξεις ἐν	
λαῶ κυρίου, καὶ συ σώσεις αὐτον ἐκ	
Χειρὸς ἐχθρῶν αὐτοῦ κυκλόθεν. καὶ τοῦτό σοι	
σημεῖον ὅτι ἔχρισέν σε κύριος ἐπὶ	
κληρονομίαν αὐτοῦ εἰς ἄρχοντα.	

Da sich der kürzere hebräische Text durch Haplographie erklä-
ren lässt, haben viele der Lesart der LXX den Vorzug gegeben[89].
Doch hat Pisano[90] entscheidende Gründe beigebracht, die für die
Beibehaltung von MT sprechen:

1) Der überschüssige Text ist im wesentlichen eine Wiederholung
    von 9,16–17. Der Hinweis auf die Zeichen in 10,7 (dort jedoch
    Plural!) könnte einen Bearbeiter inspiriert haben, die Salbung
    mit den Zeichen zu verbinden.

2) Bei einer Haplographie müsste auch das כי ausgefallen sein.

3) Die Konstruktion הלוא כי begegnet auch in 2 Sam 13,28.

4) Die Wortstellung על־נחלתו לנגיד ist ungewöhnlich; ansonsten
    steht נגיד immer vor der Erwähnung des Herrschaftsbereiches.
    Im Textplus der LXX erscheint die Standardfolge, die Text-
    abfolge von MT ist aber auch in der griechischen Überlieferung
    bewahrt, „which may indicate mere imitation of the standard
    formula when it was added to the shorter text"[91].

---

[89] Vgl. z.B. Hertzberg, *Samuelbücher*, ATD 10, [5]1973, 59 Anm 8; Mettinger,
King, CB.OT 8, 1976, 66–67; Veijola, *Königtum*, AASF 198, 1977, 75f.; McCarter,
I Samuel, AncB 8, 1980, 171; Klein, *Samuel*, WBC 10, 1983, 83; W. Dietrich,
David, BWANT 122, [2]1992, 66 Anm 14; H.-C. Schmitt, *ZAW* 104 (1992), 209
Anm 49, der zusätzlich noch meint, dass 10,7 ohne die nach LXX erweiterte
Fassung von 10,1 nicht verständlich sei.
[90] Vgl. zum folgenden Pisano, *Additions*, OBO 57, 1984, 166–169.
[91] Ebd., 169.

5) Die Wiederholung von ἔχρισέν σε κύριος in der griechischen Überlieferung setzt einen deutlichen Akzent auf die Salbung Sauls. Derselbe Akzent zeigt sich auch in 1 Sam 11,15, wo in der griechischen Überlieferung Samuel wiederum Saul salbt. 11,15 wird jedoch auch von den Forschern nach MT gelesen, die in 10,1 LXX folgen[92].

Damit wiegen die Gründe schwerer, die für eine Beibehaltung von MT sprechen.

Es stellt sich nun die Frage, ob 10,1 zum ursprünglichen Text zu rechnen ist. Die entscheidenden Gründe für die Zuordnung zu einer Bearbeitungsschicht hat MOMMER[93] zusammengefasst:

1) Der Bezug zu 9,15–17, die zu einer Bearbeitungsschicht gehören. „Der Beauftragung dort entspricht die Ausführung hier. Die beiden entscheidenden Termini aus 9,15–17 (נגיד, משיח) finden sich hier in der direkten Zusage an Saul."
2) Der Wechsel des Gottesnamens. Während in 9,27 von einem דבר אלהים gesprochen wird und auch in 10,3 der Gottesname אלהים begegnet, wird in 10,1 der Gottesname JHWH verwendet.

MOMMER übergeht bei den ersten Grund den Unterschied, dass die Befreiung von den Philistern, die in 9,15–17 erwähnt ist und auf Kapitel 13f. verweist, in 1 Sam 10,1 nicht erwähnt ist. Der Wechsel des Gottesnamens ist das gewichtigere Argument, reicht aber zur Texttrennung ohne weitere stützende Gründe nicht aus, zumal wenn beachtet wird, dass unbestreitbar innerhalb der Grundschicht auch die Titel Gottesmann und Seher wechseln, ohne dass daraus literarkritische Konsequenzen zu ziehen sind.

Ein weiterer wichtiger Grund indes für die Beibehaltung der Salbungsszene liegt darin, dass ohne die Salbung der Grundtext seine Farbe verliert. Warum schickt Samuel in 9,27 den Knecht weg, wenn es nicht um das Königtum geht? Nur, dass er die Worte 10,7 oder 10,9 nicht hört? Für die Beibehaltung der Salbung spricht auch die besondere Stellung Sauls bei dem Kultmahl (9,22–24*), ebenso wie die Vergleichsaussage in 9,2a, die sich auf die Größe Israel bezieht. Nimmt man die Salbung heraus, so bieten 10,7 oder 10,9 ein wenig befriedigendes Ende, selbst wenn man in diesen Versen die

---

[92] Vgl. z.B. McCARTER, *I Samuel*, AncB 8, 1980, 201.
[93] Vgl. MOMMER, *Samuel*, WMANT 65, 1991, 101.

Beauftragung zur Kriegführung gegen die Philister erblickt. Der
Skopus der Erzählung bleibt dunkel und das Ziel dieses Textes wird
nicht recht deutlich.

In 10,2 wird die Rede Samuels von 10,1 fortgeführt. Samuel kündigt eine Begegnung mit zwei Männern an, die Saul mitteilen werden, dass die Eselinnen gefunden worden sind. Damit ist das Thema
der Eselinnensuche, das den Ausgangspunkt der Überlieferung in
9,1ff. gebildet hat, hier zu einem Abschluss gekommen. Mit der
Salbung hat sich das Thema des Königtums in den Vordergrund
geschoben.

Neben den Ortsangaben קברת רחל und נבול בנימן ist in V2 auch
noch בצלצח erwähnt, ein ansonsten unbekannter Ort. Dies hat zu
manchen Textverbesserungen geführt, die jedoch nicht überzeugen[94].
In V2 begegnet noch einmal nach 9,5 die Sorge des Vaters Kisch
um seinen Sohn. Damit ist klar, dass in V2–4 der Grundtext fortgesetzt wird[95].

Die V3f. kündigen dann eine weitere Begegnung mit drei Männern
bei der Tabor-Eiche an, die Saul und seinem Knecht Brot überlassen. Beide Begegnungen sind ein Bestätigungszeichen für die Richtigkeit
der von Samuel gegebenen Auskünfte und unterstreichen damit auch
seine Salbung zum נגיד[96].

In V5–6 kündigt Samuel eine weitere, die dritte Begegnung an,
diesmal mit einer Gruppe (חבל) von נביאים. Es ist die einzige
Begegnung, deren Ausführung auch in 10,10–12 geschildert wird.
Dort kommt sie jedoch nach der summarischen Feststellung in V9
ויבאו כל־האתות האלה zu spät[97], so dass sich der Eindruck verstärkt,

---

[94] Vgl. z.B. MILLER, *CBQ* 36 (1974), 159f., der hier nach Jos 18,28 den Ortsnamen
sēlā sieht; andere Lösungsversuche bei McCARTER, *I Samuel*, AncB 8, 1980, 171,
der jedoch zu dem Ergebnis kommt: „The problem remains unsolved."
[95] Vgl. dazu überzeugend L. SCHMIDT, *Erfolg*, WMANT 38, 1970, 66f., der die
Entsprechungen zwischen 10,2–4.7.9 und 9,1–8 aufzeigt; vgl. auch BIRCH, *Rise*,
SBL.DS 27, 1976, 33f.; anders WEISER, *Samuel*, FRLANT 81, 1962, 57–60, der in
10,2–12 Nachträge sieht unter dem Thema „Zeichen", wobei Samuel hier als Prophet
mit seherischen Fähigkeiten erscheint.
[96] Vgl. auch EDELMAN, *Saul*, 1991, 52, die insgesamt von den Begegnungen in
10,2–7 meint, dass sie als „confirmation of Saul's selection by Yahweh" dienen. Sie
verweist dabei auf Ri 6,36–40 und 1 Sam 14,8–10.
[97] Vgl. L. SCHMIDT, *Erfolg*, WMANT 38, 1970, 63f.; für den sekundären Charakter
von V5f. spricht auch die Einleitung mit אחר כן (vgl. MOMMER, *Samuel*, WMANT
65, 1991, 96). Dass in 10,6 von der רוח יהוה die Rede ist, in 10,10 jedoch von
רוח אלהים, ist kein Grund, diese Verse auf verschiedene Hände aufzuteilen (s. oben
zu 10,1); zum sekundären Charakter von 10,10–12 vgl. auch NAʿAMAN, *CBQ* 54
(1992), 641.

dass V5–6 zu einer Bearbeitungsschicht zu rechnen sind[98]. Allerdings ist hierin kein entscheidendes literarkritisches Kriterium zu sehen, da der hebräische Erzählstil vorangestellte summarische Angaben kennt, die nicht notwendigerweise im späteren Text auserzählt werden müssen. Entscheidender für die Zuordnung zu einer Bearbeitungsschicht ist vielmehr, dass diese Verse eine starke Verbindung zu Kapitel 13 aufweisen. Als Ortsname wird in 10,5 גבעת האלהים erwähnt. In dieser Konstruktion wird Gibea zwar nicht mehr erwähnt, doch macht 10,10 klar, dass es sich um ein und denselben Ort handelt[99]. Neben dem Ortsnamen Gibea/Geba wird auch noch der „Posten der Philister" erwähnt und damit ein klarer Bezug zu 13,3 hergestellt[100]. Es handelt sich in V5–6 also um eine Bearbeitung, die vor allem die Verbindung zu Kapitel 13 herstellen will.

In V7 wird noch einmal summarisch auf die zukünftigen Zeichen hingewiesen, die in Saul das Vertrauen erzeugen sollen, dann das zu tun, „was seine Hand findet" (עשׂה לך אשׁר תמצא ידך). Zu diesem Tun wird ihm der Beistand Gottes zugesichert: כי האלהים עמך. Die etwas geheimnisvoll anmutende Wendung „tun, was die Hand findet" hat L. Schmidt genauer untersucht. Er kommt zu dem Ergebnis: „Die Wendung drückt die Fähigkeit einer Person aus, etwas zu tun,

---

[98] Anders Mettinger, King, CB.OT 8, 1976, 68–70, der für die Zugehörigkeit von 10,5–6 zur Grundschicht vor allem formkritische Gründe geltend macht: Die Geistesgabe gehöre nicht zum Berufungsschema, dem die Bearbeitung in 9f. folge, außerdem stelle die Begegnung mit der *Gruppe* der נביאים eine Steigerung gegenüber den zwei vorhergehenden Begegnungen mit zwei bzw. drei Personen dar; sie sei deshalb die „necessary climax" der drei Begegnungen; ihm folgt H.-C. Schmitt, ZAW 104 (1992), 209 Anm 53.

[99] Der Ortsname Gibea begegnet auch noch in anderen Verbindungen. Er wird in 1 Sam 11,4; 15,34 als Gibea Sauls bezeichnet, in 1 Sam 13,2; 14,16 als Gibea-Benjamin; außerdem gibt es noch die Form „Geba" (1 Sam 13,3; 14,5); vgl. dazu Arnold, Gibeah, JSOT.S 79, 1990, der dafür plädiert, dass es sich bei „Geba" und „Gibea" um denselben Ort handelt. Er identifiziert diesen Ort allerdings nicht mit Tell-el-Ful, sondern mit dem heutigen Ǧebaʿ; anders Naʾaman, CBQ 54 (1992), 649–652, der nur Geba/Gibea in 1 Sam 13,2.15b.16; 14,5.16 mit dieser Ortslage in Verbindung bringt, ansonsten jedoch bei der herkömmlichen Lokalisierung von Gibea bleibt; in Gibeat-Elohim von 1 Sam 10,5 sieht er den außerhalb der Ansiedlung liegenden Kultplatz von Gibea.

[100] In 10,5 ist mit LXX und 1 Sam 13,3 der Singular נציב zu lesen (vgl. z.B. Stoebe, Samuelis I, KAT VIII/1, 1973, 194; McCarter, I Samuel, AncB 8, 1980, 171). Zur Bedeutung von נציב vgl. Reindl, Art. „נצב", ThWAT V, 1984–1986, 562: „Außer Gen 19,26 kommt *nᵉṣîbîm* immer im übertragenen Sinn vor (‚Säule' im Sinne der Stütze einer fremden Herrschaft); es bleibt aber im Einzelfall fast immer unklar, ob damit eine Einzelperson (‚Vogt', militärischer Befehlshaber) oder eine militärische Abteilung bzw. Einrichtung (‚Posten', Garnison) gemeint ist."

oder sie bezeichnet die Macht, die eine Person über andere Menschen auszuüben vermag"[101]. Dass hier der Grundtext fortgesetzt wird, ergibt sich aus der Beziehung zu den in 10,2–4 angekündigten Zeichen. V7 schließt die angekündigten Zeichen mit einer allgemeinen Ermächtigung und Beistandszusage Gottes ab.

Nach dem abschließenden Charakter von 10,7 verwundert es, dass in 10,8 der Text jetzt fortfährt mit einer konkreten Handlungsanweisung an Saul, der nach Gilgal gehen soll, um dort auf Samuel und weitere Anweisungen seitens Samuels zu warten. Der Vers verweist eindeutig auf die in 1 Sam 13,7–15 folgende Begegnung Sauls mit Samuel und ist eine redaktionelle Klammer zu 13,7–15[102]. 10,8 ortet die nächste Begegnung zwischen Samuel und Saul in Gilgal, womit die in 10,17–27 folgende Königserhebung Sauls, an der auch Samuel beteiligt ist und ebenso 11,12–13, wo Samuel und Saul wieder gemeinsam auftreten, übersprungen werden. Daraus zieht DIETRICH den Schluss, dass hier ein ursprünglicher Zusammenhang durch die spätere Einarbeitung von 10,17–27; 11 überdehnt wurde[103]. Dieser Schluss ist jedoch nur dann zwingend, wenn Samuel in 10,17–27 und 11 mit Saul zusammentrifft. Bei der Analyse dieser Textteile wird sich jedoch zeigen, dass Samuel in diesen Textteilen erst durch die dtr Redaktion eingefügt wurde (s. unten).

Ein Problem stellt in 10,8 die Kultterminologie dar. Es ist die Rede von זבח und שלמים-Opfern. In 13,7ff., worauf 10,8 abzielt, wird jedoch זבח als Opferform nicht mehr erwähnt. In 11,15, der Siegesfeier und Königserneuerung nach dem Sieg Sauls über die

---

[101] L. SCHMITT, *Erfolg*, WMANT 38, 1970, 77; vgl. insgesamt 74–77. Der Ausdruck muss dabei nicht auf das kriegerische Vermögen eingeschränkt werden; dies ist natürlich impliziert. Dass L. SCHMIDT den Ausdruck auf diesen Sinn zuspitzt und hier für die allein gültige Interpretation erklärt, liegt daran, dass er die Salbung in 10,1 aus dem Grundtext ausschaltet und den Sinn der ganzen Rede Samuels in dieser Wendung finden muss, obwohl es sich um eine eher allgemeine und summarische Aussage handelt.

[102] Vgl. z.B. L. SCHMIDT, *Erfolg*, WMANT 38, 1970, 66; RICHTER, *Berufungsberichte*, FRLANT 101, 1970, 19.29; MACHOLZ, *Untersuchungen*, 1966, 140 Anm 4; McCARTER, *I Samuel*, AncB 8, 1980, 183; WEISER, *Samuel*, FRLANT 81, 1962, 59 Anm 27; VEIJOLA, *Dynastie*, AASF 193, 1975, 55; anders V.P. LONG, *Reign*, SBL.DS 118, 1989, 51–66, der für die Zusammengehörigkeit von 10,7 und 10,8 plädiert und darin einen zweiteiligen Auftrag Samuels an Saul erblickt, dessen Erfüllung in 13,3–13 geschildert wird; der große Zwischenraum zwischen Auftrag und Erfüllung resultiert „from a failure on Saul's part to fulfil the first stage of his commission, a failure remedied only in chapter 13 through the initiative of his son Jonathan." (65).

[103] Vgl. W. DIETRICH, *David*, BWANT 122, ²1992, 63f.

Ammoniter, stehen זבחים und שלמים unverbunden nebeneinander. Das Vorkommen von זבח in 10,8 erklärt sich durch den Kontext, in dem in 9,14ff. ein Kultmahl erwähnt ist; von זבחי שלמים (Cstr.-V) ist aber überhaupt keine Rede mehr. In 13,9 wird in der Aufforderung Sauls von העלה והשלמים gesprochen, in der Ausführung 13,9b wird jedoch nur von עלה berichtet, ebenso im weiteren Text in 13,10.12. Da die Verbindung von זבח und שלמים erst ein Kennzeichen von P-Texten ist (vgl. Lev 7), scheint die Opferterminologie nachträglich verändert worden zu sein. In 10,8 stand wohl ursprünglich nur להעלות עולת; der Text wurde in 13,9a von einem kultisch interessierten Glossator durch שלמים erweitert, deren Zusammengehörigkeit (עלות ושלמים) oft vorkommt. Aus den zusätzlichen שלמים— Opfern in 13,9 wurden dann in 10,8 aus Kontextgründen זבחי שלמים. Im selben Zusammenhang wurde dann in 11,15 zusätzlich שלמים eingesetzt.

10,9 bringt nun eine abschließende summarische Erfüllungsnotiz zu den angekündigten Zeichen und spricht davon, dass Gott Saul das Herz in ein anderes umgewandelt hat: ויהפך־לו אלהים לב אחר. Dieser Vers ist als Abschluss der ursprünglichen Überlieferung gut vorstellbar. Die Salbung zum נגיד ist bestätigt, Saul tritt in den neuen Status eines designierten Königs ein. Sein Königsein gründet auf der Salbung durch den Gottesmann/Seher Samuel und ist damit religiös legitimiert.

Die Einleitung wie in V7 durch והיה ist ungewöhnlich, da der Kontext klar zeigt, dass והיה hier in der Zeitstufe der Vergangenheit wiederzugeben ist. Den Text einfach in ויהי zu ändern, wie es oft geschieht[104], ist allerdings aufgrund der Variationsbreite in der Verwendung von והיה nicht angeraten.

In V10–12 wird nun die in V5–6 angekündigte Begegnung mit den Gruppenpropheten berichtet. Dabei wird auch ein Sprichwort (משל) erwähnt: הגם שאול בנביאים, das der Verwunderung Ausdruck gibt, dass auch Saul sich unter diesen Gruppenpropheten befindet und in einen Trance-Zustand gerät, da die Gruppenpropheten normalerweise eher verachtet werden. Das in V10–12 erwähnte Sprichwort und die Begegnung Sauls mit den Gruppenpropheten hat eine Parallele in 1 Sam 19,18–24, also im Komplex der Davidüberlieferungen.

---

[104] So z.B. RICHTER, *Berufungsberichte*, FRLANT 101, 1970, 39; L. SCHMIDT, *Erfolg*, WMANT 38, 1970, 66; McCARTER, *I Samuel*, AncB 8, 1980, 172.

Wichtig ist zu sehen, dass die Intention an beiden Textstellen
gegenläufig ist. In 10,10–12 handelt es sich um eine positive Legitimation Sauls, sekundär eingebunden in die Zeichen, die seine Designation unterstreichen. In 1 Sam 19,18–24 dient der Maschal jedoch
dazu, König Saul in ein schiefes Licht zu rücken. Dass dieser Text
nicht zur Grundschicht gehört, ergibt sich aus der Zuordnung der
Ankündigung dieser Begegnung in V5–6 zu einer Bearbeitung.

Mit der „Onkelszene" 10,13–16 schließt der in 9,1 begonnene
Textzusammenhang ab. Es ist jedoch verwunderlich, dass Saul nicht
zu dem Ausgangspunkt seiner Reise zurückkehrt, zumal in 9,5 und
10,2 die Sorge seines Vaters um ihn ausdrücklich erwähnt ist[105]. Saul
erzählt seinem Onkel[106] von der Suche nach den Eselinnen, ver-
schweigt ihm jedoch die Salbung durch Samuel. Damit wird ein
neues Spannungsmoment eingeführt und der Raum für die in 10,17–27
erfolgende öffentliche Königsproklamation eröffnet. Demzufolge ist
anzunehmen, dass der Gestalter dieser Szene ein die verschiedenen
Traditionen verbindender Redaktor ist[107].

Zusammenfassend lässt sich festhalten, dass das Modell „Grundtext
— Bearbeitung(en)" sich bei der Analyse in Übereinstimmung mit
der neueren Forschung bestätigt hat. Eine eigenständige Grundschicht
liegt vor in 1 Sam 9,1–2a.3–8.10–14* (ohne בתוך העיר).18–19.22–
23a.24aαb.25a.26; 10,4.7.9. Im Unterschied zur überwiegenden
Meinung der neueren Forschung gehört die Salbungsszene zum
Grundtext und auch Samuel ist ursprünglich in diesem Text verhaftet. Der etwas unbedarfte (s. die Stellung des Knechtes) junge Saul
aus einem begüterten Haus zieht aus, um die Eselinnen seines Vaters
zu suchen und findet das Königtum, das ihm durch den Gottesmann/
Seher Samuel zugesagt wird. Saul wird zum נגיד gesalbt; dieses „Amt"
hat hier keine andere Funktion als die des Königtums. Es handelt

---

[105] Die Ortsangabe הבמה in V13 (MT) ergibt keinen Sinn. Die bisher vorgeschla-
genen Textverbesserungen sind auch nicht überzeugend, so dass man die Ortsangabe
mit STOEBE, *Samuelis I*, KAT VIII/1, 1973, 199, am besten offenlässt. Dass er zu
seinem Onkel geht, zeigt jedenfalls, dass er nicht zu seinem Vater zurückkehrt, wie
zu erwarten wäre.
[106] Die Deutung von דוד als dem philistäischen Gouverneur durch AP-THOMAS,
VT 11 (1961), 241–245, hat keinen Anhalt am Text, vgl. dazu VAN DER TOORN,
VT 43 (1993), 521.
[107] Vgl. dazu z.B. CRÜSEMANN, *Widerstand*, WMANT 49, 1978, 57; L. SCHMIDT,
Erfolg, WMANT 38, 1970, 94.

sich nicht um eine eigenständige vorstaatliche Institution, sondern ist als besondere Bezeichnung des *rex designatus* zu sehen[108].

Bearbeitungen des Grundtextes liegen in 1 Sam 9,2b.9.14*(nur בתוך העיר).15–17.20–21. 23b. 24αβγ.25b.;10,5–6.8*.10–16 vor. Die Bearbeitungen in 9,14*.15–17.20–21.23–25* bauen aufeinander auf (Die Bezeichnung Sauls als „Sehnsucht Israels" in 9,20 ist nicht gut vorstellbar ohne 9,15–17) und betonen das Vorauswissen Samuels, der mit Jhwh in einem direkten Kontakt zu stehen scheint, der ihn schon im vorhinein veranlasst hat, alle Vorbereitungen zu treffen. Sie verweisen dabei auf weitere Saul- und Samuel-Texte. 9,16 verbindet mit dem Hinweis auf die Befreiung von den Philistern 1 Sam 9f. mit 1 Sam 13f. und zeigt damit einen Horizont, der eine Hochschätzung Sauls beinhaltet, die in einer dtr Redaktionsstufe, die David hervorhebt, nicht gut vorstellbar ist. 9,20 verweist mit dem Kleinheitsmotiv auf 1 Sam 15,17.

Ebenso verweist der Zusatz, der die Begegnung Sauls mit den Propheten einfügt, auf einen folgenden Text: Durch 10,5 wird 10,5–6.10–12 mit Kapitel 13 verbunden. Es gibt deshalb keinen Grund, diesen Zusatz auf eine andere Hand zurückzuführen als die bisher behandelten Bearbeitungen. Gleiches gilt für 10,8, wobei hier die Schwierigkeit zu sehen ist, dass dieser Vers die nächste Begegnung zwischen Samuel und Saul erst in Gilgal in Kapitel 13 sieht, während Samuel sowohl in 10,17–27 am gleichen Ort wie Saul begegnet als auch in 1 Sam 11. Diese Frage kann jedoch erst nach der Analyse der folgenden Kapitel beantwortet werden.

10,8 hat noch eine Glossierung erfahren, die nachträglich die Kultterminologie geändert hat. Dies ist jedoch erst zu einem sehr späten Zeitpunkt eingetreten (Einfluss von P).

Der noch verbleibenden Zusatz in 9,2b verweist auf 10,23; die zu einer Bearbeitung gehörenden Verse 9,13–16 eröffnen den Raum für die folgende Königserhebung Sauls durch das Volk, die in 10,17–27 geschildert wird. Inwieweit diese Texte auf die gleiche Hand wie die anderen Zusätze zurückgehen, kann erst nach der Analyse der weiteren Kapitel beantwortet werden.

1 Sam 9,9 mit der Identifizierung von נביא und ראה, nachdem Samuel bisher nur als „Gottesmann" bezeichnet wurde, verweist auf 1 Sam 3,20, wo Samuel den Titel נביא erhält. Die Untersuchung

---

[108] Vgl. dazu weiter unten S. 144f.

von 1 Sam 3 wird zeigen, dass dieser Vers zu einer zweiten deuteronomistischen Redaktionsschicht gezählt werden muss, in der Samuel
den Titel נביא erhält. 9,9 wird demnach ebenfalls dieser Schicht zugeordnet[109].

2.2. *1 Sam 10,17–27*

Dieser Abschnitt schildert nun die Königserhebung Sauls in Mizpa.
Wiederum ist Samuel in dieses Geschehen in herausragender Weise
involviert. Nach der vorliegenden Darstellung ist Samuel der entscheidende Promotor bei der Wahl Sauls zum König durch das Volk.

Die literarkritische Beurteilung dieses Abschnittes ist allerdings
umstritten. Es stellt sich das Problem der Beziehung zum Kontext,
d.h. zu 9,1–10,16 und 11,1–15, sowie des Anteils der bzw. des Deuteronomisten und die Frage des Verhältnisses von Losentscheid und
Gottesbefragung.

Eine für die weitere Forschungsgeschichte grundlegende Textbeobachtung geht auf EISSFELDT zurück, der auf die Inkongruenz
der Gottesbefragung mit dem vorher erzählten Losentscheid aufmerksam macht und gemäß seiner Quellentheorie 10,17–21abα
und 10,21bβ–27 auf zwei verschiedene Quellen aufteilt[110]. Diese
Textbeobachtung wird von NOTH aufgegriffen, der allerdings in
10,17–21aα den Anteil seines Deuteronomisten sieht, der nach
dem Vorbild von Jos 7,16ff. den Losentscheid gestaltet habe (wobei
ihm möglicherweise eine Überlieferung, die den Ort Mizpa als
Versammlungsort Israels kennt, vorgelegen hat), weil ihm „das
göttliche Orakel über die Bestimmung des längsten Mannes zum
König allzu primitiv erschien." 10,21bβ–27 sei demnach ein von
Dtr verarbeitetes Überlieferungsfragment[111].

---

[109] Zu 1 Sam 3 vgl. weiter unten Abschnitt 3.2; CAQUOT/DE ROBERT, *Les Livres de Samuel*, CAT VI, 1994, 130, weisen diesen Vers ebenfalls einer dtr Redaktion zu.
[110] Vgl. EISSFELDT, *Komposition*, 1931, 7.
[111] Vgl. NOTH, *Studien*, [3]1967, 57f. (Zitat 58); für NOTH gehört dieser Textabschnitt zur königskritischen Reihe 1 Sam 7; 8; 12, mit dieser Einteilung auf WELLHAUSEN zurückgreifend. In der Zuordnung von 10,17–21aα zu Dtr folgen ihm z.B. MACHOLZ, *Untersuchungen*, 1966, 147–151; der jedoch der Auffassung ist, dass Samuel auch in der alten Überlieferung sekundär eingefügt wurde (148); vgl. auch SCHUNCK, *Benjamin*, BZAW 86, 1963, 107, der nur mit einer von seinem RII aufgenommenen Sonder-
überlieferung 10,21bβ–25a rechnet; ebf. CRÜSEMANN, *Widerstand*, WMANT 49, 1978, 54–57.

Damit ist für die folgende Forschung der dtr Anteil in diesem Abschnitt zum Problem geworden. In der neueren Forschung lassen sich zwei Tendenzen erkennen: a) eine weitere Differenzierung des dtr Anteils in 10,17–27 und b) eine stärkere Einordnung von 10,17–27 in einen schon vordtr Textzusammenhang[112].

BOECKER sieht in 10,17ff. die Fortsetzung des in 1 Sam 8 vorliegenden dtr Erzählfadens und reduziert die Dtr vorausliegende Tradition auf 10,21bβ–24, während 10,25–27a ebenfalls von Dtr gestaltet sei. 10,27b gehöre mit der textkritischen Änderung nach LXX und Vulgata zu Kapitel 11. Dass Dtr noch andere, nicht mehr erhaltene Traditionen vorgelegen haben, wie noch NOTH meinte, lehnt BOECKER ab[113].

Auch VEIJOLA sieht in 10,17–27 eine dtr Komposition und lehnt eigenständige Quellen ab, wobei nicht ganz deutlich wird, wie er das Verhältnis von Losentscheid und Gottesbefragung beurteilt. Er hat allerdings einen anderen Ansatzpunkt, der sich auf die unterschiedliche Beurteilung des Königtums in diesem Abschnitt bezieht. In den königskritischen Versabschnitten 10,18aβγb–19a sieht er aufgrund der sprachlichen Bezüge vor allem zu Ri 6,7–10 und 10,6–16 einen Einschub des königsfeindlichen DtrN, während er die übrigen Textteile dem königsfreundlichen DtrG zuordnet, wobei allerdings nicht allein sprachliche und motivliche Gründe ausreichend seien, sondern diese zusammengenommen werden müssen mit kompositorischen Gesichtspunkten[114].

In der Differenzierung der dtr Schichten folgen ihm MAYES und O'BRIEN, die Traditionsgrundlage wird jedoch anders beurteilt.

---

[112] Eine eigenständige, am Heiligtum in Mizpa entstandene Tradition sieht WEISER, *Samuel*, FRLANT 81, 1962, 62–69 in 10,17–27; als literarische Einheit — unter Verwendung einer Anzahl von Traditionen — beurteilt ISHIDA, *Dynasties*, BZAW 142, 1977, 45f. diesen Abschnitt; ausdrücklich lehnt er eine dtr Redaktionsarbeit in diesem Text ab; vgl. ebenso BIRCH, *CBQ* 37 (1975), 447–457, der in 10,17–27 „no deuteronomistic influence" (457) zu erkennen glaubt; vgl. auch HALPERN, *Constitution*, HSM 25, 1981, 153f.; am entschiedensten gegen eine dtr Verfasserschaft ist POPOVIČ, *Election-Rejection*, 1994, 26–33.

[113] Vgl. BOECKER, *Beurteilung*, WMANT 31, 1969, 35–61; noch weiter geht VAN SETERS, *Search*, 1983, 252f., der in dem Losentscheid und in der Gottesbefragung einen einheitlichen Vorgang erblickt und zu dem Ergebnis kommt, dass 10,17–27 „part of the Dtr editing of the stories of Saul" (253) sei; vgl. auch S.L. MCKENZIE, „Cette royauté", in: DE PURY/RÖMER/MACCHI, *Israël*, LMB 34, 1996, 135–145 und NIHAN, „L'instauration", in: RÖMER, *Future*, BEThL 147, 2000, 164–169.

[114] Vgl. VEIJOLA, *Königtum*, AASF 198, 1977, 39–52; POPOVIČ, *Election-Rejection*, 1994, 29–31, negiert eine antimonarchische Tendenz in 10,18f.

MAYES sieht eine vorgegebene Tradition in V21bβ–24, wobei er
es durchaus für möglich hält, dass in 10,23b.24aβb der Schluss
der alten Überlieferung 9,1–10,16 vorliege, da das Verstecken Sauls
seine Designation voraussetzt. Das Rahmenwerk in 10,17–18aα.19b–
21aα.25–27 als Fortsetzung der dtr Kapitel 7f. habe der „deuteronomistic historian" geschaffen, während der spätere „deuteronomistic editor" in 10,18aβb–19a seine antikönigliche Sicht eingetragen
habe (vgl. 8,7f.)[115]. O'BRIEN[116] sieht in dem Losentscheid 10,20–
21bα.24aα und der Orakelanfrage V21bβ–23 zwei „originally independent accounts"[117]. Der deuteronomistische Redaktor habe diese
beiden Ereignisse kombiniert, „to subsume the people's initiative
under the more authoritative one of Samuel"[118]. Auf diesen Redaktor
gehe auch ansonsten der Rahmen 10,17.25–27 (ebenso 11,12–13)
zurück, während V18–19 von einer „nomistic stage of later redaction"[119] eingefügt wurde[120].

Nach CAMPBELL/O'BRIEN geht die Einfügung von 10,17–27 wahrscheinlich auf eine spätere dtr Revision (royal focus) des joschijanischen Geschichtswerkes zurück, die in V25 greifbar werde. V18–19
entstammen einer nachfolgenden dtr Schicht[121].

In einen schon vordtr Redaktionszusammenhang wird 10,17–27 von
einer weiteren Gruppe in der neueren Forschungsgeschichte eingeordnet, wobei meist mit einem vordtr Kern in 1 Sam 8 gerechnet
wird, an den 10,17ff. anknüpft.

Für BIRCH sind zwei alte Traditionen über die Königserhebung
Sauls in 10,20–24 mit Hilfe von 10,17–19.25–27a in den redak-

---

[115] Vgl. MAYES, *Story*, 1983, 100f.
[116] Vgl. O'BRIEN, *Hypothesis*, OBO 92, 1989, 115–120.
[117] Ebd., 116.
[118] Ebd., 117.
[119] Ebd., 116.
[120] Den dtr Anteil an 10,17–27 reduzieren METTINGER, *King*, CB.OT 8, 1976,
96; CAQUOT/DE ROBERT, *Les Livres de Samuel*, CAT VI, 1994, 135; HENTSCHEL,
1 Samuel, NEB, Lieferung 33, 1994, 83 und W. DIETRICH, *David*, BWANT 122,
²1992, 94, auf V18–19a (bei DIETRICH handelt es sich um DtrN); MOMMER, *Samuel*,
WMANT 65, 1991, 80, auf 10,18aα₂.19a.19b (ועתה). BETTENZOLI, *ZAW* 98 (1986),
346–348, sieht nur in 10,18aβ–c eine dtr Hand, schreibt dieser aber auch V27 (und
11,12–14) zu. Einen größeren Umfang dtr Redaktionsarbeit nimmt CRÜSEMANN,
Widerstand, WMANT 49, 1978, 54–57 an, der V17–21aα.24aα.25 Dtr zuordnet; auf
diese dtr Redaktion gehe auch die Einfügung von Samuel zurück, der die
Volksversammlung nach Mizpa einberuft und als Prophet (vgl. die Botenformel in
V18) Gottes Willen verkündigt.
[121] Vgl. CAMPBELL/O'BRIEN, *Deuteronomistic History*, 2000, 242–244.

tionellen Zusammenhang von 1 Sam 7–15* eingefügt worden, der von einem „prophetic editor" gestaltet wurde[122]. Auch METTINGER ordnet 10,26–27 einer vordtr Redaktion zu, die die alte antisalomonische Tradition 10,17.19b–25 mit Kapitel 11 verbunden habe[123]. CRÜSEMANN erkennt in V21bβ–23.24aβ.b eine alte Tradition, deren Abschluss וילכו עמו החיל in V26bα zu finden sei. Diese älteste Schicht habe in V(26a).26bβ.27a einen neuen Schluss erhalten; zur gleichen Textschicht gehöre auch V27b. Mit diesem neuen Schluss sei die Königserhebung in den Zusammenhang von 9,1–10,16 und 11,1ff. eingeordnet worden. Der Anfang der ursprünglichen Tradition sei durch die dtr Bearbeitung weggefallen bzw. nicht mehr zu erkennen. Erst durch die deuteronomistische Bearbeitung in V17–21aα.24aα.25 sei Samuel in den Kontext eingefügt worden[124].

Als Fortsetzung von 8,1–22 sieht McCARTER 1 Sam 10,17–27. Diesen Text versteht er als „part of the prophetic narrative", einem Textzusammenhang, der schon in 1 Sam 1 beginne; in ihm präsidiere Samuel als Prophet der Versammlung Israels[125].

Eine vordtr Verbindungslinie von 1 Sam 10,17–27 zu Kapitel 8 zieht ebenfalls DIETRICH. Er sieht in 10,17.18aα₁.19b.20.21a.24–25 die Fortsetzung des vordtr Zusammenhanges von 8,1–5.20b. So habe man sich Sauls Erhebung zum König in Mizpa erzählt. Hierbei übe Samuel kein prophetisches, sondern eher ein priesterliches Amt aus, woraus DIETRICH die Schlussfolgerung zieht, dass diese Tradition in priesterlichen Kreisen tradiert worden sei. Die übrigen Textelemente V21bβ–23.26–27 ordnet er einer anderen Tradition zu. Hier spiele Samuel keine Rolle, vielmehr das Volk bzw. Gruppierungen aus ihm. Diese Tradition war zusammen mit 11,1–11.15 in Gilgal beheimatet. DIETRICH ist der Auffassung, dass die Samuel-Mizpa (Silo)-Tradition nach der Besetzung Mizpas durch Juda nach Gilgal (über Bet-El) gewandert und dort mit der Gilgal-Tradition vereinigt worden sei. Es erfolgte ein nachträglicher Einbau Samuels in 1 Sam 11. Somit sei der Verfasser der Samuel-Saul-Geschichte (1 Sam 1–3*; 7*;8*;10,17–27*; 11) in Gilgal

---

[122] Vgl. BIRCH, *Rise*, SBL.DS 27, 1976, 42–59; vgl. auch DERS., *CBQ* 37 (1975), 447–457.
[123] Vgl. METTINGER, *King*, CB.OT 8, 1976, 87–98.
[124] Vgl. CRÜSEMANN, *Widerstand*, WMANT 49, 1978, 54–57.
[125] Vgl. McCARTER, *1 Samuel*, AncB 8, 1980, 189–197.

zu suchen, nach dem 9. Jhd. und vor dem Untergang des
Nordreiches. Samuel habe priesterliche Funktionen, ist Ahnherr
von Priestern und besitze eine innige Verbundenheit mit dem
Königtum[126].

Eine komplizierte Traditionsentwicklung bietet die Untersuchung
von MOMMER. Er sieht die Fortsetzung von 1 Sam 8,1–6.22 in
1 Sam 10,17.18aα₁.19b*.20.21abα.24aαb.25. Diesen Text bezeichnet er als Loswahlerzählung[127]; sie sei im 10./9. Jhd. vermutlich
am Königshof in Israel entstanden. In diesen Text wurde 1 Sam
10,19b*.21bβ 22.23.24aβ eingearbeitet, wo die Berufung Sauls aus
dem Heer heraus geschildert wird und mit Hilfe von 10,26.27a
mit Kapitel 13f. unter Verwendung der Annalenformel in 13,1
verknüpft. 10,27b verbindet auf einer redaktionellen Textstufe Kap
11 mit dem Vorhergehenden 10,17ff. Durch die redaktionellen
Klammern 1 Sam 9,2b; 10,14–16; 10,27b; 11,7 (Samuel). 12–14,
vielleicht auch 9,9 und 13,1 werden Kapitel 8–14* in einem
offensichtlich mehrstufigen Vorgang vordtr miteinander verbunden. Erst auf dtr Textebene werden 1 Sam 1–7* und 8–14* mit
Hilfe von 7,15–17 miteinander verknüpft[128].

POPOVIČ[129] erkennt älteres Traditionsmaterial in der Loswahlerzählung 10,19b–21bα und in der Befragung V21bβ–24, das durch
einen prophetischen Redaktor mit Hilfe von V17–19a.25 in den
Textzusammenhang eingebaut wurde. Dieser Bearbeiter betone
vor allem den Anteil des Propheten Samuel an der Entwicklung.
Abgeschlossen wird der Textabschnitt schon mit V25; 10,26–27a,
die ebenfalls traditionelles Material enthalten, seien schon zu Kapitel
11 zu zählen[130].

MOENIKES ordnet 1 Sam 10,17–27 in den Zusammenhang eines
„ephraimitischen Geschichtswerkes" ein, das von Jos 24 bis 1 Sam
12 reiche. Unter Aufnahme einer älteren Tradition von der Wahl
Sauls zum König im Heerlager, die in 10,21–26* vorliege, wurde

---

[126] Vgl. W. DIETRICH, *David*, BWANT 122, ²1992, 90–102; der Abschluss dieser
Samuel-Saul-Geschichte sei in 1 Sam 14,47–52 zu finden, vgl. DERS., *Königszeit*, BE
3, 1997, 237–239; CAQUOT/DE ROBERT, *Les Livres de Samuel*, CAT VI, 1994, 131–135
rechnen ebenfalls mit zwei Traditionen, die durch einen priesterlichen Autor (aus
der Linie der Zadokiden) zusammengefügt worden seien.

[127] Mit einer alten Loswahlerzählung 1 Sam 10,17.18aα.19b.20.21abα.23b.24b.25
rechnet auch HENTSCHEL, *1 Samuel*, NEB, Lieferung 33, 1994, 82f.

[128] Vgl. MOMMER, *Samuel*, WMANT 65, 1991, 69–91.194–197.

[129] Vgl. POPOVIČ, *Election-Rejection*, 1994, 21–48.

[130] Vgl. ebd., 50–74.

der vorliegende Zusammenhang von dieser Redaktion gestaltet, die noch im Nordreich anzusiedeln sei. Eine erste Bearbeitung liege in V19a (einschließlich ועתה) vor, eine zweite Bearbeitung in V18aβb. Literargeschichtlich nicht einzuordnen sei der Zusatz ולאלפיכם in V19b. Die Bearbeitungen stammen aus exilischer Zeit. Mit Hilfe eines Traditionsfragmentes, das in 1 Sam 10,26f.* sowie 1 Sam 11,12f greifbar werde und das von der Verschonung der Gegner Sauls durch Saul selbst erzählt habe, wird 10,17ff. mit 1 Sam 11 verbunden. Samuel wird erst durch diesen Vorgang in den Text eingefügt[131].

Damit stellt sich die Aufgabe, angesichts der divergierenden Forschungsergebnisse diesen Text sorgfältig literarkritisch zu untersuchen, wobei schon deutlich geworden ist, dass auch die Entscheidungen bzw. die Theoriebildungen zum DtrG und zu vordtr Redaktionen im Bereich der Samuel-Saul-Überlieferungen bei der Beurteilung dieses Textes eine nicht zu unterschätzende Rolle spielen.

1 Sam 10,17–27 lässt sich in drei Teile gliedern, die jeweils durch ein Verbum im Narrativ mit der darauffolgenden Erwähnung des Subjektes „Samuel" eingeleitet sind (V17.20.24). In V17–19 versammelt sich das Volk auf Geheiss von Samuel in Mizpa und Samuel hält eine erste Rede an das Volk. In V20–24 wird die Wahl Sauls zum König berichtet, die mit der Akklamation des Volkes und dem Königsjubel zu einem Abschluss kommt. In V25–27 wird dann von Samuel das Königsrecht verkündet und „vor JHWH" deponiert. Den Abschluss bildet die Entlassung durch Samuel, wobei ein Teil des Heeres Saul begleitet. Die jeweilige Nennung des Subjektes, die zu Beginn der einzelnen Abschnitte erscheint, akzentuiert die Rolle Samuels in diesem Geschehen.

In V17 ruft Samuel das Volk nach Mizpa zusammen[132]. Nach 1 Sam 8,4 wäre es durchaus möglich, unter העם auch die Repräsentanten Israels zu verstehen, so dass es sich nicht um eine Versammlung des vollständigen Israel handeln muss. Dem widerspricht auch nicht V20, da durchaus die Vertreter der einzelnen Stämme gemeint sein

---

[131] Vgl. MOENIKES, *Ablehnung*, BBB 99, 1995, 30–33.57–62.79–90.100f.151–175.

[132] Das verwendete Verb צעק Hi. kommt in der Bedeutung „zusammenrufen" nur hier vor; ansonsten wird dazu meist das Verbum im Ni. verwendet (vgl. z.B. Ri 7,23f.; 10,17; 12,1; 2 Kön 3,21).

können. Allerdings gewinnt man ab V20 den Eindruck, dass von
einem Heerlager die Rede ist. Samuel ist als bekannte Größe vorausgesetzt, die nicht eigens vorgestellt werden muss. Ein selbständiger Textanfang mit der notwendigen Vorstellung der nachfolgenden
Akteure liegt nicht vor[133]. Ort der Versammlung ist Mizpa, wie schon
in 1 Sam 7, wo Samuel ebenfalls Israel zu einer Versammlung nach
Mizpa einberuft. Übereinstimmend mit 1 Sam 7 — wie auch in
1 Sam 8,1–5; 12 erscheint Samuel hier in einer Leitungsfunktion
gegenüber dem Volk; er beruft die Versammlung des Volkes ein,
leitet die Wahl und redet zu dem Volk bzw. dessen Repräsentanten
als seinem Gegenüber. Diese Leitungsaufgabe lässt sich am besten
von der Funktion des „Richters" begreifen, als der Samuel in 1 Sam
7 begegnet[134]. Im Unterschied zu 1 Sam 7 wird zum Versammeln
des Volkes ein anderes Verbum verwendet. Dies ist jedoch kein
Grund, um unterschiedliche Textschichten annehmen zu müssen.

Mit V18 beginnt unvermittelt eine Rede Samuels an die Israeliten,
obwohl erst in V20 vermerkt ist, dass Samuel die Stämmen Israels
zu sich herantreten lässt (קרב). Damit liegt ein erstes Indiz vor, dass
in 10,17.18 unterschiedliche Textebenen vorliegen.

Die Rede Samuels in V18–19 greift weit über den vorliegenden
Kontext hinaus, erwähnt den Exodus, in zusammenfassender Weise
die in Jos und Ri geschilderten Ereignissen und betont die Rolle
Jhwhs als Retter Israels. Der gegenüber dem sonstigen Text übergreifende Horizont, die formelhafte Sprache (erweiterte Botenformel;
Heraufführungsformel; 2x die Rettungsformel mit Jhwh als Subjekt)
weisen auf eine dtr Redaktion[135]. Der Rückbezug auf den Königswunsch
des Volkes von 1 Sam 8, wobei wie in 1 Sam 8,7–19 der Königs-

---

[133] Dies spricht gegen Weiser, Samuel, FRLANT 81, 1962, 69–79, der in 10,17–27
eine eigenständige Tradition sehen möchte; zu Weiser vgl. auch Boecker, Beurteilung,
WMANT 31, 1969, 37f.

[134] Vgl. auch Edelman, Saul, 1991: „in his capacity as the existing šofeṭ." (56);
vgl. ebf. Ishida, Dynasties, BZAW 142, 1977, 45; W. Dietrich, David, BWANT 122,
²1992, 96, denkt an eine priesterliche Rolle. Zu 1 Sam 7 als Text, der auf die
grundlegende dtr Redaktion zurückgeht, vgl. weiter unten Abschnitt 3.2.

[135] Die einzelnen Wendungen in 10,18f. sind eingehend untersucht worden; vgl.
Boecker, Beurteilung, WMANT 31, 1969, 39–43; Veijola, Königtum, AASF 198,
1977, 41–48; Mommer, Samuel, WMANT 65, 1991, 69–72; zu einem anderen
Ergebnis kommen Popović, Election-Rejection, 1994, 28–33, und vorher schon Birch,
CBQ 37 (1975), 451–455, der meint, dass die formale Struktur von 10,17–19 eher
auf prophetische denn auf dtr Kreise hinweise; bei dem direkten Bezug von 10,19
auf 1 Sam 8 muss Birch allerdings davon ausgehen, dass in 1 Sam 8 eine alte
Tradition vorliegt, die dtr überarbeitet sei.

wunsch des Volkes in einen klaren Gegensatz zum Rettungshandeln durch Jhwh gesetzt wird, verweist auf eine spätere dtr Redaktion, zu der 1 Sam 8,7–19 zu rechnen ist[136]. Es kommt hinzu, dass durch die Botenformel Samuel wie in 1 Sam 8,7–19; 12,6ff. in der Rolle eines vergeblichen prophetischen Mahners erscheint (vgl. 2 Kön 17,13). In V19 wird der Königswunsch des Volkes von Kapitel 8 aufgegriffen in einer 8,7aβb entsprechenden Formulierung[137].

In V19 gibt es noch ein textkritisches Problem: Muss לו in לא geändert werden? Zwar ist eine Abänderung aufgrund der Versionen möglich, doch ist MT ohne weiteres verständlich und deshalb beizubehalten[138].

In V18–19 handelt es sich also aufgrund der — allerdings nur angedeuteten — Spannung zu V20, der formelhaften Sprache, die Parallelen vor allem in sekundären dtr Texten hat und der innerhalb von 10,17–27 nur in diesen Versen begegnenden königskritischen Haltung um einen Einschub.

Die nun folgende Wahl Sauls zum König wird zunächst als ein Loswahlverfahren geschildert. Das hier verwendete Verb לכד verweist auf die Darstellung dieses Vorganges in Jos 7 und 1 Sam 14[139]. In V22 ist jedoch plötzlich von einer Jhwh-Befragung die Rede. Dabei wird deutlich, dass Saul sich nicht bei der Volksmasse aufhält. Dies wird oft als Widerspruch gesehen, da das Loswahlverfahren zwingend die Anwesenheit Sauls voraussetzt[140]. Es kommt hinzu, dass in V21bß.22 ein Subjektswechsel vorliegt. Nachdem vorher Samuel der Handelnde war, ist in V22, wo zu erwarten wäre, dass Samuel

---

[136] Die Bezüge zu Ri 6,7–10; 10,6–16 weisen auf einen zweiten dtr Redaktor; vgl. VEIJOLA, *Königtum*, AASF 198, 1977, 43–48; O'BRIEN, *Hypothesis*, OBO 92, 1989, 88.91 Anm 34; U. BECKER, *Richterzeit*, BZAW 192, 1990, 144f.; anders MOMMER, *Samuel*, WMANT 65, 1991, 70 Anm 96.

[137] Vgl. O'BRIEN, *Hypothesis*, OBO 92, 1989, 116. Die Aussage von MOMMER, „dass Dtr in 10,18.19a freier als in 8,7 formuliert" (*Samuel*, WMANT 65, 1991, 70), entspringt dem Wunsch, den vordtr Charakter von 1 Sam 8 zu retten. Einen Grund, V18 und V19 auf verschiedene Textschichten zu verteilen, besteht nicht (vgl. O'BRIEN, *Hypothesis*, OBO 92, 1989, 116 Anm 114, gg. STOEBE, *Samuelis I*, KAT VIII/1, 1973, 216).

[138] Vgl. BARTHÉLEMY, *Critique*, OBO 50/1, 1982, 164; O'BRIEN, *Hypothesis*, OBO 92, 1989, 116 Anm 113; anders BOECKER, *Beurteilung*, WMANT 31, 1969, 43 Anm 3; MOMMER, *Samuel*, WMANT 65, 1991, 71 Anm 101.

[139] Vgl. zu לכד GROSS, Art. „לכד", *ThWAT IV*, 1982–1984, 575f.; auch das Verbum קרב wird in Jos 7 verwendet, vgl. BIRCH, *CBQ* 37 (1975), 449.

[140] So MOMMER, *Samuel*, WMANT 65, 1991, 75; POPOVIČ, *Election-Rejection*, 1994, 37.

weiterhin das Heft des Handelns in der Hand hält, von einer unbestimmten Mehrzahl die Rede.

Mit unterschiedlichen Gründen sehen VAN SETERS, METTINGER und McCARTER dennoch einen einheitlichen Vorgang.

Für METTINGER[141] löst sich das Problem textkritisch, indem er das הבא (MT) in הבה ändert, עוד mit „again" übersetzt und איש mit LXX, Targum und Peschitta determiniert. Damit sieht er in der Gottesbefragung einen „integral part of the context". Nach VAN SETERS lässt sich die Schwierigkeit beheben, indem er mit beschrifteten Los-Steinen rechnet und so die Anwesenheit Sauls nicht vorausgesetzt wird[142]. Anders sieht McCARTER in der Mitteilung der Gottesbefragung ein Wortspiel. „The purpose for which this little incident is told is wordplay, and its chief interest is Saul's name"[143]. Alle diese Lösungsversuche vermögen nicht zu überzeugen. Die Textänderungen bei METTINGER sind recht willkürlich und haben zu wenig Anhalt in der Textüberlieferung. Von beschrifteten Steinen ist in 10,20ff. nicht die Rede. Die Parallelen in Jos 7 und 1 Sam 14, wo das gleiche Verb verwendet wird und wo es um das Herausfinden eines Schuldigen geht, erwähnen ebenfalls keine beschriftete Steine. Das Wortspiel erklärt ebensowenig wie die vorhergehende Lösung den Subjektswechsel in V21bβ.22 und die Änderung des Schauplatzes. Demzufolge ist hier eine literarkritische Lösung vorzuziehen.

Das עוד in V22 macht deutlich, dass mit einer vorhergehenden Befragung JHWHs gerechnet werden muss[144]. Demnach ist der Vorgang also so zu erklären, dass das Loswahlverfahren, bei dem Samuel eine herausragende Rolle spielt, den ursprünglichen Anfang der JHWH-Befragung überlagert hat.

In dem folgenden Geschehen in V22–23 spielt Samuel keine Rolle, es ist nur die Rede von einer Mehrzahl. Da diese Szene im Heerlager spielt, ist hierbei wohl an die Heeresversammlung zu denken. Bei

---

[141] Vgl. METTINGER, King, CB.OT 8, 1976, 180f.; vgl. auch die Skepsis von HALPERN, Constitution, HSM 25, 1981, 154 Anm 45, gegenüber der Texttrennung von EISSFELDT.

[142] Vgl. VAN SETERS, Search, 1983, 252f.

[143] McCARTER, I Samuel, AncB 8, 1980, 196; FOKKELMAN, Vow, 1993, 443f. sieht in dieser „ironischen" Darstellung den Hinweis des Verfassers, dass es sich bei der Wahl Sauls teilweise um einen Fehler gehandelt habe.

[144] Vgl. CRÜSEMANN, Widerstand, WMANT 49, 1978, 54.

der Befragung geht es darum, denjenigen zu finden, der die körper-
lichen Attribute aufweist, die verlangt sind. Auch von daher sind es
zwei unterschiedliche Vorgänge. Die Fortsetzung dieser Schicht liegt
in V24b vor, in der die Israeliten in Königsjubel ausbrechen. V24a
mit der Betonung Samuels ist der Loswahl-Schicht zuzuschreiben,
ebenso wie V25. V26 erwähnt dann das Nachhausegehen Sauls nach
Gibea, womit gleichzeitig die Voraussetzung dafür geschaffen ist, dass
Saul in 11,4 wieder in Gibea anwesend ist. In V26 wird erwähnt,
dass ein Teil des Heeres mit Saul geht. Dies passt zu der Situation
der Gottesbefragung, die man wohl im Heerlager anzusiedeln hat[145].
Gleichzeitig wird mit der Erwähnung der בני בליעל eine neue Spannung
geschaffen, die erst in 11,12–15 ihre Lösung erhält[146]. V27a verweist
mit der Verwendung von ישע gleichzeitig auf 14,23.45 und 1 Sam 11.

In V27b ergibt MT wenig Sinn. Hier ist wohl der Lesart der
LXX zu folgen, die eine überleitende Zeitbestimmung erkennen
lässt[147].

Das Ergebnis der literarkritischen Untersuchung von 10,17–27 zeigt
doch ein recht kompliziertes Bild. Wir müssen davon ausgehen, dass
die älteste Schicht in der Gottesbefragung vorliegt. Hier spielen nur
Saul und das Volk bzw. der Heerbann eine Rolle, Samuel jedoch
nicht. Der Abschluss dieser Überlieferung, der in V26–27 zu erkennen ist (ohne ונם in V26a) verweist gleichzeitig auf Kapitel 11 und

---

[145] Zu כלים vgl. MOMMER, *Samuel*, WMANT 65, 1991, 77 Anm 129.
[146] Vgl. dazu CRÜSEMANN, *Widerstand*, WMANT 49, 1978, 56f., anders MOMMER,
Samuel, WMANT 65, 1991, 79f., der von einer nur „indirekten" Verbindung von
10,27 zu 11,12–14 spricht; seine Gründe vermögen jedoch nicht zu überzeugen.
Zur Trennung von V26 und V27, wie sie CRÜSEMANN, *Widerstand*, WMANT 49,
1978, 54, annimmt, vgl. MOMMER, *Samuel*, WMANT 65, 1991, 78f.; zur Bestreitung
des Rahmencharakters von 10,26b–27a und 11,12–13 durch MILLER, *CBQ* 36 (1974),
167–171 vgl. VEIJOLA, *Königtum*, AASF 198, 1977, 40 Anm 7. POPOVIČ, *Election-
Rejection*, 1994, 47, ordnet V26–27a 1 Sam 11,1–11 zu und lässt den Textzusammenhang 1 Sam 10,17ff. bereits mit V25 schließen. Zu den בני בליעל vgl. neben
CRÜSEMANN, *Widerstand*, WMANT 49, 1978, 59f. auch noch BERNHARDT, *Problem*,
VT.S 8, 1961, 143–145. Der Ausdruck begegnet auch in 1 Sam 1,12 als Bezeichnung
der Söhne Elis.
[147] Vgl. MOMMER, *Samuel*, WMANT 65, 1991, 111; VEIJOLA, *Königtum*, AASF 198,
1977, 39 Anm 1.49; BOECKER, *Beurteilung*, WMANT 31, 1969, 56; BIRCH, *Rise*,
SBL.DS 27, 1976, 43 und die Kommentare; anders FOKKELMAN, *Vow*, 1993, 438;
POPOVIČ, *Election-Rejection*, 1994, 54–58, der מחריש von חרש I ableitet und V27b —
unter der Voraussetzung, dass dieser Teilvers die Einleitung zu Kapitel 11 bildet —
folgendermaßen übersetzt: „Now while he was ploughing (with the oxen), Nahash
went up . . ." (58); MOENIKES, *Ablehnung*, BBB 99, 1995, 30 Anm 27.

lässt auch Verbindungen zu 1 Sam 13f. erkennen. Das Motiv der Größe Sauls (10,23) begegnet auch in 9,2b, das dort einer Bearbeitungsschicht zuzurechnen ist (s. oben). So ergibt sich folgendes Modell:

An die Designation durch Samuel in 9,1–10,16* schließt sich vordtr die Königserhebung Sauls durch den Heerbann in 10,21bβ–23.24b.26a* (ohne נגם)b.27 an, wobei gleichzeitig Widerstand gegen das Königtum Sauls sichtbar wird, der erst in 11,12–14 überwunden wird. Samuel spielt in diesem Text keine Rolle, ebenso wenig wie in Kapitel 11, was noch zu zeigen sein wird. Damit löst sich die Schwierigkeit der Zuordnung von 10,8 zu einer einheitlichen Bearbeitungsschicht in 9–10*, die gegen eine vordtr Verbindung zwischen 9–10; 10,17–27 und 11,1–15* zu sprechen schien bzw. dafür, die Einfügung von 10,17–27 und 11* erst einer dtr Redaktion zuzuschreiben.

Gleichzeitig wird damit eine Erklärung gegeben für das unausgeglichene Nebeneinander der Loswahl und der Gottesbefragung. Wenn erst eine dtr Redaktion 10,17–27 und Kapitel 11 in den Zusammenhang eingefügt hat, warum hat sie dann überhaupt eine solch fragmentarische Tradition aufgenommen und sich nicht vielmehr nur auf die Loswahl beschränkt? Dagegen wird die Aufnahme der Gottesbefragung verständlich, wenn sie Teil eines vordtr Textzusammenhanges war, der schon die Traditionen von 9,1–10,16 und 11,1–15 einschloss.

Die nächste Bearbeitungsstufe hat die Person Samuels in den Zusammenhang eingefügt. Auf sie gehen V17.20–21aα.24a.25.26a* (nur נגם) zurück. Es handelt sich hierbei um eine dtr Redaktion (DTR I). Sie zeigt Samuel in einer Leitungsfunktion im Hinblick auf Israel wie in 1 Sam 7 („Richter"); DTR I verlegt den Versammlungsort Israels wie in 1 Sam 7 nach Mizpa. Die Erwählung Sauls wird in Form eines von Samuel geleiteten Losverfahrens geschildert. Das Vorbild für ein solches Verfahren findet sich in Jos 7 und 1 Sam 14. Die Gründe von MOMMER, das Losverfahren als vordtr zu sehen, vermögen nicht zu überzeugen[148]. Der Sippenname Matri ist ein zu schwaches Argument; auch die fehlende Durchsichtigkeit des Vorganges im Vergleich zu Jos 7 ist kein stichhaltiges Argument. So ist denjenigen zuzustimmen, die eine dtr Verfasserschaft der Loswahlszene annehmen[149]. Diese dtr Redaktion steht dem Königtum grundsätz-

---

[148] Vgl. MOMMER, *Samuel*, WMANT 65, 1991, 74.83 Anm 168.
[149] Vgl. ebd., 74, die dort aufgeführten Autoren.

lich positiv, aber nicht unkritisch gegenüber. O'Brien verweist zu 10,25 auf die Verbindung zu 1 Sam 8 (Königsrecht — Recht des Königtums) „plus the report of a book written and laid up before Yahweh, points to DTR as the author of 1 Sam 10,25"[150]. Abzuweisen ist die Sicht von Mettinger, der einen scharfen Trennungsstrich zu 8,9.11 zieht und vor allem seine Sicht von ספר als einer „inscribed stele"[151].

Eine nachfolgende dtr Redaktion (DTR II) hat dann die Rede Samuels in V18f. eingefügt, die eine kritische Sicht des Königtums bietet und vor allem 1 Sam 8 aufgreift. Samuel wird hier stärker wieder als — erfolgloser — Prophet gesehen, der das Volk ermahnt (vgl. 2 Kön 17). Das Volk selbst wird negativer gezeichnet. Es verwirft (מאס) Jhwh.

2.3. *1 Sam 11*

In Kapitel 11 beginnt mit der Bedrohung von Jabesch-Gilead durch den Ammoniter Nachasch ein neuer Geschehenszusammenhang, der mit der erneuten Königserhebung Sauls in Gilgal endet. Die Einwohner von Jabesch-Gilead wenden sich in ihrer Not an die Israeliten in der Hoffnung auf einen Retter (V3: מושיע). Diesen Retter finden sie in Saul, der unter der Einwirkung der רוח אלהים wie die Rettergestalten Otniel (Ri 3,10), Gideon (Ri 6,34), Jiftach (Ri 11,29) und Simson (13,25; 14,6.19; 15,14) Israel hinter sich vereint, die Ammoniter besiegt und so Jabesch-Gilead rettet. Im Anschluss an den Sieg über die Ammoniter kommt es dann unter der Federführung von Samuel zur erneuten Königserhebung von Saul in Gilgal.

Es besteht im wesentlichen Konsens darüber, dass in 1 Sam 11,1–11.15 eine alte und ehemals eigenständige Überlieferung von der Königsinstallation Sauls vorliegt, der meist auch historische Zuverlässigkeit insbesondere für die Entstehung des Königtums Sauls bescheinigt wird[152].

---

[150] O'Brien, *Hypothesis*, OBO 92, 1989, 117f.

[151] Vgl. Mettinger, *King*, CB.OT 8, 1976, 87f. (Zitat S. 88).

[152] Vgl. Mommer, *Samuel*, WMANT 65, 1991, 111 + Anm 290 sowie die Übersicht bei Edelman, *ZAW* 96 (1984), 195 Anm 1, die allerdings 1 Sam 11 historisch im Hinblick auf die Entstehungsgeschichte des Königtums nicht für glaubwürdig hält, sondern dieses Kapitel als „literary fiction" (209) einstuft; ihr folgt Bettenzoli, *BZ NF* 30 (1986), 224. Die historische Auswertung durch Edelman, die aus 2 Sam 2,4b–7 einen Vasallenstatus von Jabesch-Gilead erschließt und damit Jabesch-Gilead aus Israel ausgrenzt, ist ebenfalls auf Kritik gestoßen; vgl. z.B. W. Dietrich, *David*,

Die Verse 12–14 in Kapitel 11 werden fast einhellig seit WELL-
HAUSEN[153] einer Bearbeitungsschicht zugeschrieben. Umstritten ist
jedoch die Zuordnung dieses Zusatzes[154]. Da diese Verse, in denen
Samuel eine dominante Rolle spielt, einer Bearbeitung zugeschrieben werden, wird auch die Beteiligung Samuels in 11,7 skeptisch
beurteilt[155], genau wie die allgemein als überzogen angesehenen
Zahlenangaben in V8 und die Beteiligung Judas an diesem Feldzug.

Bevor nun das Kapitel literarkritisch näher untersucht wird, gilt
es noch eine textkritische Frage zu klären. Bei Josephus[156] und
auch in 4QSam[a] ist ein Textplus gegenüber MT überliefert, in
dem die Vorgeschichte der Auseinandersetzung zwischen dem
Ammoniterkönig Nachasch und den Leuten von Jabesch-Gilead
ausgebreitet wird. Von manchen Exegeten wird dieses Textplus
als ursprünglich zu 1 Sam 11 gehörig angesehen[157]. PISANO kommt
jedoch nach einer ausführlichen Behandlung der Textvarianten bei
Josephus, 4QSam[a] und MT zu einem negativen Ergebnis bezüglich der Ursprünglichkeit der bei Josephus und in dem Qumrantext
bezeugten Version[158]. Diesem Ergebnis ist zuzustimmen.

BWANT 122, ²1992, 99 Anm 43, der auf 2 Sam 2,9 hinweist; NEU, *Anarchie*, 1992,
276 Anm 27; MOMMER, *Samuel*, WMANT 65, 1991, 116 Anm 326.
  Nicht ganz so groß ist der Konsens im Hinblick auf die Zuordnung von 11,15
zur Grundschicht von Kapitel 11; vgl. J.M. McKENZIE, *BR* 7 (1962), 8; FRITZ, *ZAW*
88 (1976), 357f.; BOECKER, *Beurteilung*, WMANT 31, 1969, 59f.; MACHOLZ, *Untersuchungen*,
1966, 152ff. (nur V15aα); unentschieden ist KEGLER, *Geschehen*, CThM 8, 1977,
82–86. Die Eigenständigkeit von Kapitel 11 wird bestritten von SEEBASS, *David*,
1980, 81–84, der der Auffassung ist, dass Kapitel 11 die Überlieferung 13f. voraussetzt.
  [153] Vgl. WELLHAUSEN, *Composition* ⁴1963, 242.
  [154] Für eine Zuordnung zu einer dtr Bearbeitungsschicht plädieren z.B. MACHOLZ,
Untersuchungen, 1966, 159; MAYES, *ZAW* 90 (1978), 15, DERS., *Story*, 1983, 89; KEGLER,
Geschehen, CThM 8, 1977, 82–86, O'BRIEN, *Hypothesis*, OBO 92, 1989, 118–120 (nur
V12–13); VEIJOLA, *Königtum*, AASF 198, 1977, 41–43; CAMPBELL/O'BRIEN, *Deuteronomistic
History*, 2000, 245.
  [155] Einen Überblick über die ältere Literatur findet sich bei ISHIDA, *Dynasties*,
BZAW 142, 1977, 35 Anm 50, der selbst für die Ursprünglichkeit des Vorkommens
von Samuel eintritt; ebf. V.P. LONG, *Reign*, SBL.DS 118, 1989, 224–228; vgl. POPOVIČ,
Election-Rejection, 1994, 60–62, der sich für die vorherrschende Deutung ausspricht,
dass Samuel erst später in diesen Zusammenhang eingefügt worden ist.
  [156] Vgl. FLAVIUS JOSEPHUS, *Antiquitates* VI 5.1.
  [157] Vgl. McCARTER, *I Samuel*, AncB 8, 1980, 198; HALPERN, *Constitution*, HSM
25, 1981, 173f.; KLEIN, *Samuel*, WBC 10, 1983, 102; V.P. LONG, *Reign*, SBL.DS
118, 1989, 219; CAMPBELL/O'BRIEN, *Deuteronomistic History*, 2000, 244; s. grundlegend den Artikel von CROSS, „Oppression", in: TOV, *Texts of Samuel*, 1980, 105–119;
vgl. auch den Überblick bei VENTURINI, *RivBib* 44 (1996), 397–425.
  [158] Vgl. PISANO, *Additions*, OBO 57, 1984, 91–98; ihm folgt MOMMER, *Samuel*,
WMANT 65, 1991, 111; ebenso ROFÉ, *IEJ* 32 (1982), 129–133; differenzierter

Nach der knappen, aber alle wichtigen Informationen enthaltenden Einleitung in V1a entwickeln sich die weiteren Ereignisse bis V6 folgerichtig. Auch V7 führt die Handlung logisch weiter. Mit einer archaisch anmutenden Handlung[159] fordert Saul die Israeliten zum Kriegszug auf, und die Israeliten folgen ihm. Urplötzlich taucht in diesem Vers Samuel auf, ohne vorher oder nachher in 1 Sam 11,1–11 je wieder erwähnt zu werden. Es kommt hinzu, dass bei Samuel die ungewöhnliche Präposition ואחר verwendet wird, während bei Saul das üblichere ואחרי steht[160]. In einem kriegerischen Kontext begegnet Samuel ansonsten nur noch in 1 Sam 7, einem Text der ganz auf dtr Redaktionstätigkeit zurückzuführen ist[161]. Es spricht nichts dagegen, in 1 Sam 11,7 ebenfalls DTR I als Verfasser am Werk zu sehen[162].

Außerdem sind die Beteiligung Judas und die überhöhten Zahlenangaben in V8a eine Zufügung[163]. Das Zahlenverhältnis 10:1 erinnert an die Zahlenangaben in 2 Sam 19,44; 1 Kön 11,29–39 und an 1 Sam 18,7; 29,5, was ein Hinweis auf eine übergreifende Redaktion sein könnte[164].

POPOVIČ, *Election-Rejection*, 1994, 54 Anm 103, der zwar auch in dem Textplus eine Zufügung erkennt, es aber für möglich hält, dass der Text Traditionsmaterial verwendet.

[159] Eine Parallele dazu liegt in Ri 19,29 vor; auf eine altorientalische Parallele aus Mari macht WALLIS, *ZAW* 64 (1952), 57–61, aufmerksam; dort wird der Kopf eines enthaupteten Verbrechers umhergesandt. MOMMER, *Samuel*, WMANT 65, 1991, 117 Anm 330, sieht in einem syrischen Vertragstext aus dem 8. Jahrhundert (Text TUAT I, 181f.) einen analogen Vorgang.

[160] Vgl. MOMMER, *Samuel*, WMANT 65, 1991, 113; BIRCH, *Rise*, SBL.DS 27, 1976, 55; BETTENZOLI, *BZ* NF 30 (1986), 223; anders V.P. LONG, *Reign*, SBL.DS 118, 1989, 224–228, der die Ursprünglichkeit des Vorkommens von Samuel verteidigen will; seine Argumente beruhen jedoch auf einer Interpretation von 10,7–8, die Saul ein Versagen bei seinem ersten Auftrag, der den philistäischen Gouverneur in Gibea betrifft (נציב = Gouverneur), zuschreiben, eine Interpretation, die vom Text nicht gedeckt ist. Dass Samuel hier im ursprünglichen Text erwähnt ist, hält auch SEEBASS, *David*, 1980, 83, für möglich.

[161] Vgl. dazu weiter unten Abschnitt 3.2.

[162] Vgl. O'BRIEN, *Hypothesis*, OBO 92, 1989, 119 Anm 126; CAMPBELL, *Prophets*, CBQ.MS 17, 1986, 128f. Anm 4, erwägt nur für die Erneuerung des Königtums die Verfasserschaft in dtr Kreisen.

[163] Vgl. z.B. BIRCH, *Rise*, SBL.DS 27, 1976, 55: „secondary addition"; METTINGER, *King*, CB.OT 8, 1976, 95, rechnet mit einer Einfügung Judas bei der Verbindung von Kapitel 11 mit der Mizpa-Tradition, die pan-israelitisch war; den ganzen V8 hält SCHÄFER-LICHTENBERGER, *Eidgenossenschaft*, BZAW 156, 1983, 280–284, für redaktionell; ebs. NEU, *Anarchie*, 1992, 270–275; POPOVIČ, *Election-Rejection*, 1994, 58f., sieht in 11,4 nur „Gibea" als zum Grundtext gehörig an.

[164] Vgl. MOMMER, *Samuel*, WMANT 65, 1991, 115f.; ob es sich hier um eine dtr Redaktion handelt, muss offenbleiben.

Mit einem überwältigendem Sieg über die Ammoniter endet in V11 die kriegerische Auseinandersetzung. Der Abschluss mit der Erwähnung der fast restlosen Vernichtung der Ammoniter entspricht dabei durchaus dem Schema solcher Erzählungen[165].

Nach dem Bericht über die Niederlage der Ammoniter wird der Text jedoch fortgesetzt. Das Volk (העם) wendet sich in V12 mit einer Frage an Samuel. Diese Frage greift zurück auf die Ablehnung Sauls durch die בני בליעל in 10,27, die die Fähigkeit Sauls zur Rettung (מה־ישענו) in Frage gestellt hatten. In 11,12 verlangt das Volk die Tötung der Gegner Sauls, da sich bei dem Verlangen nach Hilfe der Leute aus Jabesch-Gilead gezeigt hat, dass Saul in der Lage ist, Israel zu retten[166]. Saul verzichtet jedoch auf eine Bestrafung seiner Gegner (11,13).

10,27 gehört zu einer Redaktionsschicht in 10,17–27* (s. oben). Es ist deshalb naheliegend, nach dem deutlichen Abschluss der ursprünglichen Überlieferung in 11,11 V12 derselben Redaktion zuzuordnen. Merkwürdigerweise gibt Saul in V13 die Antwort auf die an Samuel gerichtete Frage. Das Volk wendet sich an Samuel und Saul gibt die Antwort[167]. Dies lässt den Verdacht aufkommen, dass Samuel wie in 11,7 auch in 11,12 erst später eingefügt wurde[168].

Durch den ausdrücklichen Hinweis in V13, dass JHWH Israel heute Rettung gebracht habe (תשועה), wird Kapitel 11 auch mit Kapitel 14 verknüpft[169]. Dort heißt es in 14,23, dass JHWH an diesem Tag Israel gerettet habe (ישע) und in 14,45 wird ebenfalls die Hilfe JHWHs für Israel vermerkt. Es spricht also alles dafür, dass der Redaktor, der hier am Werk war, neben Kapitel 9–10 auch Kapitel 13f. im Blickfeld hatte. V13 lässt erkennen, dass in diesen Texten eine klare Trennung zwischen göttlicher und menschlicher Hilfe nicht vorge-

---

[165] Dies gesteht auch NEU, *Anarchie*, 1992, 277, zu, der jedoch V15 noch zum Grundtext rechnet.

[166] Dies spricht gegen die von MOMMER, *Samuel*, WMANT 65, 1991, 113f.119, angeführten Gründe, Kapitel 11 von 9f. abzugrenzen und eine Verfasserschaft von 10,26–27a und 11,12–13 durch dieselbe Hand zu bestreiten. Die von MOMMER angeführten Gründe sind natürlich stichhaltig, wenn nur ein einziger Verfasser am Werk war; doch greifen sie nicht für die Zuordnung von 9,1–10,16*–10,17–27*–11 zu einer Komposition.

[167] LXX hat hier eindeutig den Text verbessert, vgl. O'BRIEN, *Hypothesis*, OBO 92, 1989, 119 Anm 125.

[168] Vgl. auch CRÜSEMANN, *Widerstand*, WMANT 49, 1978, 56f.

[169] Vgl. W. DIETRICH, *David*, BWANT 122, ²1992, 99, der ישע als Leitwort in Kapitel 11 ansieht.

nommen wird. In ähnlicher Weise kommt dies auch in dem alten Schlachtruf Gideons in Ri 7,18.20 zum Ausdruck.

Vom weiteren Ablauf her merkwürdig erscheint die Aufforderung Samuels in 11,14, nach Gilgal zu gehen und dort das Königtum zu erneuern[170]. Eine Rolle spielt die Ortsangabe Gilgal wieder in 13,4.7ff. und in Kapitel 15, vor allem als Ort kultischer Feiern. In 1 Sam 13,7 wird jedoch auf Samuel gewartet; dieser Vers hat eine klare Verbindung zu 10,8, wo das nächste Treffen zwischen Samuel und Saul in Gilgal angekündigt wird. Samuel bezieht sich in 11,14 jedoch durch die Verwendung der 1. P. Pl. in 11,14 eindeutig in dieses Geschehen mit ein. Es wird im weiteren Text nicht erwähnt, dass Samuel sich wieder von Gilgal fortbegibt. Handelt es sich also um verschiedene Redaktionen? Eine Lösung ergibt sich, wenn man auf die Funktion Samuels achtet. In V14 erscheint Samuel wieder als Inhaber einer gesamtisraelitischen Leitungsfunktion. Er steht dem Volk Israel gegenüber. Dies gilt ebenso für 10,17 und vor allem Kapitel 7 und 8,1–5, wo die Ältesten Israels den Wunsch nach einem König an den „Richter" Samuel herantragen. Von daher legt es sich nahe, V14 nicht auf eine vordtr Redaktion zurückzuführen, sondern erst auf DTR I. Von dieser Leitungsfunktion für Israel her wird aber auch das Interesse deutlich, Samuel schon vorher in 11,7 und 11,12 in das Geschehen einzubinden, wo Samuel eindeutig sekundär ist[171]. Allerdings sind nicht V14–15 insgesamt auf DTR zurückzuführen, denn Gilgal spielt für die dtr Redaktion keine tragende Rolle; zentraler Ort für die Auftritte Samuels auf dtr Textebene ist Mizpa, wie aus 1 Sam 7 und 10,17 hervorgeht. Außerdem zeigen die Doppelungen in V15, dass der Vers nicht von einer Hand stammt. Nach der einleitenden Feststellung, dass כל־העם nach Gilgal geht (V15aα), wird der Ortsname in V15aβ ausdrücklich noch einmal am Ende hervorgehoben, obwohl schon durch die Partikel שם der Ort näher bestimmt war. Die eigentlich überflüssige Erwähnung des Ortes lässt sich am besten literarkritisch durch das Prinzip der Wiederaufnahme erklären, denn so endet V15aβ mit dem gleichen Wort wie V15aα.

---

[170] Die Lösung kann jedoch nicht sein, hier einen anderen Sinn für חדש anzunehmen, vgl. beispielsweise EDELMAN, ZAW 96 (1984), 199, die חדש die Bedeutung „to inaugurate" unterlegen will; vgl. auch schon DHORME, Les Livres de Samuel, EtB, 1910, 95; VANNOY, Covenant, 1978, 62–64.126 und V.P. LONG, Reign, SBL.DS 118, 1989, 225f.; POLZIN, Samuel, 1989, 110 Anm 49.

[171] Vgl. auch schon VEIJOLA, Königtum, AASF 198, 1977, 40.115 Anm 2, der Samuel in 1 Sam 11 als eine dtr Erscheinung wertet.

Zusätzlich wird לפני יהוה sowohl in V15aβ verwendet wie auch in V15aγ. Dies sind deutliche Anzeichen, dass an diesem Text gearbeitet wurde. Am einfachsten lassen sich diese Beobachtungen dadurch erklären, dass die Königserhebung in V15aβ in den Textzusammenhang zusammen mit der Aufforderung Samuels in V14, sich nach Gilgal zu begeben und dort das Königtum zu erneuern, eingestellt wurde. Gilgal als Ort war dabei DTR I schon vorgegeben.

Damit zeigt sich folgendes Ergebnis für 1 Sam 11: In 1 Sam 11,1–6.7*.8a.9–11 liegt eine ehemals selbständige Einzelerzählung vor. Es handelt sich hier um eine „Rettererzählung", wie sie in ähnlicher Weise auch im Richterbuch begegnet. Dass Saul König ist, wird von dieser Erzählung nicht vorausgesetzt. Es handelt sich um einen historisch in vorköniglicher Zeit vorstellbaren Vorgang[172], der durchaus ein Geschehen widerspiegelt, das letztlich zur Königserhebung von Saul führte. Jedoch ist vom Königtum in diesem Text keine Rede.

Diese Einzelerzählung wurde durch 11,12*(ohne „zu Samuel"). 13.15aαγb in den größeren Zusammenhang von 9–10* und 13f* einbezogen. Der Sieg über die Ammoniter wurde nun zur Bestätigung des Königtums von Saul. Allerdings liegt hier keine Königserhebung in Gilgal vor. Die Feier in Gilgal ist einzig und allein eine Siegesfeier auf dieser Textebene[173].

Erst von einer weiteren Redaktion (DTR I) wurde Samuel in einer gesamtisraelitischen Leitungsfunktion in das Geschehen integriert. Diese Redaktion umfasst V7* („und hinter Samuel").12 (nur „zu Samuel").14.15aβ. Durch diese Redaktion wurde aus der Siegesfeier in Gilgal eine Erneuerung des Königtums.

Die Auffassung von DIETRICH, dass 11,14 eine vordtr Klammer zwischen zwei ursprünglich selbständigen Einzelüberlieferungen sei und dass Samuel in diesen redaktionellen Verbindungsstücken eine Rolle spielte[174], ist insoweit zu revidieren, dass Samuel in diesen vordtr Verbindungsstücken noch keine Rolle gespielt hat.

---

[172] Zur verwandtschaftlichen Beziehung zwischen Benjamin und Gilead, die beide Segmente des „Hauses Josef" sind, und der daraus folgenden militärischen Solidaritätspflicht s. NEU, Anarchie, 1992, 171–174; vgl. auch Ri 21,1–14a und 1 Sam 31; ebenfalls MOMMER, Samuel, WMANT 65, 1991, 116. Dies bedeutet jedoch nicht, dass diese Erzählung vor der Zeit des Königtums von Saul verfasst sein muss. Die Ortsangabe „Gibea Sauls" in 11,4 spricht eindeutig dagegen.
[173] In der Hinsicht, dass die Grunderzählung mit der Entstehung des Königtums direkt nichts zu tun hat, stimme ich WILDBERGER, ThZ 13 (1957), 446, zu.
[174] Vgl. W. DIETRICH, David, BWANT 122, ²1992, 65 Anm 11.

Damit ist auch klar, dass die Erneuerung des Königtums in Gilgal keine historische Dimension hat. Sie diente dem dtr Redaktor als Bindeglied, die Rolle Samuels als „Richter" zu gestalten und die Abschiedsrede Samuels in Kapitel 12 in den richtigen Rahmen zu stellen, nämlich den des Übergangs zum Königtum[175].

2.4. *1 Sam 13,7–15*

Zu einer weiteren Begegnung zwischen Samuel und Saul nach 11,12–15* kommt es erst in 13,7–15. Dazwischen wird in Kapitel 12 ausführlich dargestellt, dass Samuel seine Herrschaftsfunktion als „Richter Israels" niederlegt; er macht dabei noch einmal nach 1 Sam 8 auf die Gefahren des Königtums aufmerksam. Die Anwesenheit Sauls ist nur indirekt in 12,2f.5 erwähnt[176].

Logisch beginnt nach der Amtsaufgabe Samuels in 1 Sam 12 13,1 mit einer im Zusammenhang der Königsbücher üblichen Antrittsnotiz der Könige, die das Alter bei Herrschaftsantritt und die Zahl der Herrschaftsjahre enthält. Die Zahlenangaben in 13,1 ergeben jedoch wenig Sinn. Versteht man בֶּן־שָׁנָה mit Ex 12,5 als Zahlenangabe, so wäre Saul bei Regierungsantritt ein Jahr alt gewesen und hätte dann noch zwei Jahre regiert, eine unmögliche Vorstellung. Überzeugende Textverbesserungen liegen jedoch nicht vor, so dass am besten die Zahlenangaben offenbleiben[177]. Am sinnvollsten ist es,

---

[175] 1 Sam 12,1–5 gehört noch zu DTR I, vgl. dazu LOHFINK, *Rückblick*, 1984, 58ff. Damit konstituiert vor allem V14 mit der Erneuerung des Königtums den szenischen Rahmen für das folgende Kapitel 12, in dem Samuel endgültig seinen Abschied nimmt. Von daher sind die Überlegungen von FOKKELMAN, *Vow*, 1993, 481–483, durchaus im Recht, der in 11,14 die Eröffnung des Zusammenhanges 11,14–12,25 sieht.

[176] Kapitel 12 geht gänzlich auf dtr Redaktionsarbeit zurück; vgl. NOTH, *Studien*, ³1967, 59f. u.v.a.m.; dabei ist das Kapitel nicht ganz einheitlich: 12,1–5 gehören zu DTR I, während 12,6–25 erst von DTR II verfasst worden sind.

[177] Zu den textkritischen Problemen vgl. vor allem die Kommentare von STOEBE, *Samuelis I*, KAT VIII/1, 1973, 243; McCARTER, *I Samuel*, AncB 8, 1980, 222f.; CAQUOT/DE ROBERT, *Les Livres de Samuel*, CAT VI, 1994, 157, sowie BARTHÉLEMY, *Critique*, OBO 50/1, 1982, 175f.; zur Diskussion vgl. V.P. LONG, *Reign*, SBL.DS 118, 1989, 71–75; eine alternative Lesart bietet z.B. SEEBASS, *David*, 1980, 60 Anm 7+8, im Anschluss an den Targum, doch ist auch diese Lesart eher phantasievoll als erhellend. KREUZER, *BZ NF* 40 (1996), 263–270, versteht 1 Sam 13,1b prospektivisch: „Saul war noch zwei Jahre König..." und sieht darin eine historisch zuverlässige Einleitung des folgenden Geschehens; zur Dauer der Herrschaft Sauls vgl. KREUZER, *ZAW* 113 (2001), 64–66.

diese Antrittsnotiz aufgrund des Textzusammenhanges, in dem sie steht, DTR I zuzurechnen[178].

Bevor näher auf die Begegnung zwischen Samuel und Saul in 13,7–15 eingegangen werden kann, ist es notwendig, zunächst einmal den mit 13,2 einsetzenden Textkomplex näher zu betrachten, der in 14,52 abschließt.

Das übergreifende Thema ist die erfolgreiche Auseinandersetzung Sauls und seines Sohnes Jonatan mit den Philistern im Gebiet von Geba/Gibea und Michmas. Dennoch ist es schwierig, einen verständlichen Ablauf in das Geschehen zu bringen, selbst wenn man 13,7–15 einmal ausklammert. Die unterschiedliche Bezeichnung Geba/Gibea, die Angabe, dass einmal Saul, einmal Jonatan den Vogt der Philisiter erschlagen hat (13,3.4), die abschließende Notiz in 14,23 und das Einstreuen andersartiger, ehemals selbständiger Überlieferungen wie 13,19–22 (Notiz über das Eisenmonopol der Philister) machen deutlich, dass hier eine Sammlung verschiedener Überlieferungen unter dem Thema „Kampf gegen die Philister" zusammengestellt wurde. Zuzustimmen ist STOLZ, der das Fazit zieht: „Schließlich sind sowohl die Angaben über die Stellungsbezüge wie über weitere taktische Einzelheiten oft so widersprüchlich, dass man damit zu rechnen hat, dass Erinnerungen verschiedener Art in die Darstellung eingeflossen sind. Freilich lässt sich das Problem mit der Aufteilung auf zwei literarkritisch klar voneinander zu trennende Quellen nicht lösen. Die Überlieferungsvorgänge liegen z.T. wohl schon im mündlichen Bereich und sind so kompliziert, dass sie sich im einzelnen nicht mehr rekonstruieren lassen"[179].

---

[178] Vgl. z.B. BIRCH, *Rise*, SBL.DS 27, 1976, 77f.; VEIJOLA, *Königtum*, AASF 198, 1977, 91f.; KEGLER, *Geschehen*, CThM 8, 1977, 264; McCARTER, *I Samuel*, AncB 8, 1980, 222f.; HALPERN, *Constitution*, HSM 25, 1981, 159 Anm 79 ("probably"); HENTSCHEL, *1 Samuel*, NEB, Lieferung 33, 1994, 90; CAQUOT/DE ROBERT, *Les Livres de Samuel*, CAT VI, 1994, 161; CAMPBELL/O'BRIEN, *Deuteronomistic History*, 2000, 249.

[179] STOLZ, *Buch Samuel*, ZBK.AT, 1981, 83. Eine genaue weitere Analyse übersteigt den Rahmen dieser Arbeit. STOEBE, *Samuelis I*, KAT VIII/1, 1973, 240, vermutet z.B., dass die Überlieferung den Namen Sauls mit einer Tat in Gibea, den Jonatans mit einer Tat in Geba verbunden hat. Einen anderen Weg geht MILLER, *CBQ* 36 (1974), 157–174, der meint, eine ursprüngliche Saul-Tradition (13,4–18; 14,20–23.31–35, unter Einbeziehung von 13,7–15) sei durch die Jonatan-Version überlagert worden; ähnlich W. DIETRICH, *David*, BWANT 122, ²1992, 69, der die Einführung Jonatans auf den Erzähler der Aufstiegsgeschichte Davids zurückführt, die er in 1 Sam 9f. beginnen lässt; ebenfalls folgt ARNOLD, *Gibeah*, JSOT.S 79, 1990, 102–104, dieser Linie. Auch er führt die Einfügung Jonatans erst auf judäische Kreise zurück, die in monarchischer Zeit die Bezeichnung Geba anstelle der femi-

Abgeschlossen wird dieser Textkomplex in 14,47–52. Neben Aussagen über weitere siegreiche Auseinandersetzungen Sauls in 14,47f. begegnet in V49–51 eine Aufzählung der Familie Sauls, die mit der Feststellung in V52 endet, dass der Krieg mit den Philistern zu Lebzeiten Sauls nicht aufhörte und dass Saul bemüht war, kriegstüchtige Leute um sich zu scharen. Dieses Summarium[180] ist jedoch in sich nicht einheitlich.

In V47a kommt es zu der Feststellung, dass Saul jetzt endgültig seine Herrschaft über Israel etabliert hat: לָכַד הַמְּלוּכָה עַל־יִשְׂרָאֵל, um dann in V47b weitere kriegerische Taten Sauls zu vermelden. Das Verbum יַרְשִׁיעַ passt nicht in den Kontext. Es wird deshalb meist auf der Grundlage von LXX[B] (ἐσώζετο) in יֹשִׁעַ geändert[181].

---

ninen Form Gibea bevorzugten. SEEBASS, *ZAW* 78 (1966), 148–179, verteilt 1 Sam 13–14 im wesentlichen auf zwei Quellen, wobei die erste Variante (13,4.5.7b–18; 14,1.4f.14.15aα.16–19.23a.32–35.36b) die Fortsetzung von 9,1–10,16; 11,1ff. bildet und die zweite Variante (13,2.3abβ.6.7a.19–22; 14,2f.6–13.15aβb.20–22.23b–31.36a.37–46) an 1 Sam 12 anschließt; die Fortsetzung liegt in 1 Sam 15 vor. Später rechnet SEEBASS, *David*, 1980, 86–94, dann mit einer Grundschicht, in die Reste eines zweiten Schlachtberichtes eingefügt worden sind. Drei Textschichten für 1 Sam 14 unterscheidet MADL, *Untersuchungen*, 1974, der die ausführlichste Analyse dieses Kapitels vorgelegt hat, aber nur die methodischen Schritte „Literarkritik" und „Formanalyse" im Methodenschema von RICHTER unternimmt. Er findet eine Grundschicht in 14,1.4a.8–10aαb.11a.12abα.13abα.14*. 15aβ.16f.20.31.46, sowie eine Ergänzungs- und Überarbeitungsschicht und einen Einschub, der V32–35 umfasse. BIRCH, *Rise*, SBL.DS 27, 1976, 85–94, hält dagegen Kapitel 14 für einheitlich. JOBLING, *JBL* 95 (1976), 376–76, rechnet in 1 Sam 14 mit drei unterschiedlichen Traditionen (14,1–23a; 14,32–35; 14,24*.25–30.36–46), die vielleicht ursprünglich nicht miteinander verbunden waren. NA῾AMAN, *CBQ* 54 (1992), 645–647, sieht „old stories" in 13,2–7a.15b–18.23; 14,1.4–18.20–23; 14,24–31.36a.37–38.39b–43.45–46, die vordtr noch einmal überarbeitet wurden (s.oben 1.2). HENTSCHEL, *1 Samuel*, NEB, Lieferung 33, 1994, 90–99, spricht sich für eine Grundgestalt in 13,3a.5–7a.15b.16.17–18.19–22 (angefügt); 14,24–46 aus. Am überzeugendsten erscheint mir noch die Analyse von KEGLER, *Geschehen*, CThM 8, 1977, 264–271, der einen kompositionell entstandenen „Kriegsverlaufsbericht" in 13,2–4a.5–7a.15b–18.23; 14,1–2.3b–15.16–23 annimmt, dem mehrere eigenständige Überlieferungen noch eingefügt worden sind. Dabei spricht nichts gegen eine „zeitlich frühe Ansetzung dieser Überlieferungen" (270). Vgl. auch CAMPBELL/O'BRIEN, *Deuteronomistic History*, 2000, 249: „1 Samuel 13–14 can be understood as a self-contained collection of traditions about Saul and Jonathan, similar to the collection of Davidic traditions in 2 Samuel 21–24." Einen Überblick über die ältere Forschung gibt MADL, *Untersuchungen*, 1974, 1–19; vgl auch BIRCH, *Rise*, SBL.DS 27, 1976, 74f.

[180] Zu dieser Textsorte, die vor allem das Ende eines Textkomplexes anzeigt, vgl. WONNEBERGER, *Redaktion*, FRLANT 156, 1992, 187–197.

[181] Vgl. McCARTER, *I Samuel*, AncB 8, 1980, 254; STOEBE, *Samuelis I*, KAT VIII/1, 1973, 276; KLEIN, *Samuel*, WBC 10, 1983, 133; BERGES, *Verwerfung*, FzB 61, 1989, 178 Anm 66; V.P. LONG, *Reign*, SBL.DS 118, 1989, 130 Anm 139–140; HUMPHREYS, *JSOT* 6 (1978), 27; anders MADL, *Untersuchungen*, 1974, 142f.170f.

Saul wird ein siegreiches Vorgehen gegen alle Feinde Israels bescheinigt, wobei Moab, Edom und die Könige von Zoba erwähnt werden, bevor die Philister wieder die Reihe abschließen. Diese Notiz ist gut als Abschluss der Sammlung vorstellbar, die vorher *en détail* die Siege Sauls und seines Sohnes Jonatan über die Philister bei Michmas erzählt hat[182]. Wahrscheinlich ist diese Sammlung demnach noch zu Lebzeiten Sauls abgeschlossen worden, da ein solcher Satz angesichts seines Todes, den er in einer Schlacht gegen die Philister fand, die mit einer Niederlage Israels endete (1 Sam 31), wohl nicht mehr möglich war. Auf diese Textsammlung bezieht sich der Satz in 1 Sam 9,16, der von der Befreiung Israels von den Philistern durch Saul spricht.

14,48 relativiert diese Erfolgsaussage etwas, wenn sie anstelle von Siegen von „tapferen Taten" (ויעש חיל)[183] spricht. Es kommt hinzu, dass nach der abschließenden Erwähnung von allen Feinden Israels in V47 der in V48 erwähnte Kriegszug gegen die Amalekiter nachhinkend wirkt. Ein solcher Kriegszug wird in 1 Sam 15 erwähnt, dem folgenden Kapitel. Die Aussage von 14,48 steht durchaus mit dem Ende Sauls in 1 Sam 31 in Einklang, da in diesem Vers davon gesprochen wird, dass Saul Amalek geschlagen hat und dass er Israel aus der Hand seines Plünderers gerettet hat. Von einem endgültigen Sieg ist hier nicht die Rede. Es spricht demnach einiges dafür, 14,48 einer vordtr Redaktionsschicht zuzurechnen, die die Saul-Samuel-Überlieferungen verbunden hat. Für den dtr Charakter dieses Verses sind die Anhaltspunkte sprachlicher Natur zu dürftig, die Kontextbezüge zeigen eine Verbindung zu 1 Sam 15[184].

---

[182] Dass diese Sammlung auch noch Kriegserzählungen von Kriegszügen gegen die anderen in V47 erwähnten Feinde Israels enthalten haben soll, wie ARNOLD, *Gibeah*, JSOT.S 79, 1990, 97, annimmt, ist angesichts des summarischen Charakters dieser Aussage nicht notwendig.

[183] Möglich ist auch die Übersetzung „und er sammelte ein Heer", so STOEBE, *Samuelis I*, KAT VIII/1, 1973, 276; ihm folgt WONNEBERGER, *Redaktion*, FRLANT 156, 1992, 188.

[184] Gegen die Annahme dtr Verfasserschaft von 14,47–52 aufgrund der sprachlichen Bezüge dieser Verse durch VEIJOLA, *Königtum*, AASF 198, 1977, 78–82 vgl. WONNEBERGER, *Redaktion*, FRLANT 156, 1992, 188–191, der zu dem Fazit kommt: „Eine deuteronomistische Herkunft ist nicht ganz auszuschließen, wenngleich manche der besprochenen Argumente wenig stichhaltig sind." (191). Nicht überzeugend ist auch die Auffassung, dass die Anfügung von 14,47–52 auf eine dtr Redaktion zurückgehe, so SEEBASS, *David*, 1980, 96 Anm 119; CAQUOT/DE ROBERT, *Les Livres de Samuel*, CAT VI, 1994, 168f. Es ist schwer einzusehen, warum ein dtr Redaktor eine so positive Aussage über Saul hier eingefügt haben soll. Die Argumente für eine dtr Verfasserschaft von 14,48, die im wesentlichen sprachlicher Natur sind, vgl.

Die Aufzählung der Familie Sauls in 14,49–51 hat demgegenüber ein anders geartetes Interesse. Hier werden Personen wie Michal und Abner erwähnt, die in den folgenden David-Überlieferungen eine wichtige Rolle spielen; zudem wird hinsichtlich der Philister gesagt, dass der Kampf gegen sie zu Lebzeiten Sauls nicht aufhörte. Zu verstehen ist dies als ein Hinweis darauf, dass es noch eines anderen bedarf, um den Kampf gegen die Philister zu einem siegreichen Ende zu bringen. Dieser Satz steht auch in direktem Widerspruch zu der Aussage in 14,47. Hier liegt also eine Anspielung auf David vor. Das gleiche gilt für die Notiz, dass Saul starke und kriegstüchtige Männer in seinen Dienst nahm; dies trifft auf die Darstellung Davids in den folgenden David-Überlieferungen zu, zumal wenn man beachtet, dass David in 1 Sam 16,18 als גבור חיל bezeichnet wird[185].

14,49–52 geht demnach auf die Redaktion zurück, die eine literarische Verbindung zwischen den Saul- und David-Überlieferungen hergestellt hat. Dies trifft am ehesten auf die erste deuteronomistische Redaktion, also DTR I, zu, wobei sicherlich die Angaben über die Familienbeziehungen Sauls nicht erfunden sind, sondern aus der Tradition übernommen wurden[186].

Das bisherige Ergebnis ist also so zu umschreiben, dass in 1 Sam 13,2–14,47* eine Sammlung von Taten Sauls und seines Sohnes Jonatan vorlagen, die wahrscheinlich schon auf einer mündlichen Stufe verbunden waren, denn es ist meines Erachtens bisher nicht gelungen, eine Saul- von einer Jonatan-Version überzeugend zu trennen. Dabei wird Jonatan gegenüber Saul positiv herausgestellt[187]. Der

---

MOMMER, *Samuel*, WMANT 65, 1991, 145f. und W. DIETRICH, *David*, BWANT 122, ²1992, 72, der diesen Vers DtrP zuordnet, scheitern an den von WONNEBERGER gegen VEIJOLA angeführten Gründen; zuzustimmen ist beiden Autoren jedoch darin, dass sie V48 von V47 abtrennen; ebenso WONNEBERGER, *Redaktion*, FRLANT 156, 1992, 189f. Er spricht sich aber gegen eine Verbindung von V48 zu 1 Sam 15 aus, jedoch ist sein Argument, dass es in 1 Sam 15 um mehr als einen militärischen Sieg gehe und dass Saul dort sein Versagen vorgehalten wird, nicht überzeugend.

[185] Vgl. McCARTER, *I Samuel*, AncB 8, 1980, 256; anders WONNEBERGER, *Redaktion*, FRLANT 156, 1992, 191.

[186] So die *communis opinio*, vgl. zuletzt WONNEBERGER, *Redaktion*, FRLANT 156, 1992, 190. Für eine dtr Einfügung spricht auch die Zeitangabe „alle Tage Sauls", die einen deutlichen Bezug zu 1 Sam 7,13 hat (vgl. WONNEBERGER, *Redaktion*, FRLANT 156, 1992, 191), jedoch stellt dies nur ein Indiz dar, entscheidender als die sprachlichen Bezüge sind hier die Kontextbezüge.

[187] Vgl. vor allem JOBLING, *JBL* 95 (1976), 369–371; anders EDELMAN, *Saul*, 1991,

Übereifer Sauls im Hinblick auf die Beobachtung von Vorschriften
(vgl. 14,31–35: die Sorge um die kultische Reinheit; 14,1ff.: der Eid,
der die Kräfte des Volkes schwächt; die Bereitschaft, den eigenen
Sohn zu opfern) bereitet gut den Boden für das Zerwürfnis zwischen
Saul und Samuel. Von Samuel ist in dieser ursprünglichen Textsammlung keine Rede. Er begegnet nur in 13,7–15, wo es zu einem ersten
Konflikt zwischen Samuel und Saul kommt, der jedoch (zunächst)
ohne direkte Folgen bleibt.

Seit WELLHAUSEN besteht für einen Großteil der Forscher Ein-
mütigkeit darüber, dass dieser Text einen Einschub darstellt[188].
Eine Anzahl von Gründen spricht für diese Auffassung:

1) Samuel begegnet in dem ganzen Textkomplex nur in 13,7–14;
   nach der Auseinandersetzung mit Saul entschwindet Samuel
   wieder (13,15a), während das kriegerische Geschehen seinen
   Fortgang nimmt.
2) Der Schauplatz Gilgal liegt abseits der sonstigen Auseinandersetzung zwischen Israel und den Philistern, die in dem
   geographisch engbegrenzten Gebiet um Geba/Gibea und
   Michmas angesiedelt sind. Gilgal wird noch in V4b erwähnt,
   doch ist dieser Halbvers leicht als Vorbereitung von 13,7ff. zu
   identifizieren.
3) Eine Verwerfung Sauls wird in Kapitel 14 nicht vorausgesetzt
   (s. unten).

83–98, die neben der Verwerfung Sauls auch eine Verwerfung Jonatans als seines
Nachfolgers in 1 Sam 14 zu erkennen glaubt. Die negative Zeichnung Sauls in
1 Sam 14 wird jedoch überzogen interpretiert, wenn hier schon von einem „rejec-
ted king" die Rede ist (so JOBLING, *JBL* 95 (1976), 368f.).

[188] Vgl. WELLHAUSEN, *Composition*, ⁴1963, 245f.; NOTH, *Studien*, ³1967, 63; BIRCH,
Rise, SBL.DS 27, 1976, 75–77; VEIJOLA, *Dynastie*, AASF 193, 1975, 55; McCARTER,
I Samuel, AncB 8, 1980, 228; DONNER, *Verwerfung*, 1983, 251; FORESTI, *Rejection*, 1984,
158; CAMPBELL, *Prophets*, CBQ.MS 17, 1986, 53f.; ARNOLD, *Gibeah*, JSOT.S 79, 1990,
93; MOMMER, *Samuel*, WMANT 65, 1991, 135; zuletzt POPOVIČ, *Anton.* 68 (1993),
155; CAQUOT/DE ROBERT, *Les Livres de Samuel*, CAT VI, 1994, 169; HENTSCHEL,
1 Samuel, NEB, Lieferung 33, 1994, 90; zur älteren Literatur vgl. die Überblicke
bei VEIJOLA, *Dynastie*, AASF 193, 1975, 55; FORESTI, *Rejection*, 1984, 160 Anm 16
und V.P. LONG, *Reign*, SBL.DS 118, 1989, 43.
    Gegen die Sicht von 13,7–15 als Einschub votieren MILLER, *CBQ* 36 (1974), 162f.;
SEEBASS, *David*, 1980, 90; V.P. LONG, *Reign*, SBL.DS 118, 1989, 43–66; vorher auch
schon SEGAL, *Composition*, 1967, 206; W. DIETRICH, *David*, BWANT 122, ²1992, 67,
der die Konfrontation wie die Jonatan-Version in 13f. auf den Verfasser der Aufstiegsgeschichte (bei ihm Saul-David-Geschichte) zurückführt, rechnet für die vorausgesetzte Saul-Version mit einer Begegnung zwischen Samuel und Saul, wobei
Samuel Saul zum Kampf gegen die Philister ermutigt habe.

4) Saul befindet sich in 13,16 ohne Erwähnung einer Ortsveränderung in Geba-Benjamin. Dem entspricht, dass der Text
nach V7a ohne erkennbaren Verlust mit 13,15b fortgesetzt
werden kann.

5) Die Vorbereitung dieser Gilgal-Szene in 1 Sam 10,8 ist im
dortigen Textzusammenhang als redaktionell einzustufen.

13,7b–15a ist demnach mit der Mehrheit der Forscher als Einschub
zu sehen[189].

Dabei handelt es sich nicht um einen eigenständigen Text, sondern die Unverständlichkeit der Szene ohne den Kontext sowie der
Bezug von 13,11 auf 13,5 machen deutlich, dass es sich um einen
redaktionellen Text handelt[190]. Die Betonung der Ortslage Gilgal wie
schon in 11,12–15* und der Bezug zu 10,8 machen deutlich, dass
es sich hier um den Redaktor handelt, der die Samuel-Saul-Überlieferungen zusammengeschlossen hat[191].

Der Einschub 13,7b–15a ist jedoch in sich nicht einheitlich. In
V11 beginnt der Dialog zwischen Samuel und Saul, den Samuel mit
der Frage מה עשית eröffnet. In V11b–12 verteidigt Saul wortreich
sein Verhalten und begründet es — durchaus einsichtig — mit der
Gefahr, dass die Philister angreifen, bevor Jhwh durch Opfer gnädig gestimmt worden ist. Die Antwort Samuels in V13a besteht
zunächst in einem deutlichen Wort gegenüber Saul: נסכלת[192], bevor
in V13b die Aussage dieses Wortes weiter entfaltet wird. Dabei ist
festzustellen, dass in dem Teilvers 13bα mit לא שמרת את־מצות יהוה

---

[189] MOMMER, *Samuel*, WMANT 65, 1991, 136, möchte auch V7a zu dem Einschub
zählen; doch besteht dazu keine Notwendigkeit. Die Flucht über den Jordan ist
auch vom Gebiet Gibea/Geba und Michmas vorstellbar, der parallele Aufbau von
V7a und V7b ist kein ausreichendes Argument und der narrativische Anschluss von
13,15b ist auch an V7a möglich.

[190] Vgl. ebd., 137. MOMMER spricht von einem „literarischen Produkt"; anders
POPOVIČ, *Anton.* 68 (1993), 158f., der mit Traditionselementen rechnet.

[191] Dies spricht gegen eine Zuordnung dieses Einschubs an eine dtr Redaktion,
so z.B. SCHUNCK, *Benjamin*, BZAW 86, 1963, 92; STOLZ, *Buch Samuel*, ZBK.AT, 1981,
86; KLEIN, *Samuel*, WBC 10, 1983, 124. Gegen eine Verbindung mit 9f. führt
MOMMER, *Samuel*, WMANT 65, 1991, 134f. an, „dass uns hier ein völlig neues Bild
des Verhältnisses von Samuel und Saul" begegne; Samuel sei in 1 Sam 9f. Förderer
von Saul gewesen und werde nun hier zum Gegenspieler Sauls; vgl. auch FORESTI,
Rejection, 1984, 158; ein Widerspruch ist jedoch nicht abzuleiten. Samuel hat Saul
zum נגיד designiert und er hat ihm in 10,8 einen Auftrag gegeben. Eine vorbehalt-
lose Förderung von Saul durch Samuel kann man daraus nicht ableiten.

[192] Zu סכל vgl. BERGES, *Verwerfung*, FzB 61, 1989, 171; MOMMER, *Samuel*, WMANT
65, 1991, 137f.

אֱלֹהֶיךָ אֲשֶׁר צִוְּךָ typisch dtr Phraseologie beginnt, die sich in V13bβ fortsetzt[193]. In V14a wird mit anderen Worten das ausgedrückt, was in dtr Sprache bereits in V13b gesagt wurde. Es ist deshalb durchaus möglich, dass in V14a die Rede Samuels von V13a fortgesetzt wird[194], während V13b.14b aufgrund des Sprachgebrauches und des direkten Bezugs auf David zu DTR I zu rechnen sind[195].

In V15a folgt nun eine Itinerarnotiz, die einigermaßen enigmatisch bleibt. Samuel begibt sich von Gilgal hinauf nach Gibea-Benjamin. Von dort aus sendet *Saul* in 14,16 Späher (vgl. auch 14,2); in 14,46 wird dann berichtet, dass Saul wieder hinaufzieht (וַיַּעַל), womit wohl Gibea, seine Residenz, gemeint ist. Unklar bleibt, warum Samuel sich nach Gibea begibt. Allen Schwierigkeiten aus dem Weg geht man, wenn man hier dem Textplus der LXX folgt, das Samuel von Gilgal aus seinen Weg gehen lässt, während das restliche Volk hinter Saul nach Gibea-Benjamin in den Krieg zieht. Dieser erleichternden Lesart sind die meisten Forscher gefolgt. Unter der Voraussetzung, dass in 1 Sam 13,7–15 mit einem Einschub zu rechnen ist, kommt PISANO jedoch zu dem Ergebnis: „If this is so, then the plus of LXX constitutes an excellent narrative bridge, designed to smooth over a contradiction in the text caused by the insertion of the story of Saul's sacrifice"[196]. Die Notiz von 13,15a in MT ergibt jedoch redaktionell einen Sinn

---

[193] Vgl. VEIJOLA, *Dynastie*, AASF 193, 1975, 56; W. DIETRICH, *David*, BWANT 122, ²1992, 68; MOMMER, *Samuel*, WMANT 65, 1991, 138f., der für V13bβ auf die Verbindung zu 2 Sam 7,13 (Dtr) aufmerksam macht.

[194] Vgl. MOMMER, *Samuel*, WMANT 65, 1991, 139. Jedoch belegen die von MOMMER aufgeführten Parallelen von 13,14a zur Aufstiegsgeschichte keinen direkten literarischen Bezug; V14b mit dem Hinweis auf David dürfte ganz von DTR I gebildet worden sein, der die literarische Verknüpfung von Samuel/Saul-Überlieferungen und den David-Erzählungen hergestellt hat. Mit וַיְצַוֵּהוּ beginnt dann wieder eindeutig dtr Sprachgebrauch.

[195] Ähnlich MOMMER, *Samuel*, WMANT 65, 1991, 140, der jedoch auch noch V14bα zu dem vordtr Text rechnet; vgl. auch W. DIETRICH, David, BWANT 122, ²1992, 68, und FORESTI, *Rejection*, 1984, 160f., die insgesamt V13b–14 zu DtrN rechnen und SEEBASS, *David*, 1980, 87.

[196] PISANO, *Additions*, OBO 57, 1984, 182; vgl. insgesamt die Diskussion 175–183; vgl. vorher auch schon STOEBE, *Samuelis I*, KAT VIII/1, 1973, 245; außerdem MOMMER, *Samuel*, WMANT 65, 1991, 136 Anm 8; POLZIN, *Samuel*, 1989, 131 Anm 14; EDELMAN, *Saul*, JSOT.S 121, 1991, 81 Anm 2; Der LXX-Lesart folgen z.B. W. DIETRICH, *David*, BWANT 122, ²1992, 69 Anm 30; V.P. LONG, *Reign*, SBL.DS 118, 1989, 45.94–95; SEEBASS, *David*, 1980, 90 Anm 108; MACHOLZ, *Untersuchungen*, 1966, 173 Anm 4; BIRCH, *Rise*, SBL.DS 27, SBL.DS 27, 1976, 76; HALPERN, *Constitution*, HSM 25, 1981, 156 Anm 59.

als Vorbereitung der Szene von 1 Sam 15,1ff., in der Samuel Saul zum Feldzug gegen die Amalekiter auffordert. Dort wird nicht gesagt, wo Samuel herkommt; es ist wohl die Situation in der Residenz Sauls vorausgesetzt. Das Zusammenkommen von Samuel und Saul, das in 15,1 vorausgesetzt ist, wird somit durch 13,15 ermöglicht. Damit wird auch klar, dass es sich bei 13,7b–13a.14a.15a und 14,48 um denselben Redaktor handelt[197], der ebenfalls Kapitel 15 in den Zusammenhang der Samuel-Saul-Überlieferungen eingebunden hat.

Somit lässt sich folgendes Fazit ziehen. Eine ehemals selbständige Sammlung liegt in 13,2–3.5–7a.15b–23; 14,1–46 vor. Diese Sammlung umfasste erfolgreiche Kriegstaten Sauls und seines Sohnes Jonatan im Gebiet von Gibea/Geba und Michmas. Sie wird abgeschlossen durch das insgesamt positive Fazit der Herrschaft Sauls in 1 Sam 14,47, der Israel von seinen Feinden befreit hat. Nicht zu verkennen ist, dass trotz der positiven Gesamtbilanz in 14,47 Saul in Kapitel 14 zögerlich, unentschlossen und unglücklich agiert[198], während Jonatan wesentlich positiver gezeichnet wird. Am ehesten lässt sich die Intention dieser Sammlung als Ausdruck des Anspruches Jonatans auf die Königswürde verstehen. Sie dürfte demnach in saulidischen Kreisen entstanden sein, die Jonatan als den auch von Jhwh favorisierten Nachfolger Sauls sehen wollten. Möglicherweise ist die negative Zeichnung Sauls auf einen Konflikt zwischen Saul und Jonatan zurückzuführen, den auch der Verfasser der Davidüberlieferungen in 1 Sam 20 zugunsten Davids ausgeschlachtet hat.

Der Kompositor, der schon vorher die Samuel-Saul-Überlieferungen in 9f.; 11 bearbeitet hat, verband mit Hilfe von 13,4b.7b–13a.14a.15a diesen Komplex von erfolgreichen Kriegstaten der Sauliden mit den Überlieferungen von den Anfängen des Königtums Sauls. 13,15a macht darüber hinaus deutlich, dass ebenfalls Kapitel 15 in diese Komposition mit einzubeziehen ist, ebenso wie die Notiz 14,48, die auch auf Kapitel 15 vorausblickt. Der Konflikt zwischen Samuel und Saul, der durch den Kompositor hier eingetragen wird, ist zu sehen im Licht der Reflexion über das Königtum, die in der

---

[197] Damit ist es auch nicht mehr nötig, in 13,15 als „nicht mehr zu deutender Einzelzug" zu sehen (so STOEBE, *Samuelis I*, KAT VIII/1, 1973, 253) oder wie MOMMER, *Samuel*, WMANT 65, 1991, anzunehmen, „dass der Verfasser sich Samuel als Beobachter der folgenden Kämpfe vorstellt." (136 Anm 8).

[198] Vgl. dazu die ausgewogene Darstellung von DONNER, *Verwerfung*, 1983, 254–259.

Komposition vorliegt. Sauls Königsherrschaft hat keinen Bestand
(13,14a), weil er nicht sieht, dass der König der Leitung durch Samuel
bedarf (vgl. 10,8); Saul ist es nicht erlaubt, eigenständig entgegen der
Anweisung Samuels zu handeln. Dann ist er einfach „töricht" (13,13a).
Sicherlich spielt hier auch noch mit, dass der König nach Auffassung
des Kompositors offensichtlich nicht automatisch eine kultische Funktion
besitzt, wie es dem König im Alten Orient zustand. Es geht also
nicht darum, dass Saul opfert oder dass die Verspätung Samuels die
groteske Folge des Scheiterns Sauls gehabt haben soll, sondern es
geht darum, zu zeigen, dass die Initiative angesichts der Philistergefahr
bei Samuel, der Stimme Jhwhs (Kap. 15) zu liegen hat. Auf sie ist
er angewiesen, will er nicht scheitern[199].

Auf die grundlegende dtr Redaktion (DTR I) sind 13,1.13b.14b
und 14,49–52 zurückzuführen.

2.5. *1 Sam 15*

Nach dem Summarium 14,47–52 und vor dem Einsatz der David-
Überlieferungen in 1 Sam 16 kommt es in Kapitel 15 zu einer weiteren Begegnung zwischen Samuel und Saul, verbunden mit dem
Bericht über einen siegreichen Feldzug Sauls gegen die Amalekiter.
Die Beurteilung dieses Kapitels bezüglich seines Zusammenhanges
mit dem Kontext, hinsichtlich der Textschichtung, der Datierung
und der Historizität ist umstritten, so dass hier kurz die Forschungslage
skizziert werden muss[200].

Bereits WELLHAUSEN, der mit der Aufteilung der Traditionen in
1 Sam 8–12 in eine königsfreundliche und königsfeindliche Reihe
richtungsweisend für die weitere Forschung war, konnte 1 Sam 15

---

[199] Vgl. auch MOMMER, *Samuel*, WMANT 65, 1991, 143f., der den grundsätzlichen
Konflikt richtig beschreibt, die Beschreibung dieses Konfliktes jedoch dann in Hofkreisen um David und Salomo entstanden sein lässt und nicht die grundsätzliche
Bestimmung der Beziehung König — Prophet hier erkennt; anders POPOVIČ, *Anton.*
68 (1993), 164–170, der den Konflikt in den Zusammenhang mit der Darbringung
der שלמים-Opfer bringt, was POPOVIČ, auf dem Hintergrund der Anweisung von
10,8 so interpretiert, dass Saul durch die Darbringung dieser Opfer dem Kampf
mit den Philistern ausweichen wollte. Dies scheitert schon daran, dass die Darbringung
von שלמים-Opfern wohl erst später in den Textzusammenhang 13,7b–15a und auch
10,8 eingefügt wurde.

[200] Vgl. auch die neueren Überblicke bei FORESTI, *Rejection*, 1984, 1–19; CAMPBELL,
Prophets, CBQ.MS 17, 1986, 42f.; V.P. LONG, *Reign*, SBL.DS 118, 1989, 133f.;
PETARCA, „Bruch", in: BREKELMANS/LUST, *Studies*, BEThL 94, 1990, 221f.; W.
DIETRICH/NAUMANN, *Samuelbücher*, EdF 287, 1995, 41–45.

nur zwischen diesen Texten ansiedeln[201]. In der neueren Forschung spiegelt sich diese Schwierigkeit der Anbindung an eine Saul- und/oder Samuel-Tradition in der Weise wider, dass entweder die Eigenständigkeit von 1 Sam 15 betont wird[202] oder dass in 1 Sam 15 ein rein redaktionell gestaltetes Gebilde gesehen wird ohne eigenständige traditionsgeschichtliche Grundlage[203]. Als dritte Möglichkeit wird schließlich — unter der Voraussetzung einer mehrfachen dtr Redaktion — angenommen, dass 1 Sam 15 nicht durch die erste, grundlegende deuteronomistische Redaktion in den Zusammenhang des ersten Samuelbuches eingefügt wurde, sondern erst durch die zweite dtr Redaktion[204].

Weniger Schwierigkeiten bereitet 1 Sam 15 den Forschern, die

---

[201] „Die Erzählung gehört einer Schicht an, welche zwischen der von 9,1–10,16. Kap. 11.13.14 und der von Kap. 7.8.10,17–27. Kap. (11) 12 in der Mitte steht. Jene setzt sie voraus, denn die Salbung Sauls 15,1.17 kommt nur 10,1 vor und der Ausdruck 15,19 beruht auf 14,32 — aber der Standpunkt ist ein ganz anderer, vgl. 14,48 mit 15,2. Diese kennt sie noch nicht, denn nach 10,17–27 wird Saul nicht gesalbt, und nach den Prämissen von Kap. 8.12 würde Samuel weder sein Recht, ihm zu befehlen, zu motiviren brauchen wie in 15,1, noch auch über seine Verwerfung Vaterschmerz empfinden können wie in 15,11.35 — gleichwol ist der Standpunkt ein mehr verwandter." (WELLHAUSEN, *Composition*, [3]1964, 246). Auch NOTH (*Studien*, [3]1967, 62 Anm. 1) sieht in 1 Sam 15 einen späteren Anhang an die alte Saultradition 9,1–10,16 + 10,27b–11,15 + 1 Sam 13–14, die dann mit dem Zusatz 1 Sam 16,1–13 endet.

[202] Vgl. zuletzt MOMMER, *Samuel*, WMANT 65, 1991, 146–162, der von einer Größe *sui generis* spricht. Ganz konsequent kann er dies jedoch nicht durchhalten, denn er verweist einerseits auf die Beziehung zu 13,7–15, wobei er eine überlieferungsgeschichtlich ältere Vorlage postuliert (162; vgl. jedoch 137, wo er den redaktionellen Charakter von 1 Sam 13,7b–15a betont) und andererseits ist er auch der Auffassung, dass 9,1–10,16 den Verfassern von 1 Sam 15 bekannt war (160); ähnlich inkonsequent war schon MACHOLZ, *Untersuchungen*, 1966, der einen Anschluss an das Vorhergehende negiert (176), später jedoch feststellt: „Man wird einen Zusammenhang annehmen können zwischen den Kreisen von 1 Sam 15 und 9,1–10,16 und der von Elia und Elisa inspirierten prophetischen Widerstandsbewegung, deren Mittelpunkt Gilgal gewesen zu sein scheint." (205); vorher hatte schon insbesondere WEISER, *ZAW* 54 (1936), 1–51 die Eigenständigkeit von 1 Sam 15 betont, ebs. PRESS, *ZAW* 56 (1938), 206–211.

[203] Vgl. z.B. BICKERT, „Handeln Jahwes", in: GUNNEWEG/KAISER, *Textgemäß*, 1979, 19–21 (die Grundschicht gehört zur ersten deuteronomistischen Redaktion, bei ihm DtrH); DONNER, *Verwerfung*, 1983, 241–250 (Konglomerat verschiedener Traditionen); FORESTI, *Rejection*, 1984, (Grundschicht: DtrP); NIHAN, „L'instauration", in: RÖMER, *Future*, BEThL 147, 2000, 175f.

[204] So VEIJOLA, *Dynastie*, AASF 193, 1975, 102; DERS., *Königtum*, AASF 198, 1977, 81; DERS., *Verheißung*, AASF 220, 1982, 71; W. DIETRICH, *David*, BWANT 122, [2]1992, 9–19; ebenso — unter der Voraussetzung einer anderen Modellvorstellung des deuteronomistischen Geschichtswerkes — rechnet PECKHAM, *ZAW* 97 (1985), 192–202, 1 Sam 15 zu Dtr[2]; NIHAN, „L'instauration", in: RÖMER, *Future*, BEThL 147, 2000, 175f. (exilische Redaktion).

in 1 Sam eine prophetisch orientierte Redaktion erkennen. Für
sie lässt sich 1 Sam 15 ohne weiteres in einen prophetisch akzentuierten Zusammenhang einordnen[205]. Einen eigenen Weg in der
neueren Forschungsgeschichte geht GRØNBAEK, der 1 Sam 15 in
die David-Überlieferungen einbindet und in diesem Kapitel die
Eröffnung der Aufstiegsgeschichte Davids erblickt[206]. Als Gegenpol
dazu kann man die Auffassung von SEEBASS ansehen, der in 1 Sam
15 den Schlussstein der alten Saul-Überlieferung sieht[207].

    Divergierend ist ebenso die Beurteilung der Einheitlichkeit die-
ses Kapitels. Während manche Forscher in diesem Kapitel ein
zusammengehörendes Ganzes erblicken[208], erkennen andere vornehmlich zwei Textschichten[209], DIETRICH, BICKERT und HENTSCHEL
gehen noch darüber hinaus[210].

---

[205] Vgl. BIRCH, *Rise*, SBL.DS 27, 1976, 103–104; McCARTER, *I Samuel*, AncB 8,
1980, 20.269f.; CAMPBELL, *Prophets*, CBQ.MS 17, 1986, 42–45; CAMPBELL/O'BRIEN,
Deuteronomistic History, 2000, 254–256.

[206] Vgl. GRØNBAEK, *Geschichte*, Acta Theologica Danica X, 1971, 36–68; ihm folgt
METTINGER, *King*, CB.OT 8, 1976, 33–35.

[207] Vgl. SEEBASS, *David*, 1980, 96–99.112–130; anders beurteilt er dieses Kapitel
noch in DERS., *ZAW* 78 (1966), 149–154, sieht allerdings ebenfalls einen Anschluss
an die vorhergehende Saul-Überlieferung. HALPERN, *Constitution*, HSM 25, 1981,
160, zählt 1 Sam 15 zur „source B" und betont den Anschluss an 1 Sam 12, wie
vorher schon BUDDE, *Samuel*, 1902, 107, und EISSFELDT, *Komposition*, 1931, 3; HERTZBERG,
Samuelbücher, ATD 10, ⁵1973, 98, vermutet dagegen, dass 1 Sam 15 an Kapitel 11
anschließen könne.

[208] Vgl. z.B. SCHUNCK, *Benjamin*, BZAW 86, 1963, 82–84; MACHOLZ, *Untersuchungen*,
1966, 176–195, bes. 194 (hält Erweiterungen für möglich, er denkt an 15,27f.);
STOEBE, *Samuelis I*, KAT VIII/1, 1973, 282; BIRCH, *Rise*, SBL.DS 27, 1976, 96;
SEEBASS, *David*, 1980, 96–99 (rechnet jedoch mit kleineren dtr. Bearbeitungen);
HALPERN, *Constitution*, HSM 25, 1981, 160; BETTENZOLI, *BZ NF* 30 (1986), 230–232
(rechnet mit kleineren redaktionellen Einschüben in 15,1b.2.6aβ.23a); V.P. LONG,
Reign, SBL.DS 118, 1989, 133–169.

[209] So vor allem FORESTI, *Rejection*, 1984; CAMPBELL, *Prophets*, CBQ.MS 17, 1986,
42–45; PETARCA, „Bruch", in: BREKELMANS/LUST, *Studies*, BEThL 94, 1990, 221–225;
MOMMER, *Samuel*, WMANT 65, 1991, 146–162; CAQUOT/DE ROBERT, *Les Livres de
Samuel*, CAT VI, 1994, 171–184; vorher auch schon SEEBASS, *ZAW* 78 (1966),
149–154, der allerdings 1980 1 Sam 15 anders beurteilt; METTINGER, *King*, CB.OT
8, 1976, 34f.; er rechnet V10–26.35b zu DtrP. In Auseinandersetzung vor allem
mit HYLANDER kommt GRØNBAEK, *Geschichte*, Acta Theologica Danica X, 1971, zu
einer Kombination dreier unterschiedlicher Überlieferungen (50; er rechnet darüber hinaus mit kleineren dtr Überarbeitungen in V2.6).

[210] BICKERT, „Handeln Jahwes", in: GUNNEWEG/KAISER, *Textgemäß*, 1979, 19–21,
sieht DtrH, DtrP und DtrN am Werk, W. DIETRICH, *David*, BWANT 122, ²1992,
9–19, vor allem 18f., erkennt einen Traditionskern in 15,4–8.12b–13a.32–33, der
zu einer Beispielsgeschichte von Prophet und König durch 15,1aα.3.8b.9a.14–
16a.27.28a.30.31a.34.(35aα) umgestaltet wurde. Dieser Text wurde von DtrP überarbeitet durch die Einfügung von 15,1aβb.2.6aβ.10–12a.16aβb.17–21.23b.35aβb und

Eine fast schon erstaunliche Übereinstimmung zeigt sich innerhalb der Forschung hinsichtlich der Frage, welche Überlieferungskreise für die Entstehung bzw. Ausgestaltung von 1 Sam 15
verantwortlich zu machen sind. Hier sind die Befürworter prophetischer Kreise eindeutig in der Überzahl[211].

Als redaktioneller dtr Text wird 1 Sam 15 in neuerer Zeit vor
allem in der Monographie von FORESTI eingeordnet[212], meist wird
jedoch nur mit einer dtr Überarbeitung gerechnet[213].

Eine weite Bandbreite zeigt sich in der Datierung; sie reicht
von zeitlich den berichteten Ereignissen nahestehend[214] über eine

---

in das dtr Geschichtswerk eingebaut; schließlich habe DtrN noch 15,24–26, evtl.
V29 hinzugefügt. HENTSCHEL, *1 Samuel*, NEB, Lieferung 33, 1994, 99–102, rechnet
mit einer frühen Tradition in 15,4–6aαb.7–8.12.13abα.31b.32–34, die ein jüngerer
Erzähler erweitert hat, dann mit der Aufstiegsgeschichte Davids durch 15,27.28.30–
31.35aβ verknüpft wurde und schließlich noch einer dtr Redaktion in 15,10.11a.16–
19.24–26.35* unterzogen wurde.

[211] Vgl. schon WELLHAUSEN, *Prolegomena*, ⁶1905, 258f.; PRESS, *ZAW* 56 (1938),
215–218 (gleiche Linie wie 1 Sam 2,13–16.27–36); MACHOLZ, *Untersuchungen*, 1966,
176–195.205; BIRCH, *Rise*, SBL.DS 27, 1976, 103–104; VEIJOLA, *Dynastie*, AASF 193,
1975, 102 Anm 156; McCARTER, *I Samuel*, AncB 8, 1980, 20.269f.; KLEIN, *Samuel*,
WBC 10, 1983, 147; CAMPBELL, *Prophets*, CBQ.MS 17, 1986, 42–45; STERN, *UF* 21
(1989), 416–419; MOMMER, *Samuel*, WMANT 65, 1991, 146–162; W. DIETRICH,
David, BWANT 122, ²1992, 18f.; HENTSCHEL, *1 Samuel*, NEB, Lieferung 33, 1994,
41; KEGLER, *Geschehen*, CThM 8, 1977, 279–281, sieht prophetische Kreise im
Umfeld von Dtn-Dtr am Werk; bei FORESTI, *Rejection*, 1984, geht die Grundschicht
auf DtrP zurück; DONNER, *Verwerfung*, 1983, 241–250, sieht in 1 Sam 15 nur noch
ein spätnachexilisches Konglomerat verschiedener Traditionen. Bei der Annahme
einer noch vorexilischen Datierung sprechen sich ausdrücklich gegen einen Verfasser
aus prophetischen Kreisen nur GRØNBAEK, *Geschichte*, Acta Theologica Danica X,
1971, 59, aus (vgl. auch 277f., wo er den Verfasser der Aufstiegsgeschichte in
Jerusalem ortet und Beziehungen zum Tempel und Hof annimmt, allerdings betont,
dass er kein Judäer sei); SEEBASS, *David*, 1980, 124–126, denkt an den Umkreis des
Priesters Ahija; CAQUOT/DE ROBERT, *Les Livres de Samuel*, CAT VI, 1994, 182, nehmen
eine Gilgal-Tradition an, die von dem zadokidischen Redaktor aufgegriffen wurde.

[212] Vgl. FORESTI, *Rejection*, 1984; vorher auch schon SCHUNCK, *Benjamin*, BZAW
86, 1963, 82f. (er nimmt allerdings eine Traditionsgrundlage an); BERNHARDT, *Problem*,
VT.S 8, 1961, 149–152; VAN SETERS, *Search*, 1983, 260; BICKERT, „Handeln Jahwes",
in: GUNNEWEG/KAISER, *Textgemäß*, 1979, 19–21; NIHAN, „L'instauration", in: RÖMER,
Future, BEThL 147, 2000, 175f.

[213] Vgl. z.B. PETARCA, „Bruch", in: BREKELMANS/LUST, *Studies*, BEThL 94, 1990,
der V24–31 einem dtr. Redaktor zuschreibt; ähnlich MOMMER, *Samuel*, WMANT
65, 1991, der für V24–29 am ehesten an Dtr denkt (150); zu DIETRICH und GRØNBAEK
s.oben; mit dtr Bearbeitungen rechnen auch METTINGER, *King*, CB.OT 8, 1976, 34f.;
CAQUOT/DE ROBERT, *Les Livres de Samuel*, CAT VI, 1994, 171; HENTSCHEL, *1 Samuel*,
NEB, Lieferung 33, 1994, 100f.; ausdrücklich abgelehnt wird eine dtr Redaktionstätigkeit von STOEBE, *Samuelis I*, KAT VIII/1, 1973, 279; STERN, *UF* 21 (1989),
413–420.

[214] So z.B. WEISER, *ZAW* 54 (1936), 1–27; DERS., *Samuel*, FRLANT 81, 1962, 24f.

vorexilische Entstehungszeit -wobei hier die Mehrzahl der Forscher
einzuordnen ist — bis zu einer Datierung in die exilisch-nachexilische Zeit[215].

Auch im Hinblick auf die Historizität gehen die Meinungen
auseinander. Schwierigkeiten bereitet hier der Grund, warum Saul
gegen die im Süden beheimateten Amalekiter, die David in 1 Sam
30 in die Schranken weist, vorgegangen sein soll, während viele
Indizien dafür sprechen, dass das Reich Sauls Juda und damit den
Süden nicht umfasst hat[216].

Angesichts der Disparität in der Forschung ist es notwendig, 1 Sam
15 unter diachronen Gesichtspunkten näher zu untersuchen.

Nach 13,7–15 kommt es erst in 1 Sam 15 zu einer erneuten
Begegnung zwischen Samuel und Saul. Der Text setzt unvermittelt
mit einer Rede Samuels an Saul ein, die den Auftrag an Saul beinhaltet, gegen die Amalekiter Krieg zu führen und alles Lebendige
zu bannen (15,1–3). Nach der üblichen Redeeinleitung mit וַיֹּאמֶר,
der Nennung des Subjektes (Samuel) und des Adressaten Saul beginnt
die Rede Samuels mit einem Rückverweis auf die in 1 Sam 9,1–10,16
geschilderte Salbung Sauls durch Samuel. Durch die betont vorangestellte suffigierte *nota accusativi* אֹתִי wird in der Rede Samuels unterstrichen, dass er von Jhwh gesandt ist[217] und dass er in seinem

---

[215] Die extremste Position vertritt Donner, *Verwerfung*, 1983, 250, der an die spät-
nachexilische Zeit denkt.
[216] An der Historizität zweifeln Donner, *Verwerfung*, 1983, 250; Smelik, *Israels eerste
koning*, 1977, 133–134; Foresti, *Rejection*, 1984, 181; früher auch schon z.B. H.P.
Smith, *Samuel*, ICC, ³1912, 130. Edelman, *JSOT* 35 (1986), 71–84, die ebenfalls in
1 Sam 15 eine späte Komposition erblickt, ohne sich zeitlich näher festzulegen,
sieht nur fünf Details, die sie der Quelle zuschreibt, die der Autor benutzt habe:
Die Stadt Amalek, die Schlacht-Situierung am Wadi; die Errichtung einer Stele am
Karmel; möglicherweise die Erwähnung der Keniter und Agags (79); im übrigen
sieht E. die Auseinandersetzung Sauls im Norden angesiedelt, wo sie eine Enklave
der Amalekiter vermutet (71–84). Eher skeptisch sind auch Macholz, *Untersuchungen*,
1966, 183f. und Ackroyd, *First Book of Samuel*, CNEB, 1971, 122. Dagegen halten
einen historischen Kern für wahrscheinlich: Budde, *Samuel*, 1902, 107; Dhorme, *Les
Livres de Samuel*, EtB, 1910, 138–139; Schunck, *Benjamin*, BZAW 86, 1963, 84;
Grønbaek, *Geschichte*, Acta Theologica Danica X, 1971, 51; Stoebe, *Samuelis I*, KAT
VIII/1, 1973, 280–283; Mommer, *Samuel*, WMANT 65, 1991, 162; W. Dietrich,
David, BWANT 122, ²1992, 10f.
[217] Hier ist kein Widerspruch zu V17 zu sehen, wo gesagt wird, dass Jhwh Saul
zum König gesalbt hat (gegen Foresti, *Rejection*, 1984, 43; Bettenzoli, *BZ NF* 30
(1986), 230), da Samuel klar im Auftrag Jhwhs handelt. Dass göttliches und menschliches Wirken durchaus ineinander übergreifen können, belegen der alte Kriegsruf
in Ri 7,18.20: חֶרֶב לַיהוה וּלְגִדְעוֹן und 1 Sam 11,13, wo der von Saul errungene Sieg
als Rettung durch Jhwh bezeichnet wird.

Auftrag Saul zum König über Israel gesalbt hat. Dabei bezieht sich 15,1 durch die Bezeichnung des Herrschaftsgebietes עַל עַמּוֹ עַל יִשְׂרָאֵל auf 9,16; 10,1. Im Unterschied zu 1 Sam 9,16; 10,1 wird in 1 Sam 15,1 nicht von der Salbung zum נָגִיד, sondern von der Salbung zum מֶלֶךְ gesprochen. Ein sachlicher Unterschied besteht darin jedoch nicht, da ein eigenes vorkönigliches Amt mit dem Titel נָגִיד nicht verbunden ist, sondern die Bezeichnung für den *rex designatus* darstellt[218]. So besteht kein Grund, wegen der unterschiedlichen Terminologie verschiedene Verfasser anzunehmen.

Der Text in 1 Sam 15 verzichtet auf eine nähere Situierung des Gespräches zwischen Samuel und Saul. Saul befindet sich nach der letzten Angabe in 14,46 wohl in seiner Residenz Gibea. Zwar wird kein Ortsname genannt, doch weist der Zusammenhang auf Gibea hin. In 1 Sam 14,46 heißt es, dass Saul von der weiteren Verfolgung der Philister absah und hinaufzog (וַיַּעַל); sinnvollerweise kann damit nur seine Residenz gemeint sein. Die letzte Angabe von Samuel besagt in 13,15a, dass er von Gilgal nach Gibea-Benjamin hinaufzog. Damit ist Samuel ebenfalls in der Residenz Sauls anwesend. Auf einer redaktionellen Textebene ist das Gespräch zwischen Samuel und Saul also gut vorbereitet. Es dürfte sich demnach hier in 1 Sam 15 um den Redaktor handeln, der die verschiedenen Saul- und Samuel-Traditionen zusammengestellt hat[219].

Nach dem Rekurs auf die Salbung Sauls in 15,1a wird in V1b mit der Partikel וְעַתָּה wieder die Gegenwart in den Blick genommen. Ebenfalls wird V3, der dann den konkreten Befehl an Saul enthält, mit עַתָּה eingeleitet, in V3 allerdings asyndetisch. Dazwischen steht in V2 nach der Botenformel mit der Gottesprädikation צְבָאוֹת[220]

---

[218] Vgl. dazu weiter unten S. 144f.

[219] Der Anfang von 1 Sam 15 widerspricht also entschieden der Auffassung, dass 1 Sam 15 von den vorhergehenden Samuel-Saul-Überlieferungen in 1 Sam 9–14 zu trennen sei (gg. MOMMER, *Samuel*, WMANT 65, 1991, 146).

[220] Die Gottesprädikation יהוה צְבָאוֹת begegnet im DtrG in Verbindung mit der Botenformel noch in 1 Kön 18,15; 19,10.14; 2 Kön 3,14; diese Stellen sind mit Ausnahme von 2 Kön 3,14 dtr Textschichten zuzurechnen (vgl. weiter unten Kapitel II und III). Ursprünglich haftete dieses Epitheton wohl an der Lade. Mit der Lade verbunden ist ein eher kriegerisches Gottesbild (zur Lade als Kultsymbol vgl. STAUBLI, *Image*, OBO 107, 1991, 222–229). Wenn in 1 Sam 15 dieses Epitheton verwendet wird, verweist es eher auf eine dtr Redaktionsschicht, die die Samuel-Saul-David- und die Ladeüberlieferung zusammengeschlossen hat (gg. MOMMER, *Samuel*, WMANT 65, 1991, 157). Im übrigen ist die Botenformel in frühen prophetischen Texten vorhanden, allzu häufig ist sie jedoch nicht. Dass die Botenformel mit der Gottesprädikation יהוה צְבָאוֹת erst durch Jeremia geprägt worden sei, wie FORESTI, *Rejection*, 1984, 70 + A 9 meint, ist dagegen zu einlinig gedacht.

wieder der Rückgriff auf die Vergangenheit, diesmal auf die Feindschaft
Israels mit Amalek aus den Tagen des Auszugs aus Ägypten anspie-
lend. Damit wird weit über den jetzigen Textzusammenhang hinaus-
gegriffen. Im näheren Kontext begegnet der Rückgriff auf die Situation
des Auszuges aus Ägypten noch in 1 Sam 8,8; 10,18 und 12,6ff.,
alles Texte, die einer dtr Redaktion zugeordnet werden müssen. In
1 Sam 15,2 wird angespielt auf die Auseinandersetzung Israels auf
dem Weg durch die Wüste mit den Amalekitern (Ex 17,8–16; vgl.
auch Num 13,29; 24,20). Ein enger Bezug besteht zu Dtn 25,17–19.
Dort wird Amalek Vergeltung angedroht für die Feindschaft und
Israel bekommt den Auftrag, das Gedenken an Amalek auszulö-
schen[221]. So liest sich 1 Sam 15 im jetzigen Textzusammenhang wie
die Erfüllung des Auftrages von Dtn 25,17–19. Der enge Bezug zu
Dtn 25,17–19, sowie die Verwendung der Botenformel mit dem
Epitheton צבאות lassen sich am besten verstehen, wenn 15,2 einer
dtr Redaktion zugerechnet wird.

Wie verhält es sich dann mit 15,1b? Eine direkte Fortsetzung des
Textes nach 15,1b mit V3 lässt direkt hintereinander ועתה erschei-
nen, was stilistisch unschön wirkt und unnötigerweise die Zeitebene
der Gegenwart doppelt hervorheben würde, ohne dass dazwischen
eine andere Zeitebene ins Blickfeld rückt. Einsichtig wird diese
Konstruktion, wenn der Einschub mit 15,1b beginnt und somit der
Redaktor das עתה von V3 aufgegriffen hätte, um einen weiteren
Rekurs auf die Vergangenheit hier einzuschieben.

In V1b wird Saul ermahnt, auf „die Stimme, die Worte Jhwhs
zu hören": שמע לקול דברי יהוה. Im weiteren Text wird in V19.20.22
noch einmal vom „Hören auf die Stimme Jhwhs" gesprochen,
dort wird allerdings die Präposition ב verwendet. Gemeint ist an
diesen Stelle das Hören auf Samuel; er wird als Stimme Jhwhs
gesehen. 1 Sam 15,1b verwendet die seltenere Konstruktion שמע
לקול[222], in Verbindung mit der Cstr.-V. דברי יהוה kommt sie in

---

[221] Den Zusammenhang mit Dtn 25,17–19 betonen auch MACHOLZ, *Untersuchungen*,
1966, 179; GRØNBAEK, *Geschichte*, Acta Theologica Danica X, 1971, 45–47; McCARTER,
I Samuel, AncB 8, 1980, 265; EDELMAN, *JSOT* 35 (1986), 75; ausdrücklich abgelehnt
wird die Auffassung, dass 1 Sam 15,2 Dtn 25,17–19 voraussetze, von STERN, *UF*
21 (1989), 414, der die Samuelstelle als die älteste ansieht.
[222] Diese Konstruktion kommt in Gen 3,17; 16,2; Ex 3,18; 4,8.9; 15,26; 18,24;
Ri 2,20; 1 Sam 2,25; 15,1; 28,23; 1 Kön 20,25; 2 Kön 10,6; Ps 58,6; 81,12 vor,

der hebräischen Bibel nur hier vor[223]. Das „Wort Jhwhs" ist kennzeichnend für die dtr Redaktion dieses Kapitels, wie sich noch
zeigen wird. Es legt sich demnach die Schlussfolgerung nahe, dass
in V1b das im Grundtext vorkommende „Hören auf die Stimme
Jhwhs", womit Samuel gemeint ist, weiter interpretiert wird im
Hinblick darauf, dass diese „Stimme Jhwhs" die „Worte Jhwhs"
verkündet. Dies entspricht der dtr Propheteninterpretation in Dtn
18,9–22, die in dem נביא den Verkünder und Interpreten des dtn
Gesetzes sieht.

Zusammenfassend lässt sich also festhalten, dass der ursprüngliche
Text in 15,1a.3 vorliegt, während V1b.2 zu einer dtr Redaktion zu
rechnen ist. Formal ist diese Auffassung begründet durch das doppelte Vorkommen von עתה in V1b und V3, inhaltlich durch das
weite Ausgreifen über den Kontext hinaus sowie die Form der
Botenformel, die schon auf eine Verknüpfung mit der Lade-Überlieferung 1 Sam 4–6 verweist.

Knapp wird dann in 15,4–9 der Verlauf des Kriegszuges und des
Bannes berichtet, wobei deutlich wird, dass Agag und die besten
Stücke des Viehs entgegen der Aufforderung in V3 vom Bann ver-
schont werden.

In V4 fallen die überzogenen Zahlenangaben in V4aγb auf sowie
die Einbeziehung von Juda (vgl. auch 1 Sam 11,8). Es liegt nahe,

---

wobei nur in Ex 15,26; Ri 2,20; Ps 81,12; 1 Sam 15,1 vom „Hören auf die Stimme
Jhwhs" die Rede ist. Wie W. Dietrich, *David*, BWANT 122, ²1992, 13, angesichts
dieser Stellenverteilung davon sprechen kann, dass dieser Ausdruck „gut dtr" sei,
ist mir rätselhaft.
[223] Dies hat dazu geführt, dass entweder דבר (so z.B. Macholz, *Untersuchungen*,
1966, 177, oder לקול (so z.B. Seebass, *David*, 1980, 96 Anm 121) eliminiert wurden. Arambarri, *Wortstamm*, SBB 20, 1990, 115f. belässt den Text, sieht aber in
dem Ausdruck שמע לקול hier insgesamt einen Akt der Zustimmung, so dass er
übersetzt: „jetzt sollst du Jahwes Worten zustimmen". Damit ist die Doppelung
„höre auf die Stimme, die Worte Jhwhs" aufgelöst. Vom Kontext her legt sich diese
Übersetzung jedoch nicht nahe. Denn in 15,19.20.22 ist mit קול יהוה eindeutig
Samuel gemeint. Es ist sinnvoller, mit einer Interpretation dieser Aussage in 15,1
zu rechnen, so dass man 15,1b paraphrasierend so wiedergeben könnte: „Höre auf
die Stimme, die die Worte Jhwhs verkündet". Einen Bedeutungsunterschied zwischen שמע לקול und שמע בקול anzunehmen (so Arambarri, *Wortstamm*, SBB 20,
1990, 121, vgl. auch die einschränkenden Bemerkungen 113), erscheint mir angesichts der synonymen Verwendung beider Ausdrücke in 1 Sam 28,21.22 (mit der
Präp. ב) und 1 Sam 28,23 (mit der Präp. ל) nicht sinnvoll (In 1 Sam 28,18 begegnet שמע בקול noch einmal, dort ist die Rede vom Hören auf die Stimme Jhwhs;
dieser Vers gehört zur dtr Redaktion, vgl. weiter unten Abschnitt 2.6).

anzunehmen, dass ebenso wie in 13,5 diese Zahlenangaben sekundär eingesetzt worden sind. Der ursprüngliche Text liegt demnach in V4aαβ vor[224].

Während V5 keine weiteren Schwierigkeiten bietet[225], greift V6 mit dem Hinweis auf die Warnung der Keniter wieder weit über den Kontext hinaus und auf vergangene Zeiten, die den Exodus aus Ägypten betreffen, zurück; Referenztext ist Ri 1,16. „Die Motivation ist ganz analog der in V2a und ebenso generell gefasst wie diese"[226]. Es spricht alles dafür, in V6 dieselbe Redaktion anzunehmen wie in V1b.2, also eine dtr Redaktion.

In V8 und 9aα[1] sieht Foresti durch die nochmalige Erwähnung Agags in V9 Parallelen und ordnet demnach V8 und V9 verschiedenen Textschichten zu[227]. Doch liegt keine Doppelung des Gedankenganges vor, so dass die Trennung nicht ausreichend begründet ist; V7–9 sind also zum Grundtext zu rechnen.

In V10–31 kommt es nun zu einer dramatischen Auseinandersetzung zwischen Samuel und Saul. Diese Auseinandersetzung ist in Gilgal angesiedelt (V12.21), wohin Saul vom judäischen Ort Karmel aus (vgl. Jos 15,55) und Samuel wohl von Gibea aus sich hinbegeben. Dies ist als Hinweis auf den Redaktor zu werten, der schon in 11,12–15* Gilgal als Ort der Siegesfeier nach dem Sieg über die Ammoniter wählt und in 13,7–15* (10,8) Saul und Samuel ebenfalls in Gilgal zusammentreffen lässt.

Der Text beginnt in V10f. mit der Übermittlung eines Jhwh-Wortes an Samuel, das ihm die Reue Jhwhs über die Einsetzung Sauls zum König verkündet. Von der Reue Jhwhs ist auch noch einmal in 15,35 die Rede und — im gegenteiligen Sinn — in 15,29.

Eingeleitet wird das Jhwh-Wort mit der Wortereignisformel, die

---

[224] Welcher Redaktion die Zahlenangaben zugeschrieben werden, muss hier wie in 11,8 und 13,5 offenbleiben. Foresti, *Rejection*, 1984, 45, der auch noch die Musterung in Telam als sekundär einstuft, rechnet für 11,8 und 13,15b sowie 15,4* mit demselben Verfasser.

[225] Textkritische Schwierigkeiten bereitet das וַיֵּרֶד in V5. Es wird meist als Hi. von אֹרֵב gelesen, doch ist diese Form sonst nirgendwo bezeugt. Sinnvoller erscheint es, auf der Basis von LXX וַיֶּאֱרֹב zu lesen, vgl. McCarter, *I Samuel*, AncB 8, 1980, 261; Donner, *Verwerfung*, 1983, 241 Anm 35.

[226] Macholz, *Untersuchungen*, 1966, 185f.; ebs. Grønbaek, *Geschichte*, Acta Theologica Danica X, 1971, 51; Schunck, *Benjamin*, BZAW 86, 1963, 83, der darauf hinweist, dass nur hier בְּנֵי יִשְׂרָאֵל vorkommt; Foresti, *Rejection*, 1984, 46.

[227] Vgl. Foresti, *Rejection*, 1984, 50; vorher schon Seebass, *ZAW* 78 (1966), 149.

innerhalb von DtrG vor allem von dtr Redaktoren verwendet wird[228]. Es wäre jedoch falsch anzunehmen, dass mit dem Vorkommen der Wortereignisformel schon eine dtr Herkunft erwiesen sei, allerdings ist es ein erstes Indiz. Daneben zeigen sich in V11 weitere Indizien, die eine Zuordnung zu einer dtr Redaktion rechtfertigen. Das Handeln Sauls wird als Abwendung von JHWH bezeichnet (כִּי־שָׁב מֵאַחֲרַי). Inhaltlich entspricht diese Aussage 15,23.26, wo Saul vorgeworfen wird, dass er das Wort JHWHs verworfen habe. Diese Verse gehören ebenfalls der dtr Redaktion an (s.unten). Auf der gleichen Ebene liegt die Aussage in V11 וְאֶת־דְּבָרַי לֹא הֵקִים, die den Gehorsam gegenüber den Worten JHWHs akzentuiert, was schon in 15,1b erkennbar war, während der Grundtext den Gehorsam gegenüber Samuel als der „Stimme JHWHs" hervorhebt (V19.20.22)[229]. Nimmt man noch hinzu, dass das Schreien Samuels zu JHWH (זעק) eine Entsprechung in 1 Sam 7,9 besitzt, ein Text, der DTR I zuzurechnen ist[230], so spricht die Vielzahl der Indizien dafür, 15,10–11 einer dtr Redaktion zuzuweisen. Der Grundtext wird demnach in V12 fortgesetzt, was im Anschluss an V9 auch ohne weiteres möglich ist[231].

In V13bß begegnet der gleiche Ausdruck wie 15,11: הֵקִים דָּבָר. Auch hier wird wieder die Erfüllung des Wortes JHWHs hervorgehoben. Demnach ist 15,13bβ der dtr Redaktion zuzurechnen, was auch ohne erkennbaren Textverlust im Grundtext möglich ist[232].

In den folgenden Versen 14–18 sind keine Gründe für literarkritische Operationen erkennbar. In V17 wird noch einmal neben der Salbung, wie in 15,1b das schon aus 1 Sam 9,21 bekannte „Kleinheitsmotiv" aufgegriffen. Dies spricht für die Gestaltung dieser Verse

---

[228] Vgl. die Auflistung der Stellen bei MOMMER, *Samuel*, WMANT 65, 1991, 157, der jedoch die Wortereignisformel für eine Dtr vorgegebene Sprachform hält.

[229] Der Ausdruck קוּם Hi. + דָּבָר wird von DONNER, *Verwerfung*, 1983, 249 als dtr eingestuft, während MOMMER, *Samuel*, WMANT 65, 1991, 158f. den Ausdruck für nicht dtr hält. Auf der Ebene des Sprachbeweises allein ist hier keine literarkritische Entscheidung möglich.

[230] Zu 1 Sam 7 vgl. weiter unten Abschnitt 3.2.

[231] Mit דֶר ist hier eine Stele gemeint (vgl. 2 Sam 18,18), dem Zusammenhang nach eine Siegesstele; vgl. vor allem EDELMAN, *JSOT* 35 (1986), 76, die auf eine hetitische Parallele aufmerksam macht sowie V.P. LONG, *Reign*, SBL.DS 118, 1989, 142f.

[232] In der LXX liegt in V13 eine erhebliche Texterweiterung vor. MT ist jedoch beizubehalten, vgl. vor allem PISANO, *Additions*, OBO 57, 1984, 204–207; FORESTI, Rejection, 1984, 52–54; V.P. LONG, *Reign*, SBL.DS 118, 1989, 143f.; EDELMAN, *Saul*, JSOT.S 121, 1991, 104.

durch den Kompositor. In die gleiche Richtung weist der Empfang
der Jhwh-Botschaft in der Nacht in 15,16, eine Vorstellung, die auch
bei 1 Sam 9,19f. im Hintergrund steht.

Die anklagende Frage Samuels in V19 steht dagegen unter dem
Verdacht dtr Terminologie. Dies gilt zunächst für den Ausdruck שמע
בקול יהוה, der für Dietrich ein „typisch nomistischer Begriff" ist,
den er DtrN zuordnet[233]. Auch V19bβ wird oft als dtr Formulierung
gesehen[234]. Doch ist für beide Begriffe eine dtr Zuordnung mit
Sicherheit nicht möglich, שמע בקול יהוה außerdem hier als spezifische
Bezeichnung für Samuel zu sehen (vgl. auch 1 Kön 20,36), die sich
deutlich von der Akzentuierung des דבר יהוה innerhalb der dtr
Redaktion unterscheidet.

Nachdem Saul noch einmal in V20f. — sich rechtfertigend — herausgestellt hat, dass er auf die Stimme Jhwhs gehört hat und dass
das Volk es war, das von dem zu bannenden Vieh Opfertiere aus-
gesondert hat, kommt es in V22 zu einem feierlichen Ausspruch
Samuels in poetischer Form, der die Kultkritik der klassischen
Propheten prägnant vorwegnimmt[235]. V22 passt inhaltlich wie von
der Terminologie her exakt in den Kontext. Der Ausdruck שמע בקול
begegnet auch in V19.20, ebenso ist זבח schon in V21 verwendet
worden. Die Gegenüberstellung von Opfer und Gehorsam bringt die
vorhergehende Auseinandersetzung zwischen Samuel und Saul auf

---

[233] Vgl. W. Dietrich, *Prophetie*, FRLANT 108, 1972, 89 Anm 81; in Ders., *David*,
BWANT 122, ²1992, 26 Anm 37, hält er den Ausdruck dann charakteristisch für
DtrP; vgl. auch Veijola, *Königtum*, AASF 198, 1977, 88f.; anders Mommer, *Samuel*,
WMANT 65, 1991, 157 Anm 116, der sich auf Thiel, *Redaktion*, WMANT 41,
1973, 86, beruft und diesen Ausdruck als vordtr einstuft. Es ist jedoch zu sehen,
dass diese Wendung schwerpunktmäßig in dtr Texten vorkommt und von Thiel,
Redaktion, WMANT 41, 1973, 86, zu Recht als „Spezifikum der dtr Sprache" bezeichnet wird. Doch begegnet die Wendung שמע בקול ohne Bezug zu Jhwh häufig genug
auch in anderen Texten (vgl. z.B. 1 Sam 28,21.22), so dass ein Rückschluss von
diesem Ausdruck auf dtr Verfasserschaft nicht möglich ist. Es ist Arambarri,
Wortstamm, SBB 20, 1990, zuzustimmen, wenn er in Auseinandersetzung mit Thiel
meint: „Man sollte aber ‚Spezifikum' nicht mit ‚Exklusivum' verwechseln." (79).

[234] Vgl. Foresti, *Rejection*, 1984, 74; Edelman, *JSOT* 35 (1986), 79; Donner,
Verwerfung, 1983, 249; auch Mommer, *Samuel*, WMANT 65, 1991, 159, erwägt für
V19bβ dtr Herkunft. Stern, *UF* 21 (1989), macht jedoch darauf aufmerksam, dass
dieser Ausdruck „common biblical and Near Eastern (Egyptian, Sumerian and
Semitic) usage" (416) entstamme. Meines Erachtens ist der Ausdruck nicht spezifisch
genug, um V19bß einer dtr Redaktion zuzuordnen.

[235] Klassische Stellen prophetischer Kultkritik sind: Jes 1,10–17; Jer 6,19–20;
7,21–26; Am 5,4–6.14–15.21–27; Mi 6,6–8; auf kultkritische Äußerungen in den
ägyptischen Ermahnungen des Weisen Ipuwer verweist Weinfeld, *VT* 27 (1977),
189–192.

den entscheidenden Punkt und ist deshalb als Kulminationspunkt des Konfliktes anzusehen[236]. Eine entsprechende Gegenüberstellung von Opfer und dem Willen Jʜᴡʜs findet sich in Hos 6,6: כי הסד הפצתי ולא־זבח ודעת אלהים מעלות, ein Text, der nach Jᴇʀᴇᴍɪᴀs 1 Sam 15,22 voraussetzt[237]. Dieser Text macht außerdem deutlich, dass der Gedankengang mit V22 abgeschlossen sein kann. Denn aus mehreren Gründen ist es fraglich, ob V23 die ursprüngliche Fortsetzung von V22 darstellt[238].

Während die Gegenüberstellung „Gehorsam gegenüber der קול יהוה *versus* Opfer" in den Kontext passt, greift der Vergleich in V23a weit über den Zusammenhang hinaus. Die negativen Eigenschaften Widerspenstigkeit (מרי) und Eigenmächtigkeit (הפצר)[239] werden der חטאת־קסם und און ותרפים gegenübergestellt. קסם passt von der Wort-bedeutung her überhaupt nicht zu dem Vorwurf, der gegenüber Saul erhoben wird. Es handelt sich um ein Wort, das eine Vielzahl mantischer Praktiken umschließt[240]. Zwar begegnet קסם im näheren Kontext wieder in 1 Sam 28,6; dort hat קסם aber keinen negativen Klang. קסם ist erst unter dtr Vorzeichen in Verruf geraten. Der Vorwurf der „Sünde der Divination" hat mit dem näheren Kontext von 1 Sam 15 nichts zu tun. Gleiches gilt auch vom „Teraphimunheil"[241]. Terafim werden hier eindeutig negativ konnotiert, obwohl dies nicht für die gesamte biblische Überlieferung gilt; sicher jedoch ist die negative Wertung im dtr Kontext. Demnach gehört V23a am ehesten zur dtr Bearbeitung von 1 Sam 15. Bestätigt wird dies von V23b, wo die Konsequenz aus dem Vergleich gezogen wird. Hier begegnet wieder die

---

[236] Vgl. Tᴏsᴀᴛᴏ, *Bib.* 59 (1978), 251–259; V.P. Lᴏɴɢ, *Reign*, SBL.DS 118, 1989, 150–152; Fᴏʀᴇsᴛɪ, *Rejection*, 1984, 34f.; gg. Gʀᴏɴʙᴀᴇᴋ, *Geschichte*, Acta Theologica Danica X, 1971, 58f.; Mᴏᴍᴍᴇʀ, *Samuel*, WMANT 65, 1991, 155.

[237] Vgl. Jᴇʀᴇᴍɪᴀs, *Hosea*, ATD 24/1, 1983, 88.

[238] S. Tᴏsᴀᴛᴏ, *Bib.* 59 (1978), 256f., der V23a als Glosse einstuft; vgl. auch Cᴀᴍᴘʙᴇʟʟ, *Prophets*, CBQ.MS 17, 1986, 43 Anm 54, der den ganzen Vers nicht zum Grundtext rechnet; Cᴀᴍᴘʙᴇʟʟ/O'Bʀɪᴇɴ, *Deuteronomistic History*, 2000, 256.

[239] Die genaue Übersetzung (wohl Hi. von פצר) ist umstritten, der Sinn jedoch klar, vgl. V.P. Lᴏɴɢ, *Reign*, SBL.DS 118, 1989, 154f.

[240] Vgl. dazu Jᴇꜰꜰᴇʀs, *Magic and Divination*, SHCANE 8, 1996, 96–98.

[241] So die Übersetzung von Dᴏɴɴᴇʀ, *Verwerfung*, 1983, 243, die die Eliminierung des ו vor Terafim voraussetzt, also wie im ersten Stichos eine Cstr.-V. sieht. Zur Diskussion vgl. V.P. Lᴏɴɢ, *Reign*, SBL.DS 118, 1989, 154. Es ist möglich, da mit Terafim auch divinatorische Praktiken verbunden waren, hier eine enge Entsprechung zum ersten Stichos zu sehen; es kann jedoch ebenfalls sein, dass — ähnlich wie in Dtn 18,9–22 — Divination und Fremdgötterverehrung nebeneinandergestellt werden.

Wichtigkeit des דבר יהוה, wie sie schon als kennzeichnend für die dtr Bearbeitung in vorhergehenden Versen erkannt worden war. Es kommt hinzu, dass mit מאס ein Verb verwandt wird, das im näheren Kontext (1 Sam 10,17f.; 8) in dtr Textschichten begegnet. Der gleiche Ausdruck מאס את־דבר יהוה zeigt sich noch einmal in 15,26[242].

In V24 und V30 liegt eine Wiederholung vor. In beiden Versen wird das Bekenntnis Sauls, dass er gesündigt hat, mit der Bitte an Samuel fortgesetzt, mit Saul zu gehen und Jhwh anzubeten. In V26 wird dies abschlägig beschieden, in V31 geht Samuel mit. Zudem geht es in dem dazwischenliegenden Text um den Übergang der Herrschaft von Saul auf David. Nimmt man noch hinzu, dass in V30 von „Jhwh, deinem Gott" gesprochen wird wie schon vorher in V21, während in V25 nur von Jhwh die Rede ist, so legt es sich nahe, in V23–29 eine sekundäre Ergänzung zu sehen, die auf die dtr Redaktion von 1 Sam 15 zurückzuführen ist. Für eine redaktionelle Erweiterung des Textes spricht also der formale Grund der Wiederaufnahme und die Terminologie. Inhaltliche Übereinstimmungen weisen auf die schon häufig in diesem Textabschnitt begegnende dtr Redaktion.

In 15,27 kommt es zu einer symbolischen Handlung, die große Ähnlichkeit mit 1 Kön 11,29–31 aufweist. Die Abhängigkeit dieser Stellen untereinander wird unterschiedlich beurteilt, doch ist eher eine Abhängigkeit der Samuel-Stelle von 1 Kön 11,29ff. anzunehmen[243]. Der sekundäre Charakter dieses Abschnittes wird auch in der Formulierung des Übergangs der Königsherrschaft von Saul auf David in 15,28 deutlich. Die Bezeichnung רעה für David ist an dieser Stelle, da David noch nicht namentlich genannt ist und noch keine Beziehung zwischen Saul und David sichtbar geworden ist, unpassend. Dieser Ausdruck begegnet ebenfalls in 1 Sam 28,17–19, einem dtr Text[244]. Dort ist der Terminus passend und für den Leser

---

[242] In V23b ist statt MT מִמֶּלֶךְ aufgrund von 1 Sam 8,7; 15,26; 16,1; Hos 4,6b eher מִמְלֹךְ zu lesen; vgl. FORESTI, *Rejection*, 1984, 26 Anm 2; DONNER, *Verwerfung*, 1983, 243 Anm 47.

[243] W. DIETRICH, *Prophetie*, FRLANT 108, 1972, 15f., sieht eine Abhängigkeit der Überlieferung in 1 Kön 11,29–31 von 1 Sam 15,27f. Die gründliche Untersuchung dieser Frage durch VANONI, *Literarkritik*, ATSAT 21, 1984, 218–223 (Lit!), kommt jedoch zu dem Ergebnis, dass die Abhängigkeit der Samuel-Stelle von 1 Kön 11,29–31 insgesamt weniger Schwierigkeiten bereitet.

[244] Vgl. auch unten den folgenden Abschnitt 2.6.

verständlich, da Saul und David in diesem Kapitel bereits eine lange Beziehungsgeschichte hinter sich haben (1 Sam 16ff.). Dies spricht dafür, dass die dtr Redaktion die Formulierung von 1 Sam 28,17–19 aufgrund der Kenntnis der folgenden Geschichte hier schon eingetragen hat[245].

Nicht zu derselben Textebene und auch nicht zum Grundtext gehört V29, der inhaltlich das Gegenteil der Reue-Aussage über Jhwh in V11 und V35 beinhaltet. Hier liegt, in Aufnahme von Num 23,19, eine wohl sehr späte Glossierung des Textes vor[246].

Die folgende Szene V30–33 setzt den ursprünglichen Text fort. Dort wird der Fehler Sauls durch das Handeln Samuels wieder in Ordnung gebracht. Ausdrücklich wird in V33 Gilgal als Ort des Geschehens benannt. Eine Parallele zu dieser kultischen Hinrichtung liegt in 2 Sam 21,6.9 vor, wo die Gibeoniter Mitglieder der saulidischen Familie hinrichten, die David ihnen ausgeliefert hatte.

Mit V34 kommt das Geschehen zu einem Abschluss. Samuel begibt sich nach Rama, seinem Heimatort und Saul in seine Residenz, Gibea. V35aα fügt noch die Notiz hinzu, dass Samuel Saul bis zu seinem Tod nicht mehr sah. Diese Aussage steht im Gegensatz zu 1 Sam 19,18–24 und verweist gleichzeitig, wie W. Dietrich richtig gesehen hat, auf 1 Sam 28. Sie ist einer vordtr Verbindung zuzuschreiben, da sie die sicher auch vordtr David-Überlieferung in 1 Sam 19,18–24 nicht kennt und in 1 Sam 28,3 der Tod Samuels nach 1 Sam 25,1 wieder erwähnt wird[247]. Dies weist auf den vordtr

---

[245] Vgl. auch Foresti, *Rejection*, 1984, 140f.

[246] Vgl. vor allem Foresti, *Rejection*, 1984, 28f. Anm 8; ebs. Petarca, „Bruch", in: Brekelmans/Lust, *Studies*, BEThL 94, 1990, 224; früher schon Macholz, *Untersuchungen*, 1966, 189; in die gleiche Richtung zielt die Bemerkung von Mommer, *Samuel*, WMANT 65, 1991: „Auch die apodiktische Formulierung v 29b weist eher auf einen grundsätzlichen Unterschied zum Rest der Überlieferung hin. לא אדם הוא ist schon fast eine ontologische Aussage über das Wesen Jahwes." (148 Anm 77); als Zufügung wird V29 auch von Campbell, *Prophets*, CBQ.MS 17, 1986, 133; Tosato, *Bib.* 59 (1978), 258f.; McCarter, *I Samuel*, AncB 8, 1980, 268; Stoebe, *Samuelis I*, KAT VIII/1, 1973, 295f. angesehen. Auf der Basis einer synchronen Auslegung versucht Fokkelman, *Fates*, 1986, 106f., eine eher psychologische Deutung, während Polzin, *Samuel*, 1989, 140f., diese Aussage Samuel negativ anlastet; zu Recht verweist Edelman, *Saul*, JSOT.S 121, 1991, 110f. gegenüber der Deutung von Polzin auf 15,11 hin, wo Samuel die ganze Nacht zu Jhwh schreit, sieht aber dann schließlich die Aussage von Samuel in 15,29 nur als Signal der „tired resignation" Samuels gegenüber dem göttlichen Plan.

[247] Vgl. W. Dietrich, *David*, BWANT 122, ²1992, 14; auf die Verknüpfung von 1 Sam 15 und 28 durch V35aα macht auch Foresti, *Rejection*, 1984, 130f. aufmerksam; Hentschel, *1 Samuel*, NEB, Lieferung 33, 1994, 100, spricht aufgrund von 15,35aα von einer kleinen Sammlung, die 1 Sam 15 und 28 umfasst haben soll.

Kompositor hin, der die Saul-Samuel-Überlieferungen zusammengestellt hat. V35aβ bereitet mit dem Hinweis auf die Trauer Samuels 1 Sam 16 vor, wo der Auftrag Jhwhs an Samuel, David zu salben, mit der Frage, wie lange Samuel noch um Saul trauern wolle, eröffnet wird (1 Sam 16,1). V35b wiederholt die Reue-Aussage von V11 und gehört zur selben dtr Textebene.

Das Ergebnis der diachronen Untersuchung lässt sich wie folgt zusammenfassen: Der Grundtext liegt in 15,1a.3.4aαβ.5.7–9.12–13abα.14–22.30–35aα vor. Dieser Text beginnt ohne selbständigen Textanfang. Samuel und Saul als handelnde Personen werden vorausgesetzt und die Situierung der Rede Samuels in 15,1ff. wird redaktionell durch 13,15a vorbereitet. Der Grundtext ist demnach am ehesten auf den Kompositor zurückzuführen, der auch schon vorher in den Samuel-Saul-Überlieferungen am Werk war. Dabei ist es möglich, dass in 15,31–33 noch eine ehemals eigenständige Tradition vorlag. Der Text schildert nach 13,7–15* einen weiteren Konflikt zwischen Samuel und Saul. Im Zentrum der Darstellung steht Samuel. Er ist die „Stimme Jhwhs". Durch die Hinrichtung des Amalekiterkönigs Agag versucht Samuel, den Fehler Sauls aus der Welt zu schaffen. Ein absolutes Zerwürfnis wie in 15,23ff. ist nicht erkennbar. Samuel leistet der Bitte Sauls in 15,30 Folge, doch mit ihm zurückzukehren und ihm dadurch vor den Ältesten des Volkes und vor Israel die Ehre zu geben.

Weitere Hinweise auf den Kompositor sind:

1) Der Rückverweis auf die in 1 Sam 9,15–17; 10,1 geschilderte Salbung Sauls in 15,1.17.

2) Die in V12.21.33 erkennbare Bedeutung der Ortslage Gilgal wie schon in 13,7–15*; 11,12–15*.

3) Der Hinweis in 15,17 auf die Kleinheit der Sippe Sauls wie in 1 Sam 9,21.

Es ist ebenfalls noch zu vermerken, dass das Bild in 15,16 sich mit der Auffassung von 1 Sam 9,19f. deckt, dass Samuel in der Nacht Gottesworte empfängt.

Eine dtr Überarbeitung lässt sich in 15,1b.2.4aγb.6.10–11.13aβb.23–28.35aβb greifen, die den Gehorsam gegenüber dem Wort Jhwhs betont. Eine genaue Zuordnung dieser dtr Redaktion ist nur schwer möglich, da im Gegensatz zu 1 Sam 10,17f. eine zweite dtr Redaktion nicht eindeutig greifbar ist. Wahrscheinlich ist diese dtr Redaktion demnach auf DTR I zurückzuführen. Hierfür spricht die positive Bezugnahme auf David in 15,28 wie schon in 1 Sam 13,14b.

Eine noch spätere Glossierung liegt in 15,29 vor, auf deren Nähe zu 1 Chr 11,29 Foresti verwiesen hat[248].

2.6. *1 Sam 28,3–25*

In 1 Sam 28,3–25 kommt es zu einer letzten Begegnung zwischen Samuel, von dessen Tod bereits in 1 Sam 25,1 berichtet wurde, und Saul. Der Text stellt einen erratischen Block dar innerhalb des in 1 Sam 16 begonnenen Textzusammenhangs vom Aufstieg Davids; von David ist bis auf die Andeutung in 28,17 keine Rede, dagegen spielen wieder die beiden Personen die Hauptrolle, die im Textkomplex 1 Sam 9–15* dominierend waren: Samuel und Saul. Neben dem plötzlichen Zurücktreten der Person Davids lassen weitere Gründe erkennen, dass 1 Sam 28,3–25 nicht ursprünglich im Zusammenhang der Kapitel 27–29 standen. 1 Sam 29,1 knüpft nahtlos an die Situation von 1 Sam 27,1–28,2 an, in der David sich zum Vasallen des Philisterfürsten Achisch von Gat gemacht hat und damit in Gefahr gerät, gegen die Israeliten Sauls ins Feld ziehen zu müssen; 28,3–25 unterbricht diesen Zusammenhang. Weiter steht die Ortsangabe Afek in 1 Sam 29,1 in Spannung zu der Ortsangabe Schunem in 1 Sam 28,4, so dass deutlich wird, dass 28,3–25 nicht die ursprüngliche Fortsetzung von 1 Sam 27–28,2 im Rahmen der Davidüberlieferungen darstellen kann[249].

Vorherrschend ist innerhalb der diachronen Forschung, dass 28,3–25 im wesentlichen literarkritisch als einheitlich zu beurteilen ist. Meist werden nur V17–19aα als Zusatz gesehen[250] und — allerdings weniger häufig — V3(4)[251].

---

[248] Vgl. Foresti, *Rejection*, 1984, 28f. Anm 8.

[249] Vgl. auch Stoebe, *Samuelis I*, KAT VIII/1, 1973, 487.499; Foresti, *Rejection*, 1984, 132; Mommer, *Samuel*, WMANT 65, 1991, 163; W. Dietrich, *David*, BWANT 122, ²1992, 20; Schroer, *Samuelbücher*, 1992, 118; Wonneberger, *Redaktion*, FRLANT 156, 1992, 124; Caquot/de Robert, *Les Livres de Samuel*, CAT VI, 1994, 333f.; Hentschel, *1 Samuel*, NEB, Lieferung 33, 1994, 151; B.B. Schmidt, *Dead*, FAT 11, 1994, 205; Ders., „The ‚Witch‘ of En-Dor", in: Meyer/Mirecki, *Ancient Magic*, 1995, 112f. (mit dem Ziel des Erweises einer nachdtr Einfügung); Rolin, *FV* 98 (1999), 27f.

[250] Vgl. in der neueren Forschung Stoebe, *Samuelis I*, KAT VIII/1, 1973, 495; Veijola, *Dynastie*, AASF 193, 1975, 57 Anm 63; Foresti, *Rejection*, 1984, 87–89; Campbell, *Prophets*, CBQ.MS 17, 1986, 46; W. Dietrich, *David*, BWANT 122, ²1992, 26; Strauss, *BN* 50 (1989), 21; Mommer, *Samuel*, WMANT 65, 1991, 165; Klein, *Samuel*, WBC 10, 1983, 270; Donner, *Verwerfung*, 1983, 235f.; Tropper, *Nekromantie*, AOAT 223, 1989, 215; Hentschel, *1 Samuel*, NEB, Lieferung 33, 1994, 150; Caquot/de Robert, *Les Livres de Samuel*, CAT VI, 1994, 336f.; ältere Literatur bei Foresti, *Rejection*, 1984, 135; Tropper, *Nekromantie*, AOAT 223, 1989, 208 Anm 8; Mommer, *Samuel*, WMANT 65, 1991, 165 Anm 146.

[251] Vgl. Schunck, *Benjamin*, BZAW 86, 1963, 94; Lust, „Wizards", in: *Studies,*

Weitgehender Konsens besteht auch darin, in 1 Sam 28,3–25 einen
alten und ehemals eigenständigen Text, meist eine Lokalsage aus
En-Dor, zu sehen[252]. Allerdings gibt es auch Stimmen, die an eine
redaktionelle Gestaltung dieses Textes denken[253].

DIETRICH[254] hebt von einer alten Lokalsage, die er in V4–5.7.*8.
13b.14bβ.15bα.19aβ.20aα.21a.22aβ–25 findet, eine prophetische
Bearbeitung ab, die mit Ausnahme der DtrP zuzuschreibenden
Verse 17–19aα den Text gestaltet habe. Er konzediert jedoch, dass
die beiden Fassungen „kaum mehr literarkritisch exakt voneinander zu lösen (sind)."[255]. 1997 ordnet er diese Erzählung einer
Erzählkomposition zu, die in 1 Sam 9f. beginnt und ihr Ende in
2 Sam 20 findet. Sie integriert Texte über Aufstieg und Niedergang
der Sauliden, allerdings aus judäischer Perspektive. Vom Verfasser
dieses Erzählwerkes sollen innerhalb von 1 Sam 28 V6.15.16 stammen, während V3b.9f.17f. auf dtr Autoren zurückgehen[256]. CAQUOT/
DE ROBERT[257] verzichten auf die genaue Ausgrenzung der Lokal-
tradition und sehen in 28,4–6a.7–8.11–12a.13–16.19aα-21a.22aβ–25
das erste literarische Stadium, das sie ihrem zadokidischen Redaktor
zurechnen. Die deuteronomistische Redaktion sehen sie dann in

---

VT.S 26, 1974, 133; STOLZ, *Buch Samuel*, ZBK.AT, 1981, 172; DONNER, *Verwerfung*,
1983, 232; BETTENZOLI, *BZ NF* 30 (1986), 232; STRAUSS, *BN* 50 (1989), 21; MOMMER,
Samuel, WMANT 65, 1991, 165f.; KLEINER, *Saul*, EThSt 66, 1995, 168–182, der
auch noch kleinere Zusätze in V12.15.20 annimmt.

[252] Vgl. DONNER, *Verwerfung*, 1983, 238f.; STRAUSS, *BN* 50 (1989), 17–25; MOMMER,
Samuel, WMANT 65, 1991, 163–175; CAQUOT/DE ROBERT, *Les Livres de Samuel*, CAT
VI, 1994, 338; HENTSCHEL, *1 Samuel*, NEB, Lieferung 33, 1994, 150; KLEINER, *Saul*,
EThSt 66, 1995, 182–208; ältere Literatur bei TROPPER, *Nekromantie*, AOAT 223,
1989, 207f.

[253] Schon MACHOLZ, *Untersuchungen*, 1966, 197f. spricht von einem „freien literarischen Erzeugnis, das die Kenntnis des vorausgehenden Zusammenhanges voraussetzt"; auch STOLZ, *Buch Samuel*, ZBK.AT, 1981, 172, denkt an eine Gestaltung
durch eine prophetisch orientierte Redaktion.

Als dtr Text wird 1 Sam 28,3–25 von SCHUNCK, *Benjamin*, BZAW 86, 1963, 94,
eingeordnet; ausführlich dann FORESTI, *Rejection*, 1984, 132–136, der die Grundschrift
auf DtrP zurückführt, die Erweiterung auf DtrN; TROPPER, *Nekromantie*, AOAT 223,
1989, 207–227, der ebenfalls an die Gestaltung durch DtrP denkt. Als dtr oder
eher noch nachdtr Ergänzung sieht B.B. SCHMIDT, *Dead*, FAT 11, 1994, 201–221;
DERS., „The ‚Witch‘ of En-Dor", in: MEYER/MIRECKI, *Ancient Magic*, 1995, 111–129,
1 Sam 28,3–25 an.

[254] Vgl. zum folgenden W. DIETRICH, *David*, BWANT 122, ²1992, 20–27.

[255] Ebd., 24.

[256] Vgl. W. DIETRICH, *Königszeit*, BE 3, 1997, 242–247.

[257] Vgl. CAQUOT/DE ROBERT, *Les Livres de Samuel*, CAT VI, 1994, 331–339; ihnen
folgt ROLIN, *FV* 98 (1999), 41f.

28,3.6b.9–10.12b.17–19aα.21b–22aα am Werk. Auch HENTSCHEL[258] unterscheidet drei Wachstumsstufen dieser Erzählung, wobei die alte Befragung auf der literarisch fixierten Stufe in eine Evokation des Propheten Samuel umgewandelt wurde, womit die alte Wahrsage-Praxis einerseits integriert und andererseits durch den Geist der Prophetie auch überwunden wurde. Als Beitrag der dtr Redaktion erkennt HENTSCHEL 28,1–2.3b.17–19aα[259].

Der dtr Anteil wird ansonsten bei den meisten Forschern — soweit nicht mit dtr Verfasserschaft gerechnet wird — auf den Zusatz V17–19aα beschränkt[260].

Aufgrund der Bezeichnung אלהים in V13 und der Unstimmigkeiten in V20 (einerseits wird das Fallen Sauls auf Entkräftung zurückgeführt, andererseits auf das Erschrecken über die Worte Samuels) wird fast durchgehend in der jüngeren Forschung eine mündliche Vorstufe des Textes angenommen, in der von Samuel noch nicht die Rede war[261].

Bei den Überlieferungsträgern wird überwiegend an prophetische Kreise gedacht, zumindest was den jetzigen Text (ohne die mündliche Vorstufe) anbetrifft[262].

1 Sam 28,3–25 hat einen klaren Aufbau: V3–6.7–14.15–19.20–25[263]. In V3–6 wird die Szene für das folgende Geschehen aufgebaut.

---

[258] Vgl. HENTSCHEL, *1 Samuel*, NEB, Lieferung 33, 1994, 148–152.

[259] Ähnlich ist die ausführliche Analyse von KLEINER, *Saul*, EThSt 66, 1995, 168–220, der mehrere Fragmente auf einer mündlichen Traditionsstufe isoliert, die dann in die Grunderzählung eingeflossen seien. Die Problematik liegt darin, ob es gelingen kann, solche mündlichen Vorstufen exakt aus einem Text zu erheben.

[260] Vgl. die bei MOMMER, *Samuel*, WMANT 65, 1991, 165 Anm 146 angegebene Literatur. MOMMER, *Samuel*, WMANT 65, 1991, 165–167 rechnet auch V3 zur dtr Redaktion; ebs. KLEINER, *Saul*, EThSt 66, 1995, 210–215; STRAUSS, *BN* 50 (1989),19f., erblickt auch noch in V12–14 dtr Zusätze, die er DtrP zurechnet, während 28,17–19aα zu DtrN gehören soll.

[261] So z.B. SCHUNCK, *Benjamin*, BZAW 86, 1963, 94; W. DIETRICH, *David*, BWANT 122, ²1992, 23; TROPPER, *Nekromantie*, AOAT 223, 1989, 218; MOMMER, *Samuel*, WMANT 65, 1991, 170; HUTTER, *BN* 21 (1983), 32–36; HENTSCHEL, *1 Samuel*, NEB, Lieferung 33, 1994, 150; CAQUOT/DE ROBERT, *Les Livres de Samuel*, CAT VI, 1994, 338; KLEINER, *Saul*, EThS 66, 1995, 182–208.

[262] Vgl. die bei MOMMER, *Samuel*, WMANT 65, 1991, 172 Anm 176, angegebene Literatur; MOMMER selbst bleibt skeptisch, vgl. 172–175: DONNER, *Verwerfung*, 1983, 238f. spricht von prädeuteronomischen Kreisen des Nordreiches; W. DIETRICH, *David*, BWANT 122, ²1992, 25f., denkt an königskritische, auf jeden Fall saulkritische Prophetenkreise in Juda (aufgrund der erst bei Jesaja erkennbaren Verurteilung der Nekromantie).

[263] Vgl. MOMMER, *Samuel*, WMANT 65, 1991, 163–166; KLEINER, *Saul*, EThS 66,

Die Philister haben bei Schunem, also in der Ebene, Stellung bezogen, während die Israeliten im Bergland bei Gilboa ihr Heerlager errichtet haben. Angesichts der Überlegenheit der Philister versucht Saul, sich mit den Möglichkeiten der Traumdeutung, der Befragung der Urim und der נביאים Sicherheit über den Ausgang des Kriegszuges zu verschaffen. Allerdings gibt Jhwh ihm auf diesem Wege keine Antwort (V6)[264].

Der Text beginnt in 28,3 mit der Feststellung, dass Samuel tot ist. Israel hat um ihn getrauert und Samuel in seiner Stadt Rama begraben. Der Tod Samuels ist bereits in 1 Sam 25,1a mitgeteilt worden. Die Formulierungen an beiden Stellen sind ähnlich. Gegenüber der viergliedrigen Aussage in 1 Sam 25,1a umfasst 28,3 nur drei Glieder:

1 Sam 25,1a	1 Sam 28,3a
וימת שמואל ויקבצו כל־ישראל	ושמואל מת וספדו־לו כל־ישראל
ויספדו־לו ויקברהו בביתו ברמא	ויקברהו ברמא בעירו

Die Verwendung der Afformativkonjugation in 28,3a hat einen konstatierenden Aspekt, der am einfachsten zu erklären ist, wenn die Aussage ושמואל מת in 28,3 auf den schon in 25,1 erwähnten Tod Samuels zurückgreift. Dies würde bedeuten, dass die Formulierung in 28,3a 1 Sam 25,1a voraussetzt. Hierfür spricht auch die Veränderung des Begräbnisortes. In 28,3 wird nur die Stadt Rama benannt, während in 25,1a der Begräbnisort das Haus Samuels selbst ist[265]. Die Versammlung Israels entfällt in 28,3, was sich zum einen erklären lässt als eine Kurzfassung von 25,1a, zum anderen wird damit vermieden, das Verb קבץ, das wieder in V4 verwendet wird, zu wiederholen. Es kommt hinzu, dass Unterschiede in der Formulierung der Vertreibung der אובות וידענים zu 28,9 vorliegen. Dort wird das Verbum כרת benutzt, in 28,3 סור Hi. Dabei ist zu sehen, dass סור Hi. mit Fremdgöttern als Objekt häufig in dtr Texten begegnet[266].

1995, 23–26; Simon, „Saul at Endor", in: Ders., *Reading Prophetic Narratives*, 1997, 73–80 (mit einer etwas anderen Abgrenzung der Szenen); Rolin, *FV* 98 (1999), 32.

[264] Wie schon in 1 Sam 14,37. In V6 werden verschiedene Möglichkeiten erwähnt, die offensichtlich gängig waren: Die Traumdeutung, die in der Frühzeit Israels wohl nicht mit einem religiösen Spezialisten verbunden war; vgl. z.B. Josef (Gen 37; 40–41); die Befragung der Urim (und Tummim) war wahrscheinlich den Priestern vorbehalten. Bei den נביאים handelt es sich wohl um Gruppenpropheten, zu denen Saul eine Beziehung hatte (vgl. 1 Sam 10,10–12).

[265] Vgl. Mommer, *Samuel*, WMANT 65, 1991, 166.

[266] Vgl. ebd.

Demnach spricht alles dafür, 28,3 einer Redaktionsschicht zuzuordnen, die erst dtr ist, da auch 1 Sam 25,1 in seiner jetzigen Stellung eine wichtige Funktion für DTR I besitzt. Zudem ist in 1 Sam 25,1 die Rede davon, dass ganz Israel sich um Samuel versammelt wie in 1 Sam 7; 8; 10,17–27*. Dort war das Gegenüber von Samuel und Israel Kennzeichen des dtr Textstratums[267].

Der Anfang des ursprünglichen Textes liegt demnach in V4 vor, wo erwähnt wird, dass sich die Philister zum Krieg gegen Israel bei Schunem versammeln[268]. Dem widerspricht nicht, dass damit das Verkleiden Sauls ohne Erklärung bleiben würde. Diese Erklärung wird nachholend in 28,9 geliefert. Es ist ein zusätzliches spannungserregendes Moment, das für den Leser zunächst unverständlich ist, dann aber in 28,9 mit dem Hinweis auf die Vertreibung der אובות וידענים aufgelöst wird[269].

In V7–14 kommt es nun zu der Begegnung zwischen Saul und der בעלת־אוב von En-Dor. In der Darstellung des Vorgangs der Totenbefragung begegnen einige Unstimmigkeiten im Handlungsablauf. In V11 verlangt Saul das Heraufsteigen von Samuel; in V12 erblickt die Frau Samuel; in V13f. wird darüber gerätselt, wer denn da heraufsteigt; die Gestalt wird als אלהים bezeichnet; in V14 erkennt Saul Samuel erst am Mantel. Dies muss allerdings nicht unbedingt ein

---

[267] Der Bezugstext von 1 Sam 25,1 ist 1 Sam 7,13. Während die bisherigen Auseinandersetzungen zwischen den Philistern und Israel für Israel positiv verlaufen sind (vgl. vor allem 1 Sam 13–14; 1 Sam 17–18), werden die Karten nach dem Tode Samuels neu gemischt. Der sich ankündigende Hoffnungsträger David wird von Saul aus der militärischen Verantwortung verdrängt und verfolgt, so dass er sich sogar bei den Philistern verdingen muss (1 Sam 27). Damit gewinnen die Philister die Oberhand und Saul muss sogar sein Leben lassen (1 Sam 31; 2 Sam 1), bevor David die Bedrohung durch die Philister dann als König endgültig beseitigen kann. Vgl. auch W. DIETRICH, David, BWANT 122, ²1992, 20f.; VEIJOLA, Königtum, AASF 198, 1977, 78.

[268] Dass 28,3 konstitutiv zum folgenden Text gehört, betonen FORESTI, Rejection, 1984, 131 (V3a); STOEBE, Samuelis I, KAT VIII/1, 1973, 489, und W. DIETRICH, David, BWANT 122, ²1992, 21. Ungenügend ist das manchmal vorgebrachte formale Argument gegen den ursprünglichen Zusammenhang mit dem folgenden Text, dass in V3 nämlich eine perfektische Satzkonstruktion im Gegensatz zu den narrativischen Satzkonstruktionen im weiteren Text vorliege, vgl. dazu TROPPER, Nekromantie, AOAT 223, 1989, 213 Anm 37.

[269] Dass das Verkleiden zu den Vorbereitungen einer Befragung gehört haben soll (so MOMMER, Samuel, WMANT 65, 1991, 170, mit Verweis auf frühere Autoren), ist aus der Luft gegriffen; wenig plausibel ist auch der Vorschlag von HENTSCHEL, 1 Samuel, NEB, Lieferung 33, 1994, 151, dass Saul sich deshalb verkleidete, weil er, um nach Schunem zu gelangen, durch von den Philistern besetztes Gebiet gehen musste.

Widerspruch zu V11 sein; es kann ja durchaus unsicher sein, ob das
Bemühen der Frau auch den Richtigen aus dem Totenreich hervorholt. Ohne dass irgendeine Handlung der Frau berichtet wird, erscheint
in V13f. Samuel. Ungewöhnlich ist die Bezeichnung Samuels als
אלהים in V13, wobei es aber durchaus möglich ist, dass sich in dieser Bezeichnung der frühe Ahnenkult spiegelt[270].

Es gelingt jedoch nicht, die vorhandenen Spannungen nach dem
Modell von Tradition und Redaktion literarkritisch aufzulösen. Demnach ist dem Urteil derjenigen Forscher zuzustimmen, die mit einer
Vorstufe des Textes rechnen[271]. Über den Inhalt dieser Vorstufe sind
nur Spekulationen möglich.

In 28,15–19 kommt es nun zum Gespräch zwischen Samuel und
Saul, in dessen Verlauf der Tod Sauls und seiner Söhne (Plural!)
und damit das Ende des Königtums der Sauliden angekündigt wird
sowie die Niederlage Israels (V19).

Saul betont in V15 seine Angst und beklagt sich, dass Jhwh von
ihm gewichen sei. Dies wird dadurch verdeutlicht, dass Jhwh nicht
mehr — hier begegnet wieder die Aussage von V6 ohne Befragung
der Urim — antwortet. Die Antwort Samuels in V16 greift nach der
einleitenden Frage, warum Saul ihn störe, auf, dass Jhwh (in V15:
אלהים) von Saul gewichen ist und unterstreicht damit die Bedeutung
dieser Feststellung. Sie wird durch die Aussage, dass Jhwh der Feind[272]

---

[270] Siehe die Deutung von אלהים als Unterweltsnumina bei Hutter, BN 21 (1983),
32–36, der auf eine hetitische Parallele aufmerksam macht, vgl. auch B.B. Schmidt,
„The ‚Witch' of En-Dor", in: Meyer/Mirecki, Ancient Magic, 1995, 126. Im
Zusammenhang der (königlichen) Ahnenverehrung sieht Tropper, Nekromantie 1989,
AOAT 223, 219f., die nekromantische Praxis in 1 Sam 28; dabei wird die Interpretation der אובה mit den (divinisierten) Ahnen vorausgesetzt; zu den Schwierigkeiten
der Deutung von אובות vgl. Kleiner, Saul, EThSt 66, 1995, 57–134; Jeffers, Magic
and Divination, SHCANE 8, 1996, 169–172; Fischer, OTE 14 (2001), 30–32, sieht
mit Verweis auf Jes 8,19f. אוב und אלהים als Synonyme.

[271] Vgl. die oben angegebenen Forscher. Hierauf verweisen die literarkritischen
Indizien, die sich jedoch nicht in ein literargeschichtliches Modell überführen lassen. „Solche Merkmale können die Postulation von Vorstufen erfordern, ohne dass
sich diesen präzis bestimmte Passagen des untersuchten Textes zuschreiben lassen."
(Stipp, Elischa, ATSAT 24, 1987, 401, der sich dagegen zur Wehr setzt, dass damit
Kriterien zur Unterscheidung von Mündlichkeit oder Schriftlichkeit von Texten
gegeben seien.).

[272] Das hier verwendete Wort ער (vgl. Dan 4,16) wird meist als Aramaismus gesehen und durch צר ersetzt (vgl. Donner, Verwerfung, 1983, 233 Anm 11; Mommer,
Samuel, WMANT 65, 1991, 171 Anm 170. Stoebe, Samuelis I, KAT VIII/1, 1973,
486, sieht dagegen keine Notwendigkeit zur Textänderung; Strauss, BN 50 (1989),
19 plädiert für eine Herleitung von ערה — „entblößen" und übersetzt: „Jahwe hat
sich doch von dir zurückgezogen und dich bloßgestellt". Hentschel, 1 Samuel, NEB,

Sauls geworden sei, noch zugespitzt. In V17 folgt dann die Ankündigung, dass Jhwh Saul das Königtum wegnehmen und es David übergeben werde. Hier wird jetzt deutlich gesagt, wer der Mann nach dem Herzen Jhwhs (1 Sam 13,14) sein wird, nämlich David[273]. V18 greift dann auf das Versagen Sauls bei dem Vollzug des Bannes in 1 Sam 15 zurück.

> In V19 begegnet die doppelte Aussage in V19aα und V19bα, dass Israel in die Hände der Philister fallen wird. Durch die zweifache Verwendung der Partikel גם wird die Doppelung als literarkritisches Indiz erkennbar. Hier zeigt sich, dass die Anfrage Sauls später erweitert worden ist. Es ist durchaus möglich, dass in V19bβ die ursprüngliche Fortsetzung der Rede Samuels von V16 vorliegt. Auch wenn in 15,18 mit לא־שמעת בקול יהוה eine Formulierung des Kompositors aufgegriffen wird, spricht doch der Bezug zu David (vgl. 1 Sam 13,14: DTR I) und der in dtr Texten häufig verwendete „Erfüllungsvermerk" כאשר דבר ביד dafür, hier DTR I am Werk zu sehen[274].

Abschließend wird dann in 28,20–25 davon berichtet, dass Saul bei der Frau in En-Dor noch ein Mahl einnimmt, bevor er sich wieder auf den Weg zurück zum Heerlager der Israeliten begibt. Die von Mommer als Spannung gesehene doppelte Begründung der Schwäche Sauls in V20 wird man auf die Unausgeglichenheiten bei Aufnahme einer mündlichen Tradition zurückführen müssen, einen literarkritisch relevanten Widerspruch vermag ich nicht zu sehen[275]. Doch bleibt es verwunderlich, dass das Mahl mit der Frau von En-Dor einen so breiten Raum in der knappen Erzählung beansprucht. Dabei weist die Verwendung von זבח in V24 auf ein kultisches Mahl hin,

---

Lieferung 33, 1994, 152, sieht in der Verwendung des aramäischen Begriffes ein Anzeichen dafür, V16b als einen späten Zusatz einzustufen, der das negative Bild Sauls auf die Spitze treibt.

[273] Die gleichlautende Aussage in 1 Sam 28,17 entspricht 1 Sam 15,28.

[274] Vgl. z.B. Mommer, Samuel, WMANT 65, 1991, 165; Strauss, BN 50 (1989), 21f. auf den Verfasser des „Prophetic Record" führt Campbell, Prophets, CBQ.MS 17, 1986, 46, diesen Einschub zurück. Er weist ausdrücklich eine dtr Verfasserschaft (gg. Veijola) ab; ihm folgt O'Brien, Hypothesis, OBO 92, 1989, 102f. Anm 75.

[275] Vgl. Mommer, Samuel, WMANT 65, 1991, 169; ebs. W. Dietrich, David, BWANT 122, ²1992, 24. Ebenso wenig vermögen die Hinweise von Mommer, Samuel, WMANT 65, 1991, 167, auf eine unterschiedliche Beurteilung Sauls zu überzeugen; die angebliche Doppelung in V8b beruht auf einer falschen Interpretation von קסם.

dessen Bedeutung allerdings wohl eher in der Vorstufe des vorliegenden Textes zu sehen ist[276].

Zusammenfassend lässt sich festhalten, dass in 1 Sam 28,4–25 eine
im wesentlichen einheitliche Erzählung vorliegt, die 28,4–16.19bβ–25
umfasst und die erst sekundär in den jetzigen Kontext eingefügt
wurde.

Der Text beginnt mit der Schilderung der Bedrohung durch die
Philister, die bei Saul Angst auslöst (1 Sam 28,4–6). Die Hauptpersonen
im weiteren Geschehen, Samuel und Saul, werden als bekannt vorausgesetzt, was sich am besten verstehen lässt, wenn schon vorher
von ihnen berichtet worden ist. Auch dieser Zug weist auf eine
Verbindung zu den vorhergehenden Samuel-Saul-Überlieferungen.
Es spricht demnach alles dafür, diesen Text dem Kompositor zuzurechnen, der die Samuel-Saul-Überlieferungen ab 1 Sam 9 zusammengestellt hat.

In der verzweifelten Situation angesichts der Bedrohung durch die
Philister und des Versagens sonstiger divinatorischer Möglichkeiten
sucht der auch schon vorher wankelmütige Saul (vgl. 1 Sam 14; 15)
Hilfe und Auskunft bei der Instanz, die ihm auch ansonsten zur
Seite gestanden hat (28,15; vgl. 1 Sam 10,8) und die ihm übergeordnet ist[277].

Er bedient sich dabei einer Totenbeschwörerin, die zu der Gruppe
der beratenden, weisen Frauen in Israel zu rechnen ist[278]. Dabei muss
er gerade die Vertreterin einer Gruppe aufsuchen, die er verfolgen
ließ (28,9). Hier zeigt sich eine Tragik, die auch ansonsten bei Saul
festzustellen ist[279]. Liest man den Text ohne Vorgabe anderer Texte

[276] Das Mahl ist wohl im Zusammenhang mit dem Ahnenkult zu verstehen, vgl.
TROPPER, *Nekromantie*, AOAT 223, 1989, 221f.; Fischer, *OTE* 14 (2001), 38–41. Die
Deutung von P.T. REIS, *JSOT* 73 (1997), 3–23, die in dem Mahl einen Pakt zwischen Saul und der Frau aus En-Dor erkennen will, ist dagegen überzogen; vgl.
dazu auch ROLIN, *FV* 98 (1999), 39; FISCHER, *OTE* 14 (2001), 39f.

[277] Vgl. 1 Sam 28,14, wo Saul sich wie ansonsten nur vor einem König oder
einer Gottheit verneigt. Dieser Vers spricht gegen die Deutung von MOMMER, *Samuel*,
WMANT 65, 1991, 175; GRESSMANN, *Geschichtsschreibung*, SAT II/1, ²1921, 114;
GRØNBAEK, *Geschichte*, Acta Theologica Danica X, 1971, 194, die in 1 Sam 28 eine
Saul- und keine Samuel-Erzählung erblicken wollen.

[278] Vgl. SCHROER, *Samuelbücher*, 1992, 119f.; SIMON, „Saul at Endor", in: DERS.,
Reading Prophetic Narratives, 1997, erkennt in der Frau aus En-Dor eine „emissary of
the divine empathy" (92), die in der Erzählung die Balance zu der Haltung des
Propheten Samuel herstellt.

[279] Vgl. dazu u.a. GUNN, *Fate*, JSOT.S 14, 1980, 108; STOEBE, *Samuelis I*, KAT
VIII/1, 1973, 491; HERTZBERG, *Samuelbücher*, ATD 10, ⁵1973, 179.

wie Dtn 18,10f. und Jes 8,18f., so sind eigentlich keine Vorbehalte gegen nekromantische Praktiken oder die Totenbeschwörerin erkennbar. Die Frau aus En-Dor handelt souverän gegenüber Saul (28,9–11) und ist besorgt und hilfsbereit (28,20–24), besitzt also durchaus sympathische Züge, die nicht vorstellbar sind, wenn als Verfasser ein dtr Autor mit der grundsätzlichen Ablehnung nekromantischer Praktiken angenommen wird[280]. Natürlich stellt sich dann die Frage nach dem Hintergrund der Aussage in 28,9, wo die Vertreibung der Totenbeschwörer durch Saul erwähnt wird. Ein Grund wird nicht mitgeteilt[281]. Am ehesten lässt sich eine solche Notiz auf dem Hintergrund von 1 Sam 22 und 2 Sam 21 verstehen, wo vom Vorgehen Sauls gegen die Priesterschaft von Nob und gegen die Gibeoniter die Rede ist. Ein solches Handeln lässt sich gut auf einem machtpolitischen Hintergrund zu verstehen. Es ist damit zu rechnen, dass bei der Etablierung einer Zentralinstanz wie des Königtums in Israel natürlich Gegner und Befürworter vorhanden sind. Ziel des Handelns von Saul war es wohl, das Königtum und natürlich auch die eigene Dynastie in Israel fest zu verankern. Von daher wird man die Gegnerschaft Sauls gegen die אובות וידענים genausowenig grundsätzlich religionspolitisch verstehen dürfen wie die Aussage in 1 Sam 22,21, wo gesagt wird, dass Saul die Priester Jhwhs (כהני יהוה) umbringen ließ. Diese Aussage ist wohl kaum als Jhwh-Feindlichkeit Sauls zu interpretieren. Von daher besteht auch keine Notwendigkeit anzunehmen, dass die Verurteilung der Nekromantie durch Jesaja in 1 Sam 28,3–25 vorausgesetzt ist[282].

Dagegen sind Indizien zu erkennen, die für eine Entstehung dieser Überlieferung im Nordreich sprechen. Die Überordnung des Propheten gegenüber dem König, die hier begegnet („Sag mir, was ich tun

---

[280] Gegen FORESTI, *Rejection*, 1984, 135; TROPPER, *Nekromantie*, AOAT 223, 1989, 212–214; B.B. SCHMIDT, *Dead*, FAT 11, 1994, 201–221; DERS., „The ‚Witch‘ of Endor", in: MEYER/MIRECKI, *Ancient Magic*, 1995, 111–129; daran ändert sich auch nichts, wenn man eine ältere Vorstufe des Textes wie TROPPER annimmt; dann stellt sich die Frage, warum ein dtr Autor einen Text aufgegriffen hat, der seinen Grundansichten widerspricht.

[281] Von daher ist es überzogen, die Behauptung aufzustellen, 1 Sam 28 setze Dtn 18,10f. voraus (gegen TROPPER, *Nekromantie*, AOAT 223, 1989, 212–214; vgl. auch die besonneren Bemerkungen bei MOMMER, *Samuel*, WMANT 65, 1991, 173; s. auch COGAN, „The Road to En-Dor", in: WRIGHT, *Pomegranates and Golden Bells*, 1995, 319–326).

[282] Gegen W. DIETRICH, *David*, BWANT 122, ²1992, 21f.25.

soll" in V15 und das Aufsuchen des Propheten durch den König in
verzweifelter Situation), ist im Nordreich anzusiedeln[283].

Auch MOMMER[284] denkt an eine nordisraelitische Erzählung. Dem
ist zuzustimmen. Er bleibt jedoch skeptisch, diese Überlieferung
prophetischen Kreisen zuzuordnen. Auf ein verengtes Prophetenbild
bei MOMMER verweist die Bemerkung, dass Samuel hier nicht eindeutig als Prophet beschrieben werde[285]. Wie ist dann die Auskunft in 28,19 zu verstehen? Er wendet sich dagegen, 28 in den
Zusammenhang von Kapitel 15 zu stellen; spricht aber davon,
dass das Samuel-Bild hier entsprechend 9,1–10,16 gezeichnet sei
und vermutet eine Kenntnis der überarbeiteten Fassung von
1 Sam 8–11. Dies entspricht unserer Einordnung in den Zusammenhang des Kompositors.

Die Unstimmigkeiten in V9–14, insbesondere die Benennung
Samuels als אלהים, haben erkennen lassen, dass hier mit einer überlieferungsgeschichtlichen Vorlage zu rechnen ist, in der Samuel nicht
vorkam. Weitere Aussagen bleiben jedoch Spekulation.

Die dtr Bearbeitung durch DTR I in 28,3.17–19aα betont den
Übergang der Königsherrschaft von Saul auf David und akzentuiert
die Beziehung zu 1 Sam 15, wo Saul sich des Ungehorsams gegenüber JHWH schuldig gemacht hat. Referenztext ist hier 1 Sam 13,14.

1 Sam 28 kann nicht gut das Ende eines übergreifenden Text-
zusammenhanges sein, der in 1 Sam 9 seinen Ausgangspunkt hat.
Es fehlt die Darstellung, wie es denn nun in Wirklichkeit nach der
Ankündigung des Todes von Saul und seinen Söhnen und der
Niederlage Israels durch Samuel gekommen ist. Diese Darstellung
liegt in 1 Sam 31 vor[286]. Dort wird die Niederlage Israels und der

---

[283] Vgl. dazu weiter unten Abschnitt 4.1 und 4.2 sowie Kapitel II und Kapitel III.

[284] Vgl. zum folgenden MOMMER, *Samuel*, WMANT 65, 1991, 171–175.

[285] Neben den ohne Zweifel prophetischen Aussagen im Mund Samuels ist auch
noch auf seinen Mantel zu verweisen, an dem er in V14 erkannt wird. Vor allem
in 1 Kön 19,13.19–21 und 2 Kön 2 zeigt sich die Bedeutung des Mantels in der
Prophetie des Nordreiches. Umgekehrt, aber genauso falsch ist die Argumentation
bei FORESTI, *Rejection*, 1984, 132, der im Hinblick auf eine Zuordnung von 1 Sam
15 und 28 zu einem Verfasser (DtrP) Unterschiede zwischen dem „Propheten"
Samuel in 1 Sam 15 und 28 und dem „village visionary" von 1 Sam 9–10* glaubt
erkennen zu können.

[286] Vgl. auch ROLIN, *FV* 98 (1998), 40f., der 1 Sam 28 als den mittleren Teil
eines Triptychons sieht, das 1 Sam 15; 28 und 31 umfasst. Er sieht dieses Triptychon
im Zusammenhang eines „cycle de Saül", der noch 1 Sam 9,1–10,16; 13–14 umfasse,
allerdings ohne nähere literarkritische Untersuchungen; W. DIETRICH, *Königszeit*, BE

Tod Sauls und seiner Söhne berichtet. 1 Sam 31 bildet den natür-
lichen Abschluss der nordisraelitischen Komposition um Samuel und
Saul. Der Abschluss in 31,11–13, wo geschildert wird, dass die Einwohner von Jabesch Saul und seinen Söhnen ein ehrenvolles Begräbnis zuteil kommen lassen, wird verständlich auf dem Hintergrund
von 1 Sam 11, wo ja erzählt wird, dass Saul den Einwohnern von
Jabesch-Gilead zu Hilfe kam. An einer nordisraelitischen Herkunft
dieser Tradition sind kaum Zweifel möglich[287].

Es gibt demnach keinen Grund, der verhindert, in 1 Sam 31 das
Ende einer ehemals selbständigen vordtr Komposition zu sehen, die
als zentrale Gestalten Saul und Samuel zeigt. Sie erstreckt sich zeitlich von der Designation Sauls durch Samuel (1 Sam 9f.*) bis zum
Tode Sauls, d.h. dem Ende seiner Herrschaft.

3. 1 SAMUEL 9–31* ALS VORDEUTERONOMISTISCHE KOMPOSITION

Ausgehend von der diachronen Analyse von 9,1–10,16, bei der eine
vordtr Redaktionsschicht erkennbar wurde, hat auch die Analyse der
weiteren Samuel-Saul-Texte die Annahme einer vordtr Samuel-Saul-
Komposition (SSK) erhärtet.

Die SSK setzt ein mit der ursprünglich selbständigen Einzelüberlieferung 1 Sam 9,1–2a.3–8.10–14*(ohne בתוך העיר).18–19.22–
23a.24aαb.25a.26–10,1–4.7.9. Die Bearbeitung dieses Grund-textes
in 1Sam 9,2b.14*(nur בתוך העיר).15–17.20–21.23b.24aβγ.25b;
10,5–6.8*.10–16 schafft Verbindungen zu den folgenden Samuel-
Saul-Texten und ist mit Ausnahme der Glossierung in 10,8* der
Komposition zuzurechnen[288]. Fortgeführt wird der Text der SSK
dann mit 10,21bβ–23.24b.26a*(ohne ונם).27. Die „Rettererzählung"
1 Sam 11,1–6.7*.8a.9–11 wird mit Hilfe von 11,12*(ohne „zu
Samuel").13.15aαγb in den größeren Zusammenhang der SSK einbezogen. Eine Sammlung von erfolgreichen Kriegstaten Sauls und
seines Sohnes Jonatan, die in 1 Sam 13,2–4a.5–7a.15b–23; 14,1–47
vorliegt, bildet dann den Grundstock der Fortsetzung der SSK. Der

---

3, 1997, betont die Priorität von 1 Sam 31 gegenüber 2 Sam 1 und ist der Auffassung,
dass 1 Sam 31 „nordisraelitischen Geist" atme (235).

[287] Anders BOYD BARRICK, *JSOT* 73 (1997), 25–41. Seine Gründe vermögen jedoch
nicht zu überzeugen.

[288] 1 Sam 9,9 gehört nicht zu dieser Bearbeitung, sondern zu einer nachfolgenden dtr Redaktion (DTR II).

Verfasser der SSK fügte hier 13,4b.7b–13a.14a.15a; 14,48 ein. Zu dieser Textschicht gehört auch der Kampf Sauls gegen die Amalekiter und die Auseinandersetzung Sauls mit Samuel in 1 Sam 15,1a.3. 4aαβ.5.7–9.12–13abα.14–22.30–35aα. 1 Sam 28,4–16.19aββb–25 bringt dann das endgültige Zerwürfnis zwischen Saul und Samuel. In dieser Erzählung, bei der der Kompositor höchstwahrscheinlich eine ältere Überlieferung als „Vorlage" benutzt hat, wird der Tod Sauls und seiner Söhne im Kampf gegen die Philister durch Samuel angekündigt. Den Abschluss der SSK bildet dann 1 Sam 31,1–13.

Bei der Umstrittenheit der Frage einer vordtr Komposition im Bereich der Samuel-Saul-Texte ist es jedoch notwendig, in einem ersten Schritt die Frage nach der Kohärenz dieser Texte zu stellen. Schließlich ist es erforderlich, die SKK gegenüber den dtr Redaktionen abzugrenzen.

3.1. Textkohärenz[289]

Der Textkomplex wird eröffnet mit der ursprünglich selbständigen Erzählung von der Salbung Sauls zum נגיד durch den Gottesmann/ Seher Samuel in 1 Sam 9,1–10,16*. Eine vorhergehende Erwähnung der handelnden Personen wird nicht vorausgesetzt. Saul erscheint erstmals auf der Bühne des Geschehens und auch Samuel, von dem vorher schon in 1 Sam 1–3; 7; 8 die Rede war, zeigt sich in 1 Sam 9ff. in einer neuen Rolle als „Gottesmann/Seher".

Das Thema der ersten Überlieferung ist die Designation des zukünftigen Königs in Israel; insoweit ist natürlich eine thematische Verbindung zu 1 Sam 8 gegeben. Jedoch ist von einem Wunsch des Volkes nach einem König wie in 1 Sam 8 keine Rede. Jhwh ergreift in 1 Sam 9f. die Initiative und wählt Saul durch Samuel zum König aus.

Die redaktionelle Bearbeitung dieser Einzelüberlieferung schafft dabei Bezüge zu den folgenden Samuel-Saul-Texten. Durch 9,2b und das Verschweigen der „Sache des Königtums" gegenüber dem Onkel Sauls in 10,13–16 wird eine Verbindung mit der öffentlichen Königserhebung Sauls durch das Volk in 10,21b–27* hergestellt. 9,15–17 verweisen auf die Philistersiege Sauls (und Jonatans) in 1 Sam 13–14*. Von Saul wird in 9,20–21 gesagt, dass sich auf ihn

---

[289] Gemeint ist die semantische und pragmatische Kohärenz, vgl. Egger, *Methodenlehre*, 1987, 31–33.

und das Haus seines Vaters die Sehnsucht Israels richte. Das in 9,21
verwendete Motiv der Unbedeutendheit des Stammes Benjamin und
der Familie Sauls zeigt sich wieder in 1 Sam 15,17. Die ebenfalls
redaktionell eingeschobene Begegnung Sauls mit den נביאם (10,5–
6.10–12) bereitet die Geistbegabung Sauls vor, die bei dem Sieg über
die Ammoniter (1 Sam 11,6) eine entscheidende Rolle spielt. Dabei
sind jedoch unterschiedliche Vorstellungen von der Geistbegabung
des „Retters" (1 Sam 11,6) und der Geistbegabung der נביאם miteinander verbunden worden[290]. Gleichzeitig wird in 10,5 der Vorposten
der Philister in Gibea erwähnt, der in Kapitel 13 noch eine wichtige Rolle spielt. Seine Beseitigung durch Saul bzw. Jonatan in 1
Sam 13,3f. ist das Signal für die Auseinandersetzung mit den Philistern.
Durch 10,8 wird die nächste Begegnung Sauls mit Samuel in 13,7–15*
vorbereitet.

An die Designation Sauls durch Samuel schließt sich in 10,21b–27*
die öffentliche Königserhebung Sauls durch das Volk an, die mit
einer Gottesbefragung verknüpft ist. Der Einschub der Loserzählung
10,17–21a* durch DTR I hat die ursprüngliche Einleitung der Szene
verdrängt, so dass nicht ganz klar ist, wo diese Szene spielt. Soviel
ist jedoch noch zu erkennen, dass sie im Heerlager anzusetzen ist.
Es wird allerdings nicht gesagt, wo dieses Heerlager war. Die Szene
endet damit, dass Saul und mit ihm Männer, deren Herz Gott angerührt hat (1 Sam 10,26), nach Gibea, der Residenz Sauls, gehen.
Die Aussage über die Männer, dass Gott ihre Herzen angerührt hat,
knüpft an 1 Sam 10,6.9 an, wo Ähnliches über Saul berichtet wurde.
In 10,6 heißt es, dass er durch die רוח יהוה zu einem anderen
Menschen wird; noch deutlicher ist die Beziehung zu 1 Sam10,9
erkennbar. Dort wird gesagt, dass Gott Saul ein anderes Herz geben
wird (ויהפך־לו אלהים לב אחר)[291].

Der in 10,27 erkennbare Widerstand gegen König Saul zeigt, dass
mit der Designation durch Samuel und der Proklamation durch das
Volk die Installation des Königtums noch nicht abgeschlossen ist.
Durch diejenigen, die Saul als König ablehnen, wird ein neuer
Spannungsbogen erzeugt, der erst in 11,12–14* gelöst wird.

---

[290] Vgl. dazu weiter unten Abschnitt 4.2.
[291] ESLER, „Madness of Saul", in: EXUM/MOORE, *Biblical Studies/Cultural Studies*,
JSOT.S 266, 1998, 229f., sieht die Änderung Sauls als negativ im damaligen kul-
turellen Kontext an; angesichts der Fortführung in der Königserhebung (1 Sam
10,21–27*) und in 1 Sam 11 erscheint mir diese Deutung wenig hilfreich.

Mit dieser Rahmung ist die ursprünglich selbständige „Rettererzählung" 11,1–11* in den Zusammenhang der Königserhebung Sauls eingefügt worden. In ihr zeigt Saul, dass er zu Recht König in Israel geworden ist. Der Widerstand gegen Saul hat damit seine Berechtigung verloren und Saul zeigt sich gegenüber denjenigen, die ihn als König abgelehnt haben, als großmütiger Gewinner. Mit dem Sieg über die Ammoniter hat er sich als geistbegabter „Retter" erwiesen. Das Stichwort ישע verknüpft 1 Sam 11* wiederum mit 1 Sam 14,23.45.48[292].

Die Erhebung Sauls zum König in Israel mit der zunächst heimlich vollzogenen Designation Sauls zum נגיד, der öffentlichen Königserhebung durch das Volk und der Bewährung als „Retter" findet in der Siegesfeier in Gilgal (11,15*) ihren Abschluss. Von einer Trennung des Volkes in diejenigen, die Saul unterstützen und in diejenigen, die Gegner Sauls sind, ist jetzt keine Rede mehr. Damit ist der erste Teil der Komposition abgeschlossen, die von der Installation Sauls zum König über Israel erzählt. Der Widerstand gegen Saul wird nicht gewaltsam gebrochen, sondern die Gegner Sauls werden *via facti* überzeugt; Sanktionen werden nicht gegen sie verhängt[293].

Mit Kapitel 13 beginnt der zweite Teil der Komposition, in dem es zwar noch zu Erfolgen Sauls durch Siege über die Philister und die Amalekiter (1 Sam 15) kommt, in deren Zentrum jedoch Konflikte zwischen Samuel und Saul stehen. Wie die Siegesfeier nach dem Sieg über die Ammoniter in 1 Sam 11,12–14* sind diese Auseinandersetzungen in Gilgal angesiedelt.

In die vorgegebene Sammlung 13,2–14,47*, die die Erfolge des Hauses Saul feiert (14,47) und die deshalb in saulidischen Kreisen entstanden sein dürfte[294], wurde durch die Einfügung von 13,7–15* ein erster Konflikt zwischen Samuel und Saul eingetragen, der mitten im erfolgreichen Handeln der Sauliden gegenüber den Philistern den Keim des Unterganges setzt. Diese Begegnung findet, wie schon

---

[292] In 1 Sam 14,45 wird klar, dass göttliches und menschliches Handeln wie schon in 1 Sam 11,13 nicht auseinander dividiert werden können.

[293] Geradezu ein Gegenbild ist das Verhalten Rehabeams in 1 Kön 12.

[294] Die herausragende Stellung Jonatans in Kapitel 14 lässt die Vermutung zu, dass Jonatan in dieser Sammlung als Nachfolger Sauls aufgebaut werden sollte. Möglicherweise hat dies schon zu Spannungen zwischen Jonatan und Saul geführt. Für diese Deutung spricht auch das anrührend freundschaftliche Verhältnis, das Jonatan mit David verbindet. Die Davidüberlieferungen gehen sogar so weit, dass Jonatan von sich aus auf alle Insignien königlicher Macht verzichtet und sie David übergibt (1 Sam 18,3–4; vgl. auch 1 Sam 19,1–7; 20).

die Siegesfeier in 11,15*, in Gilgal statt. An diesem Ort ist auch die zweite Konfrontation zwischen Samuel und Saul in Kapitel 15 angesiedelt (15,12.21.33). Durch die Itinerarnotiz 13,15a, die Samuel nach Gibea gehen lässt, also in den Residenzort Sauls (1 Sam 10,26) wird die ganz auf den Kompositor zurückgehende zweite Konfrontation zwischen Samuel und Saul in Kapitel 15 vorbereitet. Mit 13,15a ist Samuel wieder in Gibea anwesend; damit ist die Anfangsszene von 1 Sam 15 vorbereitet. Auf 1 Sam 15 weist ebenfalls die Einfügung von 14,48 hin, wo nach den allgemeinen Siegesnotizen von 14,47 die Amalekiter noch einmal eigens erwähnt werden. Sie sind die Gegner Israels in 1 Sam 15.

Kapitel 15 greift zu Beginn in 15,1 auf die Salbung Sauls durch Samuel zurück (9,15–17; 10,1). Ort der Konfrontation ist wiederum Gilgal und das Kleinheitsmotiv der Sippe Sauls von 15,17 ist schon in dem redaktionellen Zusatz 1 Sam 9,21 verwendet worden. Dieser zweite Konflikt endet nicht mit einer endgültigen Verwerfung Sauls (vgl. 15,30ff.). Die Verwerfung Sauls wird erst durch die dtr Redaktion eingetragen. Jedoch ist insoweit gegenüber 13,7–15* eine Steigerung zu erkennen, dass Samuel durch die Tötung Agags den Auftrag Sauls erst zum Abschluss bringen muss. Am Ende von Kapitel 15, in 15,35aα taucht ein leiser, aber unverkennbarer Hinweis auf den Tod Samuels auf, der nicht mehr mit Saul vor seinem Tod zusammentreffen wird. Damit ist die in Kapitel 28,4ff. vorausgesetzte Situation gut vorbereitet.

Mit Kapitel 28,4–25* wird der dritte und letzte Teil der Komposition eingeleitet. Was sich in Kapitel 13 durch „törichtes Verhalten" und in Kapitel 15 durch das Nichthören auf die Stimme Jhwhs angedeutet hat, wird in 28 und 31 vollzogen: Das Ende des Hauses Saul. Allein, ohne Unterstützung durch Jhwh (28,6) und ohne Samuel, die „Stimme Jhwhs", hat Saul keine Chance. Jhwh ist von ihm gewichen und sein Feind geworden (28,16). Das Ende Sauls ist besiegelt. Die Feinde Israels, die Philister, sind stärker. Saul fügt sich in dieses Geschick. Die Ankündigung des Todes Sauls und seiner Söhne in 28,19* verweisen auf 1 Sam 31 als Abschluss der Komposition. Dort wird ihr Tod berichtet. Zudem lässt sich das Engagement der Einwohner von Jabesch-Gilead für Saul in 1 Sam 31 am besten verstehen auf dem Hintergrund der Hilfeleistung, die Saul in 1 Sam 11* für sie durch das Aufgebot Israels im Kampf gegen die Ammoniter erbracht hat. In 1 Sam 31 wird berichtet, dass die Bewohner von

Jabesch-Gilead für ein ehrenvolles Begräbnis von Saul sorgen
(31,11–13[295]).

Es stellt sich jedoch die Frage, ob 1 Sam 31 aus dem Zusammenhang der David-Traditionen herausgelöst werden kann. Hierfür
spricht, dass 2 Sam 1 ohne Kenntnis von 1 Sam 31 in sich voll
verständlich ist. Es kommt hinzu, dass sachliche Unterschiede
bestehen:

1) Saul wird in 2 Sam 1 von einem Amalekiter getötet, in 1
   Sam 31 stürzt er sich selbst in sein Schwert.
2) In 1 Sam 31 bittet Saul seinen Waffenträger, ihn zu töten,
   während der Amalekiter zufällig auf Saul trifft.
3). In 2 Sam 1 ist nur vom Tod Jonatans die Rede, während in
    1 Sam 31 vom Tod der Saulsöhne Jonatan, Abinadab und
    Malkischua berichtet wird (1 Sam 31,2.6.12).

Auch die Erwähnung des Begräbnisses von Saul durch die
Einwohner von Jabesch-Gilead in 2 Sam 2 setzt nicht unbedingt
1 Sam 31 voraus. In 2 Sam 2,4 wird David berichtet, dass die
Einwohner von Jabesch-Gilead Saul begraben haben. Es ist —
anders als in 1 Sam 31 — nur die Rede vom Begräbnis Sauls,
nicht von seinen Söhnen[296]. In 2 Sam 21,12 wird ebenfalls vom
Begräbnis Sauls durch die Einwohner von Jabesch-Gilead berichtet. Dieser Text gehört zu den Anhängen in 2 Sam, die unabhängig von den anderen Davidüberlieferungen sind. Es zeigt sich
demnach, dass die Tradition vom Begräbnis Sauls nicht allein an
1 Sam 31 haftet und wahrscheinlich auch eine historisch zuverlässige Information ist. Ihre Erwähnung in 2 Sam 2,4 ist somit
kein Beleg dafür, dass 1 Sam 31 ursprünglich im Zusammenhang
der David-Erzählungen gestanden haben muss. Diese Information
hat der Verfasser von 2 Sam 1 aus von 1 Sam 31 unabhängiger
Tradition übernehmen können wie auch in 2 Sam 21[297]. Damit
ist klar, dass 1 Sam 31 den Abschluss der Samuel-Saul-Komposition
gebildet haben kann.

---

[295] Zu der ungewöhnlichen Begräbnissitte vgl. ZWICKEL, ZAW 105 (1993), 165–174.
[296] Zu dem אשר in 2,4, das syntaktisch keinen Sinn ergibt, s. den Vorschlag von
BHK, אשר nach לאמר zu lesen; vgl. noch die Kommentare.
[297] 2 Sam 1,1aα ist bei der Einfügung von 1 Sam 31 in den jetzigen Zusammenhang
hinzugefügt worden; ein ursprünglicher Texteinsatz mit 1,1aβ ist ohne weiteres möglich.

Zentrales Thema der hier vorliegenden Komposition ist das Königtum
Sauls, das von den Anfängen bis zum bitter-tragischen Ende einen
in sich geschlossenen Geschehensbogen bildet. Im Zentrum steht
jedoch nicht allein das Schicksal Sauls[298], ebenso zentral ist die Figur
Samuels, der in enger Verbindung mit Jhwh dargestellt wird. Nimmt
man diese Faktoren zusammen, so wird deutlich, dass es in der
Komposition um die Reflexion über ein Jhwh-gemäßes Königtum
am Beispiel des ersten israelitischen Königs, Saul, geht.

Die SSK in 1 Sam 9–31* bietet gegenüber den Modellen von
Campbell, Dietrich und Mommer den Vorteil, dass alle Texte,
die Samuel und Saul in Interaktion zeigen, in eine einheitliche
Textkomposition integriert werden können, die zudem noch einen
Geschehenszusammenhang bietet, der durch das Thema des König-
tums Sauls zusammengehalten wird[299].

---

[298] Diese Texte wollen keine Saul-Biographie bieten, sie zeigen auch kein Interesse
an einer Glorifizierung und Idealisierung Sauls. Eine negative Wertung Sauls ist
allerdings auch nicht zu erkennen; am ehesten trifft die Kategorisierung "tragisch"
die Darstellung Sauls.

[299] Gegenüber Campbell bleibt grundsätzlich einzuwenden, dass ein innerer the-
matischer Zusammenhang des „Prophetic Record" fehlt. Es stellt sich die Frage, ob
hier nicht besser mit traditionsgeschichtlichen Zusammenhängen als mit literarischen
Verbindungen zu rechnen ist. Campbell trägt dem insoweit Rechnung, als er mit
verschiedenen „stages" rechnet, also im Grunde sein literarisches Modell zugunsten
einer stärker traditionsgeschichtlichen Sicht modifiziert. Problematisch ist weiter
die Einbeziehung von David-Überlieferungen in einen im Nordreich entstandenen
„Prophetic Record" des 9. Jhds. Ebenfalls ist es unwahrscheinlich, dass der „Prophetic
Record" im Schülerkreis Elischas entstanden sein soll, aber mit Ausnahme von 2
Kön 9–10 keine Überlieferungen von Elischa enthält. Für den Samuel-Saul-Komplex
kommt hinzu, dass er 13f. (mit Ausnahme von 14,52) und 1 Sam 28 nicht in sein
Modell integrieren kann, obwohl er 13,7–15 auf dieselben Kreise zurückführt, die
auch den „Prophetic Record" gestaltet haben.

Bei W. Dietrich, David, BWANT 122, ²1992, stellt sich die Frage, ob der
Textkomplex der Saul-David-Geschichten wirklich mit 1 Sam 9f. eröffnet worden
sein kann. Warum sollte eine David glorifizierende Darstellung mit der Designation
Sauls beginnen? Im übrigen gibt es fundamentale Unterschiede in der Darstellung
Sauls innerhalb der David-Überlieferungen und in 1 Sam 9f.; 13–14. Es kommt
hinzu, dass Dietrich 1 Sam 15 und 28 nicht integrieren kann, sondern ein „Buch
der Prophetengeschichten" postuliert, das DtrP verwendet haben soll. Auch hier
fehlt ein innerer Zusammenhang. Dieses Modell ist hoch spekulativ. Über die
Weiterentwicklung der Modelle, die sich in dem Werk von 1997 (Königszeit, BE 3)
abzeichnen, ist noch keine endgültige Aussage möglich. Doch stellt sich auch hier
die Frage nach dem inneren Zusammenhang der Komposition, die in 1 Sam 9
beginnen und in 2 Sam 20 enden soll.

Für Mommer gilt, dass er 1 Sam 15 und 28 nicht integrieren kann. Er muss hier
Sonderüberlieferungen annehmen. Die Problematik seiner äußerst komplizierten
vordtr Überlieferungsgeschichte zeigt sich vor allem bei 1 Sam 13f., wo er mit einer

Bestätigt wird die äußere Kohärenz durch die in sich stimmige Charakterisierung der beiden Hauptpersonen.

Saul wird deutlich gezeichnet als jemand, der der Leitung bedarf, der also eine gewisse Unselbständigkeit zeigt. Schon in 1 Sam 9f. wird er vom Vater auf den Weg geschickt. Als die Suche keinen Erfolg hat, ist es der Knecht, der einen Ausweg eröffnet (9,6). Nachher bestimmt Samuel die Abfolge der Ereignisse. In 1 Sam 14,44–46 lässt Saul sich durch das Volk davon abbringen, Jonatan aufgrund seiner Übertretung des Fastengebotes zu töten. Als Samuel in 1 Sam 15 die Ausführung des Bannes moniert, rechtfertigt Saul sich, indem er für das Verschonen der Tiere das Volk verantwortlich macht (1 Sam 15,15.21). Es ist Samuel, der den Amalekiterkönig Agag schließlich töten muss. Angesichts der Übermacht der Philister wird in 1 Sam 28,5 von Saul gesagt, dass er Angst hat und zittert. Jhwh gibt ihm keine Auskunft (28,6). Nach der Begegnung mit Samuel lässt Saul sich von der Frau und seinen Dienern zu einem Mahl überreden, obwohl er eigentlich nichts essen will (28,20–25). Angesichts seiner schweren Verwundung will er in 1 Sam 31 seinen Waffenträger veranlassen, ihn zu töten. Erst als dieser sich weigert, stürzt er sich selbst in sein Schwert. Große Selbständigkeit im Handeln zeigt Saul allein in 1 Sam 11,1–11. Dort steht sein Handeln unter dem Einfluss der רוח אלהים (11,6).

Die Unselbständigkeit Sauls hat auch eine positive Seite. Sie bewahrt ihn davor, allzu autokratisch Entscheidungen zu treffen. So ist mit Sicherheit die Verschonung Jonatans positiv von dem Erzähler gewertet worden[300]; auch das Mahl vor der Schlacht in 1 Sam 28,20–25 zeigt, dass er auf die Ratschläge anderer eingehen kann.

Der erkennbaren Unselbständigkeit entspricht komplementär ein Übereifer, der sich vor allem im religiösen Bereich zeigt. Er opfert in 13,7ff., weil er Angst hat, dass Jhwh nicht rechtzeitig gnädig gestimmt sein könnte; in Kapitel 14 ordnet er ein verschärftes Abstinenzgebot an, obwohl dies eher zur Schwächung der Israeliten beiträgt (1 Sam 14,29–30). In 1 Sam 14,31–35 ist Saul entsetzt darüber, dass die Israeliten sich durch den Verzehr des Fleisches samt dem Blut gegenüber Jhwh versündigen und ordnet direkt Gegenmaß-

---

zweigleisigen Überlieferung, einschließlich 13,7–15* im Südreich, ohne 13,7–15* im Nordreich (197), rechnen muss.

[300] Anders Edelman, *Saul*, 1991, 315, die in der Gefügigkeit gegenüber dem Volk einen Grund für seine Verwerfung erblickt.

nahmen an. In 1 Sam 15,21 wird deutlich, dass Saul die Verschonung der Tiere, um sie als Opfer Jhwh darzubringen, positiv bewertet.

Dabei ist er grundsätzlich sympathisch in der Komposition dargestellt. Neben der schon erwähnten Tatsache, dass er auf andere hören kann, wird dies vor allem in 1 Sam 11,12–13 deutlich. Er zeigt sich großmütig gegenüber denjenigen, die in ihm keinen Retter sehen konnten; in Kapitel 11 ist es Saul, der allein auf den verzweifelten Hilferuf der Einwohner von Jabesch-Gilead reagiert. Er ist nicht erfolglos, wie die in dem Summarium 1 Sam 14,47 erwähnten Siege gegen die Ammoniter, Philister und Moabiter zeigen. Auch in der Niederlage beweist er noch Größe, indem er vermeiden will, dass die Philister ihren Mutwillen mit ihm treiben (1 Sam 31,4) und damit ja auch Israel insgesamt demütigen wollen[301]. Es ist denjenigen zuzustimmen, die in ihm nicht so sehr einen Missetäter als vielmehr eher eine tragische Figur sehen[302].

In sich einfacher ist das Bild Samuels. Innerpsychische Prozesse werden bei ihm nicht sichtbar. Samuel wird in einem engen Bezug zu Jhwh gesehen. In 1 Sam 9,15 öffnet Jhwh ihm das Ohr; in der Rede Samuels in 1 Sam 15,16 wird eher beiläufig mitgeteilt, dass Jhwh mit ihm in der Nacht geredet habe. In 9,27 verkündet Samuel ein דבר אלהים; die Salbung geschieht im Auftrag Jhwhs. 1 Sam 15,1 betont Samuel ausdrücklich, dass Jhwh ihn gesandt hat. Er ist derjenige, der den Willen Jhwhs vermittelt, die „Stimme Jhwhs" (1 Sam 15,19). Sein Gegenüber ist Saul, nicht das Volk Israel. Dabei ist er der Überlegene. Er sagt, wo's lang geht (10,8; 28,15), vor ihm wirft Saul sich nieder (28,14). Schon in 1 Sam 9,6, als er namentlich noch gar nicht erwähnt ist, wird ihm Zuverlässigkeit in seiner divinatorischen Praxis bescheinigt[303].

---

[301] So z.B. FOKKELMAN, *Art*, 1986, 630; HENTSCHEL, *1 Samuel*, NEB, Lieferung 33, 1994, 158; SCHEFFLER, „Saul", in: DE MOOR/VAN ROOY, *Past, Present, Future*, 2000, OTS 44, 2000, 265; anders POLZIN, *Samuel*, 224 + Anm 16; BERGES, *Verwerfung*, FzB 61, 1989, 255f.; vgl. auch die vorsichtige Abwägung zur Bewertung des Selbstmordes von Saul bei EDELMAN, *Saul*, die zu dem Fazit kommt: „I tend to think that Saul's final act ist to be viewed honorably, as a final surrender to Yahweh's will." (286).

[302] So vor allem GUNN, *Fate*, JSOT.S 14, 1980, 115–131; HUMPHREYS, *JSOT* 18 (1980), 75; PRESTON, *JSOT* 24 (1982), 27–46; EXUM, *Tragedy*, 1992; W. DIETRICH, *Königszeit*, BE 3, 1997, 282–289; JOBLING, *1 Samuel*, 1998, vor allem 250–254.

[303] Dieses Bild Samuels steht in ziemlich scharfem Kontrast zu dem negativen Bild, das vor allem in synchron orientierten Arbeiten von Samuel entworfen wurde; vgl. z.B. GUNN, *Fate*, JSOT.S 14, 1980, 64; PRESTON, *JSOT* 24 (1982), 33f.36; STERNBERG, *Poetics*, 1985, 503–515; ESLINGER, *Kingship*, 1985, 270f. 386; WÉNIN, *Samuel*, EHS XXIII/342, 1988, 140–141 (nur teilweise negativ); vor allem POLZIN, *Samuel*,

3.2. *Die deuteronomistischen Redaktionsstufen*

Es kann hier nicht darum gehen, die dtr Redaktionsstufen eingehend zu beschreiben. Ziel dieser Darstellung ist es, die dtr Redaktionen
von der vordtr Komposition 1 Sam 9–31* abzugrenzen, um dadurch
die Konturen der SSK deutlicher zu erkennen.

Samuel erscheint in 1 Sam 9–31* vor allem in einer prophetischen
Rolle, die er gegenüber dem (zukünftigen) König ausübt. Er vermittelt ihm den Willen Jhwhs und sagt ihm, was er zu tun hat (1 Sam
10,8; 28,15). Er ist die „Stimme Jhwhs" (1 Sam 15,19). Der bevorzugte Ort, an dem entscheidende Begegnungen zwischen Samuel
und Saul stattfinden, ist Gilgal.

Demgegenüber ist die Beschreibung Samuels auf dtr Textebene
anders akzentuiert. Er ist Inhaber einer gesamtisraelitischen Leitungsfunktion; sein Gegenüber ist das Volk Israel. In 10,17–27*; 11* ist
Samuel in einer gesamtisraelitischen Leitungsfunktion durch DTR I
in den vorliegenden Text der Komposition eingefügt worden. Samuel
ist es, der auf dieser Textstufe das Geschehen bestimmt und Anweisungen an das Volk Israel gibt. In 1 Sam 12,1–5 (DTR I)[304] wird
dann auch folgerichtig seine „Demission" als Richter dargestellt, bevor
endgültig der neue König seine Herrschaft antritt (1 Sam 13,1).

In der Rolle des „Richters", der die Feinde Israels vertreibt,
erscheint Samuel vorher in 1 Sam 7. In 7,6.15f. wird seine Funktion
mit שפט umschrieben. Vom größeren Textzusammenhang her stellt
dieses Kapitel den Abschluss der Richterzeit dar, die nach dem Tod
von Mose und Josua die Geschichte Israels im Land Kanaan präg-
ten (Ri 2,11ff.) und die die zentrale Leitungsinstanz in dieser Periode
der Geschichte Israels ausübten. Es stellt sich nun die Frage, auf

---

1989, 49–54.83–84.104–108.114–115.127–130.145–147.152–155; dabei ist zu sehen,
dass die Schlüsselstelle für die negative Deutung vor allem 1 Sam 8 ist, wo Samuel
vorgeworfen wird, seine eigenen Interessen in den Dialog zwischen Jhwh und Israel
zu bringen. Bei einer diachronen Analyse wird dieses Bild weniger dramatisch; dennoch ist zuzugestehen, dass im Endtext das Bild Samuels vielschichtiger wird und
dass hier die „dark side of God" (so Gunn, *Fate*, JSOT.S 14, 1980, 129) sichtbar
wird, die die Rolle Samuels, der mit Gott in enger Beziehung steht, schillernd werden lässt. Weniger überzeugend ist meines Erachtens, dass dieses Bild Samuels von
dem Erzähler entworfen worden ist. Dann wäre doch zu erwarten, dass die Beziehung
zwischen Samuel und Jhwh stärker thematisiert und problematisiert worden wäre.
[304] Zu 1 Sam 12 vgl. Lohfink, „Begriff" (1987), in: *Studien*, SBAB 16, 1993, 177
Anm 60; Ders., *Rückblick*, 1984, 61.65f.91–110.

wen die Gestaltung Samuels als Richter für ganz Israel zurückzuführen ist.

Entscheidend hierfür ist vor allem 1 Sam 7,15–17, wo allein Samuel
im Blick ist. Seine Tätigkeit wird wie in 7,6 als „richten" bezeichnet. Die gesamtisraelitische Leitungsfunktion, die sich schon in den
Anweisungen an Israel in 7,5 zeigt und die zum Sieg über die Philister
führte, wird in 7,15–17 zu einer kontinuierlichen Herrscherfunktion
über Israel erweitert. Dies entspricht der Konzeption des Richteramtes
in Ri 2,16.18 (DTR I). Dort wird gesagt, dass die שפטים die Funktion
haben, Israel von seinen Feinden zu befreien; diese Befreiungsfunktion
hielt an, so lange die „Richter" lebten (2,18), ging also in eine kontinuierliche Herrschaftsfunktion über. Verständlich wird die Notiz in
1 Sam 7,15–17 als Abschluss der Richterzeit; sie zeigt Samuel als
letzten Richter, bevor in 1 Sam 8 mit dem Wunsch nach dem
Königtum ein neues Kapitel in der Geschichte Israels eröffnet wird.
Demnach spricht einiges dafür, in der Gestaltung dieser Verse die
Hand von DTR I zu sehen.

Liegt jedoch in 7,15–17 nicht vielmehr ursprüngliche Tradition
vor, wenn auch vielleicht dtr überarbeitet? Hinweise darauf könnten
Kohärenzstörungen des Textes sein sowie der Altarbau und die
Tätigkeit Samuels als Richter in einzelnen Städten.

Literarkritische Schwierigkeiten bereitet das doppelte, jeweils mit
את an שפט angeschlossene Objekt in V16bß: ושפט את ישראל את
כל המקומות האלה. Veijola zieht daraus den Schluss, dass את ישראל
durch DtrG hier eingefügt wurde, um „die örtlich begrenzte recht-
sprechende Tätigkeit Samuels in Analogie zu den Listen der sog.
kleinen Richter und seiner eigenen Richterkonzeption auf ganz
Israel auszudehnen"[305]. Er hält dabei das doppelte Objekt für gram-
matikalisch unmöglich[306]. Jedoch ist ein doppeltes Objekt mit את
durchaus möglich, wie die Formulierung כי יקח שור את איש או
את אשה in Ex 21,28 zeigt[307]. Auffallend ist allerdings, dass auch

---

[305] Veijola, *Königtum*, AASF 198, 1977, 34.
[306] Vgl. ebd.; Niehr, *Herrschen*, FzB 54, 1986, 84f.; Stoebe, *Samuelis I*, KAT
VIII/1, 1973, 169f. stuft V16bß als Glosse ein, die dazu dient, „zwischen dem
Richteramt Samuels über ganz Israel und der Nennung dieser drei Orte auszugleichen."
[307] Vgl. auch Wonneberger, *Redaktion*, FRLANT 156, 1992, 192, dem die
Auffassung von Veijola deshalb wenig plausibel erscheint, „weil dabei unterstellt
wird, dass der Redaktor einen ungrammatischen Satz produziert hat."

das zweite אֵת asyndetisch steht. Jedoch ist dies von der Sache her begründet, da die einzelnen Ortschaften ja nicht einen zusätzlichen Wirkungsbereich bezeichnen, sondern den ersten Wirkungsbereich (Israel) näher spezifizieren.

In 1 Sam 7,15–16 wird eine Richtertätigkeit Samuels in mehreren Städten erwähnt. Diese Notiz hat in der Forschung große Zustimmung im Hinblick auf eine ursprüngliche Samuel-Tradition erhalten[308]. Der Grund hierfür ist klar. Neben der annalenähnlichen Form existieren im Richterbuch in Ri 10,1–5; 12,7–15 Listen von sogenannten kleinen Richtern, die deutlich machen, dass es so etwas wie ein Richteramt schon in früher Zeit gegeben hat. Unter der Voraussetzung der Amphiktyoniehypothese war es auch gut möglich, in diesen Richtern ein amphiktyonisches Amt zu sehen[309]. Nun hat die genauere Untersuchung dieser Funktion vor allem durch RICHTER[310] ergeben, dass es sich ursprünglich nicht um ein gesamtisraelitisches Amt gehandelt hat, sondern wohl auf eine Stadt bzw. den umliegenden Bezirk beschränkt war. Erst die dtr Redaktion hat dann die Verbindung mit der Retter-Tradition hergestellt. Da 1 Sam 7,15–17 eine Richtertätigkeit Samuels in einzelnen Orten erwähnt (Mizpa, Gilgal, Bet-El und Rama), konnte man darin den Beleg für eine ursprüngliche Richtertätigkeit Samuels an diesen Orten erblicken.

Doch ist zu beachten, dass ansonsten bei den sogenannten kleinen Richtern nie eine Tätigkeit in verschiedenen Städten erwähnt ist, sondern immer nur ein Ort erwähnt ist. Zuwenig bedacht wird dabei auch, dass die Struktur dieser Funktion sich durch die Annahme eines umherreisenden „Richters" doch wesentlich ändert. Ohne größere Probleme wäre dies noch verständlich, wenn sich das „Richten" auf den forensischen Aspekt eingrenzen ließe. Gerade dies ist jedoch bei den „kleinen Richtern" nicht der Fall. Auch wenn die Angaben in der Richterliste sehr dürftig sind, so ist doch unübersehbar, dass die Aspekte „Macht" und „Potenz" betont werden, was eher auf eine herrscherliche Funktion schließen lässt.

Plausibler ist eine andere Erklärung, die den redaktionellen Charakter dieser Verse ernst nimmt. Der Zug des umherreisenden Richters lässt sich als Übernahme der Dtr vorausliegenden Samuel-Tradition erklä-

---

[308] Vgl. z.B. MOMMER, *Samuel*, WMANT 65, 1991, 31–50.
[309] So z.B. WEISER, *Samuel*, FRLANT 81, 1962, 5–24.
[310] Vgl. RICHTER, *ZAW* 77 (1965), 40–71.

ren. In 1 Sam 9,13ff. wird deutlich, dass Samuel sich in verschiedenen Städten aufhält, dass er umherzieht. Gleiches gilt für die folgenden Samuel-Überlieferung 1 Sam 13; 15. Damit wird klar, dass das Wirken Samuels nicht fest an einen Ort gebunden ist. Dieses „Wandercharismatikertum" lässt sich auch bei anderen prophetischen Gestalten erkennen, vor allem bei Elischa (2 Kön 2–8*, besonders deutlich als feste Route in 2 Kön 4) und konzentrierte sich wohl auf angesehene Kultorte. Das Wirken an verschiedenen Orten ist demnach ein Element, das sich im Gegensatz zu der Aufgabe des Richters bei der prophetischen Rolle auch in anderen Überlieferungen nachweisen lässt.

Es kommt hinzu, dass drei der erwähnten Orte (Mizpa, Gilgal und Rama) auch ansonsten in der Samuel-Überlieferung eine Rolle spielen; d.h., dass sie nicht auf ursprünglicher Tradition fußen müssen. Schwieriger ist es bei Bet-El. Doch lässt sich auch hier eine plausible Erklärung auf redaktioneller Ebene finden. Nach STOEBE ist es wahrscheinlich, „dass alle die genannten Orte eben auch aus der Geschichte von der Entstehung des Königtums herangezogen sind. Bethel könnte aus 10,3 erschlossen sein; es könnte ebensogut der tatsächlichen Bedeutung Rechnung tragen, die Bethel gehabt hat"[311]. Sicherlich hinzuzunehmen ist auch noch Ri 4,4–5, wo von der „Richterin" (und „Prophetin") Debora ausgesagt wird, dass sie unter der Debora-Palme zwischen Bet-El und Rama „richtete". Bedenkt man nun, dass die SSK in 1 Sam 9–31* von der Funktion eines „Propheten" ausgeht und die Darstellung Samuels als eines „Richters" sich allein auf 1 Sam 7 stützen kann, so legt es sich nahe, im „Richter" Samuel eine dtr Konstruktion zu erblicken.

In V17 folgt noch eine Altarbaunotiz. Samuel errichtet einen Altar in Rama. STOEBE sieht darin eine ursprüngliche Überlieferung[312]. Jedoch lässt sich eine solche Notiz besser verstehen auf dem Hintergrund der Leitungsfunktion, die Samuel in Kapitel 7 in Israel einnimmt. Innerhalb des DtrG werden Altarbauten erwähnt von Josua (Jos 8,30) Gideon (Ri 6,24.26), Saul (1 Sam 14,35), David (2 Sam 24,25) und Elija (1 Kön 18,30–32); außerdem von den

---

[311] Vgl. STOEBE, Samuelis I, KAT VIII/1, 1973, 174; wahrscheinlicher ist es, dass vor allem aufgrund von 10,3 hier Bet-El verwendet wurde; vgl SCHUNCK, Benjamin, BZAW 86, 1963, 82 Anm 10.
[312] Vgl. STOEBE, Samuelis I, KAT VIII/1, 1973, 174.

Israeliten insgesamt in Ri 21,4 und von den Ostjordanstämmen in Jos 22,10–11. Demnach ist eher damit zu rechnen, dass der Altarbau zur Topik der Darstellung der israelitischen Leitungsgestalten gehört[313]. Außerdem bereitet der Hinweis auf Rama gut die folgende Szene 1 Sam 8,1ff. vor[314].

Man könnte dagegen geltend machen, dass der Altarbau in Rama — außerhalb von Jerusalem — für einen Deuteronomisten eine unmögliche Vorstellung ist angesichts der dtr Vorstellung der Zentralisation des Kultes am Tempel in Jerusalem. Doch ist nicht anzunehmen, dass Dtr vor der Einnahme Jerusalems und der Errichtung des Tempels den Gedanken nur einer legitimen Kultstätte in Jerusalem vertritt[315]. Ausdrücklich wird dies ja auch in 1 Kön 3,2–4 erwähnt.

Demnach sind die Gründe überzeugender, die gegen eine ursprüngliche Tradition in 1 Sam 7,15–16 sprechen. Es handelt sich um eine Gestaltung durch DTR I. Die Vorstellung Samuels als eines Richters mit gesamtisraelitischer Leitungsfunktion ist dtr Konstruktion[316].

Die Leitungsfunktion Samuels als Richter für Israel ist auch in 1 Sam 8,1–5 vorausgesetzt, wo die Ältesten Samuel aufsuchen, um ihm den Wunsch des Volkes nach einem König zu übermitteln.

Mit 1 Sam 8 kommt ein neues Thema in 1 Sam auf: das Königtum; die Zeit der Richter, die nach Josua die Geschicke Israels mit bestimmten, ist mit 1 Sam 7 zu einem letzten Höhepunkt gekommen, der gleichzeitig den Endpunkt dieser Periode darstellt. Die Ältesten als Repräsentanten Israels (8,4) begeben sich zu Samuel nach Rama und fordern einen König „wie bei anderen Völkern" (8,5). Begründet wird dieser Wunsch mit dem Alter Samuels und dem Versagen seiner Söhne, die nicht auf seinen Wegen gehen. Obwohl der Königswunsch in 8,7 als Verwerfung JHWHs charakterisiert wird und in 8,11–17 die negativen Seiten des Königtums in aller Deutlichkeit geschildert werden, gibt JHWH in 8,22 Samuel

---

[313] Ursprünglich lag bei den Altarbauten, die ja auch oft in der Genesis erwähnt werden, wohl ein Zusammenhang mit einer Gotteserscheinung vor; sie hatten eine kultätiologische Funktion; vgl. dazu RICHTER, *Untersuchungen*, BBB 18, 1963, 134–137.

[314] Vgl. WONNEBERGER, *Redaktion*, FRLANT 156, 1992, 193.

[315] Vgl. dazu HOFFMANN, *Reform*, AThANT 66, 1980, 337; U. BECKER, *Richterzeit*, BZAW 192, 1990 249 Anm. 88.

[316] Vgl. auch das Urteil von S.L. MCKENZIE, „Divided Kingdom", in: RÖMER, *Future*, BEThL 147, 2000, 137: „The figure of Samuel in chapter 7 in the roles of prophet, priest and judge is escpecially artificial and a creation of Dtr."; ebs. NIHAN, „L'instauration", in: RÖMER, *Future*, BEThL 147, 2000, 169f.

den Auftrag, auf die Stimme des Volkes zu hören und einen König einzusetzen.

Aufgrund der unterschiedlichen Sicht des Königtums wird in der neueren Forschung das Kapitel meist auf zwei Textschichten verteilt, wobei umstritten ist, inwieweit vordtr Textschichten in 1 Sam 8 greifbar sind[317].

Die Textschichtung und die traditionsgeschichtlichen Grundlagen müssen demnach näher beleuchtet werden.

---

[317] Klar ist das Urteil von NOTH, *Studien*, [3]1967, 56–59, der 1 Sam 8 als „durch und durch deuteronomistisch" (57) bezeichnet und allein die Namen der Söhne Samuels und ihre Tätigkeit in Beerscheba als Traditionselemente ansieht (56 Anm 7); ihm folgen z.B. MACHOLZ, *Untersuchungen*, 1966, 127–136; BOECKER, *Beurteilung*, WMANT 31, 1969, 10–35; VEIJOLA, *Königtum*, AASF 198, 1977,53–72, rechnet 8,1–5.22b zu DtrG und 8,6–22a zu DtrN; 8,11–17 ist dabei ursprünglich selbständiges Traditionsmaterial; MAYES, *Story*, 1983, 97f. erkennt in 8,1–6a.11–22 die Hand seines „dtr historian" und ordnet 8,6–21a dem „dtr editor" zu. LOHFINK, *Rückblick*, 1984, 58–66, sieht in 8,1–5.20–22 Dtr I und in 8,6–19 Dtr II am Werk; O'BRIEN, *Hypothesis*, OBO 92, 1989, 109–115, rechnet 8,1–6a.11–17.19–22 zu DTR und 8,6b.7–8.9–10 zu einer späteren dtr Redaktion; Als einheitlich sieht U. BECKER, *Widerspruch*, in: OEMING, *Verkündigung*, 1987, 246–270, bes. 265, 1 Sam 8 an, wobei er DtrH als Verfasser sieht und bei ihm schon eine königskritische Tendenz ausmacht. Er nimmt ebenfalls — im Gegensatz zu BOECKER — 8,11–17 als vorgegebenes Traditionsmaterial an; mit zwei dtr Textschichten rechnet offensichtlich auch HENTSCHEL, *1 Samuel*, NEB, Lieferung 33, 1994, 72–75.

Ganz vordtr ist 1 Sam 8 für WEISER, *Samuel*, FRLANT 81, 1962, 25–45; STOEBE, *Samuelis I*, KAT VIII/1, 1973, 181–189, rechnet dagegen mit einer dtr Überarbeitung; BIRCH, *Rise*, SBL.DS 27, 1976, 21–29, hält nur 8,1–7 für vordtr; CRÜSEMANN, *Widerstand*, WMANT 49, 1978, 61–73, sieht in 8,1–3.11–17 eine vordtr Textschicht, 8,4–10.18–22 rechnet er zur dtr Redaktion. Dabei verwende Dtr in 8,7 eine vordtr JHWH-König-Tradition, die sich auch in 12,12 zeige (vgl. dazu 73–84); SEEBASS, *David*, 1980, 67–68 sieht eine vordtr Schicht in 8,1.2b.4–6a.11–17.19b–22, von DtrG stammen 8,6b.7aα.8.10, von DtrN 8,9.18–19a; 8,7aβ.b ist wie 1 Sam 10,18–19a; 12,12.17b.19b Teil einer nachexilischen Bearbeitung (61–63); McCARTER, *I Samuel*, AncB 8, 1980, 153–162, hält nur 8,8 für dtr, alles andere gehört wohl zur „Prophetic History"; MOMMER, *Samuel*, WMANT 65, 1991, 66–68, sieht 8,1–6.22 als vordtr Bestand an, der dtr erweitert wurde durch 8,7–21; W. DIETRICH, *David*, BWANT 122, [2]1992, 90–93, unterscheidet drei Textschichten: Einen vordtr Grundbestand in 8,1–5.20b, wobei V2 eine überlieferungsgeschichtliche Vorstufe darstelle, 8,21–22 rechnet er zu DtrH und 8,6–20a zu DtrN. Für CAQUOT/DE ROBERT, *Les Livres de Samuel*, CAT VI, 1994, 111–118, ist 1 Sam 8 im wesentlichen durch den Verfasser aus dem Priestergeschlecht der Zadokiden gestaltet worden; eine dtr Überarbeitung liege vor in 8,3.5.7b–8a; MOENIKES, *Ablehnung*, BBB 99, 1995, 23–33, nimmt eine Grundschicht in 8,1–*7.9.11–17.22b und zwei Bearbeitungen an; CAMPBELL/O'BRIEN, *Deuteronomistic History*, 2000, 233–237, sehen vordtr Texte in 8,1–5.22, sind aber bei der Bestimmung des dtr Anteils sehr unsicher („only one possibility among others", 234).

Übereinstimmung herrscht bei fast allen Autoren, dass 8,11–17 ursprünglich selbständiges Traditionsmaterial mit königsfeindlicher Tendenz darstellt; eine Ausnahme bildet hier BOECKER, *Beurteilung*, WMANT 31, 1969, 16–18.

Die Überlieferung 1 Sam 8 beginnt in Vers 1 mit dem Hinweis, dass Samuel alt geworden ist: ויהי כאשר זקן שמואל. Dies setzt eine vorgängige Erwähnung von Samuel voraus. Ein Anschluss an 7,17 ist durch die dortige Erwähnung, dass der Heimatort Samuels Rama ist, wo auch der folgende Königswunsch von den Ältesten vorgetragen wird (8,4), gut möglich. Wie in 1 Sam 7,2 wird durch eine zeitliche Differenz der Neueinsatz des Textes verdeutlicht. Dies deutet auf die gleiche redaktionelle Technik hin. Auf jeden Fall liegt kein selbständiger Textanfang vor[318]. Der Text wird in 1 Sam 8,1b mit der Notiz fortgesetzt, dass Samuel seine Söhne zu Richtern in Israel (שים שפטים לישראל) gemacht hat (8,1b). Dass Samuel so ohne weiteres seine Söhne als Richter einsetzen kann, zeigt ihn in derselben zentralen Leitungsfunktion für Israel wie in 1 Sam 7[319]. Dies wird auch dadurch bestätigt, dass die Ältesten sich mit dem Königswunsch an Samuel wenden (8,4). Angesichts des altgewordenen Samuel, der in 7,15–17 die Funktion eines „umherreisenden Richters" übernommen hat, ist die Einsetzung von „Richtern" für Israel in 8,1 am ehesten als Entlastung Samuels in seiner Herrschaftsfunktion zu sehen. Die Berechtigung für die Einsetzung von Söhnen ergibt sich aus Ri 10,4, wo von den Söhnen Jairs gesagt wird, dass sie 30 Städte (txt. emend.) besaßen. Parallelen zu einer solchen Entlastungsaktion zeigen sich in der Mose-Überlieferung Ex 18 und Dtn 1,9–18. Damit wird deutlich, dass die Darstellung der Herrschaftsfunktion Samuels in 1 Sam 8 wie schon in 1 Sam 7 offenbar an Mose orientiert ist[320].

Dass die südliche Grenzstadt Beerscheba hier auftaucht, muss nicht als Beleg für eine Tradition über die Richtertätigkeit der Söhne Samuels an diesem Ort verstanden werden[321]. Ansonsten sind nie

---

[318] Die Verbindung zu 7,16f. betonen auch VEIJOLA, *Königtum*, AASF 198, 1977, 53f.; W. DIETRICH, *David*, BWANT 122, ²1992, 90 + Anm 3; MAYES, *Story*, 1983, 86.

[319] Unnötig ist die auf SEEBASS fußende Textumstellung bei NIEHR, *Herrschen*, FzB 54, 1986, 127f., der damit einen weiteren Beleg für ein ursprünglich nicht panisraelitisch verstandenes Richteramt Samuels gewinnen will. Doch lässt sich ein solches Richteramt Samuels auch aus 7,16 nicht erschließen.

[320] Dass durch die Einsetzung der Söhne ein Widerspruch zu 7,13.15 entsteht und damit eine andere Anschauung von Samuel und seinem Amt in 1 Sam 8,1ff. als in dtr Texten (so MOMMER, *Samuel*, WMANT 65, 1991, 57; vorher schon CRÜSEMANN, *Widerstand*, WMANT 49, 1978, 61, allerdings etwas vorsichtiger), vermag ich nicht zu sehen. Gewichtiger ist allerdings der Einwand, dass die Söhne Samuels in 12,2 in keiner negativen Wertung begegnen. Allerdings geht es in 12,2 allein darum, dass Samuel jetzt seine Herrschaftsfunktion an den Gesalbten JHWHs, an Saul, übergibt und dass er entlastet von dieser Funktion abtreten kann.

[321] So z.B. NOTH, *Studien*, ³1967, 56.

Richter im Sinne der Richterliste Ri 10,1–5; 12,7–15 aus dem Südreich Juda belegt[322]. Verstehbar ist die Erwähnung von Beerscheba als Unterstreichung des gesamtisraelitischen Charakters der Herrschaft Samuels.

Die Söhne Samuels erweisen sich jedoch in ihrer Teilhabe an der Herrschaftsfunktion ihres Vaters als nicht hilfreich. Die Fortsetzung oder auch die Teilhabe von Herrschaftsfunktionen durch die Söhne ist offensichtlich nach der Auffassung von DTR I zum Scheitern verurteilt. Dies war schon so bei Gideon/Jerubbaal (Ri 9), dies zeigte sich auch bei den Söhnen Elis (1 Sam 1–4) und ebenfalls bei Samuel. Hier zeigt sich ein herrschaftskritischer Zug bei DTR I, der gegen den Automatismus eines dynastischen Prinzips gerichtet ist, sofern es nicht ausdrücklich durch Jhwh bestätigt ist (2 Sam 7).

Die Richterfunktion der Söhne in 8,3 hat forensische Bedeutung[323], was der bisher in 1 Sam 7 erkennbaren Leitungs- und Herrschaftsfunktion des „Richters" auf der dtr Textebene zu widersprechen scheint. Dass die Leitungsfunktion und Herrschaftsfunktion in Israel für Dtr auch eine forensische Komponente impliziert, zeigt sich jedoch in Dtn 1,16–17. Ein Widerspruch ist demnach nicht gegeben, wenn man eine dtr Textebene annimmt.

In V4 begeben sich die Ältesten Israels zu Samuel nach Rama und tragen ihm den Wunsch nach einer neuen Institution, dem Königtum, vor. Einige Forscher teilen V3 und V4 auf verschiedene Textschichten auf, doch besteht hierzu kein Grund[324]. In 8,5 wird durch die Ältesten der Wunsch nach einem König formuliert[325]. Dieser Wunsch zeigt sich auch noch einmal in 8,20. Die Reaktion darauf ist jedoch nicht gleich.

---

[322] Otniel in Ri 3,7–11 ist anerkanntermaßen eine dtr Konstruktion; den Übergangscharakter und die kompositorische Funktion betont auch Amit, *Book of Judges*, BIS 38, 1999, 160–166.

[323] Dies ergibt sich aus den genannten Vergehen, die vor allem auf Dtn 16 verweisen (vgl. Veijola, *Königtum*, AASF 198, 1977, 68; U. Becker, „Widerspruch", in: Oeming, *Verkündigung*, 1987, 251). Ein Sprachbeweis für eine dtr Verfasserschaft von 8,3 ist jedoch nicht zu führen, vgl. Niehr, *Herrschen*, FzB 54, 1986, 219f.

[324] Vgl. Veijola, *Königtum*, AASF 198, 1977, 53 Anm 3, gg. Weiser, *Samuel*, FRLANT 81, 1962, 30; Soggin, *Königtum*, BZAW 104, 1967, 32 Anm 9; Stoebe, *Samuelis I*, KAT VIII/1, 1973, 183; Seebass, *David*, 1980, 68; Niehr, *Herrschen*, FzB 54, 1986, 127f.

[325] Zur Frage der Beziehung zu dem Königsgesetz in Dtn 17 vgl. Mommer, *Samuel*, WMANT 65, 1991, 59f.; ob dem Verfasser eine Tradition vorlag, die auch in Hos 8,4 verarbeitet wurde, lässt sich weder ausschließen noch beweisen.

Grundlegend für die Literarkritik dieses Kapitels ist die Beobachtung, dass Samuel sich zweimal in derselben Angelegenheit, dem Wunsch des Volkes nach einem König, an Jhwh wendet (8,6b: mit der gleichen Wendung, nämlich פלל Hitp., wie in 7,5 und in 8,21b mit der Wendung וידברם באזני יהוה). Samuel erhält dabei von Jhwh ebenfalls zweimal dieselbe Antwort (8,7a; 8,22a).

In 8,6 ist schon deutlich vermerkt worden, dass dieser Wunsch das Missfallen Samuels erregt; in 8,7 wird der Wunsch des Volkes von Jhwh selbst als Abfall von ihm bewertet. Dagegen wird in 8,22 dieser Wunsch des Volkes weder von Jhwh noch von Samuel kommentiert. In 8,20a wird durch היינו גם־אנחנו ככל־הגוים variiert derselbe Gedanke aufgegriffen wie in 8,5b. In 8,5b geht es darum, einen König zu haben wie andere Völker auch, in 8,20a so zu sein wie andere Völker.

Diese Textbeobachtungen lassen sich am besten unter der Voraussetzung verstehen, dass 8,6–20a eine Ergänzung des vorgegebenen Textes 8,1–5.20b–22 darstellen, die mit dem Stilmittel der Wiederholung in den vorausgesetzten Text 8,1–5.20b–22 eingefügt worden sind[326].

In der Ergänzung 8,6–20a wird deutlich, dass die Israeliten auch auf den Richter Samuel nicht hören; dies entspricht der Auffassung von Ri 2,17, die im Widerspruch zu 2,18 (DTR I) steht[327]; die Auffassung von DTR I ist die, dass die Israeliten unter der Herrschaft der Richter Ruhe hatten.

Dass der Ergänzer in 8,11–17 vorgegebenes Traditionsmaterial, das jedoch nicht mit Samuel verbunden war, verwendet hat, ist *communis opinio*[328]. Dietrich sieht in 8,21f. eine andere Textschicht als in 8,1–5[329]. Er führt dazu drei Gründe an:

---

[326] Vgl. auch Veijola, *Königtum*, AASF 198, 1977, 54f.; Mommer, *Samuel*, WMANT 65, 1991, 58–66, lässt den Einschub erst mit V6 beginnen. Bei dem von U. Becker, „Widerspruch", in: Oeming, *Verkündigung*, 1987, 255 Anm 44, vorgebrachten Einwand gegen Veijola, dass nämlich auch schon in 8,1–5 königskritische Tendenzen erkennbar seien, übersieht Becker, dass durch den doppelten Redegang auch ein formales Kriterium für die literarkritische Trennung vorliegt. Es ist also nicht unbedingt notwendig, hier mit einem „inneren Widerspruch" von DtrH zu argumentieren.

[327] Ri 2,17 gehört zu einer zweiten dtr Schicht, vgl. z.B. Campbell/O'Brien, *Deuteronomistic History*, 2000, 174f.

[328] Grundlegend dazu Crüsemann, *Widerstand*, WMANT 49, 1978, 62–73; zuletzt Mommer, *Samuel*, WMANT 65, 1991, 65f.

[329] Vgl. W. Dietrich, *David*, BWANT 122, ²1992, 92.

1) Statt der Ältesten in V4f. agiert hier das Volk.

2) Samuel fungiert hier als der im Gebet vermittelnde Prophet wie in 7,5b.8f.

3) In V22b liegt ein redaktionelles Verbindungsstück zu 9,1–10,16 vor.

Diese Gründe vermögen nicht zu überzeugen:

1) Die Ältesten tragen den Königswunsch ausdrücklich als Repräsentanten Israels vor (8,4). Von daher ist kein Gegensatz zu sehen, der die Aufteilung auf unterschiedliche Textschichten rechtfertigen würde.

2) Die Mittlerstellung Samuels zwischen Jhwh und Israel ist mit seiner Leitungsfunktion als „Richter" verbunden und kommt so auch in 8,1–5 vor.

3) 8,22b muss nur dann vom vorhergehenden Text getrennt werden, wenn mit vordtr Textschichten in 1 Sam 8 gerechnet wird.

Aufgrund der Überprüfung von 1 Sam 8 lässt sich nun sagen, dass keine Notwendigkeit besteht, in 1 Sam 8 vordtr Textschichten anzunehmen[330]. Die Leitungsfunktion, in der Samuel in 1 Sam 8 erscheint, entspricht der in 1 Sam 7. Sie orientiert sich an der idealen Leitungsgestalt des Dtn, an Mose. Es kommt hinzu, dass wie in 1 Sam 7 auch in 1 Sam 8 ein selbständiger Texteinsatz nicht vorhanden ist. Somit spricht alles dafür, dass 1 Sam 7–8 unter übergreifenden redaktionellen Gesichtspunkten zu verstehen sind. Mit dem „Richter" Samuel verbindet die grundlegende dtr Redaktion (DTR I) auch den Übergang zur Monarchie, der in 1 Sam 8–12 geschildert wird. Eine zentrale Leitungsinstanz für Israel wird positiv gesehen, allerdings unter einem „dynastischen Vorbehalt". Die ausführliche Ergänzung 1 Sam 8,6–20, die eine sehr viel kritischere Stellung zum Königtum einnimmt, stammt erst von einer nachfolgenden dtr Schicht (DTR II).

Ein weiterer Hinweis auf eine Leitungsfunktion Samuels für Israel zeigt sich in 1 Sam 3,19–4,1a.

In 1 Sam 3 wird davon berichtet, dass der junge Samuel in eine

---

[330] Vgl. für 8,1–5 auch KAMMERER, *BN* 88 (1997), 75–88; NIHAN, *BN* 94 (1998), 26–32.

neue Aufgabe und Funktion hineinwächst. Nach der einleitenden
Situierung in V1–3 berichten V4–18 von einer Jhwh-Offenbarung
an Samuel im Tempel von Schilo. Samuel, der erst Schwierigkeiten
hat, Jhwh als denjenigen zu identifizieren, der ihn ruft, sagt Eli die
Vernichtung seines Geschlechtes an, was dieser gottergeben hinnimmt.
In 3,19–4,1a wird die Mittlerfunktion Samuels dann auf ganz Israel
ausgedehnt.

Mit V19 wird die in V4–18 erkennbare Funktion Samuels als
Mittler des Jhwh-Wortes generalisiert. Von Samuel wird in konsta-
tierendem Perfekt ausgesagt, dass Jhwh mit ihm sei. Hier wird die
Beistandsformel ויהוה היה עמו verwendet, was innerhalb des DtrG auf
eine herrscherliche Rolle hinweist[331]. Damit wird angedeutet, dass
Samuel neben seiner Wortmittler-Funktion ebenfalls zu einer
Herrschaftsfunktion in Israel bestimmt ist, wie sie dann in 1 Sam 7;
8 erscheint.

V20, wo Samuel neben der indirekten Erwähnung in 1 Sam 9,9
zum einzigen Mal der Titel נביא zuerkannt wird, bringt wieder
einen neuen Gedanken in den Text ein. Er weist darauf hin, dass
Samuel in ganz Israel als Jhwh-Prophet anerkannt ist. Dieses Motiv
erinnert mit der Anerkennung als Prophet an 1 Kön 17,24, wobei
Elija in 1 Kön 17,17–24 den Titel „Gottesmann" erhält.

1 Sam 3,21 berichtet zweimal von der weiteren Offenbarung
Jhwhs durch Samuel in Schilo. Hier liegt eine Doppelung vor,
bei der eine unterschiedliche Terminologie im Hinblick auf die
Jhwh-Offenbarung verwendet wird[332]. Am sinnvollsten lässt sich
diese Doppelung erklären, wenn man annimmt, dass V21a zusammen mit V20 in den Zusammenhang eingefügt wurde. Der ursprüngliche Text wird dann in V21b[333] fortgesetzt und endet schließlich

---

[331] Vgl. dazu vor allem Richter, *Berufungsberichte*, FRLANT 101, 1970, 146–152.
Die Beistandsformel begegnet im Rahmen von DtrG bei Saul, David, Salomo und
Hiskija, ferner bei Josua und Gideon. Für die „Richter" insgesamt wird sie in Ri
2,18 verwendet. In Dtn 2,7; 20,1 und 1 Kön 8,57 wird sie für das Kollektivum
„Israel" gebraucht. Auf Einzelpersonen bezogen zeigt sich die Beistandsformel dem-
nach nur bei Personen, die eine Leitungsfunktion für Israel innehaben; als einzige
Gruppierung wird sie auf dtr Textebene für die „Richter" verwendet, die für DTR
I ebenfalls eine gesamtisraelitische Leitungsfunktion besitzen. Demzufolge ist 3,19
so zu deuten, dass Samuel neben seiner Berufung zum prophetischen Wortmittler
ebenfalls zu einer herrscherlichen Aufgabe in Israel bestimmt ist, so wie sie in 1
Sam 4,1 angedeutet und in 1 Sam 7 ausgeführt ist.
[332] Vgl. vor allem Mommer, *Samuel*, WMANT 65, 1991, 26f.
[333] Unklar ist der syntaktische Bezug von בדבר יהוה in V21b; zusammen mit

mit der modifizierten Wortereignisformel in 4,1a, die die Wortmittlerfunktion Samuels für Israel aufgreift und eine redaktionelle Überleitung zur Lade-Überlieferung darstellt[334]. Dies ist am ehesten auf
DTR I zurückzuführen, die Ergänzung 3,20.21a auf eine nachfolgende dtr Redaktion (DTR II).

Mit dem Begriff „richten" in 1 Sam 7,6.15–16 für das Wirken Samuels
wird auf das Richterbuch verwiesen, in dem erstmals von „Richtern"
die Rede ist, die ein zentrales Leitungsamt in Israel ausüben. Mit
der in 1 Sam 7 erwähnten Befreiung von der Bedrohung durch die
Philister und der weiter andauernden Herrschaft in Israel (1 Sam
7,15–16) vereinigt Samuel die Funktion der sogenannten „kleinen"
und „großen" Richter in seiner Person. 1 Sam 7 gehört demnach
in den Zusammenhang der Richterzeit, die nach dem Tod der Führergestalten in der Anfangszeit Israels, Mose und Josua, die Zeit des
Lebens Israels im Lande Kanaan bis zum Beginn der Monarchie
(Ri 2,11 — 1 Sam 7) prägen. Dieser Zusammenhang ist im wesentlichen von der grundlegenden dtr Redaktion (= DTR I) gestaltet
worden[335].

---

einem Textplus in der griechischen Überlieferung hat es vielfach dazu geführt, den
Text zu verbessern bzw. mit LXX zu ergänzen. So z.B. W. DIETRICH, *David*, BWANT
122, ²1992, 82f., der בדבר יהוה in כדבר יהוה ändert und an 1 Sam 4,1a anschließt.
Außerdem hält er die Einleitung der Lade-Überlieferung nach LXX für ursprünglich. Auch WONNEBERGER, *Redaktion*, FRLANT 156, 1992, 265–269, ändert den Text
auf dem Hintergrund der LXX und sieht die Textgestalt von MT durch Homoioteleuton entstanden, obwohl er textkritische Bedenken hat. Meines Erachtens ist es
sinnvoller, bei dem schwierigeren MT zu bleiben, vgl. PISANO, *Additions*, OBO 57,
1984, 29–34; BARTHÉLEMY, *Critique*, OBO 50/1, 1982, 151; BERGES, *Verwerfung*, FzB
61, 1989, 34.
[334] WONNEBERGER, *Redaktion*, FRLANT 156, 1992, 269, spricht von einem
„Wartepunkt".
[335] Vgl. dazu vor allem O'BRIEN, *Hypothesis*, OBO 92, 1989, der der Auffassung
ist, dass die grundlegende dtr Redaktion die Geschichte Israels im wesentlichen als
eine Geschichte der Führer Israels konzipiert hat: „What is immediately striking
about the schematic presentation of the structure of DtrH is the way DTR orga-
nized the history into three different periods, each marked by a different form of
leadership. When this basic structural feature of the history is taken in conjunction
with the opening address by the great leader Moses, and the reform of king Josiah
which concludes the history, then a clear impression is gained that DtrH was com-
posed principally as a history of Israel's leaders." (27) Ich folge O'BRIEN jedoch
nicht in der Ausgrenzung der Simson-Überlieferung Ri 13–16 (Vgl. 94–96). Die
Unterschiede, die er anführt, ergeben sich meines Erachtens aus der Eigenart des
DTR I vorliegenden Überlieferungsmaterials; zudem lässt sich die Einleitung Ri
13,1–5 gut von der Intention der dtr Redaktion her verstehen. Damit entfällt auch
die Berechtigung für die von O'BRIEN angenommene zweistufige Entwicklung der
Richterzeit, der er die Textblöcke Ri 3,7–10,5 und Ri 10,6 — 1 Sam 7,17 zuord-

Für Dtr I geht dem Zeitalter der Monarchie die Periode der „Richter" voraus. Als eine eigenständige Geschichtsperiode begegnet die „Richterzeit" in 2 Kön 23,22, wo bei der Neueinführung des Paschafestes festgehalten wird, dass es dieses Fest bereits zu einer Zeit gegeben habe, als die Richter Israel regierten. Damit wird deutlich, dass die Zeit der „Richter" als eigene Periode von der Zeit der Könige von Juda und Israel abgegrenzt wird. Der Text ist Dtr I, d.h. der grundlegenden dtr Redaktion zuzurechnen[336]. Dieselbe Periodisierung begegnet auch in 2 Sam 7, einem literarkritisch äußerst umstrittenen Kapitel, dort in Vers 11aα[337]. Ausdrücklich wird festgehalten, dass JHWH Richter über sein Volk Israel eingesetzt hat[338]. Hier wird akzentuiert, dass JHWH selbst diese Richter über Israel bestimmt hat.

Es zeigt sich demnach auf dtr Textebene, dass nach der dtr Konzeption dem Zeitalter der Monarchie eine Zeit vorausging, die ebenfalls gekennzeichnet ist durch eine zentrale Leitungsinstanz, die als Richteramt bezeichnet wird[339]. Samuel wird in diese grundlegende Konzeption von DTR I eingefügt. Dies wird vorbereitet durch die Einfügung von 1 Sam 1,11 in die Geburtsgeschichte Samuels.

---

net (82–93). Erst mit Samuel kommt — aufgrund des DTR I vorliegenden Traditionsmaterials — ein neues Element in die Richterkonzeption von DTR I. Zuzustimmen ist O'BRIEN jedoch in der Kritik an der Auffassung G. VON RADS, dass im Richterbuch eine ganz andere, zyklische, Geschichtsauffassung sichtbar wird als ansonsten in DtrG (30f.).

[336] Vgl. LOHFINK, „Kultreform" (1987), in: Studien II, SBAB 12, 1991, 214, der 2 Kön 22,1–12.13*.14.15–20*; 23,1–23.25* zu DTR I zählt; ob DTR I dabei eine Vorlage übernahm, ist für unseren Zusammenhang nicht von Bedeutung. Literaturübersichten zu diesen vielverhandelten Kapiteln finden sich bei LOHFINK, „Diskussion" (1985), Studien II, SBAB 12, 1991, 179–207; PREUSS, ThR (1993), 246–250; GIESELMANN, ZAW 106 (1994), 223–242.

[337] Zum dtr Charakter von 2 Sam 7,11a vgl. VEIJOLA, Dynastie, AASF 193, 1975, 72f.; der jedoch diesen Teilvers DtrN zuordnet (80). Der Text, der im joschijanischen Geschichtswerk stand, war nach LOHFINK, „Orakel", in: ABUSCH, Lingering over Words, HSS 37, 1990, 365, 2 Sam 7,1–9.11aβ–22.25–29; aufgrund der Übereinstimmung mit 2 Kön 23,22 spricht meines Erachtens nichts dagegen, auch V11aα zu DTR I zu rechnen.

[338] Außerhalb des DtrG begegnet diese Periodisierung noch in Rut 1,1 und Sir 46,11.

[339] Dies spricht gegen die Auffassung von PROVAN, Hezekiah, BZAW 172, 1988, der mit einem Neueinsatz in 1 Sam 1 rechnet. Der durch die Person Samuels gegebene Neueinsatz ist auf das DTR I vorliegende Traditionsmaterial zurückzuführen und kann nicht ausgewertet werden als Beleg für eine unterschiedliche Redaktion des Richter- bzw. Samuelbuches.

In 1 Sam 1,10b.12a wird zweimal erwähnt, dass Hanna betet (פלל Hitp.). Zwar ist nicht unbedingt eine Doppelung im Sinne eines literarkritischen Kriteriums festzustellen, da sich die Aussage in V12a als Fortführung von V10b verstehen lässt, jedoch ist es auch möglich, dass ein Redaktor mit V12a wieder auf die ursprüngliche Situation des Gebetes zurückschaltete. Hierfür spricht jedenfalls, dass Hanna in V11 ein Gelübde (ותדר נדר) ablegt, während ansonsten die Übereignung an Jhwh bzw. Eli nie mit dem Terminus נדר belegt wird[340]. Die lebenslängliche Übereignung an Jhwh ist noch in 1,22 erwähnt, ohne dass jedoch ein vorhergehendes Gelübde Hannas vorausgesetzt wäre. Zusätzlich legt Hanna in 1,11 das Versprechen ab, kein Schermesser (מורה) an das Haupt des Knaben kommen zu lassen. Dieses Motiv und ebenfalls der Begriff מורה begegnen noch in Ri 13,5, der Geburtsgeschichte Simsons. Aufgrund dieser Aussage wird Simson dann als „Nasiräer" bezeichnet. Anders als dort spielt das Motiv jedoch in der weiteren Samuel-Überlieferung keine Rolle mehr. Demnach lässt sich 1,11 am ehesten als Einschub durch DTR I verstehen, der Samuel in die Nähe des „Richters" (15,20; 16,31) und Philisterkämpfers Simson rückt[341].

Es sind jedoch auch einige Unterschiede in der Darstellung Samuels im Vergleich mit den vorhergehenden „Richtern" erkennbar. Anders als die Richter im Richterbuch wird Samuel nicht erst von Jhwh in einer akuten Notsituation berufen, sondern er ist mit seiner Geburt und Jugend zur entscheidenden Leitungsgestalt für Israel berufen (1 Sam 1–3*). Dies entspricht Mose (vgl. Ex 2) und auch Simson, mit dem DTR I Samuel durch die Einfügung von 1 Sam 1,11–12a in Verbindung bringt. Simson war außerdem wie Samuel in 1 Sam 7 ein „Richter" (Ri 15,20; 16,31), der erfolgreich gegen die Philister

---

[340] נדר begegnet nur noch einmal in 1,21, dort allerdings durch das Suffix auf Elkana bezogen. Dass an dieser Stelle auf das Gelübde in 1,11 angespielt wird, ist durch den Zusammenhang ausgeschlossen. Denn Hanna weigert sich ja, mit Elkana nach Schilo zu gehen.

[341] Vgl. auch W. Dietrich, *David*, BWANT 122, ²1992, 84 Anm 46; für Mommer, *Samuel*, WMANT 65, 1991, 21, ist es ein Zielpunkt der überlieferungsgeschichtlich älteren Grundlage, die hinter der schriftlich fixierten Form der Jugendgeschichten Samuels stehe. Auch Wonneberger, *Redaktion*, FRLANT 156, 1992, 212–226, sieht in dem Nasiräatsgelübde das tragende Motiv der ursprünglichen Geburtsgeschichte. Der Anhalt hierfür ist 4QSamª, wo sich für Wonneberger eine alte Überlieferung widerspiegelt (215). Er geht sogar so weit, in 1,24 das zweite הנער in הנזיר zu ändern (223); vgl. jedoch Tsevat, „Samuel", in: Fishbane/Tov, *Sha'arei Talmon*, 1992, 199–204, der sich gegen eine ursprüngliche Tradition von Samuel als Nasiräer ausspricht.

kämpfte. Durch die Anklänge an die Simson-Tradition wird dies für
Samuel schon in 1 Sam 1–3* angedeutet. Die Leitungsfunktion, zu
der Samuel berufen wird, zeigt sich in 1 Sam 3 durch die Verwendung
der Beistandsformel in 3,19 und der Wortereignisformel in 1 Sam
4,1a, die einen Auftrag an Israel erkennen lässt. Es kommt hinzu,
dass Samuel in 1 Sam 3 vor allem in eine Wortmittlerfunktion berufen wird. Die Grundlage hierzu fand DTR I in der prophetischen
Rolle Samuels in der SSK 1 Sam 9–31* und seiner Bezeichnung
als „Stimme Jhwhs" (1 Sam 15). Gleichzeitig kann dadurch eine
Verbindungslinie zu Mose gezogen werden, dessen Leitungsfunktion
im Dtn im wesentlichen eine Wortmittlerfunktion ist (Dtn 5,23–27)[342].
Da 1 Sam 7 1 Sam 1–3* voraussetzt, ist diese Wortmittlerfunktion
ebenfalls in die in 1 Sam 7 mit „richten" bezeichnete Leitungsfunktion
zu integrieren. DTR I konnte also ohne weiteres die ihm vorgegebene
prophetische Rolle Samuels in seine Richterkonzeption einbeziehen.

In dieser in 1 Sam 1,1–4,1a* angedeuteten und in 1 Sam 7 ent-
falteten Herrschaftsfunktion ist Samuel in 1 Sam 7 der entscheidende
Mittler zwischen Jhwh und Israel. Von ihm wird die Fürbitte für
Israel erwartet (1 Sam 7,5), Samuel ist es, der Jhwh zum Eingreifen
bewegen kann (1 Sam 7,8–10). Israel wird dabei gesehen als Volk,
das stets von Abfall bedroht ist und demnach eines Mittlers bedarf,
der die Verbindung zwischen Jhwh und Israel herstellt. Dies entspricht der Konzeption, wie sie im Hinblick auf Mose auch in den
Murrerzählungen in der Wüste begegnet und wie sie ebenfalls in
Dtn 5,23ff. gezeichnet ist. Israel bedarf einer zentralen Leitungsinstanz,
die die Verbindung zwischen dem Volk Israel und seinem Gott herstellt und garantiert. Da diese Leitungs- und Herrschaftsfunktion demnach eine eminent religiöse Komponente besitzt, ist es nicht
verwunderlich, dass Samuel auch kultisch-rituell fungiert[343]. Von daher
war es für DTR I möglich, in 1 Sam 4,18 Eli, der unbezweifelbar
in der Tradition ein Priester war, unter die „Richter" zu subsumie-
ren. Er hatte durch die für ganz Israel bedeutsame Lade in Schilo
für DTR I eine zentrale Leitungsfunktion im Hinblick auf Israel.
Gleichzeitig bot das Vorkommen der Söhne Elis in der Lade-Über-

---

[342] Zum dtr Charakter von Dtn 5 vgl. LOHFINK, „Kerygmata" (1982), in: *Studien
II*, SBAB 12, 1991, 128–132; DERS., *BN* 67 (1993), 37–40.

[343] Es ist also nicht notwendig, hier eine ursprüngliche Priesterrolle Samuels anzunehmen. Ein weiterer Grund besteht darin, dass die Übernahme der Retter-/
Richterfunktion auch schon eine kultische Komponente impliziert (vgl. Ri 6, 25–32).

lieferung 1 Sam 4 die Möglichkeit, die Söhne Elis mit dem „Ziehsohn"
Samuel negativ zu kontrastieren und damit das dynastische Prinzip
in ein negatives Licht zu setzen.

Es stellt sich die Frage, auf welcher Grundlage Dtr dieses vormonarchische Leitungsamt des „Richters" konzipiert hat. Hierzu müssen wir auf das Richterbuch zurückblicken. Dabei muss ein wenig
die Redaktionsgeschichte des Richterbuches beleuchtet werden[344].

Sicher ist, dass Dtr für die Gestaltung des Richterbuches auf vorgegebene Traditionen zurückgegriffen hat. Hierzu gehören ohne
Zweifel die „Helden"-Überlieferungen von Ehud, Debora und Barak,
Gideon-Jerubbaal, Jiftach und Simson, deren Bezug auf ganz Israel
in ursprünglicher Form nicht gegeben war. Eine Ausnahme bildet
die Debora-Barak-Überlieferung mit der Schlacht am Kischon.
Allerdings wird auch hier deutlich, dass sich bestenfalls ein Teil Israels
an dieser Schlacht beteiligt hat. Ob es dabei schon vordtr Sammlungen
gegeben hat, ist umstritten[345].

Unbestritten ist jedenfalls, dass von Dtr durch die Vorschaltung
von Ri 2,11–18* diese Heldengestalten zu „Richtern" gemacht wurden, die Jhwh je und je erweckt hat, um Israel vor seinen umliegenden Feinden zu erretten[346].

Dass diese Rettergestalten als „Richter" bezeichnet werden konnten, hängt mit einem ebenfalls vorgegebenen Text zusammen, der
sogenannten Richterliste in Ri 10,1–5; 12,7–15. Dass diese Liste Dtr
vorgegeben war, ergibt sich aus der Differenz zur dtr Konzeption,
die in Zeiten äußerer Bedrückung — verursacht durch Abfall von
Jhwh — von der Erweckung von „Richtern" durch Jhwh ausgeht,
während die Richterliste in 10,1–5; 12,7–15 von einer direkten Sukzessionsfolge der einzelnen Richter ausgeht (ואחרי)[347].

---

[344] Zur Forschungssituation vgl. Bartelmus, ThR 56 (1991), 221–259; Preuss, ThR
58 (1993), 254–264; O'Brien, „Judges", in: Graham/S.L. McKenzie, History, 1994,
235–259; Niehr, „Buch der Richter", in: Zenger, Einleitung, ³1998, 196–202, sowie
die redaktionsgeschichtlichen Analysen von U. Becker, Richterzeit, BZAW 192, 1990;
Amit, Book of Judges, 1999.

[345] Vgl. U. Becker, Richterzeit, BZAW 192, 1990; er rechnet nur mit Einzel-
materialien, die Dtr vorgegeben waren (vgl. vor allem 300–303). Richter, Untersuchungen,
BBB 18, 1963, hat demgegenüber in seiner maßgeblichen Studie mit einem im
Nordreich entstandenen Retterbuch gerechnet, das Ri 3–9* umfasste. Zur Kritik an
der Annahme eines „Retterbuches" vgl. z.B. Crüsemann, Widerstand, WMANT 49,
1978, 40–42, der moniert, dass die von Richter erkannten Verknüpfungen in
Ri 3–9* nicht über allgemeine Strukturähnlichkeiten hinausgehen.

[346] So schon Noth, Studien, ³1967, 47–50.

[347] Vgl. U. Becker, Richterzeit, BZAW 192, 1990, 223 Anm 3; Görg, Richter,

Allerdings ist es schwer, die ursprüngliche Bedeutung der Funktion der sogenannten „kleinen" Richter zu erkennen.

Die Funktion dieser Personen wird mit שׁפט wiedergegeben. Dabei ist es wichtig, dass dieser Begriff neben dem forensischen Bereich auch im administrativ-politischen Bereich beheimatet ist[348]. Die wenigen Angaben, die in der „Richter"-Liste gegeben werden, lassen sich unter den Stichworten „Macht" und „Potenz" zusammenfassen; dies deutet darauf hin, dass mit שׁפט vor allem eine herrscherliche Funktion ausgedrückt wird. Was den „Amtsbereich" anbetrifft, zeigt der vorrangige Bezug zu einzelnen Städten, dass als ursprünglicher Wirkungsbereich die Stadt und ihre nähere Umgebung anzunehmen ist. Am sinnvollsten erscheint immer noch die Definition von Richter, der den „kleinen Richtern" folgende Funktion zuweist: „Es sind aus der Stadt oder den Stämmen stammende, zur zivilen Verwaltung und Rechtsprechung über eine Stadt und einen entsprechenden Landbezirk von den (Stammes-)Ältesten eingesetzte Vertreter einer Ordnung im Übergang von der Tribal- zur Stadtverfassung"[349].

Dabei ist zu sehen, dass der Bezug zu Israel erst sekundär hergestellt worden ist und keinen Rückschluss auf die ursprüngliche Funktion zulässt[350]. Vielleicht hat sich in der „Richter-Liste" die Erinnerung an Lokalherrscher vom Schlage eines Abimelech (Ri 9) niedergeschlagen, die dann in späterer Zeit zu einer Sukzessionsfolge vorstaatlicher „Richter" in Israel ausgebaut wurde[351]. Da die Liste

NEB, 1993, 7.59 sieht in der Richterliste ein nachdtr Produkt; seine Gründe überzeugen jedoch nicht.

[348] Vgl. dazu grundlegend Richter, ZAW 77 (1965), 57–70; s. auch Niehr, *Herrschen*, FzB 54, 1986, 396–399.

[349] Richter, ZAW 77 (1965), 71; ihm folgt Niehr, *Herrschen*, FzB 54, 1986, 128; Lemche, BN 20 (1983), 47–55, kommt dagegen zu dem Ergebnis, „that the lists have no bearing at all on any specific office in pre-monarchic Israel", wie er überhaupt für die vorstaatliche Zeit nur an „ad hoc functions" (55) denkt; Mullen, CBQ 44 (1982), 185–201 meint: „The obvious distinctions between the literary presentation of the 'major' judges and the 'minor' judges . . . reflect only a difference in literary purpose and not a difference in office." (201). Zur Kritik an einer stärker rechtsprecherischen Tätigkeit des ursprünglichen „Richter"amtes vgl. Niehr, *Rechtsprechung*, SBS 130, 1987, 55–58; vgl. auch Ders., Art „שׁפט", ThWAT VIII, 1994, 425, wo er die forensische Komponente dieses Leitungsamtes als dtr Eintrag in ein vorkönigliches Leitungsamt ansieht.

[350] So richtig Richter, ZAW 77 (1965), 43–45; Hecke, *Juda*, FzB 52, 1985, 163–173, rechnet dagegen mit einem stämmeübergreifenden Wirkungsfeld, etwa im Umfang des Israel des Debora-Liedes; doch ist der Anhaltspunkt Ri 12,7 zu dürftig; ihm folgt Mommer, *Samuel*, WMANT 65, 1991, 216f.

[351] Bei manchen der „kleinen Richter" gibt es erhebliche Zweifel an ihrer

der „kleinen Richter" nur Personen im Gebiet des Nordreiches aufzählt, ist damit zu rechnen, dass der Bezug zu Israel und die Sukzessionsfolge noch im Nordreich erfolgt ist. Ein möglicher Anhaltspunkt für die Entstehung einer solchen Liste könnte die Beobachtung sein, dass in Hos 7,7; 13,10 und Am 2,3 der Titel „Richter" in Parallele mit „König" gebraucht wird, der Titel also hier — anders als im Südreich — ein zentrales Leitungsamt meint[352]. Dies würde bedeuten, dass es schon vor Dtr Überlegungen gab, die ein gesamtisraelitisches Leitungsamt mit dem Titel שׁפט postulierten. Doch lässt sich diese Frage hier nicht entscheiden.

Durch die Verbindung mit der Herrschaftsfunktion der „Richter" gewann Dtr im Kontrast zu dem je punktuellen Eingreifen der „Retter" ein kontinuierliches Herrscheramt, ein Amt jedoch, das im Unterschied zu dem Königtum ganz auf Jhwh gegründet bleibt. Dieses „Amt" bildet ein Gegenwicht zu der — nach dtr Konzeption — immerwährenden Geneigtheit des Volkes, sich von Jhwh abzuwenden (vgl. Ri 2,11–18*). Von daher bedarf Israel einer zentralen Leitungsinstanz, wie sie schon am Anfang der Geschichte Israels in Mose gegeben war.

Die Aufgaben dieses Leitungsamtes sind nach dem Richterbuch folgendermaßen zu beschreiben:

Aus der Tradition der „Retterüberlieferungen" ergibt sich klar, dass die zentrale Aufgabe der „Rettergestalten" war, die Eigenständigkeit Israels gegenüber seinen andringenden Feinden zu bewahren. Dieses Amt wird auf dtr Textebene eine kontinuierliche Herrschaftsfunktion, die nicht mit dem Abwenden der Notsituation erlosch. Von daher erklären sich die runden Zahlenangaben über die Herrschaft der Richter. Im Unterschied zu der Richterliste in Ri 10,1–5; 12,7–15 ist jedoch eine kontinuierliche Abfolge der einzelnen Richter nicht gegeben; das Auftauchen der Richter bleibt nach dtr Konzeption gekoppelt an die durch die Abwendung von Jhwh heraufbeschworene Notsituation.

Mit der Abwehr der äußeren Feinde und einer kontinuierlichen

Historizität, vgl. Rösel, *BZ NF* 25 (1981), 181; dieser Aufsatz bietet einen guten Überblick über die Forschung bis 1980; zum Problem der Historizität vgl. auch Lemche, *BN* 20 (1983), 47–55; Schunck, „Richter", in: Liwak/Wagner, *Prophetie*, 1991, 364–370.

[352] Vgl. auch Niehr, *Herrschen*, FzB 54, 1986, 127–171.

Herrschaftsfunktion ist die Aufgabe der „Richter" jedoch noch nicht vollständig umschrieben.

Schon Gideon wird in Ri 6,25–32 eine Bedeutung für die Aufrechterhaltung des rechten Jhwh-Kultes zugeschrieben. Von daher erklärt sich auch die starke kultische Akzentuierung Samuels in 1 Sam 7. Was Weiser auf historischer Ebene abhandelt als Zuständigkeit des amphiktyonischen Richteramtes ist richtigerweise als dtr Konzeption zu sehen, die der in vormonarchischer Zeit angesiedelten Leitungsfunktion auch eine Bedeutung für das Kultgeschehen zubilligte. Neben den bei Samuel schon in vordtr Traditionen auftretenden kultischen Funktionen (1 Sam 9–10*; 13*; 15*) ist dieser redaktionelle Tatbestand auf der Ebene der dtr Redaktion mit zu beachten.

Die Konzeption des Richteramtes, wie sie im Richterbuch begegnet, ist bei Samuel durch DTR I zusätzlich um eine prophetische Komponente, die des Wortmittlers, erweitert worden.

Vor allem in 1 Sam 3 wird innerhalb der Darstellung der Geburtsund Jugendgeschichte Samuels seine Berufung in eine Wortmittlerfunktion dargestellt, wobei die Basis eine gesamtisraelitische Leitungsfunktion ist, die schon angedeutet ist durch das Nasiräatsgelübde in 1,11 sowie durch 3,19–4,1a*. Entfaltet und mit dem Verbum שׁפט versehen wird sie dann in 1 Sam 7.

Dass Samuel als einziger der Richter/Rettergestalten eine prophetische Akzentuierung durch den dtr Redaktor erhält, liegt natürlich daran, dass die der dtr Redaktion vorliegenden Traditionen Samuel als prophetische Gestalt kennen (1 Sam 9–31*). Des weiteren bot dies für den dtr Redaktor die Gelegenheit, in 1 Sam 7 deutliche Parallelen zu Mose zu ziehen, der in der dt-dtr Tradition ja neben seiner Leitungsfunktion für Israel vor allem als Wortmittler begegnet und der für die dtr Redaktion(en) ja die paradigmatische Führergestalt Israels ist[353]. Zugleich wird durch die Parallelisierung von Mose und Samuel in 1 Sam 7 noch einmal deutlich, wie die dtr Redaktion ein zentrales Leitungsamt für Israel sieht, bevor in 1 Sam 8 mit dem Königtum eine neue zentrale Leitungsfunktion in Israel Einzug hält.

Wichtig ist, dass diese zentrale Leitungsfunktion auf Jhwh gründet. Wie bei Mose, den Richtern und auch bei Samuel ist es Jhwh,

---

[353] Vgl. hierzu vor allem O'Brien, *Hypothesis*, OBO 92, 1989, der meint: „Indeed Moses is the paradigmatic leader for the whole of the history." (28).

der denjenigen aussucht, der Israel führen soll. Tritt ein Automatismus ein, wie er ja mit dem dynastischen Prinzip des Königtums gegeben ist, sind Katastrophen unausweichlich. Dies macht DTR I schon bei den Richtern deutlich. Der Sohn Gideon/Jerubbaals, Abimelech, lässt sich durch die Einwohner Sichems zum Herrscher machen und leitet dadurch die Zerstörung Sichems ein (Ri 9). Eli, der seinen Söhnen keinen Einhalt bietet, sorgt dafür, dass seine Söhne und sein Geschlecht keine Leitungsfunktion in Israel mehr haben. Auch Samuel, der seine Söhne zu Richtern in Beerscheba macht (1 Sam 8,1–5), setzt dadurch den Wunsch des Volkes nach einem König frei.

Deshalb kommt es innerhalb des Königtums zu einer strukturellen Begrenzung der königlichen Gewalt. Ihm wird ein Prophet an die Seite gestellt[354].

Es ist zu einfach, für DTR I, der sicherlich der Davididendynastie positiv gegenübersteht (vgl. 2 Sam 7 und die Beurteilungen Davids, Hiskijas und vor allem von Joschija), das Etikett „königsfreundlich" zu verwenden[355]. Sicher kann man sagen, dass DTR I einer zentralen Leitungsinstanz positiv gegenüberstand. Der Idealtypus hierfür ist Mose. Gleichzeitig sind für DTR I die Orientierung am Willen Jhwhs übergeordnete Gesichtspunkte, die auch das Königtum einbezieht. DTR I sieht in dem mit dem Königtum verbundenen dynastischen Prinzip die Schwachstelle dieser zentralen Leitungsinstanz. Alle Versuche schon bei den Richtern, dass die Söhne den Vätern in ihrer Funktion nachfolgen, enden in einem Desaster.

Einzig im Hinblick auf die davidische Dynastie gibt es eine Ausnahme, da die Zusage an die Davididen in 2 Sam 7 durch Jhwh, vermittelt durch seinen Propheten, direkt geschieht. Allerdings hat DTR I mit dieser Dynastiezusage erhebliche Schwierigkeiten gehabt. In 1 Kön 2,3–4; 8,25; 9,4–5 wird deutlich, dass die Dynastiezusage an David konditioniert ist und im wesentlichen von der Tugend Davids und der Verbindung der Davididen mit dem Tempel in Jerusalem lebt[356]. Mit Joschija scheint sie für DTR I trotz aller

---

[354] Dabei konnte er auf die Komposition in 1 Sam 9–31* zurückgreifen, vgl. weiter unten Abschnitt 4.

[355] Vgl. dazu die Diskussion der verschiedenen Auffassungen bei U. BECKER, *Richterzeit*, BZAW 192, 1990, 1–6.

[356] Vgl. zur komplexen und nicht leicht verständlichen Behandlung des Natan-Orakels an David und auch des Ahija-Orakels an Jerobeam LOHFINK, „Orakel", in: ABUSCH, *Lingering over Words*, HSS 37, 1990, 349–370; DERS., *Rückblick*, 1984, 136–163; Hinsichtlich der Herrschaft der Davididen stellt LOHFINK fest: „Die Fortdauer der

Widrigkeiten dennoch einer Erfüllung und damit einem Jhwhs Willen
entsprechendem Leitungsamt entgegenzueilen (2 Kön 22–23). Doch
bleibt dies eine kurze Episode und endet in der Katastrophe des
Exils.

Hier bedarf es eines neuen Ansatzes durch DTR II, um eine
Jhwh-gemäße Verfassung Israels zu entwickeln, in der der König
nur noch eine Randfigur darstellt und die entscheidende Leitungsfunktion für Israel durch den נביא wahrgenommen wird (Dtn
16,18–18,22)[357]. Das Königtum als menschliches Königtum wird als
Konkurrenz zum Königtum Jhwhs gesehen (1 Sam 8,7; 10,19; 12,12).
Insoweit ist DTR II als königsfeindlich einzustufen[358]. Von daher
wird in dieser Redaktion Samuel wieder stärker als נביא akzentuiert,
der in ganz Israel anerkannt ist (1 Sam 3,20–21a; 9,9). Damit hebt
DTR II nicht die von DTR I für Samuel eingeführte Richterfunktion
auf (vgl. 1 Sam 12,11). Die Herrschaftsfunktion im Hinblick auf Israel
wird aber (gerichts-)prophetisch akzentuiert. Dabei ist es der Prophet,
der immer wieder Israel vergeblich ermahnt (1 Sam 8,6–19; 10,18–19;
12,6–25; vgl. auch 2 Kön 17,13f.) und doch den Untergang letztlich nicht aufhalten kann. Die gerichtsprophetische Komponente
macht sich auch bei der Einfügung von 1 Sam 2,27–36; 3,12–14
(DTR II) deutlich bemerkbar. Als eigentliche Rettergestalt wird allein
Jhwh gesehen (1 Sam 10,19).

Auf der Ebene der Könige ist es vor allem Manasse, dessen Handeln
den Untergang Israels trotz eines Joschija vorantreibt (2 Kön 23,26f.).
Auch Eli, der von DTR I noch unter die „Richter" Israels gezählt
wird (1 Sam 4,18), fällt für DTR II unter das Gericht (1 Sam 2,27–36;
3,12–14). Israel wird auf dieser Textstufe ebenfalls negativer gesehen. Es verwirft Jhwh (1 Sam 8,7) und besiegelt damit sein eigenes
Schicksal. Dies wird in 1 Sam 8,6–20; 12,5–25 überdeutlich und
zeigt sich auch an anderen Stellen, die wahrscheinlich ebenfalls auf
DTR II zurückgehen: Ri 2,17, wo das Volk auch nicht auf seine

---

Herrschaft der Davididen hat also nach dem Tod Salomos als Basis nicht mehr
das Natansorakel, sondern die Tugend Davids und die Verbindung der Davididen
mit dem von Jahwe in Jerusalem gestifteten einzigen Jahweheiligtum." (*Rückblick*,
1984, 144).

[357] Zur Einordnung von Dtn 18,9–22 vgl. LOHFINK, „Sicherung" (1971), in: *Studien
I*, SBAB 8, 1990, 305–323; BRAULIK, *Gesetze*, SBS 145, 1991.

[358] Möglicherweise konnte DTR II dabei an alte Jhwh-Königs-Vorstellungen
anknüpfen, vgl. dazu LOHFINK, „Begriff" (1987), in: *Studien*, SBAB 16, 1993, 152–205.

Richter hört; 1 Kön 19,14, wo es zur Prophetentötungsaussage im Hinblick auf das Volk Israel kommt.

4. Prophet und König in 1 Sam 9–31*

Neben der Zentralgestalt Samuel, der in der Einzelüberlieferung 1 Sam 9,1–10,9* als „Gottesmann" und „Seher" (הראה) bezeichnet wird und dessen Gegenüber Saul ist, werden auf der Textebene der Komposition in 10,5–6.10–12 auch Gruppenpropheten (חבל נביאים) erwähnt, die ein eigenständiges Phänomen innerhalb der prophetischen Bewegung darstellen[359].

Im Rahmen dieses Abschnittes geht es darum, das in dem Text gezeichnete Bild des „Propheten" Samuel und die Darstellung des Königtums von Saul zu untersuchen.

Da Samuel nur in der Einzelüberlieferung 1 Sam 9,1–10,9* einen Titel erhält („Gottesmann" bzw. „Seher"), wird zunächst die Darstellung Samuels auf der Textebene der Einzelüberlieferung untersucht, um dann zu sehen, inwieweit das Bild Samuels innerhalb des Gesamttextes weitergeführt oder auch anders akzentuiert wird.

Bei der Untersuchung des Bildes, das hier vom Königtum Sauls gezeichnet wird, ist eine solche Unterteilung nicht notwendig, da erst die Gesamtsicht in 1 Sam 9–31* ein klar erkennbares Bild des Königtums von Saul liefert.

„Prophet" und „Prophetie" sind ein vielschichtiges und vielgestaltiges Phänomen. Das Bild der Prophetie ist wesentlich geprägt durch die Periode der sogenannten „klassischen" Prophetie und von späteren Abgrenzungen gegenüber anderen divinatorischen und magischen Praktiken wie sie innerhalb der dtr Tradition in Dtn 18,9–22 greifbar werden. Doch ist es eher unwahrscheinlich, dass diese Abgrenzung auf die vorklassische Prophetie wie insgesamt das historische Phänomen der israelitischen Prophetie übertragbar ist[360]. Gerade die Zusammenstellung in Dtn 18,9–22 (vgl. auch Jer 27,9) macht die Zusammengehörigkeit der Phänomene deutlich.

Um nicht vorschnelle Begrenzungen vorzunehmen, wird „Prophetie"

---

[359] Vgl. dazu weiter unten Kapitel II, Abschnitt 5.2 und Kapitel III, Abschnitt 5.2.

[360] So ist die mit נחשׁ bezeichnete und in Dtn 18 verdammte Praxis in den Augen anderer biblischer Traditionen durchaus unverfänglich (vgl. Gen 30,27; 44,5.15; 1 Kön 20,33).

hier gesehen als Bereich der allgemein verbreiteten Divination, die sich folgendermassen definieren lässt: „Divination is the art or practice of discovering the personal, human significance of future or, more commonly, present or past events"[361].

Von daher wird in Anlehnung an den in der Religionswissenschaft gebräuchlichen Terminus „religiöser Spezialist" hier der Begriff „divinatorischer Spezialist" verwendet.

Eine Abgrenzung der Prophetie als eine Form ausschließlich intuitiver Divination gegenüber der technisch-induktiven Divination, wie sie auch von denjenigen vertreten wird, die einer Zuordnung der Prophetie zum Bereich der Divination grundsätzlich positiv gegenüberstehen[362], erscheint mir problematisch. Zum einen umfasst die bei israelitischen נביאים bezeugte Praxis קסם auch induktive Methoden[363], zum anderen ist aus ethnologischer Sicht eine Abgrenzung aufgrund unterschiedlicher Techniken verfehlt[364], zumal auch Praktiken unterschiedlicher Art oft im Rahmen eines soziokulturell vorgegebenen Musters interpretiert werden[365]. Obwohl anzuerkennen ist, dass die in der hebräischen Bibel bezeugte Prophetie vorrangig intuitive Formen verwendet, erscheint mir angesichts der lückenhaften und interessengeleiteten Überlieferungssituation eine Festlegung nicht sinnvoll zu sein[366].

---

[361] Zuesse, Art. „Divination", EncRel(E), 1987, 375.

[362] Vgl. z.B. Caquot, „Divinaton", in: Ders./Leibovici, La divination, 1968, 83–113; Lust, Bijdr. 34 (1973), 234–250; Koch, Profeten I, ³1995, 53–56; Laato, History and Ideology, CB.OT 41, 1996, 149–156.198–206; Nissinen, „Falsche Prophetie", in: Veijola, Deuteronomium, SESJ 62, 1996, 173 Anm 3; Ders., „Socioreligious Role", in: Ders., Prophecy, SBLSS 13, 2000, 107–111; M. Weippert, Art. „Prophetie", NBL III, Lieferung 11, 1997, 196f.; Pongratz-Leisten, Herrschaftswissen, SAAS 10, 1999, 1–16.

[363] Zu קסם vgl. Jeffers, Magic and Divination, SHCANE 8, 1996, 96–98.

[364] Vgl. Zuesse, Art. „Divination", EncRel(E), 1987: „Ecstatic states and inductive methods can be mingled confusingly." (375).

[365] Vgl. Zuesse, Art. „Divination", EncRel(E), 1987, 376; Magnus, Divination, 1975, 18; vgl. insgesamt 204–210.
Skepsis in der Abgrenzung zwischen intuitiver und induktiver Divination lassen für den altorientalischen Bereich auch de Jong Elllis, JCS 41 (1989), 138f.145f.; van der Toorn, RB 94 (1987), 67–73 erkennen.

[366] Vgl. Wilson, Prophecy and Society, 1980, 22f.; Overholt, Channels, 1989, 140–147; Barstad, JSOT 57 (1993), 39–60; Grabbe, „Prophets", in: Clines/McKay, Of Prophet's Visions, JSOT.S 162, 1993, 45; Ders., Priests, 1995, 150f.192–205; Cryer, Divination, JSOT.S 142, 1994, 325, vgl. auch das Statement von Sasson, RA 92 (1998), 18f., dass die beste altorientalische Parallele zur biblischen Prophetie der bārû sei.

4.1. Das Bild des „Propheten" Samuel

4.1.1. Der Gottesmann/Seher in 1 Sam 9–10*

Der Zielpunkt der Einzelüberlieferung ist die Salbung Sauls zum נגיד über die נחלה JHWHS (10,1). Die Erzählung endet mit der abschließenden Feststellung, dass die Zeichen, die Samuel als Bestätigung der überraschenden Bestimmung Sauls ankündigt, eingetroffen sind und dass Gott das Herz Sauls umgewandelt hat (10,9), d.h., dass aus Saul, von dem anfangs gesagt wird, dass keiner der Söhne Israels besser sei als er (9,2a), der jedoch im Laufe der Erzählung sich eher passiv verhält und die Initiative dem נער und Samuel überlässt, nun ein anderer geworden ist und man von ihm jetzt einiges erwarten kann. Saul, der aus einer wohlhabenden und bekannten Familie stammt (1 Sam 9,1f.), ist als König durch seine persönlichen Eigenschaften und die Designation, die Samuel vornimmt, legitimiert. Ganz eindeutig dient diese Erzählung dazu, das Königtum Sauls zu rechtfertigen.

> Dabei arbeitet die Erzählung mit Überraschungsmomenten: Der Ausgangspunkt der Erzählung ist eine eher belanglose Suche nach entlaufenen Eselinnen, ein Problem, das im wesentlichen nur die direkt Betroffenen interessiert. Die Suche führt jedoch zu einer Begegnung mit einem bekannten Gottesmann (9,6); dieser Gottesmann/Seher entpuppt sich als Samuel, was der Leser/die Leserin schon in 9,14 erfährt, Saul jedoch erst durch die Frage nach dem Haus des Sehers (9,18). Das Anfangsproblem der entlaufenen Eselinnen gerät jetzt in den Hintergrund der Erzählung (1 Sam 9,19). Saul wird dann zu einem זבח-Mahl eingeladen und erhält dort einen Ehrenplatz. Der Grund hierfür wird aber erst nach dem Ende der Feier am nächsten Morgen durch die Salbung erkennbar (9,27–10,1).

Für Samuel wird in V6–10 wird zunächst die Bezeichnung „Gottesmann" verwendet, ab V11 der Titel „Seher" (ראה).

Der Titel „Gottesmann" wird meist als eigenständige Bezeichnung eines divinatorischen Spezialisten gesehen[367]. Im Gegensatz zu „Seher"

---

[367] Vgl. schon HÖLSCHER, Profeten, 1914, 127 Anm 2; WESTERMANN, Art. „Propheten", BHHW III, 1966, 1499; HALLEVY, JNES 17 (1958), 237–244; PETERSEN, Roles, JSOT.S. 17, 1981, 40–50; DERS., „Nature", in: GITAY, Prophecy, 1997, 28f.; BLENKINSOPP, Geschichte der Prophetie in Israel, 1998, 35.

lässt die Bezeichnung „Gottesmann" jedoch keine funktionale Bestimmung erkennen, sondern akzentuiert eine besondere Beziehung des so Bezeichneten zu Gott. Sieht man einmal von dem Vorkommen im chronistischen Geschichtswerk und als Bezeichnung für Mose und David ab, so bleiben neben 1 Sam 9f. noch die Verwendung in der Elija- und Elischa-Überlieferung sowie Ri 13; 1 Sam 2,27; 1 Kön 12,22; 1 Kön 13; 20,28; 2 Kön 23,16.17 und Jer 35,4 übrig, um dem „Gottesmann" ein eigenes Profil zu geben. Als alleinige Bezeichnung begegnet „Gottesmann" dabei nur in 1 Sam 2,27; 1 Kön 12,22 und Jer 35,4. 2 Kön 23,16.17 ist hiervon auszuschließen, da sich diese Stelle ausdrücklich auf 1 Kön 13 bezieht, in der „Gottesmann" neben נביא Verwendung findet. Bei 1 Sam 2,27–36 und ebenso 1 Kön 12,21–24 handelt es sich um anerkanntermassen späte, redaktionelle Einfügungen[368], die keinen Beitrag zu der Frage leisten können, ob „Gottesmann" eine frühe, eigenständige Bezeichnung eines divinatorischen Spezialisten gewesen sein kann. Gleiches gilt für Jer 35,4, wo ein ansonsten unbekannter Hanan als „Gottesmann" apostrophiert wird. Innerhalb der Elija-Überlieferung begegnet „Gottesmann" im Zusammenhang einer exilischen Überarbeitung, der Titel fehlt in der frühen Elija-Überlieferung[369]. Auch die einmalige Verwendung des Titels in 1 Kön 20,28 ist wohl im Zusammenhang der Anfügung von 1 Kön 20,35–43 zu sehen[370]. In Ri 13,6.8 taucht „Gottesmann" als Synonym für den מלאך יהוה/אלהים auf, der die Geburt Simsons ankündigt, also in einer durchaus normalen, auch für andere divinatorische Spezialisten bezeugten Funktion. In 1 Kön 13,18 wird der „Gottesmann" ausdrücklich mit dem נביא identifiziert. Eine unterschiedliche Typisierung ist nicht zu erkennen; in ihren Funktionen sind sie identisch. Es bleibt im wesentlichen die Elischa-Überlieferung, um ein eigenes Profil des Gottesmannes zu erkennen. Doch auch hier steht der Titel neben נביא, so dass alles dafür spricht, im „Gottesmann" keine eigene Standesbezeichnung zu sehen, die abzugrenzen wäre von anderen Titeln, sondern um einen Ehrentitel, der neben anderen Bezeichnungen Verwendung findet[371].

---

[368] Vgl. die Kommentare.
[369] Vgl. dazu weiter unten Kapitel II.
[370] Vgl. STIPP, Elischa, ATSAT 24, 1987, 267.465.
[371] Vgl. HOLSTEIN, HUCA 48 (1977), 69–81; vorher schon BOUZON, Prophetenkorporationen, 1968, 220f.; ebs. ROFÉ, Stories, 1988, 14f. Anm 2; BRATSIOTIS, Art. „איש",
ThWAT I, 1970–1973, 250f. denkt an eine volkstümliche Bezeichnung; vgl. auch UFFENHEIMER, Early Prophecy, 1999, 20f.

Äußerst selten ist der neben „Gottesmann" ab 1 Sam 9,11(9) verwendete Titel ראה. Er begegnet neben 9,9.11.18.19 nur noch in Jes
30,10; 1 Chr 9,22; 26,28; 29,29; 2 Chr 16,7.10. In Jes 30,10 steht
er in Parallele mit dem im gleichen Wortfeld angesiedelten Titel חזה.
Beide Titel werden im Deutschen mit „Seher" wiedergegeben.
Inwieweit zwischen diesen Titeln zu differenzieren ist, lässt sich auf
der Grundlage der biblischen Texte nicht erkennen. Es wäre jedoch
falsch, aufgrund der spärlichen Bezeugung dem Titel die Ursprünglichkeit abzusprechen. Er weist auf die Bedeutung visionären Erlebens
bei den divinatorischen Spezialisten in Israel hin, die sich auch in
den Überlieferungen der „klassischen" Propheten, von Amos bis
Sacharja, widerspiegelt. Hierfür spricht auch die relativ häufige Verwendung der Verben ראה und חזה im Sinne einer visionären Schau
sowie der Nomina חזות, מחזה, חזיון, מראה[372].

Außerbiblisch ist der Titel חזה belegt in einer Inschrift des Königs
Zakkur von Hamath aus dem 8. Jahrhundert v. Chr. In Zeile 12
gibt Zakkur kund, dass der Gott Baalschamem durch ḥzyn und ʿddyn
zu ihm spricht. Der letztere Begriff ist in seiner Bedeutung nicht
klar, doch ist wohl deutlich, dass durch die Parallelstellung mit ḥzyn
hier divinatorische Phänomene umschrieben werden[373].

Ein weiteres außerbiblisches Zeugnis liegt in der Inschrift vor, die
1967 in Tell Deïr ʿAlla gefunden wurde. In dieser Inschrift aus der
ersten Hälfte des 8. Jahrhunderts v. Chr wird der auch aus Num
22–24 bekannte Bileam als ʾš ḥzh ʾlhyn bezeichnet[374].

Die fast einmalige Verwendung von ראה weist neben der späten,
redaktionellen Notiz in 1 Sam 9,9 darauf hin, dass in 1 Sam 9f. ein

---

[372] Vgl. die Auflistung bei UFFENHEIMER, *Early Prophecy*, 1999, 482f.

[373] Vgl. LEMAIRE, „Prophètes", in: DERS., *Prophètes et rois*, LeDiv Hors Série, 2001,
93–96: „Ces deux termes renvoient donc à la parole ou à la vision comme
caractéristique de chacun des groupes transmettant les oracles de Baalshamayin"
(96); zum Text vgl. KAI 202; deutsche Übersetzung in TUAT I, 626–628.

[374] In der Bibel erhält Bileam in Num 22–24 keinen Titel; nur in Jos 13,22 wird
ihm der Titel קסם zugesprochen, wohl in pejorativer Absicht. Es gibt innerbiblisch
eine Traditionslinie, die Bileam abwerten möchte (Num 31,8.16; Dtn 23,5f.; Jos
24,8–10); vgl. RÖSEL, *Bib.* 80 (1999), 506–524. Zu der mit roter und schwarzer
Tinte auf Putz aufgetragenen Inschrift von Deïr ʿAlla vgl. den Sammelband von
HOFTIJZER/VAN DER KOOIJ, *The Balaam Text from Deir ʿAlla Re-evaluated*, 1991; MARGALIT,
„Prophecy" in: M. DIETRICH/KOTTSIEPER, *Mose*, AOAT 250, 1998, 516–519; KOSTER,
„Historicity" in: DE MOOR/VAN ROOY, *Past, Present, Future*, OTS 44, 2000, 144f. (Lit.);
LEMAIRE, „Prophètes", in: DERS., *Prophètes et rois*, LeDiv Hors Série, 2001, 96–101,
der darauf hinweist, dass aufgrund der Sprachform eine ältere Tradition anzuneh-
men sei, ebs. M. WEIPPERT, Art. „Prophetie", *NBL III*, Lieferung 11, 1997, 198.

urtümlicher Titel Verwendung findet. Die Bedeutung dieses Titels zeigt wohl auf, dass visionäres Erleben eine grosse Rolle bei diesem divinatorischen Spezialisten gespielt hat. Das heisst jedoch nicht, dass dieser Typ des divinatorischen Spezialisten funktionell von anderen Typen divinatorischer Spezialisten in Israel zu differenzieren ist. Eine eigenständige Seher-Tradition hat es meines Erachtens nicht gegeben[375].

Eher beiläufig wird in der Einzelerzählung 1 Sam 9–10* die offensichtlich normale divinatorische Praxis solcher Seher in dem Gespräch zwischen Saul und seinem Knecht in 1 Sam 9,6–8 sichtbar. Saul und sein Knecht haben die Möglichkeiten, die man besitzt, um die entlaufenen Tiere wieder zu beschaffen, ausgeschöpft. Als letzten Ausweg schlägt der Knecht vor, einen „Gottesmann" bzw. „Seher" zu konsultieren. Diese Spezialisten wurden demnach in Not- und Entscheidungssituationen befragt und konnten — im Namen einer Gottheit — Auskunft geben in Situationen, deren Beurteilung das normale Erkenntnisvermögen vor unüberwindliche Hindernisse stellt. Diese Befragung des Numens ist ein Phänomen, das allgemein in den Religionen verbreitet ist[376].

---

[375] So schon JEPSEN, *Nabi*, 1934, 43–56.143–152; LINDBLOM, *Prophecy*, ³1965, 94; UFFENHEIMER, *Early Prophecy*, 1999, 484; vgl. auch WILSON, *Prophecy and Society*, 1980, 256f.; PETERSEN, *Roles*, JSOT.S 17, 1981, 60, die eine unterschiedliche geographische Zuordnung der Titel annehmen.

[376] Wie die Divination geregelt ist, ist natürlich abhängig von dem religiösen Symbolsystem, in das sie eingebettet ist und der jeweiligen gesellschaftlichen Verfasstheit. Eine ältere Liste von divinatorischen Spezialisten im Alten Orient findet sich bei RENGER, *ZA* 59 (1969), 201–221. Neuere Gesamtüberblicke über die altorientalischen Texte, die die größte Ähnlichkeit mit der biblischen Prophetie aufweisen, finden sich bei M. WEIPPERT, „Aspekte", in: MAUER/MAGEN, *Ad bene*, AOAT 220, 1988, 287–319; DERS., Art. „Prophetie", *NBL III*, Lieferung. 11, 1997, 196–200; DE JONG ELLIS, *JCS* 41 (1989), 127–186; HUFFMON, Art. „Prophecy" (*ANE*), ABD V, 1992, 477–482; DERS., „A Company of Prophets: Mari, Assyria, Israel", in: NISSINEN, *Prophecy*, SBLSS 13, 2000, 47–70; LAATO, *History* (CB.OT 41), 149–193; PONGRATZ-LEISTEN, *Herrschaftswissen*, SAAS 10, 1999; LEMAIRE, *RA* 93 (1999), 49–56. Die grundlegende Textedition für die Maritexte hat DURAND mit *AÉM I/1* 1988 vorgelegt. Die Texte zur neuassyrischen Prophetie finden sich jetzt gut zugänglich bei PARPOLA, *Assyrian Prophecies*, SAA IX, 1997 und NISSINEN, *References*, SAAS VII, 1998. Einblicke in den neuesten Stand der Forschung findet sich in den Sammelbänden HEINTZ, *Oracles*, TCRPOGA 15, 1997; BEN ZVI/FLOYD, *Writings*, SBLSS 10, 2000; NISSINEN, *Prophecy*, SBLSS 13, 2000 und LEMAIRE, *Prophètes et Rois*, LeDiv Hors Série, 2001. Die Schwierigkeit eines Vergleiches liegt darin, dass Begriffe wie „Prophetie" oder „prophetisch" unterschiedlich gefüllt werden (vgl. dazu schon NOORT, *Untersuchungen*, AOAT 202, 1977, 5–35; s. auch LAATO, *History*, CB.OT 41, 1996, 149–156; NISSINEN, *References*, SAAS VII, 1998, 4–9; PETERSEN, „Defining Prophecy", in: NISSINEN,

Auch in den biblischen Texten wird deutlich, dass die Befragung
Gottes eine durchaus gängige Praxis war. Für divinatorische Spezialisten
ist sie in den ersttestamentlichen Texten öfters belegt, und zwar
sowohl im Bereich der Prophetenerzählungen wie in der Schriftprophetie[377]. Stellt man in Rechnung, dass der grösste Teil der
Befragungen sich mit Dingen befasste, die nur den Kreis der Betroffenen interessierte (wie es ja bei den verschwundenen Eselinnen
auch der Fall ist) und dass das Überlieferungsinteresse diese Art von
Befragungen im Normalfall kaum auf sich zog, so ist es meines
Erachtens gerechtfertigt, hierin eine Grundfunktion der divinatorischen Spezialisten in Israel zu erblicken. Sie ist in folgenden Texten
belegt: 1 Kön 14; 22; 2 Kön 1; 2 Kön 3; 4,8–37; 5; 8,7–15; 6,24–7,20;
13,14–21; 22; Jes 37,1–7 par; Jer 21,1–10; 37,3–10.17–21; 38,14–28;
42,1–43,7; Ez 8,1ff.; 14,1–11; 20,1–44. Befragungssituationen sind
demnach weder zeitlich einzugrenzen noch auf einen bestimmten
Typus der Propheten zu beschränken.

Der Überblick über die Befragung divinatorischer Spezialisten
in ersttestamentlichen Texten zeigt, dass die Befragung bei einer

---

Prophecy, SBLSS 13, 2000, 33–44). Meines Erachtens muss bei einem Vergleich stärker das Gesamtsystem der Divination innerhalb eines bestimmten religiösen Symbol-
systems und ebenso die gesellschaftliche Situation berücksichtigt werden; d.h. dass
der Vergleich zwischen den biblischen und altorientalischen Phänomenen nicht auf
einzelne Textcorpora beschränkt werden kann.

[377] Divinatorische Praktiken sind nicht generell an das Vorhandensein divinatorischer Spezialisten geknüpft. Josef, der nirgends einen divinatorischen Titel erhält,
deutet Träume und übt die technische Divinationsform der Wahrsagung aus dem
Becher aus, die in Gen 44,5.15 mit dem Verbum נחשׁ wiedergegeben wird. Dies
entspricht auch dem Ergebnis in Mari, wo Laien neben den divinatorischen Spezialisten
als Überbringer von Gottesbotschaften bezeugt sind; vgl. dazu z.B. Noort, *Untersuchungen*, AOAT 202, 1977, 69–75; Ellermeier, *Prophetie*, ²1977, 170–175; Jeremias,
ThLZ 119 (1994), 485.

Neben der Befragung divinatorischer Spezialisten ist ersttestamentlich gut belegt
die divinatorische Funktion von Priestern. Kennzeichnende Wendung ist dabei
שׁאל ביהוה/אלהים. Beispiele für die divinatorische Praxis von Priestern sind Ri 18
und 1 Sam 23. Dabei wird erkennbar, dass von Priestern hauptsächlich eine Form
der technischen Divination durchgeführt wurde, ohne dass dies *sensu exclusivo* gesehen werden sollte, vgl. Caquot, „Divination", in: Ders./Leibovici, *La divination*,
1968, 87; Huffmon, „Priestly Divination in Israel", in: Meyers/O'Connor, *Word*,
1983, 354–359; Cryer, *Divination*, JSOT.S 142, 1994, 286–295; Grabbe, *Priests*,
1995, 41–65.

Zur Befragung der divinatorischen Spezialisten vgl. Westermann, *KuD* 6 (1960),
2–30, wobei allerdings zu sehen ist, dass die postulierte Entwicklungsgeschichte nicht
überzeugt; zur Kritik an Westermann vgl. Lust, *Bijdr.* 34 (1973), 234–250, dessen
Entwicklungsschema allerdings ebenfalls zu hinterfragen ist; zur Befragung vgl. auch
van Dam, *Urim and Thummim*, 1997, 109–112.

erheblichen Anzahl von „Propheten" belegt ist. Neben der eher
beiläufigen Erwähnung in 1 Sam 9 für Samuel gilt dies auch für
Ahija, Elischa, Micha ben Jimla, die Gruppenpropheten um Zidkija
sowie die Prophetin Hulda; innerhalb der Elija-Überlieferung wird
sie in 2 Kön 1 erwähnt, obwohl keine Befragung Elijas überliefert
ist[378]. Darüber hinaus ist die Befragung auch innerhalb der Schriftprophetie bei Jesaja, Jeremia und Ezechiel belegt, d.h. bei den Schriftpropheten, von denen die umfangreichsten Überlieferungen vorliegen.

Die Anlässe sind unterschiedlich, doch ist davon auszugehen, dass
bei den meisten Befragungen private Notsituationen vorhanden waren.
Von den privaten Anlässen wird jedoch nur berichtet, wenn sie in
einem weiteren Zusammenhang von Bedeutung sind. Der Hinweis
auf die Befragung eines Sehers nach den verlorengegangenen Eselinnen
ist nur deshalb erhalten geblieben, weil er in einer Erzählung auftaucht, die von der Designation Sauls zum נגיד berichten; die Anfrage
wegen der Krankheit des Königssohnes bei Ahija von Schilo nur
deswegen, weil er der Königssohn war und damit die Krankheit auch
eine politische Dimension besitzt; die Möglichkeit der Konsultation
an festen Zeiten in 2 Kön 4,23 nur deshalb, weil es darum geht,
von der Totenerweckung des Sohnes der Schunemiterin durch Elischa
zu erzählen. Bei manchen Anfragen sind die privaten Anlässe von
den politischen nicht zu trennen, so z.B. in der Anfrage des aramäischen Königs Ben-Hadad betreffs seiner Krankheit an Elischa in
2 Kön 8,7–15. Diese Befragungen belegen eine wohl reichlich geübte
Praxis, die eine grundlegende Funktion divinatorischer Spezialisten
darstellte. Bei den Schriftpropheten lassen sich nur Anlässe von
öffentlicher Bedeutsamkeit für Anfragen erkennen. Dies ist zu sehen
im Zusammenhang ihrer auf Israel zielenden Verkündigung. Doch
auch bei Jeremia lässt sich eine private Komponente der Auskunft
des Propheten noch in den Worten erkennen, die sich mit dem persönlichen Schicksal des Fragestellers Zidkija befassen (Jer 37,17;
38,17f.20f.).

Deutlich ist auch die Wichtigkeit der Befragung divinatorischer
Spezialisten in Kriegssituationen, bei einem Feldzug (1 Kön 22; 2
Kön 3; vgl. auch 2 Kön 6–7*; Jes 37 par). Das Bemühen um Auskunft
in dieser Krisensituation zeigt sich auch in 1 Sam 28, besonders

---

[378] Die Auskunft, die Elija in 1 Kön 18,41 gibt, könnte eine Befragungssituation
voraussetzen, vgl. dazu weiter unten Kapitel II, Abschnitt 4.1.

V3.6 und ebenso wohl in Jes 30,2, obgleich hier nicht eigens divinatorische Spezialisten erwähnt sind. In der Kriegssituation ist auch
ein Sitz im Leben der Divination durch die Priester zu sehen[379]. Die
Befragung divinatorischer Spezialisten ist ebenfalls in anderen
öffentlichen Krisensituationen möglich, wie die Anfrage an die Prophetin Hulda in 2 Kön 22 belegt.

Ein direkter Bezug der Befragung zum Kult ist nicht erkennbar.
Als Ort der Befragung ist das Haus des Propheten erwähnt (1 Kön
14,4; 2 Kön 5,9; 6,32; 2 Kön 22,14; Ez 8,1), an anderen Stellen
kann diese Örtlichkeit vorausgesetzt werden (2 Kön 13,14–21; Jer
21,1–10; 37,3–10; Ez 14,1–11; 20,1–44; in Jer 37,11–16 ist es der
Königspalast). Bei den anderen erwähnten Örtlichkeiten ist bis auf
drei Stellen kein kultisches Ambiente erkennbar. Unsicher ist, ob mit
der „Tenne" in 1 Kön 22,10 ein auch kultisch genutzter Platz gemeint
ist. In Jer 38,14 sind es eher die äußeren Umstände, die ein Treffen
am Eingang des Tempels erzwingen. Dagegen liegt in 2 Kön 4,23
mit dem Hinweis auf die Konsultation Elischas zu den Zeiten von
Sabbat und Neumond auf dem Karmel doch ein Hinweis auf die
Nähe zum Kult vor, da auf dem Karmel mit Sicherheit ein Heiligtum
anzunehmen ist. Angesichts der klaren Aussage der anderen Stellen
legt sich jedoch eine andere Deutung näher. Natürlich bot sich für
die divinatorischen Spezialisten an, ihre Dienste in der Nähe von
Heiligtümern anzubieten, wo Menschen sich versammeln und Zeiten
zu wählen, in denen die Menschen die Gelegenheit hatten, zum
Heiligtum zu kommen[380]. Dies spricht dafür, vernetzte, aber in sich
eigenständige Institutionen anzunehmen[381].

Als kennzeichnender Begriff für die JHWH-Befragung ist שׁרד anzusehen[382]. Dieser Terminus kann jedoch auch fehlen bzw. in die Bitte

---

[379] Vgl. oben Anm 377.

[380] Die Nähe von Kult und Befragung zeigt sich auch in Hos 4,12; in Sach 7,3
ist die Befragung von Priestern und Propheten zusammen erwähnt.

[381] Vgl. dazu UTZSCHNEIDER, *Prophet*, OBO 31, 1980, 230; die Beziehung der divinatorischen Spezialisten zum Kult ist sowohl in Mari als auch in der neuassyrischen Prophetie enger; der normale Ort für die Übermittlung der Orakel ist der
Tempel, vgl. PONGRATZ-LEISTEN, *Herrschaftswissen*, SAAS 10, 1999, 65.83; VAN DER
TOORN, ‚From the Oral to the Written', in: BEN ZVI/FLOYD, *Writings*, SBLSS 10,
2000, 221–225; CHARPIN, „Prophètes et rois", in LEMAIRE, *Prophètes et Rois*, LeDiv
Hors Série, 2001, 25f.

[382] Vgl. WESTERMANN, *KuD* 6 (1960), 2–30; demnach ist es auch möglich, dass in
Gen 25,22 eine Befragung durch einen divinatorischen Spezialisten gemeint ist,
obgleich keine vermittelnde Instanz erwähnt ist.

um ein Fürbittgebet gekleidet sein (Jes 37,1–7; 2 Kön 19,1–7; Jer
37,3–10). In Sach 7,3 ist das Faktum der Prophetenbefragung klar,
terminologisch wird es jedoch mit לחלות את־פני יהוה bezeichnet; שאל
wird in 1 Sam 28,6 und ebenso in Jes 30,2 benutzt, wenngleich
nicht sicher ist, ob Jes 30,2 sich auf die Befragung durch divinatorische Spezialisten bezieht. Deswegen bleibt es doch unsicher, vom
Begriff allein auf die Sache zu schließen, zumal דרש auch im
Zusammenhang der Nekromantie verwendet wird[383].

Die Befragung ist nicht an einen bestimmten Titel gebunden. In
1 Sam 9f. ist sie mit ראה verbunden. Diese Bezeichnung lässt nicht
so sehr an eine Befragungssituation, sondern eher an ein visionäres
Geschehen denken[384]. Doch sind Visionen auch im Rahmen von
Befragungen belegt, vgl. 2 Kön 3; 8,7–15; 1 Kön 22,17; Jer 38,21f.;
Ez 8. Es ist LONG zuzustimmen, der als einen wichtigen Sitz im
Leben der Visionsberichte die Befragung ansieht[385]. Es gibt demnach
keinen Grund, die als „Seher" bezeichneten religiösen Spezialisten
nicht mit der Befragung in Beziehung zu bringen.

Da die Befragungssituation auch in der Umwelt Israels für die
divinatorischen Spezialisten neben der spontanen Äußerung dieser
Spezialisten belegt ist[386], ist es gerechtfertigt, in der Befragung die
divinatorische Grundfunktion zu sehen, die auch für die Prophetie
Israels ihre Gültigkeit hat und von der aus die weitere Wirksamkeit
der Propheten ihren Ausgangspunkt nimmt.

Daneben bestand natürlich auch die Möglichkeit, den Willen der
Gottheit zu verkünden, ohne dass eine Befragung vorausgesetzt wird.

---

[383] Vgl. דרש אל־המתים in Dtn 18,11.

[384] Man hat ja auch versucht, dem Seher eher eine ausschließlich politische
Tätigkeit zuzusprechen und ihm dabei manchmal das Beschäftigen mit solchen
Belanglosigkeiten wie entlaufene Eselinnen schlichtweg abgesprochen, vgl. z.B. FUHS,
Sehen, FzB 32, 1978, 307–313.

[385] Vgl. B.O. LONG, JBL 95 (1976), 362f.365; er kommt zu folgender Schlussfolgerung
bezüglich der Visionen: „An important Sitz im Leben, but not necessarily the only
one, appears to have been in the acts of divination practised by the prophets."
(365).

[386] Zur Befragung in Mari vgl. z.B. AÉM I/1, Text 207, und dazu PARKER, VT
43 (1993), 60–64; s. auch NOORT, Untersuchungen, AOAT 202, 1977, 25–30.104–108;
etwas zurückhaltender ELLERMEIER, Prophetie ²1977, 96f.; auf die Befragungssituation
weist auch der Titel āpilu/tu, der allgemein mit „Antworter(in)" übersetzt wird.
Ebenso zeigt sich in der neuassyrischen Prophetie die Befragungssituation neben
dem spontan ergehenden Bescheid, vgl. M. WEIPPERT, „Aspekte", in: MAUER/MAGEN,
Ad bene, AOAT 220, 1988, 304; NISSINEN, „Relevanz", in: M. DIETRICH, Mesopotamica-
Ugaritica-Biblica, AOAT 232, 1993, 251.

In der Einzelüberlieferung 1 Sam 9–10* wird dies deutlich an der Einleitung der Salbungsszene. In 1 Sam 9,27 wird der Knecht vorgeschickt mit der Begründung, dass Samuel Saul ein „Gotteswort" (דבר אלהים) zu verkünden habe. Dieses Gotteswort ist nicht an eine Befragungssituation gebunden. Die Praxis des „spontan" geäußerten Gotteswortes ist ein herausragendes Merkmal der späteren „klassischen" Prophetie, bei denen durchweg davon auszugehen ist, dass sie nicht auf Anfragen warteten, um den Willen Jhwhs zu verkünden.

In 1 Sam 9f.* wird außerdem erkennbar, dass diese divinatorischen Spezialisten in ihrer Wirksamkeit nicht auf eine Stadt eingegrenzt waren; sie konnten an verschiedenen Orten ihre Tätigkeit ausüben.

In 9,6, als die Suche nach den Eselinnen erfolglos zu enden droht, macht der Knecht Saul darauf aufmerksam, dass in dieser Stadt (בעיר הזות) ein angesehener Gottesmann wirkt. Dies scheint zunächst darauf hinzudeuten, dass ein fester Wirkungsort für einen solchen Divinator anzunehmen ist. Bei dem Gespräch mit den Mädchen am Brunnen sagen diese jedoch, dass der Gottesmann gerade in die Stadt gekommen sei, Saul und sein Knecht also Glück haben, dass sie ihn hier antreffen. Der scheinbare Widerspruch löst sich auf, wenn man auf die Elischa-Überlieferung 2 Kön 4,8–37 blickt. In 4,8–10 wird erzählt, dass Elischa häufig bei der Schunemiterin einkehrt, so dass sie ihm ein eigenes Obergemach einrichtet. In 4,23 wird gleichzeitig erwähnt, dass Elischa zu festen Zeiten (Neumond und Sabbat) am Karmel anzutreffen sei. Außerdem wird in 2 Kön 5,9; 6,32 ein Haus Elischas in Samaria erwähnt. Diese Angaben lassen sich am besten so verstehen, dass Elischa auf festen Routen umherreiste und zu bestimmten Zeiten an bestimmten Orten anzutreffen war. Für 1 Sam 9–10* ergibt sich damit eine Übereinstimmung. Wie Elischa reist auch Samuel umher, wenngleich eine feste Route oder bestimmte Zeiten bei ihm nicht überliefert sind. Dies erklärt die auf den ersten Blick widersprüchlichen Angaben, die jedoch auf dem Hintergrund der Elischa-Überlieferung ein in sich stimmiges Bild ergeben[387]. Es wird außerdem klar, dass als Wirkungsorte von Divinatoren auch Kultorte eine bedeutende Rolle spielen. Wenn Elischa am Karmel, der wohl ein Kultort war (vgl. 1 Kön 18,20ff.),

---

[387] Vgl. dazu auch L. SCHMIDT, Erfolg, WMANT 38, 1970, 69f., mit dem Hinweis auf die unterschiedlichen Wirkungsorte von Bileam und Ahija.

zu den kultisch wichtigen Zeiten Neumond und Sabbat anwesend war, dann ist dies auf dem Hintergrund zu sehen, dass zu Festzeiten sich natürlich viele Menschen an Kultorten versammeln. Nicht zuletzt ist dabei auch ein ökonomisches Interesse erkennbar. Wenn die Divinatoren umherreisten, mussten sie auch zumindest einen Teil ihres Lebensunterhalt mit ihrer Tätigkeit bestreiten[388]. Von daher ist auch der Ärger des Priesters Amazja verständlich, der Amos auffordert, doch in Juda sein Brot zu essen (Am 7,12). Er sieht wohl in Amos einen Divinator, der durch „marktschreierische" Orakel auf sich aufmerksam machen will, um damit Zulauf zu haben.

Dass Divinatoren für ihre Tätigkeit bezahlt wurden, zeigt sich neben den Angaben in 1 Sam 9,7–8 auch bei Bileam (Num 22,17f.37; 24,11), bei Ahija von Schilo (1 Kön 14,3) und bei Elischa (2 Kön 5,5; 8,8). Als allgemeine Praxis ist es in Am 7,12 vorausgesetzt. In 1 Kön 13,7–8 bietet der König dem Gottesmann aus Juda ein Geschenk an, das dieser jedoch ablehnt. Dass diese Entlohnung ihre Schattenseite hatte, ist klar und wird auch in biblischen Texten deutlich. Es konnte Habgier bei den Divinatoren auslösen (2 Kön 5,15–27; Jer 6,13; 8,10) und auch dazu führen, dass der (begüterten) Klientel nach dem Munde geredet wurde (Mi 3,11; Ez 13,19)[389].

Die Angabe in 9,5, dass der „Gottesmann" ein אישׁ נכבד ist, zeigt, dass es auf diesem Sektor wohl auch weniger angesehene Vertreter gegeben hat. Es ist damit zu rechnen, dass Divination in ihren unterschiedlichen Ausprägungen eine vielgeübte Praxis darstellte. Auch wenn die Aussage aus Jes 2,6, die besagt, dass Jakob (= Nordisrael)

---

[388] OVERHOLT, *Channels*, 1989, 128, ist der Auffassung angesichts des geringen Betrages, der in 1 Sam 9,8 erwähnt ist, dass der Lebensunterhalt mit Divination nicht zu bestreiten sei; 132 erwähnt er jedoch selbst Beispiele aus ethnologischen Untersuchungen, dass es doch möglich sei. Richtig daran ist wohl, dass man nicht reich werden konnte (vgl. auch 1 Kön 14,3) und dass vielleicht für einen Großteil der Divinatoren der gesamte Lebensunterhalt damit nicht zu bestreiten war. Jedoch konnten zumindest im Einzelfall (vgl. 2 Kön 5,5; 8,8) auch beträchtliche Entlohnungen fließen. Abhängig war es wohl davon, ob es dem Divinator gelang, sich eine wohlhabende Klientel zu sichern; ansonsten ist wohl davon auszugehen, dass die Mehrheit der divinatorischen Spezialisten auch noch Landwirtschaft betrieben, vgl. LANG, Art. „Prophetie", *NBL III*, Lieferung 11, 1997, 175.

[389] In Mari ist die Praxis von Geschenken an divinatorische Spezialisten überliefert, die teilweise vom Königshof gefordert wurden, vgl. dazu GORDON, „Mari", in: CLINES/MCKAY, *Of Prophet's visions*, JSOT.S 162, 1993, 74f.; MALAMAT, *Mari*, 1989, 86; CHARPIN, „Prophètes et rois", in: LEMAIRE, *Prophètes et rois*, LeDiv Hors Série, 2001, 35. Eine Bezahlung für die divinatorische Tätigkeit ist auch bei dem arabischen *kāhin* überliefert, vgl. VAN DER TOORN, *JNWSL* 13 (1987), 194.

mit קסמים (txt. em.) und עננים angefüllt sei, aus später Zeit stammen sollte, so macht sie doch deutlich, dass Divination in Israel wie in der Umwelt eine recht häufige Erscheinung war.

Mit dem Hinweis in 9,5, dass die Angaben dieses Gottesmannes zuverlässig seien, ist gleichzeitig klar, dass es auf diesem Sektor Konkurrenz und auch Scharlatanerie gab. Wie nüchtern die Aussagen von Divinatoren genommen werden konnten, zeigt das Beispiel Jer 43,2, wo die Auskunft Jeremias, die nicht in die eigenen Vorstellungen passte, einfach als „Lüge" apostrophiert wurde[390].

Bemerkenswert ist, dass der Seher Samuel in 1 Sam 9–10* in einer Beziehung zum kultischen Geschehen erscheint. Auf die Frage nach dem Seher geben die Mädchen in 9,12–13 die Auskunft, dass der Seher aus Anlass eines זבח in der Stadt weilt. Zu einem זבח wurde eigens eingeladen (s. 9,22; vgl. auch Gen 31,54; 1 Sam 16,5; 20,29), in 9,22 ist die Zahl 30 genannt. Normalerweise ist der זבח in dieser frühen Zeit eine Angelegenheit der Familie bzw. Sippe[391], hier ist jedoch durch לעם eine größere Gemeinschaft eingeladen, möglicherweise die führenden Männer des Ortes[392]. Von Bedeutung

---

[390] Jer 44,16; vgl. außerdem auch die Reserve gegenüber den Auskünften der נביאים in 1 Kön 22,6.9. Diese Skepsis lässt sich auch in anderen Religions- und Kulturzusammenhängen erkennen, vgl. MAGNUS, *Divination*, 1975: „Die Klienten glauben demnach typischerweise an die Phänomene der Divination . . . halten jedoch die Person des Wahrsagers nicht immer für unfehlbar, da sie durch gewisse Faktoren beeinflussbar ist." (126); bei grundsätzlicher Anerkennung der Bedeutung von Orakeln sind sicherlich auch politische Gründe massgebend, Orakeln nicht zu folgen, vgl. dazu J.J.M. ROBERTS, „Blindfolding the Prophet", in HEINTZ, *Oracles*, TCRPOGA 15, 1997, 135–146.

[391] Vgl. z.B. 1 Sam 1, dort verbunden mit einer Jahreswallfahrt zum Heiligtum in Schilo; 1 Sam 20,6.29. ALBERTZ, *Religionsgeschichte*, GAT 8/1, 1992, sieht in dem זבח normalerweise eine Form des „familiären kasuellen Kleinkultes" (154), dessen Rahmen jedoch auch ausgeweitet werden konnte auf einen größeren Verwandtschaftsverband, „der mit der Bevölkerung einer Ortschaft weitgehend identisch gewesen sein wird" (155). Solche „Mahlopferfeiern" waren wohl oft bei der vorwiegend vegetarischen Alltagsnahrung „die einzige Gelegenheit für eine Fleischmahlzeit, die festlich und fröhlich begangen wurde." (Ebd., 155). Zu זבח vgl. auch LANG, Art. „זבח", *ThWAT II*, 1974–1977, 520–531 und WILLI-PLEIN, *Opfer*, SBS 153, 1993, 72–79, die — m.E. ungerechtfertigte — Vorbehalte gegen den durchgängig kultischen Charakter des זבח hat (vgl. vor allem 78f.).

[392] Vgl. WILLI-PLEIN, *Opfer*, SBS 153, 1993; sie denkt an die „Gesamtzahl der rechtsfähigen Männer der Stadt" (73). Die Verwendung von עם deutet auf eine Verwandtschaftsbeziehung hin (vgl. dazu LOHFINK, „Beobachtungen" (1971), in: *Studien*, SBAB 16, 1993, 102), wobei es durchaus möglich ist, dass die Bewohner eines Ortes verwandtschaftlich verbunden sind; vgl. dazu NEU, *Anarchie*, 1992: „Die FV (= Familienverbände) haben sich kollektiv in Ortschaften festgesetzt und sind zumindest im Kernbestand mit den Bewohnern einer Siedlung identisch." (206).

für die Feier eines זבח scheint der Termin des Neumondes gewesen
zu sein[393].

Samuel hat die Funktion, vor Beginn der Mahlfeier das Opfer zu
segnen (9,13), er hat außerdem das Recht, selbst Leute einzuladen
(9,19) und Einfluss auf die Verteilung der Ehrensitze zu nehmen
(9,22). Daraus auf eine Art „kultprophetische" Funktion des Sehers
zu schließen oder ihn als „Kultfunktionär" zu verstehen, der keinen
Unterschied mehr zu einem Priester erkennen lässt, ist jedoch nicht
legitim. Normalerweise ist für die Durchführung eines זבח kein kultischer Spezialist notwendig[394], es wird normalerweise vom Familien-
oberhaupt durchgeführt (vgl. 1 Sam 1). Demnach hat Samuel hier
so etwas wie einen Ehrenvorsitz inne, der wohl eher aus seiner angesehenen Position resultiert (vgl. 9,6) oder mit dem nicht näher bezeichneten Anlass des Mahlopfers zusammenhängt[395].

In 9,6 wird der noch anonyme Seher als „angesehener Mann
(איש נכבד)" bezeichnet. Dies hängt sicherlich zusammen mit einer
erfolgreichen Divinationstätigkeit, die ihn als zuverlässig erscheinen
lässt (9,6). Es war also durchaus möglich, dass ein Divinator vom
Typ des in 1 Sam 9–10* geschilderten eine geachtete und angesehene Stellung in der Gesellschaft einnehmen konnte. Noch deutlicher wird dies, wenn man sich die Stellung des Sehers Samuel bei
dem Kultmahl vor Augen hält, wo er den Ehrenvorsitz einnimmt
und auch die Verteilung der Ehrenplätze beeinflussen kann. Von
daher wird man ihm auf keinen Fall eine periphere Rolle in der
Gesellschaft zuschreiben können[396]. Es ist davon auszugehen, dass

---

[393] Vgl. 1 Sam 20,24.29; WILLI-PLEIN, *Opfer*, SBS 153, 1993, 76; LANG, Art. „זבח",
ThWAT II, 1974–1977, 524. Von Elischa wird berichtet, dass er an diesen Tagen
am Karmel anwesend war (2 Kön 4,23).

[394] Vgl. WILLI-PLEIN, *Opfer*, SBS 153, 1993, 78.

[395] Ob ein Seher bei dem Opfermahl auch divinatorisch tätig wurde, ist leider
nicht erkennbar. Einen, wenngleich sehr undeutlichen Hinweis hierfür könnte Lev
19,26 sein, wo nach dem Verbot des Blutgenusses unvermittelt das Verbot divinatorischer Praktiken (נחש und ענן) folgt (vgl. LANG, Art. „זבח" *ThWAT II*, 1974–1977,
521). Einleuchtend wäre es schon, wenn ein Seher die Gelegenheit eines Mahlopfers
wahrnimmt, um seine Tätigkeit auszuüben. Es ist gleichzeitig eine gute Gelegenheit,
Einfluss auf eine größere Gruppe von Menschen auszuüben.

[396] Anders ist dies bei den Gruppenpropheten, zumindest im Nordreich. PETERSEN,
Roles, JSOT.S 17, 1981, 40–50, sieht den „Gottesmann" als eine periphere gesellschaftliche Größe an. Sicherlich hat er recht im Hinblick auf das Phänomen der
b^enê hann^ebî'îm, die eine Sonderform der Gruppenprophetie darstellen. Für Elischa,
den PETERSEN leider nicht phänomenologisch von den Gruppenpropheten unter-
scheidet, trifft dies aber keineswegs zu. Für den „Gottesmann/Seher" in 1 Sam

ein Einzeldivinator eine angesehene, gesellschaftlich gesehen, zentrale Rolle einnehmen konnte. Gleichzeitig wird durch seine Beteiligung am Dorf- oder Regionalkult[397] deutlich, dass er Einfluss auch auf Gruppen ausüben konnte, also über die eher auf der privaten Ebene angesiedelte Divinationspraxis der Befragung auch grundsätzlich hinausgehen konnte[398].

Umgekehrt ist bei dem Typ des umherreisenden Divinators[399], der mit seiner Divinationspraxis ja auch zumindest einen Teil seines Lebensunterhaltes verdienen musste, anzunehmen, dass er ein Interesse daran hatte, begüterte Leute als Klientel zu gewinnen, d.h. die besitzende Vollbürgerschicht, den עם הארץ[400]. Deutlich wird dies an dem Beispiel in 2 Kön 4,8–37, wo Elischa der begüterten Frau, bei der er einzukehren pflegte und die ihm sogar ein eigenes Gemach zur Verfügung stellte, einen Sohn verheißt, d.h. sich ein Stück weit erkenntlich zeigt und ihr seine Macht zur Verfügung stellt. Elischa will sich auch für sie beim König einsetzen (2 Kön 4,13), was er bzw. Gehasi dann ja auch in 2 Kön 8,1–6 tut.

Die bisher besprochenen Funktionen des Sehers Samuel, die Befragung und Bezahlung und der Bezug zum Regionalkult sind für die Einzelüberlieferung 1 Sam 9–10* nicht zentral; die Befragungssituation dient als erzählerisches Mittel, die Begegnung zwischen Samuel und Saul zu ermöglichen. Das eigentliche, überraschende Ziel des Textes ist die Salbung Sauls durch Samuel zum נגיד (1 Sam 10,1). Damit übernimmt der Seher Samuel eine politische, ja eine „verfassungsrechtliche" Funktion. Samuel, der Seher, der Mann Gottes, bestimmt Saul zur Herrschaft über den „Erbteil Jhwhs" (על־נחלתו).

9–10* gilt das, was Petersen für die „role labels" הזה und נביא erkennt, die er als „central moralizing prophets" einstuft (63–69).

[397] Dies ist eine dritte Ebene neben der Ebene der familiären Frömmigkeit, die vor allem im Hauskult, aber auch im זבה greifbar wird und der Ebene des „nationalen Großkultes", der vor allem die Anliegen der Großgruppe Israel und der „offiziellen Religion" zum Ausdruck bringt; vgl. dazu Albertz, *Religionsgeschichte*, GAT 8/1, 1992, 40f.; Niemann, *Herrschaft*, FAT 6, 1993, 227–245, bestreitet das Vorhandensein einer Nationalreligion; doch kaum zu Recht.

[398] Ein Beispiel aus Mari zeigt sich in AÉM I/1, Text 206, wo ein *muḫḫu* ein Orakel in der Versammlung der Ältesten verkündigt, offenbar eine politische Drohgebärde, vgl. Parker, *VT* 43 (1993), 56.

[399] Auch von dem *āpilu* in Mari wird berichtet, dass er umherreisen konnte, vgl. Huffmon, Art. „Prophecy" (ANE), *ABD* V, 1992, 478; ebenfalls der *kāhin*, vgl. van der Toorn, *JNWSL* 13 (1987), 194.

[400] Vgl. für die Zeit der Einführung des Königtums dazu grundsätzlich die Ausführungen von Crüsemann, *Widerstand*, WMANT 49, 1978.

Auf dem Hintergrund dessen, dass die Einführung des Königtums in Israel eine umstrittene Angelegenheit war[401], kann kein Zweifel bestehen, dass Saul durch eine Erzählung wie 1 Sam 9–10* auch religiös legitimiert werden sollte. Damit wird die neue Institution des Königtums in das religiöse Symbolsystem Israels einbezogen.

In 1 Sam 10,1 wird jedoch nicht der Titel מלך benutzt, sondern der Titel נגיד. Von einigen Forschern wird darin die Übernahme eines Titels aus vormonarchischer Zeit gesehen[402], während er von der Mehrzahl als eigene Bezeichnung des designierten Königs angesehen wird[403]. Eine Klärung, wie נגיד hier zu verstehen ist, kann nur vom Kontext her versucht werden.

Deutlich ist aufgrund der näheren Bestimmung על־נחלתו, dass es sich hier um eine zentrale Herrschaftsfunktion handelt. Auf der Textebene der Komposition 1 Sam 9–31* wird durch 1 Sam 10,16 die Salbung zum נגיד eindeutig als „Sache des Königtums" (דבר המלוכה) eingestuft und damit als Königstitel gekennzeichnet. Unterstützt wird diese Sicht dadurch, dass alle Personen, die im Bereich der Samuel- und Königsbücher diesen Titel erhalten, auch schon Könige sind bzw. werden: Saul in 9,16; 10,1; David in 1 Sam 13,14; 25,30; 2 Sam 5,2; 6,21; 7,8; Salomo in 1 Kön 1,35; Jerobeam in 1 Kön 14,7; Baesa in 1 Kön 16,2 und Hiskija in 2 Kön 20,5[404]. Der Schwerpunkt des Vorkommens liegt eindeutig

---

[401] Vgl. dazu vor allem CRÜSEMANN, *Widerstand*, WMANT 49, 1978.

[402] Vgl. z.B. ALBRIGHT, „Samuel", in: *Prophetic Tradition*, 1961, 163f.; RICHTER, *BZ NF* 9 (1965), 71–84; vor allem L. SCHMIDT, *Erfolg*, WMANT 38, 1970, 141–171, der im נגיד den Heerbannführer der vorstaatlichen Zeit sieht; CROSS, *Myth*, 1973, 220f; FLANAGAN, *JSOT* 20 (1981), 67f.

[403] So schon ALT, „Staatenbildung" (1930), *KS II*, 1953, 23; LIPIŃSKI, *VT* 24 (1974), 497–499; METTINGER, *King*, CB.OT 8, 1976, 151–184 (mit ausführlicher Forschungsgeschichte); ISHIDA, *Dynasties*, BZAW 142, 1977, 50f.; HALPERN, *Constitution*, HSM 25, 1981, 1–11; EDELMAN, *ZAW* 96 (1984), 197; SEYBOLD, Art. „מלך", *ThWAT IV*, 1982–1984, 938; RÜTERSWÖRDEN, *Beamte*, BWANT 117, 1985, 102–105; CAMPBELL, *Prophets*, CBQ.MS 17, 1986, 50 (lässt jedoch die Herkunft des Titels offen, vgl. insgesamt 47–61); WONNEBERGER, *Redaktion*, FRLANT 156, 1992, 152–155.

HASEL, Art. „נגיד", *ThWAT V*, 1984–1987, 214–216, plädiert für die Bedeutung "Erhöhter" und spricht sich gegen die Sicht als „designierter König" aus; für FRITZ, *ZAW* 88 (1976), 351–353, zeigt sich im נגיד die prophetische Interpretation des Königtums; er wendet sich gegen die Deutung als vormonarchischer Titel und auch gegen die Auffassung von נגיד als designierter König; ähnlich ist die Sichtweise von CAMPBELL, *Prophets*, CBQ.MS 17, 1986, 47–61, der eine mit der Komposition des „Prophetic Record" einsetzende theologische Bedeutung dieses Titels vom „secular usage" abgrenzt, den er in 1 Sam 25,30; 2 Sam 6,21 und 1 Kön 1,35 findet.

[404] Anders ist dies bei den Vorkommen in der Chronik; vgl. dazu L. SCHMIDT,

bei Saul und David, den ersten Königen. Dies könnte nun ein Hinweis darauf sein, dass dieser Titel vielleicht schon in vormonarchischer Zeit eine Bedeutung hatte. Dem steht jedoch entgegen, dass der Titel für die vormonarchische Zeit an keiner Stelle belegt ist[405], so dass sich der Bedeutungsgehalt am ehesten noch aus 1 Kön 1,35 erschließen lässt, wo David Salomo zu seinem Nachfolger designiert. Es handelt sich also um eine Bezeichnung für den *rex designatus*. Sie ist in 1 Sam 9–10* offensichtlich übernommen worden, um die ja in aller Heimlichkeit vorgenommene Salbung durch Samuel von dem öffentlichen Einsetzungsakt in das Amt des Königs zu trennen.

Die Salbung durch Öl, die Samuel vornimmt, weist einige Besonderheiten auf: Sie wird getrennt gesehen von dem eigentlichen Inthronisationsakt; vorgenommen wird sie durch einen Gottesmann/Seher und sie geschieht in aller Heimlichkeit[406].

Bemerkenswert ist, dass von den israelitischen und judäischen Königen nur von wenigen eine Salbung überhaupt überliefert ist. Bei Saul ist die Salbung durch Samuel nur in 1 Sam 10,1 bzw. 9,16 erwähnt[407]. Innerhalb der Davidüberlieferungen wird Saul öfters als „Gesalbter Jhwhs (משיח יהוה)" bezeichnet (1 Sam 24,7 (2x).11; 26,9.11.16.23; 2 Sam 1,14.16), wobei hier im Hintergrund steht, dass der „Gesalbte Jhwhs" nicht verletzt werden darf, nicht in Notwehrsituationen und auch dann nicht, wenn er selbst darum bittet[408].

Erfolg, WMANT 38, 1970, 141f.; Rüterswörden, *Beamte*, BWANT 117, 1985, 104f.; Hasel, Art. „נגיד", *ThWAT* V, 1984–1987, 216f.

[405] Vgl. zuletzt Neu, *Anarchie*, 1992, 285f. (gegen Flanagan); vorher auch schon Rüterswörden, *Beamte*, BWANT 117, 1985, 103.

[406] Der נער Sauls wird in 1 Sam 9,27 ausdrücklich auf Wunsch Samuels weggeschickt; auf die Heimlichkeit der Salbung verweisen auch Wildberger, *ThZ* 13 (1957), 450; Weiser, *Samuel*, FRLANT 81, 1962, 54; Campbell, *Prophets*, CBQ.MS 17, 1986, 18.

[407] Die LXX hat den Text in 1 Sam 11,13 um eine Salbung erweitert; MT verdient jedoch den Vorzug. Auf die Salbung Sauls wird noch einmal in 1 Sam 15,1.17 Bezug genommen.

[408] Vgl. dazu Crüsemann, *Widerstand*, WMANT 49, 1978, 136f.; Whitelam, Art. „King and Kingship", *ABD IV*, 1992, 45f.; Keel, „Kulttraditionen", in: Hahn, *Zion*, BBB 90, 1993, 475; Waschke, *Gesalbte*, BZAW 306, 2001, 12–16. Nicht überzeugend ist die Auffassung, den Ausdruck „Gesalbter Jhwhs" von dem Salbungsakt zu trennen, so Kutsch, *Salbung*, BZAW 87, 1963, 60–62; Mettinger, *King*, CB.OT 8, 1976, 194–208; Seybold, Art. „משח", *ThWAT* V, 1984–1987, 53; vgl. dazu L. Schmidt, *Erfolg*, WMANT 38, 1970, 182; Keel, „Kulttraditionen", in: Hahn, *Zion*, BBB 90, 1993, 475.

Von David werden gleich drei unterschiedliche Salbungen überliefert, in 1 Sam 16,1–13; 2 Sam 2,1–4; 5,1–3[409]. In 1 Sam 16,1–13,
einem vordtr sekundären Zusatz zu den David-Überlieferungen[410],
wird die Salbung Davids durch Samuel im Rahmen einer זבח-
Feier berichtet. Sie geschieht „mitten unter seinen Brüdern" (16,13),
d.h. sie ist auf den Rahmen der Familie beschränkt. Öffentlichkeit
wird nicht hergestellt. Auch hier handelt es sich wie in 1 Sam
9–10* um eine Designation, die getrennt zu sehen ist von einem
öffentlichen Inthronisationsakt, wenngleich der Terminus נגיד nicht
verwendet wird.

Anders ist dies dagegen in 2 Sam 2,4, wo die „Männer Judas"
David in Hebron zum König von Juda salben, offensichtlich im
Rahmen eines öffentlichen Inthronisationsaktes, obgleich dieser Akt
nicht näher erläutert wird.

In 2 Sam 5,3 wird David ebenfalls in Hebron von den „Ältesten
Israels" zum König über das Nordreich Israel gesalbt. Als zusätzliche Information über diesen Einsetzungsakt wird noch ein Vertrag
(ברית), der „vor Jhwh" geschlossen wurde, erwähnt. Auch hier ist
ein öffentlicher Inthronisationsakt aufgrund der Beteiligung der
Ältesten Israels anzunehmen.

Von Abschalom, dem Sohn Davids, der einen Aufstand von
Nordisraeliten gegen König David anzettelt, wird in 2 Sam 19,11
beiläufig in einer Rede von (Nord-)Israeliten gesagt, dass er von
einer Mehrzahl, die nicht näher qualifiziert ist, zum König gesalbt
worden war.

Ausführlich wird bei Salomo in einem öffentlichen Inthronisationsritual die Salbung berichtet (1 Kön 1). Sie geschieht an der
Gihon-Quelle. Die Angaben, wer die Salbung vornimmt, variie-
ren: in 1 Kön 1,34 werden der Priester Zadok und der נביא Natan
mit der Salbung beauftragt; in V39 wird die Salbung allein durch
den Priester Zadok durchgeführt; in V45, in einer Rede von
Jonatan, dem Sohn des mit Adonija verbündeten Priesters Abjatar,
werden wieder der Priester Zadok und der Prophet Natan als
Ausführende der Salbung erwähnt[411]. Daneben wird für Salomo
auf die Salbung noch einmal in 1 Kön 5,15 zurückgeblickt.

---

[409] Vgl. auch noch 2 Sam 12,7 und 2 Sam 23,1. In 2 Sam 23,1 bezeichnet David
sich selbst als „Gesalbter des Gottes Jakob".
[410] Vgl. W. Dietrich, *Königszeit*, BE 3, 1997, 218.248.
[411] Dies spricht für die Annahme, dass die Beteiligung des נביא Natan an der
Salbung nachgetragen ist, vgl. dazu L. Schmidt, *Erfolg*, WMANT 38, 1970, 176f.

Der nächste König, von dem eine Salbung berichtet wird, ist im Nordreich Israel Jehu (2 Kön 9,3.6.12)[412]. Er wird durch ein Mitglied der Gruppenpropheten um Elischa auf dessen Geheiss zum König gesalbt. Diese Salbung findet in Ramot-Gilead statt, wo sich das Heerlager befindet. Wie in 1 Sam 9–10* ist die Öffentlichkeit bei der Salbung ausdrücklich ausgeschlossen (2 Kön 9,6.11f.). Direkt anschließend erfolgt dann die öffentliche Königsproklamation (2 Kön 9,11–13).

Um die Herrschaft der aus dem Geschlecht der Omriden stammenden Atalja im Südreich Juda zu beenden, wird in 2 Kön 11 der Davidide Joasch im Alter von 7 Jahren öffentlich inthronisiert. Diese Inthronisation findet im Tempel zu Jerusalem statt. Die entscheidende Figur im Hintergrund ist der Priester Jojada. In 2 Kön 11,12 wird auch die Salbung erwähnt, allerdings wird nicht deutlich, wer die Salbung vornimmt; es ist nur von einer unbestimmten Mehrzahl die Rede. Auch hier ist die Salbung ein öffentlicher Akt.

Die letzte Salbung, die berichtet wird, ist die des Sohnes von Joschija, Joahas (2 Kön 23,30). Treibende Kraft für die Inthronisation sind die "Bürger des Landes" (עַם־הָאָרֶץ). Obwohl es nicht ausdrücklich berichtet ist, kann für den Inthronisationsakt und damit auch für die Salbung Öffentlichkeit vorausgesetzt werden.

Dieser Überblick zeigt, dass die Salbung des Königs, dort, wo sie erwähnt ist, am häufigsten angesiedelt ist in einem öffentlichen Inthronisationsritual (2 Sam 2,4; 5,3; 1 Kön 1; 2 Kön 11; auch 2 Kön 23,30). Als Durchführende der Salbung zeigt sich meist eine nicht näher qualifizierte Mehrzahl; in 1 Kön 1 ist es ausdrücklich der Priester Zadok[413]. Da die Salbung als kennzeichnender Begriff für die Königwerdung verwendet werden kann — wie in der Jotamfabel in Ri 9,8–15 — und der König als „Gesalbter Jhwhs" bezeichnet wird, ist die Ansiedlung der Salbung in einem öffentlichen Inthronisationsritual auch historisch glaubwürdig[414].

Obwohl die Salbung nur bei sechs Königen erwähnt wird, ist sie

---

[412] Zu diesem Text vgl. weiter unten Kapitel III.

[413] Ob im Regelfall die Salbung durch einen Priester vollzogen wurde, wie L. Schmidt, *Erfolg*, WMANT 38, 1970, 177.180.187, und auch Weisman, *Bib.* 57 (1976), 382f., auf dem Hintergrund von 1 Kön 1 annehmen, kann hier nicht entschieden werden.

[414] Zum Ablauf dieses Rituals vgl. vor allem Weisman, *Bib.* 57 (1976), 382f.

als Teil des Inthronisationsrituals wohl bei allen Königen vorauszusetzen[415]. Überliefert wird sie in den biblischen Texten jedoch nur dann, wenn die Thronfolge unsicher ist. Allein bei Joahas liegt auf den ersten Blick eine normale dynastische Thronfolge vor. Der plötzliche Tod Joschijas in der Schlacht bei Megiddo schien jedoch ein schnelles Handeln der „Bürger des Landes" erforderlich zu machen. Offenbar war die Situation instabiler als es jetzt noch aus den Texten erkennbar ist.

Übernommen wurde die Salbung als Element der Königsinthronisation wohl aus der Umwelt, d.h. Kanaan. Belegt ist die Königssalbung bei den Hetitern[416]; vor kurzem ist auch in den Mari-Briefen ein weiterer Beleg für die Königssalbung publiziert worden. In einem Brief des Statthalters *Nûr-sîn* aus Aleppo an König Zimrilim wird die Rede eines *āpîlum* zitiert, der im Auftrag des Gottes Addu darauf drängt, bei einem Feldzug auf die Orakel zu hören. In dieser Rede wird auch die Salbung des Königs mit Öl durch den Gott Addu erwähnt[417]. Damit wird immer wahrscheinlicher, dass mit dem Königtum auch die Salbung des Königs als Teil des Inthronisationsrituals aus der Umwelt nach Israel übernommen wurde[418].

Nur bei drei Salbungen von zukünftigen Königen — sieht man von 1 Kön 1 ab, wo die Beteiligung Natans zumindest unsicher ist — ist von der Beteiligung eines divinatorischen Spezialisten die Rede: Bei Saul in 1 Sam 9–10*, bei David in 1 Sam 16,1–13 und bei Jehu in 2 Kön 9,1–13[419]. Kennzeichen dieser Salbungen ist es, dass

---

[415] Vgl. L. Schmidt, *Erfolg*, WMANT 38, 1970, 187; anders Kutsch, *Salbung*, BZAW 87, 1963, 60, der die Salbung im Nordreich für fraglich hält; vgl. auch Mettinger, *King*, CB.OT 8, 1976, 194f.; Keel, „Kulttraditionen", in: Hahn, *Zion*, BBB 90, 1993, kommt dagegen zu dem Ergebnis: „Die Salbung ist anscheinend ein ländlich-israelitischer, den Konservativen wichtiger Ritus (vgl. 2 Kön 9,3)." (476).

[416] Vgl. dazu vor allem Kutsch, *Salbung*, BZAW 87, 1963, 36–39; kritisch zu der Königssalbung bei den Hetitern Waschke, *Gesalbte*, 2001, BZAW 306, 11f.; zur Salbung als kanaanäischem Erbe vgl. auch Day, „Canaanite Inheritance", in: Ders., *King*, JSOT.S 270, 1998, 80f.

[417] Es handelt sich um den Text A.1968, veröffentlicht von Durand, *MARI* 7 (1993), 41–61; vgl. auch Malamat, „Message", in: Auld, *Understanding Poets and Prophets*, JSOT.S 152, 1993, 236–241.

[418] Vgl. L. Schmidt, *Erfolg*, WMANT 38, 1970, 179f.; Beyerlin, *ZAW* 73 (1961), 193.

[419] Bei den Salbungsaufträgen in 1 Kön 19,15f., die Elija im Auftrage Jhwhs an Jehu, Hasael und Elischa vollziehen soll, handelt es sich um einen späten redaktionellen Text, der 2 Kön 2; 8,7–15 und 2 Kön 9–10 unter dem Schema der Salbung zusammenfasst, um damit die Gerichtsansage Jhwhs an ein Israel zu unterstreichen, das Baal verehrt und die Propheten tötet (vgl. dazu weiter unten Kapitel II). In

sie im Gegensatz zu den obengenannten Salbungen getrennt sind
von einer öffentlichen Inthronisation, in 1 Sam 9–10* und 1 Sam
16,1–13 ist auch ein zeitlicher Abstand zur öffentlichen Königsproklamation vorhanden, in 2 Kön 9,1–13 schließt sie sich direkt an
die Salbung durch den Prophetenjünger an. Der Prophetenjünger ist
jedoch nicht mehr anwesend. Es kommt hinzu, dass diese Salbungen
in 1 Sam 9–10* und 2 Kön 9,1–13 nur unter vier Augen stattfinden,
in 1 Sam 16,1–13 ist immerhin die Familie Davids anwesend.
Angesichts der Bedeutung des „Propheten" bei diesen Salbungen ist
WEISMAN zuzustimmen, der in diesen Salbungen ein prophetisches
„pattern" sieht[420]. Hierin dokumentiert sich der Anspruch „prophetischer Kreise", entscheidend bei der Bestimmung des Königs
mitwirken zu können. Authentizität in dem Sinne, dass Saul, David
oder Jehu durch Propheten gesalbt worden sind, ist dabei nicht
anzunehmen[421].

Sieht man die „normale" divinatorische Funktion, die sich darauf
beschränkt, Antworten für Menschen zu geben, die in Notsituationen
sind, so zeigt sich in der Salbung des ersten Königs Saul durch den
Seher Samuel ein politischer, ja „verfassungsrechtlicher" Anspruch
des divinatorischen Spezialisten, verknüpft mit der umstrittenen
Einführung einer neuen Instanz, des Königtums, in Israel.

4.1.2. *Die kompositionelle Textebene*

Während Samuel in der Einzelüberlieferung 1 Sam 9–10* den Titel
„Seher" bzw. „Gottesmann" erhält, ist auf der kompositionellen Textebene keiner der üblichen Titel für einen divinatorischen Spezialisten
überliefert. Dennoch werden auch auf dieser Textstufe Verbindungen
zur Situation der Befragung, der „normalen" Funktion eines divinatorischen Spezialisten erkennbar. In 1 Sam 28 weiß Saul sich keinen
anderen Rat, als den schon toten Samuel mit Hilfe einer Nekromantin

---

ähnlicher Weise ist auch die Bezeichnung des Perserkönigs Cyrus als „Gesalbter"
in Jes 45,1 zu verstehen.

[420] Vgl. WEISMAN, *Bib.* 57 (1976), 381f.: „Considering this pattern as a whole and
the specific role which the prophet plays in it, it seems possible to assume that we
are dealing here with a 'prophetic' pattern of the anointing of king".

[421] So auch KUTSCH, *Salbung*, BZAW 87, 1963, 57–59.72; CAMPBELL, *Prophets*,
CBQ.MS 17, 1986, 41 Anm 49; WASCHKE, *Gesalbte*, BZAW 306, 2001, 44; anders
METTINGER, *King*, CB.OT 8, 1976, 203–208; WEISMAN, *Bib.* 57 (1976), 385f., hält
es prinzipiell für möglich, dass es zwei unterschiedliche Salbungsriten gegeben haben
könnte.

zu befragen. Normalerweise ist es jedoch Samuel, der auf der Textebene der SSK gegenüber dem König die Initiative ergreift. Dies wird besonders deutlich in 1 Sam 15. Dort gibt Samuel Saul den Auftrag zur Durchführung des Feldzuges gegen die Amalekiter.

Gegenüber der Einzelüberlieferung 1 Sam 9–10*, in der die Beziehung des Sehers zu Jhwh eher selbstverständlich vorausgesetzt als erwähnt wird[422], tritt in der kompositionellen Textebene die Beziehung Jhwhs zu Samuel stärker in den Vordergrund.

Hier wird deutlicher als in der Einzelüberlieferung akzentuiert, dass Samuel auf die Anordnung Jhwhs hin aktiv wird. Dies drückt sich schon in der Erweiterung 9,15–17 aus. Dort erhält Samuel am Tag vor dem berichteten Geschehen von Jhwh die Mitteilung, dass Jhwh einen Benjaminiten zu ihm schicken wird sowie eine genaue Anweisung, was Samuel zu tun hat. Jhwh ist es, der die Fäden der Ereignisse in den Händen hält. Er ergreift von sich aus die Initiative und spricht zu Samuel. In 9,15 ist dies noch mit einer etwas umständlich anmutenden Wendung וַיהוה גָּלָה אֶת־אֹזֶן שְׁמוּאֵל ausgedrückt, in 1 Sam 15,16 wird einfach gesagt, dass Jhwh zu Samuel gesprochen hat (דבר Pi.). Auf der gleichen Linie liegt die Aussage in der an Saul gerichteten Rede Samuels in 1 Sam 15,1. Dort greift Samuel zu Beginn auf die in 1 Sam 9–10* erfolgte Salbung Sauls zurück und stellt betont fest, dass Jhwh ihn zu dieser Salbung gesandt (שלח) hat.

Samuel ist damit in der SSK wesentlich deutlicher als Werkzeug Jhwhs gezeichnet. Von daher ist es nur folgerichtig, wenn Samuel in 1 Sam 15 als „Stimme Jhwhs" (קוֹל יהוה) bezeichnet wird (1 Sam 15,1.19.20.22)[423].

Die Kommunikation zwischen Jhwh und Samuel wird völlig ohne jede Problematisierung als ein normaler Gesprächsvorgang geschildert. Insofern ist Samuel mit in die göttliche Sphäre einbezogen, als deren Repräsentant er in der menschlichen Sphäre erscheint.

Was in 1 Sam 15,16 noch durchschimmert, ist der bevorzugte

---

[422] Angedeutet wird sie durch den Ehrentitel אִישׁ הָאֱלֹהִים ausdrücklich erwähnt wird Jhwh beim Vollzug der Salbung in 10,1, wobei das Handeln Samuels und das Handeln Jhwhs im Akt der Salbung identisch sind; in 9,27 kündigt Samuel gegenüber Saul an, dass er ihm ein דְּבַר אֱלֹהִים mitzuteilen habe.

[423] Die Auffassung von einem Divinator als der „Stimme Jhwhs" zeigt sich auch noch in 1 Kön 20,36; es handelt sich dabei um einen späten Zusatz zur Grundüberlieferung von 1 Kön 20*. Eine ähnliche Formulierung liegt in Jer 38,20 vor. Dort fleht Jeremia König Zidkija geradezu an, doch auf die Stimme Jhwhs, die in der Rede Jeremias ergeht, zu hören: שְׁמַע־נָא בְּקוֹל יהוה לַאֲשֶׁר אֲנִי דֹּבֵר אֵלֶיךָ.

Empfang des JHWH-Wortes in der Nacht bei divinatorischen Spezialisten. Die Bindung des Empfangs eines JHWH-Wortes an die Zeit
der Nacht ist ebenfalls in der Einzelüberlieferung 1 Sam 9,19 erkennbar, wo Samuel Saul Auskunft über alles, was er auf dem Herzen
hat, für den nächsten Morgen verspricht[424].

Das Gegenüber Samuels auf der menschlichen Ebene in der SSK
ist fast ausschließlich der König. Nur einmal richtet Samuel das Wort
an den Koch in 1 Sam 9,23, eine Nebenfigur, die ansonsten nicht
mehr auftaucht. Die Beziehung zum König ist dabei nicht als gleich-
wertige Partnerschaft zu sehen. Die Rollen sind klar verteilt. Samuel
gibt die Befehle, die Saul auszuführen hat (1 Sam 10,8; 15,1ff.) und
tadelt ihn auch, wenn Saul die Befehle nicht erfüllt (1 Sam 13,13a;
15,16.19). In 1 Sam 15,22 macht Samuel Saul klar, was wichtig und
richtig ist: Gehorsam gegenüber der „Stimme JHWHs" ist oberstes
Gebot. Diese Rollenverteilung wird auch von Saul akzeptiert, wenn
er in 1 Sam 28,15 von Samuel verlangt, dass er ihm sagen soll, was
er zu tun habe. Vor Samuel vollzieht Saul die Proskynese und anerkennt ihn damit als einen Höhergestellten (1 Sam 28,14). Die Beziehung
zwischen Samuel und Saul hat ihre Analogie in der Beziehung zwischen Eltern und Kindern[425]. In gleicher Weise wie Kinder gegenüber den übermächtigen Eltern versucht Saul sich gegenüber Samuel
in 1 Sam 15,20 zu rechtfertigen und die Schuld auf andere (das
Volk) abzuwälzen.

In kultischer Hinsicht wird Samuel auch auf der kompositionellen
Textebene aktiv. Im Gegensatz zur Einzelüberlieferung 1 Sam 9–10*
ist die kultische Ebene jedoch eine andere. War Samuel in 1 Sam
9–10* in den familiären bzw. regionalen Kult involviert, so ist er
innerhalb der Komposition auf der Ebene des „staatlichen" Großkultes
engagiert. In der Aufforderung an Saul in 1 Sam 10,8, die auf die
nächste Begegnung in Gilgal hinweist, behält Samuel sich die
Darbringung von Brandopfern (עולות) vor. עלה ist eindeutig dem
Großkult zuzuordnen[426]. Dass Samuel auf diese Weise eine priester-

---

[424] Vgl. dazu neben 1 Sam 3 auch noch 2 Sam 7,4; s. auch Sach 1,8, wo der
Zeitpunkt für den Empfang einer Vision die Nacht ist. Deutlich wird dies auch in
der Bileam-Überlieferung Num 22,8.13.19f. und in dem Text aus Deir 'Alla I 1.
Interessant in diesem Zusammenhang ist auch das Warten auf ein JHWH-Wort, wie
es bei Jeremia zum Ausdruck kommt (vor allem Jer 42,7).

[425] Vgl. COUFFIGNAL, ETR 73 (1998), 16: „Entre le prophète et le fils de Qish
existent des liens analogues à ceux d'un père et d'un fils."

[426] Vgl. ALBERTZ, Religionsgeschichte, GAT 8/1, 1992, 155; zur Herkunft des עלה
vgl. auch WILLI-PLEIN, Opfer, SBS 153, 1993, 85–90.

liche Funktion übernimmt oder gar in einer priesterlichen Rolle
erscheint, ist damit nicht gesagt, da der Vollzug eines Brandopfers
nicht exklusiv von einem Priester vorgenommen werden musste[427].
Samuel behält sich den Vollzug des Opfers aus anderen Gründen
vor: Er demonstriert damit augenfällig die Abhängigkeit des Königs
von Samuel, der „Stimme Jhwhs". Der König hat keine kultischen
Funktionen zu übernehmen; hierfür ist Samuel zuständig. Dies ist
ein tiefgreifender Einschnitt in die Rechte des Königs, zu dessen zentralen Aufgaben im Alten Orient die Zuständigkeit für den Kult
gehörte[428].

Auch die Tötung des Amalekiterkönigs Agag in Gilgal durch
Samuel ist in einem kultischen Rahmen angesiedelt. Sie geschieht
לפני יהוה (vgl. 2 Sam 21,9). Samuel führt damit den Vollzug des
חרם an dem Amalekiterkönig durch und vollendet das, was Saul
versäumt hat. Im Ungehorsam gegenüber Samuel, der Stimme
Jhwhs, deutet sich so das Scheitern Sauls an, das dann in 1 Sam
31 mit seinem Tod in der Schlacht gegen die Philister, von denen
Saul Israel befreien sollte, endgültig wird.

Aus den kultischen Aktivitäten Samuels ist nicht zu schließen,
dass er hier eine andere Rolle, etwa die eines Priesters, übernimmt.
Die kultischen Aktivitäten Samuels sind keineswegs exklusiv dem
Priester vorbehalten. Sie sind außerdem im Zusammenhang zu
sehen mit dem Bild des Königtums, das in der Samuel-Saul-
Komposition entworfen wird[429].

Dass Samuel hier nicht die soziale Rolle wechselt, zeigt sich auch
in 1 Sam 15,22, wo eine geradezu klassische Formulierung der
Kultkritik vorliegt. Der Gehorsam gegenüber Samuel, der „Stimme
Jhwhs", ist wichtiger als der Ritus[430].
In 1 Sam 28,13 erscheint der tote Samuel in einen Mantel (מעיל)
gehüllt. Der Mantel, auch wenn die Terminologie nicht identisch ist,

---

[427] Vgl. z.B. Ri 6; 13; 1 Kön 18.
[428] Vgl. dazu z.B. SEYBOLD, Art. „מלך", *ThWAT IV*, 1982–1984, 930f.; WHITELAM,
Art. „King and Kingship", *ABD V*, 1992, 46f.; GRABBE, *Priests*, 1995, 35–40; innerbiblisch zeigen 1 Sam 14 und 1 Kön 3; 8, dass diese Vorstellungen den Israeliten
im Nord- wie im Südreich nicht fremd waren, vgl. auch DAY, „Canaanite Inheritance",
in: DERS., *King and Messiah*, JSOT.S 270, 1998, 73–80.
[429] Vgl. dazu den folgenden Abschnitt.
[430] Von der Formulierung her ist Hos 6,6 als nächste Parallele anzusehen; vgl.
auch Am 5,21–27; Jes 1,10–17; Jer 6,19–21, um nur einige Stellen zu nennen; hier
zeigt sich eine große Nähe zur „klassischen Prophetie".

war wohl ein wichtiges äußeres Kennzeichen von divinatorischen Spezialisten[431].

Die schon in der Einzelüberlieferung erkennbare politisch-gesellschaftliche Funktion des Sehers wird auf der kompositionellen Textebene ausgeweitet. Samuel designiert nicht nur den König und legitimiert ihn religiös, sondern er bleibt auch dessen Begleiter und als Befehlsgeber seine übergeordnete Instanz.

Diese Funktion lässt eine doch weitgehend andere Stellung des divinatorischen Spezialisten gegenüber dem König erkennen als wir (bis jetzt) aus der Umwelt Israels wissen. Der König wird hier in struktureller Abhängigkeit von dem Divinator gesehen, der als "Stimme Jhwhs" stärker der göttlichen Sphäre zugerechnet wird[432]. Er ist die

---

[431] Deutlich wird dies ebenfalls in der Elija- und Elischa-Überlieferung in 1 Kön 19,13.19–21 und 2 Kön 2; dort wird der Terminus אדרת verwendet. Der Mantel ist in 2 Kön 2 auch ein magisches Instrument, mit dessen Hilfe der Jordan überquert wird; vgl. auch noch 2 Kön 1,8; Sach 13,4. Ein Mantel spielt ebenfalls eine Rolle in 1 Kön 11,29–39; dort wird er für eine symbolische Handlung verwendet; zum Mantel als Kennzeichen der Propheten vgl. auch Lang, Art. „Prophetie", *NBL III*, Lieferung 11, 1997, 174.

[432] Die in Mari erwähnten divinatorischen Spezialisten neben dem *bārû* konnten nicht direkt zum König vordringen; außerdem wurde ihre Botschaft offensichtlich überprüft, wie der stereotyp wiederkehrende Hinweis auf „Locke und Gewandsaum" zeigt; auf jeden Fall behielt sich der König vor, die Entscheidung selbst zu treffen; zum Verhältnis Prophet — König in Mari vgl. Noort, *Untersuchungen*, AOAT 202, 1977, 76–92; Malamat, *Mari*, 1989, 94–96; Parker, *VT* 43 (1993), 50–68; Jeremias, *ThLZ* 119 (1994), 488; Huffmon, „Expansion of Prophecy", in: Gitay, *Prophecy*, 1997, 7–22; Ders., „A Company of Prophets" in: Nissinen, *Prophecy*, SBLSS 13, 2000, 48–56; Pongratz-Leisten, *Herrschaftswissen*, SAAS 10, 1999, 71–74; Charpin, „Prophètes et rois", in: Lemaire, *Prophètes et rois*, LeDiv Hors Série, 2001, 21–53. In der neuassyrischen Prophetie ist die gesellschaftliche Stellung im Vergleich zu Mari wahrscheinlich etwas höher anzusiedeln (vgl. Huffmon, „A Company of Prophets" in: Nissinen, *Prophecy*, SBLSS 13, 2000, 62: „In the Neo-Assyrian texts, prophecy has a higher status than reflected in the Mari texts."). Doch ist auch hier ein direkter Umgang des Königs mit den Propheten, wenn überhaupt, dann eher als Ausnahme zu sehen. Es gibt die Beschwerde eines babylonischen Astrologen, die deutlich macht, dass der König sich nicht so sehr um die Prophetinnen und Propheten kümmern sollte (SAA 10 109, vgl. dazu Nissinen, *References*, SAAS VII, 1998, 89–95;). Eine direkte Überprüfung durch andere Möglichkeiten der Divination findet hier jedoch nur in Ausnahmefällen statt. Das vielleicht deutlichste Beispiel für eine mehr kritische Prophetie gegenüber dem Königshaus findet sich in dem Ausspruch einer Sklavin, der in einem Brief von *Nabû — rehtu — uṣur* zitiert wird: „This is the word of Nusku: The kingship is for Sasî! I will destroy the name and seed of Sennacherib!" (ABL 1217 + CT 53 118; Text und englische Übersetzung bei Nissinen, *References*, SAAS VII, 1998, 109–111; vgl. auch Ders., „Falsche Prophetie", in: Veijola, *Deuteronomium*, SESJ 62, 1996, 182–193). Insgesamt ist die neuassyrische Prophetie wie auch die Mari-Prophetie jedoch dem Königshaus gegenüber positiv eingestellt und eher um das Wohlergehen des Königs besorgt; vgl.

übergeordnete Instanz, die den Willen Jhwhs verkündet und im menschlichen Bereich vertritt. Der König hat zu tun und zu lassen, was der Divinator ihm befiehlt. Geschieht dies nicht, wird er scheitern (vgl. 1 Sam 31).

4.2. *Das Königtum Sauls*

Die SSK 1 Sam 9–31* umspannt das Königtum Sauls, von den geheimen Anfängen in Kapitel 9 bis zum tragischen Ende in Kapitel 31. Einen besonderen Akzent hat der Verfasser auf die Anfänge des Königtums Sauls gelegt (1 Sam 9–11*). Dort werden die grundlegenden Strukturen der neuen Institution des Königtums sichtbar. Zu dem Anfang ist auch noch 1 Sam 11 zu rechnen, obwohl die Königsinstallation eigentlich mit 10,25 abgeschlossen ist. In den Jubel des Volkes ist jedoch die kritische Haltung der בני בליעל eingewoben, deren Skepsis, ob Saul wirklich Hilfe für Israel bringen kann, erst am Ende von Kapitel 11 überwunden ist[433]. Damit ist Saul von allen anerkannter König in Israel.

Grob gesehen geschieht die Einsetzung Sauls zum König in einem Dreischritt. Ausführlich, unter Verwendung der vorgegebenen Überlieferung 1 Sam 9,1–10,9*, wird die (geheime) Designation Sauls durch den Gottesmann/Seher Samuel geschildert, relativ kurz ist dann das Losverfahren dargestellt, durch das die Entscheidung Jhwhs für das Volk Israels öffentlich gemacht wird (10,21–27*). Auf diese beiden Phasen folgt die Bewährung Sauls im Krieg gegen die Ammoniter. Saul beweist, dass er eine Rettergestalt für Israel ist (11,1–11*). Auch hierbei verwendet der Kompositor eine ehemals selbständige Tradition. Die Intention dieser Zusammenstellung hat schon Crüsemann richtig gesehen: „Das Ganze kann nur dem einen Zweck dienen, die Legitimität des saulidischen Königtums zu begründen"[434]. Grundsätzlich ist demnach eine positive Haltung

---

Huffmon, „A Company of Prophets", in: Nissinen, *Prophecy*, SBLSS 13, 2000, 57–63; Nissinen, „Socioreligious Role", in: Ders., *Prophecy*, SBLSS 13, 2000, 102–107; Pongratz-Leisten, *Herrschaftswissen*, SAAS 10, 1999, 74–95; Villard, „Les prophéties", in: Lemaire, *Prophètes et rois*, LeDiv Hors Série, 2001, 55–84.

[433] Vgl. dazu oben Abschnitt 3.1.

[434] Crüsemann, *Widerstand*, WMANT 49, 1978, 59. Die drei Phasen sieht Crüsemann etwas anders: „Salbung zum נגיד und damit zum geheimen König (9,1–10,16), öffentliche Bestimmung durch Jahwe, Königsjubel und Heerfolge (10,21bβff.), danach die erste Bewährung im Ammoniterkrieg und anschließend 'Erneuerung des Königtums' (c.11), das ist der intendierte Ablauf." (Ebd. 59). Die Erneuerung des Königtums

des Kompositors zum Königtum Sauls und zur Einführung einer Zentralinstanz in Israel festzustellen.

Stark betont wird die Beteiligung JHWHs an diesem Geschehen. Er ist es, der in 9,15–17 Samuel die ausdrückliche Anweisung zur Salbung Sauls gibt; in der performativen Rede in 10,1 ist es JHWH, der Saul durch Samuel salbt. Mit dieser Betonung der Initiative JHWHs wird die neue Institution des Königtums betont in das religiöse Symbolsystem Israels einbezogen.

Der König selbst wird als Träger der רוח יהוה/אלהים gesehen (10,6.10–12; 11,6) und damit — wie ebenfalls mit der Salbung — in Beziehung zum göttlichen Bereich gesetzt[435]. Allerdings ist zu beachten, dass hier eine Vermittlung durch Samuel notwendig ist. Das Königtum Sauls steht nicht *per se* mit dem göttlichen Bereich in Beziehung.

Die Vorstellung, dass der König Geistträger ist, begegnet interessanterweise innerhalb der Gesamtheit der Könige Israels und Judas nur bei den ersten Königen Saul und David.

David wird als Geistträger gesehen in 1 Sam 16,13. Diese Vorstellung spielt allerdings im Hinblick auf David in den weiteren Davidüberlieferungen keine Rolle mehr. Jedoch zeigt sie sich noch einmal in den „Letzten Worten Davids" in 2 Sam 23,1–7. David wird hier eine prophetisch-divinatorische Funktion zugeschrieben. Es heißt in V2, dass der Geist JHWHs durch David spricht. Die Absicht und zeitliche Ansetzung dieses Textes ist umstritten[436].

---

ist jedoch erst auf dtr Redaktionsstufe in den Text eingeführt worden, ebenso die Person Samuels in 1 Sam 11*. Auf Beziehungen zum altorientalischen Inthronisationsritual machen HALPERN, *Constitution*, HSM 25, 1981, und im Anschluss an ihn EDELMAN, *ZAW* 96 (1984), 198f.; DIES., *Saul*, JSOT.S 121, 1991, 30f.aufmerksam; sie rechnet mit einem dreiteiligen „coronation-pattern". Die Beziehung zu der altorientalischen Inthronisationspraxis unterstreicht den kompositorischen Charakter dieser Darstellung; sie kann keinesfalls als eine historische Abfolge verstanden werden, vgl. EDELMAN, *ZAW* 96 (1984), 201.

[435] Zur Salbung s. oben Abschnitt 4.1; vgl. auch BEYERLIN, *ZAW* 73 (1961), 192, der in der Salbung die Übermittlung der Lebenskraft JHWHs sieht. Die Sakralität des Königtums ist durchgängig im Alten Orient in unterschiedlichen Ausprägungen vorhanden, vgl. dazu GRABBE, *Priests*, 1995, 29–40; M. DIETRICH/W. DIETRICH, „Zwischen Gott und Volk", in: M. DIETRICH/KOTTSIEPER, *Mose*, AOAT 250, 1998, 215–264; LAMBERT, „Kingship in Ancient Mesopotamia", in: DAY, *King*, JSOT.S 270, 1998, 54–70.

[436] Vgl. dazu STOEBE, *Samuelis II*, KAT VIII/2, 1994, 487–489.

Meines Erachtens handelt es sich hier um den Versuch, für den judäischen König auch die Rolle eines divinatorischen Spezialisten zu beanspruchen und so seine Machtfülle noch zu erweitern. Dies spricht eher für eine frühe zeitliche Ansetzung, da diese Vorstellung in der weiteren Königsgeschichte nicht mehr aufgegriffen wird.

Ansonsten begegnet die Geistbegabung noch in der Herrschergestalt in Jes 11. Dieser Text ist ebenfalls zeitlich sehr umstritten[437].

Häufiger zeigt sich dagegen die Geistbegabung bei den im Richterbuch erwähnten Rettergestalten in vormonarchischer Zeit: Gideon in 6,34, Jiftach in 11,29, Simson in 13,25; 14,6.19; 15,14[438]. Somit ist davon auszugehen, dass durch die Geistbegabung Sauls eine Verbindung zu den vormonarchischen Rettergestalten hergestellt worden ist[439].

Allerdings ist die Geist-Vorstellung auf der Textebene der SSK nicht einheitlich. Hier werden zwei unterschiedliche Vorstellungen kombiniert. Deutlich wird dies in den unterschiedlichen Auswirkungen in 1 Sam 10,10–12 und 11,6[440].

---

[437] Falls der Text aus der Zeit Jesajas stammen sollte, halte ich es durchaus für möglich, dass mit dieser Aussage Überlieferungen aus dem Nordreich aufgegriffen werden und auf die judäische Situation adaptiert werden. Die prophetische Auffassung im Nordreich hat sich allerdings in eine andere Richtung entwickelt, wie der weitere Fortgang der Arbeit noch zeigen wird.

[438] Demnach ist RICHTER zuzustimmen, wenn er schreibt: „Die Tradition schränkt also die Geistwirkung auf die Zeit von Gideon bis David ein." (Vgl. RICHTER, *Untersuchungen*, BBB 18, 1963, 179f.).
RÖMHELD, *ZAW* 104 (1992), 34f.47f. möchte die Geistbegabung bei Simson zwei dtr Redaktionen zuteilen (DtrN₁: Ri 14,6.19; 15,14; DtrN₂: 13,25). Dagegen spricht jedoch, dass die Sicht der Rettergestalten als Geistträger nicht durchgängig begegnet, was bei der Gestaltung durch eine übergreifende Redaktion doch zu erwarten wäre; es kommt hinzu, dass es ein gesichertes Kennzeichen der grundlegenden dtr Redaktion im Richterbuch ist, die Rettergestalten zu „Richtern" zu machen; die Vorstellung des Geistbesitzes spielt keine Rolle. Demnach ist die Geistbegabung der Retter den ursprünglichen Traditionen zuzurechnen, vgl. auch FABRY, Art. „רוח", *ThWAT VII*, 1990–1993, 413f. Eine Ausnahme stellt die Geistbegabung bei Otniel in Ri 3,10 dar; hier geht es jedoch darum, den ansonsten nordisraelitischen „Rettern" ein judäisches Pendant gegenüberzustellen. Ri 3,7–11 kann durchaus auf die erste dtr Redaktion zurückgeführt werden, vgl. U. BECKER, *Richterzeit*, BZAW 192, 1990, 104–106 (DtrH).

[439] So schon ALT, „Königtum" (1951), *KS II*, 1953, 118; anders BEYERLIN, *ZAW* 73 (1961), 188–190, der zu recht auf den Unterschied in der Geistvorstellung zwischen 1 Sam 10* und 1 Sam 11* hinweist; allerdings ist sein Argument, in 1 Sam 11* sei Saul noch kein König, für eine Trennung der Königsvorstellung innerhalb der Saul-Überlieferung von der Retterkonzeption angesichts der kompositionellen Gestaltung von 1 Sam 9–11* nicht tragfähig.

[440] Vgl. auch DREYTZA, *Gebrauch*, 1992, 200, der 1 Sam 11,6 mit Ri 3,10; 6,34; 11,29; 13,25; 14,6.19; 15,14; 1 Sam 16,14 und 2 Kön 2,15 zusammenstellt, die er der Ebene „Krafttaten durch Menschen" zuordnet; 1 Sam 10,6.10 rechnet er zusam-

Die Begegnung in 10,10–12 mit der Prophetenschar hat zur Folge, dass auf Saul die רוח אלהים überspringt (ותשלח עליו); er gerät in einen Zustand, der hier mit נבא Hitp. ausgedrückt wird. Dieses Verhalten entspricht dem der נביאים, was dann ja zu der Frage führt, ob Saul auch zu den נביאים zu rechnen sei (10,11). Kennzeichnen lässt sich dieser Zustand als einen alternativen Bewusstseinszustand, der die Selbstkontrolle außer Funktion setzen kann. Induziert wird dieses Verhalten durch Musik, jedenfalls lässt sich dies aus den Angaben von 10,5, wonach die Propheten von einer Kulthöhe kommen und Musikinstrumente mit sich führen, schließen. Dieser Zustand ist am sinnvollsten als „possession trance" zu bezeichnen[441]. In der Parallel-Überlieferung 1 Sam 19,18–24 wird deutlich, dass dieser Zustand lange Zeit anhalten konnte und Saul zum Schluss nackt und erschöpft dalag[442].

Die Geist-Vorstellung, die sich hier zeigt, ist eng verknüpft mit den Gruppenpropheten. Erkennbare Auswirkungen des Geistbesitzes im Zusammenhang der Gruppenprophetie sind ein Trance-Verhalten, das — induziert durch Musik — die Selbstkontrolle verlieren lässt und in diesem Zustand dann wohl auch zu Orakeln führen kann, die als Aussagen der durch den Geist von dem Menschen Besitz ergreifenden Gottheit verstanden werden[443]. Dabei hat die רוח אלהים eine kontagiöse Wirkung; auch dies spricht wieder dafür, dass dieser Zustand durch Musik induziert wurde[444]. Eine ansteckende Wirkung

---

men mit Num 11,25b.26.29; 1 Sam 19,20.23 zu der Ebene „Ekstatische Wirkungen"; vgl. insgesamt 200–235.

[441] Vgl. dazu PARKER, *VT* 28 (1978), 271.

[442] In 10,10–12 wird dies nicht berichtet; es lässt sich auch nicht erkennen, dass Nacktheit mit dem Trance-Zustand notwendigerweise verknüpft sein musste. Dass er auch damit verbunden sein konnte, ist angesichts des Verlustes der Selbstkontrolle durchaus einsichtig. In 19,18–24 wird dieses Detail überliefert, um Saul damit in ein negatives Licht zu rücken.

[443] Nur so lässt sich die Benennung dieses Zustandes mit נבא Hitp. erklären; anders PARKER, *VT* 28 (1978), 279–283, der meint, dass hier nur eine Gruppe in „possession trance" erwähnt sei. Dagegen spricht jedoch, dass für das Verbum נבא auch in anderen Texten sowohl ein bestimmtes Verhalten als auch die divinatorische Rede meinen kann. Im übrigen gilt das auch für akkadisch *maḫû* und *ragāmu* vgl. NISSINEN, „Socioreligious Role", in: DERS., *Prophecy*, SBLSS 13, 2000, 93.

[444] Musik konnte auch ein Mittel darstellen, das einen Zustand herbeiführte, der ein Orakel ermöglicht, wahrscheinlich ohne dass für einen Zuschauer eine von außen erkennbare Wirkung deutlich wurde, vgl. 2 Kön 3,15; dies entspricht dem von PARKER, *VT* 28 (1978), 271, vom „possession trance" unterschiedenen Zustand des „visionary trance".

hat die רוח ebenfalls in Num 11,24–30. Dort ist auch ein von außen
erkennbarer Trance-Zustand zu konstatieren, wenngleich die näheren Umstände nicht erwähnt werden. Klar ist jedoch eine positive
Wertung[445]. Als ebenfalls äußerlich erkennbarer Trance-Zustand ist
das Handeln der נביאים in 1 Kön 18 zu sehen. Auch deren Verhalten
wird mit נבא umschrieben, verbunden mit Selbstverwundungen (18,28).
Ebenso ist dieser Zustand für das Verhalten der Gruppenpropheten
in 1 Kön 22,11 anzunehmen; jedenfalls ist נבא Ni. nicht allein als
Wortverkündigung zu verstehen. Dann müsste mit einem Prophetenchor
gerechnet werden.

Die רוח-Vorstellung bei den oben erwähnten Rettern ist davon
unterschieden, obwohl auch dasselbe Verb צלח verwendet werden
kann. Bei den Rettern ist es der Ermöglichungsgrund für außergewöhnliche Taten. Dies schließt nicht aus, die Geistbegabung auch
als einen Trance-Zustand zu verstehen, doch muss er verschieden
sein von dem Verhalten, das bei den Gruppenpropheten überliefert
ist. Der Verlust der Selbstkontrolle wäre bei der mit der Geistbegabung
bei den Rettern verbundenen Aufgabe der Bezwingung der Feinde
Israels sicher nicht vorstellbar. Im Zusammenhang der Geistbegabung
der Retter wird auch nie das Verb נבא verwendet. Der Trance-
Zustand bei den „Rettern“ wird verstanden als Begabung mit zusätzlichen Kräften, die einem dazu Auserwählten in der Notsituation der
Bedrohung durch Feinde Israels zuwachsen. Meines Erachtens ist es
nicht möglich, einen Zustand aus dem anderen abzuleiten[446].

Die Kombination beider Vorstellung versucht der Kompositor in
10,6, der Ankündigung der Begegnung mit den נביאים durch Samuel.
Das Übergehen der רוח יהוה auf Saul wird angekündigt. Die Fortsetzung in 10,6b sagt dann, dass Saul in der Begegnung mit den נביאים
zu einem anderen Menschen umgewandelt wird: ונהפכת לאיש אחר.
Damit gibt der Kompositor der Geist-Besessenheit einen durativen
Aspekt. Saul wird zu einem anderen Menschen. Er, der eigentlich
bisher eher unselbständig geschildert wurde, wird nun — unter der
Einwirkung des Geistes JHWHs — zu einem mutigen und selbständigen Kämpfer (11,6), einer Retterpersönlichkeit eben. Der von JHWH

---

[445] Die Einordnung dieses Textes ist umstritten; in der Forschung zeichnet sich
die Tendenz ab, diesen Text sehr spät, im Umkreis von Joel 3,1, zu datieren; vgl.
SEEBASS, *Numeri*, BK IV/1 Lieferung 1, 1993, 27–56.
[446] Vgl. auch BEYERLIN, *ZAW* 73 (1961), 188–190; unmöglich ist vor allem die
Ableitung der Geistbegabung des Retters von der Geistbegabung der Gruppenpropheten.

auserwählte und durch Samuel designierte König ist damit gleichzeitig der Inhaber des Jhwh-Geistes, der ihn befähigt, Israel vor dem
Zugriff seiner Feinde zu erretten.

Damit wird erkennbar, was die zentrale Funktion des Königs nach
Aussage der Komposition ist: Er soll Israel gegen seine äußeren
Feinde verteidigen. Dies entspricht der Aufgabe der vormonarchischen Retter, die von Jhwh in Notzeiten erweckt wurden, um Israel
gegen angreifende Feinde zu verteidigen. Das Instrument, das dem
Retter wie König Saul dafür zur Verfügung steht, ist der Heerbann,
der zusammengerufen werden muss (11,6ff.). Der einzig erkennbare
Unterschied zum vormonarchischen Retter liegt darin, dass Jhwh
jetzt den Retter nicht eigens erwecken muss.

In 1 Sam 10,21–27* wird der zunächst geheim durch den Seher
Samuel bestimmte König öffentlich zum König proklamiert. Klar
herausgestellt wird in diesem Abschnitt, dass es eigentlich Jhwh ist,
der den König bestimmt. In einer Gottesbefragung (V22: שָׁאַל בַּיהוה)
wird der König erkannt und schließlich auch gefunden. Seine kör-
perlichen Attribute erweisen ihn dann zunächst als den richtigen
Mann (1 Sam 10,23; vgl. auch 9,2b).

Im weiteren Fortgang der Komposition wird deutlich, dass der
König Einschränkungen unterliegt, an denen er letztendlich scheitert.

Die starke Betonung der Beteiligung Jhwhs an der Einführung des
Königtums zeigt zwar, dass Jhwh das Königtum bejaht und dass die
neue Institution des Königtums einbezogen ist in das religiöse
Symbolsystem Israels; dadurch wird jedoch zugleich deutlich, dass
der neue König Saul an den Willen Jhwhs gebunden ist. Dieser
Wille wird übermittelt durch Samuel. Auf den „Propheten" ist der
König damit verwiesen, wenn sein Königtum Bestand haben soll.

Von einem absoluten Königtum kann nach den Vorstellungen der
Komposition demnach keine Rede sein. Der König ist zwar die
Rettergestalt, er ist auch Träger des Jhwh-Geistes; die eigentlich entscheidende Instanz ist jedoch Samuel, die „Stimme Jhwhs". Als entscheidende Verbindung zu Jhwh übernimmt Samuel auch kultische
Aufgaben (1 Sam 10,8; 13,7–15*; 15,30–33), die nach altorientalischer Auffassung[447] dem König zukamen.

---

[447] Zu Kanaan vgl. Schroer, *Samuelbücher*, 1992, 19, die auf das Bildmotiv des
stehenden oder thronenden Fürsten in einem Wulstsaummantel hinweist. „Wahrscheinlich handelt es sich um die zu dieser Zeit (scil. MB IIB) starken kanaanäischen
Stadtkönige Palästinas, die religiös zu Mittlerwesen zwischen der göttlichen und irdi-
schen Welt aufrückten." (19).

Frappierend ist, dass der König seine Aufgaben ohne weitere strukturelle Änderungen bewältigen soll. Nach der öffentlichen Proklamation
geht Saul wieder nach Hause und nimmt seine normale Tätigkeit
auf dem Ackerfeld wieder auf. In 1 Sam 11 hört er vom Hilferuf
der Leute aus Jabesch-Gilead, als er vom Feld kommt (1 Sam 11,5).
Der König benötigt keine Residenz, von Palast- oder Tempelbau,
einer im Alten Orient wichtigen Funktion des Königs, ist keine Rede.
Die Andeutung einer Hofhaltung bzw. eines Erzwingungsstabes zeigt
sich in 10,26. Eher verschämt wird davon berichtet, dass ein Teil
der Kriegsleute mit Saul geht. Nach 1 Sam 11 könnte man sich fragen, ob sie Saul bei der Feldarbeit zur Seite stehen wollen. Auch
diese Andeutung einer beginnenden Neustrukturierung, die mit dem
Königtum verbunden ist, wird auf Gott zurückgeführt, der die Herzen
dieser Männer, die Saul begleiten, angerührt habe.

Ein heikles Thema scheinen Abgaben irgendwelcher Art für das
Königtum zu sein. Sie werden euphemistisch als מנחה — „Geschenk"
umschrieben, das auf freiwilliger Basis zu leisten ist. Die als בני
בליעל bezeichneten Gegner Sauls leisten jedenfalls dieses „Geschenk"
nicht, was von Saul großzügig übersehen wird[448].

Zusammenfassend lässt sich sagen, dass das Bild des Königtums, das
hier in der SSK entworfen wird, trotz grundsätzlicher Bejahung ein
äußerst schwaches Königtum ist. Strukturell steht es unter der Instanz
der „Stimme Jhwhs", Samuels, ohne den der König keine eigene
Initiative entwickeln darf. Die Funktion des Königtums besteht darin,
die Feinde Israels zu bekämpfen, es hat also vor allem „außenpolitische" Aufgaben. Das Instrument hierzu ist der Heerbann, der zusammengerufen werden muss. Damit orientiert sich dieses Königtum an

---

[448] Niemann, *Herrschaft*, FAT 6, 1993, 6.26 u.ö., ist der Auffassung, dass im
Nordreich nie ein eigenes Steuersystem installiert war und im Südreich erst unter
Joschija eingeführt wurde. Er beruft sich auf Rüterswörden, *Beamte*, BWANT 117,
1985, 127–136; anders Kessler, *Staat*, VT.S 47, 1992, 142–153, der allerdings nur
Juda im Blick hat. Tatsache ist, dass ein allgemeines Steuersystem kaum Spuren in
der hebräischen Bibel hinterlassen hat. Doch scheint es mir überzogen, hieraus auf
die Nichtexistenz schließen zu wollen. Zum einen ist z.B. die Bautätigkeit der
Omriden ohne Abgaben kaum vorstellbar; bei Salomo werden nach 1 Kön
5,21–25 landwirtschaftliche Produkte an den tyrischen König als Gegenleistung für
die Lieferung von Zedern- und Zypressenholz erwähnt. Dass Abgaben gerade nach
den Erfahrungen, die zur Reichsteilung führten, einen sensiblen Punkt berühren, ist
klar. Bei aller Vorsicht ist es jedoch meines Erachtens unwahrscheinlich, dass die
Könige Israels und Judas auf allgemeine Abgaben ganz verzichtet hätten.

der alten Retterfunktion, mit dem Unterschied eben, dass es ein
Mehr an Kontinuität besitzt.

Innenpolitische Funktionen besitzt dieses Königtum fast überhaupt
nicht. Abgaben für den König beruhen auf Freiwilligkeit, eine Residenz
ist nicht vorgesehen, eine Hofhaltung wird eher verschleiert als dass
sie gebilligt wird. Von einer Bautätigkeit ist keine Rede, auch kultische Funktionen werden von Samuel übernommen (10,8; 13,7ff.;
15,31ff.). Von einer dynastischen Folge ist nicht die Rede, bei der
Bestallung des Königs wird durch die geheime Designation und das
Losverfahren die Prävalenz Jhwhs bei der Bestimmung des Königs
betont.

ALT hat aus den Texten der Saul-Überlieferung auf ein charismatisches Königtum im Nordreich Israel geschlossen, das vor allem
die Elemente „Designation durch Jhwh bzw. durch einen Propheten"
und „Akklamation durch das Volk" enthalte und sich an das charismatische Führertum der vormonarchischen Zeit anschließe[449].
Er sieht in diesem „charismatischen Königtum" eine Besonderheit
des Nordreiches, die dazu geführt habe, dass Israel in der Zeit
bis Omri — mit der Unterbrechung der Herrschaft Davids und
Salomos — ein „Reich der gottgewollten Revolutionen"[450] war.
Später hat sich nach ALT diese Auffassung noch in der Revolution
Jehus und in den Wirren nach dem Ende der Dynastie der Jehuiden
Geltung verschafft. Auch Hosea habe dieses Ideal noch als Maßstab
an das Königtum im Nordreich angelegt.

Nun hat diese Auffassung von ALT vor allem dahingehend berech-
tigten Widerspruch erfahren, dass die Dynastiebildung schon bei Saul
erkennbar ist und auch bei allen weiteren Königen des Nordreiches
vorausgesetzt werden muss. Demnach besitzt das Königtum im
Nordreich keine andere Grundstruktur als Juda bzw. das Königtum
außerhalb Israels[451]. WHITELAM stellt zutreffend fest, dass das dynastische

---

[449] Vgl. ALT, „Königtum" (1951), *KS II*, 1953, 116–134.
[450] Ebd., 122.
[451] Zur Kritik an ALT vgl. vor allem ISHIDA, *Dynasties*, BZAW 142, 1977, 151–182;
TIMM, *Dynastie*, FRLANT 124, 1982, 274–288; UTZSCHNEIDER, *Prophet*, OBO 31,
1980, 47–50; WONNEBERGER, *Redaktion*, FRLANT 156, 1992, 166f. Untauglich ist
der Versuch von HERRMANN, *ErIs* 24 (1993), 100–102, das Konzept von ALT dadurch
zu retten, indem er das charismatische Element auf die Begründung für das jeweilige Herrschergeschlecht reduziert und so den Widerspruch zum dynastischen Prinzip
aufzuheben glaubt.

Verständnis „was a basic feature of the ANE, including Israelite kingship"[452]. Dennoch bleibt anzuerkennen, dass ALT die Struktur des Königtums im Nordreich, wie sie sich aus den Texten der Saul-Überlieferung ergibt, durchaus richtig beschrieben hat. Der Fehler von ALT liegt jedoch darin, dass er ohne weiteres von den Texten auf die historische Situation geschlossen hat. Er hat das „charismatische Königtum" als Verfassungswirklichkeit des Nordreiches Israel beschrieben; dabei handelt es sich um ein Konzept, das — wie die Kritik erwiesen hat — nie voll in die historische Realität übernommen worden ist und das die Vorstellung einer bestimmten Gruppe, nämlich der Propheten in Gilgal[453], widerspiegelt. Als solches hat es dann auch geschichtliche Wirkung entfaltet.

5. DATIERUNG, ÜBERLIEFERUNGSTRÄGER UND HISTORIZITÄT

5.1. *Datierung*

Die Komposition 1 Sam 9–31* umspannt die Herrschaft des ersten israelitischen Königs von den geheimen Anfängen bis zum tragisch-bitteren Ende. Dabei handelt es sich um einen Text, der in „narrativer Theologie", in der Form aneinander gereihter, kennzeichnender Episoden und Ereignisse über das Königtum reflektiert und damit deutlich macht, wie ein König und die Institution des Königtum für Israel beschaffen sein muss. Eine wesentliche Funktion dieses Textes ist es, die Zentralinstanz „Königtum" zu legitimieren, d.h. in das religiöse Symbolsystem Israels zu integrieren. Der König wird durch Samuel im Auftrag JHWHS gesalbt, er wird von JHWH in einem Losverfahren ausgewählt und der König ist Träger des JHWH-Geistes. Von ihm geht Hilfe für Israel aus (1 Sam 11,13). Hier zeigt sich ein grundsätzliches Ja zur Zentralinstanz Königtum; ganz deutlich ist die SSK kein königsfeindlicher Text.

Aber kann man der Klassifikation von WELLHAUSEN[454] folgen und diesen Text als königsfreundlich einstufen? Eindeutig dagegen spricht die strukturelle Bindung des Königs an die regulierende und übergeordnete Instanz Samuel, die „Stimme JHWHS", die den König in

---

[452] WHITELAM, Art. „King and Kingship", *ABD IV*, 1992, 46.
[453] Vgl. CAMPBELL, *Prophets*, CBQ.MS 17, 1986, 113, und weiter unten Abschnitt 5.2.
[454] Vgl. WELLHAUSEN, *Composition*, ⁴1963, 242.

seiner Handlungs- und Entscheidungsfreiheit deutlich einschränkt. Es kommt hinzu, dass seine Funktion im wesentlichen auf den außenpolitischen Bereich beschränkt bleibt; er ist darin der gradlinige Nachfolger der alten Rettergestalten des Richterbuches. Anstatt eine Residenz zu bauen und die mit der Einrichtung einer Zentralinstanz notwendig gewordene neue Infrastruktur zu erstellen, geht Saul nach Hause und ackert auf dem Feld. Auf den Hilferuf der Leute aus Jabesch-Gilead hin wird jedoch deutlich, dass er Israel Hilfe bringen kann. Gegenüber seinen Gegnern in Israel zeigt er sich langmütig und großzügig, eher um Einsicht werbend als fordernd (1 Sam 10,26; 11,12f.)[455].

In welcher Zeit ist diese Konzeption eines außenpolitisch handlungsfähigen, innenpolitisch aber fast funktionslosen, auf Versöhnung ausgerichteten Königtums vorstellbar?

> CRÜSEMANN hat die von ihm angenommene vordtr Redaktion in 1 Sam 9–11* in die Zeit vor der Reichsteilung datiert[456]. Der Ausgangspunkt für CRÜSEMANN ist die Funktion des Textes als Legitimation für die Herrschaft Sauls. „Es muss sich doch um eine Zeit handeln, in der der Anspruch Sauls und der Sauliden bestritten wird, in der er zugleich aber auch noch verteidigt werden kann. Nicht aus der Situation nach der Reichstrennung, sondern schlechterdings nur davor ist derartiges denkbar und vor allem auch nachweisbar"[457].

Sieht man jedoch den gesamten Text der Komposition 1 Sam 9–31*, so wird deutlich, dass die Legitimation des Königs Saul nur *eine* Funktion dieses Textes ist, in dem auch das Scheitern Sauls beschrieben wird. Vor allem beachtet CRÜSEMANN zu wenig die Bedeutung der dem König übergeordneten Instanz Samuel, die unseren Text aus dem Bereich der reinen Legitimation König Sauls bzw. des Königtums heraushebt. Somit ist die Einordnung in die Situation vor der Reichsteilung nicht zwingend. Es geht nicht darum, den dynastischen Anspruch der Sauliden zu verteidigen. Geht man zeitlich

---

[455] Ein ganz anderes Bild Sauls im Hinblick auf den Umgang mit seinen Gegnern zeigt sich in 1 Sam 22,6–23; vgl. auch 2 Sam 21,1–14 sowie seine Haltung gegenüber David in den auf David bezogenen Überlieferungen. Dieses andere Bild Sauls dürfte der historischen Realität wohl ein ganzes Stück näher sein.

[456] Vgl. CRÜSEMANN, *Widerstand*, WMANT 49, 1978, 59.

[457] Ebd.

etwas weiter, so erhält die in dieser Komposition aufscheinende
Konzeption des Königtums in Israel einen geschichtlichen Hintergrund,
der die Abfassung dieses Textes einsichtig macht.

Diese Situation ist erst gegeben mit und nach der Reichsteilung,
in der sich im Anschluss an den Bruch mit Juda und den Davididen
die Notwendigkeit ergab, das eigene Königtum im Nordreich Israel
neu zu konzipieren. Was lag näher als die Überlieferungen über den
ersten König Israels, Saul, der ja aus dem Nordreich stammte, aufzunehmen und in eine Form zu gießen, die den eigenen Vorstellungen
entsprach? Das Königtum wurde im Nordreich ja nicht wieder
abgeschafft. Die Gründe für den Bruch mit den Davididen waren
im wesentlichen im innenpolitischen Bereich zu suchen und es war
der Versuch, sich gegen den Zugriff einer Zentralmacht zur Wehr
zu setzen, die offensichtlich die Grenzen des Zumutbaren überstieg[458].
In den Rahmen dieser Bemühungen ist unser Text am ehesten einzuordnen. Deutlich ist jedenfalls, dass die Geschichte des Nordreiches
in den ersten Jahrzehnten einen anderen Verlauf nahm als die Geschichte des Südreiches[459], vor allem im Hinblick auf Dynastiebildung
und Residenzort. Dies ist sicherlich darauf zurückzuführen, dass es
starke Kräfte gab, die eine eher schwache Zentralinstanz wollten,
gerade auf dem Hintergrund der Erfahrungen mit den Davididen.
Eine dieser Kräfte verschaffte sich in der SSK Ausdruck[460]. So ist
damit zu rechnen, dass verschiedene Gruppen im Nordreich Israel
dafür sorgten, dass erst mit den Omriden im Nordreich „normale"
monarchische Zustände eintraten.

Als *terminus a quo* für unseren Text ist demnach die Reichsteilung
anzunehmen. Lässt sich auch ein *terminus ad quem* näher bestimmen?

Die Darstellung Sauls ist bei aller kritischer Sicht im Hinblick auf

---

[458] Zu den Gründen, die zu dem Aufstand Jerobeams führten, vgl. den meines
Erachtens überzeugenden Überblick bei ALBERTZ, *Religionsgeschichte*, GAT 8/1, 1992,
215–219; maßgeblich für die Beibehaltung der Zentralinstanz im Nordreich waren
neben dem externen Faktor der Bedrohung durch die Philister die internen Faktoren,
die ebenfalls zu einer Zentralinstanz drängten, vgl. dazu vor allem FINKELSTEIN,
JSOT 44 (1989), 43–74; NEU, *Anarchie*, 1992, 243–319.

[459] Anders jedoch ALBERTZ, *Religionsgeschichte*, GAT 8/1, 1992, 175 Anm 4.

[460] Sicherlich zu diesen Kräften ist auch die Bezugnahme auf die antiherrschaft-
lichen Tendenzen in der Exodus-Tradition zu rechnen (vgl. 1 Kön 12,28), auf die
ALBERTZ, *Religionsgeschichte*, GAT 8/1, 1992, 216–219, hinweist. Auf sie wird jedoch
in der Komposition nicht zurückgegriffen, wohl aber auf die Retter-Tradition; die
Absicht ist entsprechend.

seine Unselbständigkeit und seinen religiösen Übereifer von Sympathie getragen. Von daher ist es klar, dass diese Schrift im Nordreich entstanden ist. Wie Saul im Südreich gesehen wurde, zeigen die David-Überlieferungen. Trotz allem ist Saul in der Komposition als Träger des Jhwh-Geistes gezeichnet, der Israel Rettung bringt (1 Sam 11*).

Wie die weitere Untersuchung der Elija- und Elischa-Überlieferungen noch zeigen wird, ist die Konzeption des Königs als Träger des Jhwh-Geistes und damit als Retter dort schon nicht mehr vorhanden[461]. Diese Vorstellung ist auf die Anfangsgeschichte des Königtums (David und Saul) beschränkt. Innerhalb der Elija- und Elischa-Überlieferungen zeigt sich der Übergang der Rettervorstellung vom König auf den Propheten (2 Kön 2). Das heißt, dass die Ausformung der Elija- und Elischa-Tradition den *terminus ad quem* darstellen. Die Elija- und Elischa-Überlieferung ist in der ersten Hälfte des 8. Jahrhunderts entstanden. Damit ergibt sich als eine mögliche Datierung für die Komposition der Zeitraum zwischen der Reichsteilung und 800 v.Chr. Für die Abfassung der Komposition 1 Sam 9–31* ist jedoch innerhalb dieses Zeitraumes eher an einen früheren Termin zu denken, da die Reflexion über das Königtum notwendigerweise bei dem Bruch mit dem Südreich einsetzen musste. Die erste Hälfte des 9. Jhd. ist daher als Abfassungszeit der Komposition am ehesten anzunehmen.

Betrachtet man das Gottesbild der Komposition, so zeigt sich Jhwh vor allem in seinen aggressiv-kämpferischen Aspekten. Jhwh will ein Königtum, das die Feinde Israels vernichtet und das Erbteil Jhwhs bewahrt (1 Sam 9,15–17; 10,1). Er verlangt Gehorsam gegenüber dem Repräsentanten Jhwhs, Samuel, obwohl z.B. das Handeln Sauls in 1 Sam 13,7–15* durchaus nachvollziehbar und verantwortungsvoll erscheint. In dem Bemühen Sauls, Jhwh noch rechtzeitig gnädig zu stimmen, dokumentiert sich die Vorstellung eines leicht zu beleidigenden Gottes, bei dem peinlich darauf geachtet werden muss, alle Verpflichtungen zu erfüllen. Der Gehorsam, den Jhwh verlangt und dem Saul versucht nachzukommen, liegt nach der Auffassung der Komposition jedoch auf einer anderen Ebene: Wichtiger als die Darbringung von Opfern ist der Gehorsam gegenüber der „Stimme Jhwhs", Samuel (1 Sam 15,22).

---

[461] Vgl. dazu die Behandlung der Elija- und Elischa-Traditionen in Kapitel II bzw. III dieser Arbeit.

Am deutlichsten zeigt sich der aggressiv-kämpferische Aspekt Jhwhs in der intransingenten חרם-Vorstellung in 1 Sam 15. Jhwh verlangt die vollständige Vernichtung der Amalekiter, der zunächst von Saul verschonte König Agag wird von Samuel in einem kultischen Akt getötet (1 Sam 15,31–33)[462].

Wie Keel/Uehlinger anhand der Untersuchung der Bildträger in Palästina nachgewiesen haben, ist der aggressiv-dominante Charakter der (männlichen) Götter vor allem ein Kennzeichen der Eisenzeit I und IIA (1200–900)[463]. Dies spricht ebenfalls für eine frühere Datierung der SSK in dem oben angenommenen Zeitraum.

Eine weitere Bestätigung für eine frühe Abfassungszeit ist der ziemlich unbefangene Umgang mit einem Phänomen wie Nekromantie in 1 Sam 28; von einer prinzipiellen Ablehnung wie z.B. in Jes 8,19 ist noch nichts zu verspüren[464].

5.2. Überlieferungsträger

Innerhalb der Bandbreite der Stellungnahmen zum Königtum in der frühen Zeit nimmt die Komposition 1 Sam 9–31* eine eher vermittelnde Position ein. Das Königtum wird nicht rigoros abgelehnt wie in Ri 8,22f., es wird nicht als nutzlose Institution dargestellt wie in der Jotam-Fabel Ri 9,8–15, ihm wird aber auch nicht eine sakrosankte Aura verliehen wie in den Davidüberlieferungen, in denen der Begriff יהוה משיח die Unverletzlichkeit des Königs dokumentiert. In der SSK werden auch nicht wie in der Josefsgeschichte (Gen 37–50*) die Eingriffe der Zentralinstanz in das Wirtschaftsleben verteidigt[465]. Ein eher schwaches Königtum, zumindest was die innen-

---

[462] Das Lexem חרם gehört zum Wortfeld von Krieg und Vernichtung, aber auch zum Wortfeld des Heiligen, vgl. dazu Lohfink, Art. „חרם", ThWAT III, 1977–1982, 192–213; zur theologischen Wertung vgl. Ders., IKaZ 18 (1989), 104–112; diese Vorstellung war nicht exklusiv israelitisch, sie begegnet im direkten Umfeld Israels in der moabitischen Meša-Inschrift. In einem stärker kosmogonischen Sinn interpretiert Stern, UF 21 (1989), die חרם-Vorstellung als „expression of an order versus chaos", verbunden mit einem exklusiven Jhwhismus (413–420, Zit. 419); eine Übersicht zur Bedeutung und Funktion von חרם bei Schäfer-Lichtenberger, BZ NF 38 (1994), 270–275; vgl. auch W. Dietrich, „The ‚Ban' in the Age of the Early Kings", in: Davies/Fritz, Origins, JSOT.S 228, 1996, 196–210; Lemaire, „Le herem", in: Nehmé, Guerre et conquête, 1999, 79–92.

[463] Vgl. dazu Keel/Uehlinger, Göttinnen, QD 134, 1992, 123–198, bes. die Zusammenfassungen 146–148.196–198.

[464] Anders W. Dietrich, David, BWANT 122, ²1992, 25.

[465] Vgl. dazu die Ausführungen von Crüsemann, Widerstand, WMANT 49, 1978, 143–155.

politischen Funktionen anbetrifft, ist die Vorstellung, die in der Komposition entwickelt wird.

Von besonderer Bedeutung ist dabei die Bindung des Königs an eine religiöse Instanz, Samuel, der er untergeordnet wird. Von daher ist Samuel die zentrale Gestalt in der Komposition. Eindeutig hat er die Rolle eines divinatorischen Spezialisten. In der Einzelüberlieferung 9,1–10,9* wird er als Gottesmann und Seher bezeichnet, in der Komposition ist es Samuel die „Stimme Jhwhs", die die Brücke darstellt zwischen der menschlichen und der göttlichen Sphäre. Dass in einem divinatorischen Spezialisten und nicht z.B. in einem Priester oder, was im Alten Orient am nächsten liegen würde, dem König selbst, die Verbindung zwischen menschlicher und göttlicher Welt gesehen wird, diese Vorstellung verweist deutlich auf „prophetische Kreise", denen die Bindung des Königtums an Jhwh, repräsentiert durch die Bindung an Samuel, am ehesten eine Garantie dafür darstellen konnte, dass das Königtum nicht wie bei dem Davididen Rehabeam entartete[466].

Ebenfalls auf „prophetische Kreise" verweist die Kombination der unterschiedlichen רוח-Vorstellungen, die in 1 Sam 10* und 1 Sam 11* vorliegen[467]. Die Begegnung mit den Gruppenpropheten weist Saul als Geistträger im Sinne der Gruppenprophetie aus und macht ihn zu einem anderen Menschen (10,6.10–12). Das Ergebnis dieses Prozesses ist dann die Verwunderung ausdrückende Frage, ob Saul selbst zu den נביאים gehört hat (1 Sam 10,11.12; vgl. 19,24). Die רוח יהוה/אלהים ist es dann, die ihm den Sieg über die Ammoniter ermöglicht (11,6), wobei hier die Geist-Vorstellung der vormonarchischen Retter aufgegriffen wird. Damit wird Saul zugleich in Verbindung gebracht mit den vormonarchischen Retterpersönlichkeiten, die in Notsituationen Israel retteten. Die Aufnahme dieser Vorstellung erklärt sich damit, dass in der SSK ein bestimmtes Bild des Königtums entwickelt werden soll. Zentrale Aufgabe des Königs ist die Abwehr der äußeren Feinde Israels, innenpolitisch hat er so gut wie keine Funktion.

An den beiden רוח-Vorstellungen des Gruppenpropheten und des

---

[466] BREYTENBACH, „Samuel Narrative" in: DE MOOR/VAN ROOY, *Past, Present, Future*, OTS 44, 2000, 50–61, sieht ein Porträt Samuels als Prophet und Priester und führt die Darstellung Samuels auf zadokidische Priester aus der Zeit des Königs Hiskija zurück. Die Gründe dafür gewinnt er vor allem aus 1 Sam 1–3. Leider verzichtet BREYTENBACH auf literarkritische Überlegungen.

[467] Vgl. dazu oben Abschnitt 4.2.

Retters, die phänomenologisch unterschieden werden müssen, hat Saul in der SSK Anteil. Der Geist des Retters und der Geist der נביאים ist ein- und derselbe Geist Jhwhs. Diese Identifikation lässt sich am ehesten verstehen, wenn der Verfasser[468] aus den Kreisen der Gruppenprophetie kommt. Für die Gruppenpropheten, die im Gegensatz zu den einzeln auftretenden „Propheten" in ihrer sozialen Stellung eher peripher eingeordnet werden müssen[469], bedeutet die Einbindung ihrer Geist-Vorstellung in das Königtum natürlich eine enorme Aufwertung. Demnach spricht alles dafür, den Verfasserkreis in der Gruppenprophetie zu sehen.

Lässt sich die Festlegung auf Gruppenpropheten noch stärker eingrenzen? Auffällig ist die zentrale Bedeutung, die in den redaktionellen Textstücken der Ort Gilgal einnimmt. In 1 Sam 10,8 kündigt Samuel das nächste Treffen mit Saul in Gilgal an; das Siegesfest nach der Schlacht gegen die Ammoniter findet in Gilgal statt (1 Sam 11,15*) und auch die beiden Auseinandersetzungen zwischen Samuel und Saul in 13,7–15a*; 15 sind in Gilgal situiert. Für diesen Ort sind später Gruppenpropheten, die *bᵉnê hannᵉbî'îm*, erwähnt, die mit Elischa in einer engen Beziehung stehen (2 Kön 2,1; 4,38). Gilgal war wohl ein regionales Grenzheiligtum zwischen Ephraim und Benjamin[470], das in späteren Zeiten die Kritik von Amos und Hosea auf sich gezogen hat (Am 4,4; 5,5; Hos 4,15; 9,15; 12,12). Es ist damit zu rechnen, dass die zweifellos vorhandene Bedeutung Gilgals als Kultzentrum natürlich auch eine Anziehungskraft auf die Gruppenpropheten ausübte und sie sich möglicherweise am Ort oder in der Nähe niederließen. Wie sich ein solcher Vorgang abspielte, illustriert 2 Kön 6,1–7.

Auf eine Beziehung zu diesen Gruppenpropheten weist auch die Bezeichnung Samuels in der Einzelüberlieferung 1 Sam 9,1–10,9* als „Gottesmann" hin, die wohl im Milieu der Gruppenpropheten

---

[468] Die weibliche Form kann hier entfallen, da bei den Gruppenpropheten keine weiblichen Mitglieder erwähnt werden, anders als bei den allein auftretenden divinatorischen Spezialisten bzw. Spezialistinnen.

[469] Vgl. dazu weiter unten Kapitel III, Abschnitt 5.2.

[470] Es ist bisher noch nicht gelungen, die Ortslage zu identifizieren. Klar ist, dass Gilgal in der Nähe von Jericho in der Jordansenke zu lokalisieren ist (Jos 4,19; 5,10; Ri 3,15ff.). Ausgrabungen haben bisher jedoch noch nicht zu einem klaren Resultat geführt, vgl. E. Otto, Art. „Gilgal", *TRE 13*, 1984, 268–270; Niemann, *Herrschaft*, FAT 6, 1993, 188f.; Rösel, *Israel*, BEAT 11, 1992, 150 Anm 8; H.-C. Schmitt, *Elisa*, 1972, 158–162.

um Elischa entwickelt worden ist, so dass anzunehmen ist, dass diese Einzelerzählung ebenfalls in diesen Kreisen entstanden ist.

Im Unterschied zur Elija- und Elischa-Überlieferung spielen wunderhafte Elemente jedoch keine Rolle. Diese sind wohl erst eingeführt worden mit der auch organisatorischen Verbindung zwischen Gruppenpropheten und einem einzelnen divinatorischen Spezialisten, wie es dann bei Elischa der Fall war.

5.3. *Historizität*

Bei der Frage der Historizität der untersuchten Texte kann es nicht darum gehen, den einzelnen erzählten Ereignissen nachzuspüren und sie für historisch oder nicht historisch zu erklären. Dieser Weg führt automatisch in eine Sackgasse, weil es von der Intention der Texte her nicht darum geht, Geschehnisse wirklichkeitsgetreu wiederzugeben. Es handelt sich durchwegs um religiöse Texte im narrativen Gewand. Das Ziel der SSK ist es nicht, aus geschichtlichem Interesse ein Bild der Anfänge des Königtums zu entwickeln, sondern eine Konzeption des Königtums in Nordisrael zu erstellen, wobei es insbesondere darauf ankommt, die Beziehung des Königtums zu JHWH deutlich zu machen. Es handelt sich um die Sicht eines bestimmten Überlieferungskreises, der Gruppenpropheten in Gilgal.

In der biblischen Überlieferung zeigt sich deutlich, dass die geschichtliche Erfahrung Israels eine zentrale Rolle für das religiöse Symbolsystem Israels spielt[471]. Die geschichtliche Erfahrung ist ein zentrales — natürlich nicht das einzige — Referenzsystem der religiösen

---

[471] Vgl. dazu die Bemerkungen bei ALBERTZ, *Religionsgeschichte*, GAT 8/1, 1992: „Die Jahwereligion Israels entsteht im BefreiungsProzess einer unterdrückten Außenseitergruppe der ägyptischen Gesellschaft, ihre religiöse Symbolwelt ist darum direkt auf den Prozess geschichtlich politischer Befreiung bezogen. Das gibt ihr von ihrem Ursprung her eine geschichtlich politische Ausrichtung und einen deutlichen Bezug zum Sozialen, der für die Religion Israels kennzeichnend bleiben sollte." (78). Hinzuweisen ist in diesem Zusammenhang auch darauf, dass bei den Rechtstraditionen zu erkennen ist, dass sie im Laufe der Überlieferung an einen bestimmten Punkt der Geschichte gebunden werden, vgl. CRÜSEMANN, *Tora*, 1992, 39.
Diese Beziehung der religiösen Erfahrung zur geschichtlichen Erfahrung wird z.B von LEMCHE, „Religion", in: W. DIETRICH/KLOPFENSTEIN, *Gott allein*, OBO 139, 1994, 59–75, nicht gesehen, wenn er einen Paradigmenwechsel in der Darstellung der israelitischen Religionsgeschichte fordert; LEMCHE sieht in den biblischen Texten nur noch „Fiktionsliteratur", die bei der Rekonstruktion insbesondere der frühen Religionsgeschichte tunlichst nicht mehr heranzuziehen sei. Zur Auseinandersetzung mit dieser Sicht vgl. den instruktiven Artikel von KOSTER, „Historicity" in: DE MOOR/VAN ROOY, *Past, Present, Future*, OTS 44, 2000, 120–149.

Symbolwelt Israels und von daher ist es auch möglich, historische
Fragen an diese Texte zu stellen.

Es sind drei historische Fragen, um die es hier gehen soll:

1) Wie lässt sich auf historischer Ebene die soziale Rolle Samuels
   beschreiben, wenn wir einmal von der von J.M. McKenzie 1962
   formulierten Voraussetzung ausgehen, dass „Samuel cannot not
   have worn several hats"[472].
2) Inwieweit ist eine Beteiligung Samuels an der Einführung des
   Königtums in Israel anzunehmen?
3) In welcher Beziehung stand Samuel zur Gruppenprophetie?

Bei der Diskussion um die soziale Rolle Samuels stehen vier
Möglichkeiten zur Diskussion: Richter, und zwar einer der sogenannten „kleinen Richter", Priester, Prophet und noch zusätzlich Seher.
Die Differenzierung zwischen Seher und Prophet (נביא) in funktio-
naler Hinsicht hat keinen Anhalt in den uns vorliegenden Texten,
so dass sich die Möglichkeiten auf drei reduzieren lassen.

Für eine Rolle als Priester sprechen die von Samuel überlieferten
kultischen Aktivitäten in 1 Sam 9; 13; 15[473]. Jedoch setzt keine dieser Aktivitäten voraus, dass Samuel in der sozialen Rolle eines Priesters
gesehen werden muss, da alle kultischen Handlungen, die Samuel
vornimmt, nicht exklusiv an das Priestertum gebunden sind. Anders
ist das jedoch in der Geburtsgeschichte 1 Sam 1–2*. Samuel wächst
dort bei dem Priester Eli auf, er trägt ein „leinenes Efod" (1 Sam
2,18). Den Angaben in der Geburtsgeschichte kann jedoch nur schwer
historische Zuverlässigkeit bescheinigt werden. Hiergegen spricht die
Form der Geburtsgeschichte, die schon vorhergehende Überliefer-

---

[472] J.M. McKenzie, *BR* 7 (1962), 4 Anm 3; anders Weiser, *Samuel*, FRLANT
81, 1962, 5–24, der Samuel als Inhaber eines amphiktyonischen Amtes sieht und
davor warnt, die Grenzen zwischen richterlicher, kultischer und prophetischer
Funktion zu eng zu ziehen; ähnlich auch noch Ramsey, Art. „Samuel (Person)",
ABD V, 1992, 956. Die Schwierigkeit dabei ist, dass sich außerhalb der Samuel-
Überlieferung keine Spuren dieses umfassenden Amtes erkennen lassen; die aus der
Richterliste Ri 10,1–5; 12,7–12 erhebbaren Daten lassen sich auf jeden Fall nicht
in dieser Richtung interpretieren.

[473] Vgl. W. Dietrich, *David*, BWANT 122, ²1992, 101, sieht in der von ihm
postulierten „Samuel-Saul-Geschichte" (1 Sam 1–11*) Samuel als Priester gezeichnet; G. Robinson, *Nations*, 1993, 4, sieht Samuel schlicht als „sacrificial priest"; vgl.
vorher auch schon Jepsen, *Nabi*, 1934, 110; zur Diskussion dieser Frage vgl. vor
allem Cody, *History*, AnBib 35, 1969, 72–80, der Samuel als „Prophet" und „Richter"
sieht; Uffenheimer, *Early Prophecy*, 1999, 263–269.

ungen voraussetzt. Möglicherweise ist in der Geburtsgeschichte der Versuch zu erblicken, Samuel für das schilonitische Priestertum, das in der Zeit Davids in dem Priester Abjatar ja noch eine Konkurrenz für die Zadokiden darstellte, zu vereinnahmen. Rückschlüsse auf die historische Rolle Samuels sind meines Erachtens aus diesem Text nicht zu gewinnen.

Es bleibt die Rolle des Richters. Für sie hat sich im Gefolge einer breiten Zustimmung in der Forschungsgeschichte in letzter Zeit vor allem MOMMER ausgesprochen[474]. Textgrundlage hierfür ist vor allem 1 Sam 7,15–17. Dieser Text entstammt jedoch erst der dtr Redaktion (DTR I), wie überhaupt die Darstellung Samuels in einer zentralen Leitungsfunktion für Israel erst DTR I zugewiesen werden konnte[475]. Neben dieser unterschiedlichen Beurteilung der Textgrundlage ist eine weitere Schwäche der Position von MOMMER die Kennzeichnung des „Richteramtes", in dem er vor allem eine stämmeübergreifende forensische Funktion erblickt. Die Textgrundlage, die für die Bestimmung des „Richteramtes" in Frage kommt, Ri 10,1–5; 12,7–15, gibt jedoch eine solche Bestimmung der Richterfunktion nicht her, sie verweist eher auf eine regional begrenzte Herrschaftsfunktion.

Des weiteren ist kritisch anzumerken, dass MOMMER zur Rekonstruktion der historischen Rolle Samuels ein kleines Textsegment zum Ausgangspunkt nimmt und der wesentlich breiter bezeugten Überlieferung, die Samuel in einer divinatorischen Funktion zeigt, zu wenig Bedeutung zumisst[476]. Von daher ist das Ergebnis von MOMMER vom Kopf auf die Füße zu stellen. Als historische Rolle kommt einzig die eines einzeln auftretenden divinatorischen Spezialisten in Frage, wie sie vor allem in 1 Sam 9–10* greifbar wird[477]. Dafür spricht auch das Ergebnis der diachronen Analyse, das der weithin akzeptierten Auffassung widerspricht, dass Samuel erst auf einer Bearbeitungsstufe in den Text der Überlieferung 1 Sam 9–10* eingefügt worden sei.

---

[474] MOMMER, Samuel, WMANT 65, 1991, 202–221; zurückhaltender DERS., Art. „Samuel", TRE 30, 1998, 1–4; vorhergehende Vertreter dieser Einordnung Samuels listet MOMMER in 210 A 49 auf; dazu kommen noch WONNEBERGER, Redaktion, FRLANT 156, 1992, 312; SCHROER, Samuelbücher, 1992, 31; HENTSCHEL, 1 Samuel, NEB, Lieferung 33, 1994, 70.

[475] Vgl. dazu oben Abschnitt 3.2.

[476] Erst auf S. 221f. geht MOMMER auf die „prophetische Samuel-Tradition" ein, der er auch ein hohes Alter zuspricht, sie aber unter historischen Gesichtspunkten für weniger zuverlässig hält.

[477] Zu einem ähnlichen Ergebnis kommt auch UFFENHEIMER, Early Prophecy, 1999, 269.

Eine schwierige Frage ist die Beteiligung Samuels an der Einführung
des Königtums. Die Darstellung der einzelnen Episoden, die Salbung
Sauls durch Samuel (1 Sam 9,1–10,16*), die Loswahl Sauls im
Heerlager (1 Sam 10,17–27*) und die Erneuerung der Königserhebung
(1 Sam 11*), können diese Frage nicht beantworten[478]. Denn auch
der alte Text, der die Salbung Sauls durch Samuel schildert, kann
unter historischen Gesichtspunkten nicht als eine zuverlässige Quelle
eingestuft werden. Der Text muss unter anderen Voraussetzungen
gelesen werden als den eines Berichtes über ein konkretes Ereignis.
Hier spiegelt sich der Anspruch der Gruppenpropheten von Gilgal
auf ein Königtum wider, das von JHWH bestimmt wird durch seinen
Repräsentanten Samuel und keineswegs als Bericht über eine Form
der Königserhebung Sauls. Die öffentliche Proklamation Sauls zum
König in 10,21ff. ist ohne Samuel überliefert worden; die Person
Samuels ist erst auf der Textebene von DTR I eingefügt worden.
Das Fest in Gilgal in 1 Sam 11 ist ebenfalls erst von der dtr Redaktion
zu einer „Königserneuerung" umfunktioniert worden. Auf die dtr
Redaktion geht auch die Einfügung Samuels in 1 Sam 11* zurück.
Hier ist MOMMER zuzustimmen, wenn er schreibt: „An all diesen
Ereignissen war Samuel nicht beteiligt"[479]. Bedeutet dies aber, dass
Samuel aus Legitimitätsinteressen von einem Gegner des Königtums
überlieferungsgeschichtlich umfunktioniert wurde zu einem Inaugurator
des Königtums, wie MOMMER behauptet?[480]. Einsichtig ist dies nur,
wenn man der Bestimmung der Rolle Samuels durch MOMMER als
Richter in der von ihm behaupteten forensischen Funktion folgt
und in 1 Sam 8; 12 ursprüngliche Samuel-Tradition sieht. Nur dann
kann man in Samuel „einen erklärten Gegner der Monarchie in
Israel"[481] erblicken.

Die in dieser Arbeit vorgelegte Analyse hat jedoch ergeben, dass
die Vorstellung Samuels in einer auf Israel bezogenen Richterrolle
auf DTR I zurückgeht, die Zeichnung Samuels als Gegner des Königtums gar erst auf der Ebene einer zweiten dtr Redaktion erfolgte[482].

Von der sozialen Rolle eines divinatorischen Spezialisten und von

---

[478] Anders WALLIS, *Geschichte*, AzTh II, 13, 1968, 45–66.67–87, der in diesen
Texten jeweils unterschiedliche Königserhebungen durch die Stämme Benjamin,
Ephraim (Manasse) und Gilead erkennen möchte.
[479] MOMMER, *Samuel*, WMANT 65, 1991, 206.
[480] Vgl. ebd., 208–220, insbes. 219f.
[481] Ebd., 211; vgl. ebf. BARDTKE, *BiOr* 25 (1968), 298–302.
[482] Vgl. dazu oben Abschnitt 3.2.

dem Bild, das in 1 Sam 9–31* von Samuel gezeichnet wird, legt sich eine andere Sicht der Dinge nahe.

Ganz sicher bedeutete die Einführung des Königtums eine Umwälzung für Israel. Die vorher akephale Gesellschaft Israels, die ihre Zusammengehörigkeit über Verwandtschaftsverhältnisse definierte und die deshalb am ehesten als „segmentäre Gesellschaft" zu definieren ist[483], hatte große Widerstände zu überwinden, ehe eine Zentralinstanz wie das Königtum akzeptiert werden konnte. Diese Umwälzung, die offensichtlich sehr vorsichtig vonstatten ging[484], verlangte auch eine religiöse Verarbeitung, anders ausgedrückt musste das Königtum in das religiöse Symbolsystem Israels einbezogen werden. Gerade hierfür war ein divinatorischer Spezialist durch seine Verbindung zum Willen der Gottheit geeignet. Er konnte eine gesellschaftliche Innovation, die zudem noch auf entschiedenen Widerstand stieß, religiös legitimieren[485]. Dies konnte er aus einer sozial zentralen Position heraus tun. Er hatte zudem Verbindungen zur wohlhabenden Vollbürgerschicht,

---

[483] Grundlegend dazu CRÜSEMANN, *Widerstand*, WMANT 49, 1978, 201–222, der sich auf die Untersuchung „segmentärer Gesellschaften" in Afrika durch SIGRIST aus dem Jahre 1967 mit dem Titel „Regulierte Anarchie" stützt, (zur Rezeptionsgeschichte dieser Arbeit vgl. das Vorwort zur dritten Auflage, V–XX, 1994); außerdem SCHÄFER-LICHTENBERGER, *Eidgenossenschaft*, BZAW 156, 1983, 323–367; LOHFINK, *BiKi* 38 (1983), 55–58; NEU/SIGRIST, *ETAT I*, 1989; *ETAT II*, 1997; ALBERTZ, *Religionsgeschichte*, GAT 8/1, 1992, 116f.; NEU, *Anarchie*, 1992; RÖSEL, *Israel*, 1992, 96f.; vorsichtig positiv zur Analogie mit den segmentären Gesellschaften auch MOMMER, *Samuel*, WMANT 65, 1991, 213–215; CRÜSEMANN, *Tora*, 1992, 80–95, sieht auch das Rechtssystem Israels in Einklang mit dem Rechtssystem akephaler Gesellschaften; mit der Zwischenstufe eines „chiefdoms" rechnen z.B. FLANAGAN, *JSOT* 20 (1981), 47–73; FRICK, *Formation*, SWBAS 4, 1985, 51–70; LOHFINK, *Krieg*, 1992, 9; für eine Kennzeichnung der frühen Königszeit als „chiefdom", da eine institutionalisierte Zwischenschicht hauptamtlicher Funktionäre fehle, spricht sich auch NIEMANN, *Herrschaft*, FAT 6, 1993, 7 u.ö. aus; dagegen allerdings NEU, *Anarchie*, 1992, 285f.; zu Begriff des Staates vgl. auch SCHÄFER-LICHTENBERGER, „Views", in: FRITZ/DAVIES, *Origins*, JSOT.S 228, 1996, 78–105; ablehnend zur Analogie Israels mit segmentären Gesellschaften LEMCHE, *Israel*, VT.S 37, 1985, 202–244; ROGERSON, *JSOT* 36 (1986), 17–26; skeptisch auch H. und M. WEIPPERT, *ThR* 56 (1991), 343–362.

[484] Vgl. NIEMANN, *Herrschaft*, FAT 6, 1993, 273–282, möchte im Hinblick auf das Nordreich erst mit der Herrschaft Omris von einem „Staat" sprechen. Insgesamt macht die Studie von NIEMANN deutlich, dass die Zentralinstanz sehr vorsichtig in das Eigenleben der israelitischen Dorf- und Stadtbewohner eingriff, obwohl man wohl nicht alle Folgerungen von NIEMANN, insbesondere hinsichtlich einer fehlenden Besteuerung, teilen muss.

[485] Bestätigt wird diese Funktion auch aus ethnologischer Sicht. So schreibt SIGRIST zum Übergang zu Zentralinstanzen bei segmentären Gesellschaften: „In den behandelten segmentären Gesellschaften entstanden Zentralinstanzen nicht aus differentiellem Reichtum, sondern aus der Unterordnung einer Gefolgschaft unter einen charismatischen Führer, typischerweise einen Repräsentanten numinoser Mächte, den wir Prophet nennen." (*ETAT I*, 1989, 149).

auf die er durch seine divinatorischen Fähigkeiten einen nicht zu
unterschätzenden Einfluss hatte. Außerdem war die Möglichkeit gegeben, durch das Umherwandern und die Anwesenheit an zentralen
Kultorten Einfluss auf Menschengruppen auszuüben. Unter diesen
Rahmenbedingungen erscheint es mir nach wie vor sinnvoll, eine
Beteiligung Samuels an der Einrichtung des Königtums anzunehmen. Wie diese Mitwirkung im einzelnen ausgesehen hat, entzieht
sich jedoch unserer Kenntnis.

Mit Samuel tauchen in 10,5–6.10–12 und auch in 1 Sam 19,18–24
Gruppenpropheten auf. Dies hat dazu geführt, dass Samuel in eine
organisatorische Verbindung zu diesen Gruppenpropheten gebracht
wurde[486].

Aus 1 Sam 10,5–6.10–12 ist dies jedoch nicht zu erschließen. Hier
wird die Begegnung Sauls mit der Prophetenschar als Bestätigungszeichen für die Salbung zum נגיד und damit zum designierten König
gesehen und durch diese Begegnung kommt Saul in Kontakt mit
der רוח אלהים/יהוה. Eine Verbindung zu Samuel ist nicht ersichtlich.

Anders ist dies in 1 Sam 19,18–24. Dort ist Samuel bei der
Begegnung Sauls mit den נביאים in Rama ebenfalls anwesend. Eine
Schwierigkeit stellt die Bezeichnung נוית dar, die gern mit "Propheten-
haus" übersetzt wird, deren genaue Bedeutung jedoch nicht klar ist[487].
In 19,20 wird gesagt, dass Samuel עמד נצב עליהם im Hinblick auf
die Gruppenpropheten, was nach der Analogie in 1 Kön 4,7; Rut
2,5.6; 1 Sam 22,19 und im weiteren Sinne auch Gen 28,13 als eine
Vorsteherfunktion zu sehen ist[488]. Ist damit der Beweis erbracht? Hier
muss Vorsicht walten. Bei 1 Sam 19,18–24 handelt es sich wie auch
bei 1 Sam 16,1–13* um eine Ergänzung zu den David-Überliefer-

---

[486] Vgl. z.B. ALBRIGHT, „Samuel", in: *Prophetic Tradition*, 1961, 157; MCKENZIE,
BR 7 (1962), 16; in jüngerer Zeit z.B. BLENKINSOPP, *Geschichte der Prophetie*, 1998, 56;
UFFENHEIMER, *Early Prophecy*, 1999, 272; nicht ganz so deutlich WILSON, *Prophecy*,
1980, 183, der meint: „may be that Samuel was the head of some sort of a central possession cult."; auch ZOBEL, „Anfänge", in: WALLIS, *Bileam*, 1984, 45f., drückt
sich vorsichtig aus, HERRMANN, *Ursprung*, 20f., spricht nur unbestimmt von einer
Verbindung Samuels zu den נביאים. Der Grund für die Unbestimmtheit dürfte vor
allem daran liegen, dass Samuel vorrangig als „Richter" verstanden wird.

[487] Vgl. dazu MOMMER, *BN* 38/39 (1987), 54f.; ein Versammlungsraum von
Gruppenpropheten ist in 2 Kön 6,1–7 erwähnt, auch der Raum, in dem die Inschrift
von Deïr 'Alla gefunden wurde, wird in diesem Sinn gedeutet, vgl. WENNING/ZENGER,
ZAH 4 (1991), 192f.

[488] Vgl. STOEBE, *Samuelis I*, KAT VIII/1, 1973, 366; BOUZON, *Prophetenkorporationen*,
1968, 25; MOMMER, *BN* 38/39 (1987), 55.

ungen, die aus judäischer Sicht David auch durch Samuel legitimiert
sehen will. Von Samuel wird nicht gesagt, dass er sich ebenfalls in
einem Trancezustand befindet. Samuel kommuniziert nur mit David
(19,18). Als Saul nackt daliegt, wird berichtet, dass er vor Samuel
liegt, von den נביאים ist keine Rede (19,24). Das lässt eher darauf
schließen, dass hier keine genaue Vorstellung von der Beziehung zwischen Samuel und den Gruppenpropheten vorlag. Möglicherweise
war ihm die Verbindung von Elischa mit den Gruppenpropheten
bekannt[489]. Während die Begegnung zwischen Saul und der Prophetenschar in 1 Sam 10,10–12 positiv gesehen wird, dient die Erwähnung
der Nacktheit in 19,18–24 dazu, Saul, den König in ein negatives
Licht zu rücken. Auch das Verhalten der נביאים wird negativ bewertet und es lässt sich nicht ausschließen, dass Samuel — als Förderer
Sauls im Südreich suspekt — durch die Verbindung mit den Gruppenpropheten, die zumeist ein schlechtes Image besitzen, ebenfalls negativ dargestellt werden soll.

Ein weiterer Einwand gegen die Zugehörigkeit Samuels zu den
Gruppenpropheten ist darin zu sehen, dass von Samuel nicht berichtet wird, dass er ebenfalls unter den Einfluss der רוח gerät, anders
als Saul und die Boten. Aus dem Text allein lässt sich demnach eine
Verbindung Samuels organisatorischer Art zu den Gruppenpropheten
nicht belegen.

Entscheidender als die Textinterpretation bei der Zuordnung Samuels
zu den Gruppenpropheten sind jedoch meist allgemeine Überlegungen, die unreflektiert vorausgesetzt werden. Zum einen betrifft dies
die Grundstruktur solcher Prophetengruppen, die von der Elischa-
Überlieferung her erschlossen wird und auf die Gruppenprophetie
insgesamt übertragen wird. Hier zeigt sich Elischa eindeutig als
Vorsteher einer oder mehrerer solcher Gruppen. Dabei wird jedoch
übersehen, dass die *bᵉnê hannᵉbîʾîm* — wie noch zu zeigen sein wird —
eine Sondergruppe innerhalb der Gruppenprophetie darstellen, die
aus einer Verbindung zwischen einem einzeln auftretenden divinatorischen Spezialisten und der Gruppenprophetie erwächst, was zur
Folge hatte, dass sich bei den *bᵉnê hannᵉbîʾîm* die Form der
Prophetenanekdote und die Wundertheologie stark ausbildeten. Hier
stellte sich auch erstmals das Problem der prophetischen Sukzession.

---

[489] Vgl. Bouzon, *Prophetenkorporationen*, 1968, 18–34, der hier die Verhältnisse der
Elischa-Zeit wiederfindet; vgl. auch Plöger, *Prophetengeschichten*, 1937, 6f.; ähnlich
Eppstein, *ZAW* 81 (1969), 287–304.

Damit verbunden wird die Bezeichnung אב — „Vater" verstanden als Titel für den Leiter einer solchen Gruppe. Diese Auffassung, dass der Leiter der Gruppenpropheten den Titel „Vater" besaß, ist jedoch zurückzuweisen[490].

Während der einzeln auftretende divinatorische Spezialist eine geachtete soziale Stellung einnehmen kann, werden die Gruppenpropheten mit ihrem „ekstatischen" Verhalten eher skeptisch betrachtet (vgl. 2 Kön 9,11; Hos 9,7); ihre soziale Rolle ist als peripher einzustufen.

Dennoch ist natürlich auch das Ergebnis unserer Analyse zu sehen, dass die Komposition 1 Sam 9–31* in prophetischen Kreisen in Gilgal entstanden ist. Am ehesten ist dies unter historischen Gesichtspunkten so zu sehen, dass die Gruppenpropheten auch zu den Kreisen zu rechnen sind, die einer Einführung des Königtums positiv gegenüberstanden, wie überhaupt periphere Gruppen gesellschaftlichen Veränderungen gegenüber positiv eingestellt sind. Aus dem Sprichwort הגם שאול בנביאים lässt sich herauslesen, dass eine zumindest als ungewöhnlich angesehene Verbindung zwischen Saul und den Gruppenpropheten existierte. Wie der historische Saul mit Gegnern umgegangen ist, belegt am unparteiischsten 2 Sam 21,1–14[491]. Aus welchem anderen Grund als dem, dass die Gruppenpropheten die Einführung des Königtums unterstützten, sollte Saul Kontakt zu den Gruppenpropheten aufgenommen haben, die im Gegensatz zu ihm (vgl. 1 Sam 9,1) keine gesellschaftlich anerkannte Herkunft besaßen?[492]. Dies dürfte auch der Grund gewesen sein, dass Samuel, der ja ebenfalls zu den Förderern des Königtums gehörte (s.oben), im Bereich der Gruppenprophetie zu einer herausragenden Gestalt wurde. Eine Verbindung ist schon möglich, nicht aber eine organisatorische Beziehung in dem Sinne, dass Samuel Vorsteher einer oder mehrerer solcher Prophetengruppen war.

---

[490] Vgl. dazu weiter unten Kapitel III, Abschnitt 5.2.

[491] Ganz anders ist die Interpretation von Bardtke, *BiOr* 25 (1968), 298–302, der in den Gruppenpropheten Anhänger des antimonarchisch eingestellten Samuels sieht, die die Vorstellung von Jhwh als König vertraten. Nur schwer lässt sich mit einer solchen Interpretation die weitere Geschichte der Gruppenprophetie in Einklang bringen, die sowohl in 1 Kön 22 als auch in 1 Kön 18 eine große Nähe zum Hof zeigt. Zu den Fragen der Jhwh-Königs-Vorstellung vgl. vor allem die Überlegungen von Lohfink, „Begriff" (1987), in: *Studien*, 1993, 152–205.

[492] Siehe die Frage: Wer ist denn deren Vater?, die zeigt, dass die Gruppenpropheten keinen angesehenen "Stammbaum" aufweisen konnten.

KAPITEL II

DIE ELIJA-ÜBERLIEFERUNGEN IN
1 KÖN 17–19; 21; 2 KÖN 1

1. Überblick und Forschungssituation

1.1. *Überblick*

Im ersten Königsbuch werden die Jahrzehnte nach der Trennung von den Davididen und der damit verbundenen Etablierung des Nordreichkönigtums (1 Kön 12–14) fast im Schnelldurchgang behandelt (1 Kön 15–16). Erst nach der Thronbesteigung der Omriden im Nordreich kommt es wieder zu einer ausführlicheren Darstellung der Zeit der Dynastie Omri. In dieser Zeit spielt das Südreich Juda in 1 Kön 16,29–2 Kön 10 nur eine Nebenrolle[1]. Der Grund dafür ist jedoch nicht in einer größeren Bedeutung der Omridenkönige zu suchen; in diesem Zeitabschnitt werden vor allen Dingen Erzählungen dargeboten, in deren Mittelpunkt das Handeln von Propheten steht. Die herausragendste Gestalt dieser Epoche ist dabei ohne Zweifel Elija, der auch noch in der weiteren biblischen Überlieferung Erwähnung findet[2].

Der überwiegende Teil der Elija-Überlieferungen ist eingebettet in den Königsrahmen des Omriden Ahab (1 Kön 16,29–34; 22,39–40), der auch weitgehend (1 Kön 17–18; 21) als Gegenspieler Elijas erscheint. Nur in 2 Kön 1 kommt es noch zu einer Auseinandersetzung mit dem Sohn und Nachfolger Ahabs, Ahasja.

In 2 Kön 2 wird dann Elischa zum Nachfolger Elijas bestimmt, während Elija durch einen feurigen Wagen und feurige Pferde in den Himmel entrückt wird[3].

---

[1] Die Entwicklung in Juda ist in 1 Kön 22,41–51; 2 Kön 8,16–24.25–29 Gegenstand des Interesses.

[2] Vgl. Mal 3,23–24; 2 Chr 21,12–15; Sir 48,1–11.

[3] Conrad, „Elija-Geschichte", in: Augustin/Schunck, *Frieden*, BEAT 13, 1988, 263–271, hat den Versuch gemacht, 2 Kön 2,1–15 als Elija-Geschichte zu sehen. Er übersieht dabei jedoch — unbeschadet der Bedeutung des Elija — dass die innere Dynamik der Erzählung auf die Frage der Nachfolge Elijas abzielt und mit der Verehrung Elischas durch die *bᵉnê hannᵉbîʾîm* endet (2,15), vgl. dazu Rösel, *BN* 59

Innerhalb der weiteren Elischa-Überlieferung wird Elija noch einmal in 2 Kön 3,11 erwähnt; Elischa zeigt sich dort als sein Diener. Auch in der Erzählung von der Revolution Jehus wird in 2 Kön 9,36f. an ein Drohwort Elijas gegenüber Königin Isebel erinnert.

Im ersten größeren Abschnitt der Elija-Überlieferung 1 Kön 17,1–19,21 kommt es gleich in 17,1 zu einer Konfrontation zwischen Elija und König Ahab, dem Elija eine Dürre ankündigt. Auch das weitere Verhältnis zwischen König und Prophet gestaltet sich spannungsreich. Zwar tritt zunächst die Gestalt des Königs im weiteren Verlauf von Kapitel 17 in den Hintergrund, doch wird das Kapitel 18 in V1 mit dem Auftrag Jhwhs an Elija, sich König Ahab wieder zu zeigen, eröffnet. Die Begegnung zwischen Ahab und Elija — eingeleitet und vorbereitet durch das Zusammentreffen Elijas mit dem אֲשֶׁר עַל־הַבַּיִת Obadja (18,7–16) — gipfelt dann in dem gegenseitigen Vorwurf, der עֹכֵר יִשְׂרָאֵל zu sein (18,17f.). Nach diesem Vorwurf bricht der Schlagabtausch zwischen König und Prophet jedoch ab; Elija fordert eine Versammlung Israels und der Baal- und Ascherapropheten auf dem Karmel. Dieser Aufforderung kommt Ahab auch nach. Auf dem Karmel stehen sich dann Elija und die Baalpropheten als Gegner gegenüber, dem Volk macht Elija den Vorwurf, sich nicht für Baal oder Jhwh entscheiden zu können (18,21). Der König spielt in dieser Szene keine Rolle mehr. Die Frage, wer *der* Gott ist, wird dann durch den Herabfall des Feuers auf das von Elija vorbereitete Opfer entschieden. Das Volk kommt zu dem Bekenntnis, dass Jhwh *der* Gott ist (18,39). Nach dem Bekenntnis des Volkes führt Elija die Baalpropheten zum Bach Kischon und tötet sie dort (18,40).
     Erst nachdem die Baalpropheten besiegt sind und das Volk überzeugt ist (18,21–40), scheint sich eine Entspannung des Verhältnisses zwischen König und Prophet anzubahnen. Elija läuft vor dem Wagen Ahabs her. Und in der Tat wird in dem Überlieferungskomplex 1 Kön 17–19 König Ahab nicht mehr erwähnt mit der Ausnahme in 1 Kön 19,1, in der er seiner Gattin Isebel von den Ereignissen am Karmel berichtet. Die Königin Isebel ist nun in 1 Kön 19 Gegen-

---

(1991), 33–36; Rofé, *Stories*, 1988, 44. Für Masson, *Élie*, 1992, 67–68, ist 2 Kön 2 der Abschluß eines ursprünglich selbständigen „livre subversif" (vgl. insgesamt 43–95). Álvarez Barredo, *Elias y Eliseo*, 1996, 7f., rechnet 2 Kön 2 ebenfalls zu dem Elija-Zyklus; auch Brodie, *Crucial Bridge*, 2000, 1–27, der eine zusammenhängende Elija/Elischa—Erzählung annimmt, die als Diptychon gestaltet sei, sieht in 2 Kön 1–2 den abschließenden Teil des auf Elija bezogenen Dramas.

spielerin Elijas. Sie war bisher nur sporadisch erwähnt (18,3–4.12–
14.19). Es kommt allerdings nicht zu einer direkten Begegnung zwischen den beiden. Isebel droht nur (19,1–2) und Elija flieht in die
Wüste bei Beerscheba. Dort äußert er den Wunsch zu sterben, ein
Bote Jʜwʜs stärkt ihn jedoch zweimal (19,5.7), bevor Elija sich dann
weiter zum Gottesberg Horeb begibt (19,8ff.). Auf die Frage Jʜwʜs,
was er denn hier wolle, bricht Elija in eine Klage über die Israeliten
aus, die die Altäre Jʜwʜs zerstören und die Propheten umbringen
(19,9–10). In einer Höhle erlebt Elija dann Sturm, Erdbeben und
Feuer, Naturereignisse, von denen ausdrücklich gesagt wird, dass
Jʜwʜ nicht in ihnen sei. Erst in dem ungewöhnlichen Phänomen
einer דממה קול דקה zeigt sich Jʜwʜ und veranlasst Elija, die Höhle
zu verlassen (19,13). Nachdem er noch einmal seine Klage über die
Israeliten vorgebracht hat, erhält er von Jʜwʜ einen neuen Auftrag,
der darin besteht, die kommenden Handlungsträger Jehu, Hasael
und Elischa zu salben und Elischa zu seinem Nachfolger zu bestimmen (19,15–18.19–21). Alle drei haben den Auftrag, das Gericht an
Israel zu vollziehen, so dass nur noch ein Jʜwʜ-treuer Rest von 7000
Israeliten übrigbleibt. Das Kapitel schließt damit, dass Elija Elischa
beim Pflügen trifft und durch den Überwurf des Mantels zur Nachfolge
bestimmt.

Nach diesen sehr unterschiedlichen Begebenheiten bricht die Elija-
Überlieferung ab. 1 Kön 20 zeigt Israel plötzlich in kriegerischen
Auseinandersetzungen mit dem Aramäerkönig Ben-Hadad. Ahab
wird zwar noch erwähnt, auch ein anonym bleibender נביא, von
Elija ist jedoch keine Rede mehr.

Genauso unvermittelt taucht Elija in Kapitel 21 wieder auf. Hier
zeigt sich wieder die alte Feindschaft zwischen Ahab und Elija
(21,17–29). Dieses Mal geht es jedoch nicht um die Auseinandersetzung
zwischen Jʜwʜ und Baal, sondern um die unrechtmäßige Aneignung
eines Grundstückes des Jesreeliters Nabot. Obwohl Isebel als die
eigentliche Triebfeder hinter der gewaltsamen Aneignung der נחלה
Nabots erscheint (21,1–16), wird Elija von Jʜwʜ zu Ahab geschickt,
um ihm sein Ende und das Ende seiner Dynastie anzusagen (21,17ff.).
In V27–29, als Ahab sich als bußfertig erweist, wird dann der
Untergang der Omriden erst für die nächste Generation angekündigt.

In 1 Kön 22 verschwindet Elija wieder von der Bildfläche; wie in
1 Kön 20 befindet sich Israel im Krieg mit den Aramäern. Neben
König Ahab ist auch der judäische König Joschafat in diese

Auseinandersetzung involviert. Propheten spielen ebenfalls wieder
eine Rolle. Es zeigt sich ein Gegensatz zwischen Micha ben Jimla,
der auf Wunsch des judäischen Königs noch zusätzlich befragt
werden soll und Gruppenpropheten, die den Kriegszug im Unterschied zu Micha ben Jimla bejahen. Von Elija ist nirgendwo die
Rede. Der Kriegszug endet mit dem Tod Ahabs.

Dieselbe unversöhnliche Konfrontation zwischen Prophet und König
wie in 1 Kön 21 zeigt sich auch noch in der letzten Elija-Überlieferung in 2 Kön 1. Thema ist hier wieder wie in 1 Kön 17–19
der Gegensatz zwischen JHWH und Baal, genauer dem Baal von
Ekron. Ahasja, der Sohn und Nachfolger Ahabs, hat sich durch einen
Sturz verletzt. Aufgrund dessen, dass König Ahasja Baal-Zebul in
Ekron befragen lassen will, wird er von Elija zum Tode verurteilt
(2 Kön 1,16). Es kommt zunächst nicht zu einer direkten Begegnung
zwischen König und Prophet. Elija tritt hier den Boten des Königs
entgegen und schickt sie mit der entsprechenden Botschaft zu Ahasja.
Als Ahasja dann Soldaten zu Elija schickt, werden diese zweimal auf
Geheiß Elijas durch Feuer vernichtet. Erst der dritte Hauptmann
mit seinen 50 Soldaten hat durch eine demütige Haltung gegenüber
Elija Erfolg und kann ihn zum König bringen. Dort wiederholt Elija
sein Urteil über den König und kündigt ihm den Tod an aufgrund
der Tatsache, dass er sich an Baal-Zebul in Ekron gewandt hat
(2 Kön 1,16). Direkt anschließend wird dann der Tod des Königs
berichtet (V17).

Elija agiert ausschließlich als Einzelprophet. In 19,10.14 ordnet er
sich jedoch den von Tötung bedrohten נביאים zu, ebenso wird in
1 Kön 18,22 deutlich, dass es neben Elija auch noch andere JHWH-
Propheten gibt. Die Einbettung Elijas in einen größeren Zusammenhang von Propheten zeigt sich ebenfalls dadurch, dass von Isebel
berichtet wird, dass sie die JHWH-Propheten töten ließ (18,3–4.12–14)
und Elija mit dem Tode bedroht (19,1–2). In 19,15 wird Elija mit
der Salbung Elischas zu seinem Nachfolger beauftragt, in 19,19–21
bestimmt Elija durch den Überwurf des Mantels Elischa zur Nachfolge
und in 18,41ff.; 19,3ff. ist Elija von einem נער begleitet. Neben seinen Auftritten als Einzelgestalt wird Elija also auch in einen größeren prophetischen Kontext eingeordnet[4], ohne dass er aber in direkter

---

[4] Dies geschieht natürlich auch noch vor allem in 2 Kön 2; vgl. auch 2 Kön 3,11.

Verbindung mit anderen Propheten dargestellt wird wie Elischa in 2 Kön 2ff. Eine Ausnahme ist die Beziehung zu seinem Nachfolger Elischa in 19,19–21 und 2 Kön 2.

1.2. *Zur Forschungssituation*

Die schon beim Durchlesen erkennbare plötzliche Fokussierung des Textinteresses auf eine prophetische Gestalt hat schon früh zu der gängigen Auffassung geführt, dass die Elija-Überlieferungen dem Verfasser der Königsbücher vorgegeben waren und *en bloc* in den Gesamtaufriss der Königsbücher eingesetzt wurden[5].

Eine dtr Bearbeitung wurde einzig für die V20–26 in 1 Kön 21 angenommen[6]. Damit verbunden war die Annahme einer frühen Ausformung der Elija-Überlieferungen, die auf jeden Fall noch zur Zeit eines existierenden Nordreiches abgeschlossen war[7].

---

[5] Diese Quellenschrift wurde verschiedentlich verstanden als „Prophetenspiegel" (so z.B. THENIUS, *Bücher der Könige*, KEH IX, ²1873; KLOSTERMANN, *Bücher Samuelis*, 1887) oder als „Biographie" (BENZINGER, *Bücher der Könige*, KHC 9, 1899) bzw. einfach als „Geschichte des Propheten Elija" (BAEHR, *Bücher der Könige*, 1868, 169; KITTEL, *Bücher der Könige*, HK I/5, 1900). Auch NOTH geht davon aus, dass die Elija-Erzählungen „in ihrem überlieferten Wortlaut" (*Studien*, ³1967, 82, dort zu 1 Kön 17–19) von Dtr in die Königsbücher eingefügt wurden.
Diskutiert wurde, ob 1 Kön 17–19 mit 1 Kön 21 und 2 Kön 1 (und 2 Kön 2) einer gemeinsamen Quelle zugeordnet werden können. WELLHAUSEN, *Composition*, ⁴1963, 281f., rechnete 1 Kön 17–19; 21 zu einer gemeinsamen Quellenschrift, trennte 2 Kön 1 (und 2 Kön 2) jedoch davon ab. Auch THENIUS, *Bücher der Könige*, KEH IX, ²1873, und KUENEN, *Einleitung*, 1890, 77, teilten diese Auffassung, wobei KUENEN, *Einleitung*, 1890, 77f., noch ein Stück weiterging und 1 Kön 21 von 1 Kön 17–19 abrückte. NOTH, *Studien*, ³1967, 79, rechnete dagegen mit einem zusammengehörigen vordtr Elija/Elischa-Zyklus; in neuerer Zeit ebenso STECK, „Bewahrheitungen", in: GEYER, *Aufsätze*, 1983, 45; MAYES, *Story*, 1983, 109; VAN SETERS, *Search*, 1983, 306; TODD, „Elijah-Cycle", in: COOTE, *Elisha*, 1992, 1–35; BRODIE, *Crucial Bridge*, 2000; 1–27. W. DIETRICH, „Prophetie", in: RÖMER, *Future*, BEThL 147, 2000, 47–65, vertritt jetzt ebenfalls die Auffassung, dass es ein vordtr höfisches Erzählwerk gegeben habe, das in 1 Kön 17 einsetze und mit der Jehu-Überlieferung in 2 Kön 10 ende. Thema dieses Werkes sei der Kampf zwischen JHWH und Baal; es sei im 7. Jahrhundert entstanden und verstehe sich in der Nachfolge der nordisraelitischen Prophetie.
[6] Vgl. z.B. WELLHAUSEN, *Composition*, ⁴1963, 282 (V20b–26); BENZINGER, *Bücher der Könige*, KHC 9, 1899, 116; NOTH, *Studien*, ³1967, 83 (V21.22.24–26); weitere Vertreter bei BOHLEN, *Fall Nabot*, TThSt 35, 1978, 25f.
[7] Vgl. dazu vor allem die maßgebende Studie von GUNKEL, *Elias*, 1906, 43; Zweifel an der Frühdatierung dieser Überlieferungen gab es schon bei EICHHORN, *Prophetensagen*, 1792, der damit rechnete, dass es „fern von der Scene der Begebenheiten" erst in Juda zu einer schriftlichen Fixierung der Elija-Überlieferung gekommen sei (Zit. 209; vgl. auch 206f.). Forschungsgeschichtlich folgenlos blieb der Versuch von RÖSCH, *ThStKr* 65 (1892), 556–561, die Entstehung der Elija-Überlieferung in

In der neueren Forschung wurde dann der Versuch gemacht, die Entstehungsgeschichte dieser Überlieferungen genauer zu bestimmen.[8]

Die redaktionsgeschichtlich orientierte Untersuchung zu den Königsbüchern von W. Dietrich aus dem Jahre 1972 hat dann zwei Fragen aufgeworfen, die in der weiteren diachron orientierten Forschung zu der Elija-Überlieferung eine zunehmende Bedeutung gewinnen: Zum einen handelt es sich um die Frage einer dtr Bearbeitung der Elija-Tradition und zum anderen um die Frage der Einfügung der Elija-Überlieferung in die Königsbücher[9].

Während 17,1; 18,2b–19,21; 21 schon in der dtr Grundschrift (DtrG) vorhanden waren, sind nach der Analyse von W. Dietrich 1 Kön 17,2–24 durch 18,1–2a und 2 Kön 1 erst von einem prophetisch orientierten zweiten deuteronomistischen Redaktor (DtrP) in die Königsbücher eingefügt worden[10].

Er begründet dies mit der redaktionellen Bearbeitung von 17,2–24, die greifbar werde in 17,2–5a.8–9 und deren Kennzeichen die Verwendung der Wortereignisformel sei. Der Erfüllungsvermerk 17,16b wie auch in 2 Kön 1,17aα gehöre zwar zur ursprünglichen Erzählung, jedoch sei dies ein Angebot an DtrP gewesen, diese Überlieferung in die Königsbücher einzustellen. In 1 Kön 21 habe DtrP sich auf den Einbau von 21,19b.20bβ–24.27–29 in die schon in DtrG vorhandene Geschichte beschränkt. Der Einbau wurde notwendig durch die ebenfalls auf der Ebene von DtrP erfolgte Einfügung von 1 Kön 20*; 22*[11].

---

nachexilischer Zeit anzusiedeln; vgl. dazu schon Gunkel, *Elias*, 1906, 75 Anm 56; Kittel, *Bücher der Könige*, HK I/5, 1900, 160f. Die Gründe für die Frühdatierung von 1 Kön 17–19 sind klassisch zusammengestellt bei Kuenen, *Einleitung*, 1890, 77f. Anm 6: 1. Die Bemerkung, dass Beerscheba in Juda liegt (1 Kön 19,3), mache den nordisraelitischen Standpunkt des Verfassers deutlich. 2. Die Klage über die zerstörten Jhwh-Altäre in 1 Kön 19,10.14 zeige, dass der Verfasser noch nicht die Forderung des Deuteronomiums nach einem Zentralheiligtum kannte. 3. Von der hoseanischen Polemik gegen den Stierkult sei in der Elija-Tradition nichts zu erkennen.

[8] Hier sind vor allem die Arbeiten von Fohrer, Steck, Hentschel, Timm zu nennen, vgl. dazu die Forschungsüberblicke bei Grünwaldt, „Forschungsgeschichte", in: Ders./Schroeter, *Elia*, 1995, 17–26; Beck, *Elia*, BZAW 281, 1999, 30–38; S. Otto, *Erzählung*, BWANT 152, 2001, 11–25; Keinänen, *Traditions*, SESJ 80, 2001, 1–12.

[9] Vgl. W. Dietrich, *Prophetie*, FRLANT 108, 1972, vor allem 122–127; zu 1 Kön 21 vgl. 48–51.

[10] Außerdem 1 Kön 13*; 14*; 20*; 22*; in der neueren Forschungsgeschichte hat sich auch schon vorher Miller, *JBL* 85 (1966), 449–451, für die spätere Einfügung der Elija- und Elischa-Überlieferungen ausgesprochen; ältere Vertreter dieser Ansicht finden sich bei Naʿaman, *Bib.* 78 (1997), 153f.

[11] Vgl. Hentschel, *Elijaerzählungen*, EThS 33, 1977, 332f.; er stimmt Dietrich in

Der Frage der dtr Redaktion der Elija-Überlieferung wendet sich SMEND 1975 in einem auf 1 Kön 17–19 beschränkten Aufsatz zu, dessen Ausführungen er als bewusst vorläufig und fragmentarisch bezeichnet. Er kommt dabei zur Abhebung einer deuteronomistischen Redaktionsschicht in 17,1–19,18, wobei der Begriff „deuteronomistisch" nicht gepresst werden dürfe[12]. Ausgehend von drei Dubletten in 1 Kön 19,9b.10//13b.14; 18,36*//37; 18,30b//31.32a sieht SMEND eine Redaktionsschicht, die die Verse 17,2–5a.8–9.14b.16.24b; 18,1aβγb. 31.32a.36*; 19,9b.10 umfasse. Gemeinsames Kennzeichen dieser Bearbeitung sei die Betonung des Wortes JHWHS. Auch die sekundären Verse 18,3b–4 gehören aufgrund ihrer Beziehung zu 19,9b–10 zu derselben Redaktionsschicht. Der „dtr" Bearbeiter habe also 17,8–24 in den Zusammenhang eingefügt, während die Szene am Bach Kerit (17,5b-6) schon in den ursprünglichen Zusammenhang gehöre.

Ein Umschwung in der Beurteilung der Elija-Überlieferungen trat mit dem 1984 erschienenen Kommentar von WÜRTHWEIN ein. Bis zu diesem Zeitpunkt bewegte sich die Forschung bei aller Unterschiedlichkeit in der Abgrenzung der einzelnen Traditionen und Sammlungen in dem Rahmen, der schon bei GUNKEL in seiner 1906 veröffentlichten Studie zu den Elija-Erzählungen deutlich wird: Die

---

der Annahme zu, dass die Elijaerzählungen erst durch eine spätere dtr Redaktion in die Königsbücher eingefügt wurden; im Anschluss an das „Göttinger Modell" identifiziert HENTSCHEL den dtr Bearbeiter dann mit „DtrP" (vgl. DERS., *1 Könige*, NEB, Lieferung 10, 1984, 7f.; DERS., „Elija", in: E. HAAG, *Gott*, QD 104, 1985, 54f.63). Die Eingriffe dtr Redaktoren beschränkt er jedoch auf 1 Kön 18,36aβ*b; 21,20bβ–26.29*. Später nimmt er noch 18,18bβ zu der dtr Redaktion hinzu und ordnet in Kapitel 21 V20bβ–22.24.29* DtrP zu, V25–26 aber zu DtrN (1984, 128). Zur komplizierten Wachstumsgeschichte von HENTSCHEL vgl. die oben angegebenen Forschungsüberblicke. Dass die Elija-Überlieferungen in 1 Kön 17–19 noch nicht mit der grundlegenden dtr Redaktion der Königsbücher verbunden waren, sondern erst auf einer nachfolgenden Redaktionsstufe in die Königsbücher eingefügt wurden, vertreten im weiteren Verlauf der Forschungsgeschichte auch WÜRTHWEIN, *Bücher der Könige*, ATD 11,2, 1984, 496–498; STIPP, *Elischa*, ATSAT 24, 1987, 451–462; S.L. MCKENZIE, *Trouble*, VT.S 42, 1991, 80–87; RENTROP, *Elija*, 1992, 357–359; W. DIETRICH, „Prophetie", in: RÖMER, *Future*, BEThL 147, 2000, 47–65; BLUM, „Nabotüberlieferungen", in: KRATZ/KRÜGER/SCHMID, *Schriftauslegung*, BZAW 300, 2000, 111–128; S. OTTO, *Erzählung*, BWANT 152, 2001, 253–266; KEINÄNEN, *Traditions*, SESJ 80, 2001, 183–185.191f.

[12] Vgl. SMEND, *VT* 25 (1975), 523–543; ansonsten will SMEND den Komplex 1 Kön 17–19 als schriftstellerische Einheit verstehen, den er einem „Autor" zuschreibt und der ungefähr das umfaßt, was STECK, *Überlieferung*, WMANT 26, 1968, seinem „Sammler" und „Redaktor" zuschreibt.

Elija-Traditionen sind relativ früh im Nordreich entstanden und im wesentlichen abgeschlossen, bevor sie in die Königsbücher integriert werden[13].

Würthwein vertritt nun die These, dass die uns in den Königsbüchern entgegentretende Gestalt Elijas im wesentlichen als dtr Produkt verstanden werden muss. Nur noch einzelnen Anekdoten und einer Dürre-Komposition in 1 Kön 17–18 wird eine vordtr Entstehung zugebilligt[14].

Die vordtr Dürre-Überlieferung liege in 17,5b.6.7.10–13.14a*.15.16a; 18,2a.17abα.41–45 vor. Dabei sei das Dürremotiv erst später durch 17,10b.11a in die alte Wunderüberlieferung eingefügt worden; der ursprüngliche Anfang durch 17,1 verdrängt worden[15]. Um eine alte Überlieferung handele es sich auch bei der Erzählung von der Wallfahrt Elijas zum Gottesberg in 1 Kön 19,3aα*βb.4a.5–7*.8abα*β. 9abβ.11aα*.13*, während 19,19–21 zur alten Elischa-Überlieferung zu rechnen sei. Die Opferprobe 18,21–39* ordnet Würthwein in seinem Kommentar noch frühdtn Kreisen zu, 1989 denkt er jedoch eher an spätdeuteronomistische Kreise[16]. Entscheidend anders ist, dass die prophetische Zeichnung Elijas erst auf die Redaktionstätigkeit der Deuteronomisten zurückgehe. In den ursprünglichen Überlieferungen sei Elija nach der Auffassung von Würthwein ein „machtvoller Mann", ein Wundertäter und Helfer des Königs. Der Gottesname Jhwh begegne in der vordtr Tradition nur im Zusammenhang der Überlieferung der Wallfahrt Elijas zum „Gottesberg" (1 Kön 19,3–13*). Die Verbindung des Nabot-Vorfalls mit Elija in 1 Kön 21 erfolgte erst durch die dtr Redaktion[17]. Die Aufnahme der radikal umgeänderten Elija-Tradition in die Königsbücher sei in einem mehrstufigen

[13] Vgl. z.B. Seebass, Art. „Elia", *TRE 9*, 1982, 498–501; bezüglich der Horebszene hatte H.-C. Schmitt schon 1972 die Auffassung vertreten, dass sie erst in exilischer Zeit entstanden sei (*Elisa*, 1972, 119–126).
Zusätzlich machte sich seit den achtziger Jahren vor allem im englischsprachigen Bereich der Forschungstrend bemerkbar, die Endgestalt des Textes stärker in das Blickfeld zu nehmen, oft verbunden mit Skepsis bis Ablehnung einer Rekonstruktion der dem Endtext vorausliegenden Textgestalten; vgl. z.B. Veerkamp, *Vernichtung des Baal*, 1983; B.O. Long, *1 Kings*, FOTL IX, 1984; Nelson, *Kings*, 1987; Walsh, *1 Kings*, 1996, XIIf.
[14] Vgl. zum folgenden 1984, 205–233.245–253.266–272.485–504.
[15] Vgl. dazu auch Würthwein, „Tradition" (1994), in: *Studien*, BZAW 227, 1994, 102–116.
[16] Vgl. Würthwein, „Opferprobe" (1989), in: *Studien*, BZAW 227, 1994, 132–139.
[17] Dies hatte Würthwein schon in einem Aufsatz 1978 behauptet (vgl. Würthwein, „Naboth-Novelle" (1978), in: *Studien*, BZAW 227, 1994, 155–177.

Redaktionsprozess vor allem durch prophetisch orientierte Deuteronomisten (DtrP)[18] geschehen; die Elija-Überlieferung ist also in der deuteronomistische Grundschrift (DtrG) noch nicht vertreten. Zunächst
wurde die vor allem durch die Einfügung der Wortereignisformel
bearbeitete Dürre-Komposition in die Königsbücher eingestellt, wodurch Elija zu einem vom Wort Jhwhs geleiteten Propheten wird.
Die Einfügung des Nabot-Vorfalls und seine Verbindung mit Elija
erfolgte ebenfalls auf dieser Redaktionsstufe. Erst durch spätere DtrP-
Kreise sei es zur Aufnahme der Opferprobe (18,21–39*) gekommen,
die selbst dtn-dtr Kreisen entstamme. Jetzt kommt es durch 1 Kön
19,1–3aα zu einer Verbindung in erweiterter Form mit der vordtr
Überlieferung von der Wallfahrt Elijas zum Gottesberg (19,3–12*).
Auf dieser Stufe sei auch die Einfügung des Motivs der Überzahl
der Baalanhänger eingetragen worden ebenso wie die Verfolgung
durch Isebel (18,19b*.22aβb; 19,1–2.3aα). DtrN habe dann noch die
Verfolgung der Jhwh-Propheten durch Israel (19,4b.14b) in den
Zusammenhang eingefügt und auch die Vorgänger Elijas (19,4b) miteinbezogen. Er hat ebenfalls noch in die Gestaltung des Nabot-
Vorfalls eingegriffen. Kennzeichnend für die Sicht von Würthwein
ist weiter eine umfangreiche nachdtr Weiterarbeit an der Elija-Überlieferung. Auf dieser Stufe sei erst 2 Kön 1 entstanden, in 1 Kön
17–19 gehen 17,1.17–24; 18,2b–16; um nur die größeren Texteinschübe
zu nennen, auf nachdtr Einfügung zurück. Würthwein kommt demgemäß zu der Einschätzung, dass Elija keinesfalls als Vorläufer der
klassischen Propheten angesehen werden kann[19].

Dennoch bleibt auch in der neuesten Forschungsgeschichte der
Anteil der Forschung stark, die weiterhin mit einer vordtr Ausbildung
der Elija-Überlieferung in ihren wesentlichen Wachstumsstufen rechnet.

Dem Trend der redaktionskritisch orientierten Forschung, den dtr
Anteil an der Elija-Tradition auszubauen, stellt sich 1991 Thiel entgegen[20]. In 1 Kön 21 zählt er nur V20bβ–22.24 und V29 zur dtr

---

[18] Hinter diesem Siglum seien keine Einzelgestalten anzunehmen, sondern Tradentenkreise (498). So kommt es auch, dass Würthwein innerhalb dieser Redaktionsschicht
noch einmal differenziert zwischen DtrP1 und DtrP2 (496–498), allerdings bleibt
Würthwein sich der Unsicherheit dieser Differenzierung bewußt (496: „vielleicht").
Offenbar rechnet er die Einfügung der Elija-Tradition erst DtrP2 zu (vgl. 498).
[19] Vgl. Würthwein, *Bücher der Könige*, ATD 11,2, 1984, 271.
[20] Vgl. Thiel, „Redaktionsarbeit", in: Emerton, *Proceedings*, VT.S 43, 1991, 148–171;
vgl. auch Ders., „Ursprung", in: Grünwaldt/Schroeter, *Elia*, 1995, 27–39; Ders.,

Redaktion, V25–26 sieht er als sekundär-dtr (die Bezeichnung DtrN will er lieber vermeiden). Innerhalb von 1 Kön 17–19 rechnet er nur mit geringen dtr Eingriffen: in 1 Kön 19,8 die Bergbezeichnung „Horeb", die Bezeichnung Elijas als „Knecht" in 18,36 sowie 18,18b. Die Worttheologie einschließlich der Wortereignisformel ist nach THIEL schon einer vordtr prophetischen Tradition zu verdanken. THIEL findet damit wieder zur Sicht von NOTH zurück[21].

Eine komplexe Überlieferungsgeschichte für 1 Kön 17–19 legt RENTROP vor[22]. Ausgehend von oft nur fragmentarisch erhaltenen eigenständigen Texten kommt es schon zwischen 840 und 830 v. Chr. am Hofe Jehus zu einer ersten Sammlung, die den Grundstock der Überlieferungen von 1 Kön 17–18 mit Ausnahme der Totenerweckung des Sohnes der Witwe und der Obadja-Szene enthalten habe. Den Abschluss dieser Sammlung sei der von dem „Sammler" selbst formulierte Bericht von der Erwählung des Elischa (1 Kön 19,3a*b.4aα.5.6abα.19aαb.21bβ) gewesen. Elija erscheine in dieser Sammlung als ein mit wunderbaren Kräften ausgestatteter Prophet.

Könige, BK IX/2, Lieferung 1, 2000; Lieferung 2, 2002. 1995 rechnet THIEL mit einer nachdtr Bearbeitung der Karmelszene, die in 18,31–32a.35b.36* greifbar sei; vgl. DERS., „Erkenntnisaussage" (1995), in: DERS., *Gelebte Geschichte*, 2000, 211; jetzt auch DERS., *Könige*, BK IX/2, Lieferung 2, 2002, 107.

[21] In diesem Rahmen bleiben auch die Kommentare von JONES, *Kings*, NCBC, 1984, und DE VRIES, *Kings*, WBC 12, 1985. Ohne nähere traditionsgeschichtliche Untersuchung geht TODD, „Elijah-Cycle", in: COOTE, *Elisha*, 1992, 1–35, von einem vordtr Elija/Elischa-Zyklus aus, der zur Legitimation der Jehu-Revolution von einem Jehuiden verfaßt worden sein soll; WHITE, *Elijah Legends*, BJSt 311, 1997, 77f., ist der Auffasung, dass die Elija-Überlieferungen von gelehrten Schreibern am Hof Jehus verfasst worden sind. Der schon durch die ältere Forschung vorgegebenen Linie einer vordtr Sammlung der Elija-Überlieferungen und der Aufnahme dieser Erzählungen durch die grundlegende (dtr) Redaktion der Königsbücher folgen auch ÁLVAREZ BARREDO, *Elías y Eliseo*, 1996, 1–61; BUIS, *Le Livre des Rois*, SBi, 1997, 19.185f.; CRÜSEMANN, *Elia*, 1997, 13–19; CAMPBELL/O'BRIEN, *Deuteronomistic History*, 2000, 390–410 (ohne 1 Kön 19); COGAN, *Kings*, AncB 10, 2001, 88–100; vgl. auch NA'AMAN, *Bib.* 78 (1997), 153–173, der 1 Kön 17–19; 21–22; 2 Kön 1; 3; 9–10 als Quellen ansieht, die Dtr benutzt habe zur Gestaltung der Geschichte von Joschafat und den Omridenkönigen.

MASSON, *Élie*, 1992, nimmt — ausgehend von der ungewöhnlichen und geheimnisvollen Formulierung קוֹל דְּמָמָה דַקָּה in 1 Kön 19,12 — ein erstes mystisches, ja esoterisches Werk an, das einer der Schüler Elijas, möglicherweise derjenige, der den nicht auf Elischa entfallenden Anteil am Geist Elijas erhalten hat, ca. 800 v. Chr. verfaßt haben soll. Es handele sich um eine Schrift, die sich von monarchischen Institutionen distanziere, von der offiziellen Orthodoxie abweiche und mystische Erfahrungen dokumentiere. Elija werde dabei nicht als zweiter oder neuer Mose dargestellt, sondern als eine Gestalt, die Mose ersetzen soll.

[22] Vgl. RENTROP, *Elija*, 1992; vgl. vor allem die Zusammenfassung 381–387; (ich danke an dieser Stelle J. RENTROP für die Überlassung eines Exemplars).

Diese Sammlung sei von einer ersten dtr Redaktion („Wortereignisformel-Redaktion") in den Zusammenhang der Königsbücher eingefügt worden, wobei diese Redaktion am ehesten mit DtrP in Verbindung stehe. Durch eine weitere dtr Redaktion („Isebel-Redaktion") seien dann die erst in exilischer Zeit entstandenen Überlieferungen von Obadja (18,2–16*) und von der Auferweckung des verstorbenen Knaben (1 Kön 17,17–24*) sowie das Fragment von der Nachfolge des Elischa (19,19–21*) hinzugefügt worden. Diese Redaktion sei auch verantwortlich für die Einfügung der Isebel in 1 Kön 18,4.13.19* und die Überleitung in 19,1–2, ebenso für die Situierung am Gottesberg Horeb.

Die Debatte um die Entstehung des Monotheismus in Israel hat das Interesse auf die Karmelepisode (1 Kön 18,17–40) gelenkt, in der die Auseinandersetzung zwischen Elija und den Baalpropheten in dem Bekenntnis des Volkes zu Jhwh gipfelt: יהוה הוא האלהים (1 Kön 18,39). In einer gründlichen Untersuchung der Karmelepisode kommt Frevel zu der Annahme einer Grundschicht, die 18,21.22a*.23aα*24.26–30.33.34.36aα*.37.38aα.39 umfasse. Durch ein „Präludium" (1 Kön 18,1aα*.2aα.17.18a) sei diese Erzählung mit dem Konflikt zwischen Elija und Ahab verbunden worden. Diese Erzählung sei zwar vordtr, aber eine Ansetzung im 9. Jahrhundert komme nicht in Frage.

Ganz aus dem Zusammenhang der ursprünglichen Elija-Überlieferung entfernt Beck die Karmelepisode[23]. Die Personensagen 1 Kön 17,5b–6; 17,10abα.11bβ.12–13.14aβγ.15 und 18,41–45.46aβb seien im ausgehenden 8. Jahrhundert unter Hinzufügung von 1 Kön 17,1.7. 10bβ.11abα; 18,1aα.2 zu einer Dürrekomposition zusammengeschlossen worden. Aus der gleichen Zeit stamme die Einzelüberlieferung 2 Kön 1,2.5–8.17aα. Zusammen mit der allerdings keinen Bezug zu Elija aufweisenden Überlieferung 1 Kön 21,1aβ–16 sind diese Überlieferungen in die Grundschrift des DtrG aufgenommen worden. Diese Redaktion lasse sich in 17,2–5a.8–9.14aαb.16; 18,1aβγb.46aα; 21,1aα17–19.20bβ–24.27–29 fassen. Erst auf dieser Stufe werde Elija zum exemplarischen Propheten. In nachexilischer Zeit seien dann die beiden Lehrerzählungen 1 Kön 18,21–30.33–35a.36aα.37.38aα.39–40 und 1 Kön 19,3aβ–18 entstanden. Durch

---

[23] Vgl. Beck, *Elia*, BZAW 281, 1999, 30–162, Zusammenfassung der Literargeschichte 156–158.

eine „Feindschaftsbearbeitung" seien diese beiden Erzählungen in den größeren Zusammenhang aufgenommen worden. Auf diese Bearbeitung gehen folgende Stellen zurück: 1 Kön 17,17–24; 18,2b– 16.17–20; 19,1–3aα; 21,20abα; 2 Kön 1,9–14.15b–16. Ausserdem sollen noch spät-dtr Redaktionen greifbar sein.

Für S. Otto standen nur die — mit Elija ursprünglich verbundene — Nabot-Überlieferung 1 Kön 21,1aβ–20abα sowie 2 Kön 1,2.5–8.17aα$_1$ in der Grundschrift des DtrG[24]. Am Anfang der Traditionsbildung seien die „Regenmacher-Tradition" (1 Kön 18,42b.45a) und die Erzählung vom „Regenmachen Ahabs und Elijas" (18,19*.20*.41–46) sowie der Dürrespruch 17,1 greifbar. Auf dieser Stufe erscheine Elija als ein mit magischen und mantischen Fähigkeiten ausgestatteter Regenmacher, in der es noch nicht zu einer Konfrontation mit den Omriden gekommen sei. Dies lasse sich erst in dem fragmentarischen Überlieferungselement 18,17b.18a sowie 2 Kön 1* greifen. Die Erzählung vom Götterwettstreit 1 Kön 18,21–30a.31– 35.36*.37–39 sei erst wegen ihrer unbestreitbar monotheistischen Prägung gegen Ende der Exilszeit entstanden. Ein prophetischen Kreisen nahestehender Bearbeiter (BE1) habe dann unter Einschluss der Karmelszene die Komposition 1 Kön 17–18* geschaffen und in die Grundschrift von DtrG eingefügt. Im Zusammenhang mit der Einfügung der „Elisa-Biographie" (2 Kön 2–8*; 13,14–21) wurde dann der Text um 1 Kön 17,17–24; 18,3b–4.12b–14.19b*30b und 19,1–18.19–21 durch einen ebenfalls prophetischen Kreisen angehörenden Bearbeiter (BE2) erweitert. 1 Kön 19,19–21 bildete ursprünglich die Einleitung der „Elisa-Biographie" und bei der Bildung von 1 Kön 19,1–18 konnte BE2 auf ältere Traditionen zurückgreifen.

Keinänen[25] erkennt eine „Dürre-Komposition" in 1 Kön 17,1*.2– 5a.5b–6.*7–16*; 18,1–2a.2b3a.5–8.9–11.15.16–17.41–42a.42b–44.45a.45b; 19,1a, die von DtrP gestaltet wurde. Dabei verwendete er alte Traditionen von Wundertätern und Gottesmann-Traditionen, denen Keinänen folgende Texte zuschreibt; 17,1*.5b–6; 18,2b–3a.5–8.16– 17.42b–44.45b. Eine alte Tradition liege auch in 17,7–16 vor, hier sei jedoch wie in 17,1* die ursprüngliche Tradition nicht mehr genau zu rekonstruieren. Ein weiteres Textstratum liege in 1 Kön 18,19– 20.21–28.29b–30.33.36*.37–38aα.39.40; 19,1b–3aα.3aβb*–6.7–10.15–18

[24] Vgl. S. Otto, *Erzählung*, BWANT 152, 2001, 247–266.
[25] *Traditions*, SESJ 80, 2001, 79–119.191f.

vor. Es handele sich um eine „anti-Baalistic composition", die in spät-exilischer oder eher frühnachexilischer Zeit unter Verwendung der eigenständigen Traditionen 18,21–28.29b–30.33.36*.37–38aα.39 und 1 Kön 19,3aβb*–6 den Textzusammenhang der Dürre-Komposition erweitert habe. Diese Bearbeitung sei von Dtr beeinflusst, aber auf-grund von Differenzen in kultischer Hinsicht nicht mit ihm iden-tisch. Die ursprünglich selbständige Tradition 18,21–39* sei in der religiösen Situation der spätexilischen Zeit zu verorten. Auch diese Tradition stehe in der Nachfolge der Dtr, ohne mit ihnen identisch zu sein. Schließlich handele es bei 1 Kön 17,17–24; 18,3b–4.12a.12b–14.29a.31–32.34–36*38aβb.46; 19,11–14 um „post-dtr expansions".

Während die obengenannten Arbeiten noch mit Traditionen rech-nen, die bis in die Zeit Elijas zurückreichen, bestimmt BLUM 1 Kön 17–19 als eine Einheit, die eine literarische Elischa-Komposition und möglicherweise eine schon zusammengehörige Pentateucherzählung voraussetzt. Ihr Thema sei die Verarbeitung der Prophetie, wobei der Dürrezusammenhang 1 Kön 17–18 die Möglichkeit widerspie-gele, falls Israel auf die Propheten gehört hätte, während 1 Kön 19 den tatsächlichen Ablauf reflektiere[26]. Nach der Einfügung von 1 Kön 17–19 in die Königsbücher sei erst die Nabot-Erzählung 1 Kön 21,1–19a.20.23 entstanden, auch sie also in einem nachexilischen Kontext.[27]

Dieser knappe Überblick zeigt, dass die Überlieferungsgeschichte der Elija-Tradition, insbesondere in 1 Kön 17–19 weiterhin keineswegs geklärt ist. Stärker in den Vordergrund gedrängt hat sich in den letzten Jahren die Frage, in welchem Verhältnis die Ausformung der Elija-Traditionen zu den dtr Redaktionen steht (insbesondere die Karmelepisode ist hier umstritten) und auf welcher Redaktionsstufe die Elija-Überlieferung in die Königsbücher eingefügt wurde. Diese Fragen machen es notwendig, die Elija-Überlieferungen diachron zu untersuchen.

---

[26] Vgl. BLUM, *VT* 47 (1997), 277–292.
[27] Vgl. BLUM, „Nabotüberlieferungen", in: KRATZ/KRÜGER/SCHMID, *Schriftauslegung*, BZAW 300, 2000, 111–128.

2. Diachrone Analyse

2.1. *1 Kön 17–19*

Der erste zusammenhängende Textkomplex der Elija-Überlieferungen liegt in 1 Kön 17–19 vor. Die schon in dem Überblick zur Forschungssituation deutlich gewordene Komplexität dieser Überlieferung lässt es ratsam erscheinen, die diachrone Analyse noch weiter zu untergliedern. Ein Einschnitt liegt ohne Zweifel mit Beginn von 1 Kön 19 vor. Mit 18,45f., der Herabkunft des Regens, endet der mit 17,1 eröffnete Zusammenhang von Dürre und Wiedergewährung des Regens. Es kommt hinzu, dass das Auftreten Elijas nach dem Triumph über die Baalpropheten eine radikale Änderung erfährt. Diese Gründe rechtfertigen eine gesonderte Betrachtung von 1 Kön 17–18 und 1 Kön 19.

2.1.1. *1 Kön 17–18*

Die Elija-Überlieferungen beginnen mit einer überraschenden Konfrontation zwischen Elija und König Ahab. Elija kündigt in 17,1 eine Dürre an, deren Ende dann in 18,41–46 berichtet wird. Nach dem ersten Paukenschlag in 1 Kön 17,1 verschwindet jedoch König Ahab für das gesamte Kapitel 17 aus dem Blickfeld des Erzählers. Stattdessen wird davon berichtet, dass Elija sich am Bach Kerit aufhält und dort auf wunderbare Weise von Raben versorgt wird (17,2–6). Als der Kerit dann infolge der Dürre austrocknet (17,7), begibt sich Elija in das phönizische Sarepta, wo er einer Witwe begegnet, der er — ebenfalls auf wunderbare Weise — aus einer lebensbedrohlichen Notlage hilft (17,8–16). Er bleibt dann bei dieser Frau und als der Sohn der Witwe krank wird und stirbt, erweckt Elija den Sohn zum Leben (17,17–24). Dann wendet sich der Text wieder den Ereignissen in Israel zu. Elija erhält von Jhwh den Auftrag, sich Ahab zu zeigen (18,1). In Samaria sind inzwischen die Auswirkungen der Dürre deutlich geworden, die Ahab und seinen Haushofmeister Obadja zum Handeln zwingen (18,2–6). Es kommt zu einem Zusammentreffen zwischen Elija und Obadja (18,7–15), an die sich die Begegnung Elijas mit Ahab anschließt (18,16–20). Elija fordert von Ahab eine Versammlung Israels und der Baal- und Ascherapropheten auf dem Berg Karmel. Dort kommt es zu einem Opferwettstreit zwischen Elija und den Baalpropheten, der mit dem Bekenntnis des Volkes zu Jhwh als *dem* Gott und der Tötung der Baalpropheten endet

(18,21–40). Nachdem Ahab bei der Auseinandersetzung auf dem Karmel keine Rolle gespielt hat, ist er es wieder, dem Elija die baldige Ankunft des Regens mitteilt. Schließlich fällt der Regen und Ahab fährt nach Jesreel, wohin Elija sich ebenfalls begibt (18,41–46).

Dieser Textkomplex ist literarkritisch umstritten; insbesondere der Zusammenhang der Karmelepisode mit dem übergreifenden Thema der Dürre ist nicht klar, eine Lösung der Probleme ist nicht in Sicht[28].

Mit der gängigen narrativischen Redeeinleitung ויאמר beginnt in 17,1 der Text. Anschließend wird als Subjekt der Rede Elija genannt. Elija wird hier vorgestellt als אליהו התשבי wie auch noch in 1 Kön 21,17.28; 2 Kön 1,3.8; 9,36[29]. Die nähere Bestimmung des Namens durch den Herkunftsort ist außer bei Elija auch noch bei den divinatorischen Spezialisten Ahija (1 Kön 12,15; 15,29; 2 Chr 9,29; 10,15) sowie bei den Südreichpropheten Micha (Mi 1,1; vgl. Jer 26,18) und Nahum (Nah 1,1) belegt. Dass Elija als „der Tischbiter" bezeichnet wird, ist demnach ein durchaus übliches Verfahren.

Der auf die Vorstellung Elijas folgende Ausdruck מתשבי גלעד ergibt nach der masoretischen Vokalisation den Sinn einer sozialen Klassifizierung Elijas, der damit zu den „Beisassen" Gileads gerechnet wird. LXX liest dagegen die Ortsbezeichung „Tischbe", hier wird מתשבי גלעד also als genauere Bestimmung der Lage von Tischbe aufgefasst. Diese Lesart ist vom Konsonantenbestand her genauso möglich; sie ist vor allem deswegen wahrscheinlicher, weil das Lexem תושב ansonsten innerhalb des Ersten Testamentes immer in Pleneschreibung vorliegt[30]. Die dadurch entstehende Doppelung

---

[28] S. oben Abschnitt 1.2; vgl. auch noch zusätzlich den Überblick bei FISCHBACH, *Totenerweckungen*, FzB 69, 1992, 50–54.

[29] Die griechische Überlieferung der Codices Alexandrinus und Vaticanus bezeichnen Elija noch zusätzlich als ὁ προφήτης, was in der hebräischen Vorlage die Angabe הנביא voraussetzt. Wahrscheinlicher ist es jedoch, dass LXX den Titel in 1 Kön 17,1 bei der erstmaligen Nennung Elijas in den Königsbüchern aufgrund des Titels הנביא in 18,36 hinzufügte, denn ansonsten stehen die beiden Bezeichnungen „der Tischbiter" und „der Prophet" an den anderen oben erwähnten Stellen, wo Elija als „der Tischbiter" bezeichnet wird, nie zusammen. Stilistisch überfrachtet diese doppelte Apposition zudem das Satzgefüge; MT ist deshalb zu folgen; vgl. auch THIEL, *Könige*, BK IX/2, Lieferung 1, 2000, 17.

[30] Vgl. Gen 23,4; Ex 12,45; Lev 22,10; 25,6.23.35.40.45.47; Num 35,15; 1 Chr 29,15; Ps 39,13; für die Lesart nach den Versionen sprechen sich schon THENIUS, *Bücher der Könige*, KEH IX, ²1873, 217; BURNEY, *Notes*, 1903, 215f., aus; zuletzt COGAN, *Kings*, AncB 10, 2001, 425; vgl. auch THIEL, *ZDPV* 106 (1990), 119, für den das Argument der Pleneschreibung allerdings von geringerem Gewicht ist; er weist zusätzlich noch darauf hin, dass von תושב kein Pl. cstr. belegt sei, ebenfalls

von „Tischbe" im Text hat viele Forscher dazu verführt, den Ausdruck als glossierenden Einschub auszuscheiden[31]. Dies ist möglich, doch besteht dazu keine literarkritische Notwendigkeit, da מתשבי נלעד auch als nähere Erläuterung, die Tischbe von dem Tischbe in Naftali (vgl. Tob 1,2) klar unterscheidet, denkbar ist.

Als Adressat der Rede Elijas wird Ahab genannt. Ahab wird jedoch nicht näher vorgestellt und auch nicht mit einem Titel versehen, anders als z.B. in 1 Kön 21,1, wo er zu Beginn der Überlieferung als מלך שמרון bezeichnet wird.

Heißt dies, dass Ahab schon vorher erwähnt gewesen sein muss, d.h., dass ein Teil dieser Szene von einem Redaktor gekürzt wurde aufgrund von 16,29–34, wo Ahab ja schon vorgestellt wurde oder dass Teile von 1 Kön 16,29–34 als Anfang vorauszusetzen sind[32] oder gar, dass dieser Vers schon den Rahmen der Königsbücher voraussetzt? Diese Annahmen sind unnötig.

In Mi 6,16, ein Vers, der wahrscheinlich auf eine dtr Redaktion zurückgeht[33], wird von den חקות עמרי und von כל מעשׂה בת־אהאב

---

nicht eine Verbindung mit Orts- bzw. Gebietsnamen; DERS., *Könige*, BK IX/2, Lieferung 1, 2000, 17.

Dem masoretischen Text folgen KEIL, *Bücher der Könige*, Bd. II/3, 1865, 175; BAEHR, *Bücher der Könige*, 1868, 172; NETELER, *Könige*, 1899, 159; SLOTKI, *Kings*, SBBS, 1950, 123; HONOR, *Kings*, 1962, 248; GRAY, *I & II Kings*, OTL, ³1977, 377; DE VRIES, *Kings*, WBC 12, 1985, 211.216, der den Ortsnamen „Tischbe" für zweifelhaft hält und schon התשׁבי mit „the settler" übersetzt; MASSON, *Élie*, 1992, 15, sowie DENNISON, *WThJ* 41 (1978/79), 124–126, der daran weitreichende historische Spekulationen knüpft; KEINÄNEN, *Traditions*, SESJ 80, 2001, 13 Anm 2. Zur Lage von Tischbe in Gilead, das zu unterscheiden ist von Tischbe in Naftali (Tob 1,2), vgl. die ausgewogenen Bemerkungen bei THIEL, *ZDPV* 106 (1990), 119–134, der Tischbe bei El-Istib ansiedelt, wobei aufgrund der fehlenden eisenzeitlichen Besiedelung, die allerdings nur durch einen *survey* gesichert ist, auch weitere Ruinenhügel in der Nähe in Frage kommen, vgl. DERS., *Könige*, BK IX/2, Lieferung 1, 2000, 36.

[31] So z.B. BAEHR, *Bücher der Könige*, 1868, 172; KITTEL, *Bücher der Könige*, HK I/5, 1900, 139; STADE/SCHWALLY, *Books of Kings*, SBOT IX, 1904, 149 („explanatory gloss"); EISSFELDT, *Bücher der Könige*, HSAT(K), ⁴1922, 531; vorsichtiger THIEL, *Könige*, BK IX/2, Lieferung 1, 2000, 35 („möglicherweise").

[32] Vgl. z.B. EISSFELDT, „Komposition" (1967), in: *KS V*, 1973, 23–30; SEEBASS, *ZThK* 70 (1973), 134; ROFÉ, *Stories*, 1988, 183f.; BRODIE, *Crucial Bridge*, 2000, 1; BAUMGART, „Zwölf Steine", in: PITTNER/WOLLBOLD, *Zeiten des Übergangs*, EThSt 80, 2000, 24. CAMPBELL, *Prophets*, CBQ MS 17, 1986, 103, rechnet 1 Kön 16,31b–32 wie Teile der nachfolgende Elija-Überlieferung zu dem „Prophetic Record"; DERS./O'BRIEN, *Deuteronomistic History*, 2000, 389–391; GREGORY/HAUSER, *Carmel*, JSOT.S 85, 1990, 12, sehen in 1 Kön 16,29–33 „the setting for the conflict"; dies sei jedoch strukturell kein Teil von 1 Kön 17–19.

[33] Vgl. dazu WOLFF, *Micha*, BK XIV/4, 1982, 171f.; diese Redaktion ist nach

gesprochen. Bei den Personen Omri und Ahab werden keine näheren Angaben gemacht, obwohl sie ansonsten im Michabuch nicht mehr erwähnt werden. Auch Josua wird in Ex 17,9, wo er zum erstenmal begegnet, nicht näher vorgestellt, genauso wenig wie Eli in 1 Sam 1,3. Dies zeigt, dass nicht in jedem Fall eine bekannte Persönlichkeit zu Beginn eines Textes vorgestellt werden muss[34].

Die fehlende Vorstellung Ahabs in 17,1 verlangt demnach keinen vorausgehenden Text; ein Textausfall muss ebenfalls nicht postuliert werden.

Elija kündigt Ahab in der nun folgenden Rede eine mehrjährige Dürre an, die erst wieder durch das Wort des Elija (לפי־דברי) beendet werden kann. Mit dem Thema der Dürre wird ein Spannungsbogen eröffnet, der mit der Wiedergewährung des Regens in 18,41–46 sein entsprechendes Ende findet. Diese Ankündigung durch Elija an Ahab bricht ebenso plötzlich ab wie sie angefangen hat. Von Ahab ist danach in Kapitel 17 keine Rede mehr; er begegnet erst wieder zu Beginn von Kapitel 18. Dazu kommt, dass die Rede Elijas an Ahab ohne jegliche Angabe der näheren Umstände eingeleitet wird. Es fehlen außerdem alle Hintergrundinformationen über den Grund für die Androhung der Dürre. Dies hat schon THENIUS zu der Auffassung veranlasst, „daß wir den eigentlichen Anfang der für sich bestehenden Geschichte des Elia ... nicht vor uns haben; denn derselbe tritt, ohne dass vorher von ihm die Rede gewesen, handelnd auf, in einer Weise, welche ein vorgängiges Wirken voraussetzt"[35]. Heißt dies nun, dass hier mit einem Textausfall zu rechnen ist[36] oder gar, dass der Text umgestellt werden soll?[37]

WOLFF im 6. Jhd. anzusetzen, s. XXXIIIf.; KESSLER, *Micha*, HThKAT 1999, 46f., setzt diese Redaktion in der Mitte bis zweiten Hälfte des 5. Jahrhunderts an.

[34] Durchaus möglich ist die Auffassung von V.P. LONG, *Reign*, SBL. DS 118, 1989, der im Hinblick auf 1 Sam 13,2 schreibt: „Perhaps full introductions were considered unnecessary for personages sufficiently well-known in Israelite tradition." (76), wobei einschränkend zu sagen ist, dass dies nicht immer und auf jeden Fall so sein muß.

[35] THENIUS, *Bücher der Könige*, KEH IX, ²1873, 314; vgl. dazu auch zuletzt COGAN, *Kings*, AncB 10, 2001, 431.

[36] Vgl. THIEL, „Redaktionsarbeit", in: EMERTON, *Proceedings*, VT.S 43, 1991, 169, DERS., *Könige*, BK IX/2, Lieferung 1, 2000, 24, der damit rechnet, dass das מזה in 1 Kön 17,3 sich auf einen Ortsnamen bezieht, der von der dtr Redaktion ausgelassen wurde, um Samaria (vgl. 1 Kön 16,29–33) als Ort des Geschehens herauszustellen.

[37] So z.B. JEPSEN, *Nabi*, 1934, 58–72.

HENTSCHEL wendet sich zu Recht gegen die Annahme eines Text-
ausfalls, allerdings ist das von HENTSCHEL verwendete Argument
gegen einen Textausfall allzu spitzfindig. Er argumentiert, dass in
17,1 nicht von einer Ankündigung der Dürre die Rede sei, sondern vielmehr von der fundamentalen Bedingung für die Beendigung der Dürre. „Wird die Dürre nicht angesagt, so braucht auch
keine Begründung voranzugehen; 17,1 kann also Anfang des Elija-
Komplexes gewesen sein"[38].

Abgesehen davon, dass dem Wort des Elija der Charakter einer
Ankündigung nicht abgesprochen werden kann, müsste gerade dann,
wenn es um die Bedingung zur Beendigung der Dürre ginge, vorher von einer Dürre berichtet worden sein. Doch bedeutet dies nicht,
dass hier mit Textausfall gerechnet werden muss und auch nicht,
dass der Beginn der Elija-Überlieferung schon die Königsbücher voraussetzen würde[39]. Es gibt noch andere Wege, die Kargheit dieser
Einleitung zu verstehen. Zur Lösung des Problems ist es notwendig,
darauf zurückzukommen, dass 17,1 mit 18,41–46, dem Ende der
Dürre, korrespondiert. Auffallend ist dabei, dass das Thema der
Dürre in Kapitel 17 zunächst wieder in den Hintergrund tritt und
nur sporadisch erwähnt wird (17,7.14). König Ahab wird erst wieder in 1 Kön 18 zum Handlungsträger. So legt es sich nahe, 17,1
als redaktionelle Klammer aufzufassen, mit deren Hilfe dem Textkomplex 17–18 sein innerer Zusammenhalt gegeben wurde[40]. Die
Begegnung von Elija und Ahab in 17,1 ist also nicht als ursprüngliche Erzähleröffnung, sondern als redaktionell gestaltete Szene entsprechend dem Abschluss 18,41–46, der wie 17,1 die Gegenüber
Elija und Ahab zeigt, zu begreifen. Von der redaktionellen Gestaltung
her ist es klar, dass in 17,1 keine weiteren Hintergrundinformationen
geboten werden.

Die Dürresituation ist dabei dem Redaktor vorgegeben. Er hat sie
durch die Zusammenstellung טל ומטר noch verstärkt. טל begeg-

---

[38] HENTSCHEL, *1 Könige*, NEB, Lieferung 10, 1984, 105; vgl. auch DERS., *Elijaerzählungen*, EThSt 33, 1977, 49f.
[39] So STIPP, *Elischa*, ATSAT 24, 1987, 460f.; WÜRTHWEIN, *Bücher der Könige*, ATD
11,2, 1984, 220, rechnet mit einer nachdtr Redaktion, die 17,1 formuliert hat; mit
einer späten Formulierung von 17,1 rechnen auch JONES, *Kings*, NCBC, 1984, 68,
ebs. S. OTTO, *Erzählung*, BWANT 152, 2001, 158f.; KEINÄNEN, *Traditions*, SESJ 80,
2001, 13–17 (unter Verwendung alter Traditionen).
[40] Vgl. auch TIMM, *Dynastie Omri*, FRLANT 124, 1982, 60.

net in 1 Kön 17–19 überhaupt nicht mehr, מטר nur noch in 18,1, während in 17,7.14; 18,41.44.45 von גשם gesprochen wird. Der Redaktor will mit der Verwendung von „Tau und Regen" jegliche Feuchtigkeit ausschließen. Denn der Tau ist in der regenlosen Sommerzeit „eine Lebensbedingung wie der Regen in der Winterzeit"[41]. Von daher ist auch einsichtig, dass in 17,1 das Lexem מטר verwendet wird, da מטר der allgemeinste Begriff für „Regen" in der hebräischen Sprache ist[42]. Außerdem begegnet גשם nie in der Zusammenstellung mit טל. Ein einziges Mal wird in Mi 5,6 רביבים neben טל verwendet, an den anderen Stellen (Dtn 32,2; 2 Sam 1,21; Ijob 38,28) erscheint immer die Kombination von טל und מטר. Von daher ist die unterschiedliche Bezeichnung des Regens in 1 Kön 17–18 als literarkritisches Kriterium unbrauchbar[43].

Aus der Apodosis des Konditionalsatzgefüges in 17,1 geht hervor, dass für das Ende der Dürre das Wort Elijas entscheidend ist: כי אם־לפי דברי. Von Elija, der im Namen Jhwhs, des Gottes Israels redet, ist es abhängig, ob Leben oder Tod kommen wird. Die damit ausgesprochene Drohung ist nicht auf den direkten Adressaten der Rede Elijas, Ahab, zu begrenzen. Eine Dürre ist ein Geschehen, das nie nur einen einzelnen betrifft; es betrifft Israel als Ganzes[44]. Das heißt aber auch, dass Israel in die Androhung der Dürre involviert ist. Jhwh wird außerdem ausdrücklich hier als „Gott Israels" vorgestellt und folgerichtig spricht die Witwe aus dem phönizischen Sarepta in 17,12 innerhalb der an Elija gerichteten Rede von „deinem Gott" (אלהיך). Hier wird übrigens dieselbe Schwurformel (חי־יהוה) verwendet wie in V1, an die sich dieselbe syntaktische Struktur (Konditionalsatz, eingeleitet mit אם und die Apodosis angeschlossen mit כי אם) anschließt. Thema der Karmelepisode ist dann, wer *der* Gott ist, Jhwh oder Baal. Die Formulierungen in 17,1 und 17,12 lassen sich durchaus in Verbindung mit der Karmelepisode gut verstehen. Da mit der Ankündigung der Dürre Israel als Ganzes betroffen ist, ist zu erwarten, dass die Wiederkunft des Regens auch etwas mit Israel zu tun haben wird. Dies ist im Bekenntnis Israels zu Jhwh in 18,39

---

[41] Otzen, Art. „טל", *ThWAT III*, 1977–1982, 344f.

[42] Vgl. Zobel, Art. „מטר", *ThWAT IV*, 1982–1984, 827f.

[43] Vgl. auch Schwab, *ZAW* 99 (1987), 333; Frevel, *Aschera*, BBB 94 1/2, 1995, 43 Anm 73; Beck, *Elia*, BZAW 281, 1999, 99.

[44] Vgl. auch Timm, *Dynastie Omri*, FRLANT 124, 1982, 54; Rehm, *Buch der Könige 1*, 1979, 176.

der Fall. Damit wird die Ursache der Ankündigung der Dürre erkennbar; sie liegt in der Unentschiedenheit Israels (18,21). Demnach spricht vieles dafür, dass der redaktionell gestaltete V1 schon die Auseinandersetzung auf dem Karmel (18,17–40) mit im Blick hatte[45].

Das Wort Elijas spielt noch eine Rolle in der Sareptageschichte 17,8–16, und zwar in ihrem ursprünglichen Bestand (s.unten). In V15 heißt es, dass die Witwe gemäß dem Wort des Elija (כדבר אליהו) handelte. Die syntaktische und inhaltliche Beziehung macht deutlich, dass in den Horizont von 17,1 ebenfalls die Sarepta-Überlieferung einbezogen war. Die Betonung des Prophetenwortes findet sich auch noch in der Elischa-Überlieferung, und zwar in den frühen Bestandteilen der Elischa-Tradition[46].

Damit wird eine Beziehung zur Elischa-Überlieferung deutlich, die jedoch — wie noch die weitere Untersuchung ergeben wird — in 1 Kön 17–19 auf zwei unterschiedlichen Ebenen verläuft.

Zum einen spiegelt sich in Anekdoten wie 17,5b-6 und 17,10–15* eine ähnliche Vorstellungswelt wie in den Anekdoten der Elischa-Überlieferung. Dies betrifft einmal die herausgehobene Stellung eines Elija oder Elischa, wie sie in der Form der „Prophetenanekdote" erkennbar wird. Deutlich ist auch das Hervortreten einer Wundertheologie, die mit Elija und Elischa verknüpft ist. Es liegen hier jedoch keine direkten literarischen Beziehungen vor.

Diese zeigen sich erst auf einer zweiten Ebene, in der Übertragungen von Elischa auf Elija stattfinden. Auf dieser Ebene ist die von 2 Kön 4,8–37* her gebildete Totenerweckung 17,17–24* in 1 Kön 17–19 eingefügt worden, und auf dieser Ebene sind auch die ursprünglich mit Elischa verbundenen Aktivitäten 2 Kön 2*; 8,7–15; 9–10* als Aufträge an Elija gestaltet worden (19,15–18).

Diese Überlegungen, die erst im Laufe der weiteren Untersuchung im einzelnen begründet werden können, haben Konsequenzen für die Einordnung des Relativsatzes אשר עמדתי לפניו in 17,1. Die Kenn-

---

[45] Nicht nachvollziehbar ist die Auffassung von BECK, *Elia*, BZAW 281, 1999, 101, dass in 17,1 kein feindliches Verhältnis zwischen Elija und Ahab erkennbar sei; hier wird, um in der Terminologie von BECK zu bleiben, ein „Schwur- bzw. Schadenzauber" von Elija ausgesprochen, der sich natürlich auch gegen den König als Repräsentanten des Volkes richtet; zu den zusätzlich erwähnten formkritischen Erwägungen vgl. THIEL, *Könige*, BK IX/2, Lieferung 1, 2000, 31.
[46] Vgl. 2 Kön 2,22; 4,17; 5,14; 6,18; 7,17; 8,2.

zeichnung des Prophetendienstes als „Stehen vor Jʜᴡʜ" begegnet
noch einmal in 18,15 und ansonsten in der Elischa-Überlieferung 2
Kön 3,14 und 5,16, hier jeweils in Zusammenhängen, die frühestens
auf einer judäischen Bearbeitungsstufe der Elischa-Überlieferungen
anzusetzen sind[47]. Außer in der Elischa-Überlieferung zeigt sich diese
Umschreibung des Prophetendienstes nur noch ein einziges Mal innerhalb der Konfessionen des Jeremia (Jer 15,19). Der Ausdruck עמד
לפני יהוה wird meist im Zusammenhang der Ausübung einer kultischen Handlung verwendet[48]. Von diesem Sprachgebrauch her wird
es klar, dass עמד לפני יהוה auch als umfassende Bezeichnung für den
Dienst der Leviten in Dtn 10,8; 18,7 (vgl. 18,5); Ez 44,15; 2 Chr
29,11, des Dienstes der Leviten und Priester in Neh 12,44 herhal-
ten konnte[49]. Daneben kann dieser Ausdruck auch noch die Bedeutung
„Jʜᴡʜ standhalten" annehmen (1 Sam 6,20; Jer 50,44; Ez 22,30; Ps
106,23; Esr 9,15). Dieser vorrangig kultisch konnotierte Ausdruck ist
demnach erst spät und sehr vereinzelt mit divinatorischen Spezialisten
und anderen Gruppierungen (Rechabiter) verbunden worden, wobei
in Jer 15,19 auch durchaus schon ein übertragener Sprachgebrauch
vorliegen kann. Die früheste Bezeugung dieser Kennzeichnung für
einen divinatorischen Spezialisten liegt wohl in 2 Kön 3,14 vor, einer
Überlieferung, bei der es durchaus möglich ist, dass sie in kultischen
Kreisen entstanden ist[50]. Von dort her ist sie in die Elischa- und
Elija-Überlieferung eingedrungen.

Diese überlieferungsgeschichtlichen Überlegungen haben ein literarkritisches Fazit: Der Relativsatz אשר עמדתי לפניו in 17,1 ist erst
später in den Text eingesetzt worden. Er wurde eingefügt, um Elija
und Elischa einander näher zuzuordnen, ein Redaktionsvorgang, der
sich auch noch an anderen Teilen in 1 Kön 17–19 bestätigen wird.
Ein klassisches Kriterium der Literarkritik liegt allerdings nicht vor.

Eingeleitet durch die Wortereignisformel, wendet sich das Interesse
des Textes in 17,2 wieder Elija zu, dem nun in einer Gottesrede

---

[47] Vgl. dazu weiter unten Kapitel III.

[48] Vgl. Num 5,16.18.30 (Eifersuchtsordal); Lev 9,5; 16,7.10 (Aufstellen von
Opfertieren vor Jʜᴡʜ); Dtn 19,17 (kultischer Rechtsstreit); 2 Chr 20,9.13; Jer 7,10;
Ez 8,11 (vor den Götzenbildern im Tempel von Jerusalem); diesen Stellen hinzuzurechnen sind 1 Kön 3,15; 8,22; 2 Chr 6,12, wo vom Stehen vor der Lade bzw.
dem Altar Jʜᴡʜs die Rede ist.

[49] In Jer 35,19 wird der Dienst der Rechabiter mit „Stehen vor Jʜᴡʜ" bezeichnet; auch der Fürbittdienst von Mose und Samuel in Jer 15,1 wird auf diese Weise
charakterisiert.

[50] Vgl. dazu weiter unten die Analyse der Elischa-Überlieferungen in Kapitel III.

aufgetragen wird, sich am Bach Kerit zu verbergen. Er wird dort
von Raben mit dem Lebensnotwendigen versorgt werden[51]. Kurz
und knapp wird die Ausführung der Anweisung Jʜᴡʜs in V5–6 dargestellt. Durch das Austrocknen des Baches ist Elija dann gezwungen, den Kerit zu verlassen (V7). V7 ist deutlich als überleitender
Vers zu erkennen, der einen Ortswechsel Elijas motivieren will.

In V5 fällt auf, dass jeweils zu Beginn von V5a und V5b וילך
steht, obwohl das zweite וילך überflüssig ist und im Textduktus störend wirkt[52]. In V5b wird außerdem die nähere Bestimmung על־פני
הירדן zum Ort des Baches Kerit, die schon in V3 gegeben war,
wiederholt. Diese Doppelungen sind Hinweise auf eine Nahtstelle
zweier Textschichten, die ursprünglich nicht zueinander gehörten.
Die Wendung ויעש כדבר יהוה in V5a ist durch den Hinweis auf das
Wort Jʜᴡʜs mit V2 verbunden; V5a gehört also zu der Textschicht,
die in V2 beginnt.

Die Betonung des דבר יהוה in V2, von dem Elija geleitet wird,
steht in einer inhaltlichen Spannung zu V1, wo vom „Wort Elijas"
die Rede ist. Durch das rückbezügliche מזה in 17,3[53] und die Aufforderung an Elija, sich zu verbergen, die ohne die vorhergehende
Konfrontation mit Ahab sinnlos wäre, setzt diese Redaktion 17,1

---

[51] Lᴇᴍᴀɪʀᴇ, „Achab", in: Dᴇʀs., *Prophètes et rois*, LeDiv Hors Série, 2001, 133–144
hält auf dem Hintergrund epigraphischen Materials eine Verbindung von Ahab und
Elija mit den frühen Arabern für möglich und plädiert wieder für die Lesart „Araber"
in 17,4. Vgl. unter den neueren Kommentaren Gʀᴀʏ, *I & II Kings*, OTL, ³1977,
378. Angesichts der auch sonst erkennbaren Wunderhaftigkeit in den Elija- und
Elischa-Überlieferungen und dem Textzeugnis der alten Übersetzungen erscheint es
mir sinnvoll, bei der herkömmlichen Deutung zu bleiben. Zu den älteren Versuchen
die Raben durch „Araber", „Kaufleute" o.ä. zu ersetzen, vgl. schon Bᴀᴇʜʀ, *Bücher
der Könige*, 1868, 176; Rᴇɴᴛʀᴏᴘ, *Elija*, 1992, 130f.; zuletzt Tʜɪᴇʟ, *Könige*, BK IX/2,
Lieferung 1, 2000, 18; Cᴏɢᴀɴ, *Kings*, AncB 10, 2001, 426f.

[52] Viele Exegeten eliminieren zumindest ein וילך; vgl. z.B. Kʟᴏsᴛᴇʀᴍᴀɴɴ, *Bücher
Samuelis*, 1887, 365; Kɪᴛᴛᴇʟ, *Bücher der Könige*, HK I/5, 1900, 139; Sᴛᴀᴅᴇ/Sᴄʜᴡᴀʟʟʏ,
Books of Kings, SBOT IX, 1904, 149; Kᴀᴍᴘʜᴀᴜsᴇɴ, *Bücher der Könige*, HSAT (K),
1909, 493; Sᴀɴᴅᴀ, *Bücher der Könige I*, EHAT 9/1, 1911, 419; Eɪssғᴇʟᴅᴛ, *Bücher der
Könige*, HSAT (K), ⁴1922, 531; Fɪᴄʜᴛɴᴇʀ, *Buch von den Königen I*, BAT 12/1, 1964,
251. Sie können sich dabei auf die hexaplarische Rezension der LXX stützen, die
beide Male וילך weglässt. Es ist hier jedoch eher mit der harmonisierenden Tendenz
der Übersetzer zu rechnen, vgl. dazu Wᴇᴠᴇʀs, *OTS* 8 (1950), 300–322, bes. 306.321,
da auch noch andere Gründe für eine literarkritische Lösung sprechen.

[53] מזה muß nicht unbedingt auf eine ausgefallene Ortsbezeichnung in 17,1 verweisen (so Tʜɪᴇʟ, „Redaktionsarbeit", in: Eᴍᴇʀᴛᴏɴ, *Proceedings*, VT.S 43, 1991, 169),
wenn die Redaktionsschicht, die hier erkennbar ist, schon den größeren Kontext
der Königsbücher voraussetzt, was angesichts der Verwendung der dtr Wortereignisformel wahrscheinlich ist (s. weiter unten).

voraus[54]. Der Inhalt der Jhwh-Rede in V3–4 ist als Vorwegnahme der späteren Handlung zu verstehen, wobei der Redaktor die Verse V5b–6 als Vorlage benutzt hat[55]. Es handelt sich aufgrund der Betonung des Jhwh-Wortes und der Verwendung der Wortereignisformel um eine dtr Redaktion[56].

Es kommt hinzu, dass V5b genauso gut an V1 anschließt wie V2. Inhaltlich zeigt die kurze Szene am Bach Kerit, in der die wunderbare Versorgung Elijas durch Raben, die in dtr Tradition als unreine Tiere gelten[57], keinen direkten Bezug zur Dürre[58]. Dieser Bezug wird erst durch V7 hergestellt, in dem berichtet wird, dass der Bach Kerit nach einiger Zeit austrocknete, weil kein Regen fiel. Angesichts der in wunderhaften Zügen geschilderten Versorgung Elijas am Kerit überrascht, dass ein solch vergleichweise banaler Vorgang Elija zum

---

[54] Dies übersieht Würthwein, *Bücher der Könige*, ATD 11,2, 1984, wenn er 17,1 einer nachdtr Schicht zurechnet und den Beginn der Dürreüberlieferung mit einem einfachen „Es war einmal eine Dürre" (211) ansetzt. Die Zuordnung von ונסתרת als eine nachdtr Einfügung, die im Zusammenhang mit dem nachdtr eingefügten V1 in den Text eingedrungen sein soll (221; vgl. Ders., „Tradition" (1994), in: *Studien*, BZAW 227, 1994, 106), ist rein willkürlich.

[55] Vgl. hierzu die Darstellung der Übereinstimmungen bei W. Dietrich, *Prophetie*, FRLANT 108, 1972, 124, und Smend, *VT* 25 (1975), 528f.

[56] Das Vorkommen der Wortereignisformel innerhalb der Samuel-Saul-Traditionen in 1 Sam 4,1 und 1 Sam 15,10 ist wohl einer dtr Redaktion zuzuordnen. Samuel wird auf dieser Textstufe als Träger des Jhwh-Wortes gesehen, das als prophetische Komponente in die Zeichnung Samuels als „Richter" einbezogen wurde (s.o. Kapitel I, Abschnitt 3.2); zu den weiteren Vorkommen der Wortereignisformel in den Elija- und Elischa-Texten vgl. weiter unten; sie gehören ebenfalls zu dtr Textschichten. Dies lässt es sehr fraglich erscheinen, ob die Wortereignisformel überhaupt vordtr belegt ist; vgl. zuletzt Würthwein, „Tradition" (1994), in: *Studien*, BZAW 227, 1994, 110–112, dessen nachjeremianischer Datierung jedoch nicht zuzustimmen ist. Eher ist aufgrund der massiven Verwendung bei Ezechiel und Jeremia damit zu rechnen, dass die Wortereignisformel im Sprachgebrauch der spätvorexilischen und exilischen Zeit entwickelt wurde. Eine andere Auffassung vertritt Thiel, „Redaktionsarbeit", in: Emerton, *Proceedings*, VT.S 43, 1991, 165–170; Ders., *Könige*, BK IX/2, Lieferung 1, 43f., der jedoch mit einem zeitlichen Graben zwischen der Verwendung der Wortereignisformel in der Elija-Überlieferung und dann erst wieder vor allem bei Jeremia und Ezechiel fertigwerden muß; dies vermag nicht zu überzeugen; vgl. auch Rentrop, *Elija*, 1992, 121 Anm 396; Beck, *Elia*, BZAW 281, 1999, 103f.

[57] S. Dtn 14,11; vgl. auch Lev 11,15.

[58] Die Abweichung der griechischen Textüberlieferung in V6, dass Elija von den Raben Brot nur am Morgen und Fleisch nur am Abend gebracht wird, lässt sich am ehesten als Angleichung an Ex 16,8.12 verstehen; MT ist also vorzuziehen; vgl. Montgomery/Gehman, *Critical and Exegetical Commentary*, ICC, 1951, 297; Honor, *Book of Kings*, 1962, 251; Carlson, *VT* 19 (1969), 421; Rehm, *Buch der Könige 1*, 1979, 169; zur Diskussion dieser Frage vgl. vor allem Hentschel, *Elijaerzählungen*, EThSt 33, 1977, 64f. Anm 203; Rentrop, *Elija*, 1992, 136 Anm 428; Thiel, *Könige*, BK IX/2, Lieferung 1, 2000, 18.

Aufbruch zwingt. Warum wird das Wunder nicht auf die Versorgung
mit Wasser ausgedehnt? Ganz offensichtlich hat V7 die Funktion,
eine überleitende Motivierung dafür zu bieten, dass Elija sich in
17,10ff. in Sarepta aufhält. Das Motiv der Dürre verbindet dabei
V7 mit der Ankündigung der Dürre in V1. Es spricht demnach viel
dafür, dass in V5b-6 eigenständiges Traditionsmaterial verwendet
wurde, das durch V7 in den Zusammenhang der Dürre eingefügt
wurde. Dass in V7 der Terminus נשם verwendet wird im Gegensatz
zu טל ומטר in V1, ist kein ausreichender Grund, verschiedene Textschichten anzunehmen[59].

Während in V7 die Dürresituation dafür verantwortlich gemacht
wird, dass Elija einen Ortswechsel vornehmen muss, wird in V8f.
eine andere Begründung für den Aufbruch Elijas nach Sarepta gegeben: Elija begibt sich auf die ausdrückliche Aufforderung Jhwhs nach
Sarepta, einem phönizischen Ort. In der Jhwh-Rede wird vorweg-
nehmend gesagt, dass Jhwh dort einer Witwe befohlen habe, ihn zu
versorgen, obwohl in V11f. die Witwe von der Aufforderung Elijas
vollkommen überrascht erscheint[60]. Die doppelte Überleitung lässt
Zweifel aufkommen, ob V8–9 in den ursprünglichen Text gehören.
Betrachtet man die Terminologie von V8–9, so werden Beziehungen
zu 17,2–5a deutlich. Hier wie dort begegnet die Wortereignisformel
als Einleitung (V2.8), an beiden Stellen wird gesagt, dass Jhwh jeman-
dem (den Raben bzw. der Witwe) befohlen habe (צוה Pi.), Elija zu
versorgen (כול Pilp.). Dem Sprachgebrauch entspricht die gleiche
Tendenz, Elija als vom Wort Jhwhs geleitet darzustellen. Wie zum
Bach Kerit wird Elija auch nach Sarepta durch ein Wort Jhwhs in
Marsch gesetzt. Ebenso stimmt die Arbeitsweise, einzelne Elemente
aus dem vorgegebenen Text in das Jhwh-Wort aufzunehmen, überein[61]. So ist die Schlussfolgerung unausweichlich, 17,8–9 der gleichen
Textschicht zuzuweisen wie 17,2–5a. Dies wird auch dadurch bestätigt, dass V10 ohne erkennbare Lücke an V7 angeschlossen werden
kann[62].

---

[59] Vgl. oben und SMEND, *VT* 25 (1975), 535, der darauf aufmerksam macht, dass
17,1 als solenne Ankündigung eine vollere Ausdrucksweise verlange; SCHWAB, *ZAW*
99 (1987), 333.
[60] Vgl. SCHWAB, *ZAW* 99 (1987), 330.
[61] Vgl. dazu SMEND, *VT* 25 (1975), 529.
[62] V8–9 halten ebenfalls für sekundär: W. DIETRICH, *Prophetie*, FRLANT 108,
1972, 124; SMEND, *VT* 25 (1975), 529; WÜRTHWEIN, *Bücher der Könige*, ATD 11,2,
1984, 211; SCHWAB, *ZAW* 99 (1987), 330–332; RENTROP, *Elija*, 1992, 117–121;

In V10–16 wird nun die Begegnung Elijas am Ortseingang der Stadt mit einer nicht mit Namen benannten phönizischen Witwe geschildert. In dem sich entspannenden Dialog wird die Notlage der Witwe deutlich, aus der Elija sie durch das Wunder des nicht versiegenden Mehltopfes und Ölkruges befreit.

Nachdem V10a präzise und knapp die Situation umreißt, richtet Elija zwei Bitten an die Witwe, zunächst um Wasser, dann um Brot. Diese Bitten sind gleich aufgebaut: קרא + ל + Suff. 3. Pers. Sg. fem. + אמר bilden die Redeeinleitung; die Rede selbst beginnt mit לקח + נא + ל + Suff. 1. Pers. Sg. Diese Wortfolge schließt mit den verschiedenen Objekte der Bitten (Wasser bzw. Brot) ab. Es stellt sich die Frage, warum Elija zweimal zu einer Bitte an die Witwe ansetzt, zumal nach der ersten Bitte erwähnt wird, dass die Witwe fortging, um das Wasser zu holen (ותלך לקחת V11a). Man hat den Eindruck, als ob Elija die Bitte um Brot vergessen hätte, und er der Witwe die zweite Bitte noch schnell nachrufen müsse[63]. Dies zeigt eindeutig, dass eine der beiden Bitten erst nachträglich in den Zusammenhang eingestellt wurde. Welche der beiden Bitten zum ursprünglichen Text gehörte, lässt sich vom Kontext beantworten. Ist man aufgrund der Dürresituation zunächst geneigt, die Bitte nach Wasser in V10b für ursprünglich zu halten, so zeigt sich im folgenden Geschehen jedoch, dass das Wasser keine Rolle mehr spielt. Anders ist es dagegen mit der Bitte um Brot. Als Elija

---

Beck, *Elia*, BZAW 281, 1999, 104, wobei diese Einfügung einer dtr Redaktion zugeschrieben wird; vgl. auch noch Hentschel, *Elijaerzählungen*, EThSt 33, 1977, 84–90, der das Etikett „Dtr" vermeidet und Ders., *1 Könige*, NEB, Lieferung 10, 1984, 105f. Levin, *ThZ* 48 (1992), 329–342, ist ebenfalls mit der Zuordnung „dtr" für die Jhwh-Wort-Bearbeitung, die er in 17,2–5a.8–9.14*.16.24b; 18,1* sieht, vorsichtig. Allerdings ordnet er diese Redaktion nach einer schon nachexilischen „Gottesmannbearbeitung" ein. Thiel, *Könige*, BK IX/2, Lieferung 1, 2000, sieht hier den Redaktor der Dürrekomposition am Werk, der wohl im beginnenden 8. Jahrhundert sein Werk zusammengestellt hat. Zu der selben Textschicht rechnet Thiel auch noch V7 und V10aα (33). S. Otto, *Erzählung*, BWANT 152, 2001, 165–167 sieht in 17,1–16 vor allem das Werk von BE1, der unter Verwendung der ursprünglich eigenständigen Traditionen 17,5b.6; 17,10–14a.15f. (Hinzuzurechnen ist noch der Prophetenspruch in 17,1) diesen Textkomplex gestaltet habe. Dies hat zur Folge, dass sie gezwungen ist, den Spannungen und Kohärenzstörungen in diesem Textbereich eine literarkritische Relevanz abzusprechen. Auf die doppelte Bitte Elijas an die Witwe in V10–11 (s.unten) geht sie überhaupt nicht ein.

[63] Diesen Eindruck hatte offensichtlich auch die LXX, die die Redeeinleitung in V10b.11b jeweils mit καὶ ἐβόησεν ὀπίσω αὐτῆς Ηλιου übersetzt, was die hebräische Vorlage ויקרא אהריה bedeuten würde; es gibt keinen Grund, hier der griechischen Textüberlieferung zu folgen.

sie äußert, ist die Witwe gezwungen, ihre Notlage vor Elija zu
enthüllen. Damit ist die Voraussetzung für das Eingreifen Elijas
in V13f. gegeben. Diese Bitte ist demnach konstitutiv für den
Handlungsablauf und gehört zum ursprünglichen Textbestand,
während V10b.11a eine Bearbeitung darstellen[64]. Die Verwendung
des ungewöhnlichen — in dieser Form nur hier begegnenden —
Imperativ Sg. fem. לקחי in V11 gegenüber der gewöhnlichen Form
קחי in V10 spricht ebenfalls für die Ursprünglichkeit der zweiten
Bitte[65]. Es stellt sich noch die Frage, warum der Bearbeiter das
störende ותלך לקחת in V11a eingefügt hat. Der Grund ist darin
zu sehen, dass auf diese Bitte auch eine Reaktion der Witwe vermerkt werden musste. Da das Wasser im weiteren Verlauf keine
Rolle mehr spielte, musste die Reaktion der Witwe hier eingetragen werden, auch um den Preis, dass der Handlungsablauf nicht
mehr ganz einleuchtend ist. Ganz offensichtlich ist die Bitte um
Wasser eingefügt worden, um einen stärkeren Bezug zur Kontext-
situation der Dürre herzustellen. 17,10b.11a liegen also auf derselben Textebene wie 17,7. Das heißt umgekehrt, dass in V10–16*
ein Traditionsstück verwendet worden ist, das eine in sich abge-
schlossene Handlung zeigt und das Elija als Wundertäter zeichnet, ähnlich wie vor allem Elischa[66].

Aufgrund der Bitte Elijas ist die Witwe gezwungen, ihre Lebenssituation
darzulegen. Die Darstellung bleibt auf einer sehr nüchternen und
sachlichen Ebene; der abschließende Satz ומתנו ואכלנהו in V12 offenbart

---

[64] So auch SCHMOLDT, ZAW 97 (1985), 423f.; WÜRTHWEIN, Bücher der Könige, ATD
11,2, 1984, 212; DERS., „Tradition" (1994), in: Studien, BZAW 227, 1994, 104f.;
RENTROP, Elija, 1992, 133f.; BECK, Elia, BZAW 281, 1999, 105f.
[65] Von einigen Forschern wird das ל bei לקחי als Rest des Personalpronomens
לה verstanden, so z.B. von KLOSTERMANN, Bücher Samuelis, 1887, 364; BENZINGER,
Bücher der Könige, KHC 9, 1899, 107; ŠANDA, Bücher der Könige I, EHAT 9/1, 1911,
420; EISSFELDT, Bücher der Könige, HSAT (K), ⁴1922, 532; GRAY, I & II Kings, OTL,
³1977, 379; THIEL, Könige, BK IX/2, Lieferung 1, 2000, 19. Dies ist jedoch unnötig, da auch von der masculinen Form des Imperativs die Nebenform לקח in Ex
29,1; Ez 37,16; Spr 20,16 belegt ist.
[66] Vgl. vor allem 2 Kön 4,1–7. Nicht überzeugend ist der Versuch von SCHWAB,
ZAW 99 (1987), 329–339, der versucht, anhand eines ugaritischen Textes (KTU
1.16), in dem eine Verbindung von Dürre und Mangel an Öl begegnet, eine
ursprüngliche Dürreerzählung zu erweisen, in der die Sarepta-Episode ein integrierender Bestandteil war. Demgegenüber lassen sich die ausdrücklichen Bezugnahmen
zur Dürresituation in 17,10–16* zu deutlich als spätere Texteinträge erkennen (zu
17,14b s. weiter unten). Es ist besser, von einer Dürrekomposition zu sprechen, die
Traditionsmaterial verwendet hat.

jedoch die tiefe Verzweiflung, in der sich die Witwe und ihr Sohn befinden[67].

Nachdem Elija die Witwe in V13 („Fürchte dich nicht") etwas beruhigt und sie aufgefordert hat, ihm dennoch ein Stück Brot zu geben, ergeht in V14 die Verheißung, dass Mehltopf und Ölkrug nicht mehr versiegen werden. Diese Zusage ist durch die einleitende Botenformel ausdrücklich als JHWH-Wort gekennzeichnet. Der folgende V15a spricht jedoch vom Wort Elijas: ותלך ותעשה כדבר אליהו, von dem ja auch schon in 17,1 die Rede war. Das Wort JHWHs wurde dagegen von einer späteren Bearbeitung in 17,2–5a.8–9 betont.

Heißt dies nun, dass V14 insgesamt in den Zusammenhang eingefügt wurde, wie TIMM annimmt[68]? Die Situation ist komplizierter. Zu Recht bemerkt RENTROP: "Diese Begründung ist notwendig, damit die Witwe überhaupt gehorcht, und deshalb gehört diese Verheißung in 14aß in den ursprünglichen Zusammenhang unserer Geschichte"[69]. Es kommt hinzu, dass die Botenformel in der erweiterten Form mit der Gottesprädikation אלהי ישראל vornehmlich in dtr Texten begegnet[70]. So legt es sich nahe, die Botenformel, die bei Elija und Elischa nur selten begegnet und zumindest in 2 Kön 2,19–22 auch sekundär

---

[67] In V12.13 wird in der griechischen Überlieferung das לבני des MT mit τοῖς τέκνοις μου wiedergegeben, sie bietet also den Plural und spricht zudem unbestimmter von „Kindern" anstelle eines „Sohnes". Während die ältere Forschung überwiegend MT folgte (vgl. dazu den Überblick bei HENTSCHEL, Elijaerzählungen, EThSt 33, 1977, 81 Anm 253), haben sich in letzter Zeit die Stimmen vermehrt, die der griechischen Lesart den Vorzug geben, vgl. WÜRTHWEIN, Bücher der Könige, ATD 11,2, 1984, 212; SCHMOLDT, ZAW 97 (1985), 424; BECK, Elia, BZAW 281, 1999, 116 Anm 434 und vor allem STIPP, Elischa, ATSAT 24, 1987, 452f.
BARTHÉLEMY, Critique, OBO 50/1, 1982, 369, denkt zur Erklärung des Plurals in LXX an einen Einfluß von 2 Kön 4,1–7 — vorher auch schon REISER, ThZ 9 (1953), 326 Anm 25 —, doch spricht dagegen, dass LXX in 2 Kön 4,1–7 nicht von „Kindern", sondern von „Söhnen" (υἱοι) redet. Eine Erklärung ergibt sich dann, wenn man sieht, dass in 17,15 MT וביתה in LXX ebenfalls mit καὶ τὰ τέκνα αὐτῆς wiedergegeben wird. Der Ausdruck „und ihr Haus" suggeriert, dass die Witwe einen umfangreicheren Haushalt geführt hat, zu dem neben dem in 17,12f. erwähnten Sohn vielleicht auch noch Mädchen dazugehörten. Deshalb wählte die griechische Überlieferung die allgemeinere Bezeichnung und setzte sie in den Plural. STIPP, Elischa, ATSAT 24, 1987, 453, der dem griechischen Text folgt, bleibt eine Erklärung für die Lesart ביתה in MT schuldig, wenn er meint, dass diese Lesart im masoretischen Text recht willkürlich gewählt worden sei; vgl. jetzt auch THIEL, Könige, BK IX/2, Lieferung 1, 2000, 19.
[68] Vgl. TIMM, Dynastie Omri, FRLANT 124, 1982, 56 Anm 16.
[69] RENTROP, Elija, 1992, 122.
[70] Vgl SCHWAB, ZAW 99 (1987), 333, mit Verweis auf VEIJOLA, Königtum, AASF 193, 1977, 42.

eingefügt sein dürfte[71], einer Bearbeitung zuzuschreiben. Aufgrund
der mit der Einfügung der Botenformel betonten Akzentuierung als
JHWH-Wort, das der Intention der schon erkannten dtr Redaktion
entspricht, ist die Erweiterung durch die Botenformel mit der Gottesprädikation אלהי ישראל der dtr Bearbeitung zuzurechnen[72]. In
V14b wird wieder ausdrücklich auf die Dürresituation zurückgegriffen
und das Wunder des nie versiegenden Öltopfes und Mehlkruges auf
die Zeit der Dürre beschränkt[73]; diese Beschränkung wird jedoch in
V16b, wo die Erfüllung der Verheißung mit den selben Worten konstatiert wird, nicht mehr erwähnt.

> Der hier verwendete Terminus für Regen — נשׁם — entspricht dem
> Sprachgebrauch in 17,7. In 18,1, wo dieselbe Formulierung für
> die Herabkunft des Regens gewählt wird (נתן + Regen + האדמה
> על־פני), steht aber מטר. Hier gehört der Begriff der dtr Redaktion
> an, die das Wort JHWHs betont (vgl. unten). Das Wort JHWHs spielt
> jedoch in V14b keine Rolle. Erkennbare Intention dieses Teilverses
> ist es, die Dürresituation in den Textzusammenhang einzubringen.
> Eine Verfasseridentität von 17,14b und 18,1 anzunehmen, ist nicht
> erforderlich. D.h. dass V14b zu der Textschicht gehört, die von
> dem Bearbeiter gestaltet wurde, der die einzelnen Traditionen mit
> Hilfe des Dürremotivs miteinander verband. Die Formulierung in
> 18,1* auf dtr Textebene wurde aus 17,14b entnommen, eine
> Arbeitsweise, die sich auch ansonsten bei dieser Redaktion beob-
> achten lässt (vgl. oben). V14b gehört also nicht zur ursprünglichen
> Geschichte, allerdings auch nicht zur dtr Redaktion[74].

Die Bemerkung in 17,15b, dass die Witwe, Elija und alle, die zu
ihrem Haushalt gehörten, lange Zeit zu essen hatten, passt schlecht
zu den in V12 deutlich gewordenen sozialen Verhältnissen, in denen
sich die Witwe befindet. Dagegen passt sie zu der Bezeichnung der
Frau als בעלת הבית in 17,17, bei der Elija wohnt. In V15b liegt also

---

[71] Allerdings nicht auf einer dtr Textstufe; vgl. dazu weiter unten Kapitel III,
Abschnitt 2.2.
[72] Vgl. auch BECK, *Elia*, BZAW 281, 1999, 105.
[73] In V14b ergibt die finite Verbform נתן keinen Sinn; hier ist — wie allgemein
anerkannt — mit dem Qere der Infinitiv zu lesen; vgl. GesK, 66i.
[74] Vgl. WÜRTHWEIN, *Bücher der Könige*, ATD 11,2, 1984, 206.211; HENTSCHEL, *1
Könige*, NEB, Lieferung 10, 1984, 106; SCHMOLDT, *ZAW* 97 (1985), 425 Anm 16;
RENTROP, *Elija*, 1992, 134f.; THIEL, „Jahwe", in: HAUSMANN/ZOBEL, *Alttestamentlicher
Glaube*, 1992, 99; DERS., *Könige*, BK IX/2, Lieferung 1, 2000, 60 („Dürreredaktor");
anders SCHWAB, *ZAW* 99 (1987), 329–339.

wohl eine Verknüpfung zu der folgenden Geschichte vor, die in
17,10–16* bei der Einfügung von 17,17–24 eingedrungen ist[75].

Auch V16b erweckt den Verdacht einer sekundären Erweiterung.
Die Betonung des Wortes Jhwhs, das durch Elija ergeht, steht in
Spannung zu V15a, wo vom Wort Elijas die Rede ist. Hinzu kommt
der formelhafte Charakter der Sprache, von Dietrich als Erfüllungsvermerk dem zweiten dtr Redaktor der Königsbücher zugeschrieben[76]. Außerdem ist darauf hinzuweisen, dass der Ausdruck כדבר יהוה
in unserem Zusammenhang schon einmal in 17,5a aufgetaucht ist;
diese Stelle gehört zu einer Bearbeitungsschicht. V16a ergibt mit der
Feststellung, dass das von Elija angekündigte Wunder eingetreten ist,
einen guten Abschluss für diese Erzählung; eine Fortsetzung ist vom
Textablauf nicht mehr erforderlich[77]. Das Interesse am Wort Jhwhs
und die Übereinstimmung im Sprachgebrauch mit 17,5a machen
klar, dass V16b ebenfalls zu der schon in 17,2–5a.8–9.14* erkennbaren dtr Redaktionsschicht gehört.

Zusammenfassend lässt sich sagen, dass ein thematisch in sich
geschlossener Text in V10 einsetzt, der von einer Begegnung Elijas
mit einer Witwe im phönizischen Sarepta handelt. Was Elija in der
ursprünglichen Überlieferung bewogen hat, nach Sarepta zu gehen,
ist aus dem jetzt vorliegenden Text nicht ersichtlich. Der Zusammenhang mit dem Aufenthalt am Bach Kerit ist erst durch die redaktionelle Einbindung in den Zusammenhang der Dürre hergestellt
worden. Ansonsten ist dieser Text, der 17,10a.11b–13.14a*.15a.16a
umfasst, thematisch in sich geschlossen und gut als eigenständige
Tradition vorstellbar[78].

---

[75] In V15b folgt auf die feminine Verbform ותאכל das masculine Personalpronomen
הוא und daran anschließend erst das feminine Personalpronomen היא. Meist wurde
diese Textschwierigkeit dadurch gelöst, dass man dem Vorschlag des Qere folgte
und die Pronomina einfach umstellte. Doch folgt dann auf das masculine Personalpronomen הוא das mit einem Suffix 3. Pers. fem. versehene Nomen ביה, worauf
Hentschel, *Elijaerzählungen*, EThSt 33, 1977, 86f. Anm 264, aufmerksam macht.
Demnach ist es am wahrscheinlichsten, hier mit einer Glossierung des Textes zu
rechnen, wobei der Glossator den Aufenthalt Elijas bei der Frau in 17,20 vor Augen
hatte. Ursprünglich war keine Anspielung auf Elija in 17,15b vorhanden.
[76] Vgl. W. Dietrich, *Prophetie*, FRLANT 108, 1972, 88.
[77] Andererseits gibt es keinen Grund, den ganzen V16 als redaktionell zu bezeichnen, gegen Smend, *VT* 25 (1975), 533; Hentschel, *Elijaerzählungen*, EThSt 33, 1977,
89f.; Rentrop, *Elija*, 1992, 124; Beck, *Elia*, BZAW 281, 1999, 105; Thiel, *Könige*,
BK IX/2, Lieferung 1, 2000, 61; vorsichtiger noch Ders., „Redaktionsarbeit", in:
Emerton, *Proceedings*, VT.S 43, 1991, 158f.
[78] Der Versuch, den Prophetenspruch in V14 von der Erzählung abzuheben und
innerhalb von 17,10–16* verschiedene Traditionsschichten zu unterscheiden, so

In 17,17–24 wird eine neue Begebenheit geschildert, die Personen-konstellation (Elija — Witwe — Sohn) bleibt jedoch gleich wie in 17,10–16*. Elija erweckt den einen Sohn der Witwe, der nach schwerer Krankheit gestorben war, wieder zum Leben.

Angesichts der Totenerweckung durch Elischa in 2 Kön 4,8–37 und der im Kontext von 17–19 nur hier begegnenden Bezeichnung Elijas als Gottesmann stellt sich die Frage nach der Beziehung dieser beiden Texte.

Die überwiegende Mehrheit der Forscher hat sich dabei für eine Übertragung des Elischa-Stoffes auf Elija ausgesprochen[79], den umgekehrten Weg geht Kilian[80]. Als eigenständige Elija-Tradition sieht auch Hentschel[81] 17,17–24 an. Der Text ist nach ihm nicht einheitlich. Eine „kleine Einheit" liege in 17,17aβ-19.21aα.bβ.22b–24a vor. Kompliziert ist die Auffassung von Rentrop, der ebenfalls eine ehemals eigenständige Elija-Tradition vermutet, die aber erst in exilischer Zeit entstanden sei unter Kenntnis der Taten des Elischa; sie wurde zusätzlich von der Mose-Überlieferung beeinflusst.

Reiser, *ThZ* 9 (1953), 327 passim; vor allem Hentschel, *Elijaerzählungen*, EThSt 33, 1977, 195–201, ist rein spekulativ und scheitert an dem engen Bezug, der zwischen der Notsituation der Witwe und dem Prophetenspruch besteht (Mangel an Mehl und Öl). Dass dieses Wort einmal unabhängig von seinem Kontext bestanden haben soll, ist meines Erachtens nicht vorstellbar. Dies ist auch gegen Thiel, „Jahwe", in: Hausmann/Zobel, *Alttestamentlicher Glaube*, 1992, 93–103; Ders., *Könige*, BK IX/2, Lieferung 1, 2000, 29f., einzuwenden, der in den mit Botenformel eingeleiteten prophetischen Orakeln so etwas wie das Urgestein in der Elija- und Elischa-Überlieferung erblicken möchte.

[79] Vgl. aus jüngerer Zeit A. Schmitt, *VT* 27 (1977), 454–474; Timm, *Dynastie Omri*, FRLANT 124, 1982, 59; Cohn, *JBL* 101 (1982), 337; B.O. Long, *1 Kings*, FOTL IX, 1984, 184; Würthwein, *Bücher der Könige*, ATD 11,2, 1984, 271; Stipp, *Elischa*, ATSAT 24, 1987, 451–458; Ders. *Bib.* 80 (1999), 58–70; Thiel, „Gemeinsamkeiten", in: Zmijewski, *Botschaft*, 1990, 365; Ders., *Könige*, BK IX/2, Lieferung 1, 2000, 67; S.L. McKenzie, *Trouble*, VT.S 42, 1991, 82; Blum, *VT* 47 (1997), 277–292; Beck, *Elia*, BZAW 281, 1999, 116–118; S. Otto, *Erzählung*, BWANT 152, 2001, 179–183.

[80] Vgl. Kilian, *BZ NF* 10 (1966), 56; vorher auch schon Benzinger, *Bücher der Könige*, KHC 9, 1899, 129; ebenso Rehm, *Buch der Könige 1*, 1979, 172. Eine Zwischenposition nehmen die Forscher ein, die diese Überlieferung als „Wanderlegende" ansehen, deren Stoff unabhängig voneinander auf Elija und Elischa übertragen wurde, vgl. z.B. Gunkel, *Elias*, 1906, 11f.; Gressmann, *Geschichtsschreibung*, SAT II/1, ²1921, 261; ebenso Steck, *Überlieferung*, WMANT 26, 1968, 10 Anm 1; Buis, *Le Livre des Rois*, SBi 1997, 141; Cogan, *Kings*, AncB 10, 2001, 93; Keinänen, *Traditions*, SESJ 80, 2001, 25–27.

[81] Vgl. Hentschel, *Elijaerzählungen*, EThSt 33, 1977, 79–84.188–192; Ders., *1 Könige*, NEB, Lieferung 10, 1984, 106.

Mit Hilfe von V17aα.20.24b sei sie von der zweiten dtr Redaktion eingegliedert worden[82].

Ähnlich ist auch die Auffassung von FISCHBACH[83], die ebenfalls an eine eigenständige Erzählung denkt, die in spätexilisch-nach-exilischer Zeit entstanden sei, wobei der Stoff von Elischa auf Elija übertragen wurde. Diese Erzählung wurde durch 17,20 in den Zusammenhang eingefügt. Eine zweistufige Bearbeitung neben dem Grundtext sieht LEVIN in 17,17–24 am Werk[84]. Die Grundschicht umfasse 17,17.19.21–23; dieser Text war nicht ursprünglich selbst-ständig, sondern schon für den Kontext verfaßt worden; er sei abhängig von der Elischa-Überlieferung 2 Kön 4,8–37. Durch eine „Gottesmannbearbeitung" (V17,18.20.24a) ist dieser Text nachexi-lisch erweitert worden und schließlich durch die JHWH-Wort-Redaktion, die V24b einbrachte, zu der jetzigen Gestalt gewachsen[85]. THIEL verlegt den Vorgang der Übertragung von Elischa auf Elija in den Kreis der Propheten um Elischa. Die dann schriftlich fixierte Elija-Überlieferung habe ein nach dem Dürrekompositor wirken-der zweiter Redaktor mit Hilfe von V17aα.20.24b.; 18,1aα in den Zusammenhang eingefügt[86].

Der Überblick macht deutlich, dass schon bei der diachronen Analyse die Parallelüberlieferung in 2 Kön 4,8–37 nicht aus den Augen verloren werden darf.

Der Text beginnt mit einer üblichen — in 1 Kön 17–19 aber nur hier verwendeten — Verknüpfungsformel[87], die man durchaus als redaktionelle Verbindung zu dem Kontext ansehen kann[88]; ob sie

---

[82] Vgl. RENTROP, *Elija*, 1992, 141–150.290–299; als eigenständige Elija-Erzählung scheint auch SCHMOLDT, *ZAW* 97 (1985), 423–425, 17,17–24 zu sehen, der in 17,20bβ–21bα eine Verklammerung mit 17,10–16 vermutet. Er sieht in 1 Kön 17,17–24 und 2 Kön 4 — unter der Voraussetzung, dass in 2 Kön 4,33 ein Zusatz vorliegt — zwei unterschiedliche Formen der Totenerweckung: durch Gebet bzw durch Synanachrosis.

[83] Vgl. FISCHBACH, *Totenerweckungen*, FzB 69, 1992, 36–61.

[84] Vgl. LEVIN, *ThZ* 48 (1992), 329–342.

[85] Diese Bezeichnung übernimmt er von H.-C. SCHMITT, *Elisa*, 1972. Der von LEVIN herausgearbeitete Grundtext ist „geringfügig beeinträchtigt durch zwei falsche Lesungen, die infolge der Ergänzungen unterlaufen konnten." (ebd., 332 Anm 13). So sei in V19 statt אל + ePP der Name „Elija" zu lesen, umgekehrt sei der Vorgang in V23b zu vollziehen.

[86] Vgl. THIEL, *Könige*, BK IX/2, Lieferung 1, 2000, 65–69.

[87] Vgl. Gen 22,1.20; 39,7; 40,1; 48,1; Jos 24,29; 1 Kön 21,1.

[88] Vgl. z.B. A. SCHMITT, *VT* 27 (1977), 456; DE VRIES, *Kings*, WBC 12, 1985, 220f.; SCHMOLDT, *ZAW* 97 (1985), 424; TIMM, *Dynastie Omri*, FRLANT 124, 1982,

allerdings auf einer anderen Textebene liegt als der folgende Text,
kann erst dann beantwortet werden, wenn geklärt ist, ob dieser Text
eine ehemals selbständige Einheit darstellt oder als redaktionelle
Bildung einzustufen ist.

Asyndetisch beginnt V17aβ mit der Aussage, dass der Sohn der
Frau erkrankt sei; in V17b wird dann erzählt — mit einer umständlich anmutenden Ausdrucksweise —, dass die Krankheit zum Tode
führte. Der Kranke wird eingeführt als בֶּן־הָאִשָּׁה. Diese determinierte
Cstr.-V. setzt voraus, dass die Frau bereits vorher erwähnt worden
ist. Der vorliegende Text spricht also eher dagegen, in V17aβ den
Anfang einer ehemals selbständigen Überlieferungseinheit sehen zu
wollen[89]. Allerdings wird die Frau in V17 auch erstmals als בַּעֲלַת
הַבַּיִת bezeichnet, was eine Spannung zu der in 17,10–12* deutlich
gewordenen sozialen Lage der Witwe erzeugt. Dagegen entspricht
dies der sozialen Situation der Frau in der Elischa-Überlieferung 2
Kön 4,8–37, die ganz deutlich zu den wohlhabenden Kreisen zu
rechnen ist. Am einfachsten ist die Erklärung, dass die Wohlhabenheit
der Witwe aus der vorausgesetzten Überlieferung 2 Kön 4,8–37*
stammt. In V18 wendet sich die Frau dann an Elija. Sie redet ihn
an als אִישׁ הָאֱלֹהִים, ein Titel, der für Elija nur noch in der redaktionellen Erweiterung 2 Kön 1,9–16 verwendet wird, der jedoch für
Elischa in 2 Kön 4,8–37* und auch ansonsten breit bezeugt ist.
Dieser Titel wird noch einmal in dem abschließenden V24 verwendet, in dem die Frau bekräftigt, dass Elija ein Gottesmann ist, in
dessen Mund das Jhwh-Wort „Wahrheit" (אֱמֶת) ist[90]. Auch dieser
Zug deutet auf eine Abhängigkeit von 2 Kön 4,8–37.

Entfernt man jedoch V18 aus dem Text, so ist das Subjekt der
Rede in V19 unklar[91]. In den Worten der Frau in V18 wird ganz
deutlich eine Distanz zu Elija erkennbar. Sie klagt ihn an, gekommen zu sein, um ihre Schuld aufzudecken (לְהַזְכִּיר אֶת־עֲוֹנִי) und damit
den Tod ihres Sohnes verursacht zu haben. Der Vorwurf der Frau

---

58f.; Würthwein, *Bücher der Könige*, ATD 11,2, 1984, 222; Hentschel, *Elijaerzählungen*,
EThSt 33, 1977, 82; Rentrop, *Elija*, 1992, 142f.; Fischbach, *Totenerweckungen*, FzB
69, 1992, 46f.; anders Levin, *ThZ* 48 (1992), 334.
[89] Gg. Hentschel, *Elijaerzählungen*, EThSt 33, 1977, 82; Rentrop, *Elija*, 1992,
141–150.
[90] Die Übersetzung „wahrhaft" ist ebenfalls möglich; zur Diskussion vgl. Stipp,
Bib. 80 (1999), 65–68.
[91] Gg. Levin, *ThZ* 48 (1992), 332; gerade die „geringfügigen Änderungen" sind
es, die gegen diese Lösung sprechen.

ist aufgrund der vorhergehenden Episode vollkommen unverständlich. In 17,10–16* ist es Elija, dessen Auftauchen ein Weiterleben
für sie und ihren Sohn erst ermöglicht. Ein Vorwurf an den Gottesmann gehört auch zu der Einheit 2 Kön 4,8–37*. Dort ist der
Vorwurf allerdings organisch in die Erzählung eingebaut. Denn Elischa
verheißt der Schunemiterin zunächst einen Sohn, sie bekommt ihn
auch, er muß jedoch noch als Knabe sterben. Es ist einsichtig, dass
die Frau sich getäuscht vorkommen muß (2 Kön 4,28). Der Vorwurf
ist aus der Entwicklung der Erzählung gut verständlich. In 1 Kön
17,18 kommt jedoch noch ein unheimliches, furchterregendes Element
hinzu, das mit dem Erscheinen des Gottesmann verbunden ist.

> Dieses unheimliche Element zeigt sich im näheren Kontext auch
> in 1 Kön 18,12, dort verbunden mit dem plötzlichen Erscheinen
> und Verschwinden Elija, verursacht durch den Geist Jhwhs. Auch
> dieser Text gehört zu einer Redaktionsschicht, die mit der Elischa-
> Überlieferung zusammenhängt (s.weiter unten). Ebenfalls in 2 Kön
> 1,9–16 zeigt sich Elija als furchterregend und todbringend gegen-
> über den vom König ausgeschickten Soldaten. Bei Elischa zeigt
> sich das todbringende Element des Gottesmannes in der makabe-
> ren Anekdote 2 Kön 2,23–25.

Am ehesten lässt sich dieser Vorwurf in 17,18 also verstehen auf
dem Hintergrund weiterer Überlieferungen von Elija und Elischa.
Damit erhärten sich die Indizien für eine redaktionelle Bildung.

In V19 ergreift Elija nun das Wort und bittet darum, dass die
Frau ihm ihren Sohn übergibt. Ganz beiläufig wird in dem Vers
dann noch erwähnt, dass Elija sich bei der Frau aufhält und ein
eigenes Obergemach bewohnt. Auch dieser Zug der Erzählung ist
in 2 Kön 4,8–37* vorhanden, und er ist dort organisch in den
Gesamttext eingebaut, während in 1 Kön 17,8–16 nur von einer
Versorgung die Rede war, ohne dass von einem längeren Aufenthalt
Elijas bei der Witwe die Rede ist, was zwar kein Widerspruch ist,
jedoch ergibt sich ein Aufenthalt Elijas auch nicht aus der Tatsache
der Versorgung Elijas[92].

> Der folgende V20 bietet nun die stärksten Argumente für eine
> Textschichtung innerhalb von 17,17–24. Er wird deshalb als Aus-
> gangspunkt für eine literarkritische Argumentation genommen. Für

---

[92] Vgl. Fischbach, *Totenerweckungen*, FzB 69, 1992, 45.

HENTSCHEL wirkt er „wie ein Fremdkörper innerhalb der kleinen Geschichte"[93].

Die Gründe im einzelnen:

1) Die Gebetseinleitung in V20 ויקרא אל־יהוה ויאמר יהוה אלהי wird in V21aβbα wiederholt.
2) Nur hier wird die Frau wie in 17,8–16* als "Witwe" bezeichnet.
3) Mit dem הנם wird über die vorliegende Erzählung hinaus-gegriffen[94].

Die doppelte Gebetseinleitung verlangt jedoch nicht unbedingt eine literarkritische Erklärung. In V20 greift Elija die Klage der Frau aus V18 auf und gibt sie an JHWH weiter. Dann folgt die Handlung der Synanachrosis (V21aα), an die sich die Bitte Elijas an JHWH um das Leben des Knaben anschließt. Was wiederholt wird, ist die Gebetseinleitung und die Anrede JHWHS. Von einer eigentlichen Doppelung kann keine Rede sein. Geht man davon aus, dass die Synanachrosis durch 2 Kön 4,34f. vorgegeben war — und hierfür spricht auch die kontextuelle Einbindung in 2 Kön 4,8–37*[95] — dann legt sich die formkritische Erklärung der Wiederholung nahe, wodurch es ermöglicht wurde, die magische Handlung durch die Anrufung JHWHS zu rahmen, um damit den Gottesmann Elija als Wundertäter zurücktreten zu lassen und stärker JHWH als Verursacher des Wunders hervortreten zu lassen. Diese formkritische Erklärung wird dadurch bestätigt, dass 17,17–24, wie A. SCHMITT aufgezeigt hat, eine konzentrische Struktur besitzt[96]. Es besteht deshalb keine Notwendigkeit, in V20 ein sekundäres Textelement zu sehen.

In V20 wird das in V18 angeschnittene Problem, dass durch den Gottesmann Elija Unglück über die Frau gebracht wird, aufgegriffen und an JHWH weitergeleitet, womit ein Spannungsbogen erzeugt wird,

---

[93] HENTSCHEL, *Elijaerzählungen*, EThSt 33, 1977, 83; vgl. insgesamt 82–84; V20 als redaktionell stufen auch RENTROP, *Elija*, 1992, 145–148; FISCHBACH, *Totenerweckungen*, FzB 69, 1992, 45f.; THIEL, *Könige*, BK IX/2, Lieferung 1, 2000, 66.74f. ein. SCHMOLDT, *ZAW* 97 (1985), 424f. sieht in der doppelten Gebetseinleitung in V20 und V21aβbα eine „Wiederaufnahme", deren Funktion es sei, mittels des dazwischenliegenden Textes 17,17–24 mit V10–16 zu verklammern; vgl. auch DE VRIES, *Kings*, WBC 12, 1985, 209; LEVIN, *ThZ* 48 (1992), 331.
[94] Vgl. FISCHBACH, *Totenerweckungen*, FzB 69, 1992, 45f.
[95] So auch A. SCHMITT, *VT* 27 (1977), 455.
[96] Vgl. ebd., 460–462; zustimmend auch FISCHBACH, *Totenerweckungen*, FzB 69, 1992, 39.

der in V18 seinen Ausgangspunkt nimmt und der erst in V24 mit
dem Ausruf der Witwe, dass das Wort Jhwhs im Mund des Gottesmannes Elija Wahrheit ist, zu seinem Abschluß kommt. V20 zeigt
sich somit als integrierender Bestandteil des Textes 17,17–24. Wer
V20 aus dem Text entfernt, müßte logischerweise auch V18 und
V24a aus dem ursprünglichen Text entfernen[97]. Gehört V20 aber
zur selben Textebene wie insgesamt 17,17–24, verstärken sich die
Argumente für eine insgesamt redaktionelle Bildung auf dem Hintergrund der Elischa-Tradition.

In V21–22 wird nun berichtet, dass das Gebet und die Handlung
Elijas Erfolg hatten. Der Sohn wird wieder zum Leben erweckt.
Literarkritische Schwierigkeiten zeigen sich nicht, wohl aber weicht
der griechische Text doch erheblich von MT ab. Es gibt jedoch keinen Grund, hier der griechischen Textüberlieferung zu folgen[98].

Mit dem ausdrücklichen Hinweis, dass ihr Sohn lebt, gibt Elija
den Knaben dann in V23 seiner Mutter zurück. Der Text schließt
mit der Erkenntnis der Frau, dass Elija ein Gottesmann ist und dass
das Wort Jhwhs, das er verkündet, Wahrheit sei (V24).

Hentschel nimmt aufgrund des unterschiedlichen Sprachgebrauchs
einen noch herausschälbaren Erzählungskern an, der die Verse
19b.21aα.bβ.22b.23a umfaßt hat[99]. Das Kriterium des unterschiedlichen Sprachgebrauchs kann jedoch nicht überzeugen, einmal
abgesehen von der Problematik, auf mündlicher Stufe einen klar

---

[97] In dieser Hinsicht ist Levin, *ThZ* 48 (1992), 331f., konsequent; zur Ausscheidung
von V18 s. oben.

[98] In V21 fällt auf, dass LXX das hebräische ויתמדד mit καὶ ἐνεφύσησεν wiedergibt, was als hebräische Textvorlage ויפח ergeben würde. Auf den Hintergrund dieser Textänderung hat schon Wevers, *OTS* 8 (1950) aufmerksam gemacht: „The
magical involved in this action was repugnant to the translator…" (315). Damit
wurde der Vorgang durch die Verwendung des gleichen Verbums wie in Gen 2,7
in die Nähe eines Schöpfungsvorganges gerückt.
Auch in V22a stellt sich die griechische Überlieferung anders dar. Während in
MT וישמע יהוה בקול אליהו steht, belässt es der griechische Text bei der eher farblosen Formulierung καὶ ἐγένετο οὕτως. Die Textänderung lässt sich am einfachsten
so verstehen, dass die Formulierung in MT, dass Jhwh auf die Stimme des Elija
hörte, wohl etwas zu anstößig war und deshalb durch eine weniger verfängliche
Formulierung abgeändert wurde (vgl. auch Wevers, *OTS* 8 (1950), 319f.). Die
Fortsetzung des Textes in LXX durch καὶ ἀνεβόησεν ist wohl weniger auf eine
Absicht der Raffung des Textes zurückzuführen (so A. Schmitt, *VT* 27 (1977), 458
Anm 11), als vielmehr auf die Tendenz, die Bedeutung Elijas für das Geschehen
stärker in den Hintergrund treten zu lassen.

[99] Vgl. Hentschel, *Elijaerzählungen*, EThSt 33, 1977, 188–195; bes. 192–194.

abhebbaren Überlieferungskern erkennen zu wollen. STIPP hat aufgezeigt, dass für den unterschiedlichen Sprachgebrauch hier eindeutige Regeln vorliegen, so dass kein literarkritisch verwertbares
Indiz vorliegt[100].

Die Erwähnung des דבר יהוה in V24 hat einige Autoren dazu bewogen, V24b aus dem Text auszuscheiden[101]. Doch stellt sich die Frage,
ob das Bekenntnis der Frau wirklich in V24a mit der Erkenntnis,
dass Elija ein Gottesmann sei, angesichts von V18 enden konnte.
Diese Aussage ist nur sinnvoll, wenn eine nähere Bestimmung des
Begriffes „Gottesmann" folgt[102]. Die Aussscheidung ist dann unnötig, wenn davon ausgegangen wird, dass es sich in V17–24 um einen
redaktionell gestalteten Text handelt, wofür alle Indizien sprechen.
Dann knüpft nämlich der Hinweis auf das JHWH-Wort über die
eigentliche Erzählung 17,17–24 hinaus an 17,2–16* an. Dabei geht
es in 17,24 aber um ein anderes Problem als in 17,2–16*. Denn
geht es in 17,2–5a.8–9.16b darum, Elija als vom Wort JHWHs geleitet erscheinen zu lassen, so steht hier die Wahrheit des durch Elija
ergehenden JHWH-Wortes zur Diskussion. Die Aussage von V24b lässt
sich demnach nicht mit der vorhergehenden Redaktionsschicht in
Verbindung bringen.

Zusammenfassend lässt sich sagen, dass es keine zwingenden Indizien
für eine literarkritische Aufteilung auf unterschiedliche Textschichten
innerhalb von 17,17–24 gibt. Alle vorhandenen Fakten sprechen
dafür, in 17,17–24 einen redaktionell gestalteten Text zu erblicken,
der auf dem Hintergrund der Elischa-Überlieferung in 2 Kön 4,8–37
verfaßt worden ist[103]. Eine umgekehrte Abhängigkeit kommt nicht in
Frage. „Wäre II 4 aus I 17 abgeleitet, wäre es den Autoren von II
4 mit ganz unglaublichem Geschick gelungen, für alle vier genannten Einzelzüge (gemeint sind der Wohlstand der Witwe, das Wohnen

---

[100] Vgl. STIPP, *Elischa*, ATSAT 24, 1987, 453 Anm 195; FISCHBACH, *Totenerweckungen*,
FzB 69, 1992, 48; RENTROP, *Elija*, 1992, 294 Anm 768.
[101] Vgl. HENTSCHEL, *Elijaerzählungen*, EThSt 33, 1977, 84; SMEND, *VT* 25 (1975),
531; TIMM, *Dynastie Omri*, FRLANT 124, 1982, 59 Anm 22; WÜRTHWEIN, *Bücher der
Könige*, ATD 11,2, 1984, 223; FISCHBACH, *Totenerweckungen*, FzB 69, 1992, 47; RENTROP,
Elija, 1992, 160f.; THIEL, *Könige*, BK IX 9/2, Lieferung 1, 2000, 66.
[102] Vgl. auch STIPP, *Elischa*, ATSAT 24, 1987, 453 Anm 195, als Anfrage gegenüber SMEND, *VT* 25 (1975) formuliert.
[103] Vgl. vor allem STIPP, *Elischa*, ATSAT 24, 1987, 451–458; DERS., *Bib.* 80
(1999), 58–70; BECK, *Elia*, BZAW 281, 1999, 116–118.150–156 (Teil der im 5.
Jahrhundert anzusetzenden „Feindschaftsbearbeitung"); S. OTTO, *Erzählung*, BWANT
152, 2001, 179–183.240 (BE2, ebenfalls nachexilisch).

des Gottesmannes bei der Witwe, der Vorwurf der Frau an Elija und der Ort des Wunders), die sich in I 17 durch mangelnde erzählerische Vorbereitung und fehlende Motivation auszeichnen, eine nahtlose und elegante Kontexteinbindung zu erzeugen"[104].

Der Redaktor, der hier tätig geworden ist, ist nach dem Redaktor anzusetzen, der die Wortereignisformel in den Text eingeführt hat. Er hat die Elischa-Überlieferung vor Augen und betont die lebensschaffende und nicht todbringende Macht des Gottesmannes. Dieser Gottesmann ist aber nicht unangefochten (V18); er muß seine Autorität beweisen[105].

Mit dem Beginn von Kapitel 18 erscheint König Ahab wieder auf der Szene. In diesem Kapitel spielt der König eine herausragende Rolle. Neben Elija wird er zum wichtigsten Handlungsträger in diesem Kapitel. Beherrscht wird 1 Kön 18 allerdings von der Auseinandersetzung zwischen Elija und den Baalpropheten in 18,17–40, die das Volk Israel veranlaßt, sich eindeutig zu Jhwh zu bekennen (18,39).

Auch die in 17,1 angekündigte und danach nur noch sporadisch erwähnte Dürre zeigt sich wieder. In 18,1–6 werden die Folgen der Dürre sichtbar; in Samaria herrscht Hungersnot, es fehlt sogar schon das Futter für die Tiere des königlichen Stalles. Dies veranlaßt König Ahab, sich gemeinsam mit dem Palastvorsteher Obadja auf die Suche nach Futter zu begeben. Bei dieser Suche kommt es zu Begegnungen Elijas mit dem Palastvorsteher (אשר על־הבית) Obadja und mit König Ahab (18,7–16.17–20), die zu der Auseinandersetzung Elijas mit den Baalpropheten vor dem versammelten Volk Israel führt. Das Bekenntnis des Volkes zu Jhwh und die Ermordung der Baalpropheten ist dann die Voraussetzung dafür, dass der Regen kommt und die Dürre ein Ende findet (18,41–46).

18,1 beginnt mit der unbestimmten Zeitangabe ויהי ימים רבים, die dann mit der Wortereignisformel in modifizierter Form (statt ויהי דבר־יהוה אל hier דבר־יהוה היה אל) fortgesetzt wird. Innerhalb der Wortereignisformel befindet sich vor dem redeeinleitenden לאמר noch eine weitere Zeitangabe, dieses Mal jedoch präzisiert: בשנה השלשית. Einen Widerspruch muß man in diesen beiden Zeitangaben nicht sehen; es ist durchaus möglich, dass beide Angaben auf derselben

---

[104] STIPP, *Elischa*, ATSAT 24, 1987, 456.
[105] Zur Einordnung dieser Bearbeitung nach der ersten dtr Redaktion vgl. auch RENTROP, *Elija*, 1992, 297–299.

Textebene liegen[106]. Dennoch legt sich eine Texttrennung nahe. Schon in 1 Kön 17 ist deutlich geworden, dass der die Einzelüberlieferungen verbindende Redaktor, der 17,1* gebildet hat, nicht identisch ist mit dem Redaktor, der die Wortereignisformel verwendete.

In 18,1aβγb begegnet wieder — wie in 17,2–5a.8–9 — eine durch die Wortereignisformel eingeleitete Jhwh-Rede, die auf das später folgende Zusammentreffen zwischen Elija und Ahab und die Wiederkehr des Regens hinweist. Die Absicht von 18,1aβγ ist damit klar. Die Begegnung Elijas mit Ahab und die Wiedergewährung des Regens sollen durch ein eigenes Jhwh-Wort an Elija motiviert werden. Neben der Übereinstimmung in der Terminologie besteht also auch Übereinstimmung in der Intention von 18,1aβγ mit 17,2–5a.8–9.14a*.16b. Innerhalb der Jhwh-Rede greift dieser Redaktor Elemente aus dem vorgegebenen Text auf. So ist der Ausdruck נתן על־פני האדמה schon in 17,14b verwendet worden, allerdings wird ein anderer Ausdruck für „Regen" (גשׁם statt מטר) verwendet. Auch die Arbeitsweise des Redaktors entspricht also der in Kapitel 17. Die Notiz in 18,2a schließt sich organisch an das Vorhergehende an. Die gleiche Wortwahl (הלך und ראה Ni.) wie in dem Jhwh-Befehl zeigt die Zugehörigkeit von 18,2a zu 18,1aβγb.

Der überleitende V1aα erinnert in Formulierung und Funktion an 17,7. Dass hier die Dürre nicht direkt erwähnt wird, ergibt sich aus dem folgenden Text (18,2bff.), in dem die Auswirkungen der Dürre erkennbar werden. So bestand keine Notwendigkeit, in 18,1aα die Dürre eigens zu erwähnen. Demnach steht nichts im Wege, 18,1aα derselben Bearbeitung wie 17,1*.7.14b zuzuweisen[107].

Nach der Feststellung in 18,2a, dass Elija sich auf den Weg zu Ahab begibt (in 18,16 ist es genau umgekehrt), folgt in 18,2b zunächst

---

[106] Dies ist richtig an der Argumentation von Rentrop, *Elija*, 1992, 127 Anm 409; für eine Aufteilung der unterschiedlichen Zeitangaben auf verschiedene Hände spricht sich auch Frevel, *Aschera*, BBB 94 1/2, 1995, 42–44, aus.

[107] Unnötig ist der Versuch, in 18,1aβ statt ויהי eher ויחי zu lesen und dann 18,1aα als Abschluß von 17,17–24 zu verstehen (so z.B. Eissfeldt, *Bücher der Könige*, HSAT (K), ⁴1922, 532; Fohrer, *Elia*, AThANT 53, ²1968, 10 Anm 1). Diese Konjektur entbehrt jeder Textgrundlage und es besteht außerdem kein zwingender Grund, nach 17,24 noch eine Fortsetzung der Erweckungsgeschichte zu erwarten; vgl. schon Steck, *Überlieferung*, WMANT 26, 1968, 10 Anm 1.
Vielfach wird in der Zeitangabe ויהי ימים רבים die Präposition מין vermißt, doch ist Hentschel, *Elijaerzählungen*, EThSt 33, 1977, 82 Anm 255 (Lit.!) zuzustimmen, der einer Textänderung abrät. Häufig kommt diese Zeitangabe ohne die Präposition מין aus: Gen 21,34; 37,34; Lev 15,22; Num 20,15; Dtn 1,46; Jos 11,18; 22,3; 24,7; 2 Sam 14,2; 1 Kön 2,38; 3,11; Jer 32,24 u.ö.

jedoch die Mitteilung, dass in Samaria eine Hungersnot (רעב) herrscht. Damit wendet sich das Interesse des Textes von Elija ab und der Situation in Samaria zu. Neben Ahab taucht noch ein weiterer Handlungsträger auf, der Palastvorsteher Obadja, der bis V16 eine Rolle spielt und dann folgenlos verschwindet.

Die vorherrschende Meinung zu diesen Versen ist, dass es sich um eine Erweiterung handelt, ohne dass eigenständiges Traditionsgut vorliegt[108]. Nun hat RENTROP in 18,2b–3.5–12.14–16a eine eigenständige — im Exil entstandene — Überlieferung erkennen wollen, die erst durch die zweite dtr Redaktion in den Zusammenhang von 17–19 aufgenommen worden sein soll[109].

Der Neueinsatz in 18,2b, der andere Handlungsort Samaria und der erstmals auftretende Obadja lassen durchaus die Vermutung zu, dass hier der Anfang einer eigenständigen Überlieferung vorliegt[110]. Bestätigt wird dies dadurch, dass auch anderenorts der Hinweis auf eine Hungersnot in der Erzähleröffnung begegnet: Gen 12,10; 26,1; 2 Sam 21,1; 2 Kön 4,38; Rut 1,1[111]. Es ist demnach ohne weiteres möglich, in 18,2b den Einsaz eines eigenständigen Textes zu sehen.

---

[108] Grundlegend für die weitere Forschung ist die Auffassung von GUNKEL, *Elias*, 1906, 13–15, geworden, der darin ein charakteristisches Beispiel des „ausführenden Stils" erblickte. „Hier ist das Motiv, nämlich das interessante Zusammentreffen des Elias mit einem Träger der Staatsgewalt, verdoppelt worden, wobei natürlich die Zusammenkunft mit dem Wesir als dem Geringeren vorangesetzt worden ist." (13).; ähnlich FOHRER, *Elia*, AThANT 53, ²1968, 36 („spätere Ausgestaltung"); STECK, *Überlieferung*, WMANT 26, 1968, 12 („Erweiterung der Dürreerzählung"); HENTSCHEL, *Elijaerzählungen*, EThSt 33, 1977, 126–131; WÜRTHWEIN, *Bücher der Könige*, ATD 11,2, 1984, 221; BECK, *Elia*, BZAW 281, 1999, 118–122 („Feindschaftsbearbeitung"); THIEL, *Könige*, BK IX/2, Lieferung 2, 2002, 101.

[109] Vgl. RENTROP, *Elija*, 1992, 151–178; vorher hat schon HERRMANN in 18,7–14 eine ursprünglich selbständige, inhaltlich geschlossene Überlieferung gesehen, die allerdings nur noch fragmentarisch erhalten sei und mit Hilfe von 18,15f. in den Zusammenhang eingefügt wurde. Ausgangspunkt für HERRMANN sind die Mari-Texte, wo der König ebenfalls das Wort seiner Gottesmänner durch Vermittlung erfährt (HERRMANN, *Heilserwartungen*, BWANT 5, 1965, 48–52); auch TIMM, *Dynastie Omri*, FRLANT 124, 1982, 67–69, hat in der Obadja-Szene 18,2b–14 ein „Sonderstück" gesehen, das erst durch die einer literarischen Kompositionsschicht zugehörigen Verse 17,1; 18,1.2a; 18,15(16) in den Gesamtablauf eingepaßt wurde. S. OTTO, *Erzählung*, BWANT 152, 2001, 169f., sieht in 18,2b–6 in dem Motiv der Grassuche eine ältere Tradition, die nicht weiter verfolgt werde; ansonsten sei hier im wesentlichen BE1 am Werk; KEINÄNEN erkennt in 18,2b–3a.5–8.16(17) eine vordtr Tradition (*Traditions*, SESJ 80, 2001, 42–61).

[110] Dass Ahab nicht eigens vorgestellt wird, ist kein Gegenargument; s.o. zu 17,1.

[111] Vgl. auch HENTSCHEL, *Elijaerzählungen*, EThSt 33, 1977, 125.

Abschließendes kann jedoch erst gesagt werden, wenn es gelingt, eine in sich abgerundete Erzählung deutlich zu machen[112].

Nach der Vorstellung Obadjas als אֲשֶׁר עַל־הַבַּיִת wird zunächst der Fortgang der Ereignisse in 18,3b.4 unterbrochen, wie allgemein zugestanden wird[113]. Die Aufmerksamkeit wird auf die bisher noch nicht erwähnte Gattin König Ahabs, Isebel, gelenkt, von der gesagt wird, dass sie die JHWH-Propheten verfolgen und töten ließ, während es dem JHWH-treuen Obadja gelungen sein soll, 100 Propheten zu retten. Dass es sich um einen Einschub handelt, wird auch dadurch bestätigt, dass V5 nahtlos an V3a anschließt[114].

In V5 wird der Text mit einer Rede Ahabs an Obadja fortgeführt, die die Aufforderung enthält, alle Stellen aufzusuchen, an denen Wasser und damit Futter für Pferde und Maultiere vermutet werden kann, um die drohende Notschlachtung der Tiere noch abwenden zu können. In V6 wird dann berichtet, dass Ahab und Obadja das Land aufteilten und sich auf den Weg machten. Ein Grund für literarkritische Operationen ist in V5–6 nicht ersichtlich. Sie stellen die Fortsetzung des in 18,2b begonnenen Zusammenhanges dar und schließen gut an die in Kapitel 17 aufgezeigte Dürresituation an.

V7 zeigt Obadja bei der ihm von Ahab aufgetragenen Suche nach Wasser und Futter für die Tiere des Königs, als ihm plötzlich Elija begegnet. Überraschend ist die übergroße Ehrerbietung, die Obadja, immerhin einer der höchsten Beamten des Königs, gegenüber Elija an den Tag legt[115]. Er fällt vor Elija nieder und bezeichnet ihn als seinen Herrn, eine Auffassung, die durch Elija in seiner Antwort korrigiert wird. Dort bezeichnet Elija nämlich Ahab als den „Herrn"

---

[112] TIMM, *Dynastie Omri*, FRLANT 124, 1982, 67f., bestreitet mit dem Argument, dass in 18,2b eine Hungersnot (רעב) und keine Dürre (בצרה) erwähnt sei, die Ursprünglichkeit der Dürrethematik in 18,2bff. Doch geht aus 18,5 eindeutig hervor, dass die Hungersnot durch eine Dürre ausgelöst worden ist.

[113] Vgl. z.B. KLOSTERMANN, *Bücher Samuelis*, 1887, 365; KITTEL, *Bücher der Könige*, HK I/5, 1900, 138; FOHRER, *Elia*, AThANT 53, ²1968, 11 Anm 10; PLÖGER, *Prophetengeschichten*, 1937, 19; STECK, *Überlieferung*, WMANT 26, 1968, 11; GUNKEL, *Elias*, 1906, 15; SCHÜPPHAUS, *Prophetengeschichten*, 1967, 50; ŠANDA, *Bücher der Könige I*, EHAT 9/1, 1911, 427 (nur V4); HENTSCHEL, *Elijaerzählungen*, EThSt 33, 1977, 69–72; WÜRTHWEIN, *Bücher der Könige*, ATD 11,2, 1984, 221; JONES, *Kings*, NCBC, 1984, 314; RENTROP, *Elija*, 1992, 189f. (nur V4); BECK, *Elia*, BZAW 281, 1999, 121f.; S. OTTO, *Erzählung*, BWANT 152, 2001, 169 Anm 92.

[114] In V4 ist aufgrund von V13, mehreren Handschriften und den wichtigsten Versionen ein zweites חמשים zu ergänzen, vgl. HENTSCHEL, *Elijaerzählungen*, EThSt 33, 1977, 70 Anm 217.

[115] Vgl. auch THIEL, „Komposition", in: BLUM, *Hebräische Bibel*, 1990, 219.

Obadjas. Die Frage Obadjas wird von Elija knapp und zustimmend beantwortet, um dann sofort mit einem Auftrag an Obadja fortzufahren (V8b). Dieser Auftrag besteht in der kurzen Aufforderung לך אמר לאדניך הנה אליהו. Der gleiche Satz begegnet noch in V11 und in V14. Erst in V16 wird dann die Ausführung des Auftrages durch Obadja berichtet. V16 zeigt dann, dass Ahab mit der gleichen Selbstverständlichkeit wie Obadja dem Befehl Elijas entspricht. Das ergibt eine sachliche Spannung zu V9-15, die von einer Verfolgung Elijas durch Ahab und von Prophetenmorden durch Isebel zu berichten wissen. Auf dem Hintergrund dieser Information ist die Reaktion Ahabs in V16 schlicht unverständlich. Nimmt man nun noch hinzu, dass der die Rede Elijas in V8b abschließende Satz zweimal begegnet, so spricht alles dafür, in V9-15 einen Zusatz zum ursprünglichen Text zu erblicken[116].

V9-11 bringen die Furcht Obadjas zum Ausdruck, dass Elija ihn gegenüber Ahab in eine gefährliche Lage bringt. Obadja fühlt sich als Überbringer einer Botschaft von Elija in Lebensgefahr. Es wird vorausgesetzt, dass Elija und Ahab sich feindlich gegenüberstehen und dass Elija sich vor Ahab verbirgt. Dies entspricht dem Auftrag Jhwhs an Elija in 17,3. Am ehesten wird man demnach diesen Passus der Redaktion zuschreiben müssen, die das Wort Jhwhs betont. Was das Bild Obadjas anbetrifft, so ist festzuhalten, dass die augenscheinliche Furcht Obadjas einen Widerspruch zu dem Loblied darstellt, das in 18,3b-4 über ihn gesungen wird. Das Verbergen von Jhwh-Propheten während einer Verfolgung durch Isebel war ja nicht weniger risikoreich als das Überbringen einer Botschaft von Elija. In V10 bezeichnet Obadja Jhwh als „Gott Elijas", genau wie die phönizische Witwe in 17,12, was sich nur schwer mit der in V3b erwähnten großen Jhwh-Furcht in Einklang bringen lässt.

Die große Angst Obadjas wird in V12-14 abgemildert; hier wird Obadja wieder positiver gesehen. Jetzt ist es das unberechenbare Verhalten des Elija, der ja immer wieder plötzlich vom רוח יהוה (hier: masc.!) ergriffen werden kann, das die Angst Obadjas auslöst. Eine plötzliche Furcht vor dem Propheten wird hier erkennbar, wie

---

[116] Innerhalb der griechischen Überlieferung gibt es keine größeren Abweichungen zu MT. In V8.9 sind in LXX die Namen der Redenden erwähnt, während in MT einfach ויאמר steht. Daraufhin jedoch den Text zu ändern, ist unnötig, denn diese Überschüsse in MT gehören zu „such additions in the text of G which are intended merely as aids to avoid confusion." (WEVERS, OTS 8 (1950), 301).

sie ähnlich bereits in 17,18 begegnet ist. Dem Propheten eignet etwas
Unberechenbares.

Die Übereinstimmung der Exegeten in der Annahme eines Einschubs
ist für V12–13 nicht so groß wie bei 18,3b–4[117]. HENTSCHEL hat
jedoch darauf aufmerksam gemacht, dass V14a eine wortwörtliche
Wiederholung von V11 darstelle, die in V14b um den Hinweis
auf die Lebensgefahr für Obadja erweitert sei. Er zieht daraus den
Schluß, dass V14 ein klassisches Beispiel für das Prinzip der
Wiederaufnahme sei, was bedeutet, dass die Verse 12b–13 nachträglich eingefügt wurden und dabei auch V14 formuliert worden ist[118].

Dies lässt den Schluß zu, in V12–14 nach V9–11 eine zusätzliche
Texterweiterung zu sehen, die aufgrund des Aufgreifens der Verfolgung
durch Isebel in 18,3b–4 und der unberechenbaren Züge des Propheten
wie in 17,17–24 mit diesen redaktionellen Texten in Verbindung
gebracht werden muß. Das Fortbringen durch den Geist JHWHs in
18,12a hat zudem nur eine Parallele im Elischa-Zyklus, dort ebenfalls in einem Zusatz (2 Kön 2,16)[119]. Hier zeigen sich also wie in
17,17–24 Verbindungen zur Elischa-Tradition. Gleiches gilt auch für
18,15 mit der Formulierung des Prophetendienstes als „Stehen vor
JHWH", das in 17,1 erst sekundär eingefügt wurde (vgl. oben). Inhaltlich
greift 18,15 den in 18,1 ergangenen JHWH-Befehl an Elija, sich Ahab
zu zeigen, auf. Doch wird in 18,15 die Person des Propheten herausgehoben; er ist es, der verkündet, dass er sich heute Ahab zeigen wird (כי היום אראה אליו). Demnach dürfte 18,15 den Abschluß
des Einschubes darstellen, der in 18,12 begonnen hat.

V16 greift den Faden von V8 wieder auf und schildert die Ausführung der Anweisung Elijas durch Obadja[120]. Nimmt man die als

---

[117] Bedenken äußert z.B. PLÖGER, *Prophetengeschichten*, 1937, „da gerade diese
Erzählung eine kurze Nachricht von einer Verfolgung der Jahwepropheten durch
Isebel gibt und 18,22 verständlich macht" (18).
[118] Vgl. HENTSCHEL, *Elijaerzählungen*, EThSt 33, 1977, 71; dass V14b eine
Zusammenfassung von V12a darstellen soll (ebd., 71), vermag ich nicht zu erkennen; 18,12b–14 wurde auch schon von JEPSEN, *Nabi*, 1934, 61 als Einschub gesehen; vorsichtiger SCHÜPPHAUS, *Prophetengeschichten*, 1967, 50. Übereinstimmend mit
unserer Analyse sieht WÜRTHWEIN, *Bücher der Könige*, ATD 11,2, 1984, 221, in V16
die Fortsetzung des Zusammenhanges 18,2b.3a.5–8 und erkennt in V9–11 einen
eigenen Einschub, während V12b–14 mit 18,3b–4 zu verbinden sei. Nicht nachvollziehbar ist dagegen die weitere Abtrennung von V12a. Hierfür sind keine Gründe
erkenntlich.
[119] Vgl. dazu weiter unten Kapitel III, Abschnitt 2.2.
[120] Mit V16, egal ob nur V16a oder der ganze Vers, wird ein neues Spannungs-

sekundär erkannten Textteile weg, so wird hier der mit der Dürre in 17,1 eingeleitete Textzusammenhang folgerichtig fortgesetzt. Es gibt keine Notwendigkeit, diese Szene insgesamt als sekundär in den Zusammenhang der Dürre eingefügt zu sehen.

In V17–20 kommt es nun zu der Begegnung zwischen Elija und Ahab, die einerseits die notwendige Fortsetzung von V16 darstellt, auf der anderen Seite die Eröffnungsszene für die Auseinandersetzung zwischen Elija, den Baalspropheten und dem Volk darstellt. Seit ALT wird in der Auseinandersetzung auf dem Karmel meist eine eigenständige Tradition gesehen[121]. In der Tat wird in V17–20 ein ganz neues Szenario aufgebaut. Ein anderer Handlungsort wird eingeführt, das Karmelgebirge. Neue Handlungsträger tauchen auf: die Baal- (und Aschera) Propheten, das ganze Volk Israel. Zudem verschwindet die bisher beherrschende Dürre ganz aus dem Blickfeld, um erst wieder in 18,41–46 als Problem zu begegnen. Wasser scheint nach 18,34–35 kein Problem zu sein. Wichtiger ist noch, dass in V21 mit der Frage, wer *der* Gott ist, ein neuer Spannungsbogen eröffnet wird, der in V39 mit dem Bekenntnis, dass JHWH *der* Gott ist, zu Ende geführt wird. Innerhalb von V21–40 spielt König Ahab keine Rolle mehr, er taucht erst wieder, nachdem er für die Versammlung auf dem Karmel gesorgt hatte, in V41 auf. Dies alles ist als Hinweis auf eine eigenständige Tradition zu sehen. Die Frage jedoch, wie diese Tradition abzugrenzen ist und in welchem Zusammenhang sie mit dem Kontext steht, wird kontrovers beantwortet.

Nachdem von ALT die Selbständigkeit der Karmelepisode behauptet worden war, wurde die Frage der literarkritischen Abgrenzung weiter diskutiert. Während FOHRER sich damit begnügte, den Beginn dieser Überlieferung auf 18,19–20 zu beschränken, im übrigen aber die Abgrenzung von ALT bestätigte[122], kam WÜRTHWEIN 1962

---

moment in den Text eingeführt: Wie wird Ahab reagieren? Dies spricht entschieden gegen das Verständnis von RENTROP, *Elija*, 1992, 151–178, der in V16a den Abschluß einer eigenständigen Obadja-Anekdote sehen will. Die gleiche Schwierigkeit gilt für den postulierten Abschluß der Obadja-Überlieferung mit V14 oder gar V17. Auch hier wird kein Spannungsbogen geschlossen, sondern eine neue Spannung geschaffen, die eine Fortsetzung des Textes verlangt (gg. HERRMANN, *Heilserwartungen*, BWANT 5, 1965, 48f.; TIMM, *Dynastie Omri*, FRLANT 124, 1982, 69; KEINÄNEN, *Traditions*, SESJ 80, 2001, 60).
[121] Vgl. ALT, „Gottesurteil" (1935), *KS II*, 1953, 135–149; zuletzt THIEL, *Könige*, BK IX/2, Lieferung 2, 2002, 103–111.
[122] Vgl. FOHRER, *Elia*, AThANT 53, ²1968, 37f.

zu einer Abgrenzung des Textes (18,21–39), die die Gestalt Ahabs und „ganz Israel" ebenso aus dieser Überlieferung eliminierte wie die Tötung der Baalpropheten (18,40). Das Hauptargument ist dabei, dass Ahab während der gesamten Auseinandersetzung zwischen Elija und den Baalpropheten keine Rolle spiele; V39 stelle den Abschluß dar, da die in V21 aufgeworfene Frage, wer der wahre Gott sei, in V39 entschieden sei[123]. Hentschel sieht demgegenüber in 18,21.30.40 den Traditionskern der Karmelüberlieferung, wobei erst auf der dritten vorliterarischen Überlieferungsstufe die Baalpropheten eingefügt worden seien[124].

Daneben gab es auch immer wieder Versuche, die Karmelerzählung stärker in den Kontext zu integrieren[125]. In seinem Kommentar von 1984 eliminierte Würthwein dann schließlich auch die Baalpropheten aus dem ursprünglichen Zusammenhang und schrieb die Verbindung dieser Erzählung mit dem Kontext erst dtr Redaktoren zu[126].

Die Analyse der Karmelszene durch Rentrop rechnet Teile von 18,17–40 zur ursprünglichen Dürreerzählung, darunter auch die Heilung des Altares durch Elija (18,17.18a.19a.20a.30b.36bα.37bβ), während die Tötung der Baalpropheten am Bach Kischon durch Elija eine eigene, nur fragmentarisch erhaltene Tradition darstelle. Im wesentlichen werde die Karmelepisode aber bestimmt durch die alte Tradition vom „Feuerordal" (18,21–24.26–28.29*.30a. 31a.32*.33.34*.35.36aβ.37a.38–39), die noch im 9. Jahrhundert

---

[123] Vgl. Würthwein, „Erzählung vom Gottesurteil" (1962), in: Studien, BZAW 227, 1994, 118–131; diesen Umfang übernimmt auch Steck, Überlieferung, WMANT 26, 1968, 16–18, der darüber hinaus noch eine "einheitliche Überarbeitung priestertheologischer Herkunft" für die Karmelszene annimmt (17f. Anm 2); Würthwein folgen auch Jepsen, „Elia", in: Goedicke, Near Eastern Studies, 1971, 298; Timm, Dynastie Omri, FRLANT 124, 1982, 73–87.

[124] Vgl. Hentschel, Elijaerzählungen, EThSt 33, 1977, 156–178; auch Tromp, Bib. 56 (1975), 488–494, rechnet V40 zur ursprünglichen Überlieferung, ebenfalls V20; vgl. auch Mulder, Naam, 1979, 7f.; Thiel, Könige, BK IX/2, Lieferung 2, 2002, 107f.

[125] Vgl. z.B. Ap-Thomas, PEQ 92 (1960), 146–155; Rowley, BJRL 43 (1960), 190–219; Seebass, ZThK 70 (1973), 121–135, der allerdings Kapitel 18 stärker gegenüber 1 Kön 17 und 19 abgrenzen möchte.

[126] Vgl. dazu oben Abschnitt 1.2; später sah Würthwein dann auch die Entstehung dieser Überlieferung erst in (spät)dtr Kreisen, vgl. Ders., „Opferprobe" (1989), in: Studien, BZAW 227, 1994, 132–139; Ders., „Tradition" (1994), in: Studien, BZAW 227, 1994, 107.

entstanden sei, aber ursprünglich nicht mit dem Karmel verbunden war[127].

Ebenfalls nicht mit dem Karmel verbunden ist die Grunderzählung 18,21.22a*.23aα*.24.26–30.33.34.36aα*.37.38aα.39, die FREVEL annimmt[128]. Sie kenne nur das Gegenüber von Elija und dem Volk. Dem Volk werde durch das Handeln des Elija die Überlegenheit JHWHS vorgeführt, das sich schlußendlich zu JHWH bekehrt. Zeitlich gehöre dieser Text in das 8./7. Jahrhundert, auf jeden Fall erst nach Hosea. Eine erste Erweiterung, die den Konflikt zwischen Ahab und Elija einträgt, liege in 18,1aα*.2aα.17.18a vor. Im Umkreis dt-dtr Theologie sei die zweite Erweiterung anzusiedeln, die V19*.20.22aβb.23.25.36*. umfasse und die die Auseinandersetzung des wahren JHWH-Propheten Elija mit der Überzahl der Baalpropheten einfüge. Andere dtr Redaktoren haben die Ahab-Omri Anschuldigungen in 18,18 nachgetragen und die Ascherapropheten eingefügt. Nachpriesterschriftlich wurde dann die Karmelszene um 18,31.32.35.36*.38aβb erweitert.

ZAPFF betont demgegenüber den Kontextbezug der im wesentlichen einheitlichen Karmelepisode und ist der Auffassung, dass 18,19–40 ihren heutigen Kontext voraussetzen und für diesen als dramatischen Höhepunkt verfasst wurden. Es handele sich um einen späten Text, dessen Entstehung in exilisch-nachexilischer Zeit anzusetzen sei[129].

BECK, OTTO und KEINÄNEN stellen die allerdings als ehemals eigenständig verstandene Karmelszene in einen späten Kontext. Die Grundschicht, die nach BECK V21–30.33–35a.36aαβ.37.38aα.39–40 umfasst, sei wohl im ausgehenden 6. oder beginnenden 5. Jahrhundert in von dtr Vorstellungen beeinflussten Kreisen entstanden, ohne allerdings dtr zu sein. Sie sei erst durch die nachexilische Feindschaftsbearbeitung mit Hilfe von 18,17–20 in den Kontext der Dürre eingefügt worden. Die Erweiterungsschicht V31–32.35b.36aγδb.38aβb rechnet er einer spätdtr Redaktion zu[130]. OTTO sieht aufgrund der „unbestreitbar monotheistischen Prägung" (253) eine Entstehungszeit der Erzählung vom Götterwettstreit, die V21–30a.31–36aα*(bis ויאמר).37–39 umfasse, im späten Exil. Sie wurde dann

[127] Vgl. RENTROP, Elija, 1992, 29–106.
[128] Vgl. FREVEL, Aschera, BBB 94 1/2, 1995, 28–123.
[129] Vgl. ZAPFF, „Prophet", in: DIEDRICH/WILLMES, Botschaft, FzB 88, 1998, 527–551.
[130] Vgl. BECK, Elia, BZAW 281, 1999, 70–95.

mit der nur fragmentarisch überlieferten Erzählung über das erfolgreiche Regenmachen Ahabs und Elias (V19*.20*.41–46*) verbunden. Erst hier sei die Lokalisierung auf dem Karmel erfolgt. BE1
habe dann unter Verwendung der noch aus der Zeit Ahabs stammenden Tradition 18,17b.18a und der älteren Traditionen von
der Grassuche (18,2b–6*) und der Himmelfahrt Elijas (18,10) diese
schon verbundene Überlieferung in den größeren Kontext der
Elijaüberlieferungen 1 Kön 17–18 eingebunden[131]. Keinänen sieht
die von ihm eruierte Grundschicht 1 Kön 18,21–28, 29b–30, 33,
(36*), 37–38aα, 39 in einem monotheistischen Kontext, der an
Dtjes erinnere. Gestaltet worden sei diese Erzählung von Nachfolgern
der Dtr in spätexilischer Zeit und schließlich durch die „anti-
Baalistic composition" in den Zusammenhang von 1 Kön 17–19
eingefügt worden[132].

Gegenüber diesem Trend ist jedoch festzuhalten, dass nach wie
vor die Karmelszene ebenso in einen vorexilischen und vordtr
Zusammenhang eingeordnet wird[133].

Angesichts dieser Forschungssituation ist es wichtig, die folgenden
Verse im Hinblick auf ihre innere Geschlossenheit und auch auf
ihren Kontextbezug hin zu untersuchen.

V17f. bieten einen harten Schlagabtausch, der von Ahab mit dem
Vorwurf eröffnet wird, Elija sei der עכר ישראל. Dieser Vorwurf wird
von Elija zurückgewiesen und seinerseits gegenüber Ahab und der
Omridendynastie (בית אביך) erhoben. Es stellt sich die Frage, inwieweit dieser Schlagabtausch als Fortsetzung des bisherigen Zusammenhanges gesehen werden kann. Der Vorwurf Ahabs gegenüber Elija
kann sich eigentlich nur auf die ohne nähere Begründung gegebene
Ankündigung der Dürre in 17,1 beziehen. Mit diesem Vorwurf kommt
die Größe „Israel" ins Blickfeld, die mit der Ankündigung der Dürre
gegenüber Ahab schon implizit als die ebenfalls von der Dürre
Betroffenen in 17,1 mitgegeben war (vgl. oben). Gleichzeitig ist dieser Dialog die notwendige Fortsetzung von 18,16, wo Obadja gegen-

---

[131] Vgl. S. Otto, *Erzählung*, BWANT 152, 2001, 168–179.259–261.
[132] *Traditions*, SESJ 80, 2001, 79–119.
[133] Vgl. z.B. Thiel, „Land", in: *Landgabe*, 1995, 34; Ders., *Könige*, BK IX/2,
Lieferung 2, 2002, 111–113; Buis, *Le Livre des Rois*, SBi 1997, 144–149; White,
Elijah Legends, BJSt 311, 1997, 3–43; Crüsemann, *Elia*, 1997, 45–51; Campbell/O'Brien,
Deuteronomistic History, 2000, 393–395; Baumgart, „Zwölf Steine", in: Pittner/
Wollbold, *Zeiten des Übergangs*, EThSt 80, 2000, 23–28; Cogan, *Kings*, AncB 10,
2001, 434–448; Nocquet, *Transeuphratène* 22 (2001), 169–184.

über Ahab das Eingreifen Elijas ankündigt. Damit lässt sich auch die in 18,2b aufgeworfene Frage beantworten, ob in 18,2b eine eigenständige Textschicht einsetzt. Aufgrund des Bezuges von 18,17f. zu 17,1 ist sie zu verneinen.

Für Würthwein ist diese Szene durch einen dtr Bearbeiter in den Zusammenhang der Dürreüberlieferung eingefügt worden. Den Grund dafür sieht Würthwein darin, dass die Feindschaft zwischen Elija und Ahab erst auf der Stufe der dtr Bearbeitung greifbar wird, während auf den vorausliegenden Stufen — z.B. 18,41–46 — ein freundschaftliches Verhältnis zwischen Elija und dem König Israels, Ahab, gegeben sei[134]. Diese Lösung kann nicht überzeugen. Sie setzt zum einen voraus, dass die Obadja-Szene in 18,2ff. erst nachdtr ist. Hierfür gibt es jedoch keine überzeugenden Anhaltspunkte (vgl. oben). Sieht man aber die Obadjaszene als integrierenden Bestandteil der alten Dürreüberlieferung, so wird deutlich, dass schon der alten Tradition ein äußerst königskritischer Zug zu eigen war. Dies zeigt sich in der karikierenden Darstellung eines angesichts der Dürresituation hilflosen Königs, der sich zusammen mit seinem Palastvorsteher auf die Suche nach Gras für die Tiere des königlichen Stalles begibt (18,3–6*)[135]. Außerdem sprechen auch die frühe Elischa-Überlieferung und die geschichtlichen Rahmenbedingungen für ein gespanntes Verhältnis Elijas zu den Omriden, ebenso die alte Tradition 2 Kön 1. Der zweite Grund, der gegen die Deutung von Würthwein spricht, ist der, dass sich in 18,17–18a beim besten Willen keine Hinweise auf eine dtr geprägte Sprache entdecken lassen[136].

Einen anderen Weg geht Timm. Er vermißt in dem Wort vom עכר ישראל einen expliziten Bezug zu der vorgegebenen Dürresituation und will in 18,17b.18a aufgrund des singulären Inhaltes ein ehedem selbständiges Wort sehen, „das durch eine sekundäre Begründung (V18b) und eine redaktionelle Klammer (V16.17a)"[137]

[134] Vgl. Würthwein, *Bücher der Könige*, ATD 11,2, 1984, 211; Ders., „Tradition" (1994), in: *Studien*, BZAW 227, 1994, 107. Von einem freundschaftlichen Verhältnis in 18,41–46 gehen auch Beck, *Elia*, BZAW 281, 1999, 98f. und S. Otto, *Erzählung*, BWANT 152, 2001, 171–178, aus.

[135] Vgl. dazu weiter unten Abschnitt 4.1.

[136] Zu V18b vgl. weiter unten; diesen Versteil hebt jedoch auch Würthwein von V17.18a ab.

[137] Timm, *Dynastie Omri*, FRLANT 124, 1982, 62; so auch jetzt S. Otto, *Erzählung*, BWANT 152, 2001, 163f., 168, die diesen Wortwechsel in die Zeit Ahabs datiert, während die Einbettung in den Kontext durch BE1 erfolgte.

in den Kontext eingefügt wurde. Doch fällt es schwer, in V16 eine redaktionelle Klammer zu erkennen und auch die Tradierung eines von seinem Kontext völlig gelösten Spruches ist nur schwer einsehbar. Timms zusätzliches Argument für die Selbständigkeit von 18,17b–18a, nämlich dass Ahab in V17b neu eingeführt wird[138], ist ebenfalls nicht durchschlagend genug. Denn direkt vorher ist Elija erwähnt. Würde in V17b nur einfaches ויאמר stehen, so wäre nicht klar ersichtlich, wer der Sprecher ist. Schwer einsehbar ist auch der Weg, den Frevel vorschlägt, indem er 18,1–2*.17–18a als spätere Erweiterung ohne Kontextbezug einstuft. Demnach ist es am besten, den vom Text her vorgegebenen Weg einzuschlagen und in V17f. die in 18,8.16 angekündigte Begegnung zwischen Elija und Ahab angesichts der Notlage der Dürre zu erblicken, die auf die Ankündigung der Dürre in 17,1 zurückgreift.

Innerhalb von V18 hebt sich V18b vom Kontext ab. Es ist nicht nur die dtr gefärbte Sprache, auf die schon Alt hingewiesen hat[139], Elija spricht auch zum ersten und einzigen Male in 1 Kön 17–19 von בעלים, während im folgenden immer von Baal im Singular die Rede ist. Hentschel hat vorgeschlagen, aufgrund des Numeruswechsels in V18b diesen Halbvers auf zwei verschiedene Redaktionsstufen aufzuteilen[140]. Doch ist der Numeruswechsel bei dtr Texten allein ein zu schwaches Indiz[141].

Auf textkritischer Ebene ergibt sich in V18b noch eine Schwierigkeit, die hier behandelt werden muß. LXX übersetzt בעזבכם את־מצות יהוה durch ἐν τῷ καταλιμπάνειν ὑμας τὸν κύριον Θεὸν ὑμῶν. Dieser Lesart sind die Forscher, was die Streichung von מצות anbetrifft, fast ausnahmslos gefolgt[142]. Doch erheben sich dagegen methodische Bedenken, denn nach dem Grundsatz der Textkritik *lectio*

---

[138] Vgl. Timm, *Dynastie Omri*, FRLANT 124, 1982, 62 Anm 20.

[139] Vgl. Alt, „Gottesurteil" (1935), *KS II*, 1953, 136 Anm 2; vgl. auch die Diskussion dieser Stelle bei Steck, *Überlieferung*, WMANT 26, 1968, 14 Anm 10; anders Thiel, „Redaktionsarbeit", in: Emerton, *Proceedings*, VT.S 43, 1991, 166, der allerdings dazu die Priorität der griechischen Textüberlieferung bemühen muss; Zweifel scheint Rentrop, *Elija*, 1992, 60 Anm 257, zu hegen, ob dieser Vers dtr sei; bei der Textdarstellung seiner ersten dtr Redaktion sieht er diesen Vers jedoch als Eigenformulierung des Redaktors (350); unnötig ist die Zuordnung von בית אביך zu dieser dtr Redaktionsschicht.

[140] Vgl. Hentschel, *Elijaerzählungen*, EThSt 33, 1977, 46–48.

[141] Zum Numeruswechsel in dtr Texten vgl. Lohfink, *BZ NF* 37 (1993), 231–235.

[142] Ausnahmen sind z.B. Kittel, *Bücher der Könige*, HK I/5, 1900, 143 und Gray, *I & II Kings*, OTL, ³1977, 387, die den hebräischen Text beibehalten.

difficilior est lectio probabilior müßte מצות beibehalten werden. Vergleicht man die Stellen, an denen nur vom Verlassen Jhwhs die Rede ist, mit den Stellen, die vom Verlassen der מצות Jhwhs sprechen, so ist der erste Ausdruck sehr viel häufiger zu finden[143]. Somit ist klar, dass LXX 18,18 an den üblicheren Sprachgebrauch angeglichen hat. Dies kam außerdem der Tendenz der griechischen Überlieferung entgegen, die Sünde Ahabs in einem klareren Licht als direkt gegen Gott gerichtet erscheinen zu lassen[144].

Ohne weiteren Übergang, so als ob Elija eine Diskussion der in 18,17f. aufgeworfenen Frage, wer der עכר ישראל sei, überflüssig vorkomme, wird die Rede Elijas in V19 mit der Aufforderung an Ahab fortgesetzt, ganz Israel auf dem Karmel zu versammeln[145].

Klar als Zusatz in V19 erkennbar sind die Aschera-Propheten in 18,19bβγ. Sie spielen im folgenden keine Rolle mehr und sind in Beziehung zu setzen zu den Isebel belastenden Zusätzen in 18,3b–4.13. Propheten der Isebel begegnen noch einmal in 2 Kön 3,13, auch dort wahrscheinlich Zusatz. Dies gilt jedoch nicht für die Baalpropheten. Sie stehen im folgenden Geschehen im Zentrum der Ereignisse. Einzig die syntaktische Stellung von V19bα könnte ein Hinweis sein auf eine spätere Einfügung. Jedoch kann durch diese Stellung auch ausdrücklich auf die Zahl der Baalpropheten hingewiesen werden. Eine literarkritische Trennung vom Kontext ist demnach nicht erforderlich. Die Ausführung des Auftrages in V20 weist jedoch gegenüber V19 eine Inkongruenz auf. Soll in V19 „ganz Israel" auf dem Karmel versammelt werden, so spricht V20 nur davon, dass Ahab die נביאים auf dem Karmel versammelt. Von Israel ist in V20 nur insoweit die Rede, als Ahab zu allen Israeliten (כל־בני ישראל) sendet, um die נביאים auf dem Karmel zu versammeln. Von נביאים wird ohne nähere

---

[143] Das Verlassen Jhwhs wird erwähnt in Dtn 28,20; 31,16; Jos 24,16.20; Ri 2,12.13; 10,6.13; 1 Sam 8,8; 12,10; 1 Kön 9,9; 11,33; 2 Kön 21,22; 22,17; 2 Chr 7,22; 12,5; 13,10.11; 15,2; 21,10; 24,20; 28,6; 29,6; 34,25; Esr 8,22; Jes 1,4; Jer 2,13.17.19; 5,7.19; 16,11; 17,13; 19,4; Hos 4,10. Hierbei sind die Stellen mitberücksichtigt, an denen das Objekt Jhwh durch ein entsprechendes Suffix substituiert oder appositionell erweitert ist. Das Verlassen der מצות Jhwhs wird dagegen nur in 2 Kön 17,16; Esr 9,10 und 2 Chr 7,19 erwähnt.

[144] Vgl. dazu Wevers, *OTS* 8 (1951), 313; damit ist auch der Versuch von Thiel, „Redaktionsarbeit", in: Emerton, *Proceedings*, VT.S 43, 1991, 166, als gescheitert zu betrachten, mit Hilfe der LXX noch Teile von 18,18b für einen vordtr Zusammenhang zu retten.

[145] Es liegt hier kein Widerspruch vor; literar- oder überlieferungsgeschichtliche Spekulationen sind überflüssig, vgl. Rentrop, *Elija*, 1992, 60f.

Bestimmung im folgenden Text überhaupt nicht mehr gesprochen. Eine Versammlung von נביאים durch den König ist, wie die Parallelformulierung in 1 Kön 22,6 zeigt, durchaus möglich. Auf der anderen Seite sind Auftrag und Ausführung literarkritisch nicht voneinander zu trennen, ohne eine Lücke im Text zu erzeugen. Dies könnte ein Hinweis sein, dass in der vorliegenden Tradition ursprünglich keine Baalpropheten vorkamen, sondern dass es sich, was ja auch das Gebiet nahelegt, in das Ahab schickt, um ganz normale Gruppenpropheten gehandelt hat, die hier versammelt werden. Diese Tradition ist jedoch nicht mehr klar erkennbar, ähnlich wie die 1 Sam 28 zugrundeliegende Tradition.

In V21 wird nun der Text damit fortgesetzt, dass Elija sich dem ganzen Volk nähert und es auffordert, sich für JHWH oder Baal zu entscheiden. Die Anwesenheit des ganzen Volkes (כל־העם) zeigt, dass die Situation, wie sie in V19 angekündigt wurde, mit der Versammlung von ganz Israel eingetreten ist[146]. V21 setzt das Szenario, das in V19f. entworfen wurde, voraus; es gibt deshalb keinen Grund, auf einer literarkritischen Ebene V21 von der Einleitung dieser Szene in V19–20 zu trennen.

Die Anhaltspunkte, diesen Vers als dtr zu bezeichnen, sind dürftig. Die Wendung הלך אחרי ist zu wenig spezifisch, als dass damit der Beweis gelungen sei[147]. Dass hier ein Thema angeschlagen wird, dass auch die Deuteronomisten beschäftigt, ist unbestritten. Aber waren sie die Ersten und Einzigen? Auch 2 Kön 9,22 und insgesamt die Darstellung der Umstände der Jehu-Revolution lässt

---

[146] Die LXX umgeht die Schwierigkeit, dass in V20 von den נביאים die Rede war, dadurch, dass sie Elija πρὸς πάντας sprechen lässt. Timm, *Dynastie Omri*, FRLANT 124, 1982, 71, weist auf die nicht unwesentlich andere Textgestaltung in der griechischen Überlieferung hin und fordert eine stärkere Berücksichtigung der LXX. Es muß jedoch jeweils im Einzelfall geklärt werden, warum LXX vom hebräischen Text abweicht. Es ist wohl nicht von der Hand zu weisen, dass mit einer Textharmonisierung gerechnet werden muß. Das sollte Anlaß zur Vorsicht sein. In 18,30–32 werden wir ein eindeutiges Beispiel für eine Harmonisierung kennenlernen.

[147] Gg. Würthwein, *Bücher der Könige*, ATD 11,2, 1984, 217; Beck, *Elia*, BZAW 281, 1999, 80; הלך אחרי wird z.B. auch in 2 Kön 6,19 verwendet; natürlich ist zu sehen, dass in 18,21 von JHWH bzw. Baal die Rede ist. הלך אחרי אלהים אחרים ist eine typisch dtr Wendung, sie liegt hier jedoch nicht vor; vgl. Lohfink, „Bewegung" (1995), in: *Studien III*, SBAB 20, 1995, 86: „Die Wortverbindung הלך אחרי allein ist in keiner Weise spezifisch deuteronomistisch und kann in verschiedensten Sprachzusammenhängen alle möglichen Abhängigkeits- und Eigentumsverhältnisse ausdrükken, ganz ähnlich wie das entsprechende akkadische *alāku (w)arki*".

erkennen, dass die Frage der ausschließlichen Verehrung Jhwhs schon in vordtr Zeit virulent war[148].

In V21b fährt der Text mit der Schilderung der Reaktion des Volkes fort: Es schweigt. Statt כל־העם wie in V21 steht hier einfach nur העם, doch ist dies kein ausreichender Grund, eine andere Textebene anzunehmen. 18,37, das sicher dem Grundtext angehört, verwendet ebenfalls den Ausdruck העם. In V22 wird die Rede Elijas an das Volk (hier wieder wie in V21b העם) fortgesetzt. Elija betont, dass er als einziger Jhwh-Prophet (נביא ליהוה) 450 Baalspropheten gegen-übersteht. Die Verwendung von יתר Ni. und die ähnliche Formulierung in 19,10.14 hat dazu geführt, dass das אני נותרתי נביא ליהוה לבדי auf dem Hintergrund einer Verfolgungssituation verstanden wird oder dass 19,10.14 den Anlaß für die Einfügung von 18,22 gegeben habe. Doch ist beides in Frage zu stellen. Denn liest man einmal 18,22 ohne die Verfolgungssituation in 18,3.13; 19,10.14 zu berücksichti-gen, so lässt sich der Satz aus der in 18,19f. skizzierten Situation ohne weiteres verstehen. Elija steht allein den 450 Baalspropheten gegenüber. Eine Verfolgungssituation lässt sich aufgrund von 18,22 nicht rekonstruieren. Es gibt deshalb keinen Grund, diesen Vers hier aus dem Text literarkritisch zu entfernen.

In V23 erfolgt nun ein Vorschlag Elijas, anhand eines Gottes-entscheides zur Klärung der Frage zu kommen, ob die Verehrung Jhwhs oder Baals richtig sei. V23aα schließt gut an V22 an, ent-fernt man jedoch V22 aus dem Kontext, so stellt sich die Frage, wer denn nun mit dem „uns" in dem Ausdruck ויתנו־לנו in V23 gemeint ist[149].

In V23 ist aufgrund der Überlieferung in LXX die Anweisung וישימו על־העצים und ונתתי על־העצים als „spätere Präzisierungen der Opferanweisungen Elijas"[150] eingestuft worden. Doch stehen diese detaillierten Angaben durchaus im Einklang mit der Situation, und gerade auch in dem meist unbestritten zum Grundtext der Karmels-zene gerechneten V33 zeigt sich eine präzise Sprache im Hinblick auf kultische Anweisungen.

---

[148] Vgl. zu 2 Kön 9–10 weiter unten Kapitel III.
[149] Gegen Würthwein, *Bücher der Könige*, ATD 11,2, 1984, 217; Würthwein rech-net V23aα als Fortsetzung von V21 (und der Redeeinleitung in V22), sieht jedoch in V23aβγb eine nachdtr Erweiterung. Frevel, *Aschera*, BBB 94 1/2, 1995, 92, der ebenfalls in V23 die Fortsetzung von V21 erblickt, erkennt wenigstens die Problematik.
[150] So Timm, *Dynastie Omri*, FRLANT 124, 1982, 70 Anm 3.

Zu Beginn von V24 wechselt plötzlich und unmotiviert innerhalb
der Rede Elijas die Anredeform für die Baalpropheten. Während
bisher von den Baalpropheten in der 3. Person Plural die Rede war,
werden sie in V24aα direkt in der 2. Person Plural angesprochen.
Es gibt noch einen weiteren Grund, der dazu zwingt, V24aβ einer
anderen Textebene als bisher zuzuschreiben. Hier wird unbefangen
im Hinblick auf die Baalpropheten von „eurem Gott" (אלהיכם) geredet, während das in V21 aufgeworfene Problem ja gerade um die
Frage kreist, wer denn *der* Gott ist[151]. Da V24aβ ohne V24aα keinen rechten Sinn ergibt und mit קרא בשם die gleiche Ausdrucksweise
vorliegt, ist auch V24aβ zu dieser Erweiterung zu rechnen. V24aγb
bildet dagegen den notwendigen Abschluß des Vorschlages von Elija
und ist auch terminologisch auf derselben Ebene wie V21 (האלהים,
כל־העם) anzusiedeln. Nachdem das Volk dem Vorschlag Elijas zuge-
stimmt hat (V24b), wendet sich Elija in V25a direkt an die Baalpropheten mit der Aufforderung, den Stier auszuwählen und mit
dem Opfer zu beginnen. Auch hier spielt wieder die große Anzahl
der Baalpropheten eine Rolle wie in 18,19, obwohl keine konkrete
Zahl genannt wird. Eine Begründung für die Zuordnung zu einer
anderen Textschicht liegt nicht vor; der Hinweis auf die Zahl ist iro-
nisch zu verstehen, was sich angesichts des Ausganges der Opferprobe
ja auch nahelegt.

In V25b wird wieder der Ausdruck קרא בשם verwendet und unbefangen von Baal als „eurem Gott" gesprochen, auch V25b muß demnach zu einer Bearbeitungsschicht gerechnet werden.

V26aα setzt den Grundtext von V25a folgerichtig mit der Mitteilung
fort, dass die Baalpropheten den Stier ergriffen und zurichteten (ויקחו
את־הפר ויעשו). Der Relativsatz אשר־נתן להם steht allerdings im
Widerspruch zu der Aussage in V25, dass die Baalpropheten sich
ihren Stier aussuchen (בחר) können und ebenso zu V23, in dem
gesagt wird, dass die Stiere Elija und den Baalpropheten vom Volk
gegeben werden sollen (ויתנו־לנו). Der Relativsatz in V26aα fehlt auch
in der griechischen Überlieferung und wird deshalb oft aus dem Text
entfernt[152]. Ganz offensichtlich soll mit diesem Einschub Elija als der
allein Handelnde betont werden.

---

[151] Zusammen mit dem problematischen Anschluß von V23 an V21 widerrät die
Zuordnung von V24 zur Grundschicht bei Frevel, diesem Modell zu folgen.
[152] Vgl. z.B. Benzinger, *Bücher der Könige*, KHC 9, 1899, 110; Kittel, *Bücher der
Könige*, HK I/5, 1900, 146; Kamphausen, *Bücher der Könige*, HSAT (K), 1909, 495;
Šanda, *Bücher der Könige I*, EHAT 9/1, 1911, 433; Schlögl, *Bücher der Könige*, 1911,

V26aβγ schildert dann anschließend die Anrufung Baals durch
die Baalproheten. Ausdrücklich wird betont, dass die Aktivitäten der
Baalpropheten vom Morgen bis zum Mittag andauerten (מהבקר
ועד־הצהרים). Abschließend wird festgestellt, dass keine Antwort Baals
erfolgt: ואין קול ואין ענה. Dieselbe Feststellung begegnet auch wieder
in V29, um ואין קשב erweitert. Die einfachste Erklärung scheint zu
sein, dass V27–29 insgesamt eine spätere Erweiterung des Textes
darstellen[153]. Die Sachlage ist jedoch komplizierter. In V26bβ begegnet wieder derselbe Ausdruck קרא בשם, wie schon in V24.25, in
Textteilen, die sich nicht der Grundschicht zuordnen ließen. In V27,
wo Elija die Baalpropheten verspottet, zeigt sich wieder der unbefangene Umgang mit dem Terminus אלהים in der Aussage כי־אלהים הוא.
Außerdem knüpft V27 durch ויהי בצהרים ausdrücklich an die Zeitangabe in V26aβ an. Damit wird klar, dass durch die Zeitangabe
in V26bβ der zeitliche Rahmen geschaffen wurde zur Einfügung der
Verspottungsszene. Der Bearbeiter hat — wie schon in V24.25 —
nicht mehr die Problematik von 18,21 vor Augen, wer denn *der* Gott
ist. Das Problem ist für ihn längst entschieden. Damit stellt sich
jedoch die Frage der Fortsetzung des Grundtextes nach V26aα. Die
schon erwähnte Doppelung der Aussage, dass Baal nicht reagiert
(V29), macht klar, dass Aktivitäten der Baalpropheten in dem vorhergehenden Text berichtet gewesen sein müssen. Der Teilvers 29a
kann dies jedoch nicht sein, da auch hier wieder an die Zeitbestimmung
in V26 angeknüpft wird und die weitere Zeitangabe עד־לעלות המנחה[154]
eingeführt wird, die in V36aα wieder aufgegriffen wird. Dagegen
kann V28 nahtlos an V26aα* angeschlossen werden. Die hier berichteten Selbstverwundungsriten werden in Dtn 14,1 als Trauerbräuche
verurteilt. Selbstverwundung hat es aber nicht nur in diesem Bereich
gegeben. Eine nähere Parallele liegt in Hos 7,14 (txt.emend.) vor,
wo derselbe Brauch im Rahmen eines baalisierten Jhwh-Kultes
erwähnt wird, dort jedoch, um Fruchtbarkeit zu erlangen, d.h. die
Gottheit zu einem bestimmten Verhalten zu bewegen. Auch in
1 Kön 18 geht es darum, Gott zu einem bestimmten Verhalten zu
bewegen, nämlich die Antwort Gottes in Form des Feuers zu erhalten.

153f.; Eissfeldt, *Bücher der Könige*, HSAT (K), ⁴1922, 533; Ketter, *Königsbücher*, 1953,
145; Fichtner, *Buch von den Königen I*, BAT 12/1, 1964, 262.

[153] So z.B. Seebass, *ZThK* 70 (1973), 133; Würthwein, *Bücher der Könige*, ATD
11,2, 1984, 217.

[154] Als Zeitangabe begegnet dieser Ausdruck auch in 2 Kön 3,20.

Noch ungeklärt ist die Zuordnung von V26b. V26b berichtet davon, dass die Baalpropheten gegen den Altar stießen (פסח)[155], den Elija gemacht hatte. Allerdings wird ein Altarbau durch Elija erst in 18,30–32 erwähnt. Dies macht es am wahrscheinlichsten, dass ein Bearbeiter — und es besteht kein Grund, hierin nicht den schon bisher tätig gewordenen Bearbeiter zu sehen — den Altarbau Elijas vorgezogen hat, um damit die verspottenswerten Aktivitäten der Baalpropheten noch weiter illustrieren zu können[156].

Der Grundtext liegt demnach in 18,26aα (ohne אשר־נתן להם).28.29b vor, eine Bearbeitungsschicht zeigt sich in 18,26aα (nur אשר־נתן להם).βγb.27.29a[157].

Nach dem erfolglosen Bemühen der Baalpropheten greift Elija nun in das Geschehen ein. Überraschenderweise wird zunächst davon berichtet, dass Elija den zerstörten JHWH-Altar „heilt" (V30b: רפא Pi.). Damit wird die Voraussetzung für die Opfervorbereitungen geschaffen. 18,30b ist deshalb zum Grundtext zu rechnen. In V31 wird dann berichtet, dass Elija aus zwölf Steinen, entsprechend der Anzahl der Söhne Jakobs, einen Altar im Namen JHWHs baut. Dies hat dazu geführt, dass man in 18,30b und in 18,31f. eine Doppelung erblickt hat, wobei manchmal V30b, meist aber V31f. als sekundär verstanden wurden[158]. Die letztere Lösung ist vorzuziehen. Aus der „Heilung" des Altares in 18,30b wird in 18,31–32 der Neubau eines Altares im Namen JHWHs (18,32a). Der Ausdruck קרא בשם ist oben einer Bearbeitungsschicht zugeordnet worden. Die Verwendung des Lexems שם zeigt sich auch in dieser Erweiterung. Von daher spricht nichts dagegen, diese Erweiterung derselben Bearbeitung zuzuschreiben. Israel wird in dem Zusatz als Zwölfstämmevolk gesehen, dessen

---

[155] Zu dieser Bedeutung von פסח vgl. Оттo, Art. „פסח", *ThWAT* VI, 1987–1989, 666.

[156] LXX hat diese Schwierigkeit auch gesehen und übersetzt anstatt des Singular עשה den Plural עשו, lässt den Altar also in Parallele zu V31f. von den Baalpropheten selbst errichtet sein. Dies ergibt ohne Zweifel einen logischeren Handlungsablauf, der es nahelegt, dem griechischen Text zu folgen. Doch bleibt dann ungeklärt, aus welchem Grund der Singular in MT erscheint, der die schwierigere Lesart darstellt.

[157] Ein Textplus bietet LXX, die V29 erst mit einem erneuten Eingreifen Elijas schließen lässt. Er stachelt nicht nur ihren Eifer an, sondern beendet ihn auch, als ihm die Zeit gekommen dünkt, dass er nun zum Opfer schreitet. Dieses Textplus ist eindeutig eine weitere Ausschmückung der Szene; Ursprünglichkeit kann ihr nicht zuerkannt werden, vgl. schon BAEHR, *Bücher der Könige*, 1868, 184; BENZINGER, *Bücher der Könige*, KHC 9, 1899, 110; BURNEY, *Notes*, 1903, 224; ŠANDA, *Bücher der Könige I*, EHAT 9/1, 1911, 454.

[158] Vgl. SMEND, *VT* 25 (1975), 528; weitere Literatur bei RENTROP, *Elija*, 1992, 56f.

Zentrum die alleinige Verehrung JHWHS ist. Es ist deshalb naheliegend, diese Erweiterung mit einer dtr Redaktionsschicht in Verbindung zu bringen. Das Motiv der 12 Steine als Symbole für das Volk Israel erinnert an Ex 24,4 und Jos 4. Dort wird zwar nicht von einem Altarbau berichtet, übereinstimmend erscheint aber die Zwölfzahl als Symbol für Israel.

> Der Zusatz in 18,31–32 ist jedoch nicht einheitlich. Innerhalb von V31 stimmt der syntaktische Bezug des Relativsatzes in V31b nicht mit V31a überein. In V31a sind die Söhne Jakobs erwähnt, während der Relativsatz sich dann nur auf Jakob selbst bezieht. In V31b begegnet wieder die Wortereignisformel, was auf eine dtr Bearbeitung hinweist; außerdem wird hier auf Gen 35,10 angespielt[159]. TIMM versucht, Teile von V31b für den ursprünglichen Text zu retten, indem er meint, dass 18,31b sich ebenso gut auf Gen 32,29f., einen Text, den er dem Jahwisten zurechnet, beziehen könnte[160]. Doch spricht die wörtlich gleiche Formulierung in 18,31b und Gen 35,10 (ישראל יהיה שמך) dagegen. Abgesehen davon ist es nicht sicher, dass Gen 32,29f. einer frühen Traditionsschicht zugehört. WESTERMANN sieht in Gen 32,29f. eine späte Ergänzung, die Gen 35,10 voraussetzt oder dieser Stelle nahesteht[161]. In V31b ist demnach ein Zusatz anzunehmen[162].

V32a greift mit dem determinierten Gebrauch von אבנים den Faden von V31a wieder auf und berichtet von der Errichtung des Altares. Eine Texterweiterung stellt der Graben um den Altar dar, dessen Funktion für das folgende Geschehen unklar bleibt. Am ehesten ist bei der Erwähnung des Grabens an ein kultisches Interesse zu denken, das sich an den Verhältnissen im Jerusalemer Tempel orientierte, da auch noch die genauen Ausmaße des Grabens beschrieben werden; diese erinnern an die Ausmaße des Tempelvorhofes[163]. Dieses Interesse zeigt sich auch in V29a, wo die Darbringung der מנחה als Zeitangabe verwandt wird. Es gibt demnach keinen Grund, eine andere Bearbeitung anzunehmen.

---

[159] Vgl. auch SMEND, *VT* 25 (1975), 533.
[160] Vgl. TIMM, *Dynastie Omri*, FRLANT 124, 1982, 79.
[161] Vgl. WESTERMANN, *Genesis*, BK I/2, 1981, 631f.
[162] So auch RENTROP, *Elija*, 1992, 76 Anm 283; ZAPFF, „Prophet", in: DIEDRICH/WILLMES, *Botschaft*, FzB 88, 1998, 540.
[163] Vgl. WÜRTHWEIN, *Bücher der Könige*, ATD 11,2, 1984, 216; JUNKER, *TThZ* 69 (1960), 65–74.

LXX hat gegenüber MT in 18,30–32 einen anderen Textablauf. V30 schließt in der griechischen Überlieferung mit der Notiz, dass das Volk an Elija herantritt: καὶ προσήγαγεν πᾶς ὁ λαὸς πρὸς αὐτον. Dies entspricht V30aβ in MT. V30b fehlt an dieser Stelle. LXX setzt den Text dann mit der Wiedergabe von V31 fort, wobei die Wortereignisformel nicht berücksichtigt wird. Erst in V32 berichtet LXX vom Bau und von der „Heilung" des Altares, wobei sie das למזבה nach אבנים in V32a nicht wiedergibt und als Objekt der Heilung τὸ θυσιαστήριον τὸ κατεσκαμμένον bietet, d.h. statt der in V30b in MT verwendeten Cstr.-V. מזבה יהוה ההרוס einfaches את המזבה ההרוס voraussetzt. Im Gegensatz zu MT bietet LXX also einen spannungsfreien Ablauf. Die Notiz von der „Heilung" des Altares ist unter Ausmerzung terminologischer Unterschiede in den Bericht vom Bau des Altares integriert worden. Dies zeigt eindeutig, dass LXX hier harmonisierend in den Text eingegriffen hat; LXX kann also nicht zur Grundlage einer literarkritischen Argumentation gemacht werden[164].

Mit der Zubereitung des Stieres durch Elija wird der Text in V33 fortgesetzt. Dieser Vers ist konstitutiv für den weiteren Handlungsablauf, ganz egal, welche literarkritische Option getroffen wird; er ist deshalb auf jeden Fall zum Grundtext zu rechnen. Dabei legt dieser Vers großen Wert darauf, die einzelnen Handlungen konkret zu beschreiben: Das Ordnen des Altarholzes, das Schlachten des Stieres und das Legen des Opfertieres auf das Altarholz. Diese Handlungen spiegeln dabei den Vollzug einer עלה wider, wie er sich in dem priesterschriftlichen Text Lev 1 niedergeschlagen hat[165].

In V34 erteilt Elija dann den Auftrag, das Opfer dreimal mit Wasser zu übergießen. Dieser Vers ist ebenso wie V35 meist als Zusatz verdächtigt worden, der kultischen Vorschriften Genüge tun will und der Tendenz dient, das Wunder noch möglichst zu steigern[166]. Doch zeigt sich schon in dem als Zusatz unverdächti-

---

[164] Vgl. auch BURNEY, Notes, 1903, 225, der von einem „superficial rearrangement" spricht; RENTROP, Elija, 1992, 56 Anm 242; anders TIMM, Dynastie Omri, FRLANT 124, 1982, 78f., der die Textüberlieferung der LXX als Argument für den Zusatzcharakter von 18,30b verwendet (Anm 105).

[165] Es ist nicht notwendig, in V33 (und V34–35a) eine literarische Abhängigkeit von Lev 1 zu sehen; umgekehrt ist es wahrscheinlich, dass in Lev 1 altes Traditionsmaterial verarbeitet worden ist.

[166] Vgl. WÜRTHWEIN, Bücher der Könige, ATD 11,2, 1984, 216.

gen V33 kultisches Interesse, so dass die Abtrennung von V34f. als „sonstige kultische Zusätze"[167] nicht gerechtfertigt ist. V34 ist also zum Grundtext zu rechnen.

In V35a wird dann die Ausführung festgehalten, indem festgestellt wird, dass das Wasser rings um den Altar läuft. Der folgende Halbvers 18,35b erwähnt wieder den Graben um den Altar, von dem ausdrücklich gesagt wird, dass er sich mit Wasser angefüllt hat, obwohl dies eigentlich auch schon in V35a impliziert ist. Die Anknüpfung mit וגם lässt am ehesten die Deutung zu, dass nach der Ausführungsnotiz in V35a die Erwähnung des Grabens wie in V32b erst nachträglich eingefügt ist.

V36–37 berichten dann von der Anrufung Jhwhs durch Elija. Der Text beginnt mit der Zeitangabe ויהי בעלות המנחה, die auf die Zeitangabe in V29a verweist. Jedoch ist festzuhalten, dass die Zeitangabe in V36 mit V29a nicht übereinstimmt. Denn das Handeln der Baalpropheten reichte zeitlich schon bis zu dem Zeitpunkt der Darbringung der מנחה[168]. Demnach ist hier mit einer weiteren Bearbeitung, die nach der Bearbeitung in V29 tätig geworden ist, zu rechnen.

Mit וינש אליהו הנביא ויאמר wird dann in V36aβ die Anrufung Jhwhs durch Elija eingeleitet; sie gehört notwendigerweise zum Grundtext, wenn man nicht annehmen will, dass der Herabfall des „Feuer Jhwhs" in V38 sich direkt an das Übergießen des Opfers mit Wasser anschließt. Die Anrufung Jhwhs umfaßt den Rest von V36 und auch noch V37. Dabei fällt auf, dass Jhwh in V37 erneut ausdrücklich angesprochen wird. In V37 steht einfach „Jhwh", während in V36 Jhwh die ausführliche Gottesprädikation „Gott Abrahams, Isaaks und Israels" erhält. Nach der Anrede wird der Text jeweils mit einer Formulierung fortgeführt, dass etwas erkannt werden soll (V36: היום יודע; V37: וידעו). In V37 wird ausdrücklich auf das Volk hingewiesen, während in V36 eine passivische Konstruktion gewählt wird. Fortgeführt wird dann der Text beide Male mit כי-Sätzen, die das formulieren, was erkannt werden soll: In V36, dass Jhwh Gott in Israel ist und dass Elija ein Knecht Gottes ist, in V37 — in Übereinstimmung mit der Frage an Israel in V21 — dass Jhwh der Gott ist und dass er die Herzen des Volkes umwandeln kann. Die Parallelität der Reden lässt

---

[167] Ebd.
[168] Vgl. ebd.

klar erkennen, dass — wie schon BENZINGER bemerkt hat[169] — in
V36aγδεb und V37 Dubletten vorliegen. Damit stellt sich die Frage,
welche Rede ursprünglich zu der Redeeinleitung gehört. Es fällt auf,
dass V36* in mehreren Punkten gegenüber V37 erweitert ist.

> Die Gottesprädikation „Gott Abrahams, Isaaks und Israels" erscheint
> nicht in V37 und ist überhaupt recht ungewöhnlich. Sie kommt
> außer an dieser Stelle nur noch in 1 Chr 19,18 und 2 Chr 30,6
> vor. Ansonsten begegnet an fünf Stellen im AT die Bezeichnung
> „Gott Abrahams, Isaaks und Jakobs" (Ex 3,6.15.16; 4,5; 6,3). Dass
> hier „Gott Israels" steht und nicht „Gott Jakobs", zieht eine
> Verbindungslinie zu 18,31b, wo ausdrücklich die Namensänderung
> Jakobs erwähnt wird. Die Selbstbezeichnung Elijas als „Knecht"
> weist ebenso auf dtr Sprachgebrauch hin wie die Betonung des
> JHWH-Wortes in V36b. Auch in dem Zusatz V31b zeigt sich in
> der Verwendung der Wortereignisformel dtr Sprachgut. Im Unter-
> schied zu der Bearbeitung, die bisher schon das JHWH-Wort in
> Kapitel 17 eingeführt hat, wird in V36 der Plural verwendet. Dies
> verbietet es, 18,36a*b allzuschnell mit dieser Redaktion in Verbin-
> dung zu bringen. Inhaltlich verweist 18,36b am ehesten auf 19,10.14,
> wo Elija seinen Eifer für JHWH hervorhebt.

In V37 liegen demgegenüber klare Verbindungslinien zur Grundschicht
vor: Das Volk soll erkennen, dass JHWH *der* Gott ist. Dies entspricht
genau der Problemformulierung in 18,21 und der Vorstellung, dass
auf dem Karmel ganz Israel versammelt ist (18,19f.). Das Volk muß
eine Kehrtwendung vollziehen. Es ist demnach eindeutig, dass in
V37 die Fortsetzung der Redeeinleitung V36aβ vorliegt, während
V36* zu einer zweiten, dtr orientierten Bearbeitung zu rechnen ist,
die sich auch schon in V31b gezeigt hat.

Direkt anschließend erfolgt in V38 der Herabfall des JHWH-Feuers.
Es verzehrt das Opfer und das Altarholz (V38aαβ). Danach wird in
V38aγb noch berichtet, dass das Feuer auch die Steine und den
Staub verzehrte sowie das Wasser in dem Graben. Die Schwierigkeit
dieser Vorstellung hat wohl dazu geführt, dass LXX den Text umstellte
und die Erwähnung der Steine und des Staubes erst nach dem
Graben einfügte[170]. Die schwierige syntaktische Position sowie die

---

[169] Vgl. BENZINGER, *Bücher der Könige*, KHC 9, 1899, 111.
[170] Zur textkritischen Diskussion dieser Stelle vgl. HENTSCHEL, *Elijaerzählungen*,

Erwähnung des Grabens machen es wahrscheinlich, in V38aγb mit einem Einschub zu rechnen, der auf die Redaktion zurückgeht, die auch den Graben in den Textzusammenhang eingefügt hat. V38aαβ gehört dagegen zum Grundtext.

In V39 kommt es nun zum Bekenntnis des Volkes zu Jhwh. Damit schließt sich der in V21 eröffnete Spannungsbogen. V39 gehört also klar zum Grundtext.

Angesichts des in V19f. abgesteckten Szenarios bleibt allerdings noch die Frage offen, was mit den Baalpropheten zu geschehen hat. Die Antwort darauf gibt V40. Elija fordert das Volk auf, nach dem erfolgten Beweis der Überlegenheit Jhwhs die Baalpropheten zu ergreifen, was auch geschieht. Elija ergreift sie dann und bringt sie zu einem symbolträchtigen Ort, dem Kischon, wo schon einmal eine entscheidende Schlacht zwischen dem יהוה עם und den Kanaanäern stattgefunden hat (Ri 4f.). Elija tötet dort nun die Baalpropheten. Dass hier das Verbum שחט verwendet wird, zeigt den Zusammenhang mit dem Vollzug des עלה -Opfers.

Die bisherige Untersuchung hat ergeben, dass die in V21–40 vorliegende Grundschicht die Situation voraussetzt, wie sie in 18,19f. entworfen wurde. Ein eigenständiger Texteinsatz konnte nicht erkannt werden. Deshalb sind die Versuche abzuweisen, die literarkritisch eine eigenständige Grunderzählung aus dem Zusammenhang der Dürre erheben wollen. Die nicht zu bestreitende thematische Geschlossenheit dieser Szene ist demnach als Hinweis auf die Aufnahme einer eigenständigen Tradition zu sehen, die jedoch literarkritisch nicht mehr aus dem Textzusammenhang zu lösen ist. Sicher zu dieser Tradition scheint mir zu gehören, dass Elija am Karmel eine siegreiche Auseinandersetzung mit נביאים hatte (vgl. 18,20). Alles andere bleibt Spekulation. Auf dem Hintergrund des erfolgreichen Jehu-Putsches (vgl. 2 Kön 9–10) wurde die Karmel-Szene neu gestaltet und in den Zusammenhang der Dürre durch den Dürre-Kompositor eingefügt[171]. Dass aufgrund der Formulierung in 18,39 ein explizit monotheistischer und damit exilischer Hintergrund für die Karmelszene anzunehmen ist, ist durch die Formulierung in 18,39 nicht gedeckt. Die parallelen Formulierungen vor allem in Dtn 4,35.39; 7,9; 1 Kön

EThSt 33, 1977, 157f. Anm 465; dem Urteil von Hentschel gibt es nichts hinzuzufügen.

[171] Zur Beziehung zum Jehu-Aufstand vgl. vor allem Smend, *VT* 25 (1975), 540–543; S. Otto, *Erzählung*, BWANT 152, 2001, 176f.

8,60 sind entsprechend erweitert. Es ist FREVEL zuzustimmen, wenn er schreibt: „Das Bekenntnis zielt auf die Handlungsfähigkeit des Gottes YHWH gegenüber dem nicht handlungsfähigen Baal"[172].

In 18,41–46 wird nun das Ende der Dürre berichtet. Das Szenario ändert sich wieder. Von dem Volk ist keine Rede mehr, dagegen ist Ahab wieder gegenwärtig.

In diesen Versen wird meist der Kern der alten Dürreüberlieferung gesehen[173], von HENTSCHEL wird in dieser Szene noch einmal zwischen Tradition und Redaktion unterschieden[174], während RENTROP hier neben dem Ende der ursprünglichen Dürretradition noch eine fragmentarisch erhaltene „Regengewährungsvariante" (18,42b.43.44.45bβ) findet[175].

In V41 wendet sich Elija wieder direkt Ahab zu und gibt ihm den Befehl, hinaufzusteigen, um zu essen und zu trinken[176]. Der Befehl wird damit begründet, dass Elija das Kommen des Regens in einer enigmatisch anmutenden Formulierung ankündigt. Damit ist das Ende der Dürre angezeigt. Die Situation lässt sich gut als Fortsetzung von

---

[172] FREVEL, *Aschera*, BBB 94 1/2, 1995, 118f.; zu den angeführten Deuteronomiumstellen s. auch BRAULIK, „Geburt", in: HAAG, E. (ed.), *Gott*, QD 104, 1985, 115–159; THIEL, „Land", in: *Landgabe*, 1995, 34; DERS., *Könige*, BK IX/2, Lieferung 2, 2002, 107; CRÜSEMANN, *Elia*, 1997, 48; anders BECK, Elia, BZAW 281, 1999, 81f., dessen formkritischer Einwand, dass die Gattung einer „theologischen Lehrerzählung" eine eindeutig monotheistische Erweiterung erübrige, nicht durchschlagskräftig ist. Entschieden urteilt NOCQUET, *Transeuphratène* 22 (2001): „1 R 18,17–46 est une narration ancienne que l'on peut situer au début du VIIIᵉ s. Elle ne se confond ni avec le combat d'Osée, ni avec la lutte dtr, ni avec le débat religieux (post-dtr) des époques exiliques et postexilique." (184), vgl. auch seine Auseinandersetzung mit der Einordnung der Karmelszene in einen dtr oder nachdtr Kontext (ebd., 173–175.176–177).

[173] Vgl. z.B. SCHÜPPHAUS, *Prophetengeschichten*, 1967, 43f.; ZENGER, *Bib.* 51 (1970), 141; H.-C. SCHMITT, *Elisa*, 1972, 185–187; SMEND, *VT* 25 (1975), 535; HENTSCHEL, *Elijaerzählungen*, EThSt 33, 1977, 178–182, der in V42b.45f. den Traditionskern erblickt; TIMM, *Dynastie Omri*, FRLANT 124, 1982, 64f.; WÜRTHWEIN, *Bücher der Könige*, ATD 11,2, 1984, 213–215; BECK, *Elia*, BZAW 281, 1999, 95–99; S. OTTO, *Erzählung*, BWANT 152, 2001, 171–173, KEINÄNEN, *Traditions*, SESJ 80, 2001, 120–141; meist verbunden mit der Vorstellung eines freundschaftlichen Verhältnisses zwischen Elija und Ahab, das hier dokumentiert sein soll.

[174] Vgl. HENTSCHEL, *Elijaerzählungen*, EThSt 33, 1977, 137f.

[175] Vgl. RENTROP, *Elija*, 1992, 52–55.

[176] Ein vorhergehendes Fasten anzunehmen (vgl. 1 Kön 21,28), ist unnötig. „Essen und Trinken" hat hier wohl eine kultische Bedeutung und heißt dann ganz einfach „JHWH die Ehre geben". Das Verständnis von 1 Kön 18,41 als „covenant renewal on a holy mountain" (so K.L. ROBERTS, *CBQ* 62 (2000), 632–644) ist nicht gedeckt durch den Kontext.

18,40 begreifen. Elija und Ahab befinden sich am Bach Kischon,
d.h. am Fuß des Karmelgebirges, am südöstlichen Ende. Ahab soll
jetzt wieder hinaufgehen, das heisst auf das Karmelgebirge hinauf-
steigen, zum dortigen Jhwh-Heiligtum, um zu essen und zu trinken.
Ohne eine weitere Reaktion wird in 18,42a die Ausführung dieses
Befehls durch Ahab mitgeteilt. Wie vorher schon bei der Begegnung
mit Obadja ist das Gegenüber des Propheten Elija Befehlsempfänger,
seinen Anordnungen kann sich auch der König nicht widersetzen[177].
Schon in 18,19 mußte Ahab dem Wunsch Elijas willfahren, obwohl
er ihn als „Verderber Israels" bezeichnet. Noch viel weniger kann
er sich ihm jetzt entgegenstellen, da Jhwh und das Volk (18,39) auf
seiner Seite stehen. Elija verlangt vom König wie von dem Palastvorsteher Obadja Gehorsam. Nur er kann die Dürre beenden, während der König sich hilflos auf die Suche nach Gras macht (18,5f.).
Elija selbst begibt sich zum Gipfel des Karmel, damit ist wohl die
Nordwestspitze des Karmel gemeint[178], um dort in einem Trauergestus
zu verharren.

In V43 wird unvermittelt eine neue Person eingeführt, ein bisher
nicht erwähnter anonymer נער des Elija. Dieser Knecht soll in
Richtung Meer schauen und beim siebten Mal sieht er dann tatsächlich eine kleine Wolke aus dem Meer aufsteigen (V44). Der נער
erhält nun den Auftrag, dies Ahab mitzuteilen, damit er nicht vom
Regen zurückgehalten werde (V44b). Von einem Wagen Ahabs ist
hier zum erstenmal die Rede. Ansonsten wird einfach berichtet, dass
Ahab geht (הלך: 18,6.16), was allerdings wenig aussagekräftig ist im
Hinblick auf die Art der Fortbewegung (vgl. 18,45b). Das Vorkommen
eines נער bei Elija verweist auf 1 Kön 19,3–6, nur dort ist noch von
ihm die Rede. Dies lässt zunächst einmal die Vermutung aufkommen,
dass es sich hier um eine 1 Kön 17f. mit 19 verbindende Redaktion
handelt.

V45a schildert nun die Herabkunft des Regens und zeigt damit
das Ende der Dürre an. Der in 17,1 eröffnete Spannungsbogen
schließt sich. Die Dürre ist beseitigt. Die mit der Ankündigung der
Dürre eröffnete Auseinandersetzung zwischen Ahab und Elija ist zu
einem Abschluß gekommen. Der König muß die Autorität des Elija
anerkennen, nur dann kann die Katastrophe der Dürre beseitigt

---

[177] Inwieweit man im Hinblick auf 18,41 von einem freundschaftlichen Verhältnis
Elijas zu Ahab sprechen kann, ist mir rätselhaft.
[178] Zu den geographischen Angaben vgl. Rentrop, *Elija*, 1992, 65–70.

werden. Voraussetzung dafür ist, dass der König dafür sorgt (18,19f.), dass das Volk sich zu Jhwh bekennt.

V45b schließt mit der Mitteilung, dass Ahab nach Jesreel fährt. Warum nicht Samaria, wo die Hungersnot groß ist und die die durch die Omriden neuerrichtete Hauptstadt des Nordreiches darstellt? Samaria war ja auch Ausgangspunkt Ahabs in 18,2ff. gewesen. Ebenso zeigt sich eine Spannung zu der Aufforderung in V44, die über den נער an Ahab ergeht. Dort soll Ahab noch vor dem Regen wegfahren; in V45b schließt sich die Fahrt Ahabs nach Jesreel nach dem Herabfall des Regens an. Die Textstörung hat Würthwein dazu bewogen, den Text hier umzustellen[179]. Doch ist dies die *ultima ratio* exegetischen Bemühens. Es ist auffällig, dass Ahab nach Jesreel fährt, obwohl Jesreel in 1 Kön 17f. keine Rolle spielt und auch in Kapitel 19 nicht erwähnt wird. Jesreel spielt allerdings eine Rolle in der Nabot-Perikope 1 Kön 21. Durchaus möglich ist es — und es sei hier als Arbeitshypothese formuliert — dass mit 18,45b die Dürre-Überlieferung mit dem Nabot-Vorfall redaktionell verknüpft werden soll.

In V46 wendet sich das Interesse wieder Elija zu. Das Gürten zeigt, dass Elija mit einem Auftrag in die Nähe von Jesreel geht. Er läuft vor Ahab her, erfüllt also einen Botendienst; die Gegnerschaft gegenüber dem König tritt in den Hintergrund. Der traditionsgeschichtliche Hintergrund dieser Aussage ist bei Jeremia und Ezechiel greifbar[180]. Dass nun auch Elija in die Nähe von Jesreel geführt wird, ist verständlich im Hinblick auf 19,1–3. Dort ist der Gegensatz zwischen Elija und Isebel dominierend. Dies erklärt auch, dass hier der Gegensatz zwischen Elija und Ahab zurücktritt. Es ist nicht notwendig, hier auf die griechische Überlieferung zurückzugreifen und den angeblichen ursprünglichen Wortlaut von 18,46b mit וירץ לפני אהאב יזרעלה zu rekonstruieren[181]. Dass auch Elija in die Nähe von Jesreel geführt wird, hat seinen Grund in der folgenden Auseinandersetzung mit Isebel in 19,1–3. Am wahrscheinlichsten ist es, dass dieser Redaktor auf einer Textstufe arbeitete, als der ursprüngliche Zusammenhang zwischen 1 Kön 17f. und 21 schon durch die Einfügung von 1 Kön 20; 22 zerrissen war. Auf diesen vorher bestehenden Zusammenhang

---

[179] Vgl. Würthwein, *Bücher der Könige*, ATD 11,2, 1984, 210.
[180] Vgl. dazu weiter unten Abschnitt 3.3.
[181] Vgl. Stipp, *Elischa*, ATSAT 24, 1987, 432–435.

verweist die Fahrt Ahabs nach Jesreel (18,45b) sowie auch die Bearbeitung des Nabot-Vorfalls durch 21,17ff.

Aufgrund der Verbindung zu Kap 19* (נער) ist auch 18,43–44 zu der Schicht zu rechnen, die Kapitel 18 mit Kapitel 19 verbindet. Hier tritt die Feindschaft zwischen König und Prophet in den Hintergrund.

Am Ende von Kap 18 ist das Bild, das sich bisher ergeben hat, kurz zu rekapitulieren. Mit einer redaktionell gestalteten Szene wird der Zusammenhang in 17,1* eröffnet. König Ahab und Elija stehen sich gegenüber. Durch die Dürre, die ja nicht nur den König betrifft, wird auch Israel insgesamt miteinbezogen. Die Traditionen vom Aufenthalt Elijas am Bach Kerit (17,5b-6) und des Wunders an der phönizischen Witwe in Sarepta (17,10–15*) sind redaktionell durch 17,7.10b–11a.14b in den Zusammenhang der Dürre eingebunden worden. Ein späterer dtr Bearbeiter hat dann vor allem den דבר יהוה betont (17,2–5a.8–9.14a*.16b; 18,1–2*). Noch später ist die Totenerweckungserzählung 17,17–24 in den Zusammenhang eingefügt worden, die im Zusammenhang mit der Elischa-Tradition zu sehen ist. Gleiches gilt auch für 18,12b–15, wobei dann die Einfügung 18,3b–4.19b* mit ihrer Hervorhebung der Isebel ebenfalls dieser späten Redaktionsschicht zuzusprechen ist. Die Vermutung, dass in 18,2b eine eigenständige Tradition einsetzt, konnte nicht verifiziert werden. Bezüglich der Karmel-Tradition konnte keine literarkritisch abgrenzbare eigene Textschicht herausgefiltert werden. Dies führt zu der Schlußfolgerung, dass die Karmel-Tradition auf mündlicher Überlieferungsstufe in den Zusammenhang aufgenommen wurde. Es lassen sich keine literarischen Brüche zum Kontext erkennen[182]. Innerhalb der Karmel-Szene waren noch zwei weitere Bearbeitungsschichten erkennbar. Davon lassen sich 18,24*.25*.26*.27.29a.31a.32.35b.38b einer Bearbeitungsschicht zuweisen, jedenfalls ist kein Grund ersichtlich, der zu einer weiteren Aufteilung nötigen würden. Eine daran anschließende Redaktion mit spätdtr Diktion liegt vor in 18,18b.31b.36a*.

---

[182] Dies spricht dagegen, die Karmelszene aus dem Kontext der Dürreüberlieferung ganz zu entfernen (zuletzt THIEL. *Könige*, BK IX/2, Lieferung 2, 2002, 103). Es muss dann im wesentlichen mit fragmentarischen Überlieferungen gerechnet werden, was zum einen einer Dürrekomposition den Umschwung nimmt, der es einsichtig macht, dass der Regen wieder kommt und zugleich die Motivation gibt für die Verhängung der Dürre in 17,1. Zum anderen fehlt der Karmelszene die Situation, die eine Entscheidung des Volkes erforderlich macht. Dies spricht gegen die Plausibilität der Modellvorstellung, die mit einer späteren Einfügung der Karmelszene in den Dürrezusammenhang rechnet.

Weitere Verbindungslinien zwischen den Redaktionen können erst
nach der Behandlung von Kap 19 gezogen werden.

2.1.2. *1 Kön 19*

Mit Kapitel 19 beginnt innerhalb der Elija-Überlieferung 1 Kön
17–19 ein neuer Zusammenhang, der nicht mehr unter der Thematik
von Dürre und Regenspenden steht. Schon dem flüchtigen Betrachter
fällt auf, dass sich die Situation gegenüber Kapitel 17–18 entscheidend gewandelt hat. Der bisherige Widerpart Elijas, König Ahab,
tritt in den Hintergrund (er wird nur noch einmal in 19,1 erwähnt),
dafür erstehen Elija jedoch neue Gegner. Plötzlich wird Isebel zur
Gegenspielerin Elijas, die ihm nach dem Leben trachtet (19,1–2).
Doch nicht nur Isebel stellt ihm nach, sondern in 19,10.14 klagt
Elija auch darüber, dass die Israeliten, die noch am Ende der Karmelepisode auf ihr Angesicht niedergefallen sind und sich zu Jhwh
bekannt haben (18,39), von Jhwh nichts mehr wissen wollen, ja sogar
die Propheten umbringen (19,10.14). Auf der anderen Seite zeigt diese
Feindschaft aber auch Wirkung bei Elija, die so nach 1 Kön 17–18
nicht zu erwarten war. Während ihm die Nachstellungen Ahabs in
18,10–11 offensichtlich nichts ausgemacht haben, will Elija in Kapitel
19 nach der Drohung Isebels sterben (19,4); in 19,10.14 beklagt Elija
sich über das Verhalten der Israeliten gegenüber Jhwh, seinen Altären
und seinen Propheten. Demzufolge muß Kapitel 19 als eigengepräg-
tes Stück der Elija-Überlieferung verstanden werden, das dennoch
unübersehbar in 19,1–2 an die vorhergehenden Kapitel anknüpft[183].

> Literar- und redaktionskritisch sind die unterschiedlichsten Modelle
> für 1 Kön 19 zu verzeichnen, so dass Seidl fast resignierend fest-
> stellt: „Es ist eine Crux dieses so bekannten und beliebten Elijatextes,
> dass seine literarische Genese nur in sehr groben und unscharfen
> Zügen rekonstruierbar ist und viele Fragen offenbleiben"[184].

Auf dem Hintergrund der Analyse von 1 Kön 17–18 sei hier dennoch
der Versuch erneut gewagt, sich den diachronen Fragen von 1 Kön
19 zu stellen und die Zusammengehörigkeit und Unterschiedenheit
dieses Elija-Textes mit der übrigen Elija-Tradition in den Blick zu
nehmen[185].

---

[183] Dies hat schon bei Gunkel, *Elias*, 1906, 20f. dazu geführt, dass er 1 Kön
17–18 und 1 Kön 19 als Varianten im weiteren Sinne bezeichnet hat.
[184] Seidl, *BZ NF* 37 (1993), 13.
[185] Ein forschungsgeschichtlicher Überblick aus neuerer Zeit mit der im einzel-

Einen ersten Abschnitt bilden die Verse 19,1–2. Sie werden meist bis V3aα als redaktionelle Überleitung verstanden[186]. Ahab wird zwar noch erwähnt als Übermittler der Ereignisse am Karmel, dann aber verliert der Text das Interesse an ihm. Isebel ist es, die Boten zu Elija sendet, um damit zu drohen, dass Elija dasselbe Schicksal erleiden soll wie die von ihm getöteten Propheten. Die Propheten werden hier nicht als Baalpropheten bezeichnet wie durchgängig in der Karmelszene; es wird einfach von נביאים gesprochen. Am plausibelsten ist dies so zu verstehen, dass hier die in 18,19 genannten Aschera-Propheten mitberücksichtigt werden, die der Isebel zugeordnet werden.

In V1 schließt der durch das wiederholte ואת כל־אשר eingeleitete Objektsatz V1b syntaktisch schwerfällig an V1a an. Meist wurde versucht, dieser Schwierigkeit auf textkritischer Ebene zu begegnen, indem man LXX folgte und das כל aus dem Text entfernte, um einen flüssigeren Text zu erhalten. Doch stellt MT den schwierigeren Text dar und die Lesart der Versionen lässt sich gut aus MT ableiten[187]. Eine literarkritische Lösung stößt jedoch auch auf Schwierigkeiten. Ohne V1b ist die Drohung der Isebel in V2 kaum verständlich, außerdem bezieht sich מהם in V2 direkt auf V1b zurück. So wird das doppelte ואת כל־אשר die literarische Funktion haben, die Tötung der Baalpropheten durch Elija am Kischon in betonter Weise hervorzuheben[188].

Innerhalb von V2 besitzt der griechische Text gegenüber MT einen Überhang. LXX bietet zu Beginn der Rede Isebel zusätzlich:

---

[186] nen aufgelisteten Zuweisung der Verse findet sich bei NORDHEIM, *Selbstbehauptung*, OBO 115, 1991, 130–137; RENTROP, *Elija*, 1992, 214–225; zu ergänzen ist noch BRIEND, *Dieu*, LeDiv 150, 1992, 13–39; SEIDL, *BZ* NF 37 (1993), 13–16, der innerhalb von 19,8–15 V13bβ*(ohne ויאמר).14 literarkritisch ausscheidet; ÁLVAREZ BARREDO, *Elías y Eliseo*, 1996, 33–40, mit der Annahme einer alten Erzählung in 19,3b.4.5–7a.8*(ohne ארבעים יום וארבעים לילה).9a.11.13b.19–21 und dtr Überarbeitung sowie KEINÄNEN, *Traditions*, SESJ 80, 2001, 142–182, der eine literarische Einheit in 19,1b–10.15–18 annimmt (19,3aββ*–6 ist ein traditionelles Element) und eine nachdtr Erweiterung in 19,11–14. Die Tendenz in neueren Arbeiten ist unverkennbar, 19,3–18 literarkritisch als einheitlich zu betrachten und die Wachstumsgeschichte in den vorliterarischen Bereich zu verlagern, vgl. HÖFFKEN, *BZ* NF 42 (1998), 71–80; BECK, *Elia*, BZAW 281, 1999, 125–131; CAMPBELL/O'BRIEN, *Deuteronomistic History*, 2000, 396–399; S. OTTO, *Erzählung*, BWANT 152, 2001, 184–186.

[186] Vgl. neben den bei NORDHEIM, *Selbstbehauptung*, OBO 115, 1991, 130, aufgeführten Autoren noch JONES, *Kings*, NCBC, 1984, 65; RENTROP, *Elija*, 1992, 196–198.

[187] Vgl. zur textkritischen Diskussion HENTSCHEL, *Elijaerzählungen*, EThSt 33, 1977, 68 Anm 214.

[188] Gegen HENTSCHEL, *Elijaerzählungen*, EThSt 33, 1977, 68, der V1b als „nochmalige Erweiterung, die der Erläuterung des farblosen V1a dienen soll", verstehen will.

εἰ σὺ εἶ Ἠλιου καὶ ἐγὼ Ιεζαβελ. Damit ist die Frage aufgeworfen, wie dieser Zusatz zu erklären ist. Ist er Hinweis auf einen Ausfall in MT oder ist er als interpretierender Zusatz der Übersetzer zu verstehen? Schon THENIUS setzte sich dafür ein, dass LXX hier den ursprünglichen Text bewahrt habe. „Das Isebel mit diesen kurzen Worten Elia an ihre Gesinnung und Macht, und an seine That und Stellung erinnert, ist völlig angemessen; an willkürliche Zuthat eines solchen Satzes kann nicht gedacht werden, und es möchte derselbe wohl zu denen gehören, die der Verarbeiter ausgelassen hat"[189]. Der damit aufgeworfenen Frage, wie der Ausfall in MT zu erklären ist, hat sich EISSFELDT in drei Aufsätzen angenommen[190]. Er kommt zu dem Ergebnis, dass das Fehlen im hebräischen Text durch Homoioteleuton zu erklären sei, da sowohl die die Stellung Isebels betonenden Worte wie auch die folgende Schwurformel durch לאמר eingeleitet worden seien. Spuren dieses in LXX dann aus stilistischen Gründen ausgefallenen zweiten לאמר findet EISSFELDT in der Vetus Latina, die ein zweites „et dixit" bietet. Trotz der scharfsinnigen Argumentation bleibt die Frage, ob ein solch schwaches Indiz die Ursprünglichkeit der griechischen Überlieferung belegen kann. An keiner anderen Stelle in der hebräischen Bibel, an der die Schwurformel belegt ist[191], geht eine der LXX-Version von 19,2 entsprechende Betonung der eigenen Stellung voraus. Auch die Tatsache, dass LXX schon in 18,29 den Text erweitert hat, spricht dagegen[192]. Demzufolge ist der griechische Text als interpretierender Zusatz zu verstehen, der den stolzen und hochfahrenden Charakter Isebels stärker zum Ausdruck bringen wollte (vgl. 1 Kön 21; 2 Kön 9); er ist nicht dem ursprünglichen Text zuzurechnen[193].

---

[189] THENIUS, *Bücher der Könige*, KEH IX, 1849, 230; in neuerer Zeit z.B. DE VRIES, *Kings*, WBC 12, 1985, 233; ROFÉ, *Stories*, 1988, 195; SIMON, „Elijah's Fight", in DERS., *Prophetic Narratives*, 1997, 199f.

[190] Vgl. EISSFELDT, „Elia" (1967), in: *KS V*, 1973, 34–38; DERS., „Nachträge" (1969), in: *KS V*, 1973, 39–42; DERS., „Nachtrag" (1971), in: *KS V*, 1973, 43–44.

[191] 1 Sam 3,17; 14,44; 20,13; 25,22; 2 Sam 3,9.35; 19,14; 1 Kön 2,23; 20,10; 2 Kön 6,31; Rut 1,17.

[192] Vgl. oben und ŠANDA, *Bücher der Könige I*, EHAT 9/1, 1911, 434.

[193] Ebenso urteilen ŠANDA, *Bücher der Könige I*, EHAT 9/1, 1911, 444; BENZINGER, *Bücher der Könige*, KHC 9, 1899, 111; STECK, *Überlieferung*, WMANT 26, 1968, 20 Anm 4; CARLSON, *VT* 19 (1969), 429; HENTSCHEL, *Elijaerzählungen*, EThSt 33, 1977, 66; für WÜRTHWEIN, *Bücher der Könige*, ATD 11,2, 1984, 224 Anm 2, ist die Ursprünglichkeit der griechischen Version nicht sicher; ebs. JONES, *Kings*, NCBC, 1984, 328f.

Dagegen dürfte innerhalb der Schwurformel in 19,2 nach כֹּה־יַעֲשׂוּן das Personalpronomen לִי einzufügen sein. Hierfür spricht neben der Textüberlieferung und den Versionen[194], dass bei dem sonstigen elfmaligen Vorkommen der Formel ein Objekt nur noch in 1 Sam 14,44 fehlt.

Es ist ganz klar und deutlich, dass 19,1–2 auf den vorhergehenden Text zurückblicken. Isebel tritt in diesen Versen als Handelnde in den Vordergrund, was eine Verbindung zu den schon oben erkannten Zusätzen in 18,3b–4.12–15.19* ergibt. Vorbereitet worden sind diese Verse durch die redaktionelle Überleitung in 18,46, die Ahab nach Jesreel aufbrechen lässt und Elija in der Nähe von Jesreel (עַד־בֹּאֲכָה יִזְרְעֶאלָה) ansiedelt. Es ist also der überwiegenden Mehrheit zuzustimmen, die diese Verse als redaktionelle Überleitung von Kapitel 18 zu Kapitel 19 sehen.

In V3–7 wird dann berichtet, dass Elija sich der Drohung der Isebel durch eine Flucht nach Beerscheba im Südreich Juda entzieht. Dort begibt er sich in die Wüste, um den Tod zu suchen. Er wird jedoch zweimal durch einen מַלְאָך gestärkt. Das Szenario hat ein eigenes Gepräge. Nur hier begegnet der Ortsname Beerscheba in der Elija-Tradition; Elija wird von einem נַעַר begleitet; Elija erscheint auf einmal verzweifelt und depressiv, was sich nicht gut allein aufgrund der Drohung der Isebel verstehen lässt[195].

Die doppelt erwähnte Stärkung durch den מַלְאָך und die eigenständige Gestaltung dieser Szene hat dazu geführt, in diesem Abschnitt eigenständige, allerdings nur fragmentarisch erhaltene Tradition zu sehen[196].

Gleich im ersten Wort von V3 zeigt sich ein textkritisches Problem: וַיַּרְא — *und er sah* paßt schlecht als Reaktion auf die Drohung Isebels

---

[194] Vgl. BHK und BHS z.St.; vgl. auch Buis, *Le Livre des Rois*, SBi 1997, 150.

[195] Der harte Bruch im Charakterbild des Elija lässt bei manchen Forschern die psychologische Phantasie blühen. So meint Snaith: „Just as certain generals like Hannibal and Frederick the Great and Washington were never so dangerous as on the day after a defeat, so some persons are never so vulnerable as on the day after the victory" (Snaith, *First and Second Book of Kings*, IntB III, 1954, 160).

[196] Vgl. vor allem Steck, *Überlieferung*, WMANT 26, 1968, 24–28; Smend, *VT* 25 (1975), 542; Seybold, *EvTh* 33 (1973), 5; Hentschel, *Elijaerzählungen*, EThS 33, 1977, 144; Hossfeld, *EuA* 54 (1978), 433; Seidl, *BZ* NF 37 (1993), 10f., der auch in 19,1–3 ursprünglich selbständige Tradition erkennen will; weitere Autoren bei Rentrop, *Elija*, 1992, 215–219, der selbst zwei Traditionen von der Begegnung Elijas mit einem מַלְאָך annimmt (207–209); vgl. auch Rehm, *Buch der Könige 1*, 1979, 185, der die zweifache Speisung auf zwei Quellen aufteilen möchte.

in 19,2. Nur durch die Änderung der Vokalisation ergibt sich jedoch ein sinnvollerer Anschluß, indem man וַיִּרָא — *und er fürchtete sich* liest. Diese Lesart wird auch bestätigt durch die Versionen. Als Grund für die andere Vokalisierung kann man annehmen, dass die Masoreten sich Elija nach den Ereignissen in Kapitel 17–18 und den folgenden Episoden 1 Kön 21; 2 Kön 1 nicht gut als furchtsam vorstellen konnten[197]. So sind denn auch die meisten Exegeten hier der griechischen Lesart gefolgt[198]. V3aα setzt demnach folgerichtig V1–2 fort. Ein Grund für eine literarkritische Operation ist nicht erkennbar.

Ansatzpunkt für die literarkritische Beurteilung dieser Szene ist die doppelte Stärkung durch den מלאך (19,5.7). Unvermittelt wird in V6bβ nach der ersten Stärkung mitgeteilt, dass Elija sich wieder hinlegt: וישב וישכב, ohne dass ein Grund hierfür mitgeteilt wird. Unmittelbar daran schließt sich in V7 die zweite Stärkung durch den Boten an, die durch שנית ausdrücklich auf die erste Stärkung Bezug nimmt[199]. Die zweite Stärkungsszene zeigt dabei einige Veränderungen:

1) Aus dem מלאך von V5 wird ein מלאך יהוה in V7.
2) Während in V5 der מלאך sich damit begnügt, קום אכול zu sagen, ist in V7 noch eine Begründung hinzugefügt: כי רב ממך הדרך, die deutlich auf die vierzigtägige Reise zum Gottesberg Horeb verweist.

Vor dem Hintergrund, dass die Speisung zweifach erwähnt wird, lässt sich die doppelte Angabe, dass Elija sich unter einen Ginster-

---

[197] Vgl. Hentschel, *1 Könige*, NEB, Lieferung 10, 1984, 116.

[198] Ausnahmen bilden meines Wissens nur Keil, *Bücher der Könige*, Bd. II/ 3, 1865, 189; Baehr, *Bücher der Könige*, 1868, 197; Slotki, *Kings*, SBBS, 1950, 137; Honor, *Book of Kings*, 1962, 269; Allen, *JETS* 22 (1979), 198; Veerkamp, *Vernichtung des Baal*, 1983, 60. Auch Rentrop, *Elija*, 1992, 198, will die Vokalisation von MT beibehalten, da für ihn hier der Beginn einer Auserwählungserzählung vorliegt, die in 19,19–21 endet. Dass Elija seinen נער in Beerscheba zurücklässt, deutet Rentrop als Entscheidung Elijas für Elischa anstelle des bisherigen נער. In ראה sieht Rentrop einen Auserwählungsterminus, der in Gen 22 eine große Rolle spielt (ebd., 198 Anm 597). Die Interpretation von Rentrop ist nur dann akzeptabel, wenn es gelingt, eine solche Auserwählungserzählung zu erweisen. Dies ist jedoch nicht gelungen.

[199] Es ist unwahrscheinlich, dass die doppelte Speisung auf einen überlieferungsgeschichtlichen Vorgang im mündlichen Bereich hinweist (so Hentschel, *Elijaerzählungen*, EThS 33, 1977, 330; Nordheim, *Bib.* 59 (1978), 172; Ders., *Selbstbehauptung*, OBO 115, 1991, 152), da auf dieser Stufe durch die geringere Geprägtheit die beiden Speisungen nicht so hart nebeneinander gestellt worden wären; spätestens bei der Verschriftlichung wären sie wohl zu einer Szene verschmolzen worden oder so ergänzt worden, dass die zweite Speisung auch eine Funktion gehabt hätte.

busch legt (V4.5), ebenfalls am sinnvollsten unter literarkritischen Gesichtspunkten verstehen. Nach der Angabe in 19,4aβ ist die neuerliche Bemerkung in V5a[200], dass Elija sich unter den Ginsterbusch legt, überflüssig, der Hinweis וישכב ויישן hätte vollkommen ausgereicht. Neben der doppelten Ortsangabe wird auch zweimal erwähnt, dass Elija um den Tod bittet, zunächst in V4bα, was dann in V4bβ — in direkter Anrede an Jhwh und in anderer Formulierung — wiederholt wird, wobei der zweite Todeswunsch mit einer Begründung versehen wird: כי־לא טוב אנכי מאבתי die Elija in eine Prophetensukzession einordnet, wie sie auch in 19,16 (לנביא תחתיך) vorliegt.

Damit legt sich der Schluß nahe, dass V4bβγ.5a erst später in den Text eingefügt wurden. Bei beiden Zufügungen lässt sich erkennen, dass sie auf weitere Textteile in Kapitel 19 verweisen. Die weitere Untersuchung des Textes wird ergeben, dass diese Textteile *einer* Bearbeitungsschicht zuzuordnen sind. Inwieweit dabei auch eine Verbindung zu den redaktionellen Versen 19,1–3aα vorliegt, kann hier noch nicht entschieden werden. Deutlich geworden ist allerdings schon, dass das Textmodell Grundschicht-Bearbeitung eher den Vorzug verdient als ein Textmodell, das mit zwei verschiedenen Traditionen rechnet.

In V8–18 erfolgt nun die Wanderung Elijas zum Gottesberg Horeb. Dort ereignet sich eine geheimnisvolle Theophanie, die abgeschlossen wird mit drei Aufträgen an Elija und dem Hinweis auf einen Jhwh-treuen Rest Israels in 19,18.

Umstritten ist so gut wie jeder Vers in diesem Abschnitt[201]. Es ist deshalb sinnvoll, hier Vers für Vers vorzugehen, um Kohärenzstörungen zu erkennen.

In V8 lassen sich auf den ersten Blick keine Spannungen erkennen. Der Vers schildert den Ortswechsel Elijas von der Wüste bei Beerscheba zum Gottesberg Horeb. Bei genauerem Hinsehen fällt jedoch auf, dass hier zwei Bergbezeichnungen stehen, die sonst nicht zusammenstehen[202], mit nur einer Ausnahme, Ex 3,1. Schon Noth

---

[200] In V4aβ ist das אהת textkritisch in אהד zu ändern; vgl. schon den Vorschlag des Qere.

[201] Vgl. dazu Seidl, *BZ NF* 37 (1993), 13f.

[202] Die Benennung „Gottesberg" findet sich neben 1 Kön 19,8 in Ex 3,1; 4,27; 18,5; 24,13; Ez 28,16; Ps 68,16; häufiger begegnet die Benennung „Horeb": Ex 3,1; 17,6; 33,6; Dtn 1,2.6.19; 4,10.15; 5,2; 9,8; 18,16; 28,39; 1 Kön 8,9; 2 Chr

hat deshalb in „Horeb" eine dtr Hinzufügung gesehen[203]. Neben der
Bergbezeichnung „Horeb" weist auch die Zeitbestimmung „40 Tage
und 40 Nächte" auf den Aufenthalt des Mose auf dem Sinai[204].
Nimmt man nun hinzu, dass die Erweiterung der Stärkungsszene in
V7 auf einen langen Weg hinweist, so sind innerhalb von V8 בכה
האכילה ההיא ארבעים יום וארבעים לילה und חרב als einer Bearbeitungsschicht zugehörig anzusehen[205].

In V9a wird nun das Ankommen des Elija an der Höhle (stat.
det.!) berichtet. Auffällig in literarkritischer Hinsicht ist das doppelte
שם, das sowohl nach ויבא als auch nach וילן erscheint, obwohl die
einmalige Nennung von שם vollkommen ausreichend wäre. Mit dem
ersten שם wird dabei betont, dass er an dem Gottesberg Horeb, der
am Ende von V8 erwähnt ist, ankam. Dies macht es wahrscheinlich, dass der Bearbeiter, der einen langen Weg (40 Tage und Nächte)
voraussetzt, die Partikel שם nach ויבא eingefügt hat. Der ursprüngliche Text in V8.9a lautete demnach: ויקם ויאכל וישתה וילך עד הר
האלהים ויבא אל־המערה וילן שם.

Mit והנה und der folgenden Wortereignisformel wird dann ein
erster Dialog zwischen Jhwh und Elija eingeleitet. Dabei entspricht
dieser Dialog wörtlich dem Dialog in V13b.14. Seit Wellhausen,
der auf den Widerspruch zwischen V11a und V13b hinwies und in
der Rede in V9b–11a die Zerstörung der Bedeutung der Vision als
vorwegnehmende Einführung der Gottheit erkannte[206], haben viele
Forscher V9b–11a als störende Vorwegnahme aus dem Text ent-

5,10; Ps 106,19; Mal 3,22. Den Hintergrund der Konzentration der Bezeichnung
„Horeb" in dtr Texten hat Perlitt, „Sinai", in: Donner, *Beiträge*, 1977, 302–322,
verdeutlicht. Er macht darauf aufmerksam, dass in der Zeit der assyrischen Vor-
herrschaft die Nähe der Bezeichnung „Sinai" zum Mondgott Sîn die Benennung
„Sinai" obsolet werden ließ und stattdessen die Bezeichnung „Horeb" mit ihrer
Beziehung zur Wüste in dtr Kreisen neu geschaffen wurde.

[203] Vgl. Noth, *Studien*, ³1967, 29 Anm 5; 82 Anm 5; ihm folgen z.B. Schüpphaus,
Prophetengeschichten, 1967, 56; Thiel, „Redaktionsarbeit", in: Emerton, *Proceedings*,
VT.S 43, 1991, 166; Rentrop, *Elija*, 1992, 201 Anm 591.

[204] Die Zeitbestimmung „40 Tage und 40 Nächte" wird außer in Gen 7,4.12 nur
noch innerhalb der Sinaiüberlieferung als Angabe der Aufenthaltsdauer des Mose
auf dem Berg gebraucht: Ex 24,18; 34,28; Dtn 9,9.11.18.25; 10,10. In Ex 34,28;
Dtn 9,9.18 wird dabei erwähnt, dass Mose während dieser Zeit keinerlei Speise und
Trank zu sich nahm, was eine frappante Parallelität zu der Aussage in 1 Kön 19,8
ergibt, obwohl dort die „40 Tage und 40 Nächte" sich auf die Reise zum Gottesberg
Horeb beziehen. Die Bearbeitung, die diese Zeitbestimmung einfügte, wollte Elija
mit Mose verbinden.

[205] Ebenso Rentrop, *Elija*, 1992, 206f.

[206] Vgl. Wellhausen, *Composition*, ⁴1963, 280.

fernt. Ohne Zweifel ist es auch so, dass die Verse 13b–14 sich viel organischer in den Zusammenhang einpassen. Auf die Klage Elijas in V10 erfolgt keine Antwort, sie ergeht erst in V15ff., also nach der zweiten Klage. Es ist demnach klar, dass hier mit einem Einschub in den Text zu rechnen ist[207]. Doch ist die Frage, wie umfangreich der Einschub ist. Eine wichtige Beobachtung von Würthwein führt hier weiter. Er hat nämlich festgestellt, dass auf die Wortereignisformel nie ויאמר folgt[208]. Eine weitere wichtige Beobachtung hat Steck vermerkt. Er stellt in Frage, ob die gewichtige Wortereignisformel die vergleichsweise belanglose Frage מה-לך פה eingeleitet haben kann[209]. Man erwartet hier eigentlich eine Anweisung an Elija. Diese Anweisung ergeht jedoch erst in V11aα: צא ועמדת בהר לפני יהוה. V11aα steht jedoch in sachlicher Spannung zu V13a. Dort wird gesagt, dass Elija — als er die Gegenwart Jhwhs „hörte", an den Eingang der Höhle trat und dabei das Gesicht mit seinem Mantel verhüllte. Hier wird wieder die Situation von V9a aufgegriffen und zwar, dass Elija sich in der Höhle aufhält. Es treffen also zwei Vorstellungen über den Ablauf der Theophanie aufeinander:

---

[207] Würthwein, „Elijah" (1970), in: Studien, BZAW 227, 1994, 140–154, sah dagegen vornehmlich aus stilistischen Gründen die ganze Theophanieszene 19,11–14 als sekundär an, eine Auffassung, die er in seinem Kommentar 1984 nicht mehr vertrat. Dort sieht er in V13* das Ende der fragmentarisch erhaltenen Überlieferung von der Wallfahrt Elijas an den Gottesberg (227f.); Keinänen, Traditions, SESJ 80, 2001, 143–149, hat diese These jetzt wieder aufgegriffen; Rehm, Buch der Könige 1, 1979, 185f., der ebenfalls an ein Ende der ursprünglichen Überlieferung von 1 Kön 19 in V13 denkt, sieht in V13b–14 einen Zusatz im Zusammenhang mit der Einfügung der Aufträge in 19,15–18. Sprachliche Gründe macht Schmoldt für seine These geltend, dass V11aα²–14 einen Einschub darstellen. Er sieht insgesamt in V11*–12 eine futurisch zu übersetzende Ankündigung, also Jhwh-Rede, die mit der Wiederaufnahme von V9b–10 in V13b–14 in den Text eingefügt wurde. Mit der Deutung als Rede und der futurischen Übersetzung ergibt sich seiner Auffassung nach ein sinnvoller Ablauf in V11–13, so dass dieser Abschnitt als literarkritisch einheitlich anzusehen sei (BN 43 (1988), 19–26). Auch Robinson, RB 98 (1991), 520–521, der insgesamt 19,1–18 als „coherent narrative" beschreibt, erkennt in V11b–12 eine „prediction". Seidl, BZ NF 37 (1993), 13f., der ebenfalls eine futurische Übersetzung bevorzugt, möchte dagegen nur V13bβ*.14 aus dem Grundtext entfernen. Für eine futurische Übersetzung sprechen sich auch Briend, Dieu, LeDiv 150, 1992, 22; Vorndran, Bib. 77 (1996), 421; S. Otto, Erzählung, BWANT 152, 2001, 184 Anm 161, aus. Das Verständnis von V11*–12 als ankündigende Gottesrede lässt jedoch die Frage unbeantwortet, auf welches Phänomen Elija in V13a reagiert. Dagegen auch Höffken, BZ NF 42 (1998), 72f.; Beck, Elia, BZAW 281, 1999, 129 Anm 494.
[208] Vgl. Würthwein, „Elijah" (1970), in: Studien, BZAW 227, 1994, 161 Anm 27.
[209] Vgl. Steck, Überlieferung, WMANT 26, 1968, 21f.

1) Elija befindet sich in der Höhle; durch ein wie auch immer geartetes Geräusch wird ihm die Gegenwart Jhwhs bewußt und er tritt an den Eingang der Höhle, nicht ohne sich vor der Gegenwart Jhwhs zu schützen (vgl. Ex 3,6f.).

2) Elija empfängt die Theophanie auf dem Berg stehend vor Jhwh. Die Theophanie wird mit einem Befehl JHWHs eingeleitet; durch die Wortereignisformel weist diese Redaktion in den dtr Bereich. Die zweite Theophaniedarstellung ist also dem dtr Bearbeiter zuzuordnen, der auch in V8 durch die Einfügung des „Horeb" und der „40 Tage und 40 Nächte" eingegriffen hat.

Damit ist noch nicht die Frage beantwortet, auf welches Phänomen Elija denn in V13a reagiert. Lassen sich möglicherweise innerhalb der Theophaniedarstellung Textschichten unterscheiden? In V13 wird deutlich, dass Elija etwas hörte (ויהי כשמע אליהו), in V13bα wird unbefangen der Begriff קול verwendet, der in V12 problematisiert wurde durch die paradoxe Formulierung דקה דממה קול, für die immer noch Buber die beste Übersetzung geliefert hat: Stimme eines verschwebenden Schweigens[210]. Dies ist ein erster Hinweis, dass die Theophanieszene nicht einheitlich ist. Sie wird in V11aβ eingeleitet mit der Aussage, dass Jhwh vorübergeht: יהוה עבר והנה. Bei der folgenden Theophanie ab V11b fällt auf, dass sie sehr eindringlich mit fast stereotyp anmutenden Nominalsätzen dargestellt wird. Ein Theophanieelement wird erwähnt, an das sich asyndetisch die Feststellung anschließt, dass Jhwh in ihm nicht gegenwärtig ist. Diese Konstruktion wird gestört in V11aγ. Der Theophanieterminus רוח wird als רוח נדולה bezeichnet, eine adjektivische Näherbestimmung, die sich in V11aδ nicht mehr findet. Nur bei der רוח נדולה werden Auswirkungen mitgeteilt. Nach רוח נדולה וחזק folgen zwei Partizipialsätze, die die

---

[210] Ein Überblick über die unterschiedlichen Deutungen von קול דממה דקה findet sich bei Robinson, *RB* 98 (1991), 522–527; Rentrop, *Elija*, 1992, 237–247; Vincent, *RB* 103 (1996), 22–24; zu Lust, *VT* 25 (1975), 110–115, der in diesem Ausdruck einen „roaring and thunderous sound" erkennen will, vgl. Seidl, *BZ NF* 37 (1993), 17 Anm 74.76; Vorndran, *Bib.* 77 (1996), 420f.; Mikollajczak, *Co Th* 69 (1999), 18f. Masson, *Élie*, 1992, 19–41, sieht in קול דממה דקה den Ausdruck einer mystischen Erfahrung Elijas: „La formule *qol demama daqqa* pourrait donc se référer non à un quelconque phénomène externe à caractère météorologique mais bien à une expérience mystique de type interne — celle de l'extase suprême où le mystique, vidé de ce qui fait son moi, accède ardemment à Dieu" (40; vgl. auch Ders., *RHR* 208 (1991), 243–271; Ders., „Rois et prophètes", in: Lemaire, *Prophètes et rois*, LeDiv Hors Série, 2001, 120–123).

Auswirkungen des „großen und starken Windes" berichten. Sie zeigen an, dass JHWH kommt (לפני יהוה). Zwischen גדולה und חזק liegt allerdings ein Genuswechsel vor. Dieser Genuswechsel hat einige Exegeten dazu bewogen, diesen Passus als Einfügung zu streichen[211]. Ein Blick in die hebräischen Grammatiken zeigt jedoch, dass der Genuswechsel durchaus möglich ist[212]. Der große und starke Wind, der Berge zerreißt und Felsen zerbricht, ist ein hörbares Phänomen. Dieser Unterschied bei dem ersten Theophanieelement in Vergleich zu den beiden folgenden lässt sich auf dem Hintergrund der schon erkannten Kohärenzstörungen am sinnvollsten so erklären, dass in V11aβγ die ursprüngliche Theophanie vorliegt. Die als Vorübergang JHWHs dargestellte Gotteserscheinung ist gekennzeichnet durch einen vorausgehenden starken Wind, der Felsen zerbricht und Berge zerreißt. Auf sie reagiert Elija in der Höhle (V13a). Erst durch eine spätere Bearbeitung ist die Darstellung der Theophanie verändert worden. Die paradoxe Formulierung קול דממה דקה problematisiert die „Stimme JHWHs", von der in V13 gesprochen wird. Neben das Theophanieelement „Wind" (רוח) treten jetzt „Feuer" (אש) und „Erdbeben" (רעש). Von allen drei Erscheinungsweisen wird nun gesagt, dass JHWH nicht in ihnen ist, sondern dass er sich erst gegenwärtig zeigt in dem Phänomen der קול דממה דקה. Es gibt keinen Grund, diese Bearbeitung von der bisher schon erkannten dtr Bearbeitung der Theophanieszene abzuheben.

> Später ist allerdings die Einfügung des Dialogs zwischen Elija und JHWH in V9bββγ.10. Damit wird die Klage Elijas über Israel direkt an den Anfang der Begegnung Elijas mit JHWH gestellt und so betont hervorgehoben. Einer redaktionellen Schicht kann diese Einfügung allerdings nicht zugeschrieben werden. Sie entstammt wohl einer späteren Glossierung des Textes.

In V13 setzt V13abα den Grundtext fort. Trifft dies auch für den nun folgenden Dialog zu? Auf die Frage מה־לך פה gibt Elija Antwort in einer umfangreichen Klage (V14). Zunächst betont er seinen Eifer für JHWH. Dies erinnert an die Begegnung zwischen Jonadab und

---

[211] So z.B. ŠANDA, *Bücher der Könige I*, EHAT 9/1, 1911, 440; STADE/SCHWALLY, *Books of Kings*, SBOT IX, 1904, 157; FOHRER, *Elia*, AThANT 53, ²1968, 21 Anm 34; FICHTNER, *Buch von den Königen I*, BAT 12/1, 1964, 279; GRAY, *I & II Kings*, OTL, ³1977, 411.
[212] Vgl. z.B. MEYER, *Grammatik III*, 1966, § 97c; GesK, § 132d.

Jehu in 2 Kön 10, in der Jehu ebenfalls seinen Eifer für Jнwн ausdrückt (10,16). Mit der folgenden Aussage, dass die Israeliten den
Bund Jнwнs gebrochen haben, wird aus der Klage Elijas eine Anklage
gegenüber Israel insgesamt. Die Rede von der ברית Jнwнs mit Israel
lässt an dtr Formulierung denken. Schon von Steck wurde darauf
hingewiesen, dass vom „Verlassen des Bundes Jнwнs" nur selten und
in dtr bzw. späteren Texten die Rede (Dtn 29,24; Jer 22,9; Dan
11,30) ist[213].

עזבו בריתך ist allerdings textkritisch umstritten. Viele Ausleger lesen
hier עזבך anstelle von עזבו בריתך[214]. Die Basis für diese Lesart gibt
LXX, die ἐγκατέλιπον σε übersetzt, wobei aber der Codex Vaticanus
in V14 noch τὴν διαθήκην σου hinzufügt. Doch weist die Stellung
τὴν διαθήκην σου als Nachtrag aus[215]. Heißt das nun, dass hier die
griechische Textüberlieferung den Vorzug verdient? Steck zieht
den Schluß, dass der hebräische Text auf das sekundäre Einwirken
deuteronomistischer Formulierungen zurückzuführen sei[216]. Doch
erheben sich gegen eine solche Erklärung Bedenken. Denn zum
einen setzt diese These eine Frühdatierung der Klage voraus, zum
anderen ist die Frage zu stellen, warum die auch in dtr und späteren Texten geläufigere Redeweise vom Verlassen Jнwнs in die
ungewöhnlichere Formulierung vom Verlassen des Bundes Jнwнs
geändert worden sein sollte[217]. Der Grundsatz der Textkritik *lectio
difficilior est lectio probabilior* steht hier wie in 18,18b einer Textänderung
im Wege. Eher ist also der umgekehrte Weg wahrscheinlich, dass
nämlich LXX die ungewöhnlichere Formulierung der geläufigeren
angepaßt hat[218]. MT ist also beizubehalten.

Gleichzeitig ist diese spätdtr Formulierung der erste Hinweis, dass
die Klage eher zu der dtr Bearbeitung zu rechnen ist, die bisher

---

[213] Vgl. Steck, *Überlieferung*, WMANT 26, 1968, 22 Anm 3.

[214] Vgl. z.B. Benzinger, *Bücher der Könige*, KHC 9, 1899, 113; Kittel, *Bücher der
Könige*, HK I/5, 1900, 153; Stade/Schwally, *Books of Kings*, SBOT IX, 1904, 157;
Montgomery/Gehman, *Critical and Exegetical Commentary*, ICC, 1951, 317; Fohrer,
Elia, AThANT 53, ²1968, 23 Anm 38; Steck, *Überlieferung*, WMANT 26, 1968, 22
Anm 3; Gunkel, *Elias*, 1906, 24; Hentschel, *Elijaerzählungen*, EThSt 33, 1977, 260
Anm 730 u.a.m.

[215] Vgl. Hentschel, *Elijaerzählungen*, EThSt 33, 1977, 260 Anm 730.

[216] Vgl. Steck, *Überlieferung*, WMANT 26, 1968, 22 Anm 3.

[217] Zur Formulierung vom „Verlassen Jнwнs" vgl. oben zu 18,18b.

[218] Wevers erkennt außerdem die Intention von LXX, die „avoids the idea that
man is able to forsake or break the covenant". (*OTS* 8 (1950), 320); diese Tendenz
erkennt er außer in 1 Kön 19,10.14 auch noch in 1 Kön 11,11.

schon in 1 Kön 19 am Werk war. Die Konkretion des Bundesbruches in der nächsten Formulierung scheint dem jedoch zu widersprechen. Hier klagt Elija darüber, dass die Israeliten die Jнwн-Altäre zerstört haben: את־מזבחתיך הרסו. Diese Aussage wird oft auf die Zentralisation des Jнwн-Kultes in Jerusalem bezogen und scheint damit die Vorstellung von vielen Jнwн-Heiligtümern im Lande vorauszusetzen, also vordtr Ursprunges zu sein[219]. Die Formulierung spricht jedoch nur von Altären, außerdem zeigt sich hier dieselbe Wortwahl wie in 18,30b, wo von dem zerstörten Jнwн-Altar auf dem Karmel die Rede ist. Der Bearbeiter hatte diese Formulierung, die ansonsten nicht mehr begegnet, vor Augen und erhob sie dadurch, dass er die Formulierung in den Plural setzte, zu einer allgemeinen Aussage, die verdeutlicht, dass die Israeliten sich gegenüber der Jнwн-Verehrung feindlich verhalten. Der Zentralisationsgedanke spielt hier keine Rolle, zumal diese dtr Redaktion frühestens in exilischer Zeit anzusetzen ist, in der der Tempel zerstört ist[220]. Die weitere Aussage ואת־נביאיך הרגו בחרב, der Vorwurf, dass die Israeliten die Jнwн-Propheten getötet haben, ist eine Aussage, die vor allem im spät-dtr Kontext weitergegeben wird[221]. Die Formulierung הרג בחרב findet sich ebenfalls in 19,1b.

Die Aussage, dass Jнwн-Propheten getötet worden sind, ist in 18,4.13 auch schon gemacht worden, dort allerdings auf Isebel bezogen. Liegt ein Widerspruch vor oder zeigt sich hier eine Weiterentwicklung der Tradition, die den Gegenspieler Elijas jetzt nicht mehr in Isebel sieht, sondern in den Israeliten[222]? Ich denke, dass diese Aussagen auf einer Textebene anzusiedeln sind. Voraussetzung dafür ist allerdings, dass die Prophetentötung nicht in einem historischen Kontext verstanden wird, worauf alle Daten hinweisen[223].

Eine Prophetentötung, die auch historisch zu sein scheint, wird im Jeremiabuch erwähnt (Jer 26,20–23), allerdings so, dass ein bestimmter historischer Kontext vorausgesetzt werden muß. Das heißt, dass die Ermordung eines Propheten eindeutig als Ausnahme zu sehen ist. In der allgemeinen Form wie sie in 19,14 auf die

---

[219] Vgl. dazu schon H.-C. Schmitt, *Elisa*, 1972, 120.
[220] Vgl. dazu weiter unten Abschnitt 3.3.
[221] Vgl. dazu Steck, *Geschick*, WMANT 23, 1967.
[222] So Steck, *Überlieferung*, WMANT 26, 1968, 90–102.
[223] Vgl. dazu Halpern Amaru, *HUCA* 54 (1983), 153–180.

Israeliten bezogen ist, ist sie Ausdruck des dtr Geschichtsablaufs, in dem sich immer wieder die Unbotmäßigkeit Israels gegenüber Jhwh zeigt[224]. Diese allgemeine Aussage von 19,14 war jedoch für den Bearbeiter nicht auf Kapitel 18 übertragbar, da hier die Karmelszene in 18,39 mit einem Bekenntnis der Israeliten zu Jhwh endet. Er änderte die Aussage über die Tötung der Propheten dahingehend ab, dass er Isebel die Prophetentötung anlastete. Damit konnte er zum einen die Feindschaft Isebels gegenüber Jhwh demonstrieren, die auch ansonsten in der Überlieferung sichtbar wird (1 Kön 21; vor allem 2 Kön 9), zum anderen belastete er dadurch ein Mitglied des Königshauses, d.h. die maßgebliche Kraft in Israel, die eben kanaanäisch überfremdet ist (1 Kön 16,29–33).

Es ist demnach kein Widerspruch zwischen der Prophetentötung durch die Israeliten und der Prophetentötung durch Isebel zu sehen; beide Aussagen können durchaus auf einer Textebene stehen. Gleichzeitig wird deutlich, dass die überleitenden Verse 19,1–3aα, die Isebel als die treibende Kraft der Vertreibung Elijas zeigen, mit der dtr Bearbeitung der Theophanie am Gottesberg in einem Zusammenhang zu sehen sind. Es gibt demnach keinen Grund, hier mehrere Redaktionen anzunehmen.

Eine Beziehung zum vorhergehenden Elija-Text in 1 Kön 18 zeigt sich auch in der folgenden Aussage: ואותר אני לבדי, die die Aussage von 18,22 in den Kontext der Prophetentötungsaussage stellt. Die abschließende Formulierung ויבקשו את־נפשי לקחתה erinnert mit der Verwendung von נפש an die Formulierungen in 19,3.4.

Der Überblick über die Aussagen innerhalb der Klage des Elija ergibt, dass der Textabschnitt V13b.14 der schon bisher erkannten Bearbeitung zugeschrieben werden muß.

In V15 setzt nun die Antwort Jhwhs ein, die sich bis V18 erstreckt. Jhwh gibt Elija die Aufträge, Hasael, Jehu und Elischa zu salben. In V15aα findet sich eine Spannung in der Aufforderung an Elija umzukehren. Er soll einmal denselben Weg zurückgehen (לך שוב לדרכך) und zum anderen durch die Wüste nach Damaskus gehen

---

[224] Vgl. dazu STECK, *Geschick*, WMANT 23, 1967, sowie weiter unten Abschnitt 3.3.

(מדברה דמשׂק). Dabei steht die zweite Richtungsangabe in Einklang mit dem folgenden Auftrag, Hasael, den König von Damaskus, zu salben. Dies ist ein erstes Indiz, dass die JHWH-Rede nicht ganz einheitlich ist[225]. Von daher sind die Spannungen zwischen V15b–17 auf der einen Seite und V18 auf der anderen Seite zu beachten, auf die HENTSCHEL aufmerksam macht[226]:

1) Die schematisierenden und vereinfachenden Aufträge passen nicht in den Duktus der Erzählung.

2) Es sind Spannungen zwischen V15b–17 und V18 auf der anderen Seite zu sehen, da V15b–17 ein ausnahmsloses Gericht verkünden, V18 aber auf die Glaubenstreue der Israeliten blickt. V15b–17 wirken deshalb viel düsterer. In V15b–17 vollstrecken andere den Gotteswillen, in V18 ist es JHWH selbst, der handelt.

3) Diese Verse sind durch die Richtungsangabe in V15aβ nicht ganz spannungsfrei mit dem Kontext der Horebszene verbunden worden. Daraus zieht HENTSCHEL den Schluß, dass die Antwort JHWHs allein aus V18 bestanden habe. Diesem Schluß ist zuzustimmen, auch wenn nicht alle Gründe überzeugend sind[227].

Auf der anderen Seite ist klar, dass die Aufträge die Elischa-Überlieferung vor Augen haben. Die Ausführung dieser Aufträge findet sich in 2 Kön 2; 8,7–15; 9–10; jeweils mit der Person Elischas verbunden. Sie werden hier unter dem Schema der Salbung mit Elija verbunden[228]. Ein ähnlicher Vorgang hat sich schon in 1 Kön 17,17–24 gezeigt, wo die Totenerweckung des Elischa (2 Kön 4,8–37*) auf Elija übertragen wurde. Es ist deshalb möglich, denselben Bearbeiter anzunehmen. Auch zu 19,4b ergeben

---

[225] LXX stellt auch hier wieder den Text um und lässt לך unübersetzt, so dass sich ein spannungsfreier Ablauf ergibt.

[226] Vgl. zum folgenden HENTSCHEL, *Elijaerzählungen*, EThSt 33, 1977, 56–60.

[227] Vgl. auch SEKINE, *AJBI* 3 (1977), 63; SCHMOLDT, *BN* 43 (1988), 25 Anm 30.

[228] Eine meist sekundäre Verknüpfung mit der Elischa-Tradition nehmen auch an: PEAKE, *BJRL* 11 (1927), 312; VAN DEN BORN, *Koningen*, BOT IV/2, 1958, 115; FICHTNER, *Buch von den Königen I*, BAT 12/1, 1964, 289f.; SCHÜPPHAUS, *Prophetengeschichten*, 1967, 53f. (nur V15f.); DENTAN, *Kings, Chronicles*, ²1972, 63; BRONGERS, *Koningen I/II*, 1967, 198f.; GRAY, *I & II Kings*, OTL, ³1977, 374; B.P. ROBINSON, *First Book of Kings*, 1972, 221f.; SEKINE, *AJBL* 3 (1977), 63; SEIDL, *BZ NF* 37 (1993), 11; BLUM, *VT* 47 (1997), 287; anders REHM, *Buch der Könige 1*, 1979; 186, der in 19,15–18 einen ehedem selbständigen Prophetenspruch sieht; COGAN, *Kings*, AncB 10, 2001, 457f.

sich Verbindungslinien. Dort klagt Elija, dass er nicht besser sei als seine Väter: כי־לֹא טוֹב אָנֹכִי מֵאֲבֹתָי. Dies setzt die Vorstellung einer prophetischen Sukzession voraus, wie sie auch in 19,16 mit der Salbung Elischas anstelle Elijas (תַּחְתֶּיךָ) aufscheint. Hier werden wie in 2 Kön 2,12, wo Elischa den gen Himmel auffahrenden Elija als „mein Vater" bezeichnet, die prophetischen Vorgänger als „Väter" gesehen, eine Vorstellung, die erst mit der prophetischen Sukzession verbunden sein kann.

Die ursprüngliche Textfolge liegt demnach in 19,13bα.15aβ (ohne מִדְבַּרָה דַמֶּשֶׂק).18 vor. Damit wird deutlich, dass die Verzweiflung und die Flucht Elijas in die Wüste bei Beerscheba ursprünglich etwas mit der Baalverehrung der Israeliten zu tun gehabt haben muß. Dies lässt sich im historischen Kontext (vgl. Jehu-Revolution) sehr gut für das Nordreich Israel im 9. Jhd. plausibel machen. Alle anderen Teile in der Theophanieszene sind einer Bearbeitung zuzuschreiben, die zum einen dtr Gedankengut transportiert und zum anderen eine engere Verbindung zwischen Elija und Elischa herstellen will.

Stellt V18 nun das Ende der ursprünglichen Überlieferung in 1 Kön 19 dar? Vieles spricht dafür, doch kann dies endgültig erst nach der Behandlung der abschließenden Verse 19,19–21 gesagt werden.

Der letzte Abschnitt schildert in 19,19–21 eine Begegnung zwischen Elija und Elischa. Elija trifft Elischa beim Pflügen auf dem Feld und bestimmt ihn durch Überwerfen des Mantels (אַדֶּרֶת), ihm zu folgen. Elischa verlässt nach einem זֶבַח-Mahl Haus und Hof und dient Elija.

Die Verbindung mit der vorhergehenden Elija-Überlieferung 1 Kön 19,1–18 wurde schon 1912 von ALT in einem kurzen Aufsatz als schwierig empfunden; er rechnete deshalb 19,19–21 nicht mehr zur Elija-Tradition, sondern sah in 1 Kön 19,19–21 eine Elischa-Überlieferung[229].

---

[229] Vgl. ALT, *ZAW* 32 (1912), 123–125; hierin ist ihm die Forschung fast ausnahmslos gefolgt, vgl. zusätzlich zu den schon erwähnten Literaturübersichten WILLMES, *BN* 60 (1991), 59–93. Eher als redaktionellen Übergang scheint EISSFELDT, „Komposition" (1967), in: *KS II*, 1973, 26, diese Szene zu begreifen, wenn er schreibt: „Die Angabe von 1. Reg. 19,21b 'Elisa machte sich auf, folgte Elia nach und diente ihm' ist also auf eine Ergänzung angelegt, die von der Einsetzung Elisas zu Elias vollberechtigtem Nachfolger gehandelt hat, also auf eine Erzählung wie die von Elias Himmelfahrt 2. Reg. 2,1–18(25), die ja tatsächlich den bisherigen Jünger Elias zu seinem vollberechtigten Nachfolger aufrücken lässt".

In der Tat ist die in V15f. geforderte Reihenfolge nicht eingehalten; außerdem wird Elischa nicht zum Propheten anstelle Elijas gesalbt, sondern durch den Überwurf des Mantels dazu bestimmt, Elija zu dienen. Auf der anderen Seite zeigt die Szene 19,19–21 Verbindungslinien zu 2 Kön 2: Elija und Elischa stehen in einem ähnlichen Verhältnis zueinander, der Mantel spielt auch in 2 Kön 2 wieder eine Rolle[230].

> Literarkritisch wurde dieser Text meist als Einheit gesehen. Nur HENTSCHEL sieht in V19bβ eine spätere Ergänzung[231]. Die Analyse von RENTROP ergibt sogar drei Textschichten[232].

V19 knüpft mit וילך משם an den vorhergehenden Text an; ein selbständiger Textanfang ist nicht erkennbar, Elija als Subjekt von וימצא muß aus dem Vorhergehenden erschlossen werden[233]. Dass hier keine Ausführungsnotiz der vorhergehenden Aufträge an Elija vorliegt, ist klar (vgl. oben). Jedoch ist es durchaus möglich, V19 als Fortsetzung des Grundtextes zu verstehen. Es gibt keine Schwierigkeit, die Begegnung zwischen Elija und Elischa als Abschluß des mit der Stärkungsszene begonnenen Grundtextes zu sehen. Die Abfolge des Grundtextes ist dann folgendermaßen: Elija ist verzweifelt, er trennt sich von seinem נער und wünscht sich den Tod; von einem מלאך gestärkt, gelangt Elija zum Gottesberg, wo er in einer Gotteserscheinung die Mitteilung JHWHs empfängt, dass es noch einen JHWH-treuen Rest in Israel gibt. Er wird von JHWH aufgefordert, wieder zurückzukehren und findet Elischa, der ihm dann dient. Damit kann auf die Annahme verzichtet werden, dass am Anfang der Begegnungsszene zwischen Elija und Elischa Textteile weggebrochen sind.

Die Vorstellung des am zwölften Gespann pflügenden Elischa, die in V 19 begegnet, ist nicht einfach nachzuvollziehen, jedoch besteht auch kein Grund für literarkritische Operationen. Elija geht an Elischa vorüber (19,19). Dabei wird mit עבר derselbe Terminus verwendet,

---

ZENGER, *Bib.* 51 (1970), 141f. erwägt die Möglichkeit, 19,19–21 direkt an 19,1–6* anzuschließen; ebenso RENTROP, *Elija*, 1992, 198–212; ÁLVAREZ BARREDO, *Elias y Eliseo*, 1996, 38f.

[230] Dies hat z.B. H.-C. SCHMITT, *Elisa*, 1972, 102, dazu bewogen, 19,19–21 zusammen mit 2 Kön 2 einer Sukzessorsammlung zuzuordnen, die im 7. Jhd. im Südreich Juda entstanden ist (119).

[231] Vgl. HENTSCHEL, *Elijaerzählungen*, EThSt 33, 1994, 54–56; DERS., *1 Könige*, NEB, Lieferung 1, 1984, 118.

[232] Vgl. RENTROP, *Elija*, 1992, 182–195.

[233] Vgl. WILLMES, *BN* 60 (1991), 59f.

der die Jhwh-Theophanie in 19,11* eröffnet. Elija wirft ihm seinen Mantel über und vermittelt ihm auf diese Weise wohl etwas von seiner Macht (vgl. 2 Kön 2). Der Mantel des Elija hat auch schon eine Rolle in der Theophanieszene gespielt, wo er sich mit ihm vor der Gegenwart Jhwhs verhüllte. Mit dem Überwerfen des Mantels ist offenbar die Aufforderung an Elischa verbunden, mit Elija zu gehen, was Elischa in V20aα auch tut. Ein Grund für literarkritische Operationen ist nicht ersichtlich[234]. In V20 schließt sich ein Dialog zwischen Elija und Elischa an, der als retardierendes Moment zu begreifen ist. Eine Infragestellung der Nachfolge Elischas ist damit nicht verbunden. Von einem Zerwürfnis oder einer Ablehnung Elischas durch Elija kann keine Rede sein; der Satz מה־עשׂיתי לך wird dadurch überinterpretiert. Der Abschluß zeigt, dass kein Konflikt zwischen Elija und Elischa beschrieben sein kann.

In V21 ist der syntaktische Bezug von הבשׂר unklar. Man hat deshalb hierin eine in den Text eingedrungene Randbemerkung zu בשׁלם sehen wollen[235]. Möglich ist aber auch, hier mit einer falschen Worttrennung zu rechnen und das הבשׂר partitiv zu verstehen[236].

Mit dem זבח -Mahl verabschiedet Elischa sich in V21 von seiner Familie und folgt Elija.

In 1 Kön 19,19–21 lässt sich also keine weitere Textschichtung erkennen; die Szene als Ganze ist der sinnvolle Abschluß der Grundüberlieferung, die in 19,3* einsetzt.

Zusammenfassend lässt sich in 1 Kön 19 eine relativ einfache Textschichtung erkennen. Es liegt eine Grunderzählung vor, die einer recht umfangreichen Überarbeitung unterworfen wurde.

Die ursprüngliche Grundüberlieferung umfaßt 1 Kön 19,3aβ–4abα.5b–6abα.8*.9a*(ohne das erste שׁם).11aβγ.13abα.15aβ*(ohne מדברה דמשׂק).18.19–21.

Die charakterliche Zeichnung Elijas zeigt ihn am Anfang in einer verzweifelten, depressiven Situation, die anders ist als in der übrigen Elija-Tradition. Das Szenario zeigt ein eigenes Gepräge (Beerscheba, Gottesberg), so dass es am sinnvollsten ist, hier eine ursprünglich

---

[234] Vgl. Willmes, *BN* 60 (1991), 71f., der zwar die literarkritische Ausscheidung von Hentschel für möglich hält, jedoch keine Notwendigkeit dazu erkennt.
[235] Vgl. Thenius, *Bücher der Könige*, KEH IX, ²1873, 236; Benzinger, *Bücher der Könige*, KHC 9, 1899, 113.
[236] Vgl. Willmes, *BN* 60 (1991), 61.

eigenständige Überlieferung anzunehmen. Der Anfang ist nicht mehr vollständig erhalten; aus der Jнwн-Rede in V18 kann jedoch erschlossen werden, dass die Verehrung Baals durch die Israeliten Elija aus dem Nordreich vertrieben hat. Diese Erzählung ist im Nordreich entstanden, wie die Ortsbestimmung בְּאֵר שֶׁבַע אֲשֶׁר לִיהוּדָה in 19,3 zeigt. Gestärkt durch den Boten kommt Elija zum Gottesberg, wo Jнwн sich Elija in einer Theophanie zeigt und ihn zur Rückkehr auffordert, da es immer noch einen Rest von Jнwн-treuen Israeliten gibt. Ausdruck dieser Hoffnung ist das Finden des Elischa, der sich von Elija in den Dienst nehmen lässt und seine Familie verlässt. Das Verhältnis zwischen Elija und Elischa ist wohl entsprechend zu sehen wie zwischen Elischa und Gehasi in 2 Kön 4 (8,1–6). Diese Erzählung, die Interesse am Schicksal des „Propheten" Elija hat, will in einer schwierigen Situation Mut machen und gegen eine Hoffnungslosigkeit vorgehen, die sich paradigmatisch bei Elija zeigt.

Die Tradition ist grundlegend überarbeitet worden und an Kapitel 18 angeschlossen worden. Diese Bearbeitung zeigt einerseits Verbindungen zur (spät-)dtr Sprach- und Gedankenwelt durch die Wortereignisformel und die Prophetentötungsaussage sowie die Bezeichnung des „Gottesberges" als „Horeb". Sie sieht außerdem die Propheten in einer Sukzession (vgl. Dtn 18,15–18). Andererseits stellt sie Verbindungen zur Elischa-Überlieferung her durch die Aufträge, die Elija in 19,15b–17 erhält und deren Ausführung innerhalb des Elischa-Zyklus erzählt werden. Der Gegensatz zwischen Prophet und König spielt hier keine so große Rolle mehr; der eigentliche Gegensatz liegt zwischen dem Propheten und dem Volk Israel, dem die Vernichtung bis auf einen Rest von 7000 Jнwн-Treuen angekündigt wird, die Elija initiert. Das Königtum wird in Gestalt der Isebel als durch und durch kanaanäisch und Jнwн-feindlich dargestellt. Dabei werden Überlieferungen wie 1 Kön 21 und 2 Kön 9–10 von dem Redaktor vorausgesetzt. Anknüpfen konnte diese Darstellung auch an 1 Kön 16,29–33, der dtr Rahmenformulierung zu Ahab und Isebel. Diese Bearbeitung ist auch schon in Kapitel 18 tätig geworden durch die Hinweise auf die Prophetentötung in 18,3b–4.12–15 und die Zuordnung der Aschera-Propheten in 18,19* zu Isebel. Von den Ergebnissen in Kapitel 19 her lässt sich nun die zweite Redaktionsschicht innnerhalb der Karmelszene, in der auch wie in 19,9 die Wortereignisformel verwendet wird (18,31*) und (spät-)dtr Formulierungen auftreten (1 Kön 18,18b.31b.36*), ohne dass diese Schicht mit der ebenfalls die Wortereignisformel verwendenden dtr Redaktion, die in 17,2 einsetzt, identifiziert werden konnte, derselben Redaktion zuordnen.

Die Beziehung zur Elischa-Überlieferung in 19,15*–17 macht es möglich, die Einarbeitung von 17,17–24 mit dieser Redaktion in Verbindung zu bringen.

Ihr voraus liegt eine dtr Redaktion, die in 17,2–5aff. greifbar wird und die vor allem Elija unter den דבר יהוה stellt. Auch diese Redaktion verwendet die Wortereignisformel; in 1 Kön 19 ist sie jedoch nicht mehr greifbar.

Einer späteren Glossierung des Textes entstammt die Einfügung des Dialoges von V13b–14 in V9–10*, die die Klage Elijas betont an den Anfang der Theophanieszene setzt.

Weitere Ergebnisse und Zuordnungen sind erst möglich, nachdem noch die restlichen Elija-Überlieferungen behandelt wurden.

2.2. *1 Kön 21*

Die Erzählung von Nabots Weinberg zeigt wiederum einen Konflikt zwischen König Ahab und Elija. Allerdings ist zunächst von Elija keine Rede, er erscheint erst in 21,17ff. auf der Bühne des Geschehens.

Obwohl die Überlieferungs- und Redaktionsgeschichte nicht so komplex ist wie in 1 Kön 17–19, ist die Forschung dennoch weit von einer einheitlichen Sicht dieses Kapitels entfernt[237]. Eine kontrovers diskutierte Frage ist, ob die Elija-Szene V17–20 ursprünglich V1–16 fortsetzt, in denen Elija nicht vorkommt und Ahab nur eine Nebenrolle spielt. Gemeinhin wurde dies in der älteren Forschung bejaht und 21,1–20bα als literarischer Grundbestand des Kapitels angesehen[238]. In neuerer Zeit zeigt sich jedoch ver-

[237] Die ältere Forschungsgeschichte findet sich bei BOHLEN, *Fall Nabot*, TThSt 35, 1978, 13–42; einen Überblick über neuere Arbeiten bietet MARTIN-ACHARD, *ETR* 66 (1991), 1–16.

[238] Vgl. z.B. OEMING, *ZAW* 98 (1986), 363–382, der jedoch V1–16 und V17–20bα auf unterschiedliche Überlieferungskreise zurückführt; ebenso HENTSCHEL, *Elijaerzählungen*, EThSt 33, 1977, 14–43; ALBERTZ, *Religionsgeschichte*, GAT 8/1, 1992, 236–238; zur älteren Literatur vgl. BOHLEN, *Fall Nabot*, TThSt 35, 1978, 24; THIEL, „Todesrechtsprozess", in: BEYERLE/MAYER/STRAUB, *Recht und Ethos*, 1999, 74, vgl. insgesamt 73–81; S. OTTO, *Erzählung*, BWANT 152, 2001, 119–149; COGAN, *Kings*, AncB 10, 2001, 475–486; SCHMOLDT, *BN* 28 (1985), 39–52, sieht die ursprüngliche Erzählung in 21, 1–19aα(β).21.24; ähnlich ist die Auffassung von CAMPBELL, *Prophets*, CBQ. MS 17, 1986, 35–36.96–98, der 21,1–7a.8.11a.14–19a.21–22*.24 dem „PR" zuordnet; ebs. DERS./O'BRIEN, *Deuteronomistic History*, 2000, 401–404; ÁLVAREZ BARREDO, *Elias y Eliseo*, 1996, 41–49.61; WHITE, *VT* 44 (1994), 66–76, rechnet V21.27–29 zur

stärkt der Trend, den ursprünglichen Abschluß des Nabot-Vorfalls in V16 zu sehen[239].

Weiterhin wird die Frage diskutiert, ob sich in der Elija-Szene 21,17–20* eine eigenständige, vordtr Elija-Tradition erhalten hat[240] oder ob die Verbindung der Elija-Gestalt mit dem Nabot-Vorfall erst auf dtr Redaktoren zurückzuführen ist[241].

Die Frage der dtr Redaktion innerhalb von 1 Kön 21 ist alt[242]. Da in V22 ausdrücklich auf die Verurteilung des Hauses Jerobeam (1 Kön 14,7–11) und des Hauses Bascha (1 Kön 16,1–4) zurückgeblickt wird, werden die Verse 20*–22.24 einer dtr Redaktion

---

ursprünglichen Überlieferung; insgesamt bilde 1 Kön 21 mit 2 Kön 9f. eine Einheit, die von einem Verfasser, der König Jehu unterstützte, „probably a member of his scribal corps" (76), stammen soll. Die Diskrepanzen zwischen 1 Kön 21 und 2 Kön 9f. führt sie auf den Einfluß der David-Batseba-Überlieferung (2 Sam 11; 12) zurück; eine insgesamt wenig überzeugende Sicht; vgl. auch Dies., *Elijah Legends*, BJSt 311, 1997, 33–36 (V21.27–29 gehören zu der ursprünglichen Überlieferung); Als eine nachexilische Bildung beurteilt Rofé, *VT* 38 (1988), 89–104, 1 Kön 21,1–20; ihm folgt Blum, „Nabotüberlieferung", in: Kratz/Krüger/Schmid, *Schriftauslegung*, BZAW 300, 2000, 117–119.

[239] Vgl. Bohlen, *Fall Nabot*, TThSt 35, 1978, 44–95; Würthwein, „Nabot-Novelle" (1978), in: *Studien*, BZAW 227, 1994, 155–177; Ders., *Bücher der Könige*, ATD 11,2, 1984, 245–253; Timm, *Dynastie Omri*, FRLANT 124, 1982, 111–126.127; übernommen auch von Smend, „Elijah", in: Burden/Le Roux, *Old Testament Essays IV*, 1986, 39–44; S.L. McKenzie, *Trouble*, VT.S 42, 1991, 67; vgl. auch schon Steck, *Überlieferung*, WMANT 26, 1968, 41f., der V1–16 wie auch V23 als gegenüber der Elijaszene V17–20* als sekundär ansieht; Fritz, *Buch der Könige 1*, ZBK 10.1, 1996, 187–193; Beck, *Elia*, BZAW 281, 1999, 49–70; Lange, *BN* 104 (2000), 31–37; erwogen wird dies von Buis, *Le Livre des Rois*, SBi 1997, 169.

[240] Positiv wird dies beantwortet von Steck, *Überlieferung*, WMANT 26, 1968, 52, der in V17–18a.19–20bβ den Grundstock der Überlieferung sieht; Bohlen, *Fall Nabot*, TThSt 35, 1978, 302, hält V17.18*–20abα für die früheste literarische Schicht, in die schon das Prophetenwort V19b eingeschmolzen ist; Oeming, *ZAW* 98 (1986), 363–382, rechnet mit unterschiedlichen Überlieferungskreisen, in denen V1–16 (weisheitlich) bzw. V17–20* (prophetisch) entstanden sind; S.L. McKenzie, *Trouble*, VT.S 42, 1991, 67; Lange, *BN* 104 (2000), 31–37, sieht in V17–19.23.27–29bα die logische Fortsetzung von 21,1–16, die vordtr erfolgt sei; S. Otto, *Erzählung*, BWANT 152, 2001, 138–143, rechnet mit einem ehemals freiumlaufenden Prophetenwort (V19b), das noch zu Lebzeiten Ahabs formuliert wurde und das in 21,1–20* integriert wurde, wobei insgesamt der Zusammenhang noch im Nordreich entstanden sei.

[241] So Würthwein, „Nabot-Novelle" (1978), in: *Studien*, BZAW 227, 1994, 155–177; Ders., *Bücher der Könige*, ATD 11,2, 1984, 245–253; Smend, „Elijah", in: Burden/Le Roux, *Old Testament Essays IV*, 1986, 39–44; Timm, *Dynastie Omri*, FRLANT 124, 1982, 111–136, sieht in V17–20* eine Erweiterung von 21,1–16, wobei in V19* ein vorgegebenes Prophetenwort vorliege, „das durch eine sekundäre Rahmung V1–16 angepaßt wurde". (128); Beck, *Elia*, BZAW 281, 1999, 54–59.

[242] Vgl. schon Wellhausen, *Composition*, ⁴1963, 282, der von einem nachdeuteronomischen Verfasser spricht; einen dtr Redaktor erwähnt meines Wissens erstmals Benzinger, *Bücher der Könige*, KHC 9, 1899, 116.

zugeordnet[243]. Auch V25–26 werden als dtr Ergänzung verstanden, jedoch aufgrund des erkennbaren Zusatzcharakters einer nachfolgenden dtr Redaktion[244]. Sehr unterschiedlich werden wieder V27–29 beurteilt, die entweder als vordtr angesehen werden[245] oder als dtr[246], zunehmend auch als nachdtr[247].

Für die Fragestellung dieser Arbeit ist die Beurteilung der V17–20 wichtig. Zeigt sich hier eigenständige, vordtr Elija-Tradition oder nicht? Auf dem Hintergrund der Erkenntnisse zu 1 Kön 17–19 ist diese Frage jetzt zu erörtern. Bei der diachronen Analyse können wir uns auf V17–29 beschränken, zumal V1–16 im Wesentlichen unter diachronen Gesichtspunkten problemlos sind[248].

Mit der Wortereignisformel wird in V17 ein Neueinsatz nach der erfolgten Inbesitznahme des Weinbergs durch Ahab geboten, die in 21,16 geschildert ist. Unvermittelt erscheint ein neuer Akteur auf der Bühne, Elija. Er wird hier wie auch noch in 21,28 und vorher schon in 1 Kön 17,1 als „Elija, der Tischbiter" bezeichnet. Einen weiteren Titel erhält er nicht, was auch dem Befund in 1 Kön 17,1; 2 Kön 1,3.8 und 2 Kön 9,36 entspricht. Von Jhwh erhält Elija den Auftrag, Ahab gegenüberzutreten und ihn anzuklagen. In V18b wird zusam-

---

[243] Vgl. z.B. Thiel, „Redaktionsarbeit", in: Emerton, *Proceedings*, VT.S 43, 1991, 160.

[244] Vgl. schon Fohrer, *Elia*, AThANT 53, ²1968, 29; Bohlen, *Fall Nabot*, TThSt 35, 1978, 303f. (DtrN); Timm, *Dynastie Omri*, FRLANT 124, 1982, 130; Würthwein, *Bücher der Könige*, ATD 11,2, 1984, 252 (DtrN); Campbell, *Prophets*, CBQ.MS 17, 1986, 98; Thiel, „Redaktionsarbeit", in: Emerton, *Proceedings*, VT.S 43, 1991, 160; Schniedewind, *CBQ* 55 (1993), 654; Beck, *Elia*, BZAW 281, 1999, 51 (spätdtr); Campbell/O'Brien, *Deuteronomistic History*, 2000, 403 (royal focus, zusammen mit V20); S. Otto, *Erzählung*, BWANT 152, 2001, 135 (sekundär-dtr).

[245] Vgl. z.B. Fohrer, *Elia*, AThANT 53, ²1968, 28f.; Eissfeldt, „Komposition" (1967), in: *KS II*, 1973, 51; Steck, *Überlieferung*, WMANT 26, 1968, 45f.52; Hentschel, *Elijaerzählungen*, EThSt 33, 1977, 18–20 (V29 teilweise dtr überarbeitet); O'Brien, *Hypothesis*, OBO 92, 1989, 203f.; Thiel, „Redaktionsarbeit", in: Emerton, *Proceedings*, VT.S 43, 1991, 162–164; White, *VT* 44 (1994), 74; Dies., *Elijah Legends*, BJSt 311, 1997, 36; Lange, *BN* 104 (2000), 33 (ohne V29bβ).

[246] Vgl. W. Dietrich, *Prophetie*, FRLANT 108, 1972, 21f.47.51; Smend, „Elijah", in: Burden/Le Roux, *Old Testament Essays IV*, 1986, 41f.; H.-C. Schmitt, *Elisa*, 1972, 135; Schniedewind, *CBQ* 55 (1993), 655; Stipp, *Bib.* 76 (1995), 479–488; Beck, *Elia*, BZAW 281, 1999, 59–61; S. Otto, *Erzählung*, BWANT 152, 2001, 128f.

[247] Vgl. Jepsen, „Buße", in: Kuschke/Kutsch, *Archäologie*, 1970, 145–155; Bohlen, *Fall Nabot*, TThSt 35, 1978, 87–90.304–309; Würthwein, *Bücher der Könige*, ATD 11,2, 1984, 247.252f.; Timm, *Dynastie Omri*, FRLANT 124, 1982, 130f.; Rofé, *VT* 38 (1988), 95; S.L. McKenzie, *Trouble*, VT.S 42, 1991, 68f.

[248] Vgl. vor allem die ausführliche Analyse bei Bohlen, *Fall Nabot*, TThSt 35, 1978, 44–71.

menfassend unter Verwendung derselben Verben (שׁרי, ירד) die Situation von V16 aufgegriffen. Insofern stellen sich V17f. als Fortsetzung von V16 dar. Auffällig ist jedoch, dass neben Elija auch König Ahab erneut vorgestellt wird. Er wird aber nicht als „König von Samaria" wie in 21,1 bezeichnet, sondern als מלך־ישׂראל, versehen mit der näheren Erläuterung, dass Ahab in Samaria wohnt. Dadurch wird der Eindruck erweckt, als sei der Handlungsort des Geschehens Samaria, während in 21,1–16 nur Jesreel als Handlungsort in Frage kommt[249].

Verblüffenderweise ist Ahab allein Adressat des Auftrages von JHWH an Elija, obwohl Isebel als eigentliche Initiatorin des Justizmordes an Nabot in 21,1–16 erscheint.

Zusammen mit der Verlegung des Geschehensortes nach Samaria ist dies der wichtigste Grund, V17ff. von dem Vorhergehenden abzuheben.

Dabei ist aber vorauszusetzen, dass in V16 ein befriedigender Erzählschluß vorliegt. In V2–3 wird nach der einleitenden Situationsbeschreibung V1aβb der Konflikt zwischen Ahab und Nabot sichtbar. Ahab will den Weinberg Nabots haben und bietet ihm einen Tausch oder einen entsprechenden Kaufpreis an. Nabot weigert sich, darauf einzugehen mit dem emphatischen Ausruf, dass dies doch — offensichtlich religiös legitimiert (vgl. V3bα) — der Erbbesitz seiner Väter sei (נחלת אבתי). Der Konflikt findet seine Lösung in 21,16 mit der Übernahme des Weinbergs durch Ahab[250]. Das unbefriedigende Gefühl, hierin einen Schluß zu sehen, kommt von daher, dass wir — gerade weil die Fortsetzung V17ff. bekannt ist — eine ausdrückliche Bewertung dieses Vorganges vermissen. Doch arbeitet diese Novelle mit subtileren Methoden. Der zentrale Vers liegt in V7 vor[251]. Es geht um eine Beschreibung der Königsherrschaft, der מלוכה על־ישׂראל, die sich bestimmen lässt von „kanaanäischen" Vorstellungen der Königsherrschaft. Sie schreckt nicht

---

[249] Vgl. dazu vor allem NAPIER, *VT* 9 (1959), 366–378; s. auch TIMM, *Dynastie Omri*, FRLANT 124, 1982, 118–121, dessen Fazit, dass der Verfasser von 1 Kön 21,1–16 den Leser im unklaren lässt, wo der Wohnort und der Weinberg Nabots zu lokalisieren sind, allerdings so nicht zutrifft. Zwar wird nicht *expressis verbis* eine Ortsangabe geboten, jedoch ist durch die Beifügung „der Jesreeliter" bei Nabot der Handlungsort eindeutig festgelegt. Erst durch die Angabe in 21,18 entsteht die Unsicherheit. Folgerichtig hat LXX die Zufügung „der Jesreeliter" bei Nabot auch weggelassen.

[250] Vgl. BOHLEN, *Fall Nabot*, TThSt 35, 1978: „Der Konflikt, der sich im ersten Dialog gleich zu Anfang (2b–3b) entzündet hat, ist auf tragische Weise beendet". (71).

[251] Vgl. OEMING, *ZAW* 98 (1986), 372 u.ö.

davor zurück, einen Justizmord durchzuführen. Diese „kanaanäischen" Vorstellungen sind hier personalisiert in der Darstellung
der Isebel[252]. Mit einer solchen Novelle wird das Königtum in seinen grundlegenden Strukturen angegriffen, aber auf eine andere
Weise als es in der prophetischen Sozial- und Königskritik üblich
ist. Die Bewertung des Vorganges liegt im Ablauf des Geschehens
selbst. Hier ist OEMING zuzustimmen, der 21,1–16 und 21,17–20*
auf unterschiedliche Überlieferungskreise zurückführt, wobei er in
der Novelle 21,1–16 einen weisheitlichen Hintergrund vermutet[253].
Von daher gesehen, ist der Erzählablauf 21,1–16* in sich abgeschlossen und verlangt keine weitere Fortsetzung über diesen Vers
hinaus[254].

Damit ist noch nicht die Frage geklärt, ob in 21,17–20* eine eigenständige Elija-Überlieferung bzw. ein Überlieferungsfragment vorliegt
oder ob es sich eher um eine redaktionelle Erweiterung handelt. Die
Verwendung der Wortereignisformel in V17 ist ein erstes Indiz, das
für die zweite Lösung spricht, da sie auch ansonsten Kennzeichen
dtr Redaktionstätigkeit ist[255]. Doch ist damit allein noch kein Urteil
möglich. Vor einem endgültigen Urteil müssen noch weitere Text-
schwierigkeiten in V17–20 behandelt werden.

Wie schon erwähnt, wird Ahab in 21,18a als מלך־ישראל bezeichnet, was in Spannung zu 21,1 steht. Dort wird Ahab als מלך שמרון
bezeichnet. Außerdem wird durch die Relativpartikel אשר ausdrück-

---

[252] Vgl. dazu BOHLEN, *Fall Nabot*, TThSt 35, 1978, 350–367.

[253] Vgl. OEMING, *ZAW* 98 (1986), 378–380.

[254] Die von OEMING, *ZAW* 98 (1986), 354f. aufgeführten Argumente gegen eine
literarkritische Scheidung nach 21,16 sind zu subtil, um überzeugen zu können. Er
überfrachtet die Bedeutung der beiden mit ל gebildeten Infinitive in 21,16, wenn
er darin eine Spannungssteigerung sieht, „ob das böse Spiel auch ein böses Ende
nehmen wird." (365). Gerade wenn man die Einschätzung von OEMING teilt, dass
„in einer lebensweisheitlich-skeptischen Jesreel-Erzählung am Exempel des Falles
Naboth das Thema Macht ‚narrativ durchdacht'" (ebd., 380) wird, ist eine Weiterführung dieser Novelle nicht erforderlich. Auch die synchrone Analyse von WALSH,
JBL 111 (1992), 193–211, der in seiner „stylistic analysis" zu zwei „subunits" kommt,
die V1–16 und V17–29 umfassen, wobei beide Teile noch einmal eine konzentrische Struktur aufweisen, stützt eine literarkritische Trennung nach V16; vgl. jetzt
auch die umsichtige Argumentation bei LANGE, *BN* 104 (2000), 34–37, der von
einer Gleichniserzählung spricht und auf Texte aufmerksam macht, die beim
Hörer/Leser Emotionen zugunsten einer bestimmten, nicht ausgesprochenen Forderung
erwecken. Er rechnet hierzu Gen 22; 34; Ri 9,8–15; 2 Sam 12,1–4 und die
Jonaerzählung.

[255] Vgl. dazu oben Abschnitt 2.1.1.

lich auf den Residenzort Samaria hingewiesen. Das asyndetisch folgende הנה lässt den Eindruck aufkommen, als sei der Weinberg
Nabots in Samaria anzusiedeln. Es kommt hinzu, dass in V18b vom
„Weinberg Nabots" die Rede ist, während vorher immer vom „Weinberg Nabots, des Jesreeliters" gesprochen wurde[256]. V18b greift die
Aussage von V16b wieder auf und durch die Partikel שם wird die
schon durch הנה hervorgetretene Absicht noch unterstrichen, Samaria
als Handlungsort erscheinen zu lassen. Was ist nun der Grund für
diese Änderung? Ist er darin zu sehen, dass in 21,17ff. eine Tradition
vorliegt, die den Vorfall in Samaria ansiedelt und eine Variante von
2 Kön 9,25f. darstellt? Eine redaktionelle Deutung der Verlegung
nach Samaria ist naheliegender.

In 21,19b wird von Elija angekündigt, dass die Hunde das Blut
Ahabs an dem Ort des Nabot-Vorfalls lecken werden. In 1 Kön
22,37f., dem Abschluß der alten Überlieferung, war Samaria als
Ort des Todes des israelitischen Königs vorgegeben. Gleichzeitig
wird der Tod des Königs als ein gewaltsamer Tod beschrieben,
mit dem die dtr Rahmennotiz in 1 Kön 22,39 noch nicht rechnete und der auch in Spannung mit 21,27–29 steht, wo berichtet wird, dass aufgrund der Buße Ahabs das Gericht erst zu Zeiten
seines Sohnes vollzogen werden wird, ein Hinweis auf 2 Kön 9f.
Da sich noch zeigen wird, dass 1 Kön 20; 22 später in das DtrG
eingefügt wurden, ist V19b als sekundärer Ausgleichsversuch anzusehen, der von der Notwendigkeit geleitet wurde, das Ende Ahabs
auch durch Elija ankündigen zu lassen. Dies führte dazu, in 21,19b,
das durch die doppelte Redeeinleitung ודברת אליו לאמר mit der
folgenden Botenformel eindeutig als Einschub gekennzeichnet ist[257],
die Ankündigung des gewaltsamen Endes von Ahab durch Elija
einzufügen und in 22,38 die Erfüllung dieser Ankündigung zu
sehen. Die Erzählung 1 Kön 22*, in der der israelitische König
sekundär mit Ahab identifiziert wurde, gab dabei den Handlungsort
Samaria vor (22,37f.). Das Lecken des Blutes durch die Hunde
wurde aus 22,38 in 21,19b übernommen, weil es eine Formulierung
bot, die in etwa mit der dtr Androhung an die Dynastie in Einklang
stand, dass die Mitglieder der Familie Ahabs, die sich in der
Stadt aufhalten, von Hunden gefressen werden (21,24; vgl. die

---

[256] Vgl. BOHLEN, *Fall Nabot*, TThSt 35, 1978, 72.
[257] Vgl. dazu STIPP, *Elischa*, ATSAT 24, 1987, 468f.

entsprechenden Androhungen in 1 Kön 14,10–11; 16,1–4). Aufgrund der Nähe der Formulierung, dass die Hunde das Blut des Königs leckten, zu 21,24 ist auch klar, dass das in 1 Kön 22,38 erwähnte Waschen der Dirnen in diesem Blut am Teich von Samaria in 21,19b nicht übernommen wurde. Der Zweck, den gewaltsamen Tod Ahabs durch Elija ankündigen zu lassen, war mit der Übernahme des Blutleckens durch die Hunde erfüllt.

Die Differenzen zwischen 21,19b und 22,38 sind demnach auf Ausgleichversuche zwischen divergierenden Überlieferungen zurückzuführen; die Annahme eines eigenständigen Prophetenwortes von Elija gegenüber Ahab ist unnötig[258].

Der klar erkennbare Zusatz 21,19b und die auf den ersten Blick verwunderliche Lokalisierung des Nabot-Vorfalls in Samaria durch 21,18b liegen demnach auf einer Textebene[259]. Wegen des Ausgleichs mit 1 Kön 20; 22 ist auch der Titel Ahabs in 21,18a eingefügt worden; er ist nicht als Indiz für eine eigenständige Überlieferung zu werten. Denn in 1 Kön 20; 22 ist die Rede von einem מלך ישראל. Da Ahab in 1 Kön 20; 22 sekundär mit dem israelitischen König identifiziert wurde, ist der Titel מלך־ישראל in 21,18a nachgetragen worden.

In V20 wendet Ahab sich unvermittelt an Elija; die in V18 mit dem Auftrag Jhwhs an Elija קום רד לקראת אחאב verbundene Begegnung mit Ahab wird vorausgesetzt; ein überleitender Satz wie z.B. in 18,17 fehlt, ebenso ein Hinweis, dass Elija sich auf den Weg gemacht habe oder Ahab getroffen hat. Die Rede Ahabs wird direkt an die Jhwh-Rede angeschlossen. Die Frage, mit der Ahab den Dialog mit Elija eröffnet, hat die Schwierigkeit, dass die Ereignisse, die König Ahab Elija als „mein Feind" apostrophieren lassen, aus dem Kontext nicht zu erheben sind[260]. Es legt sich deshalb eine andere Erklärung nahe, die auf der redaktionellen Ebene liegt. Die Gestaltung des Dialogs weist Ähnlichkeit mit 1 Kön 18,17f. auf. Auch hier wird der Dialog vom König mit einer Frage eröffnet, die gleichzeitig eine Anklage ist. Zusammen mit der fehlenden Überleitung

---

[258] Ebenfalls als sekundäre Ergänzung sehen V19b W. Dietrich, *Prophetie*, FRLANT 108, 1972, 27f.; Jones, *Kings*, NCBC, 1984, 358; S.L. McKenzie, *Trouble*, VT.S 42, 1991, 67.

[259] Anders Bohlen, *Fall Nabot*, TThSt 35, 1978, 75, der in V18b*c das Verbindungsstück zwischen dem Traditionsfragment 21,17–20* und 21,1–16 sieht.

[260] Vgl. auch Bohlen, *Fall Nabot*, TThSt 35, 1978, 75.

von der Jhwh-Rede zur Begegnung zwischen Elija und Ahab lassen
sich diese Beobachtungen am besten unter der Voraussetzung integrieren, dass die Begegnungsszene auf redaktionelle Gestaltung zurückzuführen ist, die 1 Kön 17f. mit im Blick hatte.

Das vielfach angenommene Ende des ursprünglichen Zusammenhangs oder eines Traditionsfragmentes in V20bα wirft Fragen auf.
Ist ein Ende so vorstellbar? Oder ist mit einem Textausfall zu rechnen?

Beide Möglichkeiten sind unnötig, wenn man insgesamt die redaktionelle Gestaltung dieser Szene berücksichtigt. Der Text wird folgerichtig mit einer dtr Verurteilung der Dynastie Ahabs fortgesetzt.
Der Rückbezug auf die Gerichtsansagen gegen Jerobeam und Bascha
in V22 macht deutlich, dass die Verse Teil einer übergreifenden
Redaktion sind, die Terminologie macht klar, dass es sich um eine
dtr Redaktion handelt[261]. Auch wenn zuzugestehen ist, dass mit
Ausnahme der Wortereignisformel in 21,17 dtr Terminologie in
21,17–20bα fehlt, so zeigt sich doch, dass ein Verständnis von
21,17–20* als Traditionsfragment größere Schwierigkeiten bereitet,
unter der Voraussetzung des redaktionellen Einschubs von 21,19b
sogar unmöglich ist. Einen weiteren Grund als den Einsatz dtr
Formulierungen gibt es aber nicht, den Text ab 21,20bβ von dem
vorhergehenden Text abzusetzen. V17–18a*(ohne מלך־ישראל).19a.20–22
sind demnach als einheitlicher Text zu sehen, in dem durch Elija
Ahab die Vernichtung der Dynastie der Omriden angedroht wird.

In V23 fällt dann erstmals in 21,17ff. der Name Isebel. Durch
diesen Vers wird der Zusammenhang zwischen V22 und V24 klar
unterbrochen. Am sinnvollsten ist es, auch hier mit einer redaktionellen Erweiterung zu rechnen. Die Ergebnisse zu 1 Kön 17–19
haben deutlich gemacht, dass eine zweite dtr Redaktion, die Isebel
und die Israeliten belastet, 1 Kön 19 in das dtrG eingefügt hat. Auf
diese Redaktion ist V23 zurückzuführen[262].

In V25 wird Isebel erneut erwähnt als diejenige, die Ahab zu seinem verwerflichen Tun angestiftet hat. V25–26 sind schon formal
durch den unvermittelten Übergang von der Rede in den erklären-
den Stil eines Erzählers, der außerhalb des Geschehens steht, vom
vorhergehenden Text abgegrenzt. Dabei wird an Formulierungen

---

[261] Dass hier dtr Sprache einsetzt, braucht nicht mehr bewiesen zu werden, vgl.
Thiel, „Redaktionsarbeit", in: Emerton, *Proceedings*, VT.S 43, 1991, 160.
[262] Zu den textkritischen Schwierigkeiten des בהל in V23 vgl. überzeugend Bohlen,
Fall Nabot, TThSt 35, 1978, 85 Anm 138.

von V20 angeknüpft[263]. Gleichzeitig wird durch den Hinweis auf die Amoriter, deren Gebräuche Ahab nachgeahmt haben soll, eine Parallele zu Manasse hergestellt (2 Kön 21,11), ein Text, der einer zweiten dtr Redaktion zuzuschreiben ist[264].

V27–29 schließt gut an V24 an, indem es die Reaktion Ahabs auf die Ankündigungen Elijas vermeldet[265]. Dass es sich um einen nachdtr Zusatz handelt, der in die Nähe des Chronisten zu rücken ist, ist durch die Arbeiten von STIPP[266] und THIEL[267] widerlegt worden.

Die abschließende Szene wird in V27 wiederum mit ויהי eingeleitet, wie schon in 21,17. Hier begegnet auch wieder die Bezeichnung Elijas als „der Tischbiter". Bedenkt man nun, dass diese dtr Redaktion zu einem Zeitpunkt arbeitete, an dem 1 Kön 19*; 20*; 22* noch nicht in das DtrG integriert waren, so ist eine Zuordnung zu DTR I unumgänglich. V27–29 können gut den Abschluß der Ahab-Überlieferung in DTR I gebildet haben, an den sich ohne weiteres die Abschlußformel 1 Kön 22,39 anschließen lässt. Von einem gewaltsamen Ende Ahabs ist hier noch keine Rede; natürlich heißt das auch nicht, dass DTR I Ahab wohlgesonnen war. Er überbrückte mit der Darstellung des bußbereiten Ahab die Schwierigkeit, dass erst unter dem Omriden Joram das „Haus Ahabs" hinweggefegt wurde (2 Kön 9f.).

Die Untersuchung von 21,17–29 hat zu folgendem Ergebnis geführt: Die Verbindung des Nabot-Vorfalls mit Elija ist erst durch einen dtr Redaktor vollzogen worden. Es handelt sich dabei um die grundlegende dtr Redaktion, DTR I. Zu ihr gehören 21,17–18a* (ohne מלך־ישראל).19a.20–22.24.27–29.

Auf dieser Textebene folgte der Nabot-Vorfall (1 Kön 21,1aβ) direkt auf 1 Kön 18,45b, wo Ahab sich nach Jesreel aufmacht. Erst die Integration von 1 Kön 19; 20; 22 in DtrG machte die Einschaltungen 21,18a*b.19b notwendig und in 1 Kön 18 die Einfügung von V46. Auf den Isebel belastenden Redaktor, der 1 Kön 19 eingefügt hat, gehen V23 und die ebenfalls Isebel erwähnenden Verse 25f. zurück. Es spricht nichts dagegen, dass die durch die Einfügung ins-

[263] Vgl. BOHLEN, *Fall Nabot*, TThSt 35, 1978, 87.

[264] Vgl. LOHFINK, *Rückblick*, 1984, 183f.

[265] Vgl. SCHNIEDEWIND, *CBQ* 55 (1993), 654.

[266] Vgl. STIPP, *Elischa*, ATSAT 24, 1987, vor allem 436–438; DERS., *Bib.* 76 (1995), 479–488.

[267] Vgl. THIEL, „Redaktionsarbeit", in: EMERTON, *Proceedings*, VT.S 43, 1991, 159–165.

besondere von Kapitel 22 notwendig gewordenen Erweiterungen 21,18a* (nur מלך־ישראל)b.19b, die den Handlungsort des Nabot-Vorfalls nach Samaria verlagern, auf diesen Redaktor zurückgehen; sicher beweisen lässt sich dies allerdings nicht.

2.3. *2 Kön 1*

Eine letzte Elija-Überlieferung innerhalb der Königsbücher liegt in 2 Kön 1 vor. Wie in 1 Kön 17–18 und 1 Kön 21,17ff. ist auch hier das Verhältnis zwischen König und Prophet konfliktbeladen. Allerdings handelt es sich nicht mehr um Ahab, sondern um seinen Sohn und Nachfolger Ahasja, mit dem Elija eine Auseinandersetzung hat. Elija wird in 2 Kön 1,3.8 wie in 1 Kön 17,1; 21,17.28 als „Elija der Tischbiter" bezeichnet. Neben dieser Bezeichnung wird in V9.10.11.12.13 noch der Titel „Gottesmann" verwendet, wie ansonsten für Elija bisher nur in 1 Kön 17,17–24; dieser Text wurde oben einer späten — Elija und Elischa verbindenden — Redaktion zugeordnet. Auffällig ist, dass der Name Elija öfters in der Kurzform אליה (V3.4.8.12) gebraucht wird, die Langform, die bisher ausschließlich verwendet wurde, zeigt sich in 1,10.13.15.17.

Meist wird in 2 Kön 1 mit zwei Textschichten gerechnet, wobei V9–16 mit ihrem konzentrierten Vorkommen des Titels „Gottesmann" als Ergänzung angesehen werden[268]. Mit drei Textschichten rechnen HENTSCHEL[269], WÜRTHWEIN[270], BECK[271] und

---

[268] Vgl. z.B. FOHRER, *Elia*, AThANT 53, ²1968, 52; STECK, *EvTh* 27 (1967), 546–556; JONES, *Kings*, NCBC, 1984, 376; CAMPBELL, *Prophets*, CBQ.MS 17, 1986, 98f.; O'BRIEN, *Hypothesis*, OBO 92, 1989, 197; THIEL, „Redaktionsarbeit", in: EMERTON, *Proceedings*, VT.S 43, 1991, 156–59; CAMPBELL/O'BRIEN, *Deuteronomistic History*, 2000, 409f. KOCH, *Formgeschichte*, ³1974, 228f., begrenzt den Einschub auf V9–15 und sieht in dem „Boten JHWHS" in V3.15 einen Zuwachs aus nachexilischer Zeit; SEEBASS, Art. „Elia", *TRE* 9, 1982, 498, klammert noch V3b.4 aus der frühesten Tradition aus.
Zu der zuerst bei BENZINGER, *Bücher der Könige*, KHC 9, 1899, 127, vertretenen Auffassung, dass der Einschub schon in V5 beginne, vgl. zuletzt die Abweisung bei McKENZIE, *Trouble*, VT.S 42, 1991, 93. McKENZIE selbst sieht in V9–16 einen „independent account" (93), der von einem Autor mit der Konsultationserzählung zusammengefügt wurde; für ihn ist also 2 Kön 1,2–17aα literarkritisch einheitlich.
[269] Vgl. HENTSCHEL, *Elijaerzählungen*, EThSt 33, 1977, 9–14; DERS., „Wurzeln", in: REINDL, *Alttestamentliche Aufsätze*, 1981, 49; DERS., *2 Könige*, NEB, Lieferung 11, 1985, 6f.; DERS., „Elija", in: E. HAAG, *Gott*, 1985, 54–57; HENTSCHEL differenziert unter traditionsgeschichtlichem Aspekt noch weiter und sieht den ursprünglichen Kern der Überlieferung in V2.5–8, vgl.; DERS., *Elijaerzählungen*, EThSt 33, 1977, 145–148.
[270] Vgl. WÜRTHWEIN, *Bücher der Könige*, ATD 11,2, 1984, 266–269.
[271] Vgl. BECK, *Elia*, BZAW 281, 1999, 139–149. Der Grundbestand liege in 2

O<small>TTO</small>[272]; natürlich wird auch die Einheitlichkeit der Erzählung verteidigt[273].

Die Grunderzählung wird von der Mehrzahl der Exegeten als alt angesehen[274]. Eine Ausnahme bildet hier W<small>ÜRTHWEIN</small>, der den von ihm angenommenen mehrstufigen Entstehungsprozeß erst in der nachdtr Zeit beginnen lässt[275].

Dass diese Erzählung erst auf einer späteren Stufe in das DtrG eingefügt wurde und noch nicht im Text der grundlegenden dtr Redaktion enthalten war, hat zuerst D<small>IETRICH</small> behauptet[276].

Ohne Bezug zur folgenden Erzählung ist die Notiz vom Abfall Moabs in 2 Kön 1,1. Sie zielt eindeutig auf 2 Kön 3, wo von einem Feldzug gegen Moab berichtet wird. Der Zusammenhang mit dem Tod Ahabs lässt die Stellung dieser Notiz, die wohl geschichtlich zuverlässig sein dürfte (vgl. 2 Kön 3,5), nach der dtr Rahmennotiz zu König Ahasja als sinnvoll erscheinen.

Mit V2 beginnt dann die eigentliche Erzählung; in V2a wird knapp die notwendige Hintergrundinformation für das folgende Geschehen geboten: Ahasja verletzt sich bei einem Fall durch das Gitter des Obergemachs. Trotz des fehlenden Titels bei Ahasja ist damit ein selbständiger Textanfang gegeben. Die Erzählung endet in V17 mit

---

Kön 1,2.5–8.17aα vor, eine erste Erweiterung in V9–14.15b–16, die zur Feindschaftsbearbeitung zu rechnen sei, von DtrS stamme dann V3–4.15a.

[272] Vgl. S. O<small>TTO</small>, *Erzählung*, BWANT 152, 2001, 147–149.

[273] Vgl. z.B. L<small>UNDBOM</small>, *JJS* 24 (1973), 39–50; B<small>EGG</small>, *JSOT* 32 (1985), 75–86; vor allem R<small>OFÉ</small>, *Stories*, 1988, 33–40, der 2 Kön 1 als „epigonic devolution" der prophetischen *legenda* einstuft; Á<small>LVAREZ</small> B<small>ARREDO</small>, *Elias y Eliseo*, 1996, 51–53.

[274] Vgl. S<small>TECK</small>, *EvTh* 27 (1967), 547, der an die Zeit der Aramäerkriege denkt; H<small>ENTSCHEL</small>, „Elija", in: E. H<small>AAG</small>, *Gott*, 1985, 56f., rechnet für den von ihm angenommenen Traditionskern sogar mit der Lebenszeit Ahasjas; C<small>AMPBELL</small>, *Prophets*, CBQ.MS 17, 1986, 98f., ordnet 2 Kön 1, 2–8.17aα in den „Prophetic Record" ein; geteilt wird diese Auffassung von O'B<small>RIEN</small>, *Hypothesis*, OBO 92, 1989, 197; ebs. C<small>AMPBELL</small>/O'B<small>RIEN</small>, *Deuteronomistic History*, 2000, 409f.; mit einer frühen Tradition rechnet auch T<small>HIEL</small>, „Redaktionsarbeit", in: E<small>MERTON</small>, *Proceedings*, VT.S 43, 1991, 165–169; S. O<small>TTO</small>, *Erzählung*, BWANT 152, 2001, 149f., denkt an die ausgehende Zeit der Jehu-Dynastie (um 750); B<small>ECK</small>, *Elia*, BZAW 281, 1999, 145f., hält die Erzählung auch noch für vorexilisch, aufgrund der Nähe zur klassischen Prophetie kommt jedoch für ihn frühestens das ausgehende 8. Jahrhundert in Frage.

[275] Vgl. W<small>ÜRTHWEIN</small>, *Bücher der Könige*, ATD 11,2, 1984, 271; R<small>OFÉ</small>, *Stories*, 1988, 33–40, spricht sich aufgrund sprachlicher und ideologischer Indizien für eine Entstehung in der Zeit des Zweiten Tempels aus.

[276] Vgl. W. D<small>IETRICH</small>, *Prophetie*, FRLANT 108, 1972, 125–127; dies wird offensichtlich auch von H<small>ENTSCHEL</small> geteilt (vgl. „Elija", in: E. H<small>AAG</small>, *Gott*, 1985, 54f.); W<small>ÜRTHWEIN</small>, *Bücher der Könige*, ATD 11,2, 1984, 271, rechnet 2 Kön 1* zu den nachdtr Erweiterungen; auch für S.L. M<small>C</small>K<small>ENZIE</small>, *Trouble*, VT.S 42, 1991, 93–94, gehört 2 Kön 1* zu den späteren Erweiterungen von DtrG.

dem Tod Ahasjas, der in V2a eröffnete Spannungsbogen schließt
sich. Es handelt sich demnach bei 2 Kön 1,2–17 um eine inhaltliche geschlossene Erzählung, die ohne weiteres einmal selbständig
bestanden haben kann.

Seit Noth sind Zweifel vorhanden, ob nicht ursprünglich ein anderer Königsname mit der Erzählung verbunden war[277]. Vergleicht man
2 Kön 1 jedoch mit 1 Kön 20; 22, wo unzweifelhaft eine sekundäre
Identifizierung des israelitischen Königs mit Ahab stattgefunden hat,
so lässt sich in dieser Erzählung keinerlei Indiz erkennen, das auf
einen ähnlichen Vorgang schließen lässt[278]. Der Name Ahasja ist deshalb als ursprünglich anzusehen. Der Fall durch das Gitter veranlaßt Ahasja, Boten zu Baal-Zebul[279] zu senden, offensichtlich um ihn
über sein ungewisses Schicksal zu befragen; über eine Heilung durch
den Gott steht im Text nichts. Demnach ist aufgrund der Parallelen
eher von einer Befragung auszugehen. In V3 wird Elija in die
Erzählung eingeführt. Ein יהוה מלך spricht zu ihm und erteilt ihm
den Auftrag, den von Ahasja ausgesandten Boten entgegenzutreten.

Die Funktion des מלאך als Übermittler des Jhwh-Wortes ist singulär im prophetischen Schrifttum, sieht man einmal von dem
angelus interpres bei Sacharja ab. Eine ähnliche Funktion des „Boten"
liegt noch in 1 Chr 21,18 vor. Außerdem begegnet der מלאך nur
noch in der Erweiterung in V15f. Deshalb trifft den Sachverhalt

---

[277] Noth , *Studien*, [3]1967, 83; ihm folgen W. Dietrich, *Prophetie*, FRLANT 108,
1972, 125; Würthwein, *Bücher der Könige*, ATD 11,2, 1984, 268; Zweifel hegt auch
Thiel, „Redaktionsarbeit", in: Emerton, *Proceedings*, VT.S 43, 1991, 156, bleibt aber
unentschieden.

[278] Schon Hentschel, *Elijaerzählungen*, EThSt 33, 1977, 11, weist daraufhin, dass
Noth seine Ansicht nicht weiter begründet; für die Ursprünglichkeit des Königsnamens
sprechen sich auch Beck, *Elia*, BZAW 281, 1999, 145 und S. Otto, *Erzählung*,
BWANT 152, 2001, 144 Anm 122, aus.

[279] Baal-Zebub — „Fliegenbaal" ist eindeutig eine Entstellung aus Baal-Zebul;
kennzeichnend für Baal ist die ugaritisch belegte Wurzel *zbl* — „Fürst"; s. schon
Fohrer, *Elia*, AThANT 53, [2]1968, 82f.; Hentschel, „Elija", in: E. Haag, *Gott*,
1985, 58 Anm 20; vorher schon Ders., *Elijaerzählungen*, EThSt 33, 1977, 304 Anm
880; vgl. auch Preuss, *Verspottung*, BWANT 92, 1971, 101f.; anders jüngst Tångberg,
SJOT 6 (1992), 293–296, der auf den religiösen Symbolgehalt der „Fliege" im Alten
Orient hinweist und an die lokale Verehrung einer Statue Baals mit Fliegen-Attributen
denkt; ähnlich auch Ahlström, *History*, JSOT.S 146, 1993, 588 Anm 1. Hierfür
gibt es jedoch keine Belege, so dass die herkömmliche Deutung von *zbb* als
Verballhornung aus *zbl* immer noch die größere Wahrscheinlichkeit für sich hat,
zumal die Form Baal-Zebul auch in Mk 3,22; Mt 12,24.27; Lk 11,18–19 belegt ist;
vgl. jetzt auch Beck, *Elia*, BZAW 281, 1999, 148 Anm 579, 276f. Anm 567;
S. Otto, *Erzählung*, BWANT 152, 2001, 146 Anm 132.

wohl am besten die Auffassung von PLÖGER, der die Einfügung des מלאך in V3 im Zusammenhang der Erweiterung V9–16 sieht[280]. Die Form der direkten JHWH-Rede gegenüber dem Propheten zeigt sich in früher Zeit auch schon bei Samuel (1 Sam 9,15; 15,1).

HENTSCHEL sieht eine Diskrepanz von V3f. zu dem folgenden Geschehen, da durch die Einführung Elijas in V3f. das Rätsel, wer den Boten des Königs entgegengetreten sei, schon vorzeitig gelöst sei. Einen weiteren Grund für die (traditionsgeschichtliche) Abtrennung erkennt HENTSCHEL in dem unklaren syntaktischen Bezug des אליו in V5. Schließlich weist auch die Anklage in V3 und V6 eine Änderung auf, die die Boten miteinbezieht[281]. Diese Gründe vermögen jedoch nicht zu überzeugen:

1) Dass in dem Auftrag V3bα der Plural verwendet wird, ergibt sich zwangsläufig aus der vorhergehenden Erwähnung der מלאכי מלך־שמרון in V3aβ.

2) Das Suffix in V5a ist durch das vorhergehende המלאכים vollkommen klar, zumal im Hebräischen gern auf die ausdrückliche Erwähnung eines Subjektes verzichtet wird

3) Von einer vorzeitigen Spannungslösung kann keine Rede sein; es ist im Gegenteil ein spannungsförderndes Element, wenn auf der Erzählebene der oder die Urheber einer Entwicklung bereits bekannt sind, während die Akteure noch im Dunkeln tappen. Von daher ist der Auffassung von HENTSCHEL nicht zu folgen[282].

In V5–8 gibt es keine überzeugenden Indizien, die einen Grund zur literarkritischen Trennung geben würden.

Die Gründe für die Sicht von V9–16 als einem Einschub hat HENTSCHEL zusammengestellt[283]. Dass es sich bei diesem Einschub um eine selbständige Tradition handeln könnte, ist aufgrund der feh-

---

[280] Vgl. PLÖGER, *Prophetengeschichten*, 1937, 21; KOCH, *Formgeschichte*, ³1974, 229, der darin eine nachexilische Erweiterung sieht; dagegen RÖTTGER, *Mal'ak*, RSTh 13, 1978, 211, allerdings nicht mit überzeugenden Gründen. Auch FOHRER, *Elia*, AThANT 53, ²1968, 52 Anm 24, sieht in dem Boten einen späteren Zusatz; für möglicherweise ursprünglich hält STECK, *EvTh* 27 (1967), 548 Anm 16 den מלאך.

[281] Vgl. HENTSCHEL, „Elija", in: HAAG, *Gott*, 1985, 58; vorher auch schon DERS., *Elijaerzählungen*, EThSt 33, 1977, 146.

[282] Zu WÜRTHWEIN, *Bücher der Könige*, ATD 11,2, 1984, 269, der in V3–4.15a eine Erweiterung aus frühjüdischer Zeit sehen will, vgl. HENTSCHEL, „Elija", in: E. HAAG, *Gott*, 1985, 58 Anm 15.

[283] Vgl. HENTSCHEL, „Elija", in: E. HAAG, *Gott*, 1985, 55.

lenden Einleitung und des Rückbezuges in V16 auf 1,2–5 ausgeschlossen[284].

Fraglich bleibt jedoch die Zuordnung des Einschubs V9–16. Deutlich sind Verbindungen zu 17,17–24 zu erkennen, wo Elija ebenfalls als „Gottesmann" bezeichnet wird, außerdem zeigen sich Übereinstimmungen mit einem Prophetenbild, wie es in der Elischa-Tradition begegnet, wo Elischa die jungen Leute aus Bet-El bestraft (2 Kön 2,23–25) und Gehasi den Aussatz des Naaman überträgt (2 Kön 5,27). Gleichzeitig zeigt sich im Verhalten gegenüber den Soldaten eine Unberechenbarkeit des Propheten, die schon die Witwe in 1 Kön 17,18 ausdrückte und die sich auch in der Angst Obadjas in 1 Kön 18,12 zeigt. Diese Verse sind demnach der späten Redaktion zuzuschreiben, die eine stärkere Verbindung zwischen Elija und Elischa herstellen will, der Isebel-Schicht[285].

Zu klären bleibt noch der Abschluß in V17. Konstitutiv für den Abschluß eines solchen Textes ist die Feststellung, dass die Ankündigung eingetroffen ist (vgl. 17,16). Diese Feststellung ist mit וימת gegeben.

Der folgende Text bietet dann noch die Erfüllungsnotiz כדבר יהוה אשר־דבר אליהו wie sie im allgemeinen auf dtr Textebene formuliert wird[286]. DIETRICH und THIEL sehen darin den Abschluß des ursprünglichen Textes[287]. In der Tat ergibt sich so ein nachvollziehbares Textende. Im Unterschied zu der dtr Einfügung in 1 Kön 17,16* ist keine Rede davon, dass das JHWH-Wort durch (ביד) Elija ergeht, was den Akzent auf eine bloße Weitergabe des JHWH-Wortes durch den Propheten legt. Demgegenüber geht es in 2 Kön 1,17 um die Identifikation des Prophetenwortes mit dem JHWH-Wort. Elija spricht das JHWH-Wort. Kennzeichen dieser Identifikation finden sich innerhalb der Elischa-Tradition in 2 Kön 4,42–44 und in der sekundären Ausgestaltung von 2 Kön 2,19–22 durch die Botenformel, ohne dass diese Texte auf eine dtr Redaktion zurückgeführt werden können. Die ausdrückliche Identifikation von Prophetenwort und JHWH-Wort ist auch in 2 Kön 7,1.16f. gegeben.

---

[284] Gegen S.L. MCKENZIE, *Trouble*, VT.S 42, 1991, 93f.; BUIS, *Le Livre des Rois*, SBi 1997, 179.

[285] In der Zuordnung von 2 Kön 1,9–16 und 1 Kön 17,17–24 zu derselben Textschicht stimme ich mit LEVIN, *ThZ* 48 (1992), 336, überein.

[286] Vgl. dazu oben zu 1 Kön 17,16.

[287] Vgl. W. DIETRICH, *Prophetie*, FRLANT 108, 1972, 125; THIEL, „Redaktionsarbeit", in: EMERTON, *Proceedings*, VT.S 43, 1991, 158.

Diese Stellen zeigen, dass es offensichtlich eine theologische Reflexion
gab, die zunehmend das Wort des Nabi/Gottesmannes, auf das
noch ausdrücklich in der ursprünglichen Fassung von 17,10–16*
rekurriert wird, mit dem Jhwh-Wort identifizierte. Dies zeigt sich
vor allem am Gebrauch der Botenformel, die insgesamt nicht
sehr häufig in frühen Prophetentexten begegnet. Die formelhafte
Ausprägung dieser Sicht, wie sie sich dann vor allem in der
Wortereignisformel zeigt, geht allerdings erst auf dtr Reflexion
zurück, die im Wort Jhwhs eine stärker eigenständige Größe sah,
die den Propheten eher als Vehikel einer von ihm unabhängig
gedachten Größe דבר יהוה sah.

An V17aα hat sich dann direkt die Rahmennotiz für Ahasja V18
angeschlossen, während V17aβγδb Einschub ist. Diese Sicht gilt es
zu begründen. In dem Einschub wird die Thronbesteigung Jorams
in Israel erwähnt; sie wird noch einmal wiederholt in 2 Kön 3,1.
Die Angaben differieren jedoch. Nach 1,17 besteigt Joram von Israel
im zweiten Jorams von Juda den Thron, nach 2 Kön 3,1 im 18.
Jahr Joschafats. Dies deutet auf differierende chronologische Systeme,
einer Frage, der hier nicht weiter nachgegangen werden kann[288]. Der
Grund jedoch für die Einfügung ist auf redaktioneller Ebene zu
sehen. Dabei muß schon ein Ergebnis vorausgesetzt werden, das sich
erst bei der Elischa-Tradition ergeben wird. Große Teile der Elischa-
Tradition waren in der Grundschrift des DtrG noch nicht vertreten,
darunter auch 2 Kön 2[289]. Damit fällt 2 Kön 2 aus dem ansonsten
lückenlos bezeugten System der dtr Rahmenformulierungen zu
den Königen heraus, in das auch die Erzählungen über prophetische Gestalten in die Königsgeschichte ansonsten eingliedert sind.
Dies machte es notwendig, die Thronbesteigung Jorams von Israel
schon in 1,17 zu erwähnen[290]. Dieser Redaktor ist nach DTR I tätig
geworden[291].

Die Sicht von Dietrich, der V17 als Argument dafür verwendet,
dass 2 Kön 1 erst durch DtrP in den Zusammenhang eingefügt

---

[288] Vgl. dazu vor allem Stipp, *Elischa*, ATSAT 24, 1987, 63–87.
[289] Vgl. dazu weiter unten Kapitel III.
[290] Zu diesem Schluß kommt auch Stipp, *Elischa*, ATSAT 24, 1987, 87.449f.
[291] Ein eigenes Problem stellt die griechische Überlieferung dar, die V17aβγδ erst
nach der Schlußformel für Ahasja bietet und damit eine Textglättung vornimmt.
Sie hat außerdem ein Textplus. Zur Diskussion vgl. Stipp, *Elischa*, ATSAT 24, 1987,
63–65.

wurde, ist abzulehnen[292]. Dagegen spricht, dass sich auf der Textebene der ersten dtr Redaktion ein durchaus kohärentes Bild ergibt. Es zeigt Elija in Auseinandersetzung mit dem Königshaus (1 Kön 17–18*; 21*; 2 Kön 1*), das in 16,29ff. als abtrünnig von Jhwh dargestellt wird. Die Akzeptanz des Gottesurteils auf dem Karmel und die Buße in 21,27–29 verhindern jedoch den Direktvollzug der Drohungen gegenüber den Omriden; sie werden erst durch den Jehu-Putsch weggefegt.

3. Kompositions- und redaktionskritische Folgerungen

3.1. Die vordeuteronomistische Überlieferungsstufe

3.1.1. Die Dürre-Karmel-Komposition (1 Kön 17,1–18,45a*)

Die diachrone Analyse hat ein relativ einfaches Bild ergeben. Ein erster größerer vordtr Textkomplex unter Einschluß der Karmelszene liegt in der Dürre-Karmel-Komposition (DKK) vor, wobei Einzelüberlieferungen unter dem Rahmenthema der Dürre zu einer größeren kompositorischen Einheit zusammengeschmolzen wurden. Der Prozeß ist noch genau erkennbar bei der Szene am Kerit (17,5b–6), die erst durch V7 mit der Dürresituation in Verbindung gebracht wurde. Ebenso ist die Begegnung Elijas mit der Witwe aus Sarepta (17,10a. 11b–14a*(ohne כה אמר יהוה אלהי ישראל).15a.16a) erst sekundär mit Hilfe von 17,10b.11a.14b mit der Dürresituation verknüpft worden. Nicht so deutlich lässt sich eine Trennung bei der Karmel- und Dürretradition in Kapitel 18 ausmachen. Auch hier ist jedoch klar, dass für die Komposition vorgegebene Materialien verwendet wurden, wie das eigene *setting* der Karmelszene zeigt, ohne dass literarkritisch Trennungen vorgenommen werden konnten.

In den Gesamtanalyen von Beck und Otto verstärkt sich die Tendenz, die frühe Elija-Überlieferung neben 2 Kön 1 auf eine sehr reduzierte Dürrekomposition zu begrenzen bzw. auf eine übergreifende Komposition zu verzichten, vor allem aber die Karmelszene aus dem jetzigen Textzusammenhang ganz zu entfernen. Die von Beck postulierte Dürrekomposition 1 Kön 17,1.5–7.10–14aβγ.15; 18,1aα.2a.41–46, die im ausgehenden 8. Jahrhundert zusammengestellt worden sein soll, wirft jedoch Fragen auf. Es ist unklar,

---

[292] Vgl. dazu ebd., 87 Anm. 62.

welche Intention eine solche Überlieferung gehabt haben könnte. Elija verkündet eine Dürre und kündigt nach einiger Zeit wieder Regen an. Das alles in freundschaftlicher Beziehung zu König Ahab. Im Gegensatz zu anderen Texten wie z.B. den Wunder-Überlieferungen, die die Macht des Divinators in den Vordergrund stellen und auf eine Notsituation reagieren, wird nicht deutlich, was Anlaß und Ziel dieser Texteinheit gewesen sein soll. Ganz willkürlich verhängt Elija eine Dürre und ohne einen erkennbaren Umschwung kündigt Elija den Regen wieder an. Diese Überlieferung bleibt farblos. Durch die Ausgrenzung der Obadjaszene wird zudem darauf verzichtet, dass die Folgen der Dürre dem Adressatenkreis einer solchen Überlieferung mitgeteilt werden. Erst mit der Einbeziehung der Obadjaszene und des Karmelereignisses werden die Ereignisse für den Leser bzw. die Leserin nachvollziehbar. Literarkritische Gründe für die gesamte Entfernung der Karmelepisode sind nicht erkennbar. Um eine konfliktfreie Beziehung zwischen Ahab und Elija annehmen zu können, wird auch der „Schadenzauber" in 17,1 von Beck so gedeutet, dass hier keine Kritik an Ahab oder gar eine Bestrafung intendiert sei. Warum aber hat der Kompositor diese Gestalten in 17,1 gegenübergestellt, einmal abgesehen davon, dass ein „Schadenzauber" auch Schaden verursachen soll. Sieht man die Interaktion zwischen Ahab und Elija in 18,41–46*, so wird deutlich, dass hier durchaus der König als Befehlsempfänger erscheint. Ist das ein konfliktfreies Verhalten? Das gleiche Interaktionsmuster zeigt sich auch in der Obadjaszene im Verhältnis zwischen Elija und dem obersten Beamten des Königs. Im Hinblick auf die Ausgrenzung der Karmelszene sind die Parallelen der Aussagen von 18,39 im dtr Sprachbereich nicht so eng, um die Karmelszene insgesamt in einen späten, explizit monotheistischen Kontext zu stellen. Wichtiger ist meines Erachtens, ob eine religionspolitische Auseinandersetzung im Nordreich anzunehmen ist. Hierfür gibt es auf dem Hintergrund der Überlieferungen von 2 Kön 9f. und 2 Kön 1 gewichtige Gründe.[293]

---

[293] Vgl. dazu weiter unten Abschnitt 5.1; das Fehlen einer nachvollziehbaren Entwicklung und damit einer klaren Intention lässt sich auch gegen die unterschiedlichen Dürre-Kompositionen von Keinänen (*Traditions*, SESJ 80, 2001, 183–185.191f.: erst von DtrP gestaltet) und Thiel (er rechnet mit einer sehr frühen Dürrekomposition, die aber im Bereich von 1 Kön 18 sehr lückenhaft bleibt, s. zu 1 Kön 17 Thiel, *Könige*, BK IX/2, Lieferung 1, 2000, 24, zu 1 Kön 18 Ders., *Könige*, BK IX/2, Lieferung 2, 2002, 96–99) einwenden.

OTTO verzichtet ganz auf einen ursprünglich selbständig Dürrezusammenhang. Nach ihr geht die Zusammenstellung von 1 Kön
17–18* erst auf BE1 zurück (vgl.oben Abschnitt 1.2). Was bleibt,
sind Fragmente und einzelne Prophetensprüche, die über Jahrhun-
derte hinweg aufbewahrt wurden, deren Sinn jedoch vielfach ohne
den jetzigen Textzusammenhang dunkel bleibt. Es sei noch einmal erwähnt, dass es keine überzeugenden literarkritischen Gründe
gibt, die Karmelszene aus ihrem Zusammenhang zu entfernen. Sie
ist fest darin verankert. Und erst mit ihr ergibt sich ein sinnvoller und nachvollziehbarer Erzählzusammenhang.

Die DKK hat den folgenden Umfang: 1 Kön 17,1*(ohne אשר עמדתי
לפניו).5b–7.10a.11b–14a*(ohne כה אמר יהוה אלהי ישראל)b.15a.16a;
18,1aα.2b–3a.5–8.16–18a.19abα.20–23.24aγb. 25a.26aα*(ohne
ויקראו לאמר הבעל עננו nur)β*(אשר־נתן להם).γ.28.29b.30.33–34a.35a.36aβ.
37.38aαβ.39.40–42.45a.

Mit 17,1, der Ankündigung der Dürre durch Elija gegenüber Ahab,
wird der Textkomplex eröffnet. Diese redaktionell gestaltete Szene
erzeugt in dem Leser/der Leserin die Frage nach dem Warum der
Ankündigung der Dürre; sie wird aber jetzt noch nicht beantwortet.
Erst mit der Begegnungsszene zwischen Ahab und Elija in 18,17–20
und der Karmel-Überlieferung wird deutlich, dass im Hintergrund
religionspolitische Entwicklungen stehen, die auf die Frage zugespitzt
sind, ob die Israeliten JHWH oder Baal verehren. Ahab und Elija,
König und Prophet, stehen sich als Kontrahenten gegenüber[294]. Diese
Konstellation der Eingangsszene korrespondiert mit der Schlussszene
18,41–45*, wo wiederum Ahab und Elija die Handlungsträger sind.
Insgesamt lässt sich erkennen, dass die Begegnungen zwischen Ahab
und Elija entscheidend sind für die Entwicklung der Komposition.
Nach der Ankündigung in 17,1 wird in 18,17–20 die Versammlung
Israels und der Baalpropheten einberufen, die mit dem Bekenntnis
Israels zu JHWH und dem Tod der Baalpropheten endet. Wie in 17,1
erfolgt die Ankündigung des Regens in 18,41 gegenüber Ahab.
   Schon in 17,1 wird angedeutet, dass das Volk Israel eine passive,
jedoch wichtige Rolle in dem Geschehen zwischen Ahab und Elija

---

[294] Eine Entwicklung innerhalb der Darstellung Ahabs vom „helper" zum „villain", wie JOBLING, Sense, JSOT.S 7, 1978, 66–91, sie auf dem methodischen
Hintergrund des Aktantenmodells von Greimas zu erkennen glaubt, sehe ich nicht.

einnimmt. Durch die Dürre wird ja vor allem Israel in Mitleidenschaft gezogen[295]. Von entscheidender Bedeutung wird Israel dann in der Karmelszene, in der das Volk von Elija mit der Frage, wer denn nun הָאֱלֹהִים ist, Jhwh oder Baal, konfrontiert wird. Auch hier verhält sich das Volk zunächst passiv (18,21), stimmt aber dann dem Vorschlag Elijas zu (18,24b) und bekennt sich schließlich eindeutig zu Jhwh (18,39). Erst das Bekenntnis des Volkes zu Jhwh in 18,39 und die Vernichtung der Baalpropheten durch Elija in 18,40 schaffen die Voraussetzung, dass der Regen wieder kommen kann, der dann durch Elija in 18,41 angekündigt wird.

Mit der Ankündigung der Dürre durch Elija schafft die Komposition Raum für die Einfügung zweier Überlieferungen, die die Zeit zwischen der Ankündigung der Dürre und ihren Auswirkungen, die in 18,2–6 deutlich werden, füllen[296].

Elija zieht sich zunächst in die Einsamkeit am Jordan zurück[297]. Er muß dabei nicht unter den Auswirkungen der Dürre leiden. Wasser bekommt er aus dem Bach Kerit und Raben versorgen ihn mit Fleisch[298]. Als aufgrund der Dürre dann der Bach austrocknet,

---

[295] Vgl. oben Abschnitt 2.1.1; dies ist auch gegen Westermann, *Grundformen*, ⁵1978, 98, festzuhalten, der 1 Kön 17,1 unter die prophetischen Gerichtsworte an einzelne subsumiert, wobei er generell für den Bereich 1 Sam — 2 Kön feststellt, dass die dort vorkommenden Gerichtworte immer an Einzelpersonen gerichtet sind, jedoch „niemals an das ganze Volk oder andere Völker". (98). Dies ist natürlich formal richtig gesehen, jedoch zeigt die Dürreproblematik wie auch die Fortsetzung in der Karmelszene, dass das Volk Israel hier entscheidend involviert ist.

[296] Vgl. auch Smelik, „Function", in: Brekelmans/Lust, *Studies*, BEThL 94, 1990, 242.

[297] Eine genaue Lokalisierung des Kerit ist nicht möglich; es besteht dennoch kein Grund, in Kerit einen Neologismus anzunehmen, abgeleitet aus „karah — ‚servir un festin'", wie Carlson, *VT* 19 (1969), 421, dies tut. Zu den Lokalisierungsversuchen vgl. Timm, *Dynastie Omri*, FRLANT 124, 1982, 50 Anm 2; Rehm, *Buch der Könige 1*, 1979, 171. Eine genauere Bestimmung des Kerit nehmen Baehr, *Bücher der Könige*, 1868, 172f.; Klostermann, *Bücher Samuelis*, 1887, 363; Šanda, *Bücher der Könige I*, EHAT 9/1, 1911, 419; in neuerer Zeit Montgomery/Gehman, *Critical and Exegetical Commentary*, ICC, 1951, 294 und Steinmann, „La geste", in: *Élie le prophète*, EtCarm 35, 1956, 99f., vor.

Drinkard, *JBL* 98 (1979), 285f. hat darauf hingewiesen, dass die übliche Übersetzung von עַל־פְּנֵי mit „östlich von" nicht sicher ist und stattdessen „in der Nähe, Gegend von" zu übersetzen ist. Demnach ist damit zu rechnen, dass der Kerit genauso gut auf der westlichen Seite des Jordans liegen kann.

[298] Es ist kaum vorstellbar, dass die Raben schon in der Entstehungszeit dieses Textes zu den unreinen Tieren gerechnet wurden wie dann später in Lev 11,15; Dtn 14,14.

geht Elija nicht nach Israel zurück, sondern begibt sich in das phönizische Sarepta[299].

Die Sareptaszene ist als ehemals eigenständige Überlieferung zu sehen, die mit Hilfe von 17,10b.11a.14b in den Zusammenhang der Dürre eingefügt wurde. Der Ortswechsel zu Beginn der Überlieferung und die fehlende Benennung des Subjektes nach ויקם machen es wahrscheinlich, dass diese Überlieferung aus einem größeren Textzusammenhang entnommen worden ist[300]. Die Form ist am sinnvollsten als „Wunderanekdote" zu bezeichnen: Nach der einführenden Situationsdarstellung in V10a wird die Notsituation der Phönizierin in V10–12 deutlich; diese Notsituation wird durch einen Eingriff Elijas auf wunderbare Weise beseitigt (V13–15a*), der Erfolg anschließend konstatiert[301]. Die Einleitung ist kurz und prägnant und liefert alle notwendigen Daten zum Verständnis des folgenden Geschehens. Die Situation wird präzise in V10aβ mit dem einleitenden והנה־שם und einem folgenden Partizipialsatz umrissen. Dass der Name der Witwe nicht erwähnt wird, zeigt, dass der Wundertäter in diesen Überlieferungen in den Vordergrund gestellt wird[302]. Der Verzicht der Überlieferung auf ausmalende Elemente, d.h. ihre prägnante Kürze, ist ein verbindendes Element zur profanen Literaturgattung „Anekdote"[303]. Von der Form her hat diese Überlieferung ihre Entsprechungen noch in 17,17–24

---

[299] Sarepta war wohl ein bedeutendes phönizisches Zentrum, wie die Ausgrabungen der jüngsten Zeit zeigen, vgl. BRIEND/THALMANN, Art. „Sarepta", *DBS 11*, 1991, 1414–1420.

[300] Zum Überlieferungsvorgang dieser Wundergeschichten vgl. ROFÉ, *Stories*, 1988, 18f., der ungefähr mit dem Zeitraum einer Generation rechnet, bis es zur Verschriftlichung kommt. Dabei ist anzunehmen, dass diese Erzählungen beim Übergang in das schriftliche Stadium gekürzt worden sind.

[301] Die Bezeichnung „Anekdote" wurde meines Wissens zuerst von KLOSTERMANN, *Bücher Samuelis*, 1887, XXXI, verwendet, allerdings ohne nähere Erläuterung; GRESSMANN, *Geschichtsschreibung*, SAT II/1, ²1921, meint im Hinblick auf 2 Kön 2,19–25; 4,1–7.38–44; 6,1–7: „Diese lose aneinander gereihten, kurzen Erzählungen pflegen wir Anekdoten zu nennen". (289). Auch HEISING, *ZKTh* 86 (1964) wählt diese Bezeichnung für die Speisewundererzählung im Elija- und Elischa-Zyklus: „Als typische Literaturgattung ist die Bezeichnung 'Anekdote' zu wählen, weil in ihr die Illustration besonderer Züge einer historischen Persönlichkeit in Kurzform vorliegt, ohne dass damit etwas über den religiösen Gehalt an sich etwas ausgesagt ist". (86 Anm 21).

[302] Vgl. ROFÉ, *Stories*, 1988, 16.

[303] Vgl. hierzu WILPERT, *Sachwörterbuch*, ⁶1979, der als Kennzeichen der Anekdote „prägnante Knappheit der objektiven Geschehensdarstellung und schlagkräftiger Aufbau der Pointe, die blitzartig Zusammenhänge erleuchtet" (27) anführt.

und vor allem im Elischa-Zyklus in 2 Kön 2,19–22.23–25; 4,1–
7.38–41.42–44; 6,1–7; 13,20–21[304].

Innerhalb der DKK hat diese Überlieferung neben der Aufgabe, die
notwendige Zeit auszufüllen, bis die Folgen der Dürre sich bemerkbar machen, auch die Funktion des Kontrastes. Während Elija im
Namen Jhwhs über Israel eine Dürre verhängt, beschenkt Jhwh
durch Elija (V12: יהוה אלהיך in der Rede der Witwe) die phönizische Witwe mit Mehl und Öl. Er tut dies auf phönizischem Gebiet.
Damit ist impliziert, dass die Herrschaft Jhwhs nicht auf das Gebiet
Israels beschränkt ist[305].

Noch ein weiterer Kontrast ist im Hinblick auf die Darstellung
von Elija und Ahab zu erkennen. Während Ahab in der Situation
der Hungersnot in Samaria nichts Besseres zu tun hat, als sich zusammen mit seinem Haushofmeister Obadja um Gras für die Tiere des
königlichen Hofstalles zu kümmern, hilft Elija einer Witwe, d.h. einer
Frau, die zur Gruppe der klassischen *personae miserae* im Alten Orient

---

[304] Außerhalb dieses Textbereiches ist noch die Mose-Überlieferung Ex 15,22–27;
17,1–7 zu nennen. Diese beiden Texte weisen gegenüber den vorhergenannten
Texten einige Besonderheiten auf. Zum einen ist das Gegenüber von Mose nicht
eine einzelne Person oder Gruppe, sondern das Volk Israel. Zum anderen ist das
Bild des Mose zwar als Wundertäter gezeichnet, aber sein Handeln wird jeweils
eingeleitet mit „Schreien (צעק) zu Jhwh" (Ex 15,25; 17,4), was den Schwerpunkt
des Wundergeschehens auf Jhwh verlagert und Mose stärker die Funktion eines für-
bittenden Mittlers zuweist. Dies spricht meines Erachtens dafür, dass die Form aus
der Elija- Elischa-Überlieferung übernommen worden ist in der Absicht, Mose als
einen mit Wunderkraft ausgestatteten Gottesmann zu zeigen (Vgl. Zenger, *Exodus*,
1978, 48).
Rofé, *Stories*, 1988, 13–26, wählt die Bezeichnung „short legenda" für 2 Kön
2,19–22.23–24; 4,1–7.38–41.42–44; 6,1–7. Eines der Kennzeichen der „short legenda"
sei ihre fehlende moralische Wertung. Entscheidend sind die Kategorien von „hei-
lig" und „profan", nicht von „Gut und Böse". Hierin ist Rofé vor allem angesichts
von 2 Kön 2,23–24 durchaus zuzustimmen. Fraglich erscheint es mir jedoch, ob
man davon eine „ethical legenda" abheben kann, zu der Rofé auch 1 Kön 17,8–24
rechnet (vgl. ebd., 132–135). Als Kriterium für die Bestimmung einer Textsorte ist
dies nicht überzeugend.
[305] Vgl. auch innerhalb des Elischa-Zyklus 2 Kön 8,7–15, wo der Wirkungsbereich
Elischas auf Damaskus ausgreift. Dies ist meines Erachtens mitzubedenken, wenn
die Entwicklungsstufe des Monotheismus in den Elija- und Elischa-Überlieferungen
dargestellt wird.
Nicht nachvollziehbar ist die These von Ottoson, „Prophet", in: Barrick/Spencer,
Shelter of Elyon, JSOT.S 31, 1984, 186–198, der mit der Reise Elijas nach Sarepta
den Anspruch auf die Nordwestgrenze des davidischen Reiches verknüpft sieht und
dementsprechend in Elija den "traditional forerunner of a Davidic-messianic resto-
ration". (193).

gehört und um deren Wohlergehen sich zu kümmern Aufgabe des Königs ist, aus ihrer Not.

Nach der Ankündigung Elijas in 17,1, dass die Dürre nur durch sein Wort beendet werden kann, illustriert 17,10–16* die Wirkmächtigkeit des prophetischen Wortes, das durchaus eine magische Qualität hat. Damit wird deutlich, dass ohne Elija die Situation auch in Israel nicht verändert werden kann.

Mit 18,1* wendet sich die Aufmerksamkeit der Komposition wieder der Situation in Israel und König Ahab zu. In Samaria ist als Folge der Dürre eine Hungersnot ausgebrochen, die inzwischen auch schon Auswirkungen auf die königliche Hofhaltung hat. Ahab versucht nun, zusammen mit seinem Haushofmeister die Not zu lindern, mit total untauglichen Mitteln (18,2–6*).

In der knappen Begegnungsszene Elijas mit dem Haushofmeister Obadja (18,7–16*) wird deutlich, wer eigentlich die Geschicke Israels bestimmt. Es ist nicht der König, sondern Elija, der hier von Obadja als „seinem Herrn" angesprochen und dem eine ehrerbietige Haltung entgegengebracht wird (18,7: ויפל על־פניו) wie sie nur Höhergestellten erwiesen wird.

Mit ויהי כראות wird in 18,17 die Wende in dem Geschehen eingeleitet. In der kurzen Begegnungsszene zwischen Elija und Ahab in 18,17–20* wird klar, dass es nur zu einer Wende kommen kann, wenn der König sich den Anweisungen Elijas unterwirft, was er auch tut. Zwar versucht Ahab noch, Elija die Verantwortung für die Dürre zuzuschustern, doch Elija dreht den Vorwurf, der עכר ישראל zu sein, einfach um. Wer Recht hat, wird nicht weiter diskutiert; dies erweist die folgende Entwicklung.

Deutlich wird erst jetzt der Hintergrund der Ankündigung der Dürre in 17,1*. Es ist die Unentschiedenheit Israels in der Verehrung JHWHs oder Baals. Klar ist für den Kompositor die Botschaft, dass die Entscheidung für Baal, der ohnmächtig ist, den Tod bedeutet[306]. Sie bedroht die Existenz Israels. Im Hintergrund ist sicher

---

[306] GREGORY/HAUSER, *Carmel*, JSOT.S 85, 1990, 1–76, vertreten die Auffassung, dass das eigentliche Thema in 1 Kön 17–19 nicht der Kampf zwischen JHWH und Baal sei, sondern zwischen JHWH, der das Leben repräsentiert und dem Tod. Dass dieses Thema auf einer Metaebene des Textes präsent ist, sei unbestritten. Dargestellt wird jedoch im Text die Auseinandersetzung zwischen dem wirkmächtigen, durch Elija vertretenen JHWH, und einem ohnmächtigen Baal, dem auch seine 450 Propheten nicht helfen können.

auch zu sehen, dass dem König die Verantwortung dafür zukommt, dass in Israel Jhwh verehrt wird. Dieser Verantwortung kommt er nicht nach.

Voraussetzung für die Wiedergewährung des Regens ist demnach das Bekenntnis des Volkes Israel allein zu Jhwh und die Vernichtung der Baalverehrer. Dann erst kann wieder Segen für Israel eintreten. Wie die Schlacht am Kischon gegen die vereinigten Kanaanäer durch das Handeln Deboras und Baraks die Existenz Israels bewahrte (Ri 4–5), so vermag das Handeln Elijas auf dem Karmel die durch die Dürre bedrohte Existenz Israels zu sichern. In der Schlüsselszene 18,21–40* spielt der König keine Rolle, hier agiert allein Elija.

Der König hat die Rolle des Zuarbeiters für Elija. Er kommt vor in den beiden Szenen, die die eigentliche Entscheidung rahmen (18,17–20*; 18,41–45*). Seine Aufgabe ist es, die Anweisungen des Elija auszuführen, ein eigenständiges Handeln ist ihm nicht erlaubt.

Mit dem Kommen des Regens (1 Kön 18,45a) ist die in 17,1* aufgebaute Spannung gelöst, die Komposition kommt zu ihrem Ende. Durch das Eingreifen Elijas ist das Bekenntnis Israels zu Jhwh gesichert und damit der Segen des allein wirkmächtigen Jhwh wieder gewährleistet.

3.1.2. *1 Kön 19**

Eine weitere vordtr Überlieferung ist die Grunderzählung in 1 Kön 19*. Sie umfaßt folgende Verse: 19,3aβb.4abα.5b.6a.8abα*(nur וילך)β* (ohne חרב).9a*(ohne das erste שם).11aβγ.13abα.15aβ*(ohne מדברה דמשק).18–21.

Die erste Szene (19,3–6*) zeigt Elija, der von einem anonymen נער begleitet wird, in der Nähe von Beerscheba. Dort lässt er seinen Begleiter zurück und begibt sich eine Tagesreise weit in die Wüste.[307] Der Sinn wird in V4* klar: Elija will sterben. Der Grund dafür ist nicht genannt. Durch die Verknüpfung mit 1 Kön 17–18* ist redaktionell die Drohung Isebels als Grund genannt; doch dürfte dies nicht der ursprüngliche Anlaß der Reise nach Beerscheba gewesen sein. Aus der Jhwh-Rede in V15*.18*, wo Jhwh Elija zur Rückkehr auffordert und von 7000 Jhwh-treuen Israeliten spricht, kann jedoch geschlossen werden, dass die Baalverehrung Elija aus Nordisrael

---

[307] Zum Symbolgehalt von „Wüste" in der biblischen Überlieferung vgl. Mikolajczak, *CoTh* 69 (1999), 5–23.

vertrieben hat. Sie dürfte auch der Grund für seine Todesbereit-
schaft sein.

Statt des von Elija erwarteten Todes greift jedoch ein מלאך ein.
Das überraschende Auftauchen des „Boten" wird auch formal in
V5b durch das Aufmerksamkeit erregende והנה־זה ausgedrückt. Er
stärkt ihn durch Wasser und Brot-Kuchen (ענת רצפים). Eine Auseinandersetzung wird nicht geboten, die ganze Szene spielt sich ohne
Worte ab. Ihr Sinn ist dennoch deutlich. Der „Bote" holt Elija durch
die Stärkung aus seiner depressiven Verstimmung heraus und ermutigt ihn für sein weiteres Wirken.

> Diese Szene hat vom *sujet* und der formalen Gestaltung her die
> deutlichste Parallele in Gen 21,14–20[308]. Wie Hagar wird Elija in
> der Wüste durch das Eingreifen eines מלאך aus einer Notsituation
> gerettet. Deutlich wird die Verzweiflung und Depression des Pro-
> pheten, wahrscheinlich ausgelöst durch das Überhandnehmen der
> Baalverehrung in Israel.

Die nächste Szene (19,8–18*) berichtet von einer Gottesbegegnung
Elijas. Gestärkt durch den „Boten" begibt Elija sich zum Gottesberg
und übernachtet dort in einer Höhle. Es kommt nun zu einer Begegnung zwischen Jhwh und Elija.

Mit הנה wird eine Theophanie Jhwhs eingeleitet, die als ein
„Vorübergang Jhwhs" dargestellt ist[309]. Näherhin wird die Erscheinung
Jhwhs als ein starker Wind „vor Jhwh" geschildert, der „Berge zerreißt" und „Felsen zerschmettert". Dieses ungewöhnliche Naturphä-
nomen lockt Elija an den Eingang der Höhle, in der er sich aufgehalten
hatte, und er erkennt die Gegenwart Jhwhs, vor der er sein Angesicht
durch den Mantel (אדרת) schützt (vgl. Ex 3,6). Es ergeht nun die
Stimme (קול) Jhwhs, die ihn auffordert, zurückzukehren; in Israel
gibt es weiterhin 7000 Jhwh-treue Israeliten, die Situation ist nicht
so hoffnungslos, wie Elija sie empfindet (19,15*.18).
Den Abschluß dieser Überlieferung bildet die Begegnung zwischen
Elija und Elischa, den Elija durch das Überwerfen des Mantels zum
Mitkommen auffordert und der sich aus seinen familiären Bindungen

---

[308] Vgl. schon GUNKEL, *Elias*, 1906, 22; STECK, *Überlieferung*, WMANT 26, 1968,
27 Anm 3.
[309] עבר als Theophanieterminus zeigt sich auch noch in Gen 15,17; Ex 12,12;
33,19 (Hi).22; 34,6; Dtn 9,3; 31,3; Hos 10,11; Am 5,17; 7,8; 8,2; Ez 16,6.8.

löst, um Elija zu dienen (19,19–21). Auch diese Begegnung wird, wie schon vorher die Theophanieszene, als ein „Vorübergang" Elijas an Elischa durch die Verwendung von עבר (19,19) dargestellt. Damit gewinnt Elija denjenigen als Diener, von dem die Überlieferung berichten wird, dass er den Anstoß zur Jehu-Revolution gegeben hat, die die Omriden beseitigte und die Verehrung Baals in Israel auslöschte (2 Kön 9f.).

Sieht man von dem nicht vollständig überlieferten Anfang ab, so liegt eine in sich abgerundete Erzählung vor, die zur Hoffnung aufruft angesichts einer anscheinend übermächtigen Verehrung Baals, die ganz Israel ergriffen hat, so dass für die Jhwh-Getreuen wie Elija nur noch die Flucht in die Wüste als Ausweg bleibt.

3.1.3. *2 Kön 1**

Eine Einzelerzählung ist ebenfalls 2 Kön 1*. Sie umfaßt 2 Kön 1,2–8.17aα.

Die Ausgangssituation wird in V2 deutlich: Ahasja hat sich bei einem Sturz durch das Gitter des Obergemachs verletzt und will nun eine Auskunft haben, ob er genesen wird. Dies will er erreichen durch eine Befragung des Beelzebul, des Gottes von Ekron. Zu diesem Zweck schickt er Boten auf den Weg nach Ekron. Eine analoge Situation lässt sich in 2 Kön 8,7–15 erkennen, wo der erkrankte aramäische König Ben-Hadad Hasael zu Elischa schickt, um durch ihn Jhwh zu befragen, offenbar ein durchaus normaler Vorgang.

Nach diesem — die Situation darlegenden einleitenden Vers — wird in der ersten Szene geschildert, dass Elija sich diesen Boten in den Weg stellt (V3–4). Von Jhwh erhält Elija dazu den Auftrag. Als Grund hierfür wird die Frage formuliert, ob es denn keinen Gott in Israel gebe, den man befragen könnte. Nicht ausgesprochen, aber anzunehmen ist, dass hier auf die Befragung von divinatorischen Spezialisten in Israel abgehoben ist[310].

Der Auftrag Jhwhs wird als ein Redevorgang zwischen Jhwh und Elija dargestellt, eine Darstellungsart, wie sie auch schon zwischen Samuel und Jhwh (1 Sam 9,15–17; 15,1) verwendet wurde; im näheren Kontext auch in 1 Kön 21,17ff. Das Wort an den König, das die Boten übermitteln sollen, wird durch die Botenformel als ausdrückliches Jhwh-Wort gekennzeichnet. Es enthält das Todesurteil

---

[310] Vgl. dazu oben Kapitel I, Abschnitt 4.1.1.

für den König. Thema ist demnach auch hier wie schon in 1 Kön
17–18 und auch 1 Kön 19* die Verehrung fremder Götter. Sie ist
nach der Auffassung des Verfassers bei Todesstrafe verboten. Auch
dies entspricht 1 Kön 17–18*, wo die Baalpropheten getötet werden
(18,40). Eine Ausführung des Auftrages wird nicht mitgeteilt; entsprechend ist die Darstellung in 1 Kön 21,17ff., für dessen Gestaltung
2 Kön 1 wohl die Vorlage dargestellt hat.

Die nächste Szene zeigen wieder die Boten und den König, zu
dem sie zurückgekehrt sind (V5–8). Nach den Worten und der Beschreibung des Aussehens erkennt der König den Tischbiter Elija
(V8).

Den Abschluß der kurzen Erzählung bietet dann die Mitteilung,
dass König Ahasja gemäß dem von Elija verkündeten Jhwh-Wort
starb (V17*).

Dies zeigt wie in der DKK eine magische Wirkung des Prophetenwortes. Ganz offensichtlich ist der Tod Ahasjas nicht das Ergebnis
der Verletzungen seines Sturzes, sondern der Verurteilung (מות תמות)
durch Elija, wobei stärker noch als in der DKK das Wort des Elija
als Jhwh-Wort gesehen wird.

In sich ist diese Überlieferung inhaltlich geschlossen, sie kann gut
als Einzelüberlieferung existiert haben. Dafür spricht, dass nur hier
die Kurzform des Namens Elija verwendet wird. Das Thema der
Fremdgötterverehrung und die Darstellung Elijas entspricht dabei der
DKK.

3.2. *Die erste deuteronomistische Redaktion (DTR I)*

Die diachrone Analyse der Elija-Überlieferungen hat ergeben, dass
eine nach dem Kompositor tätig gewordene dtr Redaktion die Elija-
Überlieferungen bearbeitet hat.

Ihr sind innerhalb von 1 Kön 17–18 folgende Verse zuzuschreiben:
1 Kön 17,2–5a.8–9.14a*(nur כה אמר יהוה אלהי ישראל).16b;
18,1aβγ.2a.9–11.24aβ.25b. 26aα*(nur אשר-נתן להם)β*(ohne לאמר הבעל
ענני)b.27.29a.31a.32.35b.38aγb.45b.

Gleich beim ersten Vorkommen in 17,2–5a wird deutlich, dass es
dieser dtr Redaktion darum geht, Elija als vom דבר יהוה geleitet und
gesteuert darzustellen. Vor allem die Wortereignisformel dient ihr
zur Darstellung dieses Motivs. Durch das מזה in 17,3, das sinnvollerweise nur auf die Ortsangabe „Samaria" in 1 Kön 16,29.32 zu beziehen ist, ist es klar, dass es sich um eine übergreifende Redaktionsschicht

handelt. Es kommt hinzu, dass auch in den bisher untersuchten Samuel-Saul-Texten die Wortereignisformel dtr Redaktionsschichten zuzuordnen war[311].

Nun hat Thiel auf einer vordtr prophetischen Jhwh-Wort-Theologie bestanden, die die Wortereignisformel verwendet[312]. Seine Argumentation vermag jedoch nicht zu überzeugen. Er muß eine zeitliche Lücke in der Bezeugung der Wortereignisformel annehmen, die sich von den Kreisen der Nordreichprophetie bis Jeremia und Ezechiel erstreckt. Das stützende Argument, dass diese Lücke auch bei der Rede von der רוח יהוה in 1 Kön 18,12; 2 Kön 2,16–18 und der יד יהוה in 1 Kön 18,46; 2 Kön 3,15 erkennbar sei, ist abzulehnen. Eindeutig ist für das Vorkommen von רוח יהוה in 1 Kön 18,12; 2 Kön 2,16 der umgekehrte Traditionsweg anzunehmen. Die Rede von dem Geist Jhwhs, der den Propheten ergreift und an andere Orte bringt, hat ihren ursprünglichen Ort in der Ezechiel-Überlieferung und ist in die Elija- und Elischa-Tradition erst sekundär eingefügt worden[313]. Nicht ganz so deutlich ist dies bei der „Hand Jhwhs". Doch ist der einzige Beleg, der früher anzusetzen wäre, 2 Kön 3,15, nicht aussagekräftig genug, um darauf eine Hand-Jhwh-Vorstellung in der frühen Prophetie zu gründen, zumal 2 Kön 3 frühestens in einem judäischen Kontext entstanden ist[314]. Eher ist dagegen damit zu rechnen, dass das Wort des Propheten eine Vorstellung ist, über dessen Macht und Bedeutung in Prophetenkreisen im Nordreich nachgedacht wurde (vgl. 1 Kön 17,1.15; 2 Kön 8,1–6). Es kommt hinzu, dass mit 1 Kön 17,16b ein „Erfüllungsvermerk" vorliegt, der der dtr Redaktion zugeschrieben werden muß[315]. Gerade 17,16b zeigt sehr deutlich das redaktionelle Bemühen, die vorgegebene Vorstellung vom wirkmächtigen Prophetenwort (17,1.15) mit der dtr Wort-Jhwh-Theologie

---

[311] Vgl. o. innerhalb der Samuel-Überlieferung 1 Sam 4,1; 15,10; die Zuordnung der Wortereignisformel zu DtrP, wie sie z.B. W. Dietrich, *Prophetie*, FRLANT 108, 1972, 71f., vornimmt, ist jedoch aufgrund der Problematik der Größe DtrP abzulehnen; vgl. Preuss, *ThR* 58 (1993), 398f.

[312] Vgl. Thiel, „Redaktionsarbeit", in: Emerton, *Proceedings*, VT.S 43, 1991, 165–170; Ders., *Könige*, BK IX/2, Lieferung 1, 2000, 43f.

[313] Vgl. dazu weiter unten Abschnitt 3.3.

[314] Vgl. auch Jes 8,11 sowie weiter unten die Analyse der Elischa-Überlieferungen Kapitel III.

[315] Vgl. dazu vor allem W. Dietrich, *Prophetie*, FRLANT 108,1972, 22–26, der jedoch in 1 Kön 17,16 das Vorbild für den dtr Redaktor erkennt.

zu verbinden. Eine vordtr Weiterentwicklung der Vorstellung vom wirkmächtigen, eher magisch konnotierten Prophetenwort lässt sich greifen in der Zufügung der Botenformel in 2 Kön 2,19–22 und in 2 Kön 4,42–44, wo das Wort Elischas mit dem JHWH-Wort identifiziert wird. Diese Weiterentwicklung zeigt sich auch in der Elija-Überlieferung 2 Kön 1*. Davon abzuheben ist die dtr Auffassung, die im דבר יהוה eine stärker eigenständige Größe sieht und den Propheten als Übermittler des JHWH-Wortes einstuft. Die These von THIEL ist demnach zu differenzieren. Die Wortereignisformel in DtrG ist ein dtr Theologumenon. Sie dient dazu, stärker zum Ausdruck zu bringen, dass die eigentliche Antriebskraft des Propheten bei JHWH liegt, der ihn leitet und z.B. in der Situation der Dürre auch erhält. Innerhalb der JHWH-Rede wird in 1 Kön 17,4.9 ausdrücklich der Befehl an die Raben bzw. die Witwe gegeben, Elija zu versorgen. Gegenüber der ursprünglichen Sarepta-Überlieferung entsteht dadurch die Spannung, dass es eigentlich Elija ist, der die Witwe versorgt.

Bei der dtr Redaktion der Samuel-Überlieferungen ist die Betonung des דבר יהוה vor allem in 1 Sam 3* und durch die Verwendung der Wortereignisformel in 1 Sam 4,1a; 15,10 deutlich geworden. Die umfassend als Richteramt gedachte Leitungsfunktion Samuels besitzt als integrierendes Moment der Richterfunktion die Vermittlung des דבר יהוה[316]. Von daher sehe ich keine Schwierigkeit, die erste dtr Redaktion in den Samuel-Überlieferungen mit der ersten dtr Redaktion der Elija-Überlieferungen zu verbinden und sie der grundlegenden dtr Redaktion (DTR I) zuzuweisen.

Wie schon in der DKK, stehen sich auch auf der Ebene von DTR I Elija und Ahab als Kontrahenten gegenüber. König Ahab wird jedoch bedrohlicher für Elija dargestellt.

Elija muß sich vor Ahab verbergen (17,3); Ahab lässt ihn suchen und verfolgen (18,9–11). Obadja sieht sein Leben in Gefahr, wenn er von Elija eine Botschaft übermittelt (18,9). Die Auseinandersetzung zwischen Ahab und Elija bekommt eine internationale Dimension (18,10). Ahab lässt Elija überall, in jedem Volk und Königreich, suchen und lässt sogar die Machthaber schwören, dass Elija sich nicht in ihrem Bereich aufhält. Dies zeigt eine Parallelität zu der altorientalischen Vertragspraxis zwischen Staaten, in denen im Rahmen

---

[316] Vgl. dazu oben Kapitel I, Abschnitt 3.2.

eines umfassenden Vertrages die Auslieferung politischer Flüchtlinge geregelt wird[317]. Offensichtlich ist Ahab die Person Elijas so wichtig, dass er sogar auf zwischenstaatlicher und diplomatischer Ebene alle Anstrengungen unternimmt, Elija in seine Gewalt zu bekommen[318]. Das Königtum wird als eine mächtige Institution dargestellt, eine Vorstellung, die sich am ehesten mit der Datierung von DTR I in der Zeit Joschijas verbinden lässt.

Auch die erste Bearbeitungsschicht der Karmel-Szene ist wohl diesem Redaktor zuzuschreiben. Die Vorstellung von Israel als einem Zwölf-Stämme-Volk hat sich auf jeden Fall in der Joschija-Zeit wieder Bahn verschafft, auch wenn die Vorstellung älter ist[319]. Sie ist am ehesten in das Bemühen Joschijas einzuordnen, zumindest Teile des Nordreiches wieder in Juda miteinzubeziehen (2 Kön 23,15–19).

Die Verspottungsszene in 18,27 zeigt die Überlegenheit Jhwhs, wobei die einzelnen Termini wohl bewußt unklar gehalten sind[320]. Dies ist ein Zug, der sich durchaus mit einer dtr Redaktion in Einklang bringen lässt. Es ist keine Frage mehr, ob Baal אלהים ist; ganz klar ist, dass er kein Gott ist. Dass die Bearbeitung der Karmelszene ein kultisches Interesse spiegelt, wie die Zeitangabe mit מנחה, die Verwendung des Ausdrucks קרא בשם und die Einfügung des Graben um den Altar, dessen Ausmaße im Zusammenhang mit dem Jerusalemer Tempel stehen, dokumentieren, ist kein Gegenargument. Dtr stand dem Kult nicht feindlich gegenüber. Am sinnvollsten sind diese Angaben jedoch dann, wenn ein noch existierender Tempelkult vorausgesetzt werden kann, wie dies bei der hier angenommenen Datierung von DTR I in der Joschija-Zeit möglich ist.

Gegenüber dem Titel נביא zeigt sich bei DTR I eine eher reservierte Haltung. Das Verbum נבא Hitp. verwendet er für das (ekstatische) Tun der Baalpropheten. In der von ihm geschaffenen Szene 1 Kön 21,17ff. wird für Elija nur die vorgegebene Bezeichnung

---

[317] Vgl. dazu Buccellati, *BeO* 5 (1963), 10.13; Montgomery/Gehman, *Critical and Exegetical Commentary*, ICC, 1951, 299; vgl. dazu auch die Inschriften von Sefire III,1–7; zu diesem Text vgl. Fitzmyer, *Aramaic Inscriptions*, ²1995, 142–149.

[318] Dass Ahab bei seiner Suche kein Land auslässt, ist sicherlich ein hyberbolischer Ausdruck, vgl. Keil, *Bücher der Könige*, Bd. II/3, 1865, 180; Benzinger, *Bücher der Könige*, KHC 9, 1899, 108 (für ganz Israel!); Kittel, *Bücher der Könige*, HK I/5, 1900, 142; Slotki, *Kings*, SBBS, 1950, 129; Hentschel, *Elijaerzählungen*, EThSt 33, 1977, 129. Im Hintergrund könnten Vorstellungen stehen, wie sie in der judäischen Königsideologie ausgebildet wurden.

[319] Vgl. dazu Gottwald, *Tribes*, 1979, 358–375, der an die Davidszeit denkt.

[320] Vgl. dazu vor allem Preuss, *Verspottung*, BWANT 92, 1971, 86.

„Elija, der Tischbiter" aufgegriffen. Auch dies ist ein Punkt, der für DTR I spricht; es ist daran zu erinnnern, dass DTR I für Samuel ebenfalls keinen Titel verwendet. Allerdings muß hier einschränkend gesagt werden, dass Samuel in der gesamtisraelitischen Leitungsfunktion des „Richters" gezeichnet wurde. Die Reserve gegenüber dem Titel נביא ist am ehesten mit der Reserve der Südreichprophetie gegenüber der Bezeichnung נביא zu verbinden[321].

In der Schlußszene 18,41–46* hat dieser Redaktor nur in 18,45b eingegriffen, womit er eine Überleitung zu der Nabot-Erzählung 1 Kön 21 geschaffen hat. Der Nabot-Vorfall schließt auf der Textebene von DTR I direkt an 1 Kön 18 an.

In der Nabot-Perikope hat die dtr Bearbeitung die Konfrontation zwischen Elija und Ahab weitergeführt. (21,17–18a*b.19a.20–22.24.27–29). Auch hier stehen sich Elija und Ahab feindlich gegenüber. Es begegnet wieder die Wortereignisformel (21,17.28), Elija wird durch eine Jhwh-Rede beauftragt, zu Ahab zu gehen und ihm das Ende seiner Dynastie anzukündigen; ein Titel für Elija wird vermieden. In V22 liegt ein Rückverweis auf das Schicksal der Dynastie Jerobeams und Baschas vor, deren Dynastien keinen Bestand hatten. Das gleiche Schicksal wird hier den Omriden durch Elija gegenüber Ahab angekündigt. Die Vernichtung der Dynastie der Omriden ergibt sich für DTR I aus dem Verhalten Ahabs, der nicht nur die Verehrung Baals begünstigte, sondern auch zum Mittel des Justizmordes gegenüber Nabot griff. Allerdings steht DTR I vor der Schwierigkeit, dass die Omridendynastie nach Ahab noch zwei weitere Vertreter auf dem Thron Israels hatte, Ahasja und Joram. Er fügt deshalb die Szene von der Buße Ahabs ein (21,27–29), die den Sinn hat, die Verschiebung der Vernichtung der Omriden zu erklären. Ein gewaltsames Ende Ahabs, wie es dann in 1 Kön 22 geschildert wird, kannte DTR I noch nicht. Keineswegs ist damit eine positivere Wertung Ahabs oder der Omriden verbunden; sie werden ja auch dann durch die Initiative Elischas hinweggefegt (2 Kön 9–10)[322].

---

[321] Zumindest in der Schriftprophetie des 8. Jahrhunderts zeigen sich Vorbehalte gegen diesen Titel. Amos lehnt ihn ausdrücklich ab (Am 7,14); auch bei Micha und Jesaja (Ausnahme Jes 36–39par) ist es eher anzunehmen, dass sie den נביאים kritisch gegenüberstehen (Mi 3,5–11; Jes 9,14; 28,7). Anders ist dies bei Hosea (Hos 6,5; 12,11).

[322] Zur Wertung Ahabs im dtr Kontext vgl. J. Schmid, BN 104 (2000), 95–105.

In 2 Kön 1 sind keine Eingriffe dieser Redaktion zu erkennen. Ein Grund ist darin zu sehen, dass 2 Kön 1* voll auf der Linie der Vorstellungen von DTR I lag. Elija wird beauftragt, Ahasja, dem Omriden, das Todesurteil zu verkünden, weil er sich an Baal-Zebul, den Gott von Ekron, wenden wollte anstatt an Jhwh. Möglicherweise ist die Verballhornung des Namens Baal-Zebul zu Baal-Zebub auf DTR I zurückzuführen. Nicht überzeugend sind die Auffassungen, die 2 Kön 1 erst zu einem späteren Stadium in DtrG aufgenommen sehen.

DTR I vertritt die Auffassung, dass eine Dynastie nur dann Bestand haben kann, wenn ihre Vertreter auf den Wegen Jhwhs wandeln, die aufgezeigt werden durch prophetische Gestalten wie Samuel und Elija. Das Königtum bedarf der strukturellen Begrenzung durch den Propheten. Das Argument, das Rentrop neben der Verwendung der Wortereignisformel für die Zuordnung seiner „Wortereignisformel-schicht" zu DtrP anführt, die Zerdehnung der dtr Rahmenformu-lierung für Ahab, ist zu schwach, um überzeugen zu können[323]. Auch bei anderen königlichen Gestalten wie David, Salomo kann aufgrund der vorliegenden Überlieferung durchaus eine unterschiedliche Behandlung der Könige beobachtet werden, die sich danach aus-richtete, wie bedeutsam in positiver oder negativer Hinsicht diese Könige in den Augen von DTR I waren. Außerdem wird durch die Zuordnung der Einfügung von 1 Kön 19; 20; 22 zu einer nachfol-genden Redaktion der Rahmen nicht übergebührlich ausgedehnt. Dass erst DtrP Prophetenerzählungen in den Zusammenhang von DtrG eingefügt haben soll, ist nicht bewiesen[324], die strukturelle Bedeutung der Propheten für die Sicht des Königtums bei der grund-legenden dtr Redaktion hat O'Brien aufgewiesen[325].

Es kommt hinzu, dass in 1 Kön 21,22 ausdrücklich auf die ande-ren Nordreich-Dynastien hingewiesen wird, die bereits aufgrund ihres Fehlverhaltens von der Bühne der Geschichte verschwunden sind. Es gibt keinen Grund, diese Rückverweise einer späteren dtr Redaktion zuzuordnen.

[323] Vgl. Rentrop, *Elija*, 1992, 397f.
[324] Vgl. dazu vor allem Preuss, *ThR* 58 (1993), 289f.; Cortese, „Theories", in: Brekelmans/Lust, *Studies*, BEThL 94, 1990, 179–190.
[325] Vgl. O'Brien, *Hypothesis*, OBO 92, 1989, 34ff.

3.3. *Die zweite „deuteronomistische" Redaktion*

Die Bezeichnung „deuteronomistisch" ist hier nur im eingeschränkten Sinne zu verwenden, da diese Redaktionsschicht zwar Verbindungslinien zu Vorstellungen dtr Theologie erkennen lässt, aber bei weitem nicht in allen Texten dtr Sprache verwendet[326]. Von daher kann nicht mit Sicherheit gesagt werden, dass diese Redaktion mit einer übergreifenden, auch in Texten außerhalb des Elija- und Elischa-Bereiches vorkommenden zweiten dtr Redaktionsschicht identifiziert werden kann. Die Problematik wird z.B. deutlich an dem Zitat aus Gen 35,10 (P) in 1 Kön 18,31b. Lässt sich generell für diese Schicht eine Kenntnis der Priesterschrift voraussetzen? Auf der anderen Seite liegt in 1 Kön 21,25–26 deutlich eine beabsichtigte Parallelisierung von Ahab mit Manasse vor (2 Kön 21,11). Lässt sich aber darauf eine Verfasseridentität aufbauen[327]? Von daher kann es hier nur darum gehen, einige Kennzeichen dieser Redaktion aufzuzeigen und auf Verbindungslinien hinzuweisen.

Die Redaktionsschicht umfaßt nach der diachronen Analyse innerhalb der DKK 1 Kön 17,1*(nur אשר עמדתי לפניו).15b.17–24; 18,3b–4.12–15.18b.19b*(Aschera).43–44 (Einfügung des נער).46. Am Ende von Kapitel 18 wurde durch die Einfügung V46 erreicht, dass Elija, der vor Ahab herläuft, sich ebenfalls in die Nähe von Jesreel begibt, wohin DTR I Ahab als Vorbereitung von 1 Kön 21 fahren lässt (18,45b). Damit erhält das Gespräch zwischen Ahab und Isebel und das Absenden der Boten an Elija eine sinnvolle Situierung. Auf diese Redaktion geht insgesamt die Einfügung von 1 Kön 19 unter Verwendung einer ursprünglich eigenständigen Tradition zurück. Sie ortet die Theophanie am Horeb, gestaltet auch inhaltlich die Theophanie durch die Negation des Theophanieelementes „Wind" und die Einfügung der ebenfalls negierten Theophanieelemente „Erdbeben" und „Feuer" mit dem Abschluß der קול דממה דקה neu und fügt die Aufträge an Elija in 19,15*.19*.17 ein. In 1 Kön 21,18*.19*.23.25–26

---

[326] Zu dieser Redaktion vgl. für den Bereich 1 Kön 17–19 auch RENTROP, *Elija*, 1992, 360–380, der ebenfalls die Isebel belastenden Einfügungen mit einer zweiten dtr Redaktionsschicht in Verbindung bringt.

[327] Abgesehen von der Untersuchung weiterer Texte kann dieser Frage im Rahmen der vorliegenden Arbeit nicht weiter nachgegangen werden; zu der literatursoziologischen Frage der Textproduktion und -tradierung sowie der Frage einer dtr Bewegung vgl. LOHFINK, „Bewegung" (1995), in: DERS., *Studien III*, SBAB 20, 1995, 65–142; zur Frage der exilischen „dtr" Literatur vgl. ebd., 117–127.

bemüht sie sich, um einen Ausgleich mit 1 Kön 22* zu erreichen, den Nabot-Vorfall in Samaria anzusiedeln und in die Ansage der Vernichtung der Omridendynastie gegenüber Ahab, die DTR I gestaltet hat, die Rolle Isebels einzubeziehen. Durch die Stellung des Nabot-Vorfalls nach 1 Kön 19*; 20* ist wohl auch von dieser Redaktion zu Beginn von 1 Kön 21 die überleitende Notiz הדברים האלה ויהי אחר eingefügt worden. Jedenfalls lässt die identische Formulierung in 1 Kön 17,17 darauf schließen. In 2 Kön 1,9–16 zeigt sie den „Gottesmann" Elija, der mit Feuer vom Himmel (vgl. 18,21–40) diejenigen bestraft, die dem Gottesmann nicht die nötige Reverenz erweisen.

Ein erstes wichtiges Kennzeichen dieser Redaktionsschicht ist, dass sie eine stärkere literarische Verbindung zwischen den Elija-Erzählungen und der Elischa-Tradition herstellt.

Dies geschieht zunächst durch die Verwendung der gleichen Formel עמד לפני יהוה für den Prophetendienst in 1 Kön 17,1* wie in den Elischa-Überlieferungen in 2 Kön 3,14 und 2 Kön 5,16.

Nach der Sarepta-Szene 1 Kön 17,8–16* werden als neue Szene die redaktionell auf dem Hintergrund von 2 Kön 4,8–37* gebildeten Verse 17–24 eingeschoben, wodurch die gleiche Textfolge wie in 2 Kön 4 hergestellt wird: Auf ein Speisungswunder folgt die Totenerweckung.

In 17,17–24 wird ein anderes Prophetenbild deutlich als in den bisherigen Textstufen. Es kommt ein unberechenbares und angsterregendes Element für die Menschen, die mit dem „Gottesmann" zu tun haben, hinzu. Die Witwe fragt in 17,18, ob Elija gekommen sei, um ihre Schuld aufzudecken und ihren Sohn zu töten. Der hier verwendete Ausdruck זכר עון begegnet im prophetischen Schrifttum nur in Ez 21,28f.; 29,16[328]. Dort wird er im Zusammenhang des Gerichtshandelns Jhwhs an Israel verwendet. In Ez 21,28f. unterstreicht diese Wendung den Ernst der Bedrohung durch das Schwert des Königs von Babel. Der König wird Jerusalem an seine Schuld erinnern und packen, d.h. Jerusalem vernichten (V32). In Ez 29,16 wird Israel vor einem Bündnis mit Ägypten gewarnt, das nur zur Folge haben kann, dass die alte Schuld Israels wieder in

---

[328] Vgl. auch Num 5,15 (P), wo dieser Begriff in seiner juristischen Bedeutung im Zusammenhang des Eifersuchtsordals verwendet wird.

Erinnerung gerufen wird, womit ein neuerliches Gerichtshandeln Jhwhs heraufbeschworen wird. Für die Witwe ist Elija also Träger und Vermittler gerichtlichen Handelns, das zunächst einmal Angst auslöst. Erst als ihr Sohn wieder lebt, kommt die Witwe zu der Erkenntnis, dass das durch den Gottesmann Elija vermittelte Jhwh-Wort אמת ist (17,24), ein Begriff, der hier am besten mit „Wahrheit" wiederzugeben ist, wobei die im Hebräischen mitschwingenden Konnotationen „Zuverlässigkeit", „Festigkeit", und „Treue" mit berücksichtigt werden müssen[329].

Die Treue und Zuverlässigkeit des Jhwh-Wortes ist ein Thema in exilischer Zeit: vgl. z.B. Jes 43,8–13, wo das blinde und taube Israel sowie alle Völker zu einer fiktiven Gerichtsverhandlung zusammen-gerufen werden mit dem Ziel, dass alle Völker und Nationen die אמת Jhwhs und damit sein alleiniges Gottsein bezeugen sollen (43,9). Auch die Rahmenformulierungen der dtjes Überlieferung in 40,6–8 und 55,8–12 zeigen die Vitalität des Zweifels an der Verläßlichkeit des Jhwh-Wortes, wenn in 40,8 betont wird, dass das Wort unseres Gottes in Ewigkeit (לעולם) bleibt und in 55,10–12 die Wirkmächtigkeit des Jhwh-Wortes herausgestellt wird. In 17,17–24 kommt noch eine besondere Note hinzu. Es geht um die אמת des durch Elija ergehen-den (בפיך) Jhwh-Wortes.

Dieses Problem begegnet auch im Jeremiabuch, wo auf dem Hintergrund der Auseinandersetzungen mit den falschen Propheten die Sendung des Gerichtspropheten באמת hervorgehoben wird (Jer 26,15; 23,28; 28,9).

1 Kön 17,17–24 bringt zum Ausdruck, dass durch den Propheten, dessen Wort Wahrheit ist, nicht Tod, sondern Leben geschaffen wird. Die gleiche Vorstellung zeigt sich in Ez 37[330], wo im Rahmen einer Vision, die Israel als Totengebeine zeigt, das Haus Israel durch das prophetische Wort im Auftrag Jhwhs (37,9: נבא Ni.) wieder zum Leben erweckt wird. Durch die prophetische Verkündigung eröffnet sich für Israel nach der scheinbar endgültigen Vernichtung eine neue Lebensdimension[331].

---

[329] Vgl. zu den verschiedenen Übersetzungsmöglichkeiten Jepsen, Art. „אמת", ThWAT I, 1970–1973, 334; Stipp, Bib. 80 (1999), 65f.

[330] Vgl. zu diesem Text Hossfeld, Untersuchungen, FzB 20, 1977, 341–401.

[331] Auch in Ps 119,43.142.151.160, wo von der Gültigkeit (אמת) der Gebote Jhwhs gesprochen wird, zeigt sich ihre Verläßlichkeit darin, „dass sie ‘Leben' gewährleis-ten (V40.116.144)" (Wildberger, Art. „אמת", THAT I, 1971, 207).

Dieses furchterregende Moment des Gottesmannes und die Frage seiner Zuverlässigkeit ist ebenso in der Frage Obadjas in 1 Kön 18,12 vorhanden. In 2 Kön 1,9–16 wird deutlich, dass der Gottesmann Elija die Fähigkeit besitzt, den Tod der Soldaten zu bewirken.

> Dass ein Prophet, der stärker als andere Personen der göttlichen Sphäre zugeordnet wird, aufgrund seiner Macht auch Furcht auslösen kann, zeigt sich schon in der frühen Elischa-Überlieferung 2 Kön 2,23–24. Es lässt sich also in der Darstellung des Propheten eine Verbindungslinie zur Elischa-Tradition erkennen, obwohl in 17,17–24 ohne Zweifel ein weiterer traditionsgeschichtlicher Horizont miteinbezogen werden muß, der in der exilischen Prophetie zu suchen ist.

Auf diesen Horizont verweist ebenfalls 18,12a, wo innerhalb der an Elija gerichteten Rede Obadjas die Befürchtung geäußert wird, dass Elija durch den Geist JHWHs aufgehoben und weggeführt werden könnte.

Diese Vorstellung ist deutlich unterschieden von dem Gebrauch des Ausdruckes רוח יהוה/אלהים in der Gruppenprophetie, die dort einen Trance-Zustand mit Kontrollverlust meint[332]. In 18,12a wie auch in 2 Kön 2,16–18, das nach allgemeiner Auffassung ein sekundärer Zusatz in 2 Kön 2 darstellt[333], ist der Geist Jhwhs eine von außen wirkende Kraft, die eine Ortsveränderung des Propheten bewirkt und dabei auch zum Moment des Unheimlichen des Propheten beiträgt. רוח ist hier massiv mit der Vorstellung des Sturmwindes verbunden, der den Propheten ergreifen und wegtragen kann.

Diese Vorstellung zeigt sich noch im Ezechielbuch. Die Wortverbindung נשא mit dem Subjekt רוח und dem Objekt Ezechiel bzw. dem entsprechenden Suffix begegnet in Ez 3,12.14; 8,3; 11,1.24; 43,5. Im Buch Ezechiel ist diese Aussage organischer in ein visionäres Geschehen eingebettet. In 1 Kön 18,12a und 2 Kön 2,16–18 dagegen ist sie jeweils nur als eine Möglichkeit erwähnt.

> In Ez 3 begegnet die Wegführung Ezechiels durch den Geist im Rahmen der gewaltig ausgebauten Theophaniedarstellung Ez 1–3, deren Endpunkt das Verlassen der כבוד Jhwhs aus dem Tempel von Jerusalem schildert (3,12–14). Genau wie Jhwh seinen „Wohn-

---

[332] Vgl. dazu weiter unten Kapitel III, Abschnitt 5.2.1.
[333] Vgl. dazu weiter unten Kapitel III, Abschnitt 2.2.

ort", den Tempel zu Jerusalem verlässt, so wird auch Ezechiel von
Jerusalem zu den Exilierten nach Tel-Abib geführt[334]. Es geht beim
Abschluß dieser Theophanie um die Freiheit Gottes, die nicht an
ein Heiligtum gebunden sein kann[335]. Jhwh selbst löst sich von
seinem Tempel; dessen Zerstörung kann also nicht die Treue Jhwhs
zu Israel unmöglich machen. Im Rahmen der Berufung Ezechiels
bedeutet dies, dass er die Freiheit und Souveränität Jhwhs zu verkünden hat, die nicht an einen bestimmten Ort gebunden ist und
die gleichzeitig anzeigt, dass Jhwh weiterhin gegenwärtig ist.

Auch in der Komposition Ez 8–11 ist die gleiche Aussage gegeben. In Ez 8,3 wird Ezechiel von der רוח nach Jerusalem gebracht;
er erlebt dort den Tempelgottesdienst als Götzendienst (8,5–18)
und das daraus folgende Strafgericht, das auch den Tempel nicht
ausnimmt (9,1–11). In 10,18–22 begegnet dann wieder das Verlassen
des כבוד Jhwhs. Nach einer weiteren Strafaussage über die führenden Männer Jerusalems (11,1–13) wird Ezechiel nach Chaldäa
gebracht (11,24), nachdem auch der כבוד Jhwhs sich aus dem
Tempel entfernt hat. Auch hier dienen die Wegführungen Ezechiels
durch den Geist (8,3; 11,1.24) zum einen dazu, die Beziehung zu
Jerusalem zu betonen und somit Kontinuität zu der vorhergehenden Geschichte Jhwhs mit Israel herzustellen und zum anderen
dazu, durch das Verlassen des Tempels die Freiheit Jhwhs deutlich zu illustrieren. In Ez 43,5 dient dann die Wegführung des
Propheten durch den Geist dazu, die Inbesitznahme des nachexilischen Tempels durch Jhwh wieder im Anklang an die vorhergehenden Stellen zu interpretieren.

Die Freiheit und Souveränität Jhwhs zeigt sich im Ezechielbuch auch
im Hinblick auf seinen Gesandten, den Propheten. Diese Vorstellung, die im Ezechielbuch organisch in den Kontext eingebettet ist,
wird in 1 Kön 18,12a auf Elija und in 2 Kön 2,16–18 auf Elischa
übertragen. Alles spricht demnach dafür, dass die Aussagen des
Ezechielbuches auf 1 Kön 18,12a und 2 Kön 2,16–18 eingewirkt
haben und nicht umgekehrt[336]. Die Parallelen belegen klar, dass der

---

[334] Vgl. HOSSFELD, *Untersuchungen*, FzB 20, 1977, 372, rechnet die Aussage über
die Wegführung Ezechiels zu den sekundären Interpretamenten.

[335] Vgl. ZIMMERLI, *Ezechiel*, BK XIII/1, ²1979, 84f.

[336] Gegen HOSSFELD, *Untersuchungen*, FzB 20, 1977, 375; auch THIEL, „Redaktionsarbeit", in: EMERTON, *Proceedings*, VT.S 43, 1991, 165–170, geht von diesem Über-
lieferungsgefälle aus; zu der in dieser Arbeit vertretenen Sicht vgl. auch LEVIN, *ThZ*

traditionsgeschichtliche Hintergrund von 1 Kön 18,12 und 2 Kön
2,16–18 in der exilischen Prophetie zu finden ist.

Eine weitere Verbindungslinie zur Elischa-Überlieferung zeigt sich
in der Verwendung des Titels „Gottesmann" für Elija in 17,17–24
und 2 Kön 1,9–16, der neben dem Titel נביא (18,36, wohl schon
im ursprünglichen Text und 19,16) auf dieser Textstufe Verwendung
findet. Die Verwendung von „Gottesmann" und נביא als Titel entspricht dem Befund der Elischa-Tradition[337].

Eine Verknüpfung der Elija- und Elischa-Überlieferung geschieht
auch durch die Aufträge, die Jhwh in 19,15*–17 Elija erteilt. Jhwh
gibt Elija den Auftrag, Hasael, Jehu und Elischa zu salben. Diese
drei Personen spielen jeweils in der Elischa-Überlieferung eine Rolle[338].
Dort werden sie in ihre „Ämter" eingesetzt.

In 2 Kön 8,7–15 wird von einem Zusammentreffen zwischen
Elischa und Hasael berichtet, bei dem Elischa Hasael eröffnet,
dass Jhwh ihm Hasael als König über Aram gezeigt habe (8,13).
In 2 Kön 9–10 wird die Einsetzung Jehus zum König von Israel
durch ein Mitglied der *bᵉnê hannᵉbîʾîm* im Auftrag Elischas geschildert (9,1–13). Hier besteht auch eine Übereinstimmung mit 1 Kön
19,16 in der Form der Einsetzung: Jehu wird gesalbt (9,6). Dass
Elischa der rechtmäßige Nachfolger Elijas ist, wird in 2 Kön 2
thematisiert. Die Nachfolge wird geregelt durch die Übertragung
der רוח Elijas auf Elischa (2,15).

Die Zusammenstellung von Hasael, Jehu und Elischa erklärt sich
also als Übernahme von Überlieferungen aus dem Elischa-Zyklus,
wobei die Einsetzung dieser drei Personen auf einen Auftrag Jhwhs

---

48 (1992), 340f., dessen Darstellung der Überlieferungsgeschichte der Elija-Tradition
jedoch ansonsten abzulehnen ist. Er identifiziert die erste Bearbeitungsschicht in 1
Kön 17,17–24* mit der von H.-C. Schmitt für die Elischa-Überlieferung postulierten „Gottesmannbearbeitung", an die sich eine „Jahwewort-Bearbeitung" anschließt,
der er innerhalb von 1 Kön 17,17–24 Vers 24b zuordnet. Diese „Jahwewort-
Bearbeitung" — alles im nachexilischen Kontext — entdeckt Levin dann auch in
den Elischa-Erzählungen und in 1 Kön 13. Die Art und Weise, wie diese Texte
zugeordnet werden, ist allerdings ärgerlich. So sieht Levin in 2 Kön 4,17bβ eine
Einfügung der „Jahwewort-Bearbeitung" mit folgender Begründung: „Obgleich er
auf das Wort Elischas, nicht Jahwes gerichtet ist, dürfen wir darin wie in 17,24b
einen Vermerk der Jahwewort-Bearbeitung sehen" (339f.). Die gleiche Logik zeigt
sich in der Einordnung von 2 Kön 5,14, wo das Wort des Gottesmannes und eben
nicht das Wort Jhwhs erwähnt ist.
[337] Vgl. dazu weiter unten die Analyse der Elischa-Überlieferungen in Kapitel III.
[338] Sekine, *AJBI* 3 (1977), 63, findet dagegen die Reihenfolge Hasael, Jehu und
Elischa ganz unverständlich.

an Elija zurückgeführt wird. Ziel der Salbungsaufträge ist dabei die Vernichtung Israels, der Vollzug des Gerichtes an Israel. Im Hintergrund steht die Verarbeitung der klassischen vorexilischen und teilweise auch noch exilischen Gerichtsprophetie, die das Gericht an Israel verkündeten.

Betrachtet man die zum Führen des JHWH-Krieges gegen Israel bestimmten Personen, so paßt der Auftrag, gegen Israel Krieg zu führen, eigentlich nur zu Hasael. Die Nachrichten über ihn sind in dieser Hinsicht eindeutig: 2 Kön 8,11–12; 2 Kön 9,14; 10,32; 12,18f.; 13,3.22–25; 8,29; 2 Chr 22,5. In 2 Kön 12,18f. wird sogar von einer Bedrohung Jerusalems durch Hasael berichtet, die König Joasch von Juda nur durch eine Tributzahlung aus den Schatzkammern des königlichen Palastes und des Tempels abwenden kann. Ein Unterschied ist jedoch zu 1 Kön 19,15–17 zu erkennen: Das Wüten Hasaels in Israel wird außer in 1 Kön 19,15–17 nie mit einer direkten Beauftragung durch JHWH in Verbindung gebracht[339].

Anders stellt sich die Situation bei Jehu dar. In 2 Kön 9–10 wird zwar von blutigen Aktionen Jehus berichtet, aber dieses Handeln Jehus ist nicht gegen Israel gerichtet. Im Gegenteil, Jehu ist derjenige, auf den die Gruppenpropheten um Elischa in ihrem Kampf gegen die Omriden ihre Hoffnung setzen, und zwar im Hinblick auf eine Rettung Israels. Eine negative Sicht des Handelns Jehus bzw. seiner Dynastie zeigt sich dann jedoch bei Hos 1,4. Möglicherweise spielt diese negative Sicht Jehus hier in seine Darstellung als Kämpfer gegen Israel mit herein.

Am schwierigsten ist die Aufgabe Elischas nachzuvollziehen. Der Prophet wird in eine Reihe mit den politischen Machthabern gestellt und ihm wird auch dieselbe Funktion, die Vernichtung Israels zu vollziehen, zugewiesen. Ein erster Ansatzpunkt zum Verständnis dieser Aussage ist dadurch gegeben, dass Elischa schon im frühesten Überlieferungsstadium eine bedeutende Rolle in den kriegerischen Auseinandersetzungen mit den Aramäern zugeschrieben wird (2 Kön 6,8–23; 13,14–19), eine eher „beratende" Rolle zeigt sich in 2 Kön 3; 6,24–7,20. Schon hier zeigt sich, dass innerhalb der Elija/Elischa-Tradition der Prophet in die ursprünglich dem König zugeschriebene

---

[339] In 2 Kön 13,3 wird jedoch das Wirken Hasaels gegen Israel in den Zusammenhang des Zornes JHWHs, der gegen Israel entbrannt ist aufgrund der Sünde Jerobeams, gestellt; dies ist ein recht ähnlicher Gedankengang. Zu Hasael vgl. Lemaire, „Hazaël", in: CHARPIN/JOANNÈS, *Marchands*, 1991, 91–108.

Rolle des Retters hineinwächst[340]. Doch während er in diesen Überlieferungen auf der Seite Israels gegen die Aramäer (in 2 Kön 3
auch gegen die Moabiter) kämpft, richtet sich hier sein Kampf gegen
Israel. Die Lösung für diese unterschiedliche Darstellung ist zu finden
in der Einbeziehung des traditionsgeschichtlichen Horizontes der
Schriftprophetie[341].

Innerhalb der schriftprophetischen Überlieferung findet sich in Hos
6,5 die Aussage, dass JHWH das Gericht an Israel und Juda durch
die tötenden Worte seines Mundes vollziehen wird (V5aβ). Die
Werkzeuge dafür bilden die Propheten; durch sie wird JHWH drein-
schlagen (V5aα). In Jer 5,14 wird in einem Bildwort, das Ähnlichkeit zu Hos 6,5 aufweist, angekündigt, dass das Volk durch die
Worte Jeremias vernichtet wird. Diese schriftprophetischen Aussagen
stehen im Hintergrund der Formulierung in 19,15–17 und entsprechen auch der schon aus 17,17–24; 18,12a gewonnenen Erkenntnis, dass die schriftprophetische Überlieferung hier verarbeitet wird.

Eine letzte Verbindungslinie zur Elischa-Tradition stellt die Einführung
des נער als Begleitperson Elijas in 18,43–44 dar. Dieser נער ist zwar
auch in der dem Redaktor vorliegenden und von ihm bearbeiteten
Tradition in 1 Kön 19,3ff. erwähnt, doch zeigt ein Überblick, dass
die Vorstellung der Begleitung eines Propheten durch einen נער
außerhalb der Elischa-Tradition nur noch in Num 22,22 belegt ist.
Ein נער begegnet in 2 Kön 4,12.25.38; 5,20.22; 6,15.17; 8,4; 9,4,
wobei dieser meistens anonym bleibt, nur Gehasi ist namentlich
bekannt (2 Kön 4,12.25; 5,20; 8,4). Wichtig ist dabei, dass dieser
נער offensichtlich aus den Reihen der Gruppenpropheten um Elischa
stammt[342]. Wenn mit dem נער ein Gruppenprophet gemeint ist, so
ist seine Einführung in 18,43f. auch als bewußt gesetztes literarisches
Mittel zu verstehen, Elija mit den schon vorher erwähnten, von
Verfolgung und Ermordung betroffenen JHWH-Propheten in Verbindung
zu setzen. Elija wird dadurch eingebunden in die Reihen der נביאי

---

[340] Vgl. dazu weiter unten die Analyse der Elischa-Überlieferungen in Kapitel
III.

[341] Vgl. auch BLUM, *VT* 47 (1997), 277–299, der allerdings 1 Kön 17–19 als literarkritisch einheitliche, literarische Vorlagen verwendende Erzählung sieht.

[342] Vgl. vor allem 2 Kön 9,4, wo der mit der Salbung Jehus beauftragte Gruppenprophet als נער bezeichnet wird; das folgende הנער הנביא ist wohl Glosse, vgl.
H.-C. SCHMITT, *Elisa*, 1972, 225 Anm 175.

יהוה und umgekehrt diese Jhwh-Propheten mit Elija in Beziehung gebracht.

Insgesamt ist deutlich geworden, dass diese Redaktion eine enge Verbindung zwischen Elija und Elischa herstellen möchte. Dabei verweisen z.B. 17,17–24; 18,12a, aber auch 19,15–17 auf den Hintergrund schriftprophetischer Traditionen, insbesondere von Ezechiel.

Starke Verbindungslinien sind ebenfalls zu der dt-dtr Vorstellungswelt zu erkennen. Eindeutig (spät-)dtr Terminologie liegt in 18,18b und der Klage, dass die Israeliten den Bund gebrochen haben (19,14), vor[343]. Hinzuzunehmen ist die Selbstbezeichnung Elijas als עבד in 18,36[344] und die Neubenennung des Gottesberges als „Horeb"[345].

In 18,3b–4.12b–13; 19,14 begegnet die Aussage, dass die Jhwh-Propheten getötet wurden, in 19,1–2 wird dies durch die Boten der Isebel auch Elija angedroht, in 19,14 wird die vollzogene Tötung von Propheten dem Volk Israel angelastet.

Als Täterin ist in 18,3b–4.12b–13 Isebel genannt, in 1 Kön 19,14 werden dann auch die Israeliten miteinbezogen[346]. Während auf der Ebene der DKK und von DTR I Elija und der König sich als Kontrahenten gegenüberstehen, wird in dieser Redaktion stärker zunächst Isebel als Gegenspielerin Elijas herausgestellt. Was ist der Grund für diese Aussage?

Zunächst ist festzuhalten, dass es sich bei der Prophetentötungsaussage nicht um eine historische Aussage handelt, auch nicht beschränkt auf die Zeit der Isebel. Durch keine Nachricht wird eine Prophetentötung in der Zeit Isebels gestützt, auch nicht in der alten Überlieferung 2 Kön 9–10, wo Isebel der Vorwurf gemacht wird, „Zaubereien und Hurereien" auszuüben, jedoch nicht, Propheten verfolgt und getötet zu haben.

In 1 Kön 21,1–16 wird Isebel zwar als machthungrig dargestellt, sie bleibt aber zumindest formal in den Bahnen des bestehenden Rechtes. Dennoch ist in dieser Überlieferung der Ausgangspunkt für

---

[343] Vgl. dazu oben Abschnitt 2.1.1 und 2.1.2.

[344] Vgl. dazu z.B. 2 Kön 9,36f.; vgl. auch BOHLEN, *Fall Nabot*, TThSt 35, 1978, 293f.; W. DIETRICH, *Prophetie*, FRLANT 108, 1972, 111; H.-C. SCHMITT, *Elisa*, 1972, 20 Anm 14.

[345] Vgl. dazu oben 210f.; zu den Wendungen in 1 Kön 21,25f. vgl. BOHLEN, *Fall Nabot*, TThSt 35, 1978, 224f.303f., der diesen Text DtrN zuordnet.

[346] Aufgegriffen wird die Prophetentötungsaussage mit Isebel als Täterin noch einmal in der dtr Bearbeitung der Jehu-Erzählung 2 Kön 9,7–10; vgl. dazu weiter unten die Analyse von 2 Kön 9–10.

die Täterschaft Isebels im Hinblick auf die Ermordung der Propheten
zu sehen.

Schon in der diachronen Analyse ist deutlich geworden, dass es
in der Einzelüberlieferung 1 Kön 21,1–16 um die Ausübung der
Königsherrschaft geht. Zentrale Aussage ist die Aufforderung Isebels
gegenüber Ahab, doch die Königsherrschaft (מלוכה) in Israel auszuüben (1 Kön 21,7). Sie zeigt sich damit als Vertreterin eines
königlichen Absolutheitsanspruches, der keinerlei Grenzen der
königlichen Machtbefugnis anerkennt[347]. Wenn in 1 Kön 17–19
nun Isebel Ahab auf der Stufe der zweiten Redaktion als Gegenspielerin Elijas ablöst, so wird damit hervorgehoben, dass das
Königshaus gänzlich „kanaanäisch" geworden ist. Es ist eben eine
Institution wie sie die anderen Völker auch haben. Dies zeigt eine
Verbindungslinie zu dem dtr Kapitel 1 Sam 8, in der die Israeliten
den Wunsch äußern, einen König zu haben, wie es bei den anderen Völker auch der Fall ist (8,6) bzw. zu sein wie andere Völker
auch (8,20). Das Gegenmodell dazu zeigt sich in der Darstellung
des Königtums in dem Verfassungsentwurf Dtn 16–18. Im Königtum
wird dort letztlich keine notwendige Institution mehr gesehen; eher
wird es geduldet, aber nur mit solchen Einschränkungen, dass das
Königtum letztlich als eigenständige Leitungsinstanz kaum noch
ins Gewicht fällt.

Von Isebel wird nun in dieser Redaktionsstufe gesagt, dass sie die
Jhwh-Propheten töten ließ; damit wird sie und mit ihr verbunden
das Königtum als eine Jhwh-feindliche Macht dargestellt. Folgerichtig werden ihr in 18,19* die Aschera-Propheten zugeordnet, die sie
unterhält. Sie zeigt sich als Vertreterin der „kanaanäischen" Religion
(Aschera). Damit vollzieht diese Redaktion eine „Denkbewegung",
die sich ebenfalls in Jer 19 fassen lässt. Dort heißt es in der dtr
Erweiterung eines jeremianischen Gerichtswortes[348]: „Denn sie haben
mich verlassen, mir diesen Ort entfremdet und an ihm ihren Göttern
geopfert, die ihnen, ihren Völkern und den Königen von Juda früher unbekannt waren. Mit dem Blut Unschuldiger haben sie diesen
Ort angefüllt (19,4)". Das Vergießen unschuldigen Blutes wird in

---

[347] Isebel personifiziert dabei in 21,1–16 „fremdländischen, ja kanaanäisch-baali-
stischen Einfluß" (BOHLEN, *Fall Nabot*, TThSt 35, 1978, 362; vgl. insgesamt 359–367).
[348] Zur Literarkritik dieses Kapitels und zur dtr Bearbeitung vgl. THIEL, *Redaktion*,
WMANT 41, 1973, 219–227.

direkter Beziehung zu der Fremdgötterverehrung gesehen. Die Gleichung „kanaanäische Religiosität = Vergießen unschuldigen Blutes" wird in der Redaktion der Elija-Erzählungen auf Isebel übertragen wie in der dtr Vorstellungswelt von Jer 19. Die Göttin Aschera ist vor allem in der dt-dtr Bewegung bekämpft worden[349]. So konnte diese Redaktion die Prophetentötung schon in 1 Kön 18 einfügen, indem sie die zentrale Institution Israels, das Königtum, als durch und durch „kanaanäisch" kontaminiert in der Person Isebels darstellte, und ihr die Prophetentötung in die Schuhe schieben, bevor dann in der Horebszene das „kanaanäische" Israel als Täter erkennbar wird. Dies war in 1 Kön 18 mit dem Bekenntnis Israels zu JHWH in 18,39 noch nicht möglich. Damit war es auch erforderlich, ein eigenes Prophetenwort gegen Isebel in 1 Kön 21,23 einzufügen und in 1 Kön 21,25f. noch einmal deutlich zu machen, dass Ahab sich durch Isebel verführen ließ, das heißt, ein Königtum nach kanaanäischem Vorbild ausübte.

O.H. STECK hat das Motiv der Prophetentötung in seinen späteren Ausprägungen, die bis in die neutestamentliche Überlieferung reichen, untersucht. Er kommt dabei zu dem Ergebnis, dass diese Vorstellung als eine theologische Aussage im Gewand einer geschichtlichen zu verstehen sei und nicht als Ergebnis entsprechender Einzelüberlieferungen begriffen werden kann. Ihr treibendes Motiv besitze sie in der Darstellung der Halsstarrigkeit Israels aus der Sicht des dtr Geschichtsbildes[350].

---

[349] Vgl. Dtn 7,5; 12,3; vgl. auch Dtn 16,21; 2 Kön 23,4.6; zum Problemfeld „Deuteronomium — Aschera" vgl. BRAULIK, „Ablehnung", in: WACKER/ZENGER, *Gott und Göttin*, QD 135, 1991, 106–136; FREVEL, *Aschera*, BBB 94 1/2, 1995.

[350] Vgl. STECK, *Geschick*, WMANT 23, 1967; vor allem 60–80; die älteste Gestalt liegt nach STECK in Neh 9,26 vor; er geht allerdings nicht näher auf 1 Kön 17–19 ein. Auf Neh 9,26 sieht STECK die Einwirkung einer langen Tradition, nämlich der längst in Überlieferungen des Nordreiches formulierten Einsicht, „dass das Volk in seinem Ungehorsam auch vor dem Leben der Propheten nicht Halt macht". (201). Bei dem erkennbaren Widerstand gegen Propheten, wie er innerhalb der schriftprophetischen Überlieferung in Am 7,10–17; Hos 9,7–9; Mi 2,6–11 vorliegt, muß jedoch schärfer differenziert werden. Die einzigen Aussagen über einen konkreten Prophetenmord liegen nur vor in Jer 26,20–23 und 2 Chr 24,25. In der Jeremiastelle wird berichtet, dass der ansonsten unbekannte Prophet Urija durch Abgesandte von König Jojakim ermordet wurde. Auch gegen Jeremia wird vorgegangen und sein Tod gefordert (Jer 26,11). Doch scheint hier eher die aufgeheizte zeitgeschichtliche Situation — die Babylonier standen vor den Toren Jerusalems — der entscheidende Grund für die Zuspitzung der Lage gewesen zu sein. In 2 Chr 24,17–27 liegt kaum eine historische Erinnerung vor (vgl. STECK, *Geschick*, WMANT 23, 1967, 64 Anm 6);

Deutlich ist auf jeden Fall, dass die Prophetentötungsaussage ein
vor allem in dt-dtr Traditionsstrom entwickeltes Theologumenon
darstellt, das der Kennzeichnung Israels als Jhwh-feindlich dient
und damit das Gericht über Israel hervorruft. Dies entspricht der
negativen Sicht Israels auf der Ebene der zweiten dtr Redaktion
in den Samuel-Überlieferungen[351], eine Identität beider Redaktionen
ist dabei jedoch nicht behauptet.

Aus 1 Kön 19,16 — auch 19,4: אבתי — geht hervor, dass der Redaktor
eine Prophetensukzession kennt. Elischa wird anstelle von Elija zum
Propheten gesalbt. Die Sukzession von Propheten ist ausgebildet worden in den Gruppenpropheten um Elischa und zeigt sich vor allem
in 2 Kön 2[352]. Dabei waren wohl schon Mose, aber auch Josua als
Leitfiguren im Hintergrund. Dass Mose als Leitgestalt für den נביא
dienen konnte, hat seinen Hintergrund in der Übertragung der
Retterfunktion vom König auf den Propheten. Dadurch konnte Mose,
der Israel aus Ägypten führte und die Ägypter am Schilfmeer besiegte,
als Leitfigur des Propheten erscheinen. So konnte schon Hosea Mose
als Leitfigur des נביא ansehen (Hos 12,14). Die klassische Ausprägung
der Prophetensukzession findet sich dann im dtr Verfassungsentwurf
Dtn 18,15–18[353].

Auf eine Parallelisierung mit Mose verweist auch die Ausgestaltung
der Theophanieszene in 1 Kön 19*. Mit der von ihr aufgegriffenen
Grundüberlieferung in 1 Kön 19 war durch die Theophanie am
Gottesberg wahrscheinlich schon eine Parallelisierung von Elija mit
Mose beabsichtigt. Zusätzlich verstärkt wurde diese Analogie dadurch,
dass die Theophanie nicht am Eingang der Höhle, sondern auf dem
Berg (בהר in 1 Kön 19,11*) stattfand. Ein weiterer Zug, der dies
noch unterstreicht, ist die modifizierte Aufnahme der 40 Tage und
40 Nächte, die Mose ohne Nahrung bleibt, aus Dtn 9,9.18. In 1
Kön 19* wird dieses Motiv nicht auf den Aufenthalt auf dem Berg
bezogen, sondern mit der Wanderung Elijas zum Horeb in Verbindung

---

Halpern Amaru, *HUCA* 54 (1983), 154, hält den hier erwähnten Secharja nicht
für einen Propheten. Einen Anklang an die Prophetentötungsaussage durch die
Israeliten ist auch in Jer 2,30 erkennbar, wo in einer Rede Jeremias den Israeliten
der Vorwurf gemacht wird, dass ihre Schwerter die Propheten getötet haben.

[351] Vgl. dazu oben Kapitel I, Abschnitt 3.2.

[352] Notwendig wurde die Sukzession durch die Verbindung von Gruppenprophetie
und Einzelpropheten unter Elischa; angedeutet ist sie schon in der Grundüberlieferung
von 1 Kön 19*.

[353] Vgl. auch noch Num 11; 12,6–8 und Dtn 34,10–12.

gebracht. Ein vierzigtägiger Aufenthalt auf dem Horeb hätte in 1 Kön 19* auch wenig Sinn ergeben, während in Dtn 9,11 erwähnt ist, dass Mose die Steintafeln am Ende der 40 Tage und 40 Nächte erhielt.

Möglicherweise ist eine Parallelisierung mit Mose auch schon in der Gestaltung von 17,17–24 vorhanden. Dieser Auffassung ist jedenfalls A. Schmitt, der in der Untersuchung des Horizontes von 17,17–24 eine ähnliche Struktur in den Mose-Erzählungen Ex 17,3–6; Num 11* (weniger deutlich in Ex 14,1–31; 15,22–25; Num 21,4–9) sieht und darin die Absicht erkennt, Elija als einen neuen Mose erscheinen zu lassen[354].

Diese Verbindungslinien machen deutlich, dass die zweite Redaktion der Elija-Überlieferungen im dt-dtr Traditionsstrom anzusiedeln ist.

Einzigartig ist die Bearbeitung der Theophanieszene durch die Negation der Theophanieelemente mit dem geheimnisvollen Abschluß der קול דממה דקה in 1 Kön 19,11–12*. Im Unterschied zu sonstigen Theophaniedarstellungen, die oft breit angelegte, farbenfrohe Gemälde des Kommens von Jhwh sind[355], begnügt sich 1 Kön 19,11f.* mit der einfachen Erwähnung und Aneinanderreihung von Sturmwind, Erdbeben und Feuer. Nur bei dem Sturmwind werden — durch die Vorlage bedingt — Auswirkungen berichtet. Zu verstehen ist diese dürre Zusammenstellung „nur aus Verarbeitung vorgeprägter Tradition"[356]. Man kann demnach sagen, dass in 1 Kön 19,11f.* konventionelle, mit dem Kommen Jhwhs verbundene Vorstellungen abgewehrt werden. Das häufige Vorkommen dieser Theophanieelemente in der Verbindung mit einer Jhwh-Theophanie, das zeitlich von den frühesten

---

[354] Vgl. A. Schmitt, *VT* 27 (1977), 466–470; er schließt sich dabei an Fohrer, *Elia*, AThANT 53, ²1968, 55–58, an; positiv aufgenommen auch bei Rentrop, *Elija*, 1992, 295. Es bleibt jedoch die Frage, ob A. Schmitt nicht eher allgemeine Strukturmerkmale von Wundererzählungen erkennt, so dass die Mose-Analogie in 17,17–24 nicht sicher ist.

[355] Vgl. z.B. Ps 18,8–16; 29,3–9.

[356] So Jeremias, *Theophanie*, WMANT 10, ²1977, 202; Macholz, „Psalm 29", in: Albertz, *Werden und Wirken*, 1980, 332.

רוח als Theophanieelement begegnet z.B. in Ps 18,11.16 (= 2 Sam 22,11.16); 48,8; 104,3.4; Jer 4,11f.; 10,13; Ez 1,4; 13,13; vgl. auch Gen 3,8; רעש in Ri 5,4; Ps 18,8 (= 2 Sam 22,8); Ps 46,4; 68,9; 77,19; Jes 13,3; 29,6; Jer 10,10; Ez 3,12.13; 38,19.20; Joel 2,10; 4,16; Nah 1,5; Hag 2,6.7.21; אש in Ex 3,2; 9,23; 13,21; Lev 9,24; Num 9,15f.; Jes 10,16f.; Jer 50,32; Ez 1,3.27; Joel 1,19; Obd 18; Ps 18,13.14; 21,10; 29,7; 68,3; 78,14; 79,5; 89,47; Ijob 41,11.

Anfängen bis in die Spätzeit reicht, macht es unmöglich, hierin eine
Polemik gegen Baal oder andere Götter zu sehen. Nicht Baal wird
abgewehrt, sondern ein bestimmtes Reden von Jhwh. Wo dieses
Reden von Jhwh seinen Ort hat, wird deutlich in Ps 18 und Ps 29,
die die größte Nähe zu 1 Kön 19 aufweisen.

In Ps 18,8–16 begegnen alle drei negierten Theophanieelemente. Von
der רוח wird in V11 und V16 gesprochen, jeweils in Cstr.-V; das
Beben der Erde zeigt sich in 18,12, Feuer in 18,9. In V8–16 wird
das Kommen Jhwhs zur Rettung geschildert. Diese Darstellung
hat ihren Ort im Heiligtum (V7); dabei weisen צור in V2 und
עליון auf den Jerusalemer Tempel hin.

In Ps 29,5–9 steht zwar קול־יהוה im Mittelpunkt, doch ergeben
sich von den Theophanieelementen her Verbindungen zu 1 Kön
19*. Dass die Zedern des Libanon zerbrechen, Eichen emporge-
wirbelt und ganze Wälder entlaubt werden (V5.9), ist eine Wirkung
des Sturmwindes. V6.8 zeigen das Beben des Libanon bzw. der
Wüste; in V7 ist flammendes Feuer erwähnt[357]. Die geographische
Anordnung, Libanon im Norden und Steppe im Süden, zeigt, dass
als Zentrum des Theophaniegeschehens Jerusalem anzusehen ist,
was dann auch erwiese, „was ohnehin in jedem Fall anzunehmen
sein dürfte: dass der Jerusalemer Kultus der Entstehungs- und
Überlieferungsort dieses Psalms ist"[358].

Diese beiden Beispiele zeigen, dass die Theophanien im kultischen
Sprechen von Jhwh vermittelt wurden. Sie haben keine Gültigkeit
mehr. Stattdessen wird eine paradoxe Formulierung[359] als Abschluß
der Theophanie gewählt, die in 19,13b mit dem an den Propheten
ergehenden Jhwh-Wort identifiziert wird[360].

Am sinnvollsten lässt sich diese Darstellung zeitgeschichtlich interpretieren. Jhwh ist in dem kultisch vermittelten Theophaniegeschehen
nicht mehr zu erfahren. Erfahrbar ist er allein noch in dem Prophetenwort. Die Situation des Exils ergibt einen plausiblen Hintergrund für
diese einzigartige Theophaniedarstellung; im Grunde steht eine Einsicht
im Hintergrund, wie sie in der Entfernung Jhwhs aus dem Jerusalemer
Tempel in Ez 8–11 dargestellt wird.

---

[357] Vgl. Macholz, „Psalm 29", in: Albertz, *Werden und Wirken*, 1980, 329.
[358] Ebd., 328.
[359] Vgl. Jeremias, *Theophanie*, WMANT 10, ²1977, 11.
[360] Vgl. auch Steck, *Überlieferung*, WMANT 26, 1968, 118 Anm 4; Seidl, *BZ NF*
37 (1993), 17 Anm 77.

Insgesamt lässt sich für die Entstehungszeit der zweiten Redaktion der Elija-Überlieferungen erkennen, dass die Zeit des Exils vorausgesetzt wird. Hierfür sprechen die Bezüge zur exilischen Prophetie. Sie ist demnach frühestens in dieser Zeit entstanden.

Die paradoxe Darstellung der Theophanie in 1 Kön 19,11f.* lässt sich auch mit dem gebrochenen Prophetenbild dieser Redaktion in Einklang bringen. Auf der einen Seite ist der Prophet mächtig, angsterregend und unberechenbar; er ist eindeutig stärker als andere Menschen dem Bereich des Göttlichen zugeordnet; auf der anderen Seite wird er angefeindet und ist verwundbar bis hin zur Depression und dem Wunsch zu sterben. Das Bild eines Propheten lässt sich erkennen, das Erfahrungen vor Augen hat, wie sie vor allem im Jeremiabuch überliefert sind. Es ist ein Prophetenbild, in dessen Facetten sich eine reiche Tradition spiegelt.

4. Prophet und König

Als Textbasis haben sich nach der diachronen Analyse die DKK (1 Kön 17–18*) und 2 Kön 1* erwiesen; das Auftreten Elijas gegen Ahab in 1 Kön 21,17ff. ist erst der grundlegenden dtr Redaktion (DTR I) zuzuschreiben, die den anonymen Prophetenspruch von 2 Kön 9,26 auf Elija übertrug und die Szene auf dem Hintergrund der Auseinandersetzung zwischen Elija und Ahab in 1 Kön 17–18 gestaltete.

Zwischen der DKK und 2 Kön 1* besteht keine direkte literarische Verbindung. Dies zeigt sich schon darin, dass nur in 2 Kön 1* die Kurzform des Namens Elija verwendet wird; auch eine Anknüpfung an die in 1 Kön 17–18* dargelegte Situation ist nicht erkennbar. Es ist deshalb sinnvoll, in der Darstellung des Verhältnisses zwischen König und Prophet die DKK und 2 Kön 1* je für sich zu betrachten.

4.1. *Prophet und König in der DKK*

Während in der SSK Samuel auf der menschlichen Ebene eigentlich nur mit König Saul in einen Dialog eintritt (ein einziges Mal spricht Samuel mit einer anderen Person, dem Koch, der jedoch keine weitere Bedeutung gewinnt: 1 Sam 9,23), sind in der DKK die menschlichen Interaktionspartner Elijas zahlreicher. Er hat mit der Witwe aus Sarepta zu tun, er redet mit Obadja, dem Volk Israel und auch den Baalpropheten. Die Interaktion mit Gott tritt dagegen im Vergleich zur Samuel-Saul-Überlieferung zurück (1 Sam 9,15–17; 15,16). Direkt mit Gott tritt Elija in der DKK nur in der Bitte um Erhörung in 18,37 in Beziehung.

Wie in der SSK ist jedoch der König der entscheidende Partner für Elija. Die Gegenüberstellung von König und Prophet zeigt sich in den Schlüsselszenen des Textes, in 17,1*; 18,17–20* und 18,41–45*.

In der Anfangsszene tritt Elija König Ahab unvermittelt mit der Ankündigung der Dürre gegenüber. Zu Beginn der an Ahab gerichteten Rede Elijas wird mit der Schwurformel חי־יהוה אלהי ישראל deutlich, dass er dies im Namen Jhwhs, des Gottes Israels tut. Elija ist das Sprachrohr Jhwhs, wie es in der SSK durch die Bezeichnung קול יהוה für Samuel ausgedrückt ist. Elija betont in dieser Ankündigung, dass er dem König mit Machtfülle gegenübertritt. Es ist nicht nur, dass auf sein Wort hin die Dürre eintritt; Elija macht dem König auch klar, dass nur auf sein Wort hin (כי אם־לפי דברי) die Dürre wieder ein Ende finden kann. Auf diese Ankündigung, die ohne Begründung bleibt, erfolgt keine Reaktion des Königs. Ein Dialog findet nicht statt. Der Phantasie des Lesers/der Leserin bleibt es überlassen, sich die Reaktion des Königs wie überhaupt die näheren Umstände dieser Begegnung auszumalen.

Die nächste Begegnung zwischen Elija und Ahab findet erst statt, nachdem die Folgen der Dürre klar zu Tage getreten sind. In dem vorhergehenden Zusammentreffen mit dem Palastvorsteher Obadja hat Elija Obadja den Auftrag gegeben, Ahab zu melden, dass Elija wieder da ist. Dies ist Grund genug für den König, sich auf den Weg zu machen und Elija aufzusuchen. Nicht Elija ist es, der den König aufsucht, sondern umgekehrt. Es ist ein Zug dieser Überlieferung, der für sich genommen schon sonderbar genug ist. Normalerweise wäre zu erwarten, dass Elija den König aufsucht. Dies ist so bei Samuel und Saul in der SSK bis zu dem Konflikt in 1 Sam 15*. Danach sucht Samuel Saul nicht mehr auf. Bei der letzten Begegnung in 1 Sam 28* ist es dann Saul, der zu Samuel gehen muß, wobei allerdings zu sehen ist, dass Samuel ja schon gestorben war. Durchaus möglich ist es, dass in der DKK an die Entwicklung angeknüpft wird, die sich schon in der SSK andeutet.

In der Szene 1 Kön 18,17–20* kommt zum ersten — und einzigen — Mal ein Dialog zwischen König und Prophet zustande, der sich jedoch auf einen Schlagabtausch beschränkt. Ahab eröffnet den Dialog mit dem an Elija gerichteten Vorwurf, er sei der עכר ישראל,

womit Elija in seiner Person angegriffen wird[361]. Elija dreht in seiner Antwort den Spieß einfach um und gibt den Vorwurf an Ahab und die Dynastie der Omriden insgesamt zurück. Ohne Ahab die Chance einer Entgegnung zu geben und den Vorwurf weiter zu klären, fährt Elija mit einem Auftrag an Ahab, Israel und die Baalpropheten auf dem Karmel zu versammeln, fort. Das Verblüffende daran ist, dass Ahab wortlos gehorcht. V20 schildert dann die Ausführung des Auftrages. Der in dem Vorwurf zum Ausdruck gebrachte Ärger des Königs löst sich in Luft auf, als sei mit der Entgegnung Elijas alles Notwendige gesagt. Ganz deutlich kommt in dieser Gestaltung des Dialogs zum Ausdruck, dass König Ahab für Elija kein ernstzunehmender Partner ist. Er hat die Befehle Elijas auszuführen, basta!

Auch in der Abschlußszene 1 Kön 18,41–45a* zeigt sich im Hinblick auf die Interaktion zwischen Elija und Ahab wieder dasselbe Muster. Ein Dialog findet nicht statt. Elija gibt einen Befehl und Ahab gehorcht wortlos. Nun wäre angesichts der vorhergehenden Karmelszene noch verständlich, dass es Ahab die Sprache verschlagen hat, doch zeigt das identische Muster wie in den vorhergehenden Szenen, dass hier eine beabsichtigte Darstellung des Verhältnisses zwischen König und Prophet ausgedrückt wird.

Elija gibt Ahab die Anweisung, zu essen und zu trinken. Hierauf auf ein vorhergehendes Fasten Ahabs zu schließen, überinterpretiert den Text. Von einem solchen Fasten ist nirgendwo vorher die Rede und das Fasten Ahabs in 21,27–29 gehört einer späteren Textstufe an[362]. Am einfachsten ist diese Aufforderung von ihrem Kontext her als Anweisung an Ahab zu verstehen, nach dem erfolgten Bekenntnis des Volkes doch jetzt Jhwh in einem kultischen Mahl die Ehre zu geben[363]. Möglicherweise ist aber auch nur an eine Kräftigung zu denken, die es Ahab ermöglicht, den jetzt, nach den Ereignissen auf dem Karmel, erkennbaren Weg

---

[361] Vgl. dazu Mosis, Art. „עכר", ThWAT VI, 1987–1989: „Es (scil. Partizip qal) charakterisiert das jeweilige Subj. nach Art eines Appellativum oder eines Epitheton primär als Träger einer Eigenschaft, nicht so sehr als Täter einer einzelnen Handlung" (77).

[362] Gegen Hentschel, „Elija", in: E. Haag, Gott, 1985, 74.

[363] Zum kultischen Verständnis des Essens und Trinkens vgl. Ex 32,6; 24,9–11; Ri 9,27; vgl. auch K.L. Roberts, CBQ 62 (2000), 632–644, allerdings mit einem problematischen Verständnis der Rolle Ahabs als „sacral king".

weiter zu gehen. In ähnlicher Weise wird Saul von der Frau in
En-Dor zum Essen aufgefordert (1 Sam 28,22).

Im Hinblick auf das Kommen des Regens fällt auf, dass nach der
volltönenden Ankündigung in 17,1 das Wort Elijas in 18,41 sehr
zurückhaltend ausfällt. Elija spricht nur davon, dass er das Geräusch
des Regens (כִּי־קוֹל הֲמוֹן הַגֶּשֶׁם) vernommen hat, noch dazu als Nominal-
satz formuliert, der die Beteiligung Elijas weiter in den Hintergrund
drängt. Nach dem Befehl an Ahab begibt Elija sich wieder auf die
Höhe des Karmel (zur Nordostspitze?), um dort eine eigentümliche
Haltung anzunehmen: Er legt den Kopf zwischen die Knie.

Am häufigsten ist die Deutung dieser Stelle als Gebetsgestus vertreten worden[364]. Auch ist vorgeschlagen worden, 18,42b als Geste
der Konzentration im Zusammenhang ekstatischen Erlebens zu
sehen[365] oder es wurde an magische Praktiken gedacht[366]. Doch
schon 1953 hat JIRKU den Hintergrund dieser Haltung an einem
Beispiel aus der ägyptischen und ugaritischen Literatur ausgeleuch-
tet[367]. In der Erzählung von Sinuhe heißt es nach dem Eintreffen
der Nachricht, dass Amenemhet I. gestorben sei: „Der Hof war
voll Schweigen, die Herzen waren tief betrübt, das große Tor war
verschlossen, die Hofleute (saßen gebeugt) mit dem Kopf auf dem
Schoß, das Volk war in Trauer"[368]. Die gleiche Geste findet sich
in einem ugaritischen Text als Reaktion auf die Forderung des
Gottes Jam nach dem Goldschatz Baals[369]. Aus diesen Stellen geht

[364] Vgl. z.B. THENIUS, *Bücher der Könige*, KEH IX, 1873, 228; BENZINGER, *Bücher
der Könige*, KHC 9, 1899, 111; KITTEL, *Bücher der Könige*, HK I/5, 1900, 149; PEAKE,
BJRL 11 (1927), 306 Anm 1; MEDEBIÉLLE, *Les Livres des rois*, 1955, 677; ROWLEY,
BJRL 43 (1960), 215f.; BRONGERS, *Koningen I/II*, 1967, 189.
[365] So STEINMANN, „La geste", in: *Élie le prophète I*, EtCarm 35, 1956, 105f.; B.P.
ROBINSON, *First Book of Kings*, 1972, 215; MACH/MARKS, „Head", in: *Islam-Studies*,
1960, 73; MONTGOMERY/GEHMAN, *Critical and Exegetical Commentary*, ICC, 1951, 306;
GRAY, *I & II Kings*, OTL, ³1977, 403f.
[366] So z.B. RÖSCH, *ThStKr* 65 (1892), 564; GRESSMANN, *Geschichtsschreibung*, SAT
II/1, ²1922, 263; AP-THOMAS, *PEQ* 92 (1960), 154; H.-C. SCHMITT, *Elisa*, 1972, 185
Anm 31; BECK, *Elia*, BZAW 281, 1999, 98; KEINÄNEN, *Traditions*, SESJ 80, 2001,
123–129 („magical rain ritual").
[367] Vgl. JIRKU, *ZDMG NF* 28 (1953), 372; ihm folgen FOHRER, *Elia*, AThANT
53, ²1968, 19 Anm 30; HENTSCHEL, *Elijaerzählungen*, EThSt 33, 1977, 138f. Anm
411; dagegen THIEL, „Gemeinsamkeiten", in: ZMIJEWSKI, *Botschaft*, 1990, 366.
[368] Übersetzung nach JEPSEN, *Sinuhe*, 71.
[369] Vgl. JIRKU, *ZDMG NF* 28 (1953), 372; dieser Gestus ist ebenfalls in der klassischen antiken Literatur belegt bei Apuleius, Metamorphosen 24,1, vgl. dazu BAUER,
Hermes 87 (1959), 383–384, der noch auf andere ägyptische Parallelen aufmerksam
macht; weiteres Material bei MACH/MARKS, „Head", in: *Islam Studies*, 1960, 71–73.

hervor, dass es sich beim Legen des Hauptes auf die Knie um ein Zeichen der Trauer und Bestürzung handelt. Eine solche Haltung gehört offenbar zum Klageritus, für den LOHFINK eine Phase der Stille und des Erstarrens nachgewiesen hat[370]. Als Einstieg untersucht LOHFINK volkskundliches Vergleichsmaterial aus Lukanien, Sardinien und Sizilien, das belegt, dass es innerhalb der Totenklage eine Phase des Schweigens gab, in der der Trauernde zusammengekauert und starr dasitzt[371]. Im Licht dieses Materials lässt sich nun auch in der alttestamentlichen Überlieferung ein aus vier Phasen bestehendes Klageritual erkennen, dessen dritte Phase sich mit erstarrendem Verstummen kennzeichnen lässt[372]. Mit diesem Klageverhalten macht Elija deutlich, dass er sich auf die Seite des Volkes stellt. Er teilt den Schmerz und die Trauer des Volkes, das unter der Dürre leidet[373].

Die Klagehaltung, die nach dem Triumph am Karmel wenig verständlich ist, lässt in Verbindung mit der zurückhaltenden Formulierung der Ankündigung des Regens die Vermutung zu, dass hier Material aus einer vorausliegenden Dürre-Tradition aufgenommen worden ist. Welcher ursprüngliche situative Rahmen für die Ankündigung des Regens anzunehmen ist, lässt sich allerdings nicht mehr erkennen. Aufgrund der Trauerhaltung ist es jedoch durchaus möglich, eine Befragungssituation anzunehmen, in der Elija aufgesucht wurde und aufgrund seiner seherischen Fähigkeiten um ein JHWH-Wort angegangen wurde. Möglich ist es auch, dass Elija von sich aus in der Situation der Dürre die Öffentlichkeit z.B. am Karmel-Heiligtum gesucht hat, um das Ende der Dürre zu verkünden, in einer Art von „Straßentheater"[374]. Die Formulierung כִּי־קוֹל הֲמוֹן הַגָּשֶׁם klingt dabei enigmatisch, deutet aber auf einen Auditionsvorgang hin, der Elija in die Lage versetzte, den Regen anzukündigen. Interessant dabei ist, dass hier eine magische Qualität des Prophetenwortes — anders als in 17,1 — nicht mitschwingt. Auf jeden Fall macht dieses Wort deutlich, dass für Elija die divinatorische Grundfunktion, die

---

[370] Vgl. LOHFINK, *VT* 12 (1962), 260–277.
[371] Vgl. die Beispiele ebd., 262.
[372] LOHFINK untersucht im einzelnen Ijob 2,13; Esr 9,3–5; Ez 26,15–18; Klgl 1,4.6; vgl. ebd., 263–275.
[373] Vgl. auch HENTSCHEL, „Elija", in: E. HAAG, *Gott*, 1985, 75f.
[374] Vgl. dazu LANG, *Prophet*, 1980, 28–30.

Offenlegung der dem normalen Erkenntnisvermögen verborgenen Sachverhalte, angenommen werden kann.

Die bei der Begegnung Elijas mit König Ahab erkennbare Überordnung Elijas zeigt sich auch bei der Begegnung mit Obadja (1 Kön 18,7–16*). Obadja, immerhin Palastvorsteher (אשר על־הבית) und damit zweiter Mann im Staate[375], fällt vor Elija zu Boden, eine Reverenzerweisung, wie sie nur üblich ist gegenüber Menschen, deren Macht man ausgeliefert ist[376].

> Die übergeordnete Stellung des Elija wird ebenso in dem Dialog mit Obadja in 18,7–8 deutlich. Ausdrücklich bezeichnet Obadja Elija in 18,8 als seinen „Herrn". Obadja begibt sich damit selbst in die Rolle eines עבד, obwohl der אשר על־הבית normalerweise nicht den עבדים zugerechnet wird[377]. Die Antwort Elijas enthält eine Korrektur dieser devoten Haltung gegenüber Elija, indem Elija ausdrücklich Ahab als den Herrn Obadjas bezeichnet, macht aber andererseits deutlich, dass Obadja keineswegs ein gleichgestelltes Gegenüber für Elija ist, sondern dass ihm der Status des Unfreien, über den andere zu bestimmen haben, zukommt. Die immerhin überraschende Willfährigkeit eines der höchsten Beamten gegenüber Elija scheint dem Verfasser selbstverständlich zu sein[378].

Damit wird erneut in der Darstellung des Elija unterstrichen, was schon in 17,1 erkennbar war. Elija kommt nicht als Bittsteller daher, er zeigt sich als nicht hinterfragbare, mit Macht ausgestattete Autoritätsperson.

Dieses Bild wird noch deutlicher in der Begegnung mit der Witwe aus Sarepta. Elija ist in dieser Überlieferung als Wundertäter gezeichnet, dessen Wort (17,14f.) die Macht besitzt, die Not der Witwe zu beseitigen. Die Zeichnung Elijas als Wundertäter hat ihre Parallelen vor allem in der Darstellung des Elischa, ansonsten ist sie nicht sehr häufig bezeugt[379]. Die Macht des Wortes von Elija entspricht der

---

[375] Zu diesem Amt vgl. RÜTERSWÖRDEN, Beamte, 1985, 77–85.

[376] Am häufigsten ist das Niederfallen vor einem Menschen gegenüber David bezeugt (1 Sam 25,23f.; 2 Sam 9,6; 14,4.22); außerdem der Brüder gegenüber Josef (Gen 44,12; 50,18), sowie von Rut gegenüber Boas (Rut 2,10).

[377] Vgl. RÜTERSWÖRDEN, *Beamte*, BWANT 117, 1985, 4–9.

[378] Vgl. auch WALSH, *1 Kings*, 1996, 240–242; OLLEY, *JSOT* 80 (1998), 37f., lastet das fehlende Eingehen Elijas auf die Hilfe Obadjas für die anderen Propheten Elija an, der zu sehr auf seine eigenen „Eifer" fixiert sei.

[379] Neben Elija und Elischa ist sie noch in den Mose-Überlieferungen erkennbar; ansonsten nur noch in den sogenannten Jesaja-Legenden und 1 Kön 13.

Aussage in 17,1. Der Kontrast zu der Aussage in 17,1* ist dabei unverkennbar. Während das Wort Elijas für Ahab und Israel die Dürre auslöst, bewirkt es für die phönizische Witwe einen nicht mehr versiegenden Mehltopf und Ölkrug. Das Wort des Elija ist demnach einerseits in der Lage, Israel den Regen vorzuenthalten, andererseits Mehl und Öl für die phönizische Witwe hervorzubringen.

In 17,1*.10–16* zeigt sich eine andere Qualität des Prophetenwortes als in der SSK für Samuel. Durch das Wort Elijas wird eine Dürre über Israel verhängt. Hier ist eine durchaus magische Bedeutung des Propheten- oder vielleicht besser Seherwortes zu erkennen. Es ist entscheidend für die Gewährung und auch den Entzug des Segens, der die alltäglichen Lebensgrundlagen hervorbringt.

Es handelt sich jedoch nicht um willkürliche Handlungen des Propheten. In 17,1* wird deutlich, dass die Verhängung der Dürre auf Jhwh zurückgeht; Elija spricht im Namen Jhwhs (17,1); in 17,12 verweist die Witwe mit derselben Formulierung (חי־יהוה) auf Jhwh, den Gott Elijas, obwohl diese Bemerkung in dem Mund einer Phönizierin seltsam anmutet. Es kommt hinzu, dass im Duktus der DKK deutlich wird, dass die Verhängung der Dürre und damit der Entzug des Segens mit dem Verhalten der Israeliten und ihres Königs zusammenhängt (18,17f.21), also keineswegs eine aus eigener magischer Machtvollkommenheit ausgeübte Willkür- handlung Elijas darstellt. Dass das Propheten- bzw. Seherwort eine magische Qualität annehmen kann, zeigt sich z.B. deutlich in der Bileam- und ebenfalls der Elischa-Überlieferung[380]. Die Aussage ist jedoch, dass die Wirkmächtigkeit des Seher-Wortes sich aus dem Willen der Gottheit ergibt, die im Wort des Propheten zum Ausdruck kommt. Bileam kann Israel nicht verfluchen. Damit wird deutlich, dass der Seher/Prophet als Repräsentant seiner Gottheit handelt, deren Wirkmächtigkeit in seinem Tun und Reden aufscheint.

---

[380] Num 22–24; 2 Kön 2–13*; zu den Elischa-Überlieferungen vgl. weiter unten Kapitel III, Abschnitt 4.3; s. auch noch die prophetisch wirkenden Frauen in Ez 13; das Verhältnis von Religion und Magie ist nicht einfach zu definieren, vgl. dazu Petzoldt, *Magie und Religion*, WdF 337, 1978; Middleton, Art. „Magic", *EncRel(E) IX*, 1987, 81–89; Bottéro, Art. „Magie", *RLA VII*, 1988, 200–234; Stolz, *Grundzüge der Religionswissenschaft*, 1988; 27f.; Albertz, Art. „Magie", *TRE 21*, 1993, 691–695; Jeffers, *Magic and Divination*, SHCANE 8, 1996, 1–24; Fauth, „Beschwörungs- priesterinnen", in: M. Dietrich/Kottsieper, *Mose*, AOAT 250, 1998, 289–318; Uffenheimer, *Early Prophecy in Israel*, 1999, 484–489; Beck, *Elia*, BZAW 281, 1999, 163–188.

Interessant ist, dass der Dialog zwischen Elija und der Witwe in anderen Bahnen verläuft als zwischen Elija und Ahab bzw. Obadja. Von einem schroffen Befehlston kann hier keine Rede sein. Elija bittet die Witwe um einen Bissen Brot. Als sie gezwungen ist, seine Bitte abzulehnen und gegenüber Elija ihre Notsituation offenzulegen, reagiert Elija sehr einfühlsam. Seine Entgegnung beginnt mit der Formel אל־תיראי — „fürchte dich nicht". Dann gesteht er der Witwe durchaus zu, das zu tun, was sie vorhat, mit der kleinen Einschränkung, ihm vorher seine Bitte zu erfüllen. Es folgt das Wort, dass der Mehltopf nicht leer werden wird und der Ölkrug nicht versiegen wird. Auf dieses Wort Elijas vertraut die Witwe und es zeigt sich, dass sie Elija vertrauen darf. In diesem Dialog wird deutlich, dass Elija sich gegenüber der in Not geratenen Witwe gänzlich anders verhält als gegenüber den ja auch in Not befindlichen Machtträgern Ahab und Obadja.

Auf einer politischen Ebene tritt Elija gegenüber dem Volk Israel und den Baalpropheten auf dem Karmel auf (18,21–40). Hier zeigt sich Elija wieder stärker von der bei den Begegnungen mit Ahab und Obadja her bekannten Seite. Die Worte, die er an die Baalpropheten richtet, sind Anweisungen (18,25). Eine Reaktion der Baalpropheten wird nicht mitgeteilt, den Anweisungen Elijas wird wortlos entsprochen.

Gegenüber dem Volk ist es nach der einleitenden konfrontativen Frage, ob sie denn nun JHWH oder Baal als Gott verehren wollen (18,21), und der Erklärung der Situation Elijas als einziger JHWH-Prophet (18,22), im wesentlichen der Vorschlag der Opferprobe, den Elija macht (18,23f.*). Zweimal wird eine Reaktion des Volkes mitgeteilt. Einmal, dass es auf die einleitende Frage keine Antwort gab (18,21), dann — nach dem Vorschlag Elijas —, dass die Israeliten die Opferprobe für gut befinden (18,24). Ein eigentlicher Dialog findet jedoch nicht statt. Es ist natürlich wichtig, angesichts des Bekenntnisses in 18,39 die Reaktion des Volkes auch schon vorher mitzuteilen, um so den Umschwung plastischer hervortreten zu lassen. Ansonsten redet Elija auch mit dem Volk vor allem in Imperativform (18,30.34.40).

Der Überblick über die Interaktionspartner zeigt, dass Elija vorrangig auf einer politischen Ebene agiert. Hierzu gehören die Begegnungsszenen mit dem König und natürlich die Entscheidung auf dem Karmel, aber auch die Begegnung mit Obadja, die keine eigenständige Bedeutung besitzt, sondern die Funktion hat, Elija und Ahab wieder zusammenzubringen. Dies entspricht der Handlungsebene

Samuels in der SSK. Darüber hinausgehend wird in der DKK ein direktes Handeln Elijas gegenüber dem Volk Israel in der Karmelszene dargestellt. Einmal wird die politische Handlungsebene verlassen — sieht man vom Verbergen Elijas am Bach Kerit ab — und Elija zeigt sich auf dieser nicht politischen Ebene gegenüber der phönizischen Witwe nicht nur als machtvoller Wundertäter, sondern auch als einfühlsamer Gesprächspartner[381].

In der Karmelszene 18,21–40 bringt Elija ein עולה -Opfer dar, d.h. er ist wie auch schon Samuel in den Kult involviert, ohne dass daraus jedoch die Schlußfolgerung gezogen werden kann, dass Elija nach dem Bild eines Priesters gezeichnet ist[382]. Die Anwesenheit von ganz Israel und dem König zeigt, dass Elija hier auf der Ebene des Staatskultes tätig wird. Auf dieser kultischen Ebene wird ebenfalls Samuel in 1 Sam 10,8; 13,7–15 tätig; in 1 Sam 15,31–33 tötet Samuel den Amalekiterkönig Agag „vor JHWH" in Gilgal, in Anwesenheit des Volkes und des Königs. Anders als in der Samuel-Saul-Komposition ist dies jedoch die einzige kultische Ebene, auf der Elija agiert.

In die Darbringung des Opfers ist die kurze Notiz hineinverwoben, dass Elija den zerstörten JHWH-Altar „heilt" (18,30 רפא Pi.)[383].

Ungewöhnlich ist die Verwendung des Verbums רפא Pi. für die Wiederherstellung eines Gegenstandes. Wo dies geschieht, steht das Verhältnis zwischen JHWH und Israel im Hintergrund. In Jer 19,11 zeigt Jeremia den Israeliten in Form einer symbolischen Handlung, die darin besteht, Töpfergeschirr zu zerbrechen, dass

---

[381] GREGORY/HAUSER, *Carmel*, JSOT.S 85, 1990, 91–169, sehen in 1 Kön 17–19 eine negative Darstellung Elijas. Mit Hilfe des Stilmittels der Ironie werde Elija in diesen Kapiteln als eine „strange middle figure" (130) dargestellt, wobei u.a. „Elijah's inflexibility and egocentrism" (134) deutlich werden sollen. (etwas abgemildert folgt Olley, *JSOT* 80 (1998), 25–51, dieser Interpretationslinie; im Hinblick auf 1 Kön 19 sehen auch andere synchron orientierte Forscher problematische Züge in der Darstellung Elijas; vgl. ROBINSON, *RB* 98 (1991), 534f.; ebs. WALSH, *1 Kings*, 1996, 287–289; KISSLING, *Reliable Characters*, JSOT.S 224, 1996, 96–148; CRÜSEMANN, *Elia*, 1997, 52–66). Dieser Interpretationslinie steht jedoch schon innerbiblisch die späte Deutung Elijas in 2 Chr 21,12–15; Mal 3,23f. und Sir 48,12–16 entgegen. Im Rahmen einer synchronen Auslegung ist jedoch zuzugestehen, dass die Darstellung vieler biblischer Gestalten tiefgründiger wird.

[382] Die Darbringung des עולה -Opfers ist in frühen Zeit nicht exklusiv dem Priester vorbehalten; vgl. o. Kapitel I, Abschnitt 4.1.2.

[383] Die Wurzel הרס, in 1 Kön 18,30 in der Cstr.-V. מזבח יהוה ההרוס gebraucht, wird im Zusammenhang mit einem Altar nur noch in Ri 6,25, der Gideon-Tradition, verwendet.

Jhwh das Volk und Jerusalem wie Töpfergeschirr zerbrechen wird, „so dass es nie wieder heil (רפא Pi.) werden kann" (Jer 19,11).

In Ps 60,4 wird die Bitte geäußert, die Risse des Landes zu heilen (רפא Pi.). Auch hier geht es letztlich um die Wiederherstellung eines heilvollen Verhältnisses zwischen Jhwh und Israel, das den Wiederaufbau des zerstörten Landes ermöglicht. Im gleichen Sinne wird רפא Pi. mit Jhwh als Subjekt in Hos 5,13; 6,1; 11,3; 14,5 verwendet, wo es die „Wiederherstellung des verwundeten Volkskörpers"[384] bezeichnet. Eine nur scheinbare Ausnahme in der Verwendung von רפא Pi. zeigt sich in 2 Kön 2,21f. Dort spricht Elischa von der „Heilung" des Wassers, ohne dass ein Bezug zum Verhältnis Israel-Jhwh gegeben ist. Doch ist dabei zu beachten, dass vorher von der krankmachenden Wirkung dieser Quelle die Rede ist (2 Kön 2,19b). Wenn Elischa hier von „Heilung" bezüglich des Wassers spricht, so ist damit seine Wirkung auf die Menschen gemeint.

Die „Heilung" des Jhwh-Altares macht demnach deutlich, dass Elija wieder ein heilvolles und segenbringendes Verhältnis zwischen Jhwh und Israel ermöglichen will. Er ist also derjenige, durch dessen Handeln eine Brücke zwischen Jhwh und seinem Volk geschaffen wird. Normalerweise ist dies die Aufgabe der politischen Führer Israels, von denen immer wieder einmal innerhalb des DtrG der Bau eines Altares berichtet wird[385].

In 1 Kön 18,40 wird gesagt, dass Elija die Baalpropheten tötet. Wie die Heilung des Altares ist dies ein ungewöhnliches Verhalten für einen divinatorischen Spezialisten. Es erinnert an die Tötung des Amalekiterkönigs Agag durch Samuel in 1 Sam 15,31–33. Dort ist es jedoch eindeutig, dass Samuel etwas vollzieht, was eigentlich Aufgabe des Königs gewesen wäre, der Vollzug des Bannes an allem Lebendigen. In 1 Kön 18,40 lässt Elija dem König jedoch gar keine Chance zum Handeln. Elija ist es, der das Volk anweist, die Baalpropheten zu ergreifen, und er tötet sie auch. Elija ist in dieser Szene als Kämpfer für die alleinige Verehrung Jhwhs gezeichnet. Logischerweise führt dies dazu, dass er die in Israel vorhandenen Vertreter

---

[384] So WOLFF, *Hosea*, BK XIV/1, ³1976, 157.
[385] Vgl. dazu oben Kapitel I, Abschnitt 3.2.

Baals vernichtet. Damit wird ermöglicht, dass JHWH sich im segenbringenden Regen Israel wieder zuwendet[386].

Heißt dies nun, dass für Elija ein anderer Typos eines divinatorischen Spezialisten anzunehmen ist als dies bei Samuel der Fall war?

Dafür könnte sprechen, dass Elija zweimal innerhalb der DKK einen anderen Titel, נביא, erhält.

In 18,22, in der Rede Elijas an die auf dem Karmel versammelten Israeliten bezeichnet Elija sich selbst als נביא ליהוה. Die nähere Bestimmung als JHWH-Prophet ist notwendig aufgrund der Tatsache, dass auf dem Karmel ja auch Baalpropheten versammelt sind. Dass Elija als einziger JHWH-Prophet übriggeblieben ist, ist nicht als Hinweis auf eine Verfolgung zu verstehen[387]. Die von dem Verfasser der DKK verwendete Vorlage, die noch in 18,20 durchschimmert, spricht nur von נביאם die zudem noch aus Israel zusammengerufen werden. Es spricht also einiges dafür, dass in dieser Vorlage ursprünglich von „normalen" israelitischen נביאם die Rede war, wobei wohl an Gruppenpropheten zu denken ist. In der DKK werden sie jedoch als Baalpropheten bezeichnet, entsprechend wie in 2 Kön 10,19–21 auch von Dienern des Baal neben Priestern und Propheten die Rede ist. Das Selbstverständnis dieser Diener des Baal dürfte anders gewesen sein. Entsprechendes ist auch für die Baalpropheten auf dem Karmel anzunehmen.

Das zweite Vorkommen dieses Titels zeigt sich in der Redeeinleitung in 18,36*, in der Elija als הנביא bezeichnet wird. In 17,1 wird dieser Titel jedoch nicht verwendet, dort wird er — wie auch in 2 Kön 1,3.8 — als „Elija, der Tischbiter" bezeichnet, eine Bezeichnung die auch von DTR I in 21,17.28 aufgegriffen wird.

נביא ist der innerbiblisch am häufigsten verwendete Titel für divinatorische Spezialisten. In 1 Sam 9,9, das einer zweiten dtr Redaktionsschicht zuzuordnen ist, ist erkenbar, dass dieser Titel in späterer Zeit — abgeschlossen war diese Entwicklung in exilischer Zeit — zur flächendeckenden Bezeichnung auch für andere divinatorische

---

[386] MARX, *RHPhR* 78 (1998), 15–32, findet in 18,40 Spuren eines Ritus, der bei einer Katastrophe nationalen Ausmaßes durchgeführt worden sein soll; den Hintergrund dieses Ritus „levée de catastrophe" erkennt er im Heiligkeitsgesetz.

[387] Erst die zweite „dtr" Redaktion hat diesen Vers zum Anlaß genommen, in 18,3b–4.12–15 eine Verfolgung von JHWH-Propheten durch Isebel einzufügen und sie hat außerdem die Formulierung von 18,22 in 19,14 wieder aufgegriffen.

Spezialisten wurde, die vorher „Seher" genannt wurden[388].

Etymologisch wird dieser Titel in einer Verbindung mit dem akkadischen *nabû* „nennen, berufen" gesehen, wobei ein passives Verständnis der *qātîl*-Bildung im Sinne von „Berufener, mit einer Botschaft Betrauter" vorherrschend war[389]. Aufgrund der neueren Textfunde in Emar und Mari vertritt FLEMING ein aktives Verständnis und sieht in dem נבִיא „the one who invokes god"[390]. Diese Interpretation erklärt auf jeden Fall besser, dass die Pluralform נבִיאִים fest mit der Gruppenprophetie verknüpft ist (1 Sam 10,10–12; 19,18–24). Auf die Verbindung zur Gruppenprophetie weist auch die Semantik des Verbums נבא Ni und Hi., das meist als *verbum denominativum* aufgefaßt wird und das neben der Verkündigung eines Prophetenspruches auch ein typisches Verhalten bezeichnen kann, wobei hier vor allem an den Trance-Zustand mit dem Verlust der Selbstkontrolle bei den Gruppenpropheten zu denken ist[391].

Die Verbindung zur Gruppenprophetie, die innerbiblisch bezeugte (1 Sam 9,9) Entwicklung und das spärliche Vorkommen bei den Schriftpropheten des 8. Jahrhunderts[392] führte dazu, in dem נבִיא

---

[388] Vgl. BLENKINSOPP, *Geschichte der Prophetie*, 1998, 35.

[389] Vgl. dazu ROWLEY, „Prophecy", in: DERS., *Servant of the Lord*, ²1965, 95–134; JOHNSON, *Prophet*, ²1962, 24f.; BOUZON, *Prophetenkorporationen*, 1968, 25–32; JEREMIAS, Art. „נביא", *THAT II*, 1976, 7; WILSON, *Prophecy*, 1980, 136f.; PETERSEN, *Roles*, JSOT.S 17, 1981, 71; MÜLLER, Art. „נביא", *ThWAT V*, 1984–1986, 145f.

[390] FLEMING, *CBQ* 55 (1993), 217–224.

[391] Eine genaue Entwicklungsgeschichte mit einer exakten Zeiteinteilung bietet JEPSEN, *Nabi*, 1934, 5–9; vgl. dazu jedoch richtigerweise die Kritik von BOUZON, *Prophetenkorporationen*, 1968, 28f.; WILSON, *Prophecy*, 1980, 136–138; OVERHOLT, *Prophecy*, 1986, 333–335; NISSINEN, „Socioreligious role", in: DERS., *Prophecy*, SBLSS 13, 2000, 93, macht darauf aufmerksam, dass die akkadischen Verben *maḫû* und *ragāmu*, von deren nominellen Ableitungen die wichtigsten Titel für divinatorische Spezialisten in Mari und in der neuassyrischen Prophetie gebildet werden, ebenfalls diesen doppelten Aspekt der Rede und Verhaltens aufweisen und demgemäß als semantische Äquivalente von נבא aufzufassen sind (93).

[392] Im Michabuch wird weder der Titel noch das Verb נבא für Micha verwendet. In Mi 3,5–11 werden die נביאים angegriffen, so dass es nur schwer vorstellbar erscheint, dass Micha zu dieser Gruppe zu rechnen ist. Auch bei Jesaja zeigt sich ein ähnliches Bild. Außerhalb der „Jesajalegenden" Jes 36–39 wird der Titel נביא für Jesaja nicht gebraucht und auch das Verb nicht verwendet; Jes 3,2; 9,14; 28,7 zeigen Distanz zu נביאים. (Anders urteilt J.J.M. ROBERTS, „Blindfolding the Prophet", in: Heintz, *Oracles*, TCRPOGA 15, 1997, 135–146). Amos lehnt ausdrücklich die Bezeichnung נביא ab, benutzt aber das Verbum (Am 7,10–17). Die positive Erwähnung von נביאים in Am 2,11–12; 3,7f. sind wahrscheinlich redaktionelle Texte, vgl. die Kommentare. Bei dem einzigen Nordreichpropheten Hosea ist die Situation anders. Er weiss sich mit den נביאים verbunden (Hos 6,5; 9,7–9; 12,11) und Mose wird als נביא gesehen (Hos 12,14).

die spezielle Bezeichnung für den Gruppenpropheten zu sehen[393] oder für den Kultpropheten[394]. Als eine ursprünglich kanaanäische Größe ordnet JEPSEN das „Nabitum" ein, wobei er einen scharfen Trennungsstrich zur Schriftprophetie zieht[395]. An eher regionale Differenzierungen im Vergleich mit anderen divinatorischen Spezialisten denken PETERSEN, WILSON und ZOBEL[396].

Für AULD sind dagegen die Titelzuweisungen in den Prophetenbüchern wie in dem DtrG Teil eines literarischen redaktionellen Prozesses, der keine Erkenntnisse mehr zu den Personen, denen die Titel zugeordnet werden, zulässt. Im Hinblick auf die Prophetenbücher denkt er eher an „poets", nicht an Propheten[397]. CARROLL sieht prinzipiell die Zugangswege zur Prophetie als einem sozialen Phänomen verbaut; einen sicheren Grund haben wir nur bei einem „literary approach"[398]. Diese Auffassungen sind jedoch überzogen. Es besteht kein Grund, in der Titelzuweisung *allein* einen editorialen Prozeß zu sehen; ebensowenig ist der Zugang zu einem Phänomen wie Prophetie aufgrund der Quellenlage prinzipiell verstellt. Natürlich ist das Verhältnis zur historischen Wirklichkeit komplex und viele Vorbehalte bei CARROLL sind beherzigenswert, nicht jedoch die Schlußfolgerung, die CARROLL zieht[399].

---

[393] Vgl. z.B. J. BECKER, „Prophetismus", in: ZMIJEWSKI, *Botschaft*, 1990, 12; M. WEIPPERT, „Aspekte", in: MAUER/MAGEN, *Ad bene*, AOAT 220, 1988, 308–310.

[394] So KOCH, Art. „Propheten/Prophetie", *TRE 30*, 1997, 477; vgl. jedoch schon gegen frühere Versuche die Bemerkungen bei JEREMIAS, *Kultprophetie*, WMANT 10, 1970, 4f.

[395] Vgl. JEPSEN, *Nabi*, 1934, 245–252.

[396] Vgl. PETERSEN, *Roles*, JSOT.S 17, 1981, 63–69, vermutet in dem נביא im Nordreich den Typ eines "central morality prophet", der — wie der חזה in Juda — die zentralen moralischen Werte der Gesellschaft verteidigt; WILSON, *Prophecy*, 1980, 301, sieht in dem נביא in ephraimitischer Tradition den mosaischen Propheten, der das Wort Gottes verkünde und eine interzessorische Funktion ausübe, die ursprünglich dem ראה zustand; daneben nimmt er auch noch einen judäischen נביא an, der jedoch keine Fürbittfunktion kannte; ZOBEL, „Anfänge", in: WALLIS, *Bileam*, 1984, 52–55, ordnet den Titel נביא eindeutig dem Nordreich zu, ist aber gezwungen, in der Übernahme des Titels für Natan (2 Sam 7,2; 12,25; 2 Kön 1,8.10.22.23.32.34. 38.44.45) einen ausdrücklichen Ausgleichsversuch Davids mit dem Nordreich zu sehen.

[397] Vgl. AULD, *JSOT* 27 (1983), 3–23; DERS., *ZAW* 96 (1984), 66–82.

[398] Vgl. CARROLL, „Prophecy", in: CLEMENTS, *World of Ancient Israel*, 1991, 203–225; zu dem Jeremia-Kommentar von CARROLL vgl. die Bemerkungen bei HERRMANN, *Jeremia*, EdF 271, 1990, 170–172.

[399] Zur Kritik der Auffassungen von AULD und CARROLL vgl. OVERHOLT, *JSOT* 48 (1990), 3–29; BARSTAD, *JSOT* 57 (1993), 41f.51f.; LAATO, *History*, CB.OT 41, 1996, 199–202; HEINTZ, „Fin des prophètes bibliques", in: DERS., *Oracles*, TCRPOGA 15, 1997, 195–214.

Neben den schon länger bekannten Vorkommen des Titels נביא in den Lachisch-Ostraka[400] ist inzwischen dieser Titel auch außerhalb Israels nachgewiesen. Am bedeutendsten ist das Vorkommen des Titels in einem Mari-Brief[401]. In diesem wohl an König Zimrilim gerichteten Brief teilt Tebî-gêrî-šu mit, dass er die Propheten der Hanäer ([lú]na-bi-i[meš] ša ha-na-meš) befragt habe, ob es angebracht sei, dass der König außerhalb der Mauern eine rituelle Reinigung vornehmen könne. Der Plural weist darauf hin, dass es sich um eine Form von Gruppenprophetie gehandelt haben könnte[402]. Anhand der anwachsenden Textzeugnisse stellt sich die Frage, ob es so etwas wie eine westsemitische Form der „Prophetie" gegeben haben könnte[403], doch kann dieser Frage hier nicht weiter nachgegangen werden.

Die vorsichtige Verwendung von נביא in der DKK und das Fehlen dieses Titels in 2 Kön 1 zeigt, dass Elija sich selbst wohl nicht als נביא verstanden hat. Es ist eher damit zu rechnen, dass er sich als „Seher" verstanden hat wie auch Samuel in 1 Sam 9–10. Der Hintergrund für die Verwendung des Titels נביא ist in dem Überlieferungskreis zu suchen, der die DKK gestaltet hat, den Gruppenpropheten um Elischa[404]. Erst mit der organisatorischen Verbindung des Einzelpropheten Elischa mit den Gruppenpropheten dürfte der Titel נביא für einen einzelnen divinatorischen Spezialisten im Nordreich Israel verwendet worden sein.

Die vorrangig mit der Befragungssituation verbundene „Offenlegung

---

[400] III.20; XVI.5, vgl. dazu BARSTAD, ErIs 24 (1993), 7*–12*; RENZ/RÖLLIG, *Handbuch I*, 1995, 412–419.435f.

[401] AÉM I/1, 1988, Nr. 216.

[402] Eindeutig ist, dass es sich um divinatorische Spezialisten handelt, vgl. zu diesem Text DURAND, AÉM I/1, 1988, 377–379; FLEMING, *CBQ* 55 (1993), 219f.; GORDON, „Mari", in: CLINES/McKAY, *Of Prophet's visions*, 1993, 65; HUFFMON, Art. „Prophecy" (ANE), *ABD V*, 1992, 479. Nicht ganz so eindeutig ist der Textfund aus Emar, wo wahrscheinlich ebenfalls eine Gruppe gemeint ist, s. dazu FLEMING, *CBQ* 55 (1993), 220f.; TSUKIMOTU, *AJBI* 15 (1989), 2–24; vgl. jedoch DURAND, „Les prophéties des textes de Mari", in: Heintz, *Oracles*, TCRPOGA 15, 1997, 120 Anm 6 („pleureuses"); Skepsis ist gegenüber dem Vorkommen in Ebla angebracht, vgl. HUFFMON, Art. „Prophecy" (ANE), *ABD V*, 1992, 477.

[403] So FLEMING, *CBQ* 55 (1993), 221; MALAMAT, *Mari*, 1989, 84f.; LEMAIRE, „Les textes prophétiques de Mari dans leurs relations avec l'ouest", in: DURAND, *Amurru I*, 1996, 427–438; MARGALIT, „Prophecy", in: M. DIETRICH/KOTTSIEPER, *Mose*, AOAT 250 (1998), 515–532; skeptisch DE JONG ELLIS, *JCS* 41 (1989), 130–132; PONGRATZ-LEISTEN, *Herrschaftswissen*, SAAS 10, 1999, 47–57.

[404] Vgl. dazu weiter unten Abschnitt 5.2 sowie Kapitel III, Abschnitt 5.2.

der dem normalen Erkenntnisvermögen verborgenen Sachverhalte"[405]
zeigt sich in 18,41, wo Elija gegenüber Ahab das Kommen des
Regens ankündigt. Wahrscheinlich war dieses Wort der DKK vorgegeben. Nach 17,1 wäre eigentlich ein ausdrücklich als Wort des
Elija gekennzeichnetes, magisch konnotiertes Machtwort zu erwarten gewesen. Die fast ausschließliche Wirksamkeit Elijas auf der politischen Ebene entspricht dem in der SSK gezeichneten Bild Samuels.
Von daher unterscheidet sich das Bild Elijas in grundlegenden Punkten
nicht von dem Typ des divinatorischen Spezialisten, der in 1 Sam
9f. begegnet. Eine Differenzierung aufgrund der unterschiedlichen
Titel ist ebenfalls nicht möglich[406].

Unterstützt wird diese Sicht durch die verschiedenen Wirkungsorte
Elijas: Er geht nach Sarepta (17,10), wohl in der Nähe von Samaria
tritt er Obadja gegenüber (18,7), auf dem Karmel lässt er Israel und
die Baalpropheten sich versammeln. Dies zeigt ihn als umherziehen-
den Divinator, wie er auch bei Samuel (1 Sam 9f.) begegnet ist. Es
ist deshalb nicht notwendig, in Elija einen anderen Prophetentyp zu
sehen als in Samuel.

Allerdings bedarf es noch einer Erklärung der Unterschiede im
Bild des Elija im Vergleich mit Samuel. Vorher muß jedoch die
Rolle des Königs näher in Augenschein genommen werden.

Oben wurde schon herausgestellt, dass Elija eindeutig gegenüber
dem König dominiert und ihm gegenüber überlegen dargestellt wird.
Dieser Darstellung Elijas entspricht *vice versa* die Darstellung König
Ahabs, die in einem krassen Gegensatz zu seiner aus anderen Nachrichten erhebbaren geschichtlichen Bedeutung steht[407]. Eine sakrale
Würde, die den König umgibt, ist nirgends erkennbar. Vom Geistbesitz
des Königs, wie 1 Sam 11,6 von Saul berichtet wird, ist nichts zu
bemerken. Er bleibt merkwürdig passiv und beschränkt sich in
18,16.41f. darauf, die Anweisungen Elijas auszuführen. Nur einmal
wird so etwas wie Widerstand gegen Elija sichtbar, in 18,17f.; doch
versandet dieser Protest folgenlos. Im folgenden Geschehen wird deutlich, dass Elija Recht hat; der König wird jedoch außer einer

---

[405] Vgl. dazu oben Kapitel I, Abschnitt 4.1.1.
[406] Vgl. dazu oben Kapitel I, Abschnitt 4.1.1.
[407] Der Widerspruch zu den außerbiblisch erhebbaren Fakten ist demnach auch
schon auf der vordtr Textstufe gegeben; vgl. zu der negativen biblischen Darstellung
Ahabs H. SCHMID, *BN* 104 (2000), 95–105.

Zurückweisung dieses Vorwurfs und der gegenteiligen Behauptung keiner weiteren argumentativen Antwort gewürdigt.

Dort, wo Ahab von sich aus aktiv wird, in 18,2–6, ergibt sich ein interessantes Bild. In 18,2b wird gesagt, dass in Samaria eine Hungersnot herrschte. Ursache dieser Hungersnot war die Dürre (vgl. 18,5), was wohl eine der häufigsten Ursachen für Hungersnöte war[408]. In 18,5 wird deutlich, dass auch die Pferde und Maultiere des königlichen Stalles in Mitleidenschaft gezogen werden. Deshalb ergreift Ahab nun die Initiative. Er bestellt Obadja zu sich mit dem Ziel, alle Quellen und Wasserläufe nach Gras für die Tiere abzusuchen. Dieses Handeln ist bemerkenswert. Es wäre doch nach der einleitenden Erwähnung der Hungersnot in Samaria zu erwarten, dass der König sich um eine Abhilfe für die betroffenen Menschen kümmert oder dass er wenigstens seiner Betroffenheit Ausdruck verleiht wie es der ungenannte König angesichts der gleichen — allerdings durch eine Belagerung — verursachten Situation in Samaria durch das Tragen des Bußgewandes tut (2 Kön 6,30). Die Sorge Ahabs gilt jedoch den Pferden und Maultieren des königlichen Stalles. Das ist aus der Sicht des Königs bei näherem Hinsehen auch nicht so ganz unverständlich. Denn Pferde braucht er ja für die Streitwagen, die damals die modernste Waffe im Kampf waren und die durch Salomo dem militärischen Potential Israels zugeführt wurden; Maultiere waren wohl vor allem für den Transport wichtig (2 Kön 5,17)[409]. Ahab selbst hat wahrscheinlich den Ausbau des Streitwagenkontingentes forciert. In der antiassyrischen Koalition, die 853 bei Karkar Salmanassar III. entgegentrat, stellte Ahab die größte Anzahl an Streitwagen[410]. Ganz offensichtlich waren sie für Ahab ein wichtiger Machtfaktor, dessen Bedrohung durch die Dürre die Grundlagen seines Königtums erschüttern konnten.

Es ist jedoch nicht nur bemerkenswert, wem die Sorge des Königs

---

[408] Vgl. Jer 14,1; 17,8; aus Rut 1,1; Gen 12,10; 26,1 und 2 Kön 4,38 gewinnt man den Eindruck, als ob Hungersnöte als eine immer wieder auftretende Erscheinung so selbstverständlich waren, dass nicht einmal mehr ein Grund dafür benannt wurde.

[409] Vgl. 1 Kön 5,66f. und dazu DONNER, *Geschichte I*, GAT 4/1, 1984, 199; vorher waren Streitwagen in Israel nicht gebräuchlich, wohl aber gefürchtet als gefährliche Waffe der kanaanäischen Stadtstaaten (Ri 1,19). Noch David ließ die erbeuteten Pferde lähmen (2 Sam 8,4), der Stamm Dan entwickelte ein Art von Guerilla-Taktik gegen Pferde (Gen 49,17).

[410] Text der sogenannten „Kurkh-Stele"; Übersetzung bei JEPSEN, *Sinuhe*, 1975, 152f.; TUAT I, 360–362; vgl. auch TIMM, *Dynastie Omri*, FRLANT 124, 1982, 181–185.

gilt, auch die Art und Weise seines Vorgehens verdient Beachtung. Angesichts der lebensbedrohlichen Situation bestellt er den Palastvorsteher und will mit ihm gemeinsam Flüsse und Quellen nach Gras für die Pferde und Maultiere absuchen. Unmöglicher kann sich ein Herrscher kaum benehmen. Er handelt „wie der letzte Dorfschulze"[411]. Ganz offensichtlich liegt hier eine bewußt karikierende Darstellung vor, die das Verhalten des Königs und seines Ministers der Lächerlichkeit preisgibt und die im Gegensatz steht zu allen Nachrichten, die wir über die Tatkraft der Omridenherrscher besitzen. Es ist jedem Leser, jeder Leserin, klar, dass das Vorgehen Ahabs nie zu einem Erfolg führen kann. Von daher zeigt sich in dieser Szene eine massive Kritik an König Ahab. Er kümmert sich nur um den Erhalt seiner Macht, darüber hinaus ist sein Handeln hilflos und lächerlich. Dies wird schon im Ansatz klar. Allein wird dieser König mit der Notlage nicht fertig; er bedarf der Leitung und Anweisung durch einen Elija (18,19f.41f.).

Keine Schwierigkeit wird außerdem in der DKK darin gesehen, dass der König Elija aufsucht und nicht umgekehrt.

Dieser Zug begegnet auch in der Elischa-Überlieferung. Der König wird gezwungen, Elischa aufzusuchen und nicht umgekehrt (2 Kön 6,33; 13,14), er ist dort machtlos, wo der Prophet noch helfen kann (2 Kön 5,7); entscheidend für die Kriegführung gegen die Aramäer ist Elischa, nicht der König (2 Kön 6,12; 13,14ff.); der König spricht Elischa mit „Vater" an (2 Kön 6,21; 13,14).

Ahab hat keine andere Wahl, als sich Elija zu beugen und die Versammlung Israels und der Baalpropheten auf dem Karmel durchzuführen und nach dem erfolgten Bekenntnis Israels zu Jhwh die weiteren Anweisungen Elijas zu befolgen.

Der König hat demgegenüber nur die Funktion, die Aufträge Elijas auszuführen. Diese Sicht des Königtums entspricht in den Grundzügen dem Bild des Königtums, wie es schon bei der Analyse der Samuel-Überlieferungen zu Tage getreten ist. Allerdings hat sich das Bild des Königs zum Negativen hin verändert. Eine sakrale Aura ist nicht zu erkennen, das Handeln des Königs wird zu einer Karikatur verzerrt, bei der Auseinandersetzung auf dem Karmel hat er nur die Rolle des Zuschauers. Das Königtum wird deutlich kritischer gesehen

---

[411] So Gressmann, *Geschichtsschreibung*, SAT II/1, ²1921, 261.

als in der SSK. Es erfüllt seine grundlegende Aufgabe, die Abwehr der Feinde Israels, nicht mehr.

Widerspricht dem nicht 18,41–46, aus dem die Mehrzahl der Exegeten ein gutes Verhältnis zwischen Ahab und Elija erschließen?[412]. Zum einen gehört die Stelle, die vom Laufen vor Ahab spricht, nicht zur DKK. Sie wird übrigens überinterpretiert, wenn daraus ein Dienstverhältnis zwischen Ahab und Elija erschlossen wird. Ihr Hintergrund ist die Aussage, dass Elija mit einem Auftrag betraut wird[413]. Fällt diese Aussage weg, so kann man nicht von einem ungetrübten Verhältnis zwischen Ahab und Elija sprechen, zumal diese Stelle von ihrem Kontext her zu interpretieren ist. Der Dialog zwischen Ahab und Elija zeigt einen Befehlsgeber und einen Befehlsempfänger. Das Verhalten zwischen Ahab und Elija ist nicht von dem Verhalten in den anderen Szenen zu unterscheiden, die von einer Konfrontation geprägt sind (1 Kön 17,1; 18,17–20). Elija ist der Übergeordnete, Ahab der Befehlsempfänger. Eine positive Sicht des Königs ist daraus nicht abzuleiten, ebenso wenig ein freundschaftliches Verhältnis oder auch nur ein ungetrübtes Verhältnis zwischen König und Prophet.

Zusammenfassend lässt sich sagen, dass das Bild des Elija im Vergleich mit der Darstellung Samuels in der SSK noch deutlichere Züge einer absolut überlegenen, machtvollen Persönlichkeit angenommen hat. Hierzu gehört das Auftreten Elijas als eines Wundertäters gegenüber der Witwe aus Sarepta (1 Kön 17,10–16*), aber auch die magische Bedeutung seines Wortes, das die Macht hat, den Regen zurückzuhalten und wieder zu gewähren. Elija selbst tritt gegenüber Israel als

---

[412] Vgl. z.B. HENTSCHEL, „Wurzeln", in: REINDL, *Altestamentliche Aufsätze*, 1981, 45; SMEND, „Elia", in: *Congress Volume*, VT.S 28, 1975, 179; H.-C. SCHMITT, *Elisa*, 1972, 183–187; WÜRTHWEIN, *Bücher der Könige*, ATD 11,2, 1984, 213f.; DERS., „Tradition" (1994), in: *Studien*, BZAW 227, 1994, 107; BECK, *Elia*, BZAW 281, 1999, 97–99, der diesen Passus zu der frühen Dürrekomposition rechnet, ist der Meinung, dass Elija als Regenmacher dem König zu Hilfe kommt; das Verhältnis Elijas zu Ahab sei in keiner Weise kritisch oder gar feindlich; für S. OTTO, *Erzählung*, BWANT 152, 2001, 248f., geht die „Regenmacher-Tradition" (1 Kön 18,42b.45a) und die nur mehr fragmentarisch erhaltene „Erzählung vom Regenmachen Ahabs und Elias" auf eine Phase der Wirksamkeit Elijas zurück, die noch nicht von der Konfrontation mit den Omriden geprägt war.

[413] Zum „Sich Gürten" im Zusammenhang einer Beauftragung vgl. 2 Kön 4,29; 9,1; Jer 1,17. Das „Laufen vor Ahab" hat eine auf Kapitel 21 hinweisende Funktion, das innerhalb von DTR I direkt an die Karmelszene anschloß.

Handelnder auf (1 Kön 18,21–40*); er tötet mit eigener Hand die Repräsentanten Baals (1 Kön 18,40).

Das Bild des Königs ist dagegen im Vergleich zur SSK in eine negative Richtung verschoben. Eine tragische Komponente, die immer auch Sympathie impliziert, ist bei König Ahab nicht mehr erkennbar. Er ist zudem aller sakralen Aura entledigt; sein Handeln wird der Lächerlichkeit preisgegeben. Auf dem Hintergrund der geschichtlich unbezweifelbaren Tatkraft der Omridenherrscher, die zudem die erste stabile Dynastiebildung im Nordreich Israel zustande brachten, gewinnt diese Darstellung den Charakter eines bewußt gestalteten Gegensatzes.

Was ist nun der Hintergrund dieser Verschiebungen?

Ein Ausgangspunkt für die Beantwortung dieser Frage liegt in 1 Kön 18,40 vor. Es wird ausdrücklich erwähnt, dass die Baalpropheten auf Befehl des Elija zum Bach Kischon gebracht werden, um dort von Elija getötet zu werden. Dieser Ort ist innerbiblisch noch in Ri 4,7.13; 5,21 erwähnt als der Ort, an dem eine entscheidende Auseinandersetzung zwischen Israel unter der Führung von Debora und Barak und den Kanaanäern unter dem Feldherrn des Königs Jabin von Hazor, Sisera, stattgefunden hat[414]. Berücksichtigt man nun, dass in der Tötung der Baalpropheten keine historische Aussage vorliegt, sondern ein Reflex der Ereignisse der Jehu-Revolution[415], so wird deutlich, dass die DKK eine parallele Situation zu der Bedrohung Israels durch die Kanaanäer in vorstaatlicher Zeit erkennt. Die Verehrung Baals und die Unentschiedenheit der Israeliten zur Zeit des Ahab und Elija stellen eine Bedrohung der Existenz Israels dar, die dem Kampf der Kanaanäer gegen Israel in der vorstaatlichen Zeit entspricht.

Derjenige, der Israel in dieser Situation rettet, ist Elija. Er führt Israel zu dem Bekenntnis zu Jhwh und tötet die Baalpropheten. Es ist also der נביא Elija, der die Funktion übernimmt, die noch innerhalb der SSK eigentlich dem König zugedacht ist, die Rettung Israels vor seinen Feinden.

---

[414] Ansonsten wird der Bach Kischon nur noch in der hebräischen Bibel in Ps 83,10 erwähnt. Dort wird ausdrücklich auf die Ereignisse der Deboraschlacht zurückgeblickt.

[415] Vgl. dazu FOHRER, *Elia*, AThANT 53, ²1968, 61; STECK, *Überlieferung*, WMANT 26, 1968, 86–88; SMEND, „Elia", in: *Congress Volume*, VT.S 28, 1975, 175; DERS., *VT* 25 (1975), 538f.

Der König hat in dem Rettungsgeschehen in 1 Kön 17–18* keine
eigenständige Funktion mehr; es wird ihm noch zugestanden, dass
er es ist, der als ausführendes Organ des Propheten die Rahmenbedingungen zu schaffen hat (Versammlung Israels und der Baalpropheten); an und für sich ist er jedoch eher Teil jenes Verhängnisses,
das Israel bedroht (1 Kön 18,17f.*). Indem er die Befehle des Elija
ausführt und Jhwh die Ehre gibt (1 Kön 18,41), hat er seine Aufgabe
erfüllt. Es ist jetzt Elija, der die Rettung Israels zu bewerkstelligen
hat. Von daher wird auch verständlich, dass Elija den Altar Jhwhs
heilt (18,30b), d.h. dafür Sorge trägt, dass die Beziehung zwischen
Jhwh und Israel nicht gestört ist, wie es als Aufgabe der politischen
Führer Israels innerhalb des DtrG durch das Motiv des Altarbaues
ausgedrückt wird.

Noch ein weiterer Umstand wird auf diesem Hintergrund erklärbar. Oben wurde festgestellt, dass Elija sich gegenüber der Witwe
aus Sarepta anders verhält als gegenüber seinen anderen Interak-
tionspartnern. Im altorientalischen Bereich galt die Sorge gegenüber den *personae miserae*, insbesondere den Witwen und Waisen,
als wichtige Funktion des Königs[416]. In sie tritt Elija ein, mit der
pikanten Zuspitzung, dass es sich um eine phönizische, nicht eine
israelitische Witwe handelt. Damit wird klar, dass Elija hier in
eine politische Leitungsfunktion hineingestellt wird.

Innerhalb der DKK ist Baal der Gegner Elijas bzw. seine Repräsentanten, die Baalpropheten. Es handelt sich demnach um eine vornehmlich religionspolitische Auseinandersetzung, die Elija durchführt.
Es geht nicht um eine ethnische Auseinandersetzung Israels mit den
Kanaanäern (vgl. 1 Kön 17,10–16*). Dieser religionspolitische Kampf
hat seine Parallele schon in der Rettertradition des Gideon, in Ri
6,25–32[417]. Zum Schutz Israels vor seinen Feinden, die dem Retter

---

[416] Vgl. dazu z.B. Bernhardt, *Problem*, VT.S 8, 1961, 67–90. Eine deutliche
Parallele zu 1 Kön 17,10–16*, wo Elija der Witwe und ihrem Sohn zu essen gibt,
findet sich in dem ugaritischen Text KTU 1.16 VI 48–50, wo König Keret von
seinem Sohn der Vorwurf gemacht wird, dass er die Waisen und Witwen nicht ver-
sorge; vgl. dazu Aboud, *Rolle*, FARG 27, 1994, 111–113.
[417] Zum vordtr Charakter dieser Überlieferung vgl. vor allem de Pury, „Raid",
in: Römer, *Lectio*, DBAT Beiheft 12, 1991, 173–205; Campbell/O'Brien, *Deuteronomistic
History*, 2000, 165ff., rechnen diesen Text zu einer vordtr „deliverance collection";
Frevel, *Aschera*, BBB 94 1/2, 1995, 124–155, ist vorsichtiger, sieht aber keine
Gründe, die eine vordtr Einordnung der Grundschicht verhindern würden.

zugeschrieben wurde, gehörte auch eine religionspolitische Komponente, wobei der Kampf gegen die Feinde Israels und der Kampf für die Jhwh-Verehrung in dieser frühen Zeit miteinander verbunden waren. Ein deutlicher Ausdruck dieser Verwobenheit zeigt sich schon in dem alten Schlachtruf חרב ליהוה ולגדעון (Ri 7,18.20).

Es lässt sich demnach festhalten, dass die DKK durchaus auf eine Rettertradition zurückgreifen konnte, die wohl entstanden ist in der grundsätzlichen Auseinandersetzung mit dem Königtum in der davidisch-salomonischen Ära bzw. in der Zeit der Trennung von Nordreich und Südreich[418]. Diese Rettertradition war ursprünglich antiköniglich ausgerichtet (Ri 8,22f.). In der Situation der religionspolitischen Auseinandersetzungen der Omridenzeit im Nordreich konnte wieder auf sie zurückgegriffen werden und wesentliche Züge des Retters, insbesondere die religionspolitische Komponente (Ri 6,25–32*) auf den divinatorischen Spezialisten Elija aus Tischbe übertragen werden.

4.2. *Prophet und König in 2 Kön 1**

Eine weitere knappe Auseinandersetzung zwischen König und Prophet zeigt sich innnerhalb der Elija-Überlieferung in 2 Kön 1,2–8.17*. Elija steht wieder einem Omriden gegenüber, dieses Mal jedoch nicht Ahab, sondern dessen Sohn Ahasja. Die Situation ist klar: Ahasja hat einen Unfall und will nun wissen, ob er wieder genesen wird, eine Situation, die wahrscheinlich zu den häufigsten Gründen gehörte, warum eine Gottheit bzw. ihr Repräsentant aufgesucht werden sollte. Ahasja schickt Boten zu Beelzebul, dem Gott von Ekron.

Dabei geht es nicht um eine Heilung; in diesem Falle hätte Ahasja sich wohl selbst nach Ekron begeben müssen (vgl. 2 Kön 5). Durch die Sendung der Boten wird auf jeden Fall deutlich, dass Ahasja größeres Vertrauen in die Auskunft des Gottes von Ekron setzte als in eine Auskunft Jhwhs. Durch wen diese Auskunft erfolgen soll, wird nicht gesagt. Man kann davon ausgehen, dass die Divination bei den Philistern intensiv betrieben wurde. Jedenfalls zeigt Jes 2,6, wo in einem Vergleich mit dem Haus Jakob festgestellt wird, dass es ebenso voll von קסמים (txt. emend.) und עננים ist wie das Volk der Philister, dass divinatorische Spezialisten bei den Philistern weit verbreitet waren.

---

[418] Vgl. dazu Crüsemann, *Widerstand*, WMANT 49, 1978, 32–42.

Elija tritt nun den Boten des Königs entgegen und schickt sie wieder zu Ahasja zurück mit der Auskunft, dass er sterben muß. Als Grund für den Tod des Königs erscheint jedoch nicht der Unfall, sondern das Vergehen, dass er nicht Jhwh, sondern Beelzebul von Ekron befragen wollte. Die Boten kehren daraufhin um und berichten dem König von ihrer Begegnung. Es ist bemerkenswert, dass die Boten des Königs sich durch ein solches Ereignis von dem Ziel ihrer Reise abbringen lassen. Sie kehren um, auch ohne die Person zu kennen, die sich ihnen in den Weg gestellt hat. Wie in der DKK ist der Prophet eine Person, dessen Aufforderungen ohne weiteres nachzukommen ist.

Ahasja erkundigt sich nach dem Urheber dieser Botschaft. An der Schilderung der Kleidung erkennt Ahasja, dass es sich um Elija, den Tischbiter, handelt.

Eine direkte Begegnung zwischen König und Prophet findet nicht statt, anders als in der DKK. Elija erhält hier keinen Titel, er wird einfach nur als „Elija, der Tischbiter" bezeichnet. Dennoch gibt es keinen Zweifel über seine Funktion. Er gibt den Boten eine Auskunft mit, die dem normalen Erkenntnisvermögen entzogen ist; hier zeigt sich demnach deutlich die divinatorische Grundfunktion, Auskunft über verborgene Sachverhalte zu geben. Mit dem Ausdruck דרשׁ ב in V3.6 wird auf die üblicherweise von divinatorischen Spezialisten vollzogene Divinationsform angespielt, jedenfalls wird dieser Terminus nie bei divinatorischen Praktiken anderer religiöser Spezialisten verwendet[419].

Elija gibt diese Auskunft jedoch nicht aufgrund einer Befragung, sondern er ergreift die Initiative und tritt den Boten des Königs entgegen. Dies entspricht dem Verhalten Elijas in der DKK, in der Elija auch von sich aus die Initiative ergreift und dem König gegenübertritt[420].

Wert legt diese Überlieferung darauf, dass Elija nicht aus eigener Machtvollkommenheit auftritt. Er bekommt ausdrücklich den Auftrag von Jhwh[421], der ihm die Situation genau schildert. Nach der

---

[419] Vgl. dazu oben Kapitel I, Abschnitt 4.1.1.

[420] 1 Kön 17,1; 18,8.16; dies trifft auch ansonsten auf das Verhalten von divinatorischen Spezialisten zu: Samuel (1 Sam 15); Ahija (1 Kön 11); der anonyme נביא in 1 Kön 20 und natürlich auch in der schriftprophetischen Überlieferung.

[421] Die Einfügung des מלאך ist auf die zweite Redaktionsschicht zurückzuführen, die auch 2 Kön 1,9–16 eingefügt hat; vgl.oben Abschnitt 3.2.

Erteilung des Auftrages durch Jhwh fährt der Text in V5 damit fort, dass die Boten zum König zurückkehren. Die eigentliche Begegnung zwischen Elija und den Boten wird nicht erzählt. In dem Gespräch der Boten mit dem König wird von der Begegnung dann jedoch nachholend berichtet[422]. Diese ausführlich geschilderte Beauftragung durch Jhwh zeigt sich auch schon innerhalb der SSK in 1 Sam 9,15–17, wo Samuel von Jhwh auf die kommende Begegnung mit Saul vorbereitet wird und ihm der Salbungsauftrag erteilt wird.

Unterstrichen wird die enge Bindung des Propheten an Jhwh durch die Verwendung der Botenformel in 2 Kön 1,3.6. Sie hebt hervor, dass Elija im Auftrag Jhwhs tätig wird.

Die Botenformel ist in den Prophetenüberlieferungen von Elija und Elischa nicht häufig anzutreffen. Bei Elija ist sie in der DKK erst später durch DTR I in 17,14 eingefügt worden. Auch bei Elischa ist sie selten. In 2 Kön 2,19–22 ist sie wahrscheinlich erst einer Bearbeitung zuzuschreiben, da sie hier neben einer Handlung erwähnt ist (Elischa schüttet Salz in die Quelle) und die Handlung in anderen Anekdoten allein steht, ohne unterstützendes Wort (2 Kön 4,38–41; 6,1–7). Daneben ist die Botenformel noch in 2 Kön 4,42–44; 2 Kön 7,1 vorhanden. Dennoch wäre es sicherlich falsch, die Botenformel generell erst späteren Überarbeitungen zuzuschreiben. Doch macht das geringe Vorkommen deutlich, dass die Botenformel keineswegs *das* Formmerkmal prophetischer Rede ist.

Eine Wundertheologie zeigt sich — anders als in der DKK — in 2 Kön 1* nicht. Dennoch ist wie in der DKK die Wirkmächtigkeit des prophetischen Wortes, die magische Konnotationen hat, deutlich erkennbar. Als Grund für den Tod Ahasjas erscheint im Duktus dieser Überlieferung nicht der Unfall, sondern das Befragen Beelzebuls. Deswegen verurteilt Elija ihn förmlich zum Tode, wie die Verwendung der Formel מות יומת belegt[423].

Die intransingente Haltung Elijas (und Jhwhs) zeigt dieselbe Situation

---

[422] Dies war wahrscheinlich die Vorlage für die Gestaltung von 1 Kön 21,17ff. durch DTR I.

[423] Zu den מות יומת — Sätzen in den Rechtssammlungen vgl. GERSTENBERGER, „Recht", in: MOMMER, *Recht*, 1993, 16–20.

wie in der DKK. Es geht auch hier um die Frage, wer Gott ist,
d.h. an wen man sich in Not- und Krisensituationen wenden kann.
Die Frage הַמִבְּלִי אֵין־אֱלֹהִים בְיִשְׂרָאֵל (2 Kön 1,3.6), ist in dem gleichen Sinne zu verstehen wie in der DKK die Frage in 1 Kön 18,21.
Es ist eine Frage von Leben und Tod nach der Ansicht derer, die
diese Erzählung schufen.

> König Ahasja erkennt den Urheber der Unheilsbotschaft an sei-
> nem Aussehen (2 Kön 1,8). Handelt es sich hierbei um eine
> Kleidung, die einen Hinweis auf die Person gibt oder ist an eine
> Art von Standeskleidung zu denken? Für das erste spricht, dass
> Ahasja Elija nach dieser Beschreibung erkennt. Das entscheidende
> Merkmal ist der Mantel und der Gürtel. Elija wird von den Boten
> in 2 Kön 1,8 folgendermaßen beschrieben: אִישׁ בַּעַל שֵׂעָר וְאֵזוֹר בְּמָתְנָיו.
> Das äußere Gewand wird auch noch an anderen Stellen als
> Erkennungszeichen dargestellt. In 2 Kön 2 und 1 Kön 19,13.19–21
> ist der אַדֶּרֶת erwähnt, dem eine besondere Bedeutung zukommt.
> Elija wirft ihn über Elischa und fordert ihn so zur Nachfolge auf.
> In 2 Kön 2 hat der Mantel eine magische Bedeutung. Mit ihm
> wird der Jordan geteilt. Ihn behält Elischa nach der Himmelfahrt
> des Elija. In Sach 13,4 ist der אַדֶּרֶת als äußeres Kennzeichen des
> נָבִיא erwähnt, neben Narben, die wohl auf Selbstverwundungs-
> praktiken hinweisen (vgl. 1 Kön 18,28). Doch ist diese Erwähnung
> zeitlich weit von der Elija- und Elischa-Tradition entfernt. An wei-
> teren äußeren Kennzeichen ist 1 Kön 20,38.41 zu erwähnen.
> Demnach sprechen einige Anhaltspunkte dafür, dass divinatorische
> Spezialisten auch an ihrem Äußeren zu erkennen waren; eine
> genaue Zuordnung zu einem Titel oder ob es sich um einen ein-
> zeln auftretenden Propheten bzw. einen Gruppenpropheten han-
> delt, ist allerdings nicht möglich[424].
>
> Dass Ahasja an dieser Beschreibung eine einzelne Person erkennt,
> muß dem nicht widersprechen. Es ist auch möglich, dass der Inhalt
> der Botschaft ihm schon einen Hinweis gab, der durch die typi-
> sche Kleidung eines divinatorischen Spezialisten zur Gewißheit
> erhärtet wurde.

Über den König selbst sind kaum Aussagen möglich. Eine grundsätzliche Auseinandersetzung mit dem Königtum findet in dieser

---

[424] Vgl. BOUZON, *Prophetenkorporationen*, 1968, 49; s. auch LANG, Art. „Prophet I
(AT)", *NBL III*, 1997, 174.

Erzählung nicht statt. Allerdings wird klar, dass Elija die übergeordnete Instanz darstellt, die in der Lage ist, den König aufgrund seines Fehlverhaltens zum Tode zu verurteilen. Diese Verbindung von Fehlverhalten und Lebensentzug hat sich auch in DKK gezeigt. Es ist deshalb nicht erforderlich, 2 Kön 1* aus dem Überlieferungskreis zu entfernen, der auch die DKK geschaffen hat.

5. Datierung, Überlieferungsträger und Historizität

5.1. *Datierung der DKK und von 2 Kön 1**

Die DKK und auch 2 Kön 1 zeigen eine Auseinandersetzung zwischen König Ahab und Elija, wobei in der DKK auch Israel miteinbezogen ist. Eingebettet ist diese Auseinandersetzung in den religionspolitischen Kampf für Jhwh und gegen Baal.

In der Regel wurde in der neueren Forschungsgeschichte diesen Texten ein hohes Alter zugestanden und im Normalfall das Spektrum einer Entstehungszeit angenommen, das von der Zeit des Elija bis zur ersten Hälfte des 8. Jhds. reicht[425]. In der neueren Forschungsgeschichte zeigen sich erste Zweifel an einer frühen Entstehungsgeschichte dieser Texte bei H.-C. Schmitt in seiner Monographie über die Elischa-Texte[426]. Er diskutiert zunächst die „klassischen" Argumente, die bisher zur Datierung herangezogen wurden und kommt zu dem Ergebnis, dass keines dieser Argumente durchschlagskräftig ist. „Es muß mit der Möglichkeit gerechnet werden, dass die heutige Form der Eliatradition zu einer Zeit entstanden ist, in der die hoseanische Polemik gegen den Stierkult im Nordreich nicht mehr aktuell und dtn Forderung nach Kultzentralisation noch nicht allgemein anerkannt war"[427]. In Auseinandersetzung vor allem mit Steck kommt H.-C. Schmitt zu dem Ergebnis, dass die Isebel-Schicht (nach Steck) nicht aus dem Nordreich stammen kann; *terminus a quo* für die Horebszene sei sogar 587, da das Volk Israel als Gegner Elijas eine radikale Situationsveränderung der Überlieferungsträger voraussetzt, die erst mit 587 gegeben ist.

---

[425] Vgl. Hentschel, *Elijaerzählungen*, EThSt 33, 1977, 286f. Anm 813 (ältere Lit.) und oben Abschnitt 1.2

[426] Vgl. H.-C. Schmitt, *Elisa*, 1972, vgl. zum folgenden vor allem 119–126.

[427] Ebd., 120.

Obwohl die Argumente von H.-C. Schmitt auch nicht überzeugen[428], so ist ihm doch darin recht zu geben, dass die klassischen Argumente für die Frühdatierung keine ausreichende Begründung darstellen.

Mit dem Kommentar von Würthwein wird dann die Tendenz stärker, die Elija-Tradition später zu datieren. Zwar rechnet auch Würthwein mit alten Einzelanekdoten, die schon früh zu einer Dürresammlung zusammengeschlossen wurden, jedoch ordnet er die Auseinandersetzung mit dem König und die Darstellung Elijas als Jhwh-Prophet der dtr Traditionsstufe zu (DtrP), während die alten Überlieferungen Elija nur als „machtvollen Mann" bzw. „Wundermann" zeigen. Die Erzählung von der Opferprobe (18,21–39), die Würthwein als ursprünglich selbständig sieht, ordnet er frühdtn Kreisen zu, die im Südreich die Erinnerung an Elija und Hosea wachhielten[429]. 2 Kön 1 gehört nach Würthwein schon in den nachdtr Traditionsbereich und ist somit zeitlich nachexilisch anzusiedeln[430].

In die Richtung einer Spätdatierung deuten auch die Erkenntnisse von Stipp, wenn er für die Dürreüberlieferung 1 Kön 17–18, die er nicht weiter differenziert, annimmt, dass sie das bestehende DtrG voraussetzt und die Verbindungen zwischen 17–18 und der von ihm angenommenen Sukzessor-Frauensammlung als Abhängigkeit von der Elischa-Überlieferung deutet. Er geht allerdings nicht auf Datierungsfragen ein[431].

Rofé bezeichnet den aus verschiedenartigen Materialien komponierten Textzusammenhang 1 Kön 16,29–19,18 als „epic" und sieht die Eckdaten zur Datierung einerseits in 1 Kön 19,15–18, das nicht vor dem Ende des 9. Jahrhunderts entstanden sein kann, und andererseits in der fehlenden Forderung der Kultzentralisation, d.h. vor der joschijanischen Reform. Der Kampf gegen die Idolatrie lässt an die Zeit des Königs Manasse denken, worauf auch das historisch nicht fundierte Prophetentötungsmotiv verweist[432].

---

[428] Vgl. dazu vor allem Hentschel, *Elijaerzählungen*, EThSt 33, 1977, 44 Anm 134.135. 45 Anm 136. 57f. Anm 183. 97f. Anm 292. 147 Anm 438. 286f. Anm 813.

[429] Vgl. Würthwein, *Bücher der Könige*, ATD 11,2, 1984, 269–272; in weiteren Arbeiten ordnet er 18,21–39* noch wesentlich später ein, vgl. o. Abschnitt 1.2.

[430] Vgl. ebd., 266–269; Rofé, *Stories*, 1988, 33–40, denkt ebenfalls an diesen Zeitraum.

[431] Vgl. Stipp, *Elischa*, ATSAT 24, 1987, 451–480.

[432] Vgl. Rofé, *Stories*, 1988, 183–196, bes. 188f.

Blum[433] erwägt für 1 Kön 17–19, das er literarkritisch als Einheit versteht, aufgrund der Verarbeitung der Gerichtsprophetie, der Voraussetzung einer literarischen Elischa-Komposition und der vielfältigen Bezüge zum Pentateuch einen *terminus a quo* in der nachexilischen Zeit.

Beck rechnet für seine Dürrekomposition mit einer Entstehung im 8. Jahrhundert, die allerdings ohne die Karmelepisode auskommt, die er erst im monotheistischen Kontext — wahrscheinlich spätexilisch, einordnet[434]. Für Otto gilt, dass sie für einzelne Prophetensprüche bis in die Zeit Ahabs zurückgeht und ursprüngliche Traditionsfragmente annimmt, insgesamt aber für die Gestaltung der Überlieferung 1 Kön 17–18* durch BE1, der nach der Grundschrift von DtrG anzusetzen ist, eine sehr späte Datierung annimmt. Das gilt auch für die Karmelszene, die ihrer Meinung nach eine eigenständige Überlieferung darstellt. Noch später sind 1 Kön 19 und damit BE2 anzusetzen[435].

Keinänen[436] führt die von ihm angenommene Dürre-Komposition erst auf die Gestaltung von DtrP zurück; die ehemals eigenständige Karmelszene, die wohl in spätexilischer Zeit entstanden sei, sei erst im Zusammenhang der Erweiterung durch die „anti-Baalistic composition" eingefügt worden. Keinänen rechnet zudem noch mit umfangreichen nach-dtr Erweiterungen (z.B. 1 Kön 17,17–24).

Nach wie vor gibt es jedoch Befürworter einer frühen Entstehungszeit für den überwiegenden Bestand der Elija-Überlieferung im Nordreich[437].

Nach der hier vorgelegten Analyse ist die — thematisch eigenständige — Karmelepisode integrierender Bestandteil des durch die Dürre geprägten größeren Zusammenhangs der Elija-Überlieferungen. Literarkritische Lösungen, die eine literarische Eigenständigkeit der Dürre-Überlieferung und der Karmelepisode annehmen, lassen beiderseits nur je ein Torso übrig. Die Karmelepisode entbehrt einer situative Einbindung und der Dürreüberlieferung fehlt eine erkennbare Begründung für die Verhängung der Dürre und den Umschwung,

---

[433] Vgl. Blum, *VT* 47 (1997), 290–292.

[434] Vgl. Beck, *Elia*, BZAW 281, 1999, 95–116; zur Einordnung der Karmelerzählung vgl. 80–87; hierin folgt ihm Keinänen, *Traditions*, SESJ 80, 111f.

[435] Vgl. S. Otto, *Erzählung*, BWANT 152, 2001, 151–196.

[436] *Traditions*, SESJ 80, 2001, 183–191.

[437] Am entschiedensten Thiel, der meint, dass die schon vorher entstandene Karmelerzählung noch zur Zeit der Jehuiden in die Dürrekomposition eingestellt wurde (Thiel, *Könige*, BK IX/2, Lieferung 2, 2002, 111–113).

der den Regen wieder ermöglicht. Dass die Formulierung durchaus
vordtr vorstellbar ist, wurde schon festgestellt[438]. Lässt sich aber im
Nordreich eine Auseinandersetzung zwischen Jʜwʜ und Baal plausibel machen oder sind hier spätere Entwicklungen in eine frühe Zeit
eingezeichnet worden?

Demnach muß die Frage gestellt werden, ob und wie sich die
Auseinandersetzung zwischen König und Prophet und der Kampf
zwischen Jʜwʜ und Baal, die nach der obigen Analyse zum Grundbestand gehören, in die auch andernorts erkennbaren Entwicklungen
im Nordreich einordnen lassen.

Dazu ist es notwendig, die Zeit der Omridenherrscher genauer zu
betrachten.

Zunächst sind die Anfänge der Omridenherrschaft von Bedeutung,
um dieses Herrscherhaus beurteilen zu können.

Der Beginn der Herrschaft Omris ist in 1 Kön 16,8–14.15–22
behandelt. Leider bleiben bei dieser Textgrundlage für eine historische Betrachtung viele Fragen offen. Ausgangspunkt der Herrschaft
Omris war der *coup d'état* Simris. Simri war Berufssoldat, sein Titel
weist ihn als Befehlshaber der Hälfte des Streitwagenkorps aus
(שר מחצית הרכב). Er verschwor sich gegen den seit zwei Jahren
regierenden König Ela, der seinem Vater Bascha (906–883) auf
dem Thron gefolgt war. Es gelang Simri, den König bei einem
Gelage im Haus des Palastvorstehers zu ermorden. Dies macht
deutlich, dass das Königtum zu einem Spielball der sich heraus-
bildenden administrativen und militärischen Eliten zu werden
drohte[439]. Nach altorientalischer Sitte brachte er die lebenden
männlichen Nachkommen Baschas um (16,11). Auf diesen Staatsstreich folgte direkt eine Reaktion des Heeres, das gerade die philistäische Stadt Gibbeton belagerte[440]. „Ganz Israel" rief Omri, den

---

[438] Vgl. oben Anm 172. Nur schwer zu verstehen ist, dass S. Oᴛᴛᴏ, *Erzählung*,
BWANT 152, 2001, einerseits im Hinblick auf die Karmelszene der Einordnung
von Würᴛʜwᴇɪɴ folgt und 1 Kön 18,21–40* in einem spätexilischen Kontext ansiedelt (174f.), sie andererseits aber 2 Kön 5,15 mit der Aussage im Mund Naamans,
dass es einen Gott nur in Israel gebe, noch im existierenden Nordreich für möglich hält (230 Anm 345).

[439] Vgl. dazu Nɪᴇᴍᴀɴɴ, *Herrschaft*, FAT 6, 1993, 56–91, der allerdings die Ausbildung
neuer Strukturen, wie z.B. den schon unter Salomo einsetzenden Aufbau eines
Streitwagenkorps, zu gering veranschlagt.

[440] Gibbeton war auch schon früher umkämpft (1 Kön 15,25–30); offensichtlich

Befehlshaber des Gesamtheeres (שר־צבא), zum neuen König aus. Die Bezeichnung כל־ישראל und העם machen deutlich, dass hier der traditionelle Heerbann federführend war, doch ist anzunehmen, dass Berufssoldaten und möglicherweise auch Teile des Streitwagenkorps miteinbezogen waren[441]. Leider sind wir über das sicher spannungsvolle Miteinander von Heerbann und Berufssoldaten nicht weiter unterrichtet. Auf jeden Fall war Omri der Mann des Heeres, der sofort nach Tirza zog und dem Spuk Simris ein Ende bereitete (1 Kön 16,17). Auffällig ist, dass die Herkunft Omris nicht benannt ist. Man hat deshalb versucht, Omri eine fremdländische Herkunft zuzuschreiben und seinen Namen aus dem Früharabischen abzuleiten[442]. Doch ist der Name auch in 1 Chr 7,8; 27,18 für Sippenoberhäupter des Stammes Issachar belegt, in 1 Chr 9,4 ebenso für einen Judäer. Demnach besteht kein Grund für die Annahme, dass mit Omri ein „Ausländer" an die Macht gekommen sei.

Die Beseitigung Simris hat Israel jedoch nicht zur Ruhe kommen lassen. In 1 Kön 16,21f. wird festgehalten, dass die Machtergreifung Omris eine Spaltung im Volk Israel auslöste. Es kam zur Ausrufung eines Gegenkönigs, Tibni. Das Nebeneinander von Omri und Tibni dauerte vier Jahre. Was sich in dieser Zeit ereignete, wird leider nicht mitgeteilt. Offensichtlich konnte die Spaltung Israels erst durch den Tod Tibnis überwunden werden. Dass neben Tibni auch sein Bruder Joram umkam, wie ein Textplus der LXX ausweist, dem historisches Vertrauen entgegengebracht wird[443], deutet auf bürgerkriegsähnliche Unruhen in diesen vier Jahren hin. Der Bürgerkrieg könnte mit ein Grund gewesen sein, jetzt im Nordreich ein Königtum zu etablieren, das eine größere Machtfülle besaß als bisher[444]. Mit

war die Grenze zu den Philistern umstritten. Zur Lage vgl. HERRMANN, *Geschichte Israels*, ²1980, 254 Anm 40.

[441] So z.B. W. DIETRICH, *Israel*, SBS 94, 1979, 60 Anm 4.

[442] AHLSTRÖM, *History*, JSOT.S 146, 1993, 569f. hält dies für möglich; vorsichtiger WÜRTHWEIN, *Bücher der Könige*, ATD 11,1, 1977, 197; HENTSCHEL, *1 Könige*, NEB, Lieferung 10, 1984, 101; KUAN vertritt die Auffassung, dass Ahab phönizischer Herkunft gewesen sei (KUAN, „Omri", in: GRAHAM, *History and Interpretation*, JSOT.S 173, 1993, 231–244).

[443] So z.B. WÜRTHWEIN, *Bücher der Könige*, ATD 11,1, 1977, 196.

[444] Programmpunkt des Nordreichkönigtums war mit Sicherheit eine Abkehr von den Tendenzen des davidisch-salomonischen Reiches und die Berufung auf das Exodus-Geschehen, wohl in Abgrenzung gegen das Südreich; vgl. ALBERTZ, *Religionsgeschichte*, GAT 8/1, 1992, 212–226.

den Omriden kam es dann zu einer ersten stabilen Dynastiebildung im Nordreich. Dies zeigt die große historische Leistung der Omriden, die „zu den begabtesten und tatkräftigsten Herrschern auf dem Throne Israels"[445] zu rechnen sind.

> Dieses Urteil wurde außerhalb Israels schon in der damaligen Zeit geteilt. In assyrischen Quellen wird das Nordreich Israels öfters als *bit ḫumri* bezeichnet, pikanterweise wird gerade Jehu, der die Omriden beseitigte, als „Dynast von *bit ḫumri*" bezeichnet[446]. „Der Gründer Samarias, Omri wurde von ihnen nicht nur als irgendein neuer König jenes Reiches angesehen, sondern als Neugründer des Staates"[447].

In außenpolitischer Hinsicht war das Nordreich bei Herrschaftsbeginn der Omriden in keiner guten Lage. Das Verhältnis zum Bruderstaat Juda war zerrüttet und auch die gefährlichen Aramäer stellten eine potenzielle Gefahr dar, die dazu führen konnte, dass Israel in eine gefährliche Umklammerung geriet.

> Mit Juda bestand seit der Auflösung der Personalunion unter Rehabeam ein Spannungsverhältnis. In 1 Kön 14,30 und 15,7 wird berichtet, dass zwischen Jerobeam und Rehabeam bzw. Abija dauernd Krieg herrschte. Dieser Bruderzwist entzündete sich wohl an dem vor allem für Juda zunächst ungünstigen Grenzverlauf und kam dann unter den Königen Asa und Bascha zu einem Höhepunkt, der dann aber auch die wohl endgültige Grenzziehung festlegte (1 Kön 15,16–22)[448]. Nachdem zunächst Israel die Oberhand gewonnen hatte, griff König Asa von Juda zu einem diplomatischen Schachzug, indem er den Aramäer Ben-Hadad dazu bewog, das Bündnis mit Israel aufzulösen und im Nordreich einzufallen. Dadurch konnte die Grenze von Rama nach Geba und Mizpa verschoben werden, was für Juda genügend freies Vorfeld vor Jerusalem bedeutete. Dennoch blieb auch für die Herrschaft Asas und Baschas von Israel der Kriegszustand noch bestehen (1 Kön 15,16).

---

[445] So DONNER, *Geschichte* I, GAT 4/1, 1984, 260; ebs. AHLSTRÖM, *History*, JSOT.S 146, 1993, 570.
[446] Vgl. zu diesen Texten TIMM, *Dynastie Omri*, FRLANT 124, 1982, 199f.
[447] Ebd., 199.
[448] Vgl. DONNER, *Geschichte I*, GAT 4/1, 1984, 247f.

Unter den Omriden wandelte sich dann das Verhältnis zu Juda fundamental. 2 Kön 9,16 zeigt Ahasja, den König von Juda, zu Besuch bei Joram von Israel; in 2 Kön 10,12–14 sind judäische Prinzen im Nordreich. Dies ergibt das Bild von freundschaftlichen Beziehungen, die inzwischen gewachsen sein müssen. Erreicht worden ist dieses Ergebnis vor allem durch Heiratspolitik. Atalja aus dem Geschlecht der Omriden wurde mit Joram von Juda verheiratet (2 Kön 8,18)[449]. Sie sorgte nach dem Ende der Omriden im Nordreich für eine Fortsetzung der Omridenherrschaft in Juda (2 Kön 11). Auf jeden Fall war das Verhältnis zwischen Nord- und Südreich in der Omridenzeit spannungsfrei, ja freundschaftlich. Sogar zur Waffenhilfe gegen die Aramäer kam es (2 Kön 8,28)[450].

Von Auseinandersetzungen mit den Aramäern, was nach der Auflösung des Bündnisses mit Israel (1 Kön 15,19) wahrscheinlich gewesen wäre, wird erst wieder während der Herrschaft des letzten Omriden, Joram, berichtet (2 Kön 8,28)[451]. König Ahab beteiligte sich an einer antiassyrischen Koalition der nordsyrischen Staaten unter der Führung von Damaskus. Die Schlacht bei Karkar (853) endete wohl trotz des reklamierten Sieges für den assyrischen König Salmanassar mit der vorläufigen Einstellung seiner Eroberungspläne für die Westgebiete[452]. Aus der neuentdeckten Inschrift von Tell Dan geht hervor, dass Ahab wohl einen Vertrag mit dem aramäischen König abschloss. Anläßlich des Thronwechsels in Damaskus hat Joram wohl versucht, Gebietsansprüche Israels

---

[449] Vgl. TIMM, *Dynastie Omri*, FRLANT 124, 1982, 288, rechnet nach 2 Kön 8,26 noch mit einer weiteren ungenannten Prinzessin aus dem Haus Omri; vgl. dazu jedoch richtig HENTSCHEL, „Elija", in: HAAG, *Gott*, QD 104, 1985, 37.39, der die divergierenden Angaben überlieferungsgeschichtlich erklärt.

[450] Anders HENTSCHEL, „Elija", in: HAAG, *Gott*, QD 104, 1985, 39.

[451] STECK, *Überlieferung*, WMANT 26, 1968, 93, rechnet erst wieder zur Zeit Jehus mit Kämpfen gegen die Aramäer; doch steht dem 2 Kön 8,25–29 entgegen; vgl. H.-C. SCHMITT, *Elisa*, 1972, 51–59; zum Verhältnis zwischen Aram und Israel in der Omridenzeit vgl. PITARD, *Ancient Damascus*, 1987, 81ff.; REINHOLD, *Beziehungen*, EHS.T 386, 1989, 123–157; DION, *Les Araméens à l'âge du Fer*, Paris 1997, 180ff.; LIPIŃSKI, *Aramaeans*, OLA 100, 2000, 367–407.

[452] Diese Schlacht ist nur in assyrischen Quellen bezeugt; die Bibel schweigt darüber; vgl. dazu TIMM, *Dynastie Omri*, FRLANT 124, 1982, 199–229; Übersetzung in TUAT I, 360–362; GUGLER, *Jehu*, 1996, 67–80, ist der Auffassung, dass Ahab an dieser antiassyrischen Koalition nicht beteiligt war; bei dem in der Inschrift erwähnten König handele es sich wahrscheinlich um einen nordsyrischen König. Die Gründe vermögen jedoch nicht zu überzeugen.

gewaltsam durchzusetzen[453]. Die Auseinandersetzungen zwischen
Israel und Damaskus, die dann während der Herrschaft der Jehuiden
in einen Kampf auf Leben und Tod ausarteten, dürften in der
überwiegenden Zeit der Omridenherrschaft geruht haben, so dass
es auch hier gelang, über weite Strecken Ruhe vor militärischen
Auseinandersetzungen zu haben.

Mit den phönizischen Nachbarn bestand offensichtlich seitens
Israels ein großes Interesse an guten Beziehungen. Nur so lässt
sich erklären, dass Ahab mit der sidonischen Königstochter Isebel
verheiratet wurde (1 Kön 16,31); auch dies eine Heirat, bei der
politische Überlegungen im Vordergrund standen. Den Omriden
war sehr an einem engen Verhältnis zu dem wirtschaftlich wichtigen, militärisch jedoch unbedeutenden Handelsvolk der Phönizier
gelegen.

Insgesamt lässt sich erkennen, dass das Nordreich in der Omridenzeit
mit seinen wichtigsten Nachbarn weitgehend in Frieden lebte. Auch
von Grenzauseinandersetzungen mit den Philistern ist nicht mehr die
Rede; Omri belagerte ja noch die philistäische Festung Gibbeton,
als er König wurde; wahrscheinlich ist hier durch das entspannte
Verhältnis zu Juda auch Ruhe eingekehrt.

Innenpolitisch war die Situation komplizierter. Schon bei dem
Herrschaftsbeginn von Omri waren Spaltungstendenzen in Israel
deutlich geworden. Doch auch hier muß es den Omriden gelungen
sein, die Gegenkräfte zumindest soweit zu beruhigen, dass es bei
dem Übergang von Omri auf Ahab und auf dessen Söhne Ahasja
und Joram nicht zu Unruhen oder Umsturzversuchen gekommen ist.
Auf der anderen Seite ist es auch nicht zu einer Lösung der Spannungen gekommen, wie der erfolgreiche Staatsstreich Jehus dann
belegt.

Die innenpolitisch einschneidendste Maßnahme, die berichtet wird,
ist der Bau einer neuen Residenz, Samaria, durch Omri (1 Kön
16,24–26). Welche Gründe haben Omri zu diesem Schritt bewogen,
ein Schritt, der einen großen Einsatz von Personen und finanziellen
Mitteln verlangte? Die klassische Deutung stammt von A. ALT[454]. Er

---

[453] Veröffentlicht von BIRAN/NAVEH, *IEJ* 43 (1993), 81–93; DIES., *IEJ* 45 (1995),
1–18; vgl. auch weiter unten Kapitel III, Abschnitt 5.3.
[454] Vgl. ALT, „Stadtstaat" (1954), in: *KS III*, 1959, 258–302; ebs. noch RENTROP,
Elija, 1992, 282 Anm 790.

sah in der Gründung Samarias den Versuch, den Gegensatz zwischen Israeliten und Kanaanäern, die durch die Eroberungen Davids
ein innerisraelitisches Problem geworden waren, insofern zu überwinden, dass Samaria Zentrum für den kanaanäischen Bevölke-
rungsanteil war, während Jesreel, das ebenfalls als Residenz genutzt
wurde, für den israelitischen Teil des Reiches die Hauptstadt darstellte. Dabei hatte Samaria den Status eines kanaanäischen Stadtstaates.
Das gewichtigste Argument gegen eine solche Deutung ist jedoch,
dass Samaria auch nach der Revolution Jehus weiterhin als Residenz
bestehen blieb. Zudem wäre die innere Unlogik einer dualistischen
Lösung „den Kanaanäern ein Kanaanäer, den Israeliten ein Israelit"
gerade den tatkräftigen Omriden wohl nicht verborgen geblieben.
Eine solche Lösung wirft unweigerlich früher oder später die Frage
auf, wo denn der König wirklich steht und lässt erwarten, dass sich
diese Konzeption dahingehend auswirkt, dass er weder die Kanaanäer
noch die Israeliten für sich zu gewinnen vermag. Außerdem stellt
sich auf dem Hintergrund neuerer Erkenntnisse zur Frühgeschichte
Israels[455] die Frage des Gegensatzes zwischen Israel und Kanaan neu.
Sie kann nicht mehr ethnisch verstanden werden, sondern muß unter
soziologisch-religiösen Vorzeichen gesehen werden, will man diesen
Gegensatz nicht allein als theoretisches Konstrukt einer späteren Zeit
verstehen[456].

CRÜSEMANN hat als soziologisches Modell des vorstaatlichen Israel
die „segmentäre Gesellschaft" aufgezeigt, die sich auch in anderen Kulturkreisen, in Afrika, nachweisen lässt[457]. Diese Gesellschaften
zeichnen sich durch eine fehlende Zentralinstanz (Akephalie) aus
und sind primär bestimmt durch Abstammungsverhältnisse patri-
linearer Art, d.h. unilineare Deszendenzgruppen. Dabei besitzen
sie sehr wohl soziale Ungleichheit und ausgeprägte häusliche (patri-
archale) Autorität, es sind aber Regularien vorhanden, die ein
Anwachsen von Macht und Besitz in den Händen von Wenigen
verhindern. Es spricht vieles dafür, dass das frühe Israel, das mit

---

[455] Die Literatur zu diesem Bereich ist in den letzten Jahren sehr angewachsen.
Ein guter Überblick findet sich bei RÖSEL, *Israel*, BEAT 11, 1992; vgl. auch DONNER,
Geschichte I, GAT 4/1, 1984, 122–127; Literaturübersichten geben H. und M.
WEIPPERT, *ThR* 56 (1991), 341–390; GNUSE, *BTB* 21 (1991), 56–66.109–117.
[456] So z.B. LEMCHE, *Canaanites*, JSOT.S 110, 1991; vgl. dazu ALBERTZ, *BZ NF* 39
(1995), 109–112.
[457] Grundlegend CRÜSEMANN, *Widerstand*, WMANT 49, 1978, 194–222.

Sicherheit eine komplizierte Entstehungsgeschichte aufzuweisen hat, von dieser Analogie her zu verstehen ist. Dann stand Israel in scharfem Kontrast zu der Gesellschaftstruktur der kanaanäischen Stadtstaaten, die in Palästina — vor allem in der Küstenebene anzutreffen waren und die in der Entstehungszeit Israels eine große Krise durchmachten. Es ist zu erkennen, dass das Gesellschaftsmodell der Stadtstaaten gekennzeichnet ist durch eine wesentlich größere Differenziertheit und eine strenge Abstufung. „Breite Unter- und Mittelschichten werden gesteuert von einer Adelskaste, die wiederum einen König an ihrer Spitze hat. Diese Oberschicht ist nicht eigentlich mit der Produktion von Nahrungsmitteln und Waren befaßt, sondern mit der Ordnung, Verwaltung und Verteidigung des Gemeinwesens"[458]. Die soziale Ordnung in Israel ist wohl immer auch in Verbindung mit JHWH, dem Gott Israels, gesehen worden[459]. Von daher versteht sich die Abgrenzung Israels gegenüber „Kanaan" am besten auf soziologisch-religiösem Hintergrund[460].

Der Ausgangspunkt für Omri bei der Gründung Samarias ist deshalb am ehesten darin zu suchen, dass nach den Erfahrungen des Nordreiches Israels die Konzeption einer schwach ausgebildeten Zentralinstanz gescheitert war[461] und er deshalb forciert den Ausbau der Zentralgewalt betrieb. Der Fehler dabei dürfte gewesen sein, dass gerade die Ausbildung von zentralinstanzlicher Gewalt Widerstand wecken mußte und dass die Zentrierung von Macht in den Händen des Königs den Aufbau „kanaanäischer" sozialer Strukturen nach sich ziehen mußte.

Als erste Maßnahme zur Stärkung des Königtums schuf sich Omri in Samaria eine neue Residenz[462]. Die Nachahmung der Handlungs-

---

[458] So W. DIETRICH, *Israel*, SBS 94, 1979, 15.

[459] Zu den frühen antiköniglichen Texten im Richterbuch und in 8,11–17 siehe das Fazit von CRÜSEMANN, *Widerstand*, WMANT 49, 1978: „Die Errichtung eines Königtums und damit die Gründung eines Staates bedeutet praktizierten Atheismus". (84; vgl. insgesamt 54–84).

[460] Vgl. auch DONNER, *Geschichte I*, GAT 4/1, 1984, 264; ähnlich auch die Auffassung von NIEMANN: „Die Differenz zwischen Israel und Kanaan war historisch gesehen eine sozioökonomische und entwickelte sich später zu einer zugleich religiös-ideologischen". (NIEMANN, *Herrschaft*, FAT 6, 1993, 167f. Anm 792); damit greift die Kritik von TIMM, *Dynastie Omri*, FRLANT 124, 1982, 270–273, an ALT auch zu kurz, wenn er versucht, anhand der JHWH-haltigen Namen von Funktionsträgern (Obadja, Jehu) nachzuweisen, dass in der Zeit König Ahabs keine namhafte autochthone Kanaanäerschicht vorhanden sei.

[461] Vgl. auch ALBERTZ, *Religionsgeschichte*, GAT 8/1, 1992, 229f.

[462] Der Eindruck, dass es sich bei Samaria um völlig unbesiedeltes Gebiet gehan-

weise der Davididen ist dabei deutlich[463]. Damit überwand er die bisher wechselnden Residenzen Israels (Sichem, Tirza, Penuel), die naturgemäß dem Ausbau einer Zentralgewalt im Wege standen. Denn wie sollte eine stärkere Zentralgewalt mit dem dadurch größeren Administrationsapparat sich entfalten können, wenn der nächste König wieder eine andere Stadt als Residenz wählte?

Interessant ist dabei, dass bei der Städteplanung in Samaria ein exklusiver Bezirk für den König und seine Beamten ausgegrenzt wurde[464]. Ahab ging offensichtlich den Weg Omris weiter, Samaria zu einer glänzenden Metropole zu machen. Von ihm wird 1 Kön 22,39 erwähnt, dass er ein Elfenbeinhaus in Samaria hat bauen lassen, ein Luxus, der später von Amos angegriffen wurde und der durch die Elfenbeinfunde in Samaria bestätigt wird[465]. Bei dem Ausbau Samarias lässt sich im Baustil phönizischer Einfluß erkennen[466]. Dadurch wird auch das Interesse an einem guten Verhältnis zu Phönizien erklärbar; sie hatten Fachleute und Material, auf das man bei dem Neubau von Samaria und dem Ausbau anderer Städte (1 Kön 22,39) angewiesen war[467].

In die gleiche Richtung der Stärkung der königlichen Gewalt geht auch der nur außerbiblisch belegte Hinweis, dass Ahab unter allen Königen der antiassyrischen Koalition das stärkste Kontingent an Streitwagen besaß: 2000 Wagen werden ihm zugeschrieben. Das zweitstärkste Kontingent stellte Damaskus mit 1200 Streitwagen,

---

delt hat, ist aus archäologischen Gründen zu revidieren, vgl. dazu H. WEIPPERT, *Archäologie*, 1988, 513–516.535, die darauf hinweist, dass die Kleinfunde in der frühesten Schicht auf eine frühere Epoche weisen und damit einen Hinweis geben, dass es wohl schon Vorläufersiedlungen gegeben hat, die aber wohl vollständig abgeräumt worden sind.

[463] Vgl. ALT, „Stadtstaat" (1954), in: *KS III*, 1959, 268.

[464] Vgl. WÜRTHWEIN, *Bücher der Könige*, ATD 11,1, 1977, 200.

[465] Vgl. dazu TIMM, *Dynastie Omri*, FRLANT 124, 1982, 50f.; die Elfenbeinfunde lassen sich zwar nicht genau in die Omridenzeit einordnen; jedoch zeigen sie eine Entwicklung, die mit Sicherheit ihren Anfang mit den Omriden nahm.

[466] Vgl. WÜRTHWEIN, *Bücher der Könige*, ATD 11,1, 1977, 200; ALT, „Stadtstaat" (1954), in: *KS III*, 1959, 271; vgl. auch die Feststellung von MAZAR, *Archaeology*, 1990: „Ahab's royal residence may have been inspired by Canaanite-Phoenician architectural traditions". (408).

[467] Vgl. für den Ausbau des Tempels in Jerusalem die detaillierten Angaben in 1 Kön 5,12–32. Auch hierbei wird wieder deutlich, dass das Nordreich-Königtum sich dem Verhaltensmuster der salomonischen Zeit annäherte, die zum Bruch zwischen Nord- und Südreich geführt hatten.

während ansonsten z.B. der Herrscher von Irqata bei 10000 Soldaten nur 10 oder 15 Streitwagen aufbieten konnte[468].

Noch David verfügte über keinerlei Streitwagen; erst Salomo begründete ein königliches Streitwagenkorps (1 Kön 5,6.8). Jos 17,16.18; Ri 1,19; 4,3.13 belegen die Angst der alten Israeliten vor den in der Ebene überlegenen Streitwagen der Kanaanäer; David ließ die Pferde lähmen (2 Sam 8,4). Dabei ist es wichtig zu sehen, dass der Ausbau des Streitwagenkorps soziale Veränderungen nach sich zieht. Sie hat GOTTWALD beschrieben: „Chariot warfare required: (1) strongly fortified cities which could dominate their hinterlands and (2) concentrations of wealth, artisan skill, and military agility in order to develop and maintain chariot forces"[469]. Demnach ist auch der Ausbau der Städte nicht auf reine Baulust zurückzuführen, sondern dürfte mindestens ebensosehr militärische Gründe gehabt haben[470]. Es kommt hinzu, dass ein Streitwagenkorps durch Berufssoldaten bzw. Söldner besetzt sein mußte, die in der Lage waren, ihr für damalige Verhältnisse komplexes Waffensystem einsatzbereit und schlagkräftig zu erhalten.

Die hier aufgezeigte Entwicklung des Ausbaus der Zentralgewalt hatte ohne Zweifel soziale Auswirkungen[471].

Das Städtebauprogramm setzt voraus, dass Fronarbeit eingesetzt wurde, ein Grund, der schon zur Trennung des Nordreiches vom Südreich geführt hatte (1 Kön 11–12). Darüber hinaus wurden auch fremde Fachleute und Baumaterialien benötigt. Eine Analogie liegt in der Schilderung zur Vorbereitung des Tempelbaus in Jerusalem vor. Es werden Zedern und Zypressenholz benötigt (1 Kön 5,22),

---

[468] Zu dieser assyrischen Quelle vgl. ausführlich TIMM, *Dynastie Omri*, FRLANT 124, 1982, 181–185; Übersetzung in TUAT I, 360–362; Zweifel an den Zahlenangaben äußert AHLSTRÖM, *History*, JSOT.S 146, 1993, 578 Anm 1; vgl. auch THIEL, „Erwägungen" (1994), in: DERS., *Geschichte*, 2000, 195 Anm 28.

[469] Gottwald, *Tribes*, 1979, 392; vgl. W. DIETRICH, *Israel*, SBS 94, 1979, 21; s. auch die Skepsis gegenüber Pferden und Streitwagen, die sich im dtr Königsgesetz spiegelt (Dtn 17,16); s. auch Mi 5,9.

[470] Vgl. dazu H. WEIPPERT, *Archäologie*, 1988, 510; s. den Hinweis, dass im Norden städtebauliche Maßnahmen stärker gefördert wurden, 518. Natürlich lässt sich dies nicht eingrenzen auf die Omriden; beweisbar wäre dies archäologisch nur, wenn Inschriften gefunden werden.

[471] Grundlegend hierzu ist immer noch ALT, „Anteil" (1955), in: *KS III*, 1959, 348–372.

ebenso fremde Fachleute (1 Kön 5,32). Handelspartner dafür waren
wohl die Phönizier (vgl. 1 Kön 5,21)[472].

Die fremden Fachleute und das importierte Material mußten bezahlt
werden. Auch hier illustriert 1 Kön 5 den Vorgang. Das Tauschmittel
der Agrargesellschaft Israel waren Lebensmittel für das Haus Hiram
(1 Kön 5,23.25). Das bedeutete aber, dass ein großer Teil der Über-
schußproduktion an Lebensmittel vom Königshof abgeschöpft werden mußte, und das heißt, dass die Abgabenlast erhöht werden
mußte. Für Israel bedeutete dies die Etablierung bzw. den Ausbau
eines Wirtschaftssystems, das den *surplus* in staatliche Kanäle lenkte[473].
Es kommt hinzu, dass durch den Ausbau des Streitwagenkorps sich
auch eine militärische Elite etablierte, die unterhalten werden mußte[474].

Die in Samaria entdeckten Kleinfunde zeigen eine rege Handel-
stätigkeit[475]. Auch diese Importe mußten bezahlt werden und zwar
durch das, was vorhanden war und das waren in der Agrargesellschaft
Israels Lebensmittel. So ist die richtige Feststellung von TIMM, dass
sich ein großer wirtschaftlicher Reichtum Israels in der Mitte des 9.
Jhds. erschließen lässt[476], dadurch zu ergänzen, dass dieser Reichtum
sich wohl vor allem auf die Städte und das Königshaus, sowie die
Schicht der Hofleute und der mit ihnen verbundenen Personen in
den einzelnen Ortschaften, über die der König wohl vor allem auf
dem Land Herrschaft ausübte[477], und die führenden Militärs konzentrierte. Das heißt aber, dass eine Entwicklung durch die Omriden
forciert wurde, die in die Richtung ging, dass das „kanaanäische"
Gesellschaftssystem, das neben anderem gekennzeichnet ist durch
„concentration of surplus wealth in a sociopolitical elite"[478] und das
die städtischen Eliten begünstigte, sich immer mehr durchsetzte. Die
Ausbildung der Zentralgewalt setzte einen Prozeß in Gang, der immer

---

[472] Zum Verhältnis zwischen Phönizien und (Nord-)Israel vgl. KEEL/UEHLINGER,
Göttinnen, QD 134, 1992, 202f., die im Anschluß an PARAYRE von einer „parenté
de culture entre les deux régions" (202) sprechen.
[473] Zu den Modellvorstellungen des Wirtschaftssystems in der königlichen Zeit
vgl. BOHLEN, *TThZ* 95 (1986), 294–296, sowie FLEISCHER, *Menschenverkäufer*, BBB 74,
1989, 346–390. Miteinzubeziehen für die sozialen Spannungen im 8. Jahrhundert,
die die Sozialkritik der klassischen Prophetie auslöste, sind auch noch Faktoren wie
Bevölkerungswachstum und Erbrecht, vgl. dazu E. OTTO, „Zusammenhänge", in:
KRAUS, *Regulation, Manipulation und Explosion*, 1986, 73–87.
[474] Vgl. schon ALT, „Anteil" (1955), in: *KS III*, 1959, 368.
[475] Vgl. TIMM, *Dynastie Omri*, FRLANT 124, 1982, 50f.
[476] Vgl. ebd., 51.
[477] Vgl. dazu vor allem NIEMANN, *Herrschaft*, FAT 6, 1993, 56–91.
[478] So GOTTWALD, *Tribes*, 1979, 462.

stärker die ursprüngliche soziale Ordnung in Israel aushöhlte und
der zu Lasten der produzierenden Schichten auf dem Lande ging[479].

Einige Streiflichter verdeutlichen dies:

Aus 2 Kön 9,25f. ist erkennbar, dass Ahab der Mord an Nabot
und seinen Söhnen zum Vorwurf gemacht wurde; genauere Angaben
über Hintergrund und Anlaß sind leider aus der Stelle nicht zu
entnehmen. Immerhin wird dokumentiert, dass Ahab sich Übergriffe
gegenüber Israeliten erlaubte.

Der Aufstand, der später die Omriden hinwegfegte, wurde angestoßen durch die Gruppenprophetie um Elischa (2 Kön 9f.). Die
Gruppenpropheten waren offensichtlich auch von sozialer Verelen-
dung bedroht. So bittet in 2 Kön 4,1–7 die Witwe eines der b^enê
hann^ebî'îm um Hilfe, um die drohende Schuldsklaverei für ihre
Söhne abzuwenden. Dies zeigt die Etablierung eines Systems, das
für einen Teil der Bevölkerung die Gefahr der Marginalisierung
bedeutete und das in der Sozialkritik der klassischen Prophetie
angeprangert wurde. Die Armut der Gruppenpropheten zeigt sich
auch in 2 Kön 6,1–7. Die Axt, die Elischa auf wunderhafte Art
und Weise wieder aus dem Wasser hervorholt, ist geliehen (6,5).

Die Eingriffe des Königs bzw. seiner Beamten werden in 2 Kön
8,1–6 deutlich, wo sich zeigt, dass die Zentralgewalt zugriff, sobald
die Besitzverhältnisse unklar waren. Dies gilt auch für die sicherlich als wohlhabend zu bezeichnende Schunemiterin (2 Kön 4,8–37),
wobei in 8,1–6 gerade betont wird, dass solche Übergriffe durch
das Eingreifen der Propheten in der Jehuidenzeit wieder rückgän-
gig gemacht werden konnten. Es setzt voraus, dass die vorhergehende Praxis anders war[480]. Dies alles sind Hinweise, dass die
Zentralgewalt ihren Zugriff auf Menschen und Güter verstärkte

[479] Vgl. schon ALT, „Anteil" (1955), in: KS III, 1959, 348–372; NEU, Anarchie,
1992, sieht wirtschaftlich das Aufkommen des Privateigentums als Kennzeichen der
wirtschaftlichen Entwicklung schon in der anarchischen Zeit, während die ursprüngliche Ordnung in Israel das Gemeineigentum war. Er erläutert dies an dem Begriff
der נחלה (vgl. vor allem 190–202). Es stellt sich jedoch die Frage, ob dieser Vorgang
nicht komplexer zu sehen ist. NEU geht für die Entstehungsgeschichte meines
Erachtens von einer zu gradlinigen Entwicklung vom Nomadentum zur Sesshaftigkeit
aus. Es ist fraglich, ob dies für die Anfänge der Geschichte Israels in der Weise
zutrifft.
[480] Falls der Grundtext in 1 Kön 21,1–16 noch im Nordreich entstanden ist,
würde sich hier zeigen, dass die Vorstellung der נחלה zu Auseinandersetzungen
führte; doch bleibt die Datierung dieser Novelle unsicher.

und zumindest für Teile der Bevölkerung Abhängigkeit und sozialen Abstieg auslöste (vgl. auch 1 Sam 8,11–17).

Dass durch die Veränderung der sozialen Situation verschiedener Bevölkerungsgruppen sich Widerstand gegen das Königtum regte, der sich in gewaltsamen Dynastiewechseln entlud, erscheint einsichtig.

Wie ist es aber mit der Auseinandersetzung zwischen JHWH und Baal, die sich in der DKK und auch in 2 Kön 1 spiegelt?

Eines ist schon bisher klar geworden: Die Prophetentötungsaussage ist spätere — dtr — Interpretation; dies gilt auch für die Aussage, dass Isebel die JHWH-Propheten verfolgen und töten ließ. Historisch ist diese Aussage nicht.

Blickt man auf 2 Kön 9f., wird der Umsturz durch Jehu vor allem religiös gerechtfertigt. Jehu bezeichnet sich gegenüber Jonadab als „Eiferer für JHWH" (2 Kön 10,16aβ: ‏וראו בקנאתי ליהוה‎); in 10,17–27 wird mitgeteilt, dass die Diener und Verehrer Baals getötet werden und der Baaltempel in Samaria zerstört wird, in 9,22 wird die in 9,30–37* ausführlich geschilderte Ermordung Isebels mit ihren „Hurereien und Zaubereien" begründet, was eindeutig religiös-kultisch zu verstehen ist. Am Ende der Omridenherrschaft hatte sich in religiöser Hinsicht die Situation zugespitzt.

Was ist nun an Maßnahmen der Omriden erkennbar, die eine solche Zuspitzung ermöglicht haben könnte?

In 1 Kön 16,32 wird von Ahab berichtet, dass er einen Baaltempel in Samaria errichten ließ. TIMM hat diese Notiz, die in der dtr (DTR I) Rahmenformulierung angesiedelt ist, in Frage gestellt und rekonstruiert mit Hilfe der LXX-Überlieferung einen Wortlaut, der auf ein ursprüngliches ‏בית אלהים‎ schließen lässt, worin Ahab nur einen Altar für Baal errichten ließ[481]. Von 2 Kön 10,21.27 her lässt sich dies jedoch nicht halten. Dort ist eindeutig von einem Baaltempel die Rede; eine Textänderung in 16,32 ist unnötig[482].

---

[481] Vgl. TIMM, *Dynastie Omri*, FRLANT 124, 1982, 32f.

[482] Im übrigen scheint auch TIMM keinen Zweifel an der historischen Tatsache des Baaltempels zu haben. Er schreibt auf Seite 298: „Der König hatte nach 1 Kön 16,32 einen Baalsaltar errichtet und doch wohl auch den Baaltempel in Samaria bauen lassen". Für HOFFMANN, *Reform*, AThANT 66, 1980, 81.103, ist der Baaltempel eigentlich ein JHWH-Tempel, aus dem in der Vorstellung des Dtr ein Baaltempel geworden sei. Wie es dann aber kommt, dass auch an der von HOFFMANN als vordtr angesehenen Stelle 2 Kön 10,21 (vgl. 92f.) von einem Baaltempel gesprochen wird, bleibt offen.

Wie ist die Maßnahme Ahabs hier zu verstehen? Handelt es sich
um eine Provokation der Jhwh-treuen Kreise in Israel? Die Analogie
von Salomo, von dem in 1 Kön 11,1–8 berichtet wird, dass er
Kultstätten für fremde Götter in der Nähe Jerusalems errichten
ließ, die wohl vor allem für seine nicht aus Israel stammenden
Frauen gedacht waren, spricht gegen eine solche Deutung. Diese
Kultstätten blieben unbeanstandet bis zur deuteronomischen Reform
(2 Kön 23,13). Die Maßnahme Ahabs ist wohl auf einem ähnlichen Hintergrund zu verstehen. In der Residenzstadt mußte es
eine Möglichkeit geben für Händler, Diplomaten und Arbeitskräfte,
ihren religiösen Bedürfnissen nachzugehen. Aus diesem Grund
errichtete Ahab einen Baaltempel in Samaria[483].

Ahab selbst hat seinen Söhnen Jhwh-haltige Namen gegeben: Ahasja,
Joram. Nichts deutet darauf hin, dass er den Baalkult in irgendeiner Weise besonders gefördert hätte.

Anders ist dies bei Isebel. Die historische Bedeutung der sidonischen[484] Königstochter scheint enorm gewesen zu sein. In 2 Kön
9–10 wird deutlich, dass sie auch religionspolitisch eine wichtige
Rolle gespielt hat. Dabei ist wohl am ehesten an die Zeit nach Ahabs
Tod zu denken[485]. Ihre Aktivitäten waren eine Rechtfertigung für die
Jehu-Revolution (9,22). Von daher wird auch verständlich, dass in
9,30–37* das Ende der Isebel so ausführlich geschildert wird. Deren
Haltung angesichts ihres bevorstehenden Todes zeigt Stolz und Macht-
bewußtsein (9,31)[486]. Offensichtlich gewann Isebel am Ende der
Omridenzeit eine herausragende politische und religionspolitische
Bedeutung[487].

---

[483] S. ALBERTZ, *Religionsgeschichte*, GAT 8/1, 1992, bezeichnet dies als „diplomatischen Synkretismus" (228).

[484] So TIMM, *Dynastie Omri*, FRLANT 124, 1982, 230f.; zustimmend DONNER,
Geschichte I, GAT 4/1, 1984, 268; ALBERTZ, *Religionsgeschichte*, GAT 8/1, 1992, 230
Anm 13; BECK, *Elia*, BZAW 281, 1999, 255; S. OTTO, *Erzählung*, BWANT 152,
2001, 79 Anm 308; skeptisch bleiben M. WEIPPERT, „Synkretismus", in: ASSMANN/
HARTH, *Kultur und Konflikt*, 1990, 173; BRIQUEL-CHATONNET, *Relations*, OLA 46, 1992,
64–66.

[485] Vgl. dazu STECK, *Überlieferung*, WMANT 26, 1968, 55.69–71; HENTSCHEL,
Elijaerzählungen, EThSt 33, 1977, 220f.

[486] Abwegig ist die Deutung von PARKER, *Maarav* 1 (1978), 67–78, der meint:
„On the evidence of the two acts ascribed to Jezabel before her appearance at the
window, and of the connotations of such acts and the role of women's hair and
eyes in various literatures, we are justified in concluding that Jezebel here intends
to seduce Jehu" (69).

[487] Ob dies allerdings mit der Stellung der נבירה zu verbinden ist, bleibt unge-

TIMM versteht die religionspolitische Rolle der Isebel mehr als
Ergebnis einer bestimmten geschichtlichen Konstellation denn als
zielgerichtetes Handeln der Königin[488]. Er argumentiert, dass die
latent vorhandene Gefahr der Verwischung des Unterschiedes zwischen autochthonen kanaanäischen Ortsnumina, die sich terminologisch darin zeige, dass „Baal" als Appellativum ohne weiteres
auf JHWH Anwendung finden konnte, durch den Privatkult Isebels,
der dem sidonischen Hauptgott Baal galt, in ein akutes Stadium
trat. „Die lokalen Sondertraditionen der verschiedenen Baalim
konnten sich nun auf die überregionale Gestalt des jetzt auch in
der Hauptstadt verehrten Baal hin zentrieren. Hatte dieser Baalkult
dazu seine Legitimation von höchster Stelle, vom König Ahab, so
konnten sich die anderen, bisher im Schatten stehenden Baalsheilig-
tümer des Landes nunmehr auf den Baalkult der Hauptstadt berufen und von jenem ihre Legitimität ableiten. So entstand durch
den in der Hauptstadt vollzogenen Baalskult dem israelitischen
Jahwe plötzlich in seinem Land ein Gegner, den niederzukämp-
fen auch für Elija ein hoffnungsloses Unterfangen gewesen sein
muß"[489].

Zuzustimmen ist TIMM darin, dass die geschichtliche Konstellation
eine entscheidende Bedeutung hatte. Jedoch ist die Darstellung von
TIMM in zwei Punkten unbefriedigend. Zum einen ist die Aussage 2
Kön 9,22 kaum allein durch das private Verhalten der Königin
erklärbar. Zum anderen bleibt der Vorgang der plötzlich auftretenden
Gegnerschaft zwischen JHWH und Baal, ausgelöst durch den schon
immer vorhandenen diplomatischen Synkretismus, letztlich doch ohne
Erklärung.

Die Untersuchung der ikonographischen Quellen durch KEEL-
UEHLINGER beleuchtet jetzt die zeitgeschichtliche religiöse Konstellation näher[490]. Während die anthropomorphe Darstellung einer
Göttin in diesem Zeitraum für Israel und Juda weithin fehlt, aber
im syro-phönizischen Motivrepertoire durchaus breit belegt ist[491],

---

wiß; zum Amt der „Königinmutter" s. BEN-BARAK, *JBL* 110 (1991), 23–34; ACKER-
MAN, *JBL* 112 (1993), 385–401; vgl. auch WHITE, *Elijah Legends*, BJSt 311, 1997,
68–71.

[488] Vgl. TIMM, *Dynastie Omri*, FRLANT 124, 1982, 288–303.

[489] Ebd., 302.

[490] Vgl. zum folgenden KEEL/UEHLINGER, *Göttinnen*, QD 134, 1992, 199–321.

[491] Vgl. dazu WINTER, *Frau*, OBO 53, ²1987, 181–186.

zeigt sich bei Baal eine Entwicklung, die ihn zum Gegenspieler
JHWHS macht. KEEL-UEHLINGER kommen im Hinblick auf die Auseinandersetzung zwischen JHWH und Baal in der Elijazeit zu dem
folgenden Ergebnis: „Der Baal, gegen den etwa Elija in 1 Kön
18,17–40 polemisiert, ist ja längst nicht mehr der durch Interaktion
mit einer erotisch attraktiven Göttin charakterisierte Wettergott
der MB IIB. Er ist auch nicht mehr der Baal der ausgehenden
SB-Zeit und EZ I, der als Kämpfer im Dienste eines fernen, andern
Himmels- bzw. Sonnengottes in Erscheinung trat. Der Baʿal des
9. und 8. Jhds ist, wie O. Eißfeldt schon 1939 gezeigt hat, vielmehr Baʿalschamem, der „Himmelsherr"[492].

Damit sind alle Deutungen ad acta zu legen, die von einer ursprünglich nomadisch geprägten JHWH-Vorstellung ausgehen, die Schwierigkeiten gehabt hätte, den Fruchtbarkeitsbereich zu integrieren[493].
Gleichzeitig macht die hier dokumentierte Entwicklung es auch unnötig, zwischen Baal und Baalschamem stärker zu differenzieren oder
zwischen einem tyrischen bzw. sidonischen Baal zu unterscheiden.
Eine Entscheidung ist aufgrund der Elija- Texte und auch von 2
Kön 9–10, die von Baal ohne nähere Bestimmung reden, sowieso
nicht möglich[494].

Diese Entwicklung sowie die schon im 9/8. Jhd. erkennbare
Tendenz, dass das theophore Element El in Personennamen nicht
mehr Eigenname einer Gottheit war, sondern als Appellativ für den
jeweiligen Nationalgott verwendet werden konnte[495], lässt eine Formulierung wie 18,39 und eine Auseinandersetzung zwischen JHWH
und Baal in der Zeit des Elija und der Omriden als durchaus möglich erscheinen. Eine religionspolitische Auseinandersetzung lässt sich
auch aus anderen Quellen erheben. Es ist deshalb unnötig, die

---

[492] Vgl. KEEL-UEHLINGER, *Göttinnen*, QD 134, 1992, 296f.; vgl. auch noch die
Zusammenfassung 317–321, bes. 318f.
[493] Vgl. dazu ALBERTZ, *Religionsgeschichte*, GAT 8/1, 1992, 137; LOHFINK, „Geschichte",
in: HAAG, *Gott*, QD 104, 1985, 13f.
[494] S. z.B. ALBERTZ, *Religionsgeschichte*, GAT 8/1, 1992, 231 Anm 19, der sich
gegen Baalschamem und für den sidonischen Baal entscheidet; vgl. M. WEIPPERT,
„Synkretismus", in: ASSMANN/HARTH, *Kultur und Konflikt*, 1990, 161; zu den Schwierigkeiten, Baal in 1 Kön 18 näher zu identifizieren, vgl. MULDER, *Naam*, 1979, 10–13;
FENSHAM, *ZAW* 92 (1980), 227–236; TIMM, *Dynastie Omri*, FRLANT 124, 1982,
87–101; ausführlich zu diesem Thema jetzt BECK, *Elia*, BZAW 281, 1999, 237–281,
der versucht, den Einfluss des sidonischen Baal (= Eschmun) in Israel nachzuweisen sowie UFFENHEIMER, *Early Prophecy*, 1999, 346–368.
[495] Vgl. KEEL-UEHLINGER, *Göttinnen*, QD 134, 1992, 231 Anm 150.

Karmelszene in einen späten, exilischen Kontext einzuordnen[496]. Hierbei ist zu beachten, dass diese Auseinandersetzung auf der Ebene der Staats-/Volksreligion geführt wird. Für die Karmelszene 1 Kön 18,17–40* ist dies evident. Doch auch für 2 Kön 1 ist nicht allein das private Interesse des Königs Ahasja an dem Ausgang seiner Verletzung entscheidend, sondern die Anfrage hat aufgrund der dynastischen Verfassung eine politische Dimension. Auf der Ebene der Staatsreligion ist wohl schon zu einem frühen Zeitpunkt mit einem exkludierenden Monotheismus zu rechnen[497].

Demnach sind die Gründe für eine Spätdatierung der Elija-Texte in 17–18 nicht überzeugend.

Die Formulierung in 18,40 setzt jedoch die Jehu-Revolution voraus[498], wie überhaupt keine Notwendigkeit besteht, diesen Text noch zu Lebzeiten Ahabs oder Elijas anzusetzen.

Die thematische Übereinstimmung zwischen der DKK und 2 Kön 1 lassen vermuten, dass auch die letztere Erzählung in dem Zeitraum nach der Jehu-Revolution und vor dem Ende des Nordreiches entstanden ist.

Rofé sieht jedoch in 2 Kön 1 ein Produkt des Zweiten Tempels. Grundlegend dafür ist seine formkritisch gewonnene Auffassung, dass 2 Kön 1 eine „epigonic devolution" der ursprünglichen Form der *legenda* sei[499]. Im weiteren untermauert Rofé seine Spätdatierung vor allem mit sprachlichen Indizien.

Ein erstes Indiz sei die vorherrschende Verwendung der Kurzform יה anstelle der in vorexilischer Zeit üblichen Langform יהו.

---

[496] Gg. Würthwein, „Opferprobe" (1989), in: *Studien*, BZAW 227, 1994, 281–283; Zapff, „Prophet", in: Diedrich/Willmes, *Botschaft*, FzB 88, 1998, 542–547; Beck, *Elia*, BZAW 281, 1999, 80–87; S. Otto, *Erzählung*, BWANT 152, 2001, 174f.; Keinänen, Traditions, SESJ 80, 2001, 79–119; vgl. auch die Einschätzung von Nocquet, *Transeuphratène* 22 (2001), 169–184, der die Karmelüberlieferung in eine frühe Polemik gegen Baal im Nordreich Israel einordnet, zu der er auch 2 Kön 1 und 2 Kön 9–10 rechnet.

[497] Zur unterschiedlichen Entwicklung des Monotheismus auf den verschiedenen Ebenen der Familienreligion, der Regionalkulte und der Staats-Volksreligion vgl. die anregenden Überlegungen von Albertz, „Ort", in: Dietrich/Klopfenstein, *Gott*, 1994, 77–96.

[498] Vgl. dazu vor allem Smend, *VT* 25 (1975), 538f.

[499] Vgl. Rofé, *Stories*, 1988, 33–40; mit der Bezeichnung „epigonic devolution" ist der Abschnitt überschrieben. Für Würthwein, *Bücher der Könige*, ATD 11,2, 1984, der ebenfalls eine nachdt Datierung von 2 Kön 1 vertritt, ist das Argument ausreichend, dass Elija hier als „Kämpfer für das ‚Jahwe allein'" (271) auftritt.

Inschriftlich ist יה jedoch schon in der ersten Hälfte des 7. Jahrhunderts bezeugt[500], so dass dieses Argument nicht stichhaltig ist.
Die Bezeichnung Asarjas als "König von Samaria" (2 Kön 1,2;
vgl. 1 Kön 21,1) sei ein "late idiom"[501]. In einer assyrischen Inschrift
z.Zt. Adadniraris III. (809–782) wird Samaria als Beifügung zu
dem Königsnamen Joasch verwendet[502]. Von daher ist die Bezeichnung „König von Samaria" für die Zeit des noch bestehenden
Nordreiches nicht unwahrscheinlich.
Die Wendung דרש ב die in 2 Kön 1,2.3.6.16 begegnet, wird
ansonsten nur noch in 2 Chr 34,26 und Ez 14,7 gebraucht. Doch
ist aufgrund eines so wenig spezifischen und spärlich bezeugten
Ausdruckes eine nachexilische Entstehungszeit nicht zu belegen[503].

Der Versuch, 2 Kön 1 in die nachexilische Zeit zu datieren, ist aufgrund dieser Argumente nicht als überzeugend anzusehen. Einer
Datierung der Elija-Überlieferungen DKK und 2 Kön 1* in die Zeit
des noch bestehenden Nordreiches steht meines Erachtens nichts im
Wege; Indizien, die eine spätere Datierung erzwingen würden, sind
nicht vorhanden.

5.2. *Die Überlieferungsträger*

Von der Hauptperson der Erzählung her, Elija, legt es sich nahe,
in der Elija-Überlieferung das Werk von prophetischen Kreisen zu
sehen. Elija wird in der DKK als נביא gesehen (1 Kön 18,22.36*)
und auch in 2 Kön 1* gibt es keinen Zweifel an der prophetischen
Rolle, die Elija einnimmt. Schon in der älteren Forschung wurde
demzufolge die Ausbildung und Weitergabe der Elija-Tradition vornehmlich in prophetischen Kreisen geortet. Neben dieser Zuordnung
sind jedoch auch noch Überlieferungsträger aus anderen Kreisen
erwogen worden.

---

[500] Vgl. dazu RENZ/RÖLLIG, *Handbuch II/1*, 1995, 89f.
[501] ROFÉ, *Stories*, 1988, 36.
[502] *ya-'a-su* ^mat^sa-me-ri-na-a-a in der Tell ar-Rimah Stele, vgl. dazu MILLARD, *TynB*
41 (1990), 261–275; s. auch HENTSCHEL, *1 Könige*, NEB, Lieferung 10, 1984, 128.
[503] Gleiches gilt auch für die Verwendung von אם als Fragepartikel und des Satzes
הלי זה, die ROFÉ als typisch für das rabbinische Hebräisch ansieht; nicht überzeugend ist auch der Hinweis auf die außergewöhnlich häufige Verwendung von דבר
anstelle von אמר, die ROFÉ dahingehend deutet, dass für den Autor Hebräisch keine
lebendige Sprache mehr gewesen sei (ROFÉ, *Stories*, 1988, 37).

Für BAEHR rührten die Elija-Erzählungen von einem Propheten her[504]. BURNEY hat diese Angabe präzisiert, indem er die Propheten um Elischa auch als Träger der Elija-Traditionen ansah. Zwar stammen diese nicht von einem Autor, aber "may equally be regarded as the work of men of prophetic training, perhaps members of the guilts which we see coming into prominence in some of the Elisha stories"[505]. Diese Auffassung ist von STECK in der weiteren Forschung untermauert worden[506]. Die Traditionen, die bei Hörer und Erzähler vorausgesetzt werden, „auch die Bindung an eine Prophetengestalt und die Berücksichtigung von Prophetenverfolgungen und Prophetenanfechtung im Verlauf der Elija-Überlieferung weisen in diese Richtung"[507]. Zudem spricht sowohl die Elija- als auch die Elischa-Überlieferung von einer Verbindung zwischen Elija und Elischa, „dann aber ist doch das wahrscheinlichste, dass die Ausbildung der Eliaüberlieferung mit Elisa und den ihn umgebenden Prophetenschülern zusammengebracht werden muß"[508]. Diese Ortung der Überlieferungsträger wird von ŠANDA[509] und GRAY[510] auf die Spitze getrieben, wenn sie Elischa selbst eine aktive Mitwirkung an der Ausformung und Weitergabe der Elija-Überlieferung zuweisen[511].

H.-C. SCHMITT hebt hingegen die frühe Elija-Tradition scharf von der frühen Elischa-Tradition ab [512]. Als Gründe für diese Sicht führt er an:

---

[504] Vgl. BAEHR, *Bücher der Könige*, 1868, 170f.; ebs. z.B. FOHRER, *Elia*, AThANT 53, ²1968, 50.74; HENTSCHEL, *Elijaerzählungen*, EThSt 33, 1977, 222f. (hält es jedoch für möglich, 19,3aβ–6 hiervon auszuklammern, falls es sich um einen ortsgebundenen Stoff handeln sollte, vgl. 140–145); REHM, *Buch der Könige 1*, 1979, 169f.; DE VRIES, *Kings*, WBC 12, 1985, 208.

[505] BURNEY, *Notes*, 1903, 209f.; ebs. z.B. MONTGOMERY/GEHMAN, *Critical and Exegetical Commentary*, ICC, 1951, 39; GALLING, „Gott Karmel", in: EBELING, *Geschichte*, 1953, 122.

[506] Vgl. STECK, *Überlieferung*, WMANT 26, 1968, 144–147; vgl. auch JONES, *Kings*, NCBC, 1984, 67; THIEL, „Redaktionsarbeit", in: EMERTON, *Proceedings*, VT.S 43, 1991, 157; DERS., „Jahwe", in: HAUSMANN/H.-J. ZOBEL, *Glaube*, 1992, 99; DERS., *Könige*, BK IX/2, Lieferung 2, 2002, 112f.

[507] STECK, *Überlieferung*, WMANT 26, 1968, 145.

[508] Ebd., 145.

[509] Vgl. ŠANDA, *Bücher der Könige I*, EHAT 9/1, 1911, 457; DERS., *Elias*, 1914, 8.

[510] Vgl. GRAY, *I & II Kings*, OTL, ³1977, 29.375.405.

[511] MASSON, *Élie*, 1992, 179–183, denkt an einen direkten Schüler des Elija.

[512] Vgl. H.-C. Schmitt, *Elisa*, 1972, 183–187; s. auch 110 Anm 179; ihm schließt sich BECK, *Elia*, BZAW 281, 1999, 161f. an; vgl. auch die Skepsis von HENTSCHEL, *Elijaerzählungen*, EThSt 33, 1977, 97f.; hinsichtlich eines identischen Überlieferungskreises der Elija- und Elischa-Tradition.

1) Die Stellen innerhalb der Elija- und Elischa-Tradition, die
   Elija und Elischa gemeinsam zeigen, sind erst im 7. Jhd im
   Südreich entstanden (19,19–21; 2 Kön 2,1–25*), können also
   nicht als Argument für die Herkunft aus denselben Kreisen
   geltend gemacht werden.

2) Außerdem ordnet er Elija und Elischa unterschiedlichen reli-
   gionsgeschichtlichen Phänomenen zu, indem er Elischa im
   Zusammenhang eines gemeinschaftsbildenden Nabitums sieht,
   Elija dagegen als einen Einzelekstatiker einstuft.

3) Als Hauptgrund sieht H.-C. SCHMITT jedoch an, dass die früheste Elija-Überlieferung, zu der er vor allem 18,41–46 rechnet, im Gegensatz zur Elischa-Tradition nicht antiomridisch
   eingestellt sei.

Eine unentschiedene Haltung nimmt GUNKEL ein, der zwar auch
Kreise um Elischa für die Überlieferungsträger hält, hierin aber
nicht nur Propheten, sondern auch „Laien" vermutet; wahrscheinlich ist dies die Folge der Kennzeichnung der Elija-Überlieferung
als „unbewußte Dichtung des Volkes"[513].

JEPSEN nimmt ebenfalls unterschiedliche Überlieferungsträger für
die Elija-Tradition an. Er schreibt die ursprüngliche Elija-Überlieferung JHWH-treuen Israeliten zu, für 1 Kön 17–19 jedoch lässt
er נביאים verantwortlich sein[514].

Eine andere Herkunft hält PLÖGER, der ansonsten der Analyse

---

[513] GUNKEL, *Elias*, 1906, 42–44; Zitat 42; die gegenteilige Auffassung findet sich
bei L. BRONNER: „We are now able to see that these stories were not invented by
popular story-tellers but rather came into being as a theologian's polemics against
popular beliefs concerning Baal. They are not the work of simple people, but by
a well informed author who was intimately acquainted with Canaanite mythology
and protested against it by showing that all powers in heaven and earth are under
control of Israel's god". (BRONNER, *Polemics*, POS VI, 1968, 139f.); ähnlich ist die
Kennzeichnung des Autors als „skilled artist" bei GREGORY/HAUSER, *Carmel*, JSOT.S
85, 1990, 79.

[514] Vgl. JEPSEN, *Nabi*, 1934, 58–72; anders dann DERS., „Elia", in: GOEDICKE, *Near
Eastern Studies*, 1971, 294, wo er sich nur noch auf JHWH-treue Kreise beschränkt,
da es unsicher sei, ob es Schüler des Elija gegeben habe. Auch ROFÉ, *Stories*, 1988,
18, spricht im Hinblick auf die mündliche Weitergabe der *legenda* nur allgemein
vom „people of the northern kingdom" (18); seiner eigenwilligen Auffassung der *bᵉnê
hannᵉbîʾîm* als „circles of disciples" (ebd., 22) vermag ich jedoch nicht zu folgen.
RENTRERIA, „Elijah/Elisha Stories", in: COOTE, *Elisha*, 1992, 75–126, nimmt wie
JEPSEN eine Einteilung der Überlieferung in zwei Gruppen vor, wenn sie in den
Elija- und Elischa-Überlieferungen die Spiegelung der Interessen der städtischen
Elite wie auch von marginalisierten Gruppen (Bauern, Frauen) erkennt.

von JEPSEN folgt, für möglich. Er vermutet, dass der Verfasser von 1 Kön 17–19 Beziehung zu den Kreisen hatte, aus der die Quellenschrift E des Pentateuch entstanden ist[515].

WÜRTHWEIN, der die Ausbildung der eigentlichen Prophetengestalt Elija erst in dt-dtr Kreisen ansetzt, bleibt bei der ersten Stufe der Elija-Überlieferung bei der an GUNKEL erinnernden Kennzeichnung als „volkstümliches Erzählgut" stehen[516].

RENTROP denkt für die von ihm angenommenen Einzelüberlieferungen an JHWH-bzw. Elija-treue Bevölkerungsschichten im Lande[517], auch an JHWH-treue Nebiim oder Priester[518]. Die entscheidende vordtr, noch im Nordreich anzusiedelnde, Redaktion („Sammler"), sieht RENTROP in priesterlichen Kreisen am Hofe Jehus in Samaria[519].

OTTO denkt vor allem an prophetische Kreise, wobei dies auch für die exilisch bzw. nachexilisch anzusetzenden BE1 und BE2 zutreffe. Für die frühen, unverbundenen Traditionen nimmt sie eine Weitergabe im Kreis der Elija-Schüler an[520].

Festzuhalten ist, dass die zentrale Gestalt in der DKK und auch in 2 Kön 1 Elija ist. Von daher ist die Zuordnung zu einem prophetischen Überlieferungskreis naheliegend. Die kultischen Aktivitäten des Elija gehen nicht über das hinaus, was „Laien" möglich war. Es gibt daher keinen Grund, in den kultischen Aktivitäten eine Zeichnung Elijas als Priester zu erblicken. Demnach sind keine Argumente erkennbar, für die Ausbildung und Weitergabe priesterliche Kreise verantwortlich zu machen.

Die Darstellung der Überlegenheit des Elija gegenüber dem König und die Abhängigkeit des Königs sowohl in der DKK als auch in

---

[515] Vgl. PLÖGER, *Prophetengeschichten*, 1937, 22; ähnlich HÖLSCHER, „Buch der Könige", in: *EYXAPIΣTHPION*, 1923, 192–194.

[516] Vgl. WÜRTHWEIN, *Bücher der Könige*, ATD 11,2, 1984, 269; auch BECK, *Elia*, BZAW 281, 1999, spricht im Hinblick auf die vorexilischen Einzelüberlieferungen 1 Kön 17,5b–6; 10–15* und 18,41–46* von „volkstümlicher Überlieferung" (156).

[517] Vgl. RENTROP, *Elija*, 1992, 266.270.

[518] Vgl. ebd., 282; im Hinblick auf die im Exil entstandene Auferweckungslegende spricht RENTROP von „gelehrten Kreisen" (298).

[519] Vgl. ebd., 320f.; an einen Verfasser aus dem Kreis der Jehuiden denkt TODD, „Elijah-Cycle", in: COOTE, *Elisha*, 1992, 1–35; ebs. WHITE, *Elijah Legends*, BJSt 311, 1997, 43 („highly literate scribes of the Jehu dynasty").

[520] Vgl. S. OTTO, *Erzählung*, BWANT 152, 2001, 147–149 (zu 1 Kön 21,1–20*); 247–249.

2 Kön 1 sprechen dagegen, für die Elija-Überlieferung eine Sammlung und Weitertradierung in höfischen Kreisen anzunehmen. Dazu
ist die Darstellung des Königs zu negativ, selbst wenn man — unter
Annahme eines identischen Überlieferungskreises — in Rechnung
stellt, dass in manchen Teilen der Elischa-Tradition ein positives
Verhältnis zur Jehu-Dynastie aufscheint. Die Darstellung des Verhält-
nisses zwischen König und Prophet entspricht der Darstellung in der
SSK (1 Sam 9–31*), wobei das Königtum negativer dargestellt ist.
Die SSK ist prophetischen Kreisen in Gilgal zugeordnet worden[521].
Elija ist in der DKK — anders als Samuel in der SSK — in die
Retterfunktion, die eigentlich dem König zukommt, eingetreten (18,40).
Dies trifft ebenfalls für die Elischa-Überlieferung 2 Kön 2 zu, wo
die Geistbegabung der frühen Rettergestalten auf Elija und seinen
Erben Elischa übertragen wird; auch in dieser Tradition zeigt sich
die Abhängigkeit des Königs vom Propheten[522].

Dass das Verhältnis zwischen Elija und Ahab auf einer frühen
Überlieferungsstufe freundschaftlich gewesen sein soll, ist nach dem
Ergebnis unserer Analyse abzuweisen. Eine „Versöhnung" zwischen König und Prophet ist nicht zu erkennen, zumal das „Laufen
vor Ahab" (1 Kön 18,46) erst einer späteren Redaktionsstufe entstammt. Der Konflikt zwischen Elija und Ahab wird dadurch gelöst,
dass der König sich unterwirft[523]. Von einem freundschaftlichen
Verhältnis kann keine Rede. Damit ist die Auffassung von H.-C.
Schmitt zurückzuweisen.

Für die Annahme eines identischen Überlieferungskreises der Elija-
und der Elischa-Tradition spricht das magisch konnotierte Verständnis
des prophetischen Wortes in 17,1.15, das Leben gewähren und Leben
entziehen kann. Es findet sich ebenfalls in der Elischa-Überlieferung
(2 Kön 2,23–25; 6; 8,1–6; 13,14ff.).
    Die Form der prophetischen Wunderanekdote (17,5b–6.10–16*)
und die mit ihr verbundene Hervorhebung der Person des Gottes-
mannes/איש zeigt sich vor allem in der Elischa-Tradition wie überhaupt
in der Elija- (17,5b–6; 17,10–16*; 18,38) und der Elischa-Tradition

---

[521] Vgl. oben Kapitel I, Abschnitt 5.2.
[522] Vgl. dazu weiter unten die Analyse der Elischa-Überlieferung in Kapitel III.
[523] Vgl. auch die Bemerkung von Rentrop, Elija, 1992, zu 18,41, dass Elija hier
„als ein Lehrmeister" (311) gegenüber Ahab erscheint.

ein Aufbrechen der Wundertheologie zu beobachten ist; sie kann als Kennzeichen der Überlieferung der *b*nê hann*bî'îm* angesehen werden[524].

Zwar ist in 2 Kön 1 keine Wundertheologie zu erkennen, doch zeigen die Darstellung Elijas und des Königs in dieselbe Richtung, so dass auch für diese Elija-Tradition ein identischer Überlieferungskreis angenommen werden kann, wenn auch nicht mit gleicher Sicherheit wie bei der DKK.

Für die Zuordnung der Elija-Überlieferung zu den selben Überlieferungsträgern wie die Elischa-Überlieferung spricht auch die Verbindung, die zwischen Elija und Elischa als Vorgänger und Nachfolger in den Texten begegnet, vor allem in 2 Kön 2 und 1 Kön 19*. Entscheidender noch ist die in 2 Kön 4 erkennbare Beziehung Elischas zum Karmel als einem Ort, an dem Elischa bei Neumond und Sabbat erreichbar ist (2 Kön 4,23). Dies ist der Ort, an dem die entscheidende Auseinandersetzung Elijas mit den Baalpropheten (1 Kön 18,17–40*) situiert ist.

In diesen Überlieferungskreis gehört auch 19,3ff.*, das erst durch eine zweite dtr Redaktion in den dann neu gestalteten Zusammenhang 1 Kön 17–19 eingefügt wurde. Die Verbindung zwischen Elija und Elischa, die Bedeutung des Mantels (אדרת in 1 Kön 19,13.19), die auch in 2 Kön 2 gegeben ist, sind deutliche Indizien für diese Annahme. Die nähere Kennzeichnung von Beerscheba, das in Juda geortet wird (19,3), verweist auf eine frühe Entstehungszeit dieses Textes. Die Sorge für den Propheten, die sich in der Stärkungsszene in der Wüste zeigt, begegnet auch in 17,5b–6; vor allem ist es aber auch hier die Wundertheologie, die auf den Kreis der Gruppenpropheten um Elischa hindeutet.

Demnach ist denjenigen zuzustimmen, die die Elija- und Elischa-Tradition dem selben Überlieferungskreis zuordnen.

5.3. *Historizität*

Eine schon immer heiß umkämpfte Frage war die geschichtliche Bedeutung der Elija-Überlieferung. Vor allem der Wundercharakter der Erzählungen stellte sich als Schwierigkeit der historischen Auswertung in den Weg; damit verbunden war die Kennzeichnung dieser Überlieferungen als „Sage" oder „Legende".

---

[524] Vgl. dazu weiter unten Kapitel III, Abschnitt 5.2.

Während Elija in der älteren Forschung als Kämpfer für den Alleinvertretungsanspruch Jhwhs und damit auch als Vorläufer der klassischen Propheten gesehen wurde[525] (mit meist konservativen Zügen[526], lässt WÜRTHWEIN so gut wie keine historische Aussage mehr gelten[527]. Es handele sich bei den Elija-Überlieferungen nicht um eine Biographie; fast alles, was sich erheben lässt, sei aufgrund der Bezeichnung „der Tischbiter" seine Herkunft aus dem Ostjordanland. In den ursprünglichen Anekdoten, die dem volkstümlichen Erzählgut entstammen, sei Elija als „machtvoller Mann" gezeichnet, doch seien die Motive weitverbreitet und mit vielen Gestalten verbunden worden. Hier zeige sich auch kein charakteristisches Gepräge der Jhwh-Religion, der Gottesname Jhwh komme in diesen Erzählungen nicht vor. Da die Zeichnung Elijas als eines Propheten erst auf dt-dtr Kreise zurückgehe, sei es nicht möglich, Elija als einen Vorläufer der klassischen Propheten zu sehen. Die Feindschaft zwischen König und Prophet gehe ebenfalls erst auf die dtr Interpretation zurück. Wo Elija in den ursprünglichen Anekdoten mit dem König zusammentrifft, begegne er ihm als Freund und Helfer (18,2a.17abα.41–45). Der Name Elija habe die ursprüngliche Bedeutung, dass Jhwh Gott ist für den Namenträger; erst im dtr Kontext wurde er als Aussschließlichkeitsaussage verstanden. Demgegenüber sieht GESE[528] durchaus eine Verbindung zur nachfolgenden Schriftprophetie und betont, dass die enorme traditionsgeschichtliche Nachwirkung Elijas nicht ohne historischen Grund möglich sei. BECK erkennt in Elija vor allem einen Magier, gesteht aber immerhin eine Verbindung von Jhwh-Glauben und paranormalen Fähigkeiten zu und ist auch der Auffassung, dass

---

[525] Vgl. hierzu grundlegend GUNKEL, *Elias*, 1906, 35–42.45–67; s. auch GRESSMANN, *Geschichtsschreibung*, SAT II/1, 1910, 270. Für die ältere Forschung vgl. auch ŠANDA, *Elias*, 1914, 77–84, der sogar eine Chronologie der Ereignisse erstellt. Ebenfalls sehr zuversichtlich im Hinblick auf eine historische Rekonstruktion ist in der neueren Forschung HENTSCHEL, *Elijaerzählungen*, EThS 33, 1977, 345f.; skeptischer bleibt SMEND, „Elia", in: *Congress Volume*, VT.S 28, 1975, 167–184; er hält aber auch daran fest, dass Elija ein Kämpfer für die alleinige Verehrung Jhwhs war.
[526] Reformerische Züge betont z.B. FOHRER, *Elia*, AThANT 53, ²1968, 87–100; vgl. auch SEEBASS, *ZThK* 70 (1973), 136; für COHEN, *EJ* 12 (1975), 93, ist Elija ein Revolutionär.
[527] Vgl. vor allem 1984, 269–272. Skepsis gegenüber der historischen Gestalt des Elija war auch schon in den Arbeiten von HÖLSCHER, *Profeten*, 1914, 177, und DUHM, *Propheten*, 1922, 84, zu erkennen.
[528] Vgl. GESE, „Bedeutung Elias", in: ADNA, *Evangelium*, 1997, 126–150, zur Verbindung Elijas mit der nachfolgenden Schriftprophetie s. bes. 143.

die bewußt vertretene Jhwh-Verehrung ein historisches Element darstelle[529]. Für S. Otto ist Elija aufgrund der Regenmacher-Tradition 1 Kön 18,42b.45a zunächst ein mit magischen und mantischen Fähigkeiten ausgestatteter Regenmacher, ist aber so optimistisch, dass sie glaubt, eine Phase der Wirksamkeit Elijas unterscheiden zu können, die noch nicht von einer Konfrontation mit den Omriden geprägt war[530].

Dass es sich bei Elija um eine historische Persönlichkeit handelt, daran sind begründete Zweifel nicht möglich. Sie könnten sich einzig auf den engen Zusammenhang stützen, der zwischen dem Namen Elija — „Mein Gott ist Jhwh" und den Taten Elijas besteht. Diesen Namen kann man jedoch auch verstehen als ein angenommener Name, den Elija im Verlauf seines Wirkens bekam, wenngleich ein solcher Name von Geburt an nicht ausgeschlossen ist. Sicherheit ist hier nicht zu bekommen. Namensänderungen zeigen sich auch z.B. bei Gideon-Jerubbaal in Ri 6–9. Dass Elija in die religöse Auseinandersetzung im 9. Jhd. im Nordreich involviert war, verdient historisches Vertrauen. Dieser Konflikt begegnet ebenfalls in anderen Texten, die in dieser Zeit anzusiedeln sind, speziell 2 Kön 9f. Auch von der Analyse des ikonographischen Materials her lässt sich eine religiöse Auseinandersetzung wahrscheinlich machen[531]. Dabei zeigt sich in 1 Kön 18f. und auch in 2 Kön 1, dass dieser Konflikt auf der Ebene der offiziellen Staatsreligion anzusiedeln ist.

In dieser Situation hatte das Eintreten Elijas für die exklusive Verehrung Jhwhs, wie sie sich in der Karmelepisode und in 2 Kön 1 widerspiegelt und in dem programmatischen Namen Elija — „mein Gott ist Jhwh" zum Ausdruck kommt, Signalcharakter für die sich formierende Opposition gegen die Omriden[532].

Angesichts der andauernden Diskussion über die Entwicklung des Monotheismus in Israel[533], stellt sich die Frage, ob mit Elija, d.h. mit

---

[529] Vgl. Beck, *Elia*, BZAW 281, 1999, 158–162; Keinänen, *Traditions*, SESJ 80, 2001, 191, spricht nur noch unbestimmt von „miracle-worker" und „Man of God" Traditionen, die DtrP als Rohmaterial zur Verfügung hatte.
[530] Vgl. S. Otto, *Erzählung*, BWANT 152, 2001, 248f.; ähnlich auch White, *Elijah Legends*, BJSt 311, 1997, 32 („legendary rain-inducer").
[531] Vgl. oben Abschnitt 5.1.
[532] Dass die Jehu-Revolution auch religionspolitisch begründet war, daran ist festzuhalten; auch Beck, *Elia*, BZAW 281, 1999, 213, sieht eine religionspolitische Komponente, wenngleich nur lokaler Art; S. Otto, *Erzählung*, BWANT 152, 2001, 99, vgl. insgesamt 97–104; W. Dietrich, *ThZ* 57 (2001), 115–234.
[533] Vgl. dazu die Sammelbände von Keel, *Monotheismus*, BB 14, 1980; Lang, *Gott*,

der Forderung einer exklusiven Verehrung Jhwhs, eine gänzlich neue
Situation eingetreten ist. Diese These wird vor allem von den Forschern
vertreten, die in Elija einen Vorläufer der sich dann mit Hosea eta-
blierenden „Jhwh-allein-Bewegung" sehen[534], die als Oppositions-
bewegung in der Königszeit in einem ansonsten polytheistischen Israel
entstand.

Die Vorstellung, dass die Religion des vorexilischen Israel nur eine
Spielart des allgemein herrschenden Polytheismus gewesen sei, stellt
allerdings neue Probleme. Nun ist ohne Zweifel die Verehrung anderer Götter und Göttinnen durch die Israeliten in der Königszeit nicht
nur durch das biblische Zeugnis — dort allerdings als „Abfall von
Jhwh" qualifiziert —, sondern auch inschriftlich und archäologisch
gesichert. Dennoch bleibt die Frage, ab wann und durch welche
Gruppen mit einer exklusiven Jhwh-Verehrung gerechnet werden
kann. Damit verbunden ist das Problem, welche Antriebskräfte es
waren, die zur Ausformulierung des monotheistischen Bekenntnisses,
wie es z.B. in Jes 43,10f. vorliegt, beitrugen. In der anhaltenden
Diskussion ist der Vorschlag von ALBERTZ weiterführend, auf den
verschiedenen Ebenen der Religionsausübung mit unterschiedlichen
Entwicklungen zu rechnen[535].

Wie schon festgestellt wurde, fand die Auseinandersetzung zwi-
schen Jhwh und Baal im 9. Jahrhundert auf der Ebene der Staats-
religion statt. Hier sind es meiner Meinung nach vor allem zwei
Gründe, die eher für eine frühe Ansetzung der exklusiven Verehrung
Jhwhs sprechen. Zum einen zeigt sich im ersten Jahrtausend in
Palästina eine generelle Entwicklung zu Nationalgöttern wie Milkom,
Kamosch und Jhwh, die mit der Entwicklung von Territorialstaaten
zusammenhängen dürfte. Es kommt hinzu, dass Jhwh sicherlich eine
Größe ist, die aus dem südlichen Bereich (vgl. Ri 5,4f.; Ps 68) in
Kanaan neu auftritt und keinerlei Verbindung zu den Panthea in

---

1980; HAAG, *Gott*, 1985; DIETRICH/KLOPFENSTEIN, *Gott*, OBO 139, 1994; STOLZ,
Monotheismus, 1996; Überblicke über die Forschungsgeschichte bieten LOHFINK,
„Geschichte", in: HAAG, *Gott*, 1985, 9–25; W.H. SCHMIDT, Art. „Monotheismus II.
Altes Testament", *TRE 23*, 1993, 237–248.
   [534] Vgl. dazu vor allem LANG, „Jahwe-allein-Bewegung", in: DERS., *Gott*, 1980,
47–83; M. WEIPPERT, „Synkretismus", in: ASSMANN/HARTH, *Kultur und Konflikt*, 1990,
160f.; s. auch STOLZ, „Monotheismus", in: KEEL, *Monotheismus*, 1980, 154ff., 174ff.
   [535] Vgl. ALBERTZ, „Ort", in: DIETRICH/KLOPFENSTEIN, *Gott*, 1994, 77–96; zu den
Ebenen der Familien-, Regional- und Staatsreligion s. ALBERTZ, *Religionsgeschichte*,
GAT 8/1, 1992, 40f.; M. WEIPPERT, „Synkretismus", in: ASSMANN/HARTH, *Kultur
und Konflikt*, 1990, 150–160.

Kanaan hatte[536]. Der wichtigere Grund liegt darin, dass bei Jhwh im Unterschied zu anderen, mehr territorial orientierten Nationalgöttern eine spezielle personale Bindung an eine Großgruppe vorliegt. „Dem personalen Gottesverhältnis einer um ihre Befreiung kämpfenden Großgruppe eignete nun aber — anders als dem familiärer Kleingruppen — eine Tendenz zu gruppeninterner Solidarisierung und Loyalität und zu gruppenexterner Frontstellung und Abgrenzung"[537]. Auch wenn dies keinen Monotheismus beinhaltet, so zeigt sich doch eine damit verbundene monolatrische Tendenz, mit der sich ohne weiteres die nur schwer spät zu datierenden, die Exklusivität der Jhwh-Verehrung fordernden Rechtsbestimmungen Ex 22,19; 34,14f. verbinden lassen. Auf dieser Ebene scheint es mir auch eher unwahrscheinlich, dass Jhwh in früher Zeit ein weibliches Pendant hatte[538]. Demnach ist Elija in der Forderung nach der exklusiven Verehrung Jhwhs nicht als Neuerer zu verstehen, sondern er greift schon vorhandene Traditionen auf.

Wohl eher auf die mit Elija verbundenen Tradentenkreise, d.h. die b^enê hann^ebî'îm, als auf den historischen Elija dürfte die weitergehende Abweisung des El-Charakters von Baal gehen, wie sie sich in der Frage 1 Kön 18,21 äußert und wie sie auch bei 2 Kön 1* im Hintergrund steht[539].

In welcher Weise im einzelnen der historische Elija tätig geworden ist, lässt sich jedoch nicht mehr sagen. Weder die Karmel-Überlieferung noch die Dürre-Überlieferung ist eine Darstellung historischer Ereignisse, hierin ist den Skeptikern Recht zu geben. Jedoch zeigt

---

[536] S. dazu vor allem M.S. Smith, *History*, 1990, 24f.156; Albertz, „Ort", in: Dietrich/Klopfenstein, *Gott*, 1994, 87; vgl. auch Lang, „Jahwe-allein-Bewegung", in: Ders., *Gott*, 1980, 60f.

[537] Albertz, „Ort", in: Dietrich/Klopfenstein, *Gott*, 1994, 89.

[538] Gegen M. Weippert, „Synkretismus", in: Assmann/Harth, *Kultur und Konflikt*, 1990, 156; hierauf könnte auch die Verbindung im aggressiv-kämpferischen Charakter des frühen Jhwh mit dem ägyptischen Gott der Fremde, Seth, weisen, der nach Keel ein "eingefleischter Junggeselle" war (*BiKi* 49 (1994), 84). Anders ist dies auf der Ebene der regionalen und lokalen Religion zu sehen, wo das Thema der Fruchtbarkeit und der Lebenssicherung im Vordergrund stand, vgl. dazu Albertz, „Ort", in: Dietrich/Klopfenstein, *Gott*, 1994, 84f.

[539] Vgl. als möglichen Hintergrund die auch in Ammon erkennbare Entwicklung im 9./8. Jhd., das theophore Element אל nicht mehr als Eigenname einer Gottheit aufzufassen, sondern als Appellativ für den jeweiligen Nationalgott (vgl. Keel/Uehlinger, *Göttinnen*, QD 134, 1992, 231 Anm 150). Damit verbunden dürfte eine „Denkbewegung" gewesen sein, die ein vertieftes Verständnis des „Göttlichen" ermöglichte. Dies könnte auch ein Grund gewesen sein, Jhwh auf andere Länder ausgreifen zu lassen (1 Kön 17,10–16*; 2 Kön 5,1; 8,7–15).

das in 2 Kön 2 aufscheinende Verhältnis zwischen Elija und Elischa
nach dem Modell Vorläufer-Nachfolger, dass die *bᵉnê hannᵉbî'îm* sich
mit Elija verbunden wußten. Die Übertragung des Ehrennamens von
Elischa auf Elija in 2 Kön 2,12 belegt, dass mit Elija ein kämpfer-
ischer Aspekt verbunden war. Ebenfalls macht 2 Kön 1 deutlich,
dass Elija zu den Oppositionskräften in der Omridenzeit zu rechnen
ist. Ein Zusammenstoß mit König Ahab bzw. mit königlichen Funktionsträgern ist historisch wahrscheinlich, ja als Ermöglichungsgrund der
Überlieferungen der DKK und von 2 Kön 1* sogar zu postulieren.

Welche soziale Rolle ist nun für Elija anzunehmen? Dass es sich
um einen divinatorischen Spezialisten gehandelt hat, ist klar. Bei der
Frage des Titels bestehen jedoch Unsicherheiten. In der DKK wird
er als נביא bezeichnet. Doch ist eher anzunehmen, dass er als „Seher"
(ראה/הזה) aufgetreten ist[540]. Dafür spricht, dass Elija nur an wenigen
Stellen (18,22.36) als נביא bezeichnet wird, nicht jedoch zum Beispiel
zu Beginn der Überlieferung in 17,1, wo er wie in 21,17.28 (DTR
I); 2 Kön 9,36 und 2 Kön 1,3.8 einfach als „der Tischbiter" bezeichnet wird. Die Bezeichnung als נביא in der DKK hängt wohl damit
zusammen, dass die Überlieferungsträger die *bᵉnê hannᵉbî'îm* sind. Erst
bei dieser Gruppierung kam es zu einer organisatorischen Verbindung
zwischen einem einzeln auftretenden divinatorischen Spezialisten und
dem Phänomen der Gruppenprophetie[541]. Elischa, der ebenfalls den
Titel נביא erhält, gehörte ursprünglich dem gleichen Typus wie Elija
an. Die unterschiedlichen Wirkungsorte bei Elija zeigen, dass er wie
auch Samuel zum Typ des wandernden Einzelpropheten zählte.

> Es gibt keinen Hinweis darauf, in Elija einen Ekstatiker zu sehen.
> Die Geistbegabung, das Einwirken der „Hand Jнwнs" oder das
> Laufen vor Ahab, die gern als Hinweis auf einen ekstatischen
> Zustand gedeutet werden, gehen erst auf spätere Einfügung zurück;
> außerdem liegen auch damit keine eindeutigen Belege für ein eksta-
> tisches Verhalten vor[542].

Dass Elija mit Elischa auch auf historischer Ebene verbunden war,
wenngleich nicht unbedingt im Verhältnis Lehrer-Schüler, dafür

---

[540] So auch schon ŠANDA, *Elia*, 1914, 54.
[541] Vgl. dazu weiter unten Kapitel III, Abschnitt 5.2.
[542] So noch M. WEIPPERT, „Aspekte", in: MAUER/MAGEN, *Ad bene*, AOAT 220,
1988, 308f., der in Elija wie in Elischa die Exponenten der ekstatischen Gruppenprophetie erkennt.

spricht neben den Texten, die Elischa als Nachfolger bzw. als Diener Elijas zeigen (1 Kön 19,19–21; 2 Kön 2; 3,11), die Verbindung Elischas in 2 Kön 4 zum Karmel. Elija wird in 1 Kön 18* mit dem Karmel verbunden, wobei es keine überzeugenden Gründe gibt, den Ort des Geschehens irgendwo anders anzusiedeln[543]. Dass Elija auch historisch mit Elischa Kontakt hatte, ist angesichts der Belege die wahrscheinlichste Annahme[544].

Nicht anzunehmen ist dagegen ein direkter Kontakt Elijas mit den Gruppenpropheten, die später die *bᵉnê hannᵉbîʾîm* bildeten, noch weniger ist anzunehmen, dass Elija diese Gruppierung gegründet habe[545]. Die Beziehung zu anderen Propheten ist erst auf dtr Textstufe hergestellt worden (18,3b–4.12–15; 19,14), und hier ist der Gedanke einer Prophetensukzession maßgebend. Außerdem ist es unsicher und eher unwahrscheinlich, dass mit den Propheten in 18,3b–4.12–15 Gruppenpropheten gemeint sind. Die typischen Charakteristika fehlen, die Angaben zu den נביאם sind zu dürftig, um ein gesichertes Urteil abgeben zu können[546].

---

[543] So z.B. Jepsen, „Elia", in: Goedicke, *Near Eastern Studies*, 1971, 304–306.
[544] Anders jedoch H.-C. Schmitt, *Elisa*, 1972, 189; Rofé, *Stories*, 1988, 74.
[545] So Williams, *JBL* 85 (1965), 345.
[546] Gegen eine Verbindung von Elija zur Gruppenprophetie spricht sich auch Rentrop, *Elija*, 1992, 282 Anm 757, aus.

KAPITEL III

DIE ELISCHA-ÜBERLIEFERUNGEN IN 2 KÖN 2–8; 9–10; 13

1. Überblick zu den Elischa-Texten und die Frage der Einfügung der Elischa-Überlieferung in 2 Könige

1.1. *Überblick*

Mit 2 Kön 2 wird eine Reihe von Erzählungen im zweiten Königsbuch eröffnet, in deren Mittelpunkt Elischa steht. Sie beginnen in 2 Kön 2 mit dem Antreten der Nachfolge Elijas durch Elischa und enden mit dem Tod Elischas, von dem in 13,14–21 berichtet wird[1].

Der Beginn der prophetischen Wirksamkeit Elischas wird noch in der Omridenzeit, zur Zeit des Ahabsohnes Joram, angesetzt; sein Tod wird in der Zeit des Jehuiden Joasch (800–784[2]) berichtet, was einen enorm langen, aber nicht unmöglichen Zeitraum der prophetischen Wirksamkeit Elischas bedeutet[3].

Unterbrochen werden die Elischa-Überlieferungen erstmals nach der Ankündigung der Thronbesteigung des aramäischen Königs Hasael durch Elischa in 2 Kön 8,7–15.

In 2 Kön 8,16–24 wird in summarischer Weise über die Herrschaft Jorams von Juda berichtet. Ausdrücklich wird erwähnt, dass er eine Tochter Ahabs zur Frau nahm, also mit dem in Israel herrschenden Geschlecht der Omriden eine Verbindung einging, was zur Folge hatte, dass er den Wegen der Könige von Israel folgte (2 Kön 8,18). Als weiteres wichtiges Ereignis wird erwähnt, dass Edom sich der Vorherrschaft Judas entziehen konnte (2 Kön 8,20–22).

---

[1] Vorher ist Elischa schon in 1 Kön 19,16.19–21 erwähnt worden; 1 Kön 19,19–21 ist nach der hier vorgelegten Analyse Teil einer ehemals selbständigen, in 19,3 einsetzenden Elija-Tradition, im Gegensatz zur vorherrschenden Forschungsmeinung, s. dazu oben in Kapitel II die Analyse der Elija-Überlieferungen.

[2] Die chronologischen Daten nach COGAN, *Kings*, AncB 10, 2001, Appendix II; zur Problematik der Chronologie s. ebd., 100–103.

[3] Vgl. COGAN/TADMOR, *2 Kings*, AncB 11, 1988, 149: "Such a length ministry is indeed remarkable, though by no means unreasonable."

Direkt daran angeschlossen wird die Herrschaft seines Sohnes Ahasja (2 Kön 8,25–29), der im Zusammenhang der Jehu-Revolution ums Leben kam (2 Kön 9,15–29). Auch von ihm wird gesagt, dass er den Wegen des Hauses Ahab folgte (8,27). In 2 Kön 8,28 wird davon berichtet, dass er zusammen mit dem israelitischen König Joram gegen den aramäischen König Hasael bei Ramot-Gilead kämpfte.

Die Erzählung vom Staatsstreich Jehus in 2 Kön 9,1–10,28 ist wiederum mit Elischa verbunden. In 2 Kön 9,1–13 wird berichtet, dass Elischa den entscheidenden Impuls zum Aufstand Jehus gab. Außerhalb dieses Abschnittes wird Elischa jedoch in 2 Kön 9–10 nicht mehr erwähnt. In 2 Kön 10,29–36 folgt dann die abschließende Würdigung der Herrschaft Jehus, wobei deutlich wird, dass Hasael das Nordreich Israel hart bedrängte und ihm viele Gebiete abnahm. Trotz dieses Misserfolges ist die Wertung Jehus nicht ganz negativ. Ihm wird in einer Jhwh-Rede die Zusicherung gegeben, dass das Geschlecht der Jehuiden weiterhin, wenn auch nur eine begrenzte Zeit, auf dem Thron Israels sitzen wird (2 Kön 8,30).

In 2 Kön 11 und 12 richtet sich das Interesse auf die Ereignisse in Juda. 2 Kön 11 berichtet von der Herrschaft Ataljas, die aus dem Geschlecht der Omriden stammt und fast die davidische Linie in Juda ausgerottet hätte, die aber schließlich — vor allem durch das Wirken des Priesters Jojada — ihre Herrschaft verliert und getötet wird. In 2 Kön 12 schließt sich die Darstellung der Herrschaft Joaschs in Juda an; in seiner Zeit wird Juda von dem aramäischen König Hasael bedroht (2 Kön 12,18f.).

Mit 2 Kön 13 kommt wiederum die Königsgeschichte des Nordreiches Israel in das Blickfeld des Erzählers 2 Kön 13,1–9 erzählt von der Herrschaft des Jehu-Sohnes Joahas, in dessen Zeit eine starke Bedrängnis durch die Aramäer unter ihrem König Hasael fällt. Äußerst knapp folgt dann in 2 Kön 13,10.13 der nächste Herrscher Israels, Joasch, von dem wieder berichtet wird, dass er mit Juda Krieg führte (2 Kön 13,12).

In der Zeit des Joahas, in 2 Kön 13,14–21, ist die letzte Erzählung über Elischa eingebettet. Es wird von seinem Tod berichtet. Hier liegt der Abschluss der Texte vor, die Elischa in den Mittelpunkt des Interesses stellen.

Die Elischa-Texte bieten sich dem Leser demnach im wesentlichen als zusammenhängender Block in 2 Kön 2–8 dar, von dem nur 2 Kön 9,1–10,28 und 13,14–21 durch andere Texte getrennt sind.

Bei Elischa zeigen sich gegenüber anderen prophetischen Gestalten einige Besonderheiten[4]. Als Titel begegnen bei ihm sowohl נביא als auch „Gottesmann". Anders als bei Elija, in dessen Überlieferung ebenfalls diese Titel Verwendung finden, ist ihr Gebrauch jedoch ungleich häufiger.

Als נביא wird Elischa in 2 Kön 3,11f.; 5,3.8.13; 6,12 und 9,1 bezeichnet, überwiegend ist jedoch die Bezeichnung „Gottesmann", die in 2 Kön 4,7.9.16.21.22.25.27(2x).31.36.40.42; 5,8.14,15.20; 6,6.9.10.15; 7,2.17.18.19; 8,2.4.7.8.11; 13,19 vorliegt. Bedeutsamer noch als der unterschiedliche Titel ist, dass Elischa sowohl als einzeln wirkender Prophet in 2 Kön 3; 4,8–37; 5; 6,8–23; 6,24–7,20; 8,7–15; 13,14–17 begegnet, ebenso wie als Vorsteher von Gruppen-propheten in 2 Kön 2; 4,1–7.38–41.42–44; 6,1–7[5].

Er ist die einzige prophetische Gestalt, von der eine Sukzessions-erzählung, die die Übergabe der prophetischen Macht von seinem Vorgänger Elija schildert, existiert. Angesprochen wird Elischa von den Menschen, mit denen er zu tun hat, — neben dem Titel „Gottes-mann" — vor allem mit der Bezeichnung „Herr" (אדון, vgl. 2 Kön 2,19; 4,16; 5,20.22.25; 6,5.15; 8,12), der die Selbstbezeichnung des oder der Betreffenden Elischa gegenüber als eines „Knechtes" (עבד) bzw. einer „Magd" (שפחה) vgl. 2 Kön 4,1.2.16; 5,15.17.18(2x).25; 8,13) korrespondiert. Dies gilt ebenso für die von Schuldknechtschaft bedrohte Frau des Gruppenpropheten (2 Kön 4,2) wie für die begü-terte Schunemiterin (2 Kön 4,16) und den zukünftigen aramäischen König Hasael (2 Kön 8,13)[6].

---

[4] Vgl. THIEL, „Jahwe", in: HAUSMANN/ZOBEL, *Alttestamentlicher Glaube*, 1992, 93; MOMMER, „Diener des Propheten", in: DERS., *Recht als Lebensraum*, 1993, 101, denkt an einen eigenen Propheten-Typ „Gottesmann", der in „besonderer Weise geistbe-gabt ist". Zu dieser Frage vgl. oben Kapitel I, Abschnitt 4.1.1.

[5] Angedeutet ist die Verbindung Elischas zu den bᵉnê hannᵉbîʾîm auch in 2 Kön 5,22.

[6] Die Bezeichnung „Herr" wird im Munde der Gruppenpropheten auch zur Kennzeichnung des Verhältnisses zwischen Elija und Elischa verwendet, wobei Elija als „Herr" Elischas gesehen wird (2 Kön 2,3.5.16). Die israelitischen Könige reden Elischa mit „Vater" an (2 Kön 6,21; 13,14); auch der aramäische König Ben-Hadad wird in 2 Kön 8,2 als „Sohn" Elischas bezeichnet. Die Selbstdemütigung treibt Hasael auf die Spitze, der sich gegenüber Elischa die Bezeichnung „Hund" zulegt (2 Kön 8,13).

Als Elischa die Nachfolge Elijas angetreten hat, verneigen sich die
bᵉnê hannᵉbî'îm vor ihm (2 Kön 2,15)[7]. Zu ihnen hat er eine enge
Beziehung, die sich darin äußert, dass die *bᵉnê hannᵉbî'îm* „vor ihm
sitzen" und für diesen Zweck einen eigenen Raum bauen (6,1–7)[8].
In 2 Kön 9 führt einer der *bᵉnê hannᵉbî'îm* den Auftrag Elischas aus,
Jehu zum König von Israel zu salben.

Auffallend ist auch, dass Elischa häufig von einem — meist anonymen — נער begleitet wird (in 2 Kön 4,44 und 6,15 begegnet auch
die Bezeichnung משרת). Dies wird ansonsten nur noch von Elija in
der Einzelüberlieferung 19,3–21* und in den sekundären Partien von
1 Kön 18,41–46 berichtet[9].

Die Erzählungen zeigen Elischa in Verbindung mit unterschiedlichen Personen. Dazu gehören Gruppen wie die Leute aus Jericho
(2 Kön 2,19–22) und auch die נערים aus Bet-El, die Elischa verspotten. Elischa verflucht sie im Namen JHWHs, was zur Folge hat, dass
42 von Bärinnen zerrissen werden (2,23–24).

In 2 Kön 4,1–7.38–41.42–44; 6,1–7 wie auch in 2 Kön 2 hat er
mit den *bᵉnê hannᵉbî'îm* zu tun bzw. in 4,1–7 mit deren Angehörigen.

Ausführlich wird in 4,8–37 die Totenerweckung des Sohnes der
Schunemiterin berichtet, die Elischa sogar ein Gemach zur Verfügung
stellt und die sich offensichtlich in wohlhabenden Verhältnissen befindet, im Gegensatz zu den Gruppenpropheten. Auch sie bleibt ohne
Namen.

Ein Großteil der Erzählungen zeigt Elischa im Umgang mit Königen
und hohen Machthabern. In 2 Kön 3 wird er vom König zum Krieg
gegen die Moabiter befragt. Dabei wird allerdings deutlich, dass er
zum israelitischen König ein gespanntes Verhältnis hat, dagegen dem
judäischen König positiv gegenübersteht. Die gleiche Spannung
zum israelitischen König gilt auch für 2 Kön 6,31f., wo Elischa den
israelitischen König, der hier allein agiert, als „Sohn eines Mörders"
bezeichnet und umgekehrt der König den Tod Elischas fordert.

In 2 Kön 6,8–23 wird zwar keine direkte Begegnung zwischen
König und Elischa geschildert, doch wird deutlich, dass er in der
Auseinandersetzung mit den Aramäern für den israelitischen König
eine wichtige militärische Stütze darstellt.

---

[7] Gleiches gilt auch für die Schunemiterin (2 Kön 4,37).
[8] S. dazu MOMMER, „Diener des Propheten", in: DERS., *Recht als Lebensraum*, 1993,
102; vgl. auch 2 Kön 4,38.
[9] Außerdem werden noch in Num 22,22 נערים in der Begleitung Bileams erwähnt.

In 2 Kön 6,24–7,20 ist er die letzte Hilfestation für einen verzweifelten König von Samaria. Auch hier bleibt der israelitische König wie in 2 Kön 5 und 6,8–23 anonym.

Ganz deutlich wird die schon in 6,8–23 aufscheinende militärische Bedeutung des Elischa in der Überlieferung 13,14–21, wo ein angesichts des bevorstehenden Todes des Elischa fast gebrochener und weinender israelitischer König ihn im Kampf gegen die Aramäer um Beistand bittet. In dieser Erzählung ist der König mit Namen genannt. Es handelt sich um König Joasch.

In 2 Kön 8,1–6 zeigt die Überlieferung selbst den Diener des Gottesmannes Elischa, Gehasi, im freundlichen Plausch mit dem israelitischen König, der begierig ist, von den Taten Elischas zu erfahren. Hier bleibt der israelitische König wieder anonym.

2 Kön 9–10 berichtet davon, dass Elischa den Anstoss für die Jehu-Revolution durch einen der Gruppenpropheten gibt, womit die für nordisraelitische Verhältnisse lang regierende Omridendynastie hinweggefegt wird. Elischa zeigt sich demnach nicht nur als Prophet, der Umgang mit den Mächtigen seiner Zeit pflegt, sondern auch als ein politischer Machthaber, der den neuen König in Israel bestimmt und militärische Bedeutung besitzt.

Elischa beschränkt sich jedoch wie Elija in 1 Kön 17,8–16* nicht auf den Umgang mit Israeliten. In 2 Kön 5 wird davon berichtet, dass er den aramäischen Feldherrn Naaman vom Aussatz heilt; in 8,7–15 sieht er den von Ben-Hadad, dem König von Damaskus, zu Elischa gesandten Hasael als künftigen König von Damaskus. Auch im Ausland sind bei Elischa Begegnungen auf höchster Machtebene überliefert, anders als bei Elija, der einer einfachen, vom Hungertod bedrohten Witwe aus Sarepta aus ihrer Not hilft.

Deutlicher noch als Elija wird Elischa als Wundertäter gesehen (2 Kön 2,19–22.23–24; 4,1–7.8–37.38–41.42–44; 6,1–7.8–23; 13,20–22). Er ist außerdem als Wunderheiler tätig (2 Kön 5). Gleichzeitig gibt er Auskunft, so in 2 Kön 3; 4,8–37 (wobei hier gesagt wird, dass er zu regelmäßigen Zeiten, Neumond und Sabbat, auf dem Karmel aufgesucht werden konnte); 6,8–23; 6,24–7,20; 8,7–15; 13,14–19.

Wie schon erwähnt, agiert er auch auf der politischen Ebene, und zwar nicht nur dadurch, dass er in kriegerischen Auseinandersetzungen Auskünfte gibt (so in 2 Kön 3; 6,24–7,20; 8,7–15), sondern auch dadurch, dass er selbst in das Geschehen eingreift (6,8–23; 13,14ff.). Am deutlichsten wird dies in 2 Kön 9–10, wo er Jehu zum König über Israel salben lässt. Der Ehrenname „Kriegswagen Israels und

seine Gespanne" (2 Kön 13,14) unterstreicht seine Bedeutung für
Israel insbesondere als militärischer Faktor.

Die drei Handlungsweisen, Auskunft geben, Wunder vollbringen
und politisches Wirken sind nicht sorgfältig voneinander geschieden,
sondern überschneiden sich in vielen Überlieferungen: Auskunft und
Wundertätigkeit z.B. in 4,8–37 und 6,8–23; 13,14ff., politisches Wirken
und Auskunft in 6,8–23.

1.2. Die Einfügung der Elischa-Tradition in die Königsbücher — der status quaestionis

Relativ unbestritten wird weithin für den Grundstock der Elischa-
Überlieferung in 2 Kön eine frühe Entstehungszeit noch im Nordreich
angenommen[10]. In die Diskussion gekommen ist jedoch die Frage,
ob die Elischa-Texte schon Bestandteil der grundlegenden Fassung
des DtrG waren. Die traditionelle und weiterhin auch noch jetzt vertretene Sicht ist, dass die Elischa-Tradition von dem/den Dtr in die
Königsbücher relativ unverändert aufgenommen und eingefügt worden ist und demnach zu den der dtr Redaktion vorausliegenden
Quellentexten zu rechnen ist[11].

1972 kommt H.-C. SCHMITT jedoch zu einer anderen Beurteilung[12].
Er ist der Auffassung, dass im Hinblick auf die Einfügung der
Elischa-Tradition in die Königsbücher mit einer mehrstufigen
Entwicklung zu rechnen sei, wobei der überwiegende Teil mit der
nachdtr Redaktionsgeschichte der Königsbücher zu verbinden
ist. Einzig die Überlieferung der Jehu-Revolution in 2 Kön 9–10

---

[10] Vgl.. in neuerer Zeit z.B. BUIS, *Le Livre des Rois*, SBi 1997, 186f.
[11] So z.B. NOTH, *Studien*, ³1967, 83; W. DIETRICH, *Prophetie*, FRLANT 108, 1972,
145; (Dietrich hat in neueren Arbeiten seine Meinung geändert, er rechnet jetzt
mit einem umfangreichen höfischen Geschichtswerk, das in 1 Kön 17 einsetzt und
das erst durch DtrP in DtrG eingefügt wurde, vgl. DERS., Art. „Samuel- und
Königsbücher", *TRE 30*, 1998, 5–20; DERS., „Prophetie", in RÖMER, *Future*, BEThL
147, 2000, 47–65); De VRIES, *Prophet*, 1978, 116–123; REHM, *Buch der Könige 2*, 1982,
26; MAYES, *Story*, 1983, 109; JONES, *Kings*, NCBC, 1984, 68–73; COGAN/TADMOR,
2 Kings, AncB 11, 1988, 4; ROFÉ, *Stories*, 1988, 100f. (ROFÉ spricht vom "first editor" der Königsbücher); LEMAIRE, „Joas", in: BREKELMANS/LUST, *Studies*, BEThL 94,
1990, 252; differenzierter urteilt SEEBASS, Art. „Elisa", *TRE 9*, 1982, 507, der 1
Kön 19,19–21; 2 Kön 3,4–27; 5; 8,7–15 und 9,1–10,26 zur grundlegenden Fassung
von DtrG rechnet.
[12] Vgl. H.-C. SCHMITT, *Elisa*, 1972, v.a. 131–138; vorher wurde die spätere
Einfügung der Elischa- und Elija-Tradition sowie von 1 Kön 20; 22 schon von
MILLER, *JBL* 82 (1966), 450f. vertreten.

wird von H.-C. Schmitt als integrierender Bestandteil der dtr Königsbücher angesehen. Der größte Teil der Elischa-Überlieferungen sei erst durch eine „Gottesmannbearbeitung" in die schon dtr überarbeiteten Königsbücher eingestellt worden. Diese Gottesmannbearbeitung setzt Schmitt in nachexilischer Zeit, im 5. Jahrhundert, an. Davon bleibt unberührt, dass die Elischa-Überlieferungen schon in sich eine reiche Redaktionsgeschichte erkennen lassen[13]. Vorher, aber eben auch nachdtr, sei die sogenannte „Kriegserzählungensammlung", zu der 1 Kön 20*; 22*; 2 Kön 3,4ff.*; 6,24ff.* gehören, in die Königsbücher eingedrungen. Die Redaktion, die diese Texte in den Kontext einsetzte, lässt sich nur in 1 Kön 22,35bβ.37.38 fassen.

Noch radikalisiert wurde diese Annahme von Würthwein auf dem Hintergrund des mehrschichtigen Göttinger Modells, der auch 2 Kön 9,1–13 erst durch DtrP-Kreise entstanden sieht und so keinerlei Erwähnung Elischas in der Grundschrift von DtrG mehr kennt[14].

Die spätere Einfügung der Elischa-Tradition in das schon bestehende DtrG wird auch von Stipp für den von ihm bearbeiteten Teil der Elischa-Tradition vertreten (2 Kön 2–7). Er nimmt allerdings einen anderen Ablauf als Schmitt an[15]. So sieht Stipp in 2 Kön 3,4–27 den Anfang der Elischa-Überlieferung in den Königsbüchern, einen Text, der schon in das bestehende DtrG „hineingeschrieben" sein soll. Erst später wurde dann die „Sukzessions-Frauen-Sammlung" und die „Prophet-Elischa-Sammlung" in die Königsbücher eingefügt. Beides wird als rein literarischer Prozess beschrieben und durch die entsprechenden Vorgänge im Hinblick auf 1 Kön 19; 20; 22 abgerundet.

Auch S. Otto, die sich an H.-C. Schmitt anschließt, sieht allein 2 Kön 9–10 in der Grundschrift von DtrG vertreten[16]. Erst mit der exilischen Kriegserzählungensammlung setze ein weiteres Wachstum der Elischa-Überlieferung ein. Mit ihr kommen die mit Elischa verbundenen Überlieferungen 2 Kön 3,4ff. und 2 Kön 6,24ff. in die Königsbücher. Erst durch die Autor von 1 Kön 19,1–18 (BE2) erfolgte die Einfügung der Elisa-Biographie

---

[13] Vgl. dazu weiter unten die Darstellung der Position von H.-C. Schmitt.
[14] Vgl. Würthwein, *Bücher der Könige*, ATD 11,2, 1984, 366–368.
[15] Vgl. zum folgenden Stipp, *Elischa*, ATSAT 24, 1987, v.a. 463–480.
[16] S. Otto, *Erzählung*, BWANT 152, 2001, 218–266.

(1 Kön 19,19–2 Kön 13*) sowie von 2 Kön 8,7–15. Noch später
wurde — verbunden mit einer Überarbeitung von 2 Kön 4–2 Kön
8,1–6 in den Zusammenhang eingestellt.

Dem entspricht, dass auch die redaktionsgeschichtlich orientierten
Arbeiten der letzten Jahre zunehmend zu dem Ergebnis kommen,
dass die Elischa-Überlieferung erst sekundär in die Königsbücher eingedrungen ist[17].
   Es sind vor allem vier Gründe, die für eine spätere Einfügung
sprechen:

1. Die Elischa-Überlieferung nimmt einen ungewöhnlich breiten
   Raum in dem zweiten Königsbuch ein. Der vorausgesetzte israelitische König, der Ahabsohn Joram, bleibt in den Erzählungen,
   die den israelitischen König erwähnen, immer anonym, mit
   Ausnahme natürlich von 2 Kön 9–10, wo sein Ende berichtet
   wird. Die Schlussfolgerung liegt nahe, dass mit dem israelitischen
   König ursprünglich auch andere Namen verbunden werden
   können.
2. In 2 Kön 3,4ff. spielt der judäische König Joschafat eine Rolle,
   obwohl in 1 Kön 22,51 schon die übliche dtr Abschlussnotiz für
   diesen König vorliegt.
3. In den Elischa-Überlieferungen fehlt — bis auf 2 Kön 9f. — eine
   auf den ersten Blick erkennbare dtr Bearbeitung, wie sie ansonsten bei Prophetenerzählungen im Bereich der Königsbücher und
   auch der Samuelbücher relativ deutlich sichtbar ist. So fehlt, um
   ein Beispiel zu nennen, die Wortereignisformel in der Elischa-
   Tradition (außer natürlich in 2 Kön 9f.).
4. Sowohl zu Beginn der Elischa-Überlieferung in 2 Kön 2 als auch
   an ihrem Ende in 13,12ff. ist die dtr Rahmenformulierung gestört[18].

Der Herrschaftsantritt des Ahabsohnes Joram in Israel wird sowohl
in 2 Kön 1,17 als auch in 2 Kön 3,1 berichtet[19], wobei die Herrschafts-
dauer unterschiedlich angegeben wird.

---

[17] Vgl. S.L. McKENZIE, *Trouble*, VT.S 42, 1991, 91–95; O'BRIEN, *Hypothesis*, OBO
92, 1989, 204 Anm 104; auch schon VAN SETERS, *Search*, 1983, 305f.; zu Dietrich
vgl. oben Anm 11, CAMPBELL/O'BRIEN, *Deuteronomistic History*, 2000, 411, schließen
einen späteren Eintrag nicht aus, sehen aber in der gegenwärtigen Situation keine
Evidenz dafür.
[18] Vgl. dazu vor allem H.-C. SCHMITT, *Elisa*, 1972, 131–133; S. OTTO, *Erzählung*,
BWANT 152, 2001, 199A219. 225.238f.
[19] Für W. DIETRICH, *Prophetie*, FRLANT 108, 1972, 126f., ist dies ein Beleg für

In 2 Kön 13,12–13 wird die Abschlussnotiz zu dem Jehuiden Joasch geboten; die selbe Notiz begegnet auch in 2 Kön 14,15f.[20]

2. Das Problem der ursprünglich selbständigen Sammlung(en) der Elischa-Tradition

In diesem Abschnitt geht es darum, der Frage einer oder mehrerer eigenständiger Sammlung(en) der Elischa-Tradition nachzugehen. Eine detaillierte diachrone Analyse der einzelnen Texte ist nicht erforderlich, da für einen Großteil der Texte die literarkritischen Probleme in neuerer Zeit erschöpfend dargestellt sind[21]. Die Aufgabe dieses Abschnittes ist es demnach, vor allem die Verbindungslinien zwischen den einzelnen Texten der Elischa-Tradition neu zu beleuchten. Den Ausgangspunkt dafür bilden die auch literarkritisch begründeten kompositionsgeschichtlichen Hypothesen für den Bereich der Elischa-Überlieferung von H.-C. Schmitt aus dem Jahre 1972[22], von Stipp aus dem Jahre 1987, der sich allerdings auf den Bereich 2 Kön 2–7 beschränkt sowie der neuesten Analyse von S. Otto. In Auseinandersetzung mit deren Thesen soll die Frage der ursprünglich selbständigen Komposition(en) der Elischa-Überlieferung diskutiert werden.

Dabei soll auch schon mitberücksichtigt werden, ob Überlieferungen wie 2 Kön 3 und 2 Kön 6,24–7,20 aufgrund ihrer Feindschaft gegenüber dem israelitischen König und der in 2 Kön 3 aufscheinenden Nähe zum judäischen König noch als Nordreich-Überlieferungen in Frage kommen.

---

den späteren Einbau von 2 Kön 1 durch DtrP; zum textkritischen Problem vgl. Stipp, *Elischa*, ATSAT 24, 1987, 63–86; H.-C. Schmitt, *Elisa*, 1972, 131f.

[20] Vgl. z.B. Bouzon, *Prophetenkorporationen*, 1968, 55f., der 14,15–16 für die normale dtr Schlußformel hält; umgekehrt Stipp, *Elischa*, ATSAT 24, 1987, 373.477 (Lit!); vgl. auch H.-C. Schmitt, *Elisa*, 1972, 132f.

[21] Vor allem durch die ausführlichen — auch die Forschungsgeschichte darstellenden — Analysen von Stipp, *Elischa*, ATSAT 24, 1987; darüber hinaus gibt es für 2 Kön 9–10 neuere Monographien von Barré, *Rhetoric*, CBQ.MS 20, 1988; Minokami, *Jehu*, GTA 38, 1989, Mulzer, *Jehu*, ATSAT 37, 1993 und S. Otto, *Erzählung*, BWANT 152, 2001 sowie für 2 Kön 5 die Untersuchung von Baumgart, *Gott*, EThSt 68, 1994.

[22] Ihm folgt z.B. ziemlich uneingeschränkt Kaiser, *Grundriß II*, 1994, 17f., ohne Stipp auch nur zu erwähnen.

2.1. *Die Positionen von H.-C. Schmitt, Stipp und S. Otto*

H.-C. SCHMITT[23] rechnet für die Elischa-Tradition mit drei verschiedenen, ursprünglich selbständigen Sammlungen: einer „Sukzessorsammlung", der „Wundergeschichtensammlung" und der „Kriegserzählungensammlung", außerdem mit einer Gruppe von „Aramäererzählungen" (5,1–14*; 8,7–15*; 13,14–19*), die keine eigene Sammlung gebildet haben (77; vgl. insgesamt 77–85). Eine eigenständige Erzählung stelle der Bericht von der Revolution des Jehu in 2 Kön 9–10* dar, die als einzige der Erzählungen eine dtr Bearbeitung erfahren habe und bei der davon ausgegangen werden kann, dass sie bereits durch die dtr Redaktion in die Königsbücher aufgenommen wurde (19–31). Den Kern der Elischa-Überlieferung bilde die „Wundergeschichtensammlung". Sie umfasse die Einzeltexte 4,1–7*.8–37*.38–41; 6,1–7.8–23*; 8,1–6*. Ein Redaktor habe diese Einzelerzählungen zu einer Sammlung zusammengefügt. Dabei habe er 2 Kön 4,13–15.29–33a.35.38a*(nur ואלישע שב הגלגלה); 8,1–2aα.2b–4a*(ohne האלהים נער איש).4b–6 in den Text eingefügt. Außerdem habe er in 2 Kön 4,7; 6,6 den Eigennamen „Elischa" durch „Gottesmann" ersetzt, in 2 Kön 4,8 umgekehrt den Titel „Gottesmann" durch „Elischa"; in 2 Kön 6,12 zusätzlich „Elischa" eingefügt (89–101). Dabei sei der Bezug des Grundbestandes der einzelnen Erzählungen auf Elischa unterschiedlich. Während in den Gilgalerzählungen 4,1–7*.38–41; 6,1–7* Elischa ursprünglich verhaftet sei, ist für die Totenerweckungserzählung 4,8–37* und die Erzählung von der Irreführung der Aramäer in 6,8–23* damit zu rechnen, dass zunächst die Rede von einem anonymen Gottesmann war und diese Erzählungen erst sekundär mit Elischa verbunden worden sind (153–157). Von der „Wundergeschichtensammlung" werde der Tod Elischas (8,1–6!) vorausgesetzt, außerdem spreche der Traditionsprozess der Übertragung auf Elischa für einen größeren Abstand zum historischen Elischa, so dass diese Sammlung wohl in der Frühzeit Jerobeams II. entstanden sei (109). Als eine weitere Sammlung von Elischa-Texten hat SCHMITT eine „Sukzessorsammlung" postuliert (75f.). Sie umfasse 1 Kön 19,19–21* (ohne וילך משם), die Berufung Elischas zum Diener des Elija, die Erzählung von der Entrückung Elijas (2 Kön 2,1–15*) und zwei kurze Anekdoten in 2 Kön 2,19–24*. Während H.-C. SCHMITT

---

[23] Vgl. H.-C. SCHMITT, *Elisa*, 1972; die Seitenangaben in Klammern beziehen sich im folgenden auf diese Monographie.

für das Anekdotenpaar, das er in beiden Fällen in Jericho lokalisiert, noch eine Entstehungszeit am Ende des Nordreiches für möglich hält (da von den *b^enê hann^ebî'îm* nicht mehr die Rede ist, sei eine spätere Zeit anzunehmen als für die Entstehung der „Wundergeschichtensammlung", 180f.), setzt er die Entstehung der beiden anderen Überlieferungen erst im Südreich, nach der Eroberung Samarias, an, wobei der Verfasser zu den Kreisen gehöre, die sich in besonderer Weise um die Erhaltung von Nordreichstraditionen bemühten (109; vgl. insgesamt 109–119). Die „Wundergeschichtensammlung" und die „Sukzessorsammlung" seien schon vor ihrer Einfügung in die Königsbücher miteinander verbunden gewesen (76f.). Deutlich werde dies durch die Itinerarnotiz 2,25a, die mit dem Hinweis auf den Karmel Kapitel 4 vorbereite. Verantwortlich für die Verbindung dieser Sammlungen war eine in der exilischen Zeit anzusetzende „Jahwebearbeitung" (126f.), der die Verse 2 Kön 2,2–6 zugehören, die Einfügung von יהוה in 2 Kön 2,14 und von אשר בירחו in 2 Kön 2,15 sowie außerdem 2 Kön 2,22b.25a; 4,1αγδε.17bβ.27bγδ.33b; 6,15b–17.18(ohne וירדו אליו).20. Das weitere von H.-C. Schmitt „Kriegserzählungensammlung" genannte Textkorpus geht über den Kreis der Elischa-Tradition hinaus und umfaßt noch 1 Kön 20*; 22* neben den Elischa-Überlieferungen 2 Kön 3,4–27* und 2 Kön 6,24–7,20*. In diese Sammlung, die Erzählungen sowohl aus dem Nordreich (1 Kön 20*; 2 Kön 6,24ff.*) als auch aus dem Südreich (1 Kön 22*; 2 Kön 3,4ff.*) enthalte und die wohl in der ersten Hälfte des 8. Jahrhunderts entstanden sei (67; vgl. insgesamt 51–67), sei erst durch eine wie die „Jahwebearbeitung" in exilischer Zeit anzusetzende „Prophetenbearbeitung" (vgl. 68–72) die tragende Rolle der Propheten und damit auch die Person Elischa in die Kriegserzählungen eingetragen worden. Der „Prophetenbearbeitung" rechnet H.-C. Schmitt die folgenden Verse zu: 1 Kön 20,22–25.28; 22,1b.5–9.13–18.26–28a; 2 Kön 3,9b–12.14–19; 6,27.31–33; 7,1.

Eine weitere Gruppe ursprünglich selbständiger Elischa-Überlieferungen stellen die „Aramäererzählungen" 2 Kön 5,1–14*; 8,7–15*; 13,14–17* dar. Sie seien in der ersten Hälfte des 8. Jhd. v. Chr. im Nordreich entstanden (107f.). Einzig 2 Kön 9f. gehörte zur dtr Fassung der Königsbücher. Die oben erwähnte „Kriegserzählungensammlung" sei erst durch eine nachdeuteronomistische Redaktion in die Königsbücher eingefügt worden, wie der Widerspruch zwischen den dem dtr Redaktor zuzuschreibenden Versen 1 Kön 21,27–29 und 1 Kön 22 belege (135f., vgl. insgesamt 133–136). Erst danach seien die

schon vorher vereinigten „Sukzessor- und Wundergeschichtensammlung" sowie die Aramäererzählungen durch die „Gottesmannbearbeitung" in die Königsbücher eingefügt worden. Darüber hinaus seien
auch noch spätere Nachträge vorhanden, so z.B. 2 Kön 2,16–18*;
außerdem in 1 Kön 20; 22; 2 Kön 5; 8 und 13,20f., wobei in 13,20f.
eine aus dem 8. Jhd stammende Tradition aufgenommen wurde.
Nach der „Gottesmannbearbeitung" sei die „annalistische Bearbeitung"
in 2 Kön 9–10 anzusetzen, der die Verse 9,14.15a.28–29 zuzurechnen sind.

Anders als H.-C. Schmitt berücksichtigt Stipp 1987 keine traditionsgeschichtlichen Fragen und geht auch nicht auf die Datierung der
Elischa-Überlieferungen ein. Er entwickelt seine Hypothese der Komposition der Elischa-Überlieferungen einzig auf dem Hintergrund der
sehr ausführlichen text- und literarkritischen Beobachtungen[24].

Den Einstieg der Arbeit bildet die Untersuchung der Distribution
des Titels „Gottesmann" in MT und in den nichtmasoretischen
Textzeugen. Stipp entscheidet sich dabei dafür, dass in der griechischen Textfassung vor Origines ein älteres Textstadium erhalten sei,
das den Vorzug vor MT verdiene. Ausschlaggebend sind dabei vor
allem formkritische Überlegungen[25]. Danach seien die Belege von
„Gottesmann" in 4,8–37; 5,1–27; 6,8–23; 7; 8,2 textgeschichtlich
sekundär. Demnach lasse sich eine klare Trennung von Texten vornehmen, in denen Elischa nur mit Eigenname benannt sei, sowie
von Texten, in denen der Titel „Nabi" verwendet werde und von
Überlieferungen, in denen Elischa den Titel „Gottesmann" erhalte.
Auf dieser Grundlage untersucht Stipp nun die Elischa-Überlieferungen in 2 Kön 2–7, wobei er aber gezwungen ist, zum einen auch
1 Kön 20; 22 mit einzubeziehen und andererseits sich auch zu
den nachfolgenden Elischa-Texten 8,1–6.7–15 und 13,14–21 zu
äußern. Als Ausgangspunkte der kompositionellen Entwicklung der
Elischa-Tradition zeigen sich nach Stipp die ehemals selbständige
„Sukzessionseinheit", die 2 Kön 2,1–15.19–24; 4,38a umfasse, die
„Frauensammlung" 4,1–37* und die „Prophet-Elischa-Sammlung"
(2 Kön 5 + 6,8–23*), bei der jedoch die Selbständigkeit aufgrund von

---

[24] Vgl. Stipp, *Elischa*, ATSAT 24, 1987, vor allem 463–480.
[25] Zu diesem Untersuchungsgang vgl. 1–48; das Ergebnis wird 46 präsentiert;
Kritik daran übt Thiel, *BZ NF* 34 (1990), 304, der anmerkt, dass Regeln oder
Motive nicht angegeben werden.

2 Kön 5,3 nicht sicher sei[26]. In diese Sammlung sei die unselbstän-
dige Einheit (Beginn mit Narrativ!) 6,1–7 hineingeschrieben worden,
wofür die Nennung des Jordans in 5,10.14 ausschlaggebend gewesen sein dürfte[27]. Auch die „Sukzessionseinheit" sei um 2 Kön 2,16–18
und vor allem durch die „Gottesmanngeschichten" 4,38–44 erweitert worden, wobei diese wohl ursprünglich von einem anonymen
Gottesmann handelten. Am ehesten geschah dies vor der Vereinigung
der „Frauensammlung" mit der „Sukzessionseinheit". Auf jeden Fall
wurden die (erweiterte?) „Sukzessionseinheit" und die „Frauensammlung" vor ihrem Einbau in das dtrG zusammengefügt, was den
Nachtrag 4,29–30a.31–32.35 auslöste[28]. Damit sei das abgeschlossen,
was sich zur selbständigen Wachstumsphase außerhalb des DtrG
sagen lasse. Kompliziert wird dann der Einbau der Elischa-Überlieferung in DtrG. In der Grundschrift des DtrG war Elischa nur
durch 2 Kön 9f. vertreten. Ein erster Wachstumsschritt war dann
die Einfügung von 1 Kön 20*; 22*, die mit der Erweiterung 1 Kön
13 in die Königsbücher eindrang. Erst danach wurde 2 Kön 3,4/6–27
als Erweiterung des dtrG verfasst, wobei als Grundlage ein älterer
Bericht von einem israelitischen Feldzug gegen die Moabiter verwendet worden sei[29]. Der Widerspruch gegen das dtn Kriegsgesetz sowie
die Erwähnung eines edomitischen Königs, den es nach 1 Kön 22,48
und 2 Kön 8,20 gar nicht geben dürfte, erweist nach STIPP, dass
dieser Text gegen die redaktionellen Prinzipien verstosse und damit
eine Erweiterung darstelle. Mit dem Einbau von 2 Kön 3 sei dann
auch die Joschafat-Bearbeitung in 1 Kön 22 zu verbinden. Der nächste Schritt war der Einbau der „Sukzessions-Frauen-Sammlung", die
aufgrund des schon vorhandenen Textes 2 Kön 3 aufgespalten wurde.
Möglicherweise sei dabei auch die „Prophet-Elischa-Sammlung" in
die Königsbücher eingefügt worden, wenn sie nicht schon vorher
mit der „Sukzessions-Frauen-Sammlung" verbunden — sprich angehängt — war. Eine weitere Stufe war die Einfügung von 6,24–7,17*,
ein Text, der mit keinem anderen Bestandteil der Elischa-Tradition
zu verbinden sei. Auch hier sei keine vorhergehende Selbständigkeit anzunehmen. Diese Einheit sei nachträglich noch um 6,28–30

---

[26] S. STIPP, *Elischa*, ATSAT 24, 1987, 475; vgl. auch 369f. sowie insgesamt
361–373.
[27] Vgl. ebd., 370.
[28] Vgl. ebd., 473f.
[29] Vgl. ebd., 365–367.

gewachsen, dem Angriff auf das israelitische Königtum 6,31.32c–33a und dem Gottesmann-Anhang 7,17d–20. Später kamen dann, ohne dass es sich genauer orten ließe, noch 4,13–15 + 8,1–6; 8,7–15 und 13,14–21* hinzu, wobei der Anfang von 13,14ff. selbständig sei[30].

Die jüngste Studie von S. OTTO, die sich an H.-C. SCHMITT anschließt, kommt zu einer sehr detaillierten Beschreibung des Entstehungsprozesses der Elischa-Überlieferung und deren Einbau in die Königsbücher[31]. Während 2 Kön 9–10* (wie auch 1 Kön 21* und 2 Kön 1*) zur Grundschrift des DtrG gehörten, sind die weiteren Elischa-Traditionen in einem vielschichtigen Prozess in die Königsbücher integriert worden. Am Anfang stand eine Sammlung der „unpolitischen Elisa-Wundergeschichten" aus Kreisen der Schüler Elischas, die in Verbindung mit der aus dem Oberschichtmilieu stammenden Erzählung 2 Kön 4,8–37* 2 Kön 2,19–22.23b–24; 4,1–7.(8–37*). 38–41.42–44; 6,1–7 umfasste, wobei nicht alle Erzählungen ursprünglich von Elischa handelten. Eine weitere Sammlung von „politischen Wundergeschichten" (2 Kön 5,1–19*; 6,8–23*; 13,14–21), deren Herkunft auf die nordisraelitische Hofprophetie zurückgehe, sei in der Endzeit des Nordreiches in Kreisen der Gruppenprophetie in Gilgal, Bet-El und Jericho gemeinsam mit den „unpolitischen Elisa-Wundergeschichten" zu einer „Elisa-Biographie" vereinigt worden (1 Kön 19,19–21; 2 Kön 2,1–15.19–25a.; 4,1–6.23*; 13,14–21). Auch noch im Nordreich entstand eine „israelitische Kriegserzählungensammlung", die 1 Kön 20,1–34; 2 Kön 6,24–30.32a.33aβb; 7,1.3–16 enthielt und die mit den judäischen, in spätvorexilischer Zeit entstandenen Überlieferungen 1 Kön 22* und 2 Kön 3* in exilischer Zeit zusammengefügt wurden (1 Kön 20,1–43; 22,1–35abα.36–37; 2 Kön 3,4–12.14–27; 6,24–30.32a.33aβb; 7,1.3–16). Diese Kriegserzählungen wurden durch einen Bearbeiter (BK) mit Hilfe von 1 Kön 22,35bβ.38 + 2 Kön 6,31.32b.33aα + 3,13 in die Königsbücher eingefügt. Erst nach der Einfügung der Elija-Überlieferung durch BE1 wird dann die „Elisa-Biographie" sowie 2 Kön 8,7–15 durch BE2 eingefügt. Auf diese Bearbeitung gehen auch 1 Kön 19,1–18 sowie weitere Ergänzungen der Elija-Überlieferungen zurück. In diesem Umkreis wurden auch 2 Kön 2,16–18; 4,29–35*

[30] Vgl. ebd., 373.
[31] Vgl. zum folgenden S. OTTO, *Erzählung*, BWANT 152, 2001, 202–246.248–254.

ergänzt. Beide Bearbeitungen (BE1 und BE2) entstammen prophetischen Kreisen. Eine noch spätere Redaktionsschicht sieht Otto in 2 Kön 1,9–14.15b.16); 4,13–15; 7,2.17abα; 8,1–6.

Übereinstimmend sind die Analysen von H.-C. Schmitt; Stipp und S. Otto in dem Punkt, dass 2 Kön 9f. die erste Erwähnung von Elischa in der Grundschrift des DtrG ist. Der weitaus größere Teil der Elischa-Überlieferung sei jedoch erst später in das DtrG eingedrungen.

2.2. *Die Sammlung 2 Kön 2–13**

In Auseinandersetzung mit den oben dargestellten umfassenden Modellen gilt es nun, die Elischa-Überlieferungen näher zu analysieren.

Die Reihe der Elischa-Texte wird in 2 Kön 2 mit der Erzählung eröffnet, dass Elischa die Nachfolge des Elija antritt. Weder Elija noch Elischa werden zu Beginn der Erzählung eigens vorgestellt; sie werden als bekannt vorausgesetzt. Ein Titel wie נביא oder „Gottesmann" wird in diesem Kapitel nicht benutzt.[32] Ein erster Abschluss des Textes liegt in 2,15 vor. Dort wird mit der Feststellung im Mund der *bᵉnê hannᵉbî'îm* von Jericho, dass der Geist Elijas auf Elischa ruht, die erfolgreiche Nachfolgeregelung konstatiert. Elischa ist der legitime Nachfolger Elijas. Die *bᵉnê hannᵉbî'îm* erweisen Elischa ihre Reverenz. Der Text ist bis hierher als einheitlich anzusehen[33]. Mit V1a wird

---

[32] Dies bedeutet nicht, dass hier kein selbständiger Textanfang vorliegt, s.o. zu 1 Kön 17,1. Auch Stipp, der ansonsten mit einem unselbständigen Textanfang sehr leicht argumentiert, nimmt für 2 Kön 2 einen selbständigen Textanfang an (vgl. Stipp, *Elischa*, ATSAT 24, 1987, 364). Daran ändert sich auch nichts, wenn man 1 Kön 19, 19–21 als Einsatzpunkt wählt. Auch dort wird zumindest Elija als bekannt vorausgesetzt, der Anschluss an den vorhergehenden Text ist noch enger, s.o. Kapitel II.

[33] Vgl. dazu neben der ausführlichen Analyse von A. Schmitt, *Entrückung*, FzB 10, 1973, 47–139, vor allem Stipp, *Elischa*, ATSAT 24, 1987, 56–62, mit überzeugenden Argumenten gegen die Ausscheidung von V1a durch Galling, *ZThK* 53 (1956), 139; H.-C. Schmitt, *Elisa*, 1972, 102; A. Schmitt, *Entrückung*, FzB 10, 1973, 59f.; Sekine, *AJBI* 1 (1975), 48; Würthwein, *Bücher der Könige*, ATD 11,2, 1984, 274; Hentschel, *2 Könige*, NEB, Lieferung 11, 1985, 8 (auf mündlicher Stufe); zuletzt Fritz, *Buch der Könige 2*, ZBK.AT 10.2, 1998, 12; gegen die Ausscheidung von 2,1a s. auch Rofé, *Stories*, 1988, 44 Anm 13. B.O. Long, *2 Kings*, FOTL X, 1991, 25f., weist darauf hin, dass der Erzähler in V1a wichtige Informationen über Zeit und Ort der Entrückung Elijas vorenthält, so dass die Spannung nicht zerstört wird; vgl. ebenfalls O'Brien, *ABR* 46 (1998), 4f.

Die Abtrennung von V2–6 (so H.-C. Schmitt, *Elisa*, 1972, 104f.; Seebass, Art. „Elisa", *TRE 9*, 1982; 506–509; Foresti, *RivBib* 31 (1983), 262; Spronk, *GerefTTs* 88 (1988), 82–97) scheitert u.a. daran, dass V7 nur lückenhaft an V1 anschließt. Ebensowenig will es gelingen, in V11–12 eine Bearbeitung und einen sinnvollen

die Spannung für den Leser/die Leserin erzeugt, wie die Wegnahme
Elijas im Wirbelsturm (סערה) erfolgen wird[34]. Zunächst beginnt jedoch
eine Wanderung, die von Gilgal nach Bet-El und dann nach Jericho
führt. In Bet-El wie in Jericho nehmen jeweils die *bᵉnê hannᵉbîʾîm*
Kontakt mit Elischa auf und weisen ihn darauf hin, dass Elija weggenommen werden wird. Elija wird hier als אדון Elischas bezeichnet, womit deutlich ein übergeordnetes Verhältnis angedeutet wird.
Die Bezeichnung Elijas als „Herr" wird z.B. auch in 1 Kön 18,7.8
von Obadja gewählt. Ebenfalls die Verneigung, die in 2,15 die *bᵉnê
hannᵉbîʾîm* vor Elischa vornehmen, hat ihre Entsprechung in der
Obadja-Szene (1 Kön 18,7)[35]. Die Begegnungen mit den *bᵉnê hannᵉbîʾîm*
sind stereotyp gehalten; ein Ziel dabei scheint es zu sein, die Gruppenpropheten, die offensichtlich an unterschiedlichen Orten vorhanden sind, in das Geschehen der Nachfolgeregelung einzubinden. Auf
eine weitere Nuancierung des Textes hat SCHÄFER-LICHTENBERGER
aufmerksam gemacht, die einen „Emanzipationsprozess" des Elischa
vom Diener zum Partner des Elija annimmt und dies ausgedrückt
findet in der unterschiedlichen Schilderung des gemeinsamen Gehens
von Elija und Elischa: וילך אליהו ואלישע (V1), וירדו (V2) und ויבאו
(V4) und schließlich וילכו שניהם[36].

Die Formulierung „JHWH hat mich gesandt" (V2.4.6) verweist auf
eine prophetische Funktion und deutet an, dass es hier um die
Nachfolge eines Propheten geht[37].

Der Sprachgebrauch חי־יהוה וחי־נפשך in V2.4.6 zeigt sich nur noch
in 2 Kön 4,30 und weist auf eine Verbindung dieser beiden Texte[38].

Am Jordan angekommen, bilden sich zwei Gruppen heraus: Die
fünfzig *bᵉnê hannᵉbîʾîm*, die von Ferne das weitere Geschehen verfol-

---

Grundtext herauszuschälen; auch hier ist die Argumentation von STIPP gegenüber
GALLING, *ZThK* 53 (1956), 140–142, und H.-C. SCHMITT, *Elisa*, 1972, 102–104,
überzeugend.
  [34] V1a dient demnach der Leserlenkung, vgl. B.O. LONG: „Such an anticipatory
statement establishes a hierarchy among possible readings of the narrative and thus
defines at the outset one particular view, that of the writer, as the preferred view".
(*2 Kings*, FOTL X, 1991, 26).
  [35] Die Anrede „Herr" (אדון) wird in 2 Kön 2,19 von den „Männern der Stadt"
gebraucht, in 2 Kön 4,16 auch von der Schunemiterin, in 2 Kön 6,5 von einem
der Gruppenpropheten wie in 2 Kön 2,3.5.16; in 6,15 von dem anonymen Diener
Elischas und in 2 Kön 8,12 auch von dem zukünftigen aramäischen König Hasael.
  [36] Vgl. SCHÄFER-LICHTENBERGER, *ZAW* 101 (1989), 214f.
  [37] Vgl. A. SCHMITT, *Entrückung*, FzB 10, 1973, 81, im Anschluß an RICHTER,
Berufungsberichte, FRLANT 101, 1970, 158.
  [38] Vgl. A. SCHMITT, *Entrückung*, FzB 10, 1973, 81–83.131.

gen, und Elija und Elischa, die allein den Jordan überqueren (V7–8)[39]. Die Überquerung des Jordan geschieht auf wunderbare Weise. Elija benutzt dazu seinen Mantel (אדרת), der ein magisches Medium darstellt, ähnlich wie in 2 Kön 4 der Stab des Elischa, den er Gehasi mitgibt[40]. Hier zeigt sich zum einen die magische Bedeutung des Mantels wie in 1 Kön 19,19–21, wo Elija Elischa den Mantel überwirft und ihn so dazu bestimmt, seine Familie zu verlassen und Elija zu dienen[41]. Zum anderen entspricht die Art des Wunders der Durchquerung des Roten Meeres in Ex 14 und stärker noch der in Jos 3f. geschilderte Jordandurchquerung unter Josua[42]. Damit verweist die Art des Wunders in jedem Fall auf die wichtigsten politischen Führer in der Anfangszeit Israels, die Israel aus Ägypten herausgeführt haben bzw. die Landnahme in Kanaan durchführten.

Auf die Aufforderung Elijas hin bittet Elischa um einen Anteil an der רוח des Elija. Oft ist schon vermerkt worden, dass hier die in Dtn 21,17 verwendete Erbformel benutzt wird[43]. Die Erfüllung der Bitte des Elischa wird gewährt, wenn er sehen wird, wie Elija weggenommen werden wird (2 Kön 2,10). Und in der Tat kann Elischa das weitere Geschehen miterleben (2 Kön 2,12). Er besitzt die Fähigkeit, das wahrzunehmen, was ansonsten gewöhnlichen Menschen verschlossen bleibt und ist damit eindeutig als divinatorischer Spezialist legitimiert[44]. Ein feuriger Wagen mit feurigen Pferden nimmt nun Elija hinweg. Feurige Wagen und Pferde begegnen innerhalb des Elischa-Zyklus noch in dem Einschub 6,15–17[45],

---

[39] Für A. SCHMITT, *Entrückung*, FzB 10, 1973, 75–80, ist V7 der Auftakt zum Korpus dieser Erzählung, das er in 4 Szenen gliedert; V1b–6 ist Exposition; zur Struktur vgl. auch B.O. LONG, *2 Kings*, FOTL X, 1991, 23f.

[40] Vgl. zur Bedeutung des Stabes SCHÄFER-LICHTENBERGER, *ZAW* 101 (1989), 212 Anm 42.

[41] Der Mantel war wahrscheinlich auch ein äußeres Kennzeichen des divinatorischen Spezialisten; s.oben Kapitel I, Abschnitt 4.1.1; Kapitel II, Abschnitt 4.2 und H.-C. SCHMITT, *Elisa*, 1972, 181–183.

[42] Vgl. dazu vor allem A. SCHMITT, *Entrückung*, FzB 10, 1973, 134–137; HENTSCHEL, *Elijaerzählungen*, EThSt 33, 1977, 247; vgl. auch 270; vorher auch schon GUNKEL, *Elisa*, 1925, 9. Die Parallelisierung mit Josua betonen PROVAN, *1 AND 2 KINGS*, NIBC, 1995; 173; SATTERTHWAITE, *TynB* 49 (1998), 1–28; COHN, *2 Kings*, 2000, 17.

[43] Vgl. A. SCHMITT, *Entrückung*, FzB 10, 1973, 92f.; SCHÄFER-LICHTENBERGER, *ZAW* 101 (1989), 215 Anm 50.

[44] Vgl. dazu die Hinweise von B.O. LONG, *2 Kings*, FOTL X, 1991, 30, der auf den Einfluß literarischer Elemente von Visionsschilderungen auf die Darstellung in 2 Kön 2,11f. aufmerksam macht.

[45] Vgl. dazu vor allem GALLING, *ZThK* 53 (1956), 129–146; A. SCHMITT, *Entrückung*, FzB 10, 1973, 93–97.

dort zeigt sich diese Vorstellung verbunden mit der militärischen Wirksamkeit des Elischa; auch dort ist es ein Geschehen, das nicht jeder beobachten kann. Erst das Gebet des Elischa öffnet dem נער die Augen. Diese Anspielung deutet auf eine politisch-militärische Leitungsfunktion des Propheten hin. Dasselbe trifft zu auf die Verwendung des Ehrentitels רכב ישראל ופרשיו für Elija in 2 Kön 2,12, der ebenfalls in 2 Kön 13,14 für Elischa Verwendung findet. Deutlich hat dieser Ehrentitel eine militärisch-politische Bedeutung[46].

Elischa bezeichnet Elija als seinen „Vater"; diese Stelle kann jedoch nicht als Beleg dafür verwendet werden, dass „Vater" als Titel für den Vorsteher einer Prophetengemeinschaft verwendet wurde[47].

Als Elischa das Geschehen beobachten kann, ist klar, dass er die legitime Nachfolge des Elija antritt. Dies wird in der Erzählung dadurch unterstrichen, dass er den Mantel des Elija aufnimmt und das Wunder der trockenen Jordandurchquerung wiederholt (V13–14). Ausdrücklich wird JHWH in 2,14 als Gott des Elija bezeichnet, wie auch im Mund der Phönizierin aus Sarepta (1 Kön 17,12). Als Gott Elischas wird JHWH ebenfalls von dem Aramäer Naaman in 2 Kön 5,11 gesehen.

In V15 wird dann durch die *bᵉnê hannᵉbî'îm* festgestellt, dass der Geist des Elija auf Elischa ruht. Die sprachlich engsten Parallelen sind Num 11,25 und Jes 11,2[48]. Außer in 2 Kön 2,15 zeigt sich eine רוח -Vorstellung innerhalb der Elischa-Texte nur noch in 2 Kön 2,16, dem folgenden Vers. Allerdings bestehen charakteristische Unterschiede in der Geistvorstellung zwischen diesen beiden Versen. רוח wird in 2,15 verwendet wie bei den Rettergestalten im Richterbuch[49]. Von einem Trance-Zustand wie bei der רוח-

---

[46] Vgl. A. SCHMITT, *Entrückung*, FzB 10, 1973, 114–116; vgl. auch LEMAIRE, „Joas", in: BREKELMANS/LUST, *Studies*, BEThL 94, 1990, 250; gegen eine Übertragung von Elischa auf Elija spricht sich SCHÄFER-LICHTENBERGER, *ZAW* 101 (1989), 219 Anm 62, aus, doch sind ihre Gründe nicht überzeugend.

[47] Vgl. wiederum A. SCHMITT, *Entrückung*, FzB 10, 1973, 111–114; LEMAIRE, „Joas", in: BREKELMANS/LUST, *Studies*, BEThL 94, 1990, 251f., sieht in der Bezeichnung Elischas als „Vater" durch Joas den Hinweis auf eine Funktion Elischas in der Erziehung des Königs; Joasch sehe in Elischa seinen „père spirituel" (252).

[48] Vgl. A. SCHMITT, *Entrückung*, FzB 10, 1973, 119f.; RICHTER, *Berufungsberichte*, FRLANT 101, 1970, 48f.

[49] S. dazu oben Kapitel I, Abschnitt 4.1.1; vgl. auch DREYTZA, *Gebrauch*, 1992, 202–205, der 2 Kön 2,15 — anders als die nächsten sprachlichen Formulierungen Jes 11,2 und Num 11,25 — der Ebene 1 zuordnet wie Ri 3,10; 6,34; 11,29; 13,25;

Konzeption der נביאים in 1 Sam 10*; 19*, der verbunden ist mit dem Verlust der Selbstkontrolle, kann in 2 Kön 2,15 keine Rede sein, auch nicht von einer Ortsveränderung durch den Gottesgeist, wie er als Vorstellung in 2 Kön 2,16 und vorher schon in 1 Kön 18,12 begegnet ist[50]. Die Beziehung zur Geistvorstellung bei den Rettergestalten zeigt sich auch darin, dass in der Fortsetzung in 2,19–24 Machttaten Elischas angeschlossen sind, entsprechend der Wirkweise des Geistes bei den Rettern.

Als erstes Fazit lässt sich ziehen, dass 2 Kön 2,1–15 Elischa als legitimen Nachfolger des Elija zeigt. Auf Elischa ruht der Geist des Elija, er besitzt den Mantel des Elija, dem magische Wirkung zukommt. Elischa hat nun die gleichen Fähigkeiten wie Elija. Mit der Verbindung zu Mose bzw. Josua wird die politisch-militärische Funktion betont, ebenso mit der Übertragung des Ehrentitels רכב ישראל ופרשיו auf Elija in 2 Kön 2,12. Wichtig für die Anerkennung Elischas sind die *bᵉnê hannᵉbî'îm*, die Elischa als denjenigen anerkennen, auf dem der Geist des Elija ruht (2 Kön 2,15). Das Milieu der *bᵉnê hannᵉbî'îm* spielt in den nachfolgenden Elischa-Texten dann eine bedeutsame Rolle (2 Kön 4,1–7.38–41.42–44; 6,1–7).

In einer politisch-militärischen Funktion, auf die die Geistvorstellung, der Ehrentitel und die feurigen Wagen und Pferde hinweisen, erscheint Elischa in 2 Kön 6,8–23 und 13,14–21. Es kommt hinzu, dass auch sprachliche Verbindungen zu diesen beiden Kapiteln vorliegen: Die feurigen Pferde und Wagen in 6,15–17 und der Ehrenname in 13,14. Dies legt es nahe, 2 Kön 2 als Eröffnungserzählung einer Komposition von Elischa-Texten zu verstehen. Zu 2 Kön 4 liegen sprachliche Beziehungen vor, das Milieu der Gruppenpropheten zeigt sich ebenfalls in 2 Kön 2 (s. oben). Dass Elischa hier keinen Titel erhält, ist darauf zurückzuführen, dass Elischa wie auch Elija in einer Rolle stilisiert werden, die die eines normalen divinatorischen Spezialisten übersteigt[51].

14,6.19; 15,14; 1 Sam 11,6; 16,14, die er mit „Krafttaten durch Menschen" überschreibt, wobei der Geistträger ermächtigt wird „zu rettenden Taten, die meist im Zusammenhang einer kriegerischen Auseinandersetzung mit den Feinden des erwählten Volkes stehen" (202f.).

[50] Vgl. dazu oben Kapitel II, Abschnitt 2.1.1 und Abschnitt 3.3.

[51] 2 Kön 2 ist also nicht als reine Sukzessionserzählung zu verstehen oder als Element einer Sukzessionseinheit (gg. H.-C. SCHMITT und STIPP); zusammen mit 1 Kön 19,19–21 sieht auch S. OTTO 2 Kön 2 als Eröffnung der von ihr als „Elisa-Biographie" bezeichneten Textkomposition (S. OTTO, *Erzählung*, BWANT 152, 2001,

Die Fortsetzung in V16–18 ist als Einschub zu sehen. Die Gründe
hierfür brauchen nicht im einzelnen wiederholt zu werden[52]. Die
Vorstellung, dass der Geist den Propheten entfernt, hat sich schon
in 1 Kön 18,12 gezeigt, einer Stelle, die der zweiten Redaktion
der Elija-Überlieferungen zugeordnet wurde; der Hintergrund dieser Vorstellung ist in der Ezechiel-Überlieferung zu suchen[53]. Auf
diesen Redaktor geht auch 2 Kön 2,16–18 zurück[54].

Es folgen in V19–22 mit der Heilung des krankmachenden Wassers
und V23–24 mit der Tötung der Knaben, die Elischa verspotten,
zwei kurze Wunderanekdoten, wie sie für die Elischa-Überlieferung
typisch sind (vgl. 2 Kön 4,1–7.38–41.42–44; 6,1–7). In V19a sind
diese beiden Anekdoten durch das determinierte העיר mit der Ortsangabe „Jericho" in V15 verbunden[55]. Sie stellen deshalb die direkte
Fortsetzung der Sukzessionserzählung 2,1–15 dar. Elischa beweist in
diesen kurzen Szenen seine Macht zu heilen und zu töten. Hier zeigt
sich dieselbe Auffassung wie in 1 Kön 17–18* im Hinblick auf Elija.
Elischa wird in 2 Kön 2,19–22 ebenfalls als derjenige gezeichnet,
der — im Auftrag JHWHS — Leben nehmen und Leben gewähren kann[56].

Fraglich ist die Einheitlichkeit von 2,19–22. Die Gründe hierfür
ergeben sich nicht aus einer Kohärenzstörung des Textes[57]. Doch
zeigt ein Vergleich mit anderen Wunderanekdoten Auffälligkeiten.
Elischa verlangt eine neue Schüssel und Salz, das er in das Wasser

---

220–225); ebenso SATTERTHWAITE, *TynB* 49 (1998), 1–28, für den Textzusammenhang
2 Kön 2–8.
  [52] Vgl. dazu H.-C. SCHMITT, *Elisa*, 1972, 10f.; A. SCHMITT, *Entrückung*, FzB 10,
1973, 66f. 70f.; WÜRTHWEIN, *Bücher der Könige*, ATD 11,2, 1984, 276; STIPP, *Elischa*,
ATSAT 24, 1987, 45; skeptisch REHM, *Buch der Könige 2*, 1982, 29; ausdrücklich
dagegen ROFÉ, *Stories*, 1988, 47 Anm 19; LONG, *2 Kings*, FOTL X, 1991, 24; vorher schon ŠANDA, *Bücher der Könige II*, EHAT 9/2, 1912, 77f.; GRAY, *1 & 2 Kings*,
OTL, ³1977, 466.
  [53] S. oben Kapitel II, Abschnitt 3.3; vgl. auch S. OTTO, *Erzählung*, BWANT 152,
2001, 240.
  [54] Anders z.B. A. SCHMITT, *Entrückung*, FzB 10, 133f. der eine eigenständige Einheit
erkennen will; für STIPP, *Elischa*, ATSAT 24, 1987, 58, ist es eine Erweiterung, die
er nicht näher stratifiziert. Bei S. OTTO, *Erzählung*, BWANT 152, 2001, 240, ist es
eine Erweiterung im Umkreis von BE2.
  [55] S. STIPP, *Elischa*, ATSAT 24, 1987, 45.
  [56] Vgl. auch B.O. LONG, *2 Kings*, FOTL X, 1991: „Elisha is a helper with action
and word, and a bad-tempered wizard who strikes immediately at those who belittle
him. Together, the two images suggest the ambiguity of sacred power (see 1 Kgs
17:7–24)" (33).
  [57] Insofern ist STIPP, *Elischa*, ATSAT 24, 1987, 56, zuzustimmen, der keine Gründe
für eine Textscheidung in 2 Kön 2,19–22 erkennt.

schüttet (2,20f.); er vollzieht also eine magische Handlung, die die
Gesundung des Wassers bewirkt. Nun wird in V21b, im Anschluss
an die Handlung, noch ein durch die Botenformel eingeleitetes
Wort überliefert, das diese Handlung interpretiert und verdeutlicht. Zusätzlich wird nach der Feststellung, dass das Wasser wieder gesund wurde (V22a), in V22b die Heilung der Quelle auf
das Wort des Elischa zurückgeführt (כדבר אלישע אשר דבר). Die
Handlung allein ergibt einen sinnvollen Ablauf, bei dem keine
Lücke im Text erkennbar wird (2,19–20.21a.22a). Vergleicht
man diesen Ablauf mit anderen Wunderanekdoten, so wird die
Entsprechung deutlich. In 2 Kön 4,38–41 verlangt Elischa Mehl,
mit dem er das Essen wieder genießbar macht; in 2 Kön 6,1–7
ist es ein Stück Holz, mit dem Elischa das Eisen zum Schwimmen
bringt. Hier wird weder ein Jhwh- noch ein Elischa-Wort ausdrücklich hervorgehoben. Gleiches gilt für 2 Kön 4,1–7. Dort ist
es die einfache Anweisung Elischas an die Witwe, die das Wunder
bewirkt. Bei der Feststellung des Wunders (4,6f.) wird nicht auf
die Anweisung Elischas zurückgegriffen bzw. diese betont hervorgehoben. Anders ist es allein in 2 Kön 4,42–44. Dort wird jedoch
keine Handlung Elischas erwähnt; konstitutiv ist das Verheissungs-
wort, dass das Essen ausreichend sein wird für die 100 Männer
und dass noch Reste übrigbleiben werden (4,43). Erst das Wort
veranlasst den Diener, überhaupt das Wagnis einzugehen und die
Gabe des Mannes aus Baal-Schalischa den anderen vorzusetzen.
Im Unterschied zu den vorhergehenden Geschichten muss Elischa
die Skepsis des Dieners überwinden, der es offensichtlich nicht für
möglich hält, dass die Nahrung ausreichend ist (4,43). Von daher
wird hier die solennere Form der Anweisung Elischas gewählt,
die die Verheißung mit der Botenformel ausdrücklich als Jhwh-
Wort kennzeichnet und in 4,44 auch wieder — bei der Feststellung
des Wunders — auf das Jhwh-Wort zurückgreift. Ein Nebeneinander
von Handlung und Wort liegt in 4,42–44 jedoch, anders als in
2,19–22, nicht vor. So spricht der Vergleich mit den anderen
Wunderanekdoten dafür, in 2 Kön 2,19–22 mit einer Überarbeitung zu rechnen, die die ursprüngliche Handlung Elischas durch
ein Wort Elischas ergänzte, das durch die Botenformel ausdrücklich
als Jhwh-Wort gekennzeichnet ist[58]. Der Rückverweis innerhalb

---

[58] Vgl. auch REISER, ThZ 9 (1953), 328.

von Wundererzählungen Elischas auf das Prophetenwort wie in
2,22 findet sich noch in 2 Kön 4,17; 5,14; 6,18; 8,2; außerdem
in 2 Kön 7,17 (vgl. auch 1 Kön 17,15). Dieser Einschub lässt
sich demnach am ehesten auf die Bearbeitung zurückführen, die
die Elischa-Texte zusammengestellt hat, d.h. auf den Verfasser
von 2 Kön 2,1–15.

Das Wort Jhwhs und das Wort des Propheten werden hier wie in
1 Kön 17,10–16* synonym verstanden. Damit werden die Wundertaten
des Propheten transparent als Wundertaten Jhwhs.

In 2 Kön 2,25a wird dann berichtet, dass Elischa sich zum Karmel
begibt; unmittelbar darauf wird in 2,25b gesagt, dass er nach Samaria
zurückkehrt. V25a zielt eindeutig auf 2 Kön 4, wo von Elischa gesagt
wird, dass er sich zu regelmäßigen Zeiten auf dem Karmel aufhält
(4,23), während die Rückkehr nach Samaria in 2,25b die Anwesenheit
Elischas bei dem Feldzug gegen Moab (2 Kön 3) vorbereitet[59]. In
Kapitel 4,1–7 ist Elischa als Wundertäter wieder im Milieu der *b^enê
hann^ebî'îm* tätig, wie es schon in 2 Kön 2 erkennbar war, in 2 Kön
3 dagegen ist er als Jhwh-Prophet im Heerlager bei einem Feldzug. Elischa gibt Auskunft (2 Kön 3,16f.); eine Wundertätigkeit liegt
nicht vor. Während also mit Kapitel 4 das bisherige Bild Elischas
nahtlos fortgesetzt wird, zeigt sich Elischa in 2 Kön 3 in einer anderen Funktion und mit einem neuen Titel, was beides bisher nicht
vorbereitet war. Demnach ist davon auszugehen, dass in 2,25a
die ursprüngliche Verbindung zwischen den verschiedenen Elischa-
Traditionen vorliegt und diese Verbindung durch die Zusammenfügung
mit 2 Kön 3 aufgebrochen wurde, was die Einschaltung von 2,25b
erforderlich machte.

In 2 Kön 3 zeigt sich zum erstenmal ein Zusammentreffen zwischen König und Prophet in der Elischa-Überlieferung. Elischa wird
hier als נביא ליהוה (3,11) bezeichnet. Er ist anwesend im Heerlager
der drei Könige von Israel, Juda und Edom, die gegen Moab zu
Feld ziehen. Ob er der einzige נביא ist oder der einzige Jhwh-treue
Prophet, wird nicht recht deutlich (3,10.11). Als das Heer durch das
fehlende Wasser in Bedrängnis gerät, schlägt der judäische König
Joschafat[60] eine Jhwh-Befragung durch einen Jhwh-Propheten vor

---

[59] Vgl. dazu vor allem STIPP, *Elischa*, ATSAT 24, 1987, 351; H.-C. SCHMITT,
Elisa, 1972, 76f.
[60] Von NOTH, *Studien*, ³1967, 83 Anm 7 und SCHWEIZER, *Elischa*, StANT 37, 1974,

(3,11). Nachdem Joschafat die Auskunft bekommen hat, dass Elischa ein Diener des Elija war[61], ist er fest davon überzeugt, dass bei Elischa der דבר יהוה ist (3,12). Die Könige begeben sich nun zu Elischa, was den Prophet veranlasst, sich hart von dem israelitischen König abzugrenzen. Elischa macht deutlich, dass er den israelitischen König nicht als Jhwh-Verehrer einstuft (3,13). Der Hinweis auf die „Propheten deines Vaters und deiner Mutter" verweist auf die Karmelerzählung 1 Kön 18, wo die Ascherapropheten ausdrücklich Isebel zugeordnet werden; die Baalpropheten werden entsprechend Ahab zugeordnet, dem in 1 Kön 16,29–33 die Verehrung Baals angelastet wird[62].

> Einzig und allein aufgrund des judäischen Königs (3,14) lässt Elischa sich auf eine Befragung ein. Diese Befragungsszene hat ihre Entsprechung in 1 Kön 22. Auch hier ist von einer Koalition zwischen Israel und Juda die Rede; der judäische König ist ebenfalls Joschafat. Die Frage nach einem gemeinsamen Feldzug und die Antwort entsprechen einander (1 Kön 22,4//2 Kön 3,7). Auch in 1 Kön 22 gibt der judäische König den Anstoss zu einer Jhwh-Befragung (1 Kön 22,5). Im Unterschied zu 2 Kön 3 lässt sich jedoch der Anteil des judäischen Königs in 1 Kön 22 literarkritisch aus dem Text entfernen, ohne dass der Erzählung notwendige Teile fehlen[63].

Die Befragung selbst weist einige Besonderheiten auf: Durch Musik (Harfenspieler) wird Elischa in einen inspirierten Zustand versetzt; dieser Zustand wird in das Bild gefasst, dass die Hand Jhwhs über Elischa gekommen sei (2 Kön 3,15). Als Ergebnis dieses Zustandes gibt Elischa dann in 3,16–19 Auskunft darüber, dass der Wassermangel

---

22–24, wird der Personenname Joschafat als sekundär angesehen, vgl. dagegen jedoch überzeugend Timm, *Dynastie Omri*, FRLANT 124, 1982, 171–173; Stipp, *Elischa*, ATSAT 24, 1987, 142.

[61] Zu der eigentümlichen Ausdrucksweise vgl. Schweizer, *Elischa*, StANT 37, 1974, 178; es besteht kein Grund, diesen Bezug auf Elija für sekundär zu halten (so Sekine, *AJBI* 1 (1975), 48; Schweizer, *Elischa*, StANT 37, 1974, 28); ohne diesen Satz wäre der Ausruf Joschafats, dass bei Elischa das Jhwh-Wort sei (3,12), unverständlich.

[62] Aufgrund der Analyse der Elija-Überlieferung ist „zu den Propheten deiner Mutter" als Zusatz einzustufen. Der Bezug zu Isebel ist innerhalb der Elija-Überlieferung erst mit der zweiten „dtr" Redaktionsschicht zu verbinden; vgl. auch Schweizer, *Elischa*, StANT 37, 1974, 28, allerdings ohne redaktionskritische Erwägungen.

[63] Vgl. Schweizer, *Elischa*, StANT 37, 1974, 32–38.

beendet wird und verkündet den Sieg über die Moabiter. Offensichtlich
wird Elischa durch Musik in einen Trance-Zustand versetzt, der ihm
dieses Orakel ermöglichte. Anders als bei den נביאים in 1 Sam 10*;
19,18–24 scheint der Trance-Zustand nicht mit dem Verlust der
Selbstkontrolle verbunden. Es handelt sich bei diesem Zustand wohl
um „visionary trance", nicht um „possession trance" wie bei den
Gruppenpropheten im Samuelbuch[64]. Im Unterschied zu 1 Kön
18,46, wo die „Hand JHWHs" eine außergewöhnliche Laufleistung
Elijas bewirkt, ist die „Hand JHWHs" in 2 Kön 3,15 das Bild für
einen durch Musik induzierten Trance-Zustand, der Elischa ein Orakel
ermöglicht. Diese Beschreibung der Begleitumstände bei einer JHWH-
Befragung ist singulär im Ersten Testament. Der nun in 3,16f. folgende Prophetenspruch wird zweimal mit der Botenformel eingeleitet.
Es gelingt jedoch nicht, einen ursprünglichen Prophetenspruch von
einer Bearbeitung zu trennen[65]. Die Überlieferungsformel נתן ביד wird
in V18 verwendet. In 3,19 wird ein Widerspruch zum dtn Kriegsgesetz
Dtn 20,19–20 sichtbar[66]. In V20 wird dann das Ende der Wassernot
berichtet. Dabei wird, wie in 1 Kön 18,26.29 die Zeitangabe כעלות
המנחה verwendet. Über die Ursache der Wasserflut wird keine Angabe
gemacht; eine natürliche Ursache kann nicht ausgeschlossen werden,
2 Kön 3 kann demnach nicht als eine Wundererzählung gesehen
werden.

In V21–27 wird dann geschildert, dass die Moabiter zunächst
besiegt wurden, dass aber die Einnahme der Stadt Kir-Heres aufgrund des Menschenopfers des moabitischen Königssohnes, das einen
gewaltigen Zorn über Israel kommen ließ, nicht gelang.

Zwar lassen sich einige Unstimmigkeiten in diesem Kapitel entdecken, so stehen z.B. die Angaben in der Ankündigung Elischas
(3,18f.), dass die Moabiter in die Hand Israels gegeben werden, und

---

[64] Zu dieser Unterscheidung vgl. PARKER, *VT* 28 (1978), 271f. SCHWEIZER, *Elischa*,
StANT 37, 1974, 147f. wehrt sich dagegen, die Musik in eine Verbindung mit dem
Orakel Elischas zu bringen. Sicherlich hat er recht, sich gegen manche Überinter-
pretationen abzugrenzen (147 Anm 290); jedoch kann man umgekehrt SCHWEIZER
eine „Unterinterpretation" vorwerfen: aus welchem Grund ist der Harfenspieler in
diesem Text denn überhaupt erwähnt worden, wenn keine Beziehung zum Orakel
bei Elischa gegeben ist?

[65] Vgl. STIPP, *Elischa*, ATSAT 24, 1987, 119f.; anders REISER, *ThZ* 9 (1953),
322–325; THIEL, „Jahwe", in: HAUSMANN/ZOBEL, *Alttestamentlicher Glaube*, 1992, 102f.
sieht im Anschluß an REISER in den Orakeln, die mit der Botenformel eingeleitet
werden, das „Urgestein der Elischa-Überlieferungen".

[66] Vgl. zuletzt STIPP, *Elischa*, ATSAT 24, 1987, 365f.

das Ende, das das Scheitern der Israeliten vor Kir-Heres schildert, in Spannung zueinander. Die vorhandenen Indizien lassen sich jedoch nicht in ein literarkritisches Modell überführen. „II 3,4–27 erweist sich demzufolge als Kompilation: Die Einheit besteht wahrscheinlich aus einem Auszug aus einem alten Kriegsbericht, dessen fragmentarische Reste in v 24.25e–27 zu suchen sind; einer möglicherweise heterogenen historischen Notiz (v 4–5); vielleicht vorgeprägten Orakelformeln in v 16–17 und 19 sowie einem erheblichen Eigenanteil des Autors, hinter dem sich ältere Traditionen nur in der Gestalt allgemeiner Nachrichten wie I 22,45 und II 8,28 vermuten lassen"[67].

Die Bevorzugung des judäischen Königs macht deutlich, dass diese Erzählung nicht mehr im Nordreich entstanden sein kann. Hierfür spricht auch, dass die Schilderung dieses Feldzuges sich einer historischen Betrachtungsweise entzieht[68]. Der Widerspruch zum dtn Kriegsgesetz macht es schwierig, einen dtr Verfasserkreis anzunehmen. Erwägenswert sind die Überlegungen von SCHWEIZER, der 2 Kön 3 einem priesterlichen Überlieferungskreis zuschreibt[69]. Dies würde bedeuten, dass die Elischa-Tradition im Südreich von Priestern weitergegeben und teilweise auch bearbeitet wurde[70]. Zeitlich kommt für diese Überlieferung am ehesten die Zeit zwischen der Zerstörung Samarias und der dtn Reform in Frage.

---

[67] STIPP, Elischa, ATSAT 24, 1987, 150; vgl. insgesamt 140–152; s. dort auch die überzeugenden Gründe, die gegen die Aufteilung in einen Kriegsbericht und eine sekundäre Einfügung der Prophetenbefragung sprechen; zu H.-C. SCHMITT vgl. auch schon vorher TIMM, Dynastie Omri, FRLANT 124, 1982, 178f.; für die Einheitlichkeit dieses Kapitels spricht sich auch PROVAN, 1 AND 2 KINGS, NIBC, 1995, 180–184, aus; anders BUIS, Le Livre des Rois, SBi, 1997, 187; FRITZ, Buch der Könige 2, ZBK.AT 10.2, 1998, 18f.

[68] Vgl. hierzu vor allem TIMM, Dynastie Omri, FRLANT 124, 1982, 171–180.

[69] Vgl. SCHWEIZER, Elischa, StANT 37, 1974, 169–172; neben den von SCHWEIZER angeführten Gründen spricht auch die Verwendung des Mincha-Opfers als Zeitangabe in 3,20 für einen kultisch interessierten Verfasserkreis.

[70] Gegen einen nebiistischen Kreis (so BERNHARDT, „Feldzug", in: Ders., Schalom, 1971, 11) spricht die singuläre Darstellung der Prophetenbefragung, die an eine Inspiration durch Musik denken lässt; möglicherweise liegt hier eine Beschreibung der in Juda anzutreffenden Prophetie vor, einer Prophetie, wie sie im Tempel zu Jerusalem sich darstellte. Auch dass in 2 Kön 3 die Vorstellung von der Hand JHWHS begegnet, die vor allem bei Ezechiel (vgl. auch Jes 8,11) eine Rolle spielt (SCHWEIZER, Elischa, StANT 37, 1974, 141–148), spricht eher für einen judäischen Entstehungskreis, vgl. schon JEPSEN, Nabi, 1934, 79; an prophetische Kreise denkt S. OTTO, Erzählung, BWANT 152, 2001, 252f., die zeitlich diese Erzählung an die Auseinandersetzung zwischen Heils- und Unheilsprophetie in den letzten Jahrzehnten des Südreiches ansiedelt.

Auf jeden Fall wird eine noch intakte judäische Monarchie vorausgesetzt, die wie in 1 Kön 22 positiv beurteilt wird. In der Zeit
nach 586 sind solche Aussagen über den judäischen König wie
in 2 Kön 3 und 1 Kön 22* schlicht nicht mehr vorstellbar.

In 2 Kön 4,1–7 liegt wieder eine prophetische Wunderanekdote vor;
sie spielt im Milieu der *b⁽e⁾nê hannᵉbîʾîm*, der Gruppenpropheten, die
Elischa umgeben. Diese Anekdote ist nicht näher lokalisiert, so dass
sich kein Widerspruch zu der Ortsangabe in 2 Kön 2,25a ergibt,
die Elischa zum Karmel gehen lässt. Elischa wird in V7 als Gottesmann
bezeichnet. Der verstorbene Gruppenprophet wird als „Knecht" (עבד)
des Elischa bezeichnet und auch die namentlich nicht benannte Frau
nennt sich Elischa gegenüber „Magd" (V2), was seiner schon in 2,15
erkennbaren übergeordneten Stellung gegenüber den *b⁽e⁾nê hannᵉbîʾîm*
entspricht. Elischa zeigt sich hier wie in 2,19–24* als Wundertäter,
seine Anweisungen gegenüber der Frau werden jedoch nicht eigens
als Wort des Elischa oder als Jhwh-Wort etwa durch die Verwendung
der Botenformel hervorgehoben.

Gründe, die Einheitlichkeit dieses Textes zu bezweifeln, sind nicht
vorhanden[71]. Es ist ohne weiteres möglich, 2 Kön 4,1–7 als Fortsetzung
des in 2 Kön 2,25a abgebrochenen Textzusammenhanges zu lesen[72].

2 Kön 4,8–37 bietet eine weitere ausführlichen Wundererzählung[73].
Elischa verheißt einer namenlos bleibenden Frau in Schunem einen
Sohn; diese Verheißung tritt ein, der Sohn stirbt jedoch später. Die
Frau wendet sich wieder an Elischa, der sich auf dem Karmel befindet. Elischa schickt zunächst seinen Diener Gehasi, der hier erstmals

---

[71] Vgl. STIPP, *Elischa*, ATSAT 24, 1987, 277.

[72] In 2 Kön 4 den Beginn einer eigenen "Frauensammlung" zu sehen, besteht
kein Grund (gg. STIPP, *Elischa*, ATSAT 24, 1987, 367f.). Dass Elischa in 2 Kön 2
keinen Titel bekommt (so STIPP, *Elischa*, ATSAT 24, 1987, 351), hängt mit seiner
Darstellung als Rettergestalt zusammen, vgl. weiter unten Abschnitt 4.3; auch S.
OTTO, *Erzählung*, BWANT 152, 2001, 249, sieht eine Sammlung von „unpolitischen
Elisa-Wundergeschichten", die 2 Kön 2,19–22.23–24; 4,1–7(8–37*).38–41*42–44;
6,1–7 umfasst habe. Sie seien nach dem Tod Elischas im Kreis der Gruppenpropheten
um Elischa entstanden und handelten wohl ursprünglich von einem anonymen
Gottesmann.

[73] Die formkritische Beurteilung dieses Textes geht von Sage, Legende bis Novelle,
vgl. dazu FISCHBACH, *Totenerweckungen*, FzB 69, 1992, 66; zur formkritischen Forschung
vgl. insgesamt den Überblick bei R.D. MOORE, *God*, JSOT.S 95, 1990, 11–68, der
allerdings ROFÉ, *Stories*, 1988, nicht verwertet. ROFÉ, seinerseits (27–33) sieht in 2
Kön 4,8–37 die „literary elaboration" der *legenda*; A. SCHMITT, *BZ NF* 19 (1975),
22f. belässt es bei „prophetische Erzählung". Der Text fällt gegenüber den anderen Wundergeschichten durch seine ausgedehnte Vielszenigkeit auf.

erwähnt wird, nach Schunem. Gehasi hat jedoch keinen Erfolg; erst als Elischa sich selbst nach Schunem begibt, kann er den toten Knaben durch die magische Handlung der Synanachrosis[74] wieder zum Leben erwecken. Der magische Charakter der Synanachrosis wird dadurch etwas abgemildert, dass Elischa zu Jhwh vor Durchführung der Handlung betet[75]. Die Erzählung stellt einen in sich geschlossenen Geschehenszusammenhang dar, die Kennzeichnung dieser Geschichte als unselbständig durch Stipp[76] beruht auf zu formalistischen Kriterien. Neben dem Eigennamen Elischa wird in dieser Erzählung auch der Titel „Gottesmann" in 4,9.16.21.22.25.27 (2x).31.36 verwendet[77].

> Der Text ist nicht einheitlich. Textstörungen, die sich am ehesten durch die Annahme einer Bearbeitung erklären lassen, liegen im Bereich von V12–16 und V29–35 vor. Das überzeugendste Modell stammt von A. Schmitt, der die Verse 13–15 und 29–30a.31.32b.35 als Erweiterungen des ursprünglichen Textzusammenhanges sieht[78]. Würthwein[79] und Mommer[80] wollen Gehasi ganz aus dem ursprünglichen Text entfernen. Mommer muss jedoch auf eine genaue Verszuteilung in V12–15 verzichten und spricht hier von einem überarbeiteten Text[81], so dass dieser Rekonstruktion nicht gefolgt werden kann.

---

[74] Vgl. zu den außerbiblischen Parallelen Fischbach, *Totenerweckungen*, 1992, 75–80; Becking, *Ritueel*, 1992, 15–21; Ders., *ZAW* 108 (1996), 34–54.

[75] Hier wird das Verb פלל Hitp. verwendet; ebenfalls noch mit dem Subjekt Elischa in 2 Kön 6,16.18.20; es ist kein Grund ersichtlich, V33 aus dem Text zu entfernen, vgl. Thiel, „Jahwe", in: Hausmann/Zobel, *Alttestamentlicher Glaube*, 1992, 101, der die Entfernung durch H.-C. Schmitt als „willkürlich" qualifiziert.

[76] Vgl. Stipp, *Elischa*, ATSAT 24, 1987, 367f.

[77] Auf der Basis von MT; Stipp, *Elischa*, ATSAT 24, 1987, 46, hält die Belege in 4,16.25.27 für sekundär; vgl. dagegen jedoch Becking, *Ritueel*, 1992, 6f., der in Auseinandersetzung mit Stipp das Fazit zieht: „Al met al kan de Masoretische Tekst von 2 Koningen 4:8–37 als een betrouwbare basis worden beschouwd" (7).

[78] Vgl. A. Schmitt, *BZ NF* 19 (1975), 1–25; Thiel, „Jahwe", in: Hausmann/Zobel, *Alttestamentlicher Glaube*, 1992, 100, stimmt dessen Textaufteilung zu; ebs. S. Otto, *Erzählung*, BWANT 152, 2001, 228–230; modifiziert folgt auch Stipp, *Elischa*, ATSAT 24, 1987, 278–298, der Analyse von A. Schmitt, wobei die textkritische Rekonstruktion von V33 (269) und die Ausscheidung des Gottesmanntitels nicht zu überzeugen vermögen; sie hängen mit der kompositionsgeschichtlichen Hypothese von Stipp (vgl. auch noch ebd. 474) zusammen, die in dieser Arbeit nicht geteilt wird.

[79] Vgl. Würthwein, *Bücher der Könige*, ATD 11,2, 1984, 289–291.

[80] Vgl. Mommer, „Diener des Propheten", in: Ders., *Recht als Lebensraum*, 1993, 103–106; vgl. auch noch Hentschel, *2 Könige*, NEB, Lieferung 11, 1985, 18.

[81] Zu Würthwein vgl. überzeugend Stipp, *Elischa*, ATSAT 24, 1987, 295.

Die Bearbeitung stellt in V13–15 eine Verbindung zu 8,1–6 her; sie bereitet die Szene zwischen Gehasi und dem israelitischen König in 8,1–6 vor. In V30a liegt ein wörtlicher Bezug zu 2 Kön 2,2.4.6 vor. Damit weist 2 Kön 4,8–37* auf der Ebene der Bearbeitung Verbindungen zu vorhergehenden und nachfolgenden Elischa-Texten auf. Die These liegt nahe, in dieser Bearbeitung die Hand zu sehen, die die Elischa-Überlieferungen zusammengestellt und mit 2 Kön 2 eröffnet hat.

Es kommt hinzu, dass die Verwendung von פלל Hitp. in 4,33 mit dem Subjekt Elischa noch in 2 Kön 6,16.18.20 begegnet, womit sich eine Verbindungslinie zu der Elischa-Überlieferung 6,8–23 ergibt, die ebenfalls die Vorstellung eines betenden Elischa transportiert[82]. Betont herausgehoben wird das Wort des Elischa in 4,17 wie auch noch in 2 Kön 2,22; 5,14; 6,18; 7,17; 8,2. Die Selbstbezeichnung der Schunemiterin als „Magd" (שפחה) entspricht der Selbstbezeichnung der Frau des Gruppenpropheten in 4,2. All dies weist auf eine enge Zusammengehörigkeit dieser Texte hin.

Unterschiedliche Gründe haben STIPP und MOMMER für die Aufteilung der als sekundär erkannten Stellen auf zwei verschiedene Hände. Für STIPP sind es vor allem kompositionskritische Erwägungen, die ihn dazu veranlassen, V13–15 einer späteren Bearbeitung zuzuschreiben. Seine Kompositionshypothese ist jedoch nicht in der Lage, 2 Kön 8,1–6 sinnvoll zu integrieren[83]. MOMMER sieht dagegen eine unterschiedliche Darstellung Gehasis in 2 Kön 4,8–37*. In einer ersten Bearbeitung V12–15*.25b.26.27b.36a erscheine Gehasi als „Sprachrohr Elisas" in einer positiven Mittlerfunktion,[84] in der zweiten Gehasi-Bearbeitung in V29.30b.31 dagegen „völlig anders", als „erfolgloser Ersatz für seinen Herrn"[85].

---

[82] In 2 Kön 4,34 wird das Verb נהר verwendet, das ansonsten nur noch in 1 Kön 18,42 begegnet. Dieser Vers gehört zur DKK; zu diesem Verb vgl. THIEL, „Gemeinsamkeiten", in: ZMIJEWSKI, *Botschaft*, 1990, 365f.

[83] Vgl. dazu weiter unten Abschnitt 2.3; gleiches gilt auch für S. OTTO, *Erzählung*, BWANT 152, 2001, 228 Anm 333, die „intentionale Differenzen" geltend macht. Sie haben keinen Anhalt im Text. Ebenso wenig überzeugt die Zuordnung dieser Überlieferung zu einem anderen Überlieferungskreis (229f.). Die zentrale Gestalt Elischa, die Wundertheologie und die Namenlosigkeit der Schunemiterin sprechen dagegen.

[84] Vgl. MOMMER, „Diener des Propheten", in: DERS., *Recht als Lebensraum*, 1993, 105.

[85] Ebd., 105f.

In dieser Bearbeitung gehe es darum, „Gehasis Fähigkeiten in Frage zu stellen, wenn nicht gar, ihn zu diskreditieren". Der Wortlaut von V29.30b.31 gibt diese Deutung jedoch nicht her. Von einem Umschwung in der Darstellung Gehasis kann keine Rede sein. Hier wird dieser Text von 2 Kön 5,19ff. her überinterpretiert. Es gibt keinen überzeugenden Grund, der zwingend wäre, zwei verschiedene Überarbeitungen anzunehmen[86].

Die Bearbeitung kann demnach auf den Verfasser von 2 Kön 2 zurückgeführt werden. Hierauf verweisen die Verbindungen in der Bearbeitung zu 2 Kön 2 und auch 8,1–6[87], wobei in 2 Kön 2 ja ebenfalls schon Verbindungslinien zu anderen Elischa-Texten (2 Kön 6,8–23; 13,14–21) erkennbar waren.

In V38a erfolgt die Rückkehr Elischas nach Gilgal. Es folgen in V38b–41 und V42–44 zwei kurze Wunderanekdoten, die im Milieu der *bᵉnê hannᵉbî'îm* spielen. Von daher ist die Ortsangabe in V38a folgerichtig und geht wohl auf den bisher erkannten Bearbeiter zurück. Elischa zeigt sich hier wiederum als Wundertäter. Das Wunder geschieht in V38b–41 wie in 4,1–7; 2,19–22* durch eine magisch zu qualifizierende Handlung. Elischa streut Mehl in den Topf. In 4,42–44 ist ein ausdrückliches, durch die Botenformel eingeleitetes Prophetenwort der Ausgangspunkt für das Wunder. Abgeschlossen wird die Anekdote in V44 durch כדבר יהוה, was im Bereich der Elischa-Überlieferung nur noch in 7,16 belegt ist. Die Botenformel wird noch in 2,22; 7,1; 9,3.6.12 gebraucht, also durchaus auch in ursprünglichen Textzusammenhängen (s.unten). Es gibt demnach keinen Grund, die Botenformel oder den abschließenden Hinweis auf das JHWH-Wort als sekundär zu verdächtigen, zumal schon im Zusammenhang der Behandlung von 2,19–22 auf die Besonderheit dieser Anekdote hingewiesen wurde (s. oben)[88].

An diese kurzen Anekdoten schließt sich wiederum eine längere Erzählung an, die von der Heilung des aramäischen Feldherrn Naaman berichtet. Wie schon 4,8–37* ist diese Erzählung wesentlich komplexer angelegt als die kurzen Anekdoten. Es wird nicht nur die Begegnung zwischen Naaman und Elischa berichtet, sondern auch

---

[86] Vgl. auch A. SCHMITT, *BZ NF* 19 (1975), 8.
[87] Vgl. zu der Verbindung von 2 Kön 4,8–37 und 2 Kön 8,1–6 auch RONCANE, *JSOT* 91 (2000), 109–127.
[88] Ansonsten sind diese Anekdoten unter literarkritischen Gesichtspunkten als einheitlich zu betrachten; vgl. vor allem STIPP, *Elischa*, ATSAT 24, 1987, 298–299.

Nebenpersonen wie das verschleppte israelitische Mädchen im Haus
Naamans und die Diener Naamans haben eine wichtige Funktion
im Ablauf der Handlung. Eine Rolle spielen ebenfalls die Könige
von Aram und Israel, so dass hier die Ebene einer privaten Heilung
überschritten und eine politische Ebene erreicht ist. Ab V20 steht
auch Gehasi, der schon in 4,8–37* vorkam, im Zentrum des Interesses.
Elischa zeigt sich wieder wie in den vorhergehenden Anekdoten als
Wundertäter. Er vollzieht die Heilung an dem an Aussatz lebensbe-
drohlich erkrankten Naaman. Das Milieu der $b^e n\hat{e}\ hann^e b\hat{i}\hat{}\hat{i}m$ ist nicht
vorausgesetzt wie in den vorangegangenen Anekdoten. Es ist nur
angedeutet in 5,22, wo Gehasi Naaman gegenüber behauptet, dass
zwei der $b^e n\hat{e}\ hann^e b\hat{i}\hat{}\hat{i}m$ zu Elischa gekommen seien. Elischa besitzt
in diesem Text ein Haus in Samaria (5,3.9). Samaria wurde bisher
nur einmal in der Itinerarnotiz 2 Kön 2,25b zur Vorbereitung von
2 Kön 3 erwähnt. Zum erstenmal wird — außer in 2 Kön 3 — der
Titel נביא neben „Gottesmann" für Elischa benutzt.

Elischa tritt nicht selbst mit Naaman in Kontakt, sondern schickt
ihm einen Boten vor das Haus (5,10), als Naaman Elischa mit großem Gefolge aufsucht. Die Heilung geschieht durch die Anweisung
Elischas, siebenmal im Jordan unterzutauchen[89]. In 5,14 wird die
Heilung und damit das Wunder wie in 2 Kön 2,22; 4,16; 6,15 und
7,16 mit dem Hinweis auf das Wort des Gottesmannes abschließend
festgestellt. V14 ist damit gut als sinnvoller Abschluss dieser Heilungs-
erzählung vorstellbar[90]. Mit der Feststellung ויטהר — „und er war
rein" schließt sich der in 5,1 eröffnete Spannungsbogen.

Im Vordergrund steht als Titel נביא (V3.8.13), doch begegnet auch
die Bezeichnung „Gottesmann" (5,8)[91]. Im Zentrum des Textes steht
die Fähigkeit des נביא und Gottesmannes Elischa, die Krankheit des
aramäischen Feldherrn zu heilen. Elischa kann über Leben und Tod

---

[89] Die Zahl Sieben verbindet 2 Kön 5 mit 2 Kön 4,35; offenbar hatte diese Zahl
auch eine magische Bedeutung, vgl. FISCHBACH, *Totenerweckungen*, FzB 69, 1992, 80f.;
anders BAUMGART, *Gott*, EThSt 68, 1994, 72–74.
[90] Vgl. H.-C. SCHMITT, *Elisa*, 1972, 78f.; WÜRTHWEIN, *Bücher der Könige*, ATD 11,2,
1984, 298–302; gegen eine weitere Aufgliederung des Textes innerhalb von V1–14
s. richtig STIPP, *Elischa*, ATSAT 24, 1987, 300ff.; die Aufsplitterung des Textes in
etliche Fragmente und Traditionen durch BAUMGART, *Gott*, EThSt 68, 1994, 209–242,
ist nicht nachzuvollziehen.
[91] Von STIPP, *Elischa*, ATSAT 24, 1987, 301, wird der Titel „Gottesmann" in 2
Kön 5 eliminiert und zum Teil durch den Namen Elischa ersetzt; vgl. dagegen
jedoch THIEL, „Erkenntnisaussage" (1995), in: DERS., *Gelebte Geschichte*, 2000, 213
Anm 30.

verfügen, eine Macht, die der israelitische König nicht besitzt (5,7). Diese Macht besitzt nur Gott und sein Repräsentant, der Prophet Elischa[92].

Überraschenderweise kehrt Naaman nach der Heilung jedoch zu Elischa zurück und bekennt sich als Jhwh-Verehrer, der dafür um Verständnis bittet, dass er als Begleiter des Königs sich im Tempel vor Rimmon[93] niederwerfen muss, wenn der König es tut. Er möchte jedoch Erde aus Israel mitnehmen, um Jhwh in rechter Weise verehren zu können[94]. Neben dem neuen Thema, das mit V15 beginnt, zeigt die Formulierung הִנֵּה־נָא יָדַעְתִּי כִּי אֵין אֱלֹהִים בְּכָל־הָאָרֶץ כִּי אִם־בְּיִשְׂרָאֵל in V15 ein schon reflektierteres Stadium des Monotheismus. Andere Götter werden generell ausgeschlosen[95]. Dies ist anders als die Problematik, die in der Karmel-Überlieferung in 1 Kön 18,21–39* angesprochen ist; dort geht es darum, wer denn *der* Gott ist, Jhwh oder Baal.

In V16 weist Elischa ausdrücklich eine Bezahlung für seine Dienste zurück, die z.B. in 2 Kön 8,8 kein Problem darstellt und die in 5,5 als gängige Praxis beiläufig erwähnt wird. Der Hinweis in 5,16, dass Elischa keine Belohnung annimmt, bereitet die Szene mit Gehasi vor, der sich im folgenden als habgierig erweist und von Elischa zur Strafe mit dem Aussatz Naamans belegt wird. Die Nachdrücklichkeit, mit der Elischa diese Bezahlung in V16 zurückweist, lässt sich gut als Vorbereitung von 5,19b–27 verstehen[96].

---

[92] Vgl. dazu die richtige Erkenntnis von SMELIK, *DBAT* 25 (1988): „Elisa und YHWH fallen in dieser Erzählung wesentlich zusammen" (36), vgl. auch B.O. LONG, *2 Kings*, FOTL X, 1991, der diesen Text formkritisch als „prophet legend" bestimmt und den Text folgendermaßen charakterisiert: „It is a story especially concerned to portray the prophet as a worker of mighty, miraculous deeds, a conduit for divine power, and an exemplar of God-filled piety and morality". R.D. MOORE, *God*, JSOT.S 95, 1990, der in 2 Kön 5 eine „didactic salvation story" (147) erkennen will, sieht den Zusammenhang von göttlicher und prophetischer Macht nicht, wenn er die Verehrung des Propheten Elischa als eine zentrale Intention dieser Erzählung — wie auch von 2 Kön 6,8–23 und 6,24–7,20 — ablehnt (106–111.149–152).

[93] Zu Rimmon vgl. GREENFIELD, *IEJ* 26 (1976), 195–198; für GESE, *Religionen*, RM 10,2, 1970, 220, ist Rimmon ein Beiname des in Damaskus verehrten Hadad.

[94] Vgl. HENTSCHEL, *2 Könige*, NEB, Lieferung 11, 1985, 23; er verweist dazu auf 1 Sam 26,19; WÜRTHWEIN, *Bücher der Könige*, ATD 11,2, 1984, 301 verweist auf Am 7,17; Hos 9,3 und Ez 4,13. Als Anhaltspunkt zur Datierung ist diese Aussage nicht spezifisch genug.

[95] Unverständlich ist die Auffassung von BAUMGART, *Gott*, EThSt 68, 1994, 247, der 2 Kön 5,15 noch im „Bannkreis partikularistischer Vorstellungen" ansiedelt.

[96] Natürlich kann man diese Verse auch aus dem Zusammenhang entfernen,

Das bedeutet dann aber, dass zwischen 5,19a und 5,19b kein literarkritischer Bruch anzunehmen ist[97].

Die Aussage Elischas in V26 לֹא־לִבִּי הָלַךְ weist Ähnlichkeit mit der
Vorstellung auf, dass ein Prophet plötzlich verschwindet, wie es in
den einer späten Bearbeitung zugehörigen Versen 1 Kön 18,12 und
2 Kön 2,16–18 betont wird. Sie sehen in dem Propheten eine unberechenbare Größe, die plötzlich auftaucht und ebenso plötzlich nicht
mehr anwesend ist.

In die gleiche Richtung einer Zuordnung zu einer späten Redaktion,
weist auch die Verwendung der Schwurformel mit der anschließenden Kennzeichnung des Prophetendienstes als „Stehen vor Jнwн":
חַי־יהוה אֲשֶׁר עָמַדְתִּי לְפָנָיו in 5,16. Diese Wendung wurde oben in 1
Kön 17,1; 18,15 der zweiten Redaktionsschicht der Elija-Überlieferungen zugeschrieben. Ursprünglich verwendet wird diese Wendung
in 2 Kön 3,14, wobei 2 Kön 3,4ff. einer judäischen Bearbeitung der
Elischa-Überlieferung entstammt, die wahrscheinlich aus priesterlichen Kreisen stammt und demgemäß den Prophetendienst mit der
dem kultischen Bereich entstammenden Vorstellung des „Stehens vor
Jнwн" verbindet (s.oben). Der Redaktor hat diese Formel aus der
ihm vorliegenden Überlieferung 2 Kön 3 entnommen.

Alle diese Gründe sind Indizien dafür, in 5,14 den ursprünglichen
Abschluss der alten Elischa-Überlieferung zu sehen und in 5,15–27
eine späte Ergänzung des Textes, die eventuell mit der zweiten
Redaktionsschicht der Elija-Überlieferung verbunden werden kann.
Den Vertretern der Einheitlichkeit von 2 Kön 5,1–27[98] ist zuzugestehen, dass keine Notwendigkeit besteht, nach V15ff. mit einer anderen Textschicht zu rechnen. Neben den oben erwähnten Indizien,
die für die Zuordnung zu einer späten Redaktion sprechen und dem
Abschlusscharakter von 5,14 ist es vor allem der Grund, dass die

---

doch besteht dazu keine Notwendigkeit, vgl. STIPP, *Elischa*, ATSAT 24, 1987, 317,
in Auseinandersetzung mit H.-C. SCHMITT u.a.
   [97] So z.B. FRICKE, *Das zweite Buch von den Königen*, BAT 12/2, 1972, 68; SCHULT,
DBAT 9 (1975), 2–20; GRAY, *1 & 2 Kings*, OTL, ³1977, 502; HENTSCHEL, „Heilung",
in: RUPPERT, *Künder*, 1982, 11f.; DERS., *2 Könige*, NEB, Lieferung 11, 1985, 22;
MOMMER, „Diener des Propheten", in: DERS., *Recht als Lebensraum*, 1993, 106; THIEL,
„Land", in: *Landgabe*, 1995, 71–75 (Thiel rechnet mit einer Ergänzungsschicht, die
die 2 Kön 5,5b.15b–17aα*.19b.20–27 umfassen soll; ebs. S. OTTO, *Erzählung*, BWANT
152, 2001, 230 Anm 345).
   [98] Vgl. die Literaturangaben bei B.O. LONG, *2 Kings*, FOTL X, 1991, 68; hinzuzurechnen ist noch SMELIK, *DBAT* 25 (1988), 29–47 sowie STIPP, *Elischa*, ATSAT
24, 1987, 300–319; COGAN/TADMOR, *2 Kings*, AncB 11, 1988, 68.

Darstellung Gehasis im Widerspruch zu 2 Kön 4 und 2 Kön 8,1–6 steht, so dass 5,15ff. mit diesen Texten nicht gut auf einer Textebene liegen kann. Auf der anderen Seite spricht jedoch vieles für eine Einbeziehung der Heilung des Aramäers Naaman in die schon bisher erkannte Komposition der Elischa-Texte.

2 Kön 5,1–14 lässt sich gut als Fortsetzung der bisher als zusammengehörig erkannten Komposition verstehen, die in 2 Kön 2 ihren Anfang hat. Elischa ist auch hier als Wundertäter gezeichnet, sein Wirkungskreis ist jedoch erweitert und macht ihn zu einer hochpolitischen Figur[99]. Das Problem, das den israelitischen König zu dem verzweifelten Ausruf zwingt, ob er denn ein Gott sei, der Tod und Leben verteilen kann (5,7), stellt den Propheten Elischa vor keine größeren Probleme. Hier zeigt sich die gleiche Sicht der Macht des Propheten, die auch schon in 2 Kön 2 erkennbar war, nämlich Leben zu nehmen und Leben zu gewähren.

STIPP will jedoch 2 Kön 5,1–27 als Beginn einer eigenständigen Einheit sehen, die er „Prophet-Elischa-Sammlung" nennt und die außerdem noch 6,1–7 und 6,8–23 umfasst habe[100]. In der Tat sind die beiden Erzählungen durch 5,2 und 6,23 eng miteinander verbunden. Doch muss auch STIPP zugestehen, dass in 2 Kön 5 eine vorgängige Erwähnung Elischas vorausgesetzt wird[101]. Dies führt bei STIPP zu der vage bleibenden Vermutung, dass die „Prophet-Elischa-Sammlung" „wahrscheinlich in eine schon existierende Sammlung von Elischa-Erzählungen hineinverfasst oder ihr angehängt worden (ist)"[102]. Sinnvoller ist es jedoch, mit einer Komposition zu rechnen, die durchaus verschiedene Nuancen im Elischa-Bild sichtbar machen kann und die in 2 Kön 2 mit der Stilisierung Elischas als einer Rettergestalt die politische Wirksamkeit des Propheten mit in den Blick nahm[103]. Auf dieser Ebene ist der נַעַר Gehasi durchaus positiv gesehen, seine negative Zeichnung geht erst auf eine späte Redaktion zurück.

---

[99] Vgl. auch R.D. MOORE, *God*, JSOT.S 95, 1990, 72. Die Gründe für die Ansiedlung dieser Überlieferung in einem anderen Überlieferungskreis („prophetische Kreise in der Umgebung des Königs") bei S. OTTO, *Erzählung*, BWANT 152, 2001, 230–233, sind nicht ausreichend.

[100] Vgl. STIPP, *Elischa*, ATSAT 24, 1987, 368–370.

[101] Vgl. ebd., 370.

[102] Ebd., 370; vgl. auch 474f.

[103] Auch H.-C. SCHMITT, *Elisa*, 1972, 173; DERS., *ZThK* 74 (1977), 261 und

Mit 2 Kön 6,1–7 wird der Text mit einer Wunderanekdote fortgesetzt. Nach der Heilung des Feldherrn Naaman in 5,1–14, die über
das private Problem des Aussatzes von Naaman hinaus die politische Situation zwischen Israel und Aram im Auge hat und sowohl
den König von Aram wie den König von Israel in das Geschehen
miteinbezieht, ändert sich wieder das soziale Umfeld des Wirkens
von Elischa. 2 Kön 6,1–7 spielt — wie schon 4,38–44 und 4,1–7 —
im Milieu der *bᵉnê hannᵉbîʾîm*. Elischa erhält neben seinem Eigennamen
den Titel „Gottesmann" (6,6)[104]. Wie in 4,38 wird in 6,1 erwähnt,
dass die *bᵉnê hannᵉbîʾîm* „vor Elischa sitzen". Da der Versammlungsraum
zu eng geworden ist, soll ein größerer Raum gebaut werden. Der
genaue Ort, an dem diese Episode spielt, wird nicht mitgeteilt, doch
ist aufgrund von V2.4 am ehesten an Gilgal in der Nähe des Jordan
zu denken[105]. Ein Anschluss an 2 Kön 5, das ja in Samaria lokalisiert war, ist dennoch gut möglich, da Elischa sich auf die Bitte der
bᵉnê hannᵉbîʾîm hin zum Jordan begibt, was natürlich auch von Samaria aus möglich ist[106]. Elischa wird in dieser Anekdote wieder als
Wundertäter gezeichnet. Durch ein Stück Holz bringt er die entlie-
hene und beim Fällen der Bäume im Jordan verlorengegangene Axt
zum Schwimmen. Die Handlung Elischas entspricht 2,19–22* und
4,38–41, wo ebenfalls ganz normale Mittel wie Mehl und Salz der
Durchführung des Wunders dienen. Die magische Wunderhandlung
wird nicht durch ein Prophetenwort unterstrichen oder interpretiert.
Der Gottesname JHWH begegnet in dieser Anekdote nicht.

Ganz eindeutig erscheint Elischa hier als Haupt der Prophetengemeinschaft. Die Gruppenpropheten sitzen vor ihm (V1), die *bᵉnê
hannᵉbîʾîm* bezeichnen sich als seine Knechte (6,3: עבדיך), ein eigener
Raum wird hergerichtet für die Zusammenkünfte mit Elischa (6,2).

WÜRTHWEIN, *Bücher der Könige*, ATD 11,2, 1984, 298–302, rechnen hier mit einem
Wechsel der Überlieferungsträger; dafür gibt es jedoch keine überzeugenden Gründe.
   [104] Vgl. STIPP, *Elischa*, ATSAT 24, 1987: „Soziales Milieu, Wunderhaftigkeit wie
auch strukturale Gemeinsamkeiten stellen den Text an die Seite der Gottesmanngeschichten 4,38–44" (370).
   [105] Vgl. CUMMINGS, „House", in: LIVINGSTONE, *Studia Biblica I*, 1979, 119–126.
   [106] Für STIPP ist die Erwähnung des Jordan in 5,10.14 der Grund, dass 6,1–7 in
die schon vorher bestehende „Prophet-Elischa-Sammlung" hineingeschrieben wurde
(vgl. auch COGAN/TADMOR, *2 Kings*, AncB 11, 1988, 70), außerdem spricht nach
STIPP die Verwendung von יאל Hi. als Aufforderungsfloskel wie in 5,23, die ansonsten nur noch drei weitere Male belegt ist, für eine Zusammengehörigkeit mit 2
Kön 5 (370).

Einen Grund, die Einheitlichkeit von 6,1–7 anzuzweifeln, liegt nicht vor[107].

Die folgende Erzählung 6,8–23 zeigt Elischa involviert in die Auseinandersetzung Israels mit den Aramäern. Wieder wechselt das soziale Umfeld, in dem Elischa wirkt. Kriegerische Auseinandersetzungen zwischen Israel und Aram werden als Rahmen für das Wirken Elischas ausdrücklich erwähnt (6,8). Elischa erscheint in enger Verbindung mit dem israelitischen König und sein Wirken beschäftigt auch den König von Aram. Beide werden nicht mit Namen genannt. Dies alles entspricht der Situation in 2 Kön 5. Von den b⁽e⁾nê hannᵉbî'îm ist in diesem Kapitel keine Rede. In V15 wird Elischa von einem Diener begleitet, was bisher schon in 2 Kön 4,8–37*.38–41 der Fall war. In den Folgetexten 8,1–6 und 9,1–13 taucht ebenfalls ein Diener Elischas auf.

6,23b, mit der abschließenden Feststellung, dass keine aramäischen Streifscharen mehr nach Israel eindringen, verbindet diese Erzählung eng mit Kapitel 5, wo erwähnt ist, dass das Mädchen, das Naaman die Information über den Propheten in Samaria gibt, bei einem Streifzug von Aramäern aus Israel verschleppt wurde. Neben dieser Verbindung weist auch die Verwendung der Titel נביא (6,12) und „Gottesmann" (6,9.10.15) für Elischa wie in 2 Kön 5* auf die Zusammengehörigkeit dieser Texte[108]. Elischa erscheint hier in einer politisch-militärischen Funktion, die ihn zum wichtigsten Gegner der Aramäer machen. Dies schafft eine Verbindungslinie zu 2 Kön 2, wo Elischa in der Nachfolge von Elija als Rettergestalt dargestellt ist und ebenfalls zu 2 Kön 13, wo der israelitische König verzweifelt ist angesichts des bevorstehenden Todes des Elischa. Der Grund liegt darin, dass Elischa eine entscheidende Bedeutung im Kampf gegen die Aramäer zugemessen wird. Dabei übt Elischa in 6,9–12 keine andere Funktion aus als die eines divinatorischen Spezialisten, der dem israelitischen König Informationen über die Pläne der Aramäer vermittelt. In der Irreführung der Aramäer zeigt sich dann wieder die Wundermacht Elischas, die wie in 4,8–37* durch das Gebet (פלל

---

[107] Vgl. Stipp, Elischa, ATSAT 24,, 1987, 359.
[108] In 6,12 wird Elischa als הנביא אשר בישראל bezeichnet, was 2 Kön 5,8 entspricht. Zur Verbindung zwischen 6,8–23 und 2 Kön 5 vgl. vor allem Stipp, Elischa, ATSAT 24, 368–370; anders H.-C. Schmitt, Elisa, 101, der diesen Text seiner „Wundergeschichtensammlung" zurechnet, 2 Kön 5* dagegen zu den eigenständigen „Aramäererzählungen".

Hitp.) ausdrücklich an Jhwh gebunden wird. Nur in diesem Text
wird Dotan als Wirkungsort Elischas erwähnt.

In V15b–17 liegt ein Einschub vor. Nur innerhalb dieses Einschubs
wird ein נער als Begleiter Elischas erwähnt[109]. Mit den feurigen
Pferden und Wagen zeigt sich Elischa von einer himmlischen
Streitmacht umgeben, die allerdings nicht für jeden sichtbar ist,
sondern für den Diener erst sichtbar wird nach der Bitte Elischas
an Jhwh, dem Diener die Augen zu öffnen. Die feurigen Pferde
und der Zug, dass es einer besonderen Gabe bedarf, diese
Erscheinung zu sehen, verbindet 6,15b–17 mit 2 Kön 2,11f., wo
ebenfalls das Sehen der feurigen Wagen und Pferde für Elischa
das Zeichen ist, dass seiner Bitte um den Geist des Elija entsprochen wird. Diese Bezüge lassen sich am einfachsten damit erklären, dass der Verfasser, der 2 Kön 2 als Eröffnungserzählung
einer Elischa-Komposition verfasst hat, auch für den Einschub
6,15b–17 verantwortlich ist[110]. Diese Erzählung zeigt Elischa in
einer politisch-militärischen Funktion, die ihn als Streiter gegen
die Feinde Israels erscheinen lässt. Das entspricht der Geistbegabung Elijas und Elischas in 2 Kön 2 und dem Ehrentitel, den
Elija in 2 Kön 2 erhält.

Das Verhältnis zu dem israelitischen König wird als Hilfe für den
König gesehen, anders als in 2 Kön 3, jedoch entsprechend wie in

---

[109] Dies setzt die Textemendation von משרת zu ממחרת voraus, die von einer über-
wiegenden Mehrheit der Exegeten befürwortet wird, vgl. vor allem Schweizer,
Elischa, StANT 37, 1974, 217 (Lit!); Fohrer, *Prophetenerzählungen*, 1977, 102; Rehm,
Buch der Könige 2, 1982, 70; Würthwein, *Bücher der Könige*, ATD 11,2, 1984, 304;
Mommer, „Diener des Propheten", in: Ders., *Recht als Lebensraum*, 1993, 113 Anm
47; anders — aus methodischen Gründen — Stipp, *Elischa*, ATSAT 24, 1987, 322–324,
der durch den Verzicht auf diese Konjektur jedoch den Beginn des Einschubs in
V15 nicht genau bestimmen kann, allerdings der Konjektur „Genialität" attestiert
(334f.).
    Den Einschub bestimmen Galling, *ZThK* 53 (1956), 136f. und Schweizer, *Elischa*,
StANT 37, 1974, 217–219 mit V15–17. Dagegen ist jedoch mit Stipp einzuwenden, dass V18 nicht gut an V14 anschließt; das Problem löst sich aber, wenn man
den Einschub erst mit V15b beginnen lässt. Gegen die Annahme des sekundären
Charakters von V15–17* s. B.O. Long, *2 Kings*, FOTL X, 1991, 83, der jedoch
lediglich auf die unterschiedlichen Abgrenzungen verweist, die die Annahme eines
Einschubs als willkürlich erscheinen lassen.
[110] So jetzt auch S. Otto, *Erzählung*, BWANT 152, 2001, 225; H.-C. Schmitt,
Elisa, 1972, 101, rechnet diesen Einschub, zu dem er auch noch V18*.20 zählt,
einer im 6. Jhd. tätigen „Jahwebearbeitung" zu; für Stipp, *Elischa*, ATSAT 24, 1987,
475, ist dieser Einschub nicht stratifizierbar.

2 Kön 5,1–14; allerdings wird auch deutlich, dass nicht so sehr der
König der entscheidende Mann ist, sondern Elischa. In 2 Kön 6,21
redet der israelitische König Elischa als „mein Vater" an, was noch
einmal in 2 Kön 13,14 geschieht. Auch 2 Kön 13,14–19 steht im
Kontext der Auseinandersetzungen Israels mit den Aramäern.

6,23b ist möglicherweise aufgrund seines Bezuges zu 5,2 auf denjenigen zurückzuführen, der die Elischa-Texte zu einer Komposition
zusammengestellt hat[111].

Die folgende längere Überlieferung in 2 Kön 6,24–7,20 ist wie
schon 2 Kön 5*; 6,8–23* im Rahmen der historischen und für Israel
existenzbedrohenden Kämpfe mit den Aramäern angesiedelt[112]. Der
Name des aramäischen Königs, Ben-Hadad, wird erwähnt, während
der israelitische König, wie bisher üblich, anonym bleibt.

Handlungsort ist wie in 2 Kön 5* und 6,19–23 Samaria. Gruppenpropheten werden nicht erwähnt, dagegen ist Elischa in 6,32 von
Ältesten umgeben. In 6,32–7,3 kommt es zu einer direkten Begegnung
zwischen dem israelitischen König und Elischa. Ansonsten tritt Elischa
im Vergleich mit den anderen Erzählungen stärker in den Hintergrund,
was jedoch nicht heißt, dass er nicht die zentrale Gestalt dieser Überlieferung bleibt.

Samaria wird von den Aramäern unter ihrem König Ben-Hadad
belagert, es kommt zu einer Hungersnot, die grausame Auswirkungen
bis hin zum Kannibalismus hat; sie werden in 6,26–30 plastisch
beschrieben. Elischa erhält neben seinem Eigennamen in 7,2.17.18.19
den Titel „Gottesmann". Der Titel נביא wird nicht benutzt. Auffällig
ist die Häufung des Titels „Gottesmann" am Ende der Überlieferung.

2 Kön 6,24–7,20 kann nicht als Fortsetzung von 6,8–23 gesehen
werden[113]. 6,24 widerspricht der Schlussaussage von 6,23, wonach
keine aramäischen Streifscharen mehr in das Land Israel kamen.
Nun kann man natürlich einwenden, dass Raubzüge der Aramäer
zu unterscheiden sind von einem Feldzug; doch in 6,8–23 geht
es auch darum, dass der Prophet Elischa die Unternehmungen
des aramäischen Königs konterkarieren kann. Davon ist jedoch
in 6,24ff. keine Rede.

---

[111] Vgl. jedoch die Bedenken von B.O. LONG, *2 Kings*, FOTL X, 1991, 83.
[112] ROFÉ, *Stories*, 1988, 63–70, sieht in diesem Text eine "political legenda".
[113] Vgl. z.B. B.O. LONG, *2 Kings*, FOTL X, 1991, 91.

Im Gegensatz zu den vorausgehenden Texten — mit Ausnahme von
2 Kön 3 — fehlt Elischa in diesem Text jegliche wunderhafte Aura,
die bisher kennzeichnend für die Elischa-Texte war[114].

Der Text ist nicht ganz einheitlich. Völlig unverständlich vom
Kontext her ist der plötzliche feindliche Ausbruch des israelitischen
Königs gegenüber Elischa, der vorher noch nicht erwähnt worden
ist (6,31). Genauso unmotiviert ist der harsche Vorwurf seitens des
Propheten, dass es sich bei dem israelitischen König um den „Sohn
eines Mörders" handelt (6,32). Diese Feindschaft zwischen israeliti-
schem König und Elischa ist bisher nur in 2 Kön 3 zu Tage getreten, dort jedoch in Verbindung mit der Bevorzugung des judäischen
Königs, der in 6,24–7,20 aber nicht erwähnt wird. Erstaunlicherweise
wendet sich der König in V33 bittend an Elischa, in einer Art und
Weise, die man eher für den Umgang mit vertrauten Freunden
annimmt. Diese unausgeglichenen Spannungen zum Kontext führen
dazu, in 6,31.32b einen Textzusatz zu sehen[115]. Auf wen diese
Texterweiterung zurückzuführen ist, zeigt die Bezeichnung des israelitischen Königs als „Sohn eines Mörders" in 6,32b. Dies ist eine
Anspielung auf 1 Kön 21,19, wo Elija König Ahab den Vorwurf
macht, sich durch Mord das Grundstück des Jesreeliters Nabot ange-
eignet zu haben[116]. Das bedeutet, dass die Feindschaft zwischen Elischa
und dem israelitischen König in 6,24–7,20 frühestens durch DTR I
in den Text eingefügt worden sein kann. Die Intention ist darin zu
sehen, dass damit ein in sich stimmiges Bild der Beziehung von Elija
und Elischa zu den omridischen Herrschern gewonnen wird.

Umstritten ist auch das Ende der Überlieferung in 7,17–20. 7,17a
könnte gut als Abschluss der Überlieferung verstanden werden[117].
Der Abschluss mit כדבר יהוה hat sich schon in 4,44 gezeigt; dort
wurde ebenfalls wie in 7,1 die Botenformel verwendet.

---

[114] Vgl. auch Stipp, *Elischa*, ATSAT 24, 1987, 370–372; überzogen ist jedoch
seine Deutung, dass 6,24–7,17c erst in das DtrG hineingeschrieben worden sein
soll, was Stipp mit dem unselbständigen Anfang und sprachlichen Beziehungen zu
1 Kön 20 begründet. Das erste Argument ist zu formalistisch. Das folgende Geschehen
hat einen eigenständigen Spannungsbogen, der eindeutig für eine ehemals eigenständige Erzählung spricht. Das zweite Argument der sprachlichen Beziehung zu 1
Kön 20 lässt den Schluss einer Abhängigkeit nicht zu.

[115] Vgl. Schweizer, *Elischa*, StANT 37, 1974, 313–320; Stipp, *Elischa*, ATSAT
24, 1987, 343–358, der jedoch noch V33aα zu der Bearbeitung rechnet.

[116] Auf die Beziehung zu 1 Kön 21 verweist schon Gunkel, *Elisa*, 1925, 54.

[117] So Schweizer, *Elischa*, StANT 37, 1974, 320; Stipp, *Elischa*, ATSAT 24, 1987,
355.

In 7,17b wird noch einmal ausdrücklich auf das Wort des Gottesmannes rekurriert, in einer Formulierung, die ähnlich auch in 2,22; 4,14; 5,14; 6,18 auftaucht: כאשר דבר איש האלהים. Erzähltechnisch überflüssig wird das Wort Elischas noch einmal in V18 wiederholt und ebenso die Entgegnung des Offiziers. Der Tod des Offiziers erscheint in 7,17b–20 wie eine Strafe dafür, dass er dem Wort des Gottesmannes nicht geglaubt hat. Dies erinnert an die harte Bestrafung der Knaben in 2,23–24. An der Autorität Elischas darf nicht gezweifelt werden. Am sinnvollsten lassen sich demnach 7,17b–20 als spätere Texterweiterung verstehen.

Sie hat jedoch eine andere Tendenz als 6,31.32b, so dass beide Erweiterungen nicht derselben Hand zuzuschreiben sind. Diese Texterweiterung beschränkt sich ganz auf die Ereignisse, die in 6,24–7,17a* wiedergegeben sind. Es ist deshalb am ehesten damit zu rechnen, dass die Erzählung 6,24–7,17a* in einem Stadium erweitert worden ist, in dem sie noch eigenständig war. Die Erweiterung betont die absolute Autorität des Gottesmannes Elischa, was auf den Überlieferungskreis der bᵉnê hannᵉbîʾîm verweist, in dem die Erzählungen von Elischa gesammelt und weitertradiert wurden. Dieser Kreis ist auch für die Erweiterung 7,17b–20 verantwortlich[118]. Auf jeden Fall zeigt die positive Darstellung des israelitischen Königs, dass diese Erzählung noch im Nordreich entstanden ist[119]. Im Gegensatz zu 2 Kön 3 ist 6,24–7,20* also in den Kreis der Texte einzubeziehen, die es im Hinblick auf das Verhältnis von König und Prophet noch näher zu beleuchten gilt. Möglich ist es, dass dieser Grundtext in einem anderen Überlieferungskreis entstanden ist, vielleicht in Samaria, wo sich auch der Handlungsort befindet. Ein Hinweis auf den Überlieferungskreis könnte 6,32 sein. Dort zeigt Elischa sich im Kreis der Ältesten. Diese Darstellung findet sich nur hier. Interessant ist dabei, dass von den Ältesten gesagt wird, dass sie *mit* Elischa saßen: ישבים אתו anders als die bᵉnê hannᵉbîʾîm von denen in 4,38; 6,1 berichtet wird, dass sie „vor ihm saßen". Hier spiegelt sich das andere Verhältnis, das Elischa als Vorsteher der Prophetengemeinschaft zu den Gruppenpropheten hatte.

---

[118] Vgl. dazu weiter unten Abschnitt 5.2.1.
[119] So auch H.-C. SCHMITT, *Elisa*, 1972, 52–59, allerdings unter Ausmerzung der Gestalt des Elischa.

In 8,1–6 wird die Reihe der Elischa-Überlieferungen fortgesetzt;
dieses Mal, ohne dass Elischa bei der hier geschilderten Gegebenheit
anwesend wäre. Die Überlieferung setzt die Erzählung von der
Auferweckung des Sohnes der Schunemiterin (2 Kön 4,8–37*) voraus. Dies geht eindeutig aus 8,1.5 hervor. Auf Anraten Elischas hat
sich die Schunemiterin für sieben Jahre bei den Philistern aufgehalten, um einer Hungersnot auszuweichen. Als sie zurückkommt, erbit-
tet sie Rechtshilfe beim König (צעק)[120]; offensichtlich sind ihre Güter
eingezogen worden, durch wen genau, wird leider nicht gesagt. Elischa
erscheint durch die Ankündigung der Hungersnot in einer divinatorischen Funktion gegenüber der Frau, wie schon in 4,8–37*. Wie er
dort die Geburt des Sohnes angekündigt hat, so rät er der Schunemiterin in 8,1–6, einer kommenden Hungersnot durch „Auswanderung"
zu entgehen. Deutlich wird in 8,2 hervorgehoben, dass sie das Wort
des Gottesmannes Elischa befolgt: ותעש כדבר איש האלהים. Ausdrücklich auf das Prophetenwort wurde schon in 2,22; 5,14; 7,17 verwiesen (vgl. auch 1 Kön 17,1.15). Dies spricht dafür, dass 8,1–6 im
Zusammenhang der vorhergehenden Elischa-Erzählungen zu verstehen ist[121]. Gehasi, der schon in 2 Kön 4,8–37* in der Funktion eines
נער Elischas aufgetaucht ist, ist in dieser Funktion auch in 8,4 wieder erwähnt. Seine Gestalt ist hier wie in 2 Kön 4 positiv gezeichnet, anders als in der Ergänzung 2 Kön 5,15–27.

Dass Gehasi hier so ungezwungen mit dem König plaudern kann,
setzt eine angesehene Stellung des Kreises um Elischa bei dem israelitischen König voraus. Am besten lässt sich dies auf dem Hintergrund
von 2 Kön 5,1–14 und 6,8–23* verstehen.

Der Text von 8,1–6 ist einheitlich; es besteht kein Grund, Verse
oder Versteile aus der Erzählung zu entfernen[122].

H.-C. Schmitt versteht diesen Text als Abschluss der Wundergeschichtensammlung 2 Kön 4–8*. Dass es sich um einen Abschluss-

---

[120] Vgl. dazu Boecker, *Recht*, 1976, 42; Boecker hält es für möglich, dass ihr
Land der Krone zugefallen war; vgl. auch Niemann, *Herrschaft*, FAT 6, 1993, 74f.166f.
[121] Vgl. auch Stipp, *Elischa*, ATSAT 24, 1987: „Die Titelverwendung für Elischa
wie auch das Milieu entsprechen 4,8–37" (373). Wie Stipp allerdings zu der
Feststellung kommt: „Es geht aber nicht um Fragen von politischem Rang, sondern
um das private Schicksal der Schunemiterin" (ebd., 373), ist mir schleierhaft. Sind
Eigentumsfragen keine politischen Fragen oder bedeutet Politik nur Schlachten-
getümmel?
[122] Vgl. dazu Stipp, *Elischa*, ATSAT 24, 1987, 359; vor allem seine Auseinandersetzung mit H.-C. Schmitt und Würthwein, ebd., 359 Anm 2.

text handelt, ist für SCHMITT evident, da hier der Tod Elischas
vorausgesetzt sei[123]. Doch steht davon nichts im Text[124]. Genausogut
kann ein Auslandsaufenthalt des Elischa im Hintergrund stehen.
Und in der Tat berichtet der nächste Text 8,7–15, dass Elischa
sich in der Nähe von Damaskus aufhält. Es gibt demnach keinen
Grund, die Komposition der Elischa-Überlieferungen mit 8,1–6
abbrechen zu lassen[125].

Die folgende Episode zeigt Elischa in der Nähe von Damaskus. Der
aramäische König Ben-Hadad ist erkrankt und man hinterbringt ihm
die Anwesenheit des Gottesmannes, was ihn zu einer Konsultation
Elischas durch Hasael veranlasst. Dies ist ähnlich geschildert wie in
2 Kön 5. Elischa erscheint hier in einer normalen divinatorischen
Funktion; er wird befragt im Hinblick auf den Ausgang einer Krankheit;
einen wunderhaften Charakter hat diese Erzählung nicht. Die Praxis
der Entlohnung eines Divinators wird fraglos vorausgesetzt, wie schon
in 2 Kön 5,5. Euphemistisch wird diese Bezahlung als Geschenk
(מנחה) bezeichnet (8,8.9). Die Anfrage wird als JHWH-Anfrage verstanden, der auch ansonsten begegnende *terminus technicus* דרש את־יהוה
wird hier verwendet.

In V9 kann man erwägen, ob die Angabe der vierzig Kamele
nicht übertrieben ist, doch entscheidend ist eine Ausscheidung für

---

[123] Vgl. H.-C. SCHMITT, *Elisa*, 1972, 73.109; vgl. auch noch ROFÉ, *Stories*, 1988,
26.32f.; THIEL, „Jahwe", in: HAUSMANN/ZOBEL, *Alttestamentlicher Glaube*, 1992, 97 Anm
22; MOMMER, „Diener des Propheten", in: DERS., *Recht als Lebensraum*, 1993, 110–112.

[124] Vgl. dazu STIPP, *Elischa*, ATSAT 24, 1987, 476 Anm 8, der richtigerweise
schreibt: „Ihre (scil. der Autoren, die hier den Tod des Elischa voraussetzen) einzige Stütze im Text ist der Umstand, dass Elischa nicht auftritt". Auch B.O. LONG,
2 Kings, FOTL X, 1991, 98, betont, dass der Tod Elischas nicht vorausgesetzt sei.

[125] Genausowenig überzeugend sind die kompositionsgeschichtlichen Schlüsse von
STIPP zu 8,1–6.7–15 und 13,14ff., die er selbst als „vage" bezeichnet. Oder passen
diese Überlieferungen nicht in das kompositionsgeschichtliche Modell von STIPP, das
ausgeht von einer strikten Trennung bei der Benutzung des Gottesmann- und des
Nabi-Titels, denen er jeweils bestimmte Milieus zuordnet? Die strikte Zuordnung
wird schon in 2 Kön 8,1–6 aufgesprengt (König kommt vor); dabei behilft sich
STIPP noch damit, die Frage der unrechtmäßigen Aneignung von Eigentum und
deren Rückgabe als privates Schicksal der Schunemiterin zu verstehen. Vollends
zeigt sich jedoch in 8,7–15, dass der Gottesmanntitel auch im politischen Milieu
verwendet wird, was STIPP zu der wenig aussagekräftigen Feststellung führt, dass
der Gottesmann-Titel seines „im Elischa-Zyklus typischen Milieus" enthoben sei.
Auch die Meinung von S. OTTO, *Erzählung*, BWANT 152, 2001, 234f., dass aufgrund der Metaebene, die der Text einnimmt, hier ein Abschlusscharakter gegeben
sei, ist wenig plausibel. Warum kann innerhalb eines längeren Textes nicht eine
andere Ebene eingenommen werden? Sie ordnet den Text einer späten Überarbeitung zu, wofür im Text selbst keine Anhaltspunkte gegeben sind.

das Verständnis von 8,7–15 nicht[126]. Gegen die Entfernung von 8,11b–
3a durch H.-C. SCHMITT hat schon RUPRECHT das Nötige gesagt[127].

> WÜRTHWEIN und HENTSCHEL sehen in diesem kurzen Text Anhalts-
> punkte für einen mehrstufigen Wachstumsprozess[128]. Zunächst sei
> von einer Anfrage Hasaels berichtet worden, ob König Ben-Hadad
> von Damaskus von seiner Krankheit genesen werde. Den positi-
> ven Bescheid überbringt Hasael, doch bringt er den König um
> und setzt sich selbst auf den Thron (2 Kön 8,7.9.10a.14–15). Dass
> Hasael von Elischa als König gesehen wird, wird als spätere
> Ergänzung deklariert. Doch verliert die Erzählung damit ihren
> eigentlichen Gehalt. Sie will ja zeigen, dass JHWH durch Elischa
> auch in Damaskus wirkt und dass JHWH auch die Hintergründe
> des Geschehens in Damaskus in der Hand hält, was ja schon in
> 5,1 angedeutet wird, wo die Siege Naamans auf JHWH zurückge-
> führt werden.

Dass in 2 Kön 8,7–15 kein historischer Bericht vorliegt, ist klar. Das
bedeutet jedoch nicht, dass man diesen Text spät datieren muss. Als
terminus ad quem ist die von H.-C. SCHMITT erwogene Frühzeit Jerobeams
II. anzunehmen[129]. Er passt sich ein in das in der bisherigen Komposition gezeichnete Bild des Umgangs mit den Aramäern, das bei
aller Feindschaft keinen hasserfüllten Umgang kennt (vgl. 6,8–23*).
Mit Hasael wird dies anders (2 Kön 10,32f.).

Neben dem Titel „Gottesmann" spricht auch die Konstruktion
dieser Erzählung, die Elischa in einer Rolle zeigt, die historisch nicht
vorstellbar ist, für die Entstehung im Milieu der *benê hanneḇî'îm*, die
ihrem Meister eine entscheidende politische Rolle zuschreiben, auch
über die Grenzen Israels hinaus. Von daher ist 8,7–15 gut als
Fortsetzung der bisherigen Komposition verständlich. In die gleiche
Richtung weist die Bezeichnung Ben-Hadads in der Rede Hasaels

---

[126] Vgl. dazu STIPP, *Elischa*, ATSAT 24, 1987, 359.

[127] Vgl. RUPRECHT, *VT* 28 (1978), 77, der sich auch insgesamt gegen die
Gottesmannbearbeitung durch SCHMITT ausspricht; vgl. ebenfalls STIPP, *Elischa*,
ATSAT 24, 1987, 359 Anm 3; S. OTTO, *Erzählung*, BWANT 152, 2001, 220.

[128] Vgl. WÜRTHWEIN, *Bücher der Könige*, ATD 11,2, 1984, 318–321; HENTSCHEL,
2 Könige, NEB, Lieferung 11, 1985, 34–36.

[129] Vgl. H.-C. SCHMITT, *Elisa*, 1972, 108; die von S. OTTO, *Erzählung*, BWANT
152, 2001, 102f. im Anschluß an KOTTSIEPER erwogene Verbindung Elischas zu
den Aramäern auf dem Hintergrund der Tell Dan Inschrift, die Hasael für den
Tod der Omriden verantwortlich macht, ist möglich, bleibt aber aufgrund fehlen-
der näherer Belege spekulativ.

als „Sohn" Elischas (8,9), die 6,21 und 13,14 korrespondiert, wo die israelitischen Könige Elischa als „Vater" anreden und ebenso die Selbstbezeichnung Hasaels als „Hund" gegenüber Elischa (8,13), der von Hasael auch als „Herr" angeredet wird.

Die nun folgende Erzählung von der Revolution des Jehu weist gegenüber den bisherigen Elischa-Geschichten die Besonderheit auf, dass eine klar erkennbare dtr Redaktionsarbeit vorliegt. Der Text 2 Kön 9–10 ist im Bezugssystem der grundlegenden dtr Redaktion der Königsbücher verankert. Deutlich wird dies schon dadurch, dass ohne diesen Text eine Eingangsnotiz für Jehu bei DTR I fehlen würde[130].

Einigkeit herrscht darüber, dass zumindest Teile des vorliegenden Textes auf alte Nordreichtraditionen zurückgehen[131]. Der Umfang dieser alten Überlieferung ist allerdings umstritten[132].

Es ist deshalb notwendig, die diachrone Analyse ausführlicher durchzuführen. Eine ins Detail gehende Untersuchung erübrigt sich jedoch, da die literarkritischen Probleme in 2 Kön 9–10 in neuerer Zeit mehrfach monographisch behandelt worden sind[133]. Beherzigenswert ist dabei der Hinweis von ALBERTZ: „Leider ist auch diese prächtige Erzählung immer weiter unter die gewetzten Messer der begeisterten Literarkritiker geraten"[134].

---

[130] Bei WÜRTHWEIN, *Bücher der Könige*, ATD 11,2, 1984, 510, der dies bestreitet, findet sich ohne nähere Begründung die Annahme, dass die Jehuerzählung die ursprüngliche Eingangsnotiz verdrängt habe; zur weiteren Begründung der Zugehörigkeit zur grundlegenden dtr Redaktion vgl. MINOKAMI, *Jehu*, GTA 38, 1989, 9–16 (dort nach dem Göttinger Modell als DtrH bezeichnet), ebs. S. OTTO, *Erzählung*, BWANT 152, 2001, 114–117.

[131] Dies gesteht sogar WÜRTHWEIN, *Bücher der Könige*, ATD 11,2, 1984, 339, zu, der allerdings weite Teile des Textes erst auf dtr Verfasser zurückführt. BARRÉ, *Rhetoric*, CBQ.MS 20, 1988, 52–54, nimmt eine judäische Verfasserschaft an, unter der Voraussetzung allerdings, dass 2 Kön 9–11* eine vordtr Komposition darstellen, die den Herrschaftsantritt Jehus im Nordreich mit der ebenfalls gewaltsam durchgeführten Thronbesteigung Joaschs im Südreich kontrastiert; die Gründe für die Zusammengehörigkeit einer Grundschicht, die auch noch die Ereignisse um die Omridentochter Atalja im Südreich umfaßt, sind jedoch nicht überzeugend, vgl. ROFÉ, *Bib.* 71 (1990), 260–262; MULZER, *Jehu*, ATSAT 37, 1993, 1f.

[132] Die literarkritischen Modelle zur Grundschicht finden sich übersichtlich zusammengefaßt bei MULZER, *Jehu*, ATSAT 37, 1993, 299f. Anm 242; die neuesten ausführlichen diachronen Untersuchung dieses Textes finden sich bei BECK, *Elia*, BZAW 281, 1999, 192–211, und S. OTTO, *Erzählung*, BWANT 152, 2001, 40–74, vgl. die Zusammenfassung 74.

[133] Vgl. BARRÉ, *Rhetoric*, CBQ.MS 20, 1988; MINOKAMI, *Jehu*, GTA 38, 1989; MULZER, *Jehu*, ATS AT 37, 1993 und S. OTTO, *Erzählung*, BWANT 152, 2001.

[134] ALBERTZ, *Religionsgeschichte*, GAT 8/1, 1992, 242 Anm 67.

Die Schwierigkeiten zeigen sich schon am Anfang des Textes. Der Kapiteleinteilung in MT folgend wird meist in 9,1 der Anfang der Überlieferung gesehen. Allerdings fehlen dann einige Hintergrundinformationen, die erst im Laufe des nachfolgenden Textes gegeben werden. So wird der Anlass, der Elischa zum Salbungsauftrag an den Gruppenpropheten führt, in 9,14.15a mitgeteilt, Verse, die meist als spätere Ergänzung eingestuft werden. Dies führt dazu, dass der Anfang des Grundtextes schon in 8,28 gesehen wurde[135]. Die Gründe überzeugen jedoch nicht, von dem üblichen Textanfang in 9,1 abzuweichen[136].

Ein erster größerer Abschnitt schildert in 9,1–15a die Salbung Jehus in Ramot-Gilead durch ein Mitglied der *bᵉnê hannᵉbîʾîm* im Auftrag Elischas.

Innerhalb von V4 zeigt sich mit הנער הנער הנביא ein Doppelung; beide Aussagen können kaum nebeneinander im ursprünglichen Text gestanden haben. Am sinnvollsten ist es, הנער als Dittographie textkritisch aus dem Text zu entfernen[137].

---

[135] Zunächst Jepsen, *AfO* 14 (1941/44), 156 Anm 13; in neuerer Zeit hat dann Würthwein, *Bücher der Könige*, ATD 11,2, 1984, 328, in 2 Kön 8,28 den Einsatz der alten Überlieferung gesehen; ebs. B.O. Long, *2 Kings*, FOTL X, 1991, 114; De Vries, *Prophet*, 1978, 67.90 hält 8,29b für den Anfang der Erzählung; ausführlich begründet wird der Textanfang in 8,28 jetzt von Mulzer, *Jehu*, ATSAT 37, 1993, 215–222. In der Tat würde ein Textbeginn mit 8,28*.29* die Hintergrundsituation erhellen. Doch stellt sich die Frage, ob es nicht vom Verfasser gewollt sein kann, die Informationen erst in nachholender Weise zu liefern. Eine entsprechende Darstellungsweise wurde auch schon in der Elija-Überlieferung 1 Kön 17–18* erkannt; der Anlaß für die Dürre wird erst im Laufe der DKK ersichtlich. Außerdem wird auch bei der Annahme des Texteinsatzes in 8,28* nicht deutlich, warum Elischa einen Aufstand gegen Joram initiiert. Das Motiv für das Handeln Elischas ergibt sich erst aus der weiteren Erzählung. Dass die „Schwäche des Königs", die in V29a* erwähnt ist, eine ausreichende Begründung für das Handeln Elischas darstellt, wie Mulzer insinuiert (220 Anm 26), ist nicht nachvollziehbar. Die ungenügende Vorstellung Jorams, der in 9,14 erstmals erwähnt wird, ist ebenfalls kein ausreichender Grund, mit einem Texteinsatz vor 2 Kön 9,1 zu rechnen. Auch die erstmalige Erwähnung Ahabs in der DKK (1 Kön 17,1*) verzichtet auf eine ausdrückliche Vorstellung. Begründen lässt sich die nur namentliche Erwähnung von Joram ohne weiteren Titel auch durch die unverkennbar negative Sicht, die der Verfasser gegenüber den Omriden einnimmt. Eine andere Lösung wählt Barré, *Rhetoric*, CBQ.MS 20, 1988, 11–13, der 9,14.15a an den Anfang des Textes versetzt; hiergegen erheben sich jedoch methodische Bedenken.

[136] Vgl. auch Minokami, *Jehu*, GTA 38, 1989, 22–25; S. Otto, *Erzählung*, BWANT 152, 2001, 47–50.

[137] Vgl. Mulzer, *Jehu*, ATSAT 37, 1993, 57f.; anders Timm, *Dynastie Omri*, FRLANT 124, 1982, 137, der הנער im ursprünglichen Text belässt.

Die Kennzeichen dtr Diktion und die nahtlose Fortsetzung des Textes von V6 in V10b lassen V7–10a als dtr Erweiterung erkennen[138]. Diese Erweiterung ist jedoch nicht einheitlich[139]. Auf dem Hintergrund der Ergebnisse zu den Elija-Überlieferungen ist zu sehen, dass die Prophetentötungsaussage erst auf eine zweite „dtr" Redaktion zurückgeht. Die Aussagen gegen das „Haus Ahab" in 9,7a.8.9 entsprechen den Vernichtungsansagen an die Nordreichsdynastien in 1 Kön 14; 16; 21. Auf sie wird in 9,9 auch ausdrücklich Bezug genommen. Demnach gehören 9,7a.8.9 zu DTR I. Mit der Prophetentötung in 9,7b wird Isebel belastet. Als Gegnerin, die ein schmähliches Ende verdient hat, wird Isebel auch in V10a gezeigt. V7b.10a gehören demnach zu einer zweiten „dtr" Redaktionsschicht, die möglicherweise identisch ist mit der ebenfalls Isebel belastenden zweiten „dtr" Bearbeitungsschicht in den Elija-Überlieferungen[140].

In V14.15a wird die Szene abgeschlossen und gleichzeitig eine Information zur Lage Israels und des amtierenden Königs Joram gegeben. Von der überwiegenden Mehrheit werden diese Verse als Bearbeitung abgetrennt[141]. Doch sind diese Verse neben der notwendigen Hintergrundinformation auch wichtig als Vorbereitung der kommenden Szene, die in Jesreel spielt[142]. Nur so wird die Aussage Jehus in V15b verständlich, der niemanden nach Jesreel entkommen lassen will. Der erneute Hinweis auf den Aufenthaltsort Jorams in

---

[138] Vgl. vor allem W. Dietrich, *Prophetie*, FRLANT 108, 1972, 12f.; H.-C. Schmitt, *Elisa*, 1972, 19–21; dort auch eine Auseinandersetzung mit der älteren Literatur; Hentschel, *2 Könige*, NEB, Lieferung 11, 1985, 41f.; Würthwein, *Bücher der Könige*, ATD 11,2, 1984, 329f.; Barré, *Rhetoric*, CBQ.MS 20, 1988, 9–11; Minokami, *Jehu*, GTA 38, 1989, 53–55. Möglicherweise gehen auch die Erweiterungen im Salbungsbefehl in V6 auf diese Bearbeitung zurück, vgl. Minokami, *Jehu*, GTA 38, 1989, 53 passim; Mulzer, *Jehu*, ATSAT 37, 1993, 226ff.; S. Otto, *Erzählung*, BWANT 152, 2001, 41–44.

[139] Vgl. Campbell, *Prophets*, CBQ.MS 17, 1986, 36f.; Barré, *Rhetoric*, CBQ.MS 20, 1988, 9–11; Minokami, *Jehu*, GTA 38, 1989, 53–55.59–62; Würthwein, *Bücher der Könige*, ATD 11,2, 1984, 329f.; Mulzer, *Jehu*, ATSAT 37, 1993, 226–230.

[140] Ebs. Würthwein, *Bücher der Könige*, ATD 11,2, 1984, 329f.; Mulzer, *Jehu*, ATSAT 37, 1993, 229f. Anm 50, sieht in der Textschichtung aufgrund der unterschiedlichen Adressaten „Haus Ahab" bzw. „Isebel" ein unstatthaftes, weil inhaltliches, literarkritisches Kriterium; S. Otto, *Erzählung*, BWANT 152, 2001, 43, sieht allein in V7b einen nachdtr Zusatz.

[141] Vgl. neben H.-C. Schmitt, der V14.15a seiner „annalistischen Bearbeitung" zuschreibt, zuletzt Minokami, *Jehu*, GTA 38, 1989, 26–29; Mulzer, *Jehu*, ATSAT 37, 1993, 215–219.

[142] Vgl. auch B.O. Long, *2 Kings*, FOTL X, 1991, 116f.

V16 kommt nach dieser Aussage zu spät, wenn 9,14–15a aus dem Grundtext entfernt werden. Es ist deshalb erforderlich, V14.15a im ursprünglichen Text zu belassen[143].

Dass in 9,1–13 ein eigenständiger Text (Prophetenanekdote) bzw. eine durch DtrP gestaltete Erweiterung vorliegt, wie verschiedentlich behauptet wurde und wird[144], lässt sich nicht erweisen. Viele Fragen blieben einfach ungelöst, die notwendigerweise beantwortet werden müssen. Wie verlief der Aufstand weiter? War er erfolgreich? Diese Fragen werden in dem folgenden Text beantwortet und es gibt literarkritisch keinen Grund, nach V13 eine Zäsur zu setzen[145].

Der folgende Abschnitt 9,15b–29 schildert das Ende der beiden Könige Joram und Ahasja. Gegen die Ursprünglichkeit von 9,22 sprechen sich Würthwein und ihm folgend Minokami aus[146]. Als einziges Argument dient Würthwein der Sprachgebrauch, nämlich dass זנה als Bezeichnung des Baaldienstes erst bei Hosea begegne und כשף auch erst spät belegt sei. Derart unspezifische Argumente, die sich einzig auf das Vorkommen zweier Worte stützen, können für die Begründung einer nachträglichen Einfügung nicht ausreichen.

Skeptisch zu beurteilen ist auch die Abtrennung von 9,25f. aus dem Grundtext[147]. Die gegenüber 1 Kön 21 eigenständigen Angaben weisen auf eine selbständige Tradition[148]. Die Argumentation von Timm, die sich auf den Sprachgebrauch stützt und V25b.26 in der Nachfolge der dtr Wort-Gottes-Theologie einordnen möchte[149], V25a

---

[143] Vgl. auch Timm, *Dynastie Omri*, FRLANT 124, 1982, 137f., der damit die annalistische Bearbeitung von H.-C. Schmitt abweisen möchte und Albertz, *Religionsgeschichte*, GAT 8/1, 1992, 242 Anm 67; S. Otto, *Erzählung*, BWANT 152, 2001, 66–68.
[144] Vgl. die bei Mulzer, *Jehu*, ATSAT 37, 222f. Anm 92 aufgeführten Autoren, zu denen noch Hentschel, *2 Könige*, NEB, Lieferung 11, 1985, 42f. zu rechnen ist.
[145] Vgl. dazu Mulzer, *Jehu*, ATSAT 37, 1993, 222–224; S. Otto, *Erzählung*, BWANT 152, 2001, 64f.
[146] Vgl. Würthwein, *Bücher der Könige*, ATD 11,2, 1984, 333; Minokami, *Jehu*, GTA 38, 1989, 42.
[147] So H.-C. Schmitt, *Elisa*, 1972, 25–27; ebenso Minokami, *Jehu*, GTA 38, 1989, 34–43; Mulzer, *Jehu*, ATSAT 37, 1993, 233–236, verbunden mit der Ausscheidung von 9,21b, wo mit dem Treffen von Joram und Ahasja Jehu auf dem Acker Nabots die Aussage V25–26 vorbereitet wird.
[148] Vgl. dazu H.-C. Schmitt, *Elisa*, 1972, 25f.; Bohlen, *Fall Nabot*, TThSt 35, 1978, 279–301.
[149] Vgl. Timm, *Dynastie Omri*, FRLANT 124, 1982, 140f.

aber zum ursprünglichen Text rechnet, kann eine literarkritische Argumentation nicht ersetzen. Das weitere Argument von H.-C. Schmitt, dass nur in 9,25f. sich der königliche Absolutismus zeigt, kann ebensowenig überzeugen[150]. Darf es nur ein einziges Motiv für einen Umsturz geben? Für eine Zuordnung von 9,21b*.25f. zu einer „Naboth-Bearbeitung", die bald nach der Entstehung des Grundtextes erfolgte, spricht sich S. Otto aus[151]. Doch ist auch hier zu sagen, dass die literarkritischen Gründe, die im wesentlichen auf einer Unterbrechung des Geschehensablaufes beruhen, eine Entfernung aus dem Grundtext nicht erforderlich machen. Warum kann der Autor innerhalb dieses doch recht umfangreichen Textes nicht auch einmal über den unmittelbaren Textzusammenhang hinausgreifen? 2 Kön 9,25–26 ist demnach zum ursprünglichen Text zu rechnen, wobei hier ein ehemals eigenständiges Prophetenwort aufgegriffen wurde.

Die Notiz 9,28, dass der judäische König Ahasja nach Jerusalem gebracht wurde, ist wohl DTR I zuzuschreiben. Sie entspricht der üblichen Begräbnisformulierung bei den Königen. V29 konkurriert mit der Angabe in 8,25; möglicherweise ist 9,29 eine spätere Glossierung[152].

> Dass Jehu den judäischen König und später auch die judäischen Prinzen umbringen lässt, dürfte nicht nur auf besondere Grausamkeit oder den Blutrausch solcher Ereignisse zurückzuführen sein. Wie die spätere Entwicklung in Juda zeigt, wo Atalja offenbar die omridische Herrschaft fortsetzen will (2 Kön 11), schaltete Jehu damit auch mögliche Thronanwärter aus.

Nach der Ermordung der beiden Könige schließt sich in 9,30–37 der Bericht über das Ende der Isebel an. Dass dies so ausführlich geschieht, ist auf dem Hintergrund der Aussage in 9,22 verständlich. Innerhalb dieses Abschnittes gehören V36–37 zur dtr Redaktion. Dies hat schon H.-C. Schmitt übezeugend nachgewiesen[153]. Der Bezug auf ein Elijawort gegen Isebel (vgl. 1 Kön 21,23) zeigt, dass

---

[150] Vgl. H.-C. Schmitt, *Elisa*, 1972, 26.
[151] Vgl. S. Otto, *Erzählung*, BWANT 152, 2001, 55–64.
[152] Vgl. Timm, *Dynastie Omri*, FRLANT 124, 1982, 138f.; S. Otto, *Erzählung*, BWANT 152, 2001, 51f.
[153] Vgl. H.-C. Schmitt, *Elisa*, 1972, 21f.; dort auch Hinweise auf ältere Literatur; ebs. Timm, *Dynastie Omri*, FRLANT 124, 1982, 137.

diese Verse zur zweiten „dtr" Redaktion zu rechnen sind[154]. Ansonsten sind keine weiteren Ergänzungen in diesem Abschnitt zu erkennen.

In 10,1–17 wird nun von der Vernichtung der übrigen Angehörigen des Omridengeschlechtes berichtet.

Die Verse 10–11 und 17aβb gehören aufgrund ihrer Sprachgestalt und Funktion (Weissagungshinweis) eindeutig zur dtr Redaktion[155]. Aufgrund ihres Bezuges zur Androhung der Vernichtung des „Hauses Ahab" durch Elija ist hier mit DTR I zu rechnen.

Eine weitergehende Aufteilung wie bei Würthwein, der auch V12–14 und V15–16 zu verschiedenartigen Nachträgen erklärt, ist unnötig[156].

> Jehu rottet nun alle potentiellen Thronanwärter der Omriden aus. An der Historizität des Geschehens ist nicht zu zweifeln. Bei allem Grausen über diese Praxis, die nicht beschönigt geschildert wird, sollte man sich vor Augen halten, dass Jehu auch nichts anderes tat als andere Herrscher vor ihm, die sich des Thrones gewaltsam bemächtigten (1 Kön 15f.). Es ging darum, potentielle Anwärter auf den Thron von vornherein auszuschalten. Wenn nach der relativ langen Herrschaft der Omriden die Nachkommenschaft sehr zahlreich war und eine — aus der Sicht Jehus — glückliche Fügung ihm auch den judäischen König und die judäischen Prinzen auslieferte, so ist daraus allein noch nicht auf einen besonders grausamen Charakter zu schließen[157].

Interessant ist die Begegnung Jehus mit Jonadab ben Rechab, die zeigt, dass es Jehu darum ging, die traditionsbewussten Jhwh-treuen Kreise als Verbündete zu gewinnen. Jehu demonstriert Jonadab seinen „Eifer für Jhwh" (10,16). Auch hier zeigt sich durchaus glaubwürdig die religiös motivierte und sozial fundierte Spaltung in Israel am Ende der Omridenherrschaft. Einen Grund, diese Begegnung als nachträgliche Ergänzung einzustufen, gibt es nicht.

Fortgesetzt wird der Text dann in 10,18–28 mit der Vernichtung

---

[154] Vgl. auch Minokami, *Jehu*, GTA 38, 1989, 59–62.

[155] Vgl. zu 10,10–11 Würthwein, *Bücher der Könige*, ATD 11,2, 1984, 337; Timm, *Dynastie Omri*, FRLANT 124, 1982, 137f.; zu V17* am ausführlichsten H.C. Schmitt, *Elisa*, 1972, 22; s. jetzt auch S. Otto, *Erzählung*, BWANT 152, 2001, 45–47.

[156] Die Gegenargumente schon bei H.-C. Schmitt, *Elisa*, 1972, 28f.

[157] Allerdings zeigt die Darstellung in 9,34 — nach der Ermordung Isebels —, wo Jehu sich in den Palast begibt, um zu essen und trinken, nicht gerade ein feinfühliges Charakterbild.

der Baalverehrer in Samaria. Die Zugehörigkeit dieses Abschnittes zur Grunderzählung in 2 Kön 9 ist in neuerer Zeit vor allem von WÜRTHWEIN und MINOKAMI in Frage gestellt worden[158]. Demgegenüber sind jedoch die Gründe stärker zu bewerten, die für die Zugehörigkeit dieses Abschnittes zur Grundschicht sprechen, zumal 10,17aα kaum einen befriedigenden Abschluss der Umsturzereignisse darstellt[159].

Jehu lässt die Baalverehrer im Baaltempel zusammenkommen und täuscht sie mit dem Hinweis, dass er Baal mehr verehren wird als vor ihm König Ahab. Als sie im Baaltempel versammelt sind, lässt er sie töten (10,18–25a). Das radikale und konsequente Vorgehen entspricht der Handlungsweise Jehus in den vorhergehenden Abschnitten. Von Skrupeln ob des vielen Blutes erscheint er nicht geplagt. Der Abschnitt ist im wesentlichen einheitlich[160].

Die Zugehörigkeit der abschließenden Verse 25b–27, die die Zerstörung des Baaltempels schildern, hat vor allem HOFFMANN bezweifelt. Sein Hauptargument dabei ist, dass der in 10,17–25a vorherrschende berichtende Stil ab V25b in eine Aufzählung übergeht. Er rechnet V25b–27 aufgrund sprachlicher Indizien und der gleichen mehrstufigen Abfolge der Ereignisse zu den dtr gestalteten Kultreformnotizen[161]. Gegen die Auffassung von HOFFMANN sind jedoch mehrere Bedenken geltend zu machen:

1. Die Stiländerung von 10,25b–27 in Vergleich zu 10,17–25a ergibt sich aus dem Inhalt selbst. Die Zerstörung des Baaltempels erfordert eben stärker als die Darstellung der Tötung der Baalsverehrer einen aufzählenden Stil. Demnach kann dies nicht als literarkritisches Kriterium gewertet werden.

---

[158] Vgl. WÜRTHWEIN, *Bücher der Könige*, ATD 11,2, 1984, 341f.; MINOKAMI, *Jehu*, GTA 38, 1989, 96f.; ebenfalls ROFÉ, *Stories*, 1988, 81; weitere Literatur bei MULZER, *Jehu*, ATSAT 37, 1993, 272 Anm 200.
[159] Vgl. dazu die Darlegungen bei MULZER, *Jehu*, ATSAT 37, 1993, 271–276; S. OTTO, *Erzählung*, BWANT 152, 2001, 71–73.
[160] Vgl. MULZER, *Jehu*, ATSAT 37, 1993, 261–271; die vorhandenen Spannungen lassen sich durch die Ausscheidung weniger Teilverse beheben. Zu den sekundären Textelementen gehören nach MULZER 10,19b.20(ohne ויקרא).21aα und die Einfügung der Bezeichnungen רצים und שלשים in V25; die Einheitlichkeit von 10,18–25a betont auch S. OTTO, *Erzählung*, BWANT 152, 2001, 73; anders jetzt W. DIETRICH, *ThZ* 57 (2001), der damit rechnet, dass die ursprüngliche Vernichtung der Baalverehrer in der Schicht der Eliten sekundär auf alle Baalverehrer in Israel ausgedehnt wurde.
[161] Vgl. HOFFMANN, *Reform*, AThANT 66, 1980, 99–102; ihm folgen BARRÉ, *Rhetoric*, CBQ.MS 20, 1988, 21; BECK, *Elia*, BZAW 281, 1999, 203 (DtrS); S. OTTO, *Erzählung*, BWANT 152, 2001, 54f.

2. Die sprachlichen und strukturellen Bezüge zu dtr Texten sind nicht überzeugend. Die Termini נתץ für die Beseitigung anstößiger Kultobjekte und שׂרף in Verbindung mit einem eigentlich unbrennbaren Objekt reicht zum Beleg für eine dtr Verfasserschaft nicht aus. Dass נתץ mit dem Objekt מזבח nur in 2 Kön 10,27 belegt ist, und dass vom Verbrennen einer מזבח nur in 2 Kön 10,26 die Rede ist, mahnt zur Vorsicht[162]. Die Ähnlichkeit im Ablauf zu 2 Kön 23,4ff. ergibt sich durch die Ähnlichkeit des Vorganges; zudem ist die dtr Verfasserschaft der Kultreformnotizen in 2 Kön 23,4ff. nicht erwiesen, da durchaus mit einer Vorlage gerechnet werden kann, die dem Text von DTR I vorausgeht[163].

3. Die Abtrennung von V25b–27 lässt die Frage offen, was mit dem Baaltempel in Samaria geschehen ist. Die Zerstörung des Baaltempels hat nicht nur einen Bezug zu der dtr Notiz in 1 Kön 16,32, wo die Errichtung des Baaltempels in Samaria berichtet wird. Die Zerstörung des Tempels wird in 2 Kön 10,24 nicht erwähnt. Dies hat seinen Grund darin, dass in V24 kein Auftrag vorliegt, den Jehu gibt, wie HOFFMANN suggerieren möchte[164], sondern eine Mahnung, niemanden entkommen zu lassen.

Die Gründe machen deutlich, dass die Verse 25b–27 zum ursprünglichen Text zu rechnen sind[165].

Mit der Vernichtung der Baalverehrer in Samaria und der Zerstörung des Baaltempels endet der Text von der Revolution des Jehu. Zusammenfassend wird in V28 die Wertung vorgenommen, dass Jehu den Baal aus Israel ausgerottet habe.

Insgesamt hat die literarkritische Betrachtung dieser Elischa-Überlieferung eine relativ einfache Textschichtung ergeben.

Der Grundtext liegt in 9,1–4*.5–6*.10b–27.30–36a; 10,1–9.12–17abα.18–28* vor.

Eine erste dtr Bearbeitung umfasst 9,6*.7a.8–9.28; 10,10–11.17bβ; diese Bearbeitung ist mit der grundlegenden dtr Redaktion, also DTR

---

[162] Vgl. zu diesen Begriffen die Auflistung der Stellen bei HOFFMANN, *Reform*, AThANT 66, 1980, 342f.345f.

[163] So z. B. LOHFINK, „Kultreform" (1987), in: *Studien II*, SBAB 12, 1991, 214.

[164] Vgl. HOFFMANN, *Reform*, AThANT 66, 1980, 100.

[165] Vgl. auch MULZER, *Jehu*, ATSAT 37, 1993, 272f. Anm 201; innerhalb dieses Abschnittes sieht MULZER nur V27a als sekundäres Textelement, ebd., 270; auch W. DIETRICH, *ThZ* 57 (2001), 123 Anm 26, rechnet V25b–27 zu den vordtr Texten.

I, gleichzusetzen. Durch diese Redaktion wurde der Grundtext in die Königsbücher eingefügt.

Eine zweite „dtr" Bearbeitung findet sich in 9,7b.10a.29?.36b37. Sie betont die Gegnerschaft zu Isebel. Dieses Bild entspricht dem Ergebnis, das auch bei der Analyse der Elija-Überlieferungen gewonnen wurde.

Die Frage, die es noch zu klären gilt, ist, ob die Grundschicht als Fortsetzung der Elischa-Komposition, die in 2 Kön 2 beginnt, verstanden werden kann. Von der Funktion des Elischa und seinem Titel, den er in 9,1 erhält, ergeben sich dabei keine Schwierigkeiten. Der Titel נביא ist auch in 2 Kön 5*; 6,8–23* verwendet worden und dass Elischa involviert war in die politischen Ereignisse seiner Zeit, geht aus 2 Kön 5*; 6,8–23* und 8,7–15 hervor. Als Haupt der *bᵉnê hannᵉbîʾîm* erscheint er in mehreren Überlieferungen (4,1–7.38–44; 6,1–7).

Dennoch sind die Gründe gewichtiger, die gegen eine Zugehörigkeit von 2 Kön 9–10* zu einem größeren Textzusammenhang sprechen. Bei der Fortsetzung des Textes von 8,7–15 vermisst man eine überleitende Notiz, die den Ortswechsel Elischas aus der Nähe von Damaskus zu einem der Wohnsitze der *bᵉnê hannᵉbîʾîm* (Bet-El, Jericho, Gilgal) erklären würde. Ein direkter Bezug zu einem anderen Elischa-Text ist ebenfalls nicht erkennbar. Ein weiterer Grund ist der, dass 2 Kön 9f. unmittelbar in das Bezugssystem von DTR I einbezogen ist, während die Texte, die der Komposition zugerechnet werden, erst nach dieser Redaktion in die Königsbücher eingefügt worden sind, wie noch zu zeigen sein wird. Der wichtigste Grund ist indes der, dass dem König hier noch, anders als in der DKK und in 2 Kön 2, eine Retterfunktion zugestanden wird, die sich darin ausdrückt, dass er gesalbt wird und dass es der König ist, der die Baalverehrer vernichtet. Dennoch — auch dies wird noch zu zeigen sein — gehört die Grundschicht von 2 Kön 9–10* in denselben Überlieferungskreis. Gründe dafür, eine Entstehung erst in Juda anzunehmen, sind nicht ersichtlich.[166]

Zum letzten Mal wird Elischa in 2 Kön 13,14–21 erwähnt. Neben seinem Eigennamen erhält Elischa in V18.19 den Titel „Gottesmann". In 13,14–19 wird eine Begegnung zwischen dem israelitischen König

---

[166] Vgl. dazu weiter unten Abschnitt 5.2.2.

Joasch[167] und Elischa berichtet. Der König ist verzweifelt, da sich der Tod Elischas ankündigt. Er spricht Elischa mit „Vater" an und legt ihm den Ehrentitel רכב ישראל ופרשיו zu, der auf eine militärische Wirksamkeit Elischas schließen lässt. Dieser Ehrentitel wurde auch schon in 2 Kön 2,12 für Elija verwendet. Als Handlungsort ist Samaria anzunehmen, da Joasch sich zu Elischa begibt. Von den Gruppenpropheten, die Elischa öfters umgeben, ist in dieser Überlieferung keine Rede.

Elischa erscheint hier in der Funktion eines divinatorischen Spezialisten, der dem normalen Erkenntnisvermögen verborgenes Wissen offenbart, indem er den Sieg Israels über die Aramäer bei Afek ankündigt. Allerdings ist die Verheißung des Sieges verbunden mit einer magischen Handlung, die einen Einfluss auf die Zukunft durch das Schlagen der Pfeile auf den Boden ermöglichen soll[168]. Insoweit ist natürlich auch eine wunderhafte Aura gegeben.

Der Text ist einheitlich. In 18–19 wird zwar der vorhergehende Prophetenspruch eingeschränkt; daraus den Schluss zu ziehen, dass diese Verse innerhalb des Textes 13,14–21 sekundär sind, ist jedoch nicht notwendig[169]. Denn diesem Prophetenspruch kann, im Gegensatz zu 2 Kön 3,16; 1 Kön 17,14; 2 Kön 7,1 durchaus eine vom Kontext unabhängige Existenz zugestanden werden. In diesem Spruch hatte Elischa die vernichtende Niederlage der Aramäer bei Afek angekündigt, die dann doch nicht in der Weise eingetreten ist. Um diesen Spruch wurde diese Erzählung gebildet, wobei die Spannung zwischen dem Prophetenspruch und der historischen Entwicklung in Kauf genommen wurde bzw. durch das Handeln des Königs erklärt wurde.

In 13,20–21 wird dann der Tod Elischas berichtet. Noch im Grab zeigt sich die lebenspendende Macht Elischas. Als ein Toter mit den Gebeinen Elischas in Berührung kommt, wird er wieder zum Leben

.

---

[167] Der Königsname Joasch wird gern als sekundär verstanden, da im folgenden immer nur vom „König von Israel" die Rede sei (vgl. z.B. H.-C. SCHMITT, *Elisa*, 1972, 81f.); die Ausscheidung des Königsnamens ist jedoch nicht gerechtfertigt, vgl. STIPP, *Elischa*, ATSAT 24, 1987, 360 Anm 5; HENTSCHEL, „Propheten", in: WALLIS, *Bileam*, 1984, 75.

[168] Vgl. zu den außerbiblischen Parallelen KEEL, *Siegeszeichen*, OBO 5, 1974, 111–123; BOYD BARRICK, *VT* 25 (1985), 355–363.

[169] Gegen STIPP, *Elischa*, ATSAT 24, 1987, 282.360; H.-C. SCHMITT, *Elisa*, 1972, 81f.

erweckt. Dass die Verse 20–21 zum ursprünglichen Text gehören, hat STIPP deutlich gemacht[170].

In 2 Kön 13,14–21 zeigt sich die überragende Autorität Elischas. König Joahas ist verzweifelt über die tödliche Krankheit des Elischa und begibt sich weinend zu ihm. Mit dem Ehrentitel רכב ישראל ופרשיו wird seine politisch-militärische Bedeutung hervorgehoben; ihm wird darin die gleiche Bedeutung zugemessen wie einer schlagkräftigen Streitmacht[171]. Damit zeigen sich Verbindungslinien zu 2 Kön 2, wo Elija diesen Titel erhält und Elischa als sein Nachfolger erscheint und ebenso zu der Überlieferung 2 Kön 6,8–23, in der Elischa in einer politisch-militärischen Rolle erscheint. Es kommt hinzu, dass der israelitische König Joahas hier die Anrede „mein Vater" verwendet wie der König in 6,21. Alle diese Gründe konvergieren dahingehend, dass mit 13,14–21 der Abschlusstext der Komposition von Elischa-Erzählungen vorliegt, die in 2 Kön 2* begonnen hat. Der Anschluss an 8,7–15 ist im Gegensatz zu 9,1 gut möglich, da in 13,14 eine zeitliche Distanz mit dem Hinweis auf die zum Tode führende Erkrankung Elischas zu dem Vorhergehenden geschaffen wird.

Im Hinblick auf die Datierung der Einzeltradition ist H.-C. SCHMITT zuzustimmen, der meint, dass sie nur möglich war in der Regierungszeit von Joasch (800–784), in der man noch unter dem Eindruck des Sieges bei Afek stand[172]. An einer Entstehung im Nordreich ist also begründet nicht zu zweifeln.

Als Textbasis für die weitere Untersuchung ergibt sich demnach die Komposition der Elischa-Überlieferungen, die 2 Kön 2,1–15.19–25a; 4,1–44*; 5,1–14; 6,1–7.8–23; 8,1–6.7–15; 13,14–21 umfasst, sowie die Einzelüberlieferungen 2 Kön 6,24–7,20* und 2 Kön 9–10*. Für 2 Kön 3 musste eine Entstehung in Juda angenommen werden, die weitere Untersuchung dieses Textes für die Beziehung zwischen König und Prophet im Nordreich entfällt deshalb.

2.3. Ergebnis

Ausgangspunkt der Analyse der Elischa-Texte in 2 Kön 2–13* waren die von H.-C. SCHMITT; H.-J. STIPP und S. OTTO entwickelten Modelle.

---

[170] Vgl. STIPP, *Elischa*, ATSAT 24, 1987, 282; vgl. dort auch die Auseinandersetzung mit der weitgehenden Zergliederung des Textes durch H.-C. SCHMITT.
[171] Vgl. A. SCHMITT, *Entrückung*, FzB 10, 1973, 114–116.
[172] Vgl. H.-C. SCHMITT, *Elisa*, 1972, 107.

Demgegenüber hat die Durchsicht der Elischa-Überlieferung ein
modifiziertes Bild ergeben.

Anstatt mit mehreren Teilsammlungen zu rechnen, hat sich herausgestellt, dass die Annahme einer — allerdings umfangreicheren —
Komposition von Elischa-Texten ausreichend ist. Damit kann die
Zahl der hypothetisch erschlossenen Wachstumsschritte erheblich
reduziert werden, womit sich die Plausibilität des Modells erhöht.

Nicht in die Komposition integriert werden konnten 2 Kön 3,4–27;
6,24–7,20* und 9,1–10,28*[173], die als Einzelüberlieferungen angesehen werden müssen. Für 2 Kön 3* wurde darüber hinaus angesichts
der nur hier begegnenden Bevorzugung des judäischen Königs eine
Entstehung in Juda angenommen.

Die Komposition der Elischa-Texte hat einen sinnvollen Anfang
mit der Erzählung 2 Kön 2,1–15, in der Elischa öffentlich wahr-
nehmbar für die $b^e n\hat{e}\ hann^e b\hat{i}^{\,}\hat{i}m$ die Nachfolge Elijas antritt. Damit
wird der Beginn seines öffentlichen Wirkens markiert. Abgeschlossen
wird die Komposition schließlich mit dem Tod Elischas in 2 Kön
13,14–21. Es zeigt sich somit ein sinnvoller Spannungsbogen, der
die öffentliche Wirksamkeit Elischas umfasst[174]. Im Zentrum steht die
Person Elischas, dem als Erbe Elijas ein machtvolles Wirken atte-

---

[173] Für H.-C. SCHMITT sind 2 Kön 3,4–27 und 6,24–7,20 Bestandteile der
„Kriegserzählungssammlung"; ein innerer Bezug dieser Texte mit 1 Kön 20; 22
ist jedoch nicht erkennbar; ebs. S. OTTO, *Erzählung*, BWANT 152, 2001, 211–218.
Zu 2 Kön 3 vgl. auch das Urteil von ROFÉ, *Stories*, 1988, 50: „The campaign against
Moab (ch. 3) has no connection with these stories (scil. 2 Kön 2, 1–18.19–22.23–24),
and there is some doubt whether it originally belonged to the Elisha cycle". Im
Hinblick auf 2 Kön 6,24–7,20 ist STIPP, *Elischa*, ATSAT 24, 1987, 476, der Auffassung,
dass dieser Text mit keinem anderen Bestandteil des Elischa-Zyklus zu verbinden
sei. 2 Kön 9–10* wurde immer schon als eigenständige Überlieferung angesehen.

[174] Zur Bedeutung der Anfangs- und Endtexte vgl. WONNEBERGER, *Redaktion*,
FRLANT 156, 1992, 28f.73–78. Gleichzeitig wird dem vielfach von der synchron
orientierten Forschung erhobenen Vorwurf Rechnung getragen, dass die hypothetisch erschlossenen Texte meist sehr fragmentarisch seien.
Mit 2 Kön 2 und 13,14–21 als Einleitung und Abschluß der Elischa-Überlieferung hat auch schon PLÖGER, *Prophetengeschichten*, 1937, 25, gerechnet. ROFÉ, *Stories*,
1988, 41–51, spricht im Hinblick auf die Elischa-Überlieferungen in 2 Kön 2ff. von
einer „vita", näherhin von einer „biography of legenda", wobei er in 2 Kön 13,14–19
die „fitting conclusion to the man of God's supernatural career" erblickt. Diese
„vita" sei jedoch nicht chronologisch ausgerichtet, sondern in einer assoziativen
Ordnung angelegt. Ähnlich wie ROFÉ hat auch BALTZER, *Biographie*, 1975, 99–105,
die Elischa-Texte als „Biographie" bezeichnet. Den Hintergrund für diese Benennung
erkennt BALZER in den im altorientalischen Raum, vor allem in Ägypten, belegten
„Ideal-Biographien", deren kennzeichnendes Element der „Einsetzungsbericht" sei
(ebd., 19–23).

stiert wird. Direkt nach der Bezeugung Elischas als Nachfolger Elijas werden zwei kurze Anekdoten angeschlossen, die deutlich machen, dass Elischa Macht über Tod und Leben besitzt (2,19–24*). Klar ist dabei, dass er diese Macht von Jhwh, dem Gott Elijas (2,14), bekam. Dieses Thema begegnet auch am Ende der Komposition in 2 Kön 13,14–21, wo sogar seine lebenspendende Macht über den Tod hinaus dokumentiert ist. In der Verleihung des Ehrentitels an Elija in 2 Kön 2,12, der eine politisch-militärische Bedeutung für Israel beinhaltet, wird gleichzeitig die politische Bedeutung Elischas, der ja Elija beerbt, prononciert hervorgehoben. Diese politische Bedeutung zeigt sich dann in 2 Kön 5; 6,8–23*; 8,1–6 und 13,14–19.

Gegenüber H.-C. Schmitt konnte deutlich gemacht werden, dass für die Vielzahl von Bearbeitungen, die er annimmt, wie „Jhwh-Bearbeitung", „Gottesmannbearbeitung", „Prophetenbearbeitung" keine literarkritische Notwendigkeit besteht. Hierbei konnte weitgehend auf die literarkritischen Ergebnisse von Stipp zurückgegriffen werden[175]. Besser integriert werden konnte 2 Kön 6,8–23, das H.-C. Schmitt zur „Wundergeschichtensammlung" rechnen musste, obwohl es thematisch eher zu den „Aramäererzählungen", zu zählen wäre. Insgesamt können die von H.-C. Schmitt als Einzeltexte verstandenen Aramäererzählungen 5,1–14;8,7–15 und 13,14–21 in den Kontext der anderen Elischa-Überlieferungen eingebettet werden[176].

Gegenüber Stipp konnte der Nachteil einer rein literarischen Entstehungsgeschichte überwunden werden, der sich darin äußert, dass Stipp für eine Vielzahl von Texten keine Selbständigkeit annimmt, was schließlich bedeutet, dass sie in einen bestehenden, meist DtrG voraussetzenden Kontext, „hineingeschrieben" oder „darangeschrieben" wurden[177]. Anders als bei Stipp können der Zusatz 6,15b–17 sowie 8,7–15 und 13,14–21, deren Zusammenhang mit den übrigen Elischa-Texten im oben erwähnten Sinne der literarischen Ergänzung Stipp nur sehr vage beschreiben kann, in den Kontext einer frühen

---

[175] Kritik an den verschiedenen Bearbeitungen von H.-C. Schmitt findet sich auch schon bei Sekine, *AJBI* 1 (1975), 48; Hentschel, *Elijaerzählungen*, EThSt 33, 1977, 286f. Anm 813; Ruprecht, *VT* 28 (1978), 77; Thiel, „Gemeinsamkeiten", in: Zmijewski, *Botschaft*, 1990, 364 Anm 18; S. Otto, *Erzählung*, BWANT 152, 2001, 220.

[176] Weiter unten wird sich noch zeigen, dass insgesamt für die Komposition der Elischa-Überlieferung ein einheitlicher Überlieferungskreis, die *bᵉnê hannᵉbîʾîm* angenommen werden kann.

[177] Vgl. auch die Kritik von Thiel, *BZ NF* 34 (1990), 304.

Elischa-Komposition integriert werden. Ebenfalls wird bei Stipp (wie auch bei H.-C. Schmitt) die Verwendung des Ehrentitels sowohl in 2 Kön 2,12 als auch in 13,14 nicht erklärt, die doch auf eine nähere Beziehung der beiden Texte schließen lässt. Die Implikationen für die Datierung der Elischa-Texte, die Stipp nicht behandelt, die aber darauf hinauslaufen, eine sehr späte Entstehungszeit für die Texte anzunehmen, deren *terminus a quo* vorgegeben ist durch die Entstehung des DtrG, also frühestens das 7. Jhd., können damit vermieden werden und sie decken sich eher mit einer Datierung, die in Einklang steht mit den inhaltlichen Bezügen, z.B. der Auseinandersetzung Israels mit den Aramäern. Bei Stipp beruht seine Sicht der Komposition der Elischa-Texte auf einer strikten Trennung der Texte, die nur den Eigennamen ("Sukzessionseinheit"), den Titel "Gottesmann" oder den Titel נביא ("Prophet-Elischa-Sammlung") verwenden. Dabei verteilen sich diese Titel auf ein typisches Milieu. Die Verwendung des Titels "Gottesmann" gehört in das Milieu der *bᵉnê hannᵉbîʾîm*, נביא zeigt demgegenüber einen politisch handelnden Elischa. Diese strikte Trennung kann Stipp jedoch nicht durchhalten. So muss er konzedieren, dass in 8,7–15, einem Text, der auf jeden Fall eine politische Aussage hat, der Titel "Gottesmann" verwendet wird und bei einem Text wie 8,1–6 ist er gezwungen, in ihm nur das private Schicksal der Schunemiterin zu sehen. Außerdem erkennt er nicht die politische Bedeutung eines Textes wie 2 Kön 2, der mit dem Ehrentitel רכב ישראל ופרשיו zugleich auf eine politische Funktion des Inhabers und seines Erben verweist. Beide Titel wie auch der Eigenname werden schon auf der Ebene der Komposition nebeneinander verwendet, wobei zu konzedieren ist, dass Stipp mit seiner Zuordnung zu bestimmten Milieus sicherlich die Akzente der einzelnen Titel richtig bestimmt hat. Dieses Ergebnis lässt jedoch auch die Frage aufkommen, ob die textkritisch gewonnenen Ergebnisse bezüglich der ursprünglichen Titelverteilung überzeugend sind. Sie sind es nicht. Die formkritischen Gründe, die letztlich die Vorentscheidung von Stipp bestimmen, müssen noch einmal überprüft werden[178].

Gegenüber dem von S. Otto im Anschluss an H.-C. Schmitt vorgelegten Modell, das mit einer noch im Nordreich entstandenen „Elisa-Biographie" rechnet, die 1 Kön 19,19–21; 2 Kön 2,1–15.19–25a; 4,1–6,23*; 13,14–21 umfasst und damit dem hier vorgelegten Modell

---

[178] Dies übersteigt jedoch den Rahmen dieser Arbeit.

am nächsten kommt, ist kritisch anzumerken, dass 2 Kön 8,1–6 und 2 Kön 8,7–15 nicht befriedigend integriert sind. Außerdem ist die Zuordnung zu unterschiedlichen Milieus fraglich. Damit werden meines Erachtens auch die angenommenen Teilsammlungen „unpolitische" bzw. „politische Wundergeschichten" in Frage gestellt. Außerdem ist nicht klar, inwieweit die von ihr angenommenen Redaktionen ein klares Profil haben. Im Hinblick auf BK stellt sich die Frage, ob die Zuordnung von 2 Kön 6,31–33, die auf 1 Kön 21 zielt, mit der Einbindung von 1 Kön 20; 22; 2 Kön 3 verbunden werden kann. Auch die Komplexität (BE2, im Umfeld von BE2), die Einordnung von 2 Kön 8,1–6 dann wieder später, und dies alles bei einem Tradentenkreis, der einheitlich als prophetisch bestimmt wird, spricht gegen das Modell von S. Otto.

Wichtig ist es, die kompositionsgeschichtlichen Ergebnisse noch redaktionskritisch abzusichern; damit soll sich der nächste Punkt befassen, wobei natürlich zu sehen ist, dass hier nur von Teilausschnitten der Königsbücher her argumentiert werden kann.

3. Die Einfügung der Elischa-Tradition in die Königsbücher

Nach der Frage der vordtr, im Nordreich entstandenen Elischa-Tradition ist nun noch die redaktionsgeschichtliche Frage zu erörtern, wann die Elischa-Tradition in die Königsbücher eingefügt worden ist. Dabei können die mit dieser Frage verbundenen Einzelprobleme nicht ausführlich behandelt werden; die Aufhellung der Redaktionsgeschichte der Königsbücher übersteigt den Rahmen dieser Arbeit.

Die Extrempositionen der neueren Forschungsgeschichte lassen sich einerseits bei Rehm und andererseits bei Würthwein fassen. Während Rehm der Auffassung ist, dass die gesamte Elischa-Überlieferung von der grundlegenden dtr Redaktion in die Königsbücher eingefügt worden ist[179], schweigt die ursprüngliche Fassung des DtrG nach der Analyse von Würthwein über Elischa[180]. Nicht immer, aber in diesem Fall liegt die wahrscheinlichste Annahme zwischen den Extremen, es ist also mit einer sukzessiven Einfügung der Elischa-Überlieferung in die Königsbücher zu rechnen.

---

[179] Vgl. Rehm, *Buch der Könige 2*, 1982, 26, vgl. insgesamt 24–26.
[180] Vgl. Würthwein, *Bücher der Könige*, ATD 11,2, 1984, 369–372.

Übereinstimmung herrscht (Ausnahme Würthwein), dass 2 Kön 9–10
zum ursprünglichen DtrG zu rechnen ist. Die Sachlage ist eindeutig: 2 Kön 9–10* ist integrierender Bestandteil der grundlegenden
dtr Redaktion, also DTR I[181].

> Durchaus im Rahmen von DTR I ist auch noch die Einzelüberliefe-
> rung 2 Kön 6,24–7,20*, die schon vorher um 7,17b–20 erweitert
> wurde, anzusiedeln. Der israelitische König, der in 2 Kön 6,24–7,20
> auftritt, ist anonym. Er konnte demnach ohne weiteres in den dtr
> Rahmen des Omridenherrschers Joram aufgenommen werden. Mit
> Elischa war verbunden, dass diese erste Elischa-Überlieferung im
> Rahmen von DTR I nach der Wirksamkeit Elijas, der in 2 Kön
> 1*, zur Zeit der Herrschaft Ahasjas, zuletzt erwähnt wurde, ein-
> geordnet werden musste. Da der aramäische König Ben-Hadad
> benannt war, konnte der Text nur vor 2 Kön 9–10* eingeord-
> net werden. Damit entstand das Problem, dass Elischa sich gegen-
> über dem Omriden Joram zu kooperativ verhielt. In 2 Kön 9
> gibt Elischa ja das Signal zum Aufstand gegen Joram. Durch die
> Einfügung von 6,31.32b wurde die Gegnerschaft zwischen Elischa
> und dem Omriden Joram in den Text eingezeichnet und gleich-
> zeitig mit der Benennung des Königs als „Sohn eines Mörders"
> eine Verbindung zu 1 Kön 21 hergestellt.

Betrachtet man nun die Grundlinien der ersten dtr Redaktion, so
lässt sich sagen, dass DTR I sowohl bei Elija wie bei Elischa bemüht
war, diese beiden Propheten im Gegensatz zu den israelitischen
Königen, d.h. den Omriden, zu bringen, denen DTR I in den
Rahmennotizen ja Baaldienst und damit Abfall von Jhwh vorwirft.
Es geht dieser Redaktion nicht um die grundsätzliche Frage des
Königtums, sondern es soll dargestellt werden, dass seitens der
Propheten Elija und Elischa einer solchen Dynastie das Ende ange-
kündigt wird. Dieses Ende wird dann in 2 Kön 9–10* berichtet.
Von daher ist dieser Text von einer einheitlichen Aussage geprägt.
Dass erst eine zweite dtr Redaktion die Prophetenüberlieferungen
insgesamt eingefügt hat, davon kann keine Rede sein. Die Textabfolge
bei DTR I war demnach 1 Kön 17–18*; 21*; 22,39–51; 2 Kön 1*;
3,1–3; 6,24–7,20; 8,16ff.*; 9–10*.

---

[181] Vgl. dazu oben die Analyse von 2 Kön 9f., in der die Auffassung von
Würthwein schon zurückgewiesen wurde; vgl. auch Stipp, *Elischa*, ATSAT 24, 1987,
464; S. Otto, *Erzählung*, BWANT 152, 2001, 114–117.

Wie verhält es sich nun mit der Einzelüberlieferung 2 Kön 3,4–27? Es sind vor allem zwei Sachverhalte, die einer Zuordnung von 2 Kön 3* zur Textebene von DTR I widerraten.

1. Die Herrschaft des judäischen Königs Joschafat, der in 2 Kön 3* als Verbündeter des israelitischen und edomitischen Königs erscheint und dort in einem positiven Licht dargestellt wird, ist auf der Textebene von DTR I schon abschließend in 1 Kön 22,41–51 behandelt worden. In 1 Kön 22,51 erfolgt die übliche Begräbnisnotiz, nach der es schwer vorstellbar ist, dass dieselbe Redaktion wieder eine Erzählung eingefügt hat, in der König Joschafat vorkommt.

2. In 2 Kön 3* ist an dem Feldzug gegen Moab auch der edomitische König neben Joschafat und dem israelitischen König beteiligt. In 1 Kön 22,48 wird jedoch ausdrücklich berichtet, dass es in Edom keinen König, sondern einen Statthalter (נצב) gab. Aufgehoben wird diese Regelung ausdrücklich in 2 Kön 8,20. Der Vers 2 Kön 8,20 lautet: בימיו פשע אדום מתחת יד־יהודה וימלכו עליהם מלך. Das Vorkommen des edomitischen Königs widerspricht also den dtr Rahmenformulierungen, die DTR I gestaltet hat. Demnach ist es wahrscheinlicher, dass 2 Kön 3,4ff. erst später in DtrG eingesetzt wurde[182].

In 2 Kön 3 liegt eine enge Beziehung zu 1 Kön 22 vor. Die Micha-Tradition und die mit ihr verbundene Überlieferung 1 Kön 20* gehören nicht zu DTR I. Neben dem gewaltsamen Tod von Ahab, der nach 22,39f. nicht möglich war, wird der judäische König Joschafat, der in 1 Kön 22,2 erwähnt ist, erst in 22,41 eingeführt. Dies macht deutlich, dass 1 Kön 20*;22* wie auch 2 Kön 3,4ff. erst später in DtrG eingefügt wurden. Der judäische König ist in 2 Kön 3* nicht aus dem Text zu entfernen, während es durchaus möglich ist, in 1 Kön 22 eine Grundschrift zu erkennen, die ohne Joschafat auskommt. Die literarische Abhängigkeit, wenn man von einer solchen reden will, liegt auf jeden Fall bei 1 Kön 22[183]. Die Hochschätzung des judäischen Königs Joschafat

---

[182] Vgl. Stipp, *Elischa*, ATSAT 24, 1987, 365–367.470f.; einen weiteren Grund erblickt Stipp in dem Widerspruch zum dtn Kriegsgesetz in Dtn 20; DTR I mußte jedoch des öfteren Divergenzen zum dtn Gesetz bei der Einfügung alter Traditionen in Kauf nehmen.

[183] Vgl. dazu vor allem Schweizer, *Elischa*, StANT 37, 1974, 32–38; Stipp, *Elischa*, ATSAT 24, 1987, 228.365f.

in 1 Kön 22 und 2 Kön 3 und die Übereinstimmung in den
Formulierungen lässt sich am sinnvollsten so erklären, dass die
Micha-Überlieferung in demselben judäischen Kreis weitergegeben
wurde, der auch 2 Kön 3 schuf[184]. Dieser priesterliche Über-
lieferungskreis sammelte und bearbeitete offensichtlich Nordreich-
Überlieferungen.

Bei der Aufnahme von 1 Kön 20*; 22* und 2 Kön 3,4–27 wurde
auch der Vorverweis auf die Auseinandersetzung mit Moab in 2
Kön 1,1 in den Kontext eingefügt.

STIPP hat deutlich gemacht, dass 2 Kön 3* beim Einbau von 2
Kön 2 vorausgesetzt werden muss[185]. Damit ist klar, dass die Kom-
position 2 Kön 2–13* ebenfalls erst nach der Fertigstellung der
Grundschrift von DtrG in die Königsbücher eingefügt wurde.

2 Kön 2* musste nun vor 2 Kön 3 eingebaut werden, da Elischa
in 2 Kön 3* schon als JHWH-Prophet begegnet. Dies hatte zur Folge,
dass in 2 Kön 2,25b die zusätzliche Itinerarnotiz, die Elischa nach
Samaria führt, eingefügt wurde und in 2 Kön 1,17* die Thronbesteigung Jorams vorgezogen werden musste, um zu verhindern, dass
die Einsetzung Elischas zum Nachfolger Elijas ganz außerhalb der
Königsnotizen angesiedelt war. In 2 Kön 1,17* wird die Thronbesteigung Jorams von Israel berichtet, die mit anderer Chronologie
in 2 Kön 3,1 wiederholt wird, wobei die Zahlenangaben in 3,1 der
Chronologie der grundlegenden dtr Redaktion entspricht[186]. Diese
Störung lässt sich am plausibelsten damit erklären, dass durch die
Einfügung von 2 Kön 2 der dtr Rahmen gesprengt wurde; die
Nachfolge Elischas und die Himmelfahrt des Elija wären außerhalb
der Königsnotizen angesiedelt. Dies erforderte die Einfügung der
Thronbesteigungsnotiz von Joram vor 2 Kön 2 und damit an das
Ende von 2 Kön 1[187].

Die Erwähnung des aramäischen Königs Ben-Hadad in 6,24–7,20*
löste die nächste Aufteilung der Komposition aus. Die in 6,24–7,20*
geschilderten Ereignisse mussten zumindest vor 8,7–15 liegen. Es kam

---

[184] So z.B. STOLZ, *Kriege*, AThANT 60, 1972, 149.
[185] Vgl. STIPP, *Elischa*, ATSAT 24, 1987, 365–367.470–472.
[186] Vgl. dazu STIPP, *Elischa*, ATSAT 24, 1987, 65–87.364.
[187] Die umgekehrte Annahme findet sich bei W. DIETRICH, *Prophetie*, FRLANT
108, 1972, 126f., der mit einem späteren Einbau von 2 Kön 1 rechnet, wofür nichts
spricht; vgl. dazu STIPP, *Elischa*, ATSAT 24, 1987, 87 Anm 62; zum textkritischen
Problem von 1,17 vgl. ebd., 63–86.

hinzu, dass in 8,2 auf eine vorhergehende Hungersnot zurückgeblickt wird. Eine Hungersnot in Samaria aufgrund der Belagerung durch die Aramäer ist ebenfalls in 6,24ff. erwähnt. Von daher lag es nahe, 8,1–15 nach 6,24–7,20* einzufügen.

Die Designation Hasaels durch Elischa machte es wiederum erforderlich, 8,7–15 vor dem Jehu-Putsch einzuordnen, da der Kampf um Ramot-Gilead mit Hasael verknüpft war (8,28f.; 9,14f.). Die den Abschluss der Komposition bildende Überlieferung 13,14–21 musste, da König Joasch erwähnt war, in dessen Rahmen eingestellt werden.

Die Schlussformel für den israelitischen König Joasch wird doppelt überliefert. Der redaktionelle Prozess ist hier jedoch nicht so einfach durchschaubar wie in 2 Kön 2. Es ist anzunehmen, dass 2 Kön 14,15–16 die ursprüngliche Schlussformel ist[188].

Die innerhalb der Elischa-Komposition erkennbaren Bearbeitungen in 2 Kön 2,16–18 und — weniger deutlich — in 2 Kön 5,15–27 lassen Verbindungslinien zur zweiten Redaktionsschicht in der Elija-Überlieferung erkennen, die eine engere Verbindung zwischen Elija und Elischa anstrebte. Diese zweite Redaktion der Elija-Überlieferungen setzt den Einbau der Elischa-Tradition in die Königsbücher voraus. Zwar ist auch diese Redaktion von dtr Vorstellungen geprägt, was insbesondere in 1 Kön 19 deutlich wird, doch kann man sie nur noch eingeschränkt als dtr bezeichnen. In 17,17–24 lässt sich keine eindeutige dtr Terminologie erkennen, obwohl kontextuelle Gründe dafür sprechen, den Text dieser Redaktion zuzuordnen. Möglich ist die Schlussfolgerung, dass diese zweite Redaktion der Elija-Überlieferung auch die Elischa-Komposition in die Königsbücher einstellte und dabei 2 Kön 2,16–18; 5,15–27 einfügte und ebenfalls in 2 Kön 9f. die Person der Isebel als Gegnerin der Propheten akzentuierte (vgl. auch 1 Kön 21).

Da für diese Redaktion eine Datierung im Exil anzunehmen ist[189], dürfte der vollständige Einbau der Elischa-Überlieferung in die Königsbücher ebenfalls in der Exilszeit abgeschlossen gewesen sein. Der Anlass für die Einfügung der Elischa-Überlieferung lag wohl vor allem darin, die Verbindung zwischen Elija und Elischa zu verdeutlichen, die vorher schon in 2 Kön 3,11 ausdrücklich erwähnt wurde.

---

[188] Vgl. z.B. BOUZON, *Prophetenkorporationen*, 1968, 55f.; WÜRTHWEIN, *Bücher der Könige*, ATD 11,2, 1984, 363.
[189] Vgl. oben Kapitel II, Abschnitt 3.3.

Die Sukzessionsfolge der beiden Propheten Elija und Elischa bestimmte jetzt nachdrücklich das Bild der Herrschaftszeit der Omriden und zeigte damit, dass die entscheidenden Impulse von den Propheten ausgingen. Als Repräsentanten Jhwhs zeigen sie den Weg des Gottesvolkes auf.

Diese redaktionsgeschichtliche Skizze zeigt, dass die Auseinandersetzung mit den prophetischen Gestalten des 9. Jahrhunderts im Nordreich noch lange Zeit andauerte und sie schließlich als die entscheidenden Gestalten in der Geschichte Israels verstanden wurden. Dies trifft schon für DTR I zu, der einen großen Teil der frühen Prophetenüberlieferung in sein Werk integrierte, es gilt aber auch für die nachfolgenden Redaktionen, die diese Prophetenüberlieferungen neu akzentuierten und ebenso weitere Texte, in deren Mittelpunkt ein Prophet steht, in das DtrG aufnahmen.

Der Prozess der Integration der Prophetenüberlieferung ist demnach zu differenzieren. Ein Großteil insbesondere der Elischa-Überlieferung ist erst von einer späteren Redaktionsschicht in die Königsbücher aufgenommen worden. Nur mit Vorbehalt ist hierfür der Sammelbegriff „DTR II" zu verwenden. Für diese Textschicht ist die Kenntnis der großen prophetischen Gestalten der frühen exilischen Zeit, Jeremia und Ezechiel, vorauszusetzen. Insbesondere die Bedrängnis der prophetischen Existenz war damit ein Anliegen. Am deutlichsten fassbar wird dies in der Einfügung und Neugestaltung von 1 Kön 19*. Wichtig war auch die Regelung der prophetischen Sukzession, für die Jhwh nach der Maßgabe der Anfangsgestalt Mose in der Geschichte Israels sorgte (Dtn 18,15–18).

4. Prophet und König in der Elischa-Tradition

Grundlage für die Untersuchung sind die Texte der Elischa-Komposition in 2 Kön 2–13*, sowie die unabhängigen Texte 2 Kön 9–10* und 6,24–7,20*.

4.1. *Prophet und König in 2 Kön 9–10*

In der ausführlichen Darstellung der Revolution Jehus in 2 Kön 9,1–10,28* spielt Elischa nur in 2 Kön 9,1–13 eine Rolle. Zu einer direkten Begegnung mit Jehu kommt es nicht. Für Elischa wird der Titel נביא verwendet wie ebenfalls in den Elischa-Überlieferungen 2 Kön 5*; 6,8–23*; der Titel „Gottesmann" begegnet in 2 Kön 9–10* nicht. Ebensowenig ist in dieser Überlieferung eine Macht Elischas, Wunder zu wirken, vorhanden. Elischa ist jedoch auch in 2 Kön 9–10* als Haupt der Prophetengemeinschaft der $b^e n\hat{e}$ $hann^e b\hat{i}'\hat{i}m$ dargestellt. Elischa ruft (קרא) nach einem Mitglied dieser Prophetengemeinschaft und erteilt ihm den Auftrag zur Salbung Jehus (9,1–3). Eine „Weisungsbefugnis" Elischas gegenüber den $b^e n\hat{e}$ $hann^e b\hat{i}'\hat{i}m$ wird hier vorausgesetzt.

> In 2 Kön 9–10* übt Elischa nicht die normale Funktion eines divinatorischen Spezialisten aus, die darin besteht, verborgene Sachverhalte offenzulegen. Durch den Auftrag zur Salbung und damit der Designation eines neuen Königs greift er aktiv in das politischen Geschehen ein. Damit steht er in der Tradition Samuels, auf den in 1 Sam 9,1–10,16*; 16,1–13 die Salbung und Designation der ersten Könige Israels, Saul und David, zurückgeführt werden. Wie in 1 Sam 9–10*; 16,1–13 geschieht die Salbung in 2 Kön 9,1–13 nicht als ein öffentlicher Akt, sondern wird *privatim* vollzogen (9,2.5f.)[190]. Im Unterschied zu diesen Texten ist es aber nicht Elischa selbst, der diesen Akt vornimmt, sondern er beauftragt ein Mitglied der Prophetengemeinschaft. Anders ist auch, dass in 2 Kön 9,1–13 der Titel נגיד keine Verwendung findet.

Obwohl keine ausdrückliche Beauftragung durch Jhwh erwähnt wird[191], ist klar, dass Elischa nicht aus eigener Machtvollkommenheit handelt; die Salbung wird vollzogen im Namen Jhwhs, wie aus der Verwendung der Botenformel in 2 Kön 9,3.6.12 hervorgeht. Elischa handelt also im Auftrag Jhwhs.

Das Handeln Elischas setzt die Vorstellung voraus, dass der Prophet eine politische, ja „verfassungsrechtliche" Instanz ist. Die Auffassung, dass Elischa legitimerweise die Designation eines neuen Königs durchführen kann und damit ja zum Umsturz aufruft, wird in der Erzählung nicht als Problem gesehen.

Als das anonym bleibende Mitglied der Prophetengemeinschaft zu den Offizieren nach Ramot-Gilead kommt und sagt, dass er ein Wort (דבר) für Jehu hat (9,5f.), wird dies von allen Anwesenden akzeptiert und Jehu begibt sich sofort, ohne weitere Rückfrage, mit dem Gruppenpropheten in einen anderen Raum. Der Text lässt keinerlei

---

[190] Zur Salbung vgl. oben Kapitel I, Abschnitt 4.1.1.
[191] Anders als in 1 Sam 9,15–17; 16,1–3.

Befremden Jehus oder der anderen Militärs über diese Prozedur erkennen[192]. Als Jehu dann zögernd den anderen mitteilt, dass der Gruppenprophet die Salbung zum König über Israel vorgenommen hat, wird dies sofort von allen Anwesenden als Signal für die öffentliche Königsproklamation und den Beginn des Aufstandes gesehen (9,13).

Über die Motive, die Elischa zu diesem Schritt bewogen haben, werden im Text keine direkten Aussagen gemacht. Sie können jedoch indirekt aus der weiteren Darstellung erschlossen werden.

In der Begegnungsszene Jehus mit den Königen Joram und Ahasja (9,15–27) wird in 9,25–26 ein Dialog Jehus mit seinem Adjutanten Bidkar überliefert, in dem Jehu auf ein Jhwh-Wort gegen Ahab anspielt, der sich für den Tod Nabots und seiner Söhne verantworten muss. Streitpunkt war offensichtlich der Acker (חלקה) Nabots. Was im einzelnen geschehen ist, wird aus diesem Dialog nicht deutlich, doch soviel ist klar, dass Ahab, d.h. dem Königtum, ein unberechtigter Zugriff auf das Eigentum Nabots vorgeworfen wurde, verbunden mit der Tötung der Eigentümer. Dies löste den Drohspruch eines unbekannten Propheten aus[193]. Ein Motiv ist demnach in den Übergriffen der Zentralinstanz zu sehen. Dass dies auch ein Anliegen Elischas bzw. der Tradenten der Elischa-Tradtition war, spiegelt sich in 2 Kön 8,1–6, wo Gehasi dafür sorgt, dass der Schunemiterin ihr Eigentum wieder vom König zurückerstattet wird.

Ein zweites Motiv ist der Kampf gegen Fremdkulte und für die alleinige Verehrung Jhwhs. Deutlich zeigt sich dieses Motiv in dem Vorwurf der „Hurereien und Zaubereien" gegenüber Isebel (2 Kön 9,22) und in der Vernichtung der Baalverehrer in 2 Kön 10,18ff. Es gibt keinen Grund, daran zu zweifeln, dass dies für

---

[192] Die Kennzeichnung des Gruppenpropheten als משגע in 9,11 widerspricht dem nicht. Es ist wahrscheinlich, dass mit diesem Ausdruck auf das eigentümliche Verhalten von Gruppenpropheten angespielt wird; eine Geringschätzung spielt nur eine untergeordnete Rolle. Wenn es sich um die Auffassung des Erzählers handeln würde, dürfte nicht bei dem Auftreten des Gruppenpropheten in 9,5 diese willfährige und selbstverständliche Reaktion auf das Anliegen des Gruppenpropheten erfolgen; vgl. auch MULZER, *Jehu*, ATSAT 37, 1993, 341, der in Auseinandersetzung mit anderen Auffassungen zu Recht betont, dass der Gruppenprophet vom Autor des Textes nicht negativ gesehen wird.

[193] Erst von der dtr Redaktion ist dieses Ereignis mit dem Propheten Elija in Verbindung gebracht worden.

Elischa wie auch schon für Elija ein treibendes Motiv ihres Handelns darstellte. Zwar werden keine Episoden überliefert, die Elischa in einer direkten Auseinandersetzung um die Verehrung anderer Götter zeigen, doch ist z.B. in 2 Kön 5,1 und ebenso in 2 Kön 8,7–15 der Anspruch belegt, dass Jhwh die Geschicke Israels und der umliegenden Völker bestimmt.

Insgesamt lässt sich sagen, dass der נביא Elischa in 2 Kön 9,1–13 als eine politische Instanz dargestellt ist, der das Recht zugestanden wird, einen neuen König zu designieren und zum Umsturz aufzurufen. Er steht damit traditionsgeschichtlich in der Nachfolge Samuels. Ob damit auch das weitere Eingreifen des Propheten in die Herrschaftsfunktionen des Königs verbunden ist, wird in 2 Kön 9–10* nicht deutlich, da es in dieser Überlieferung allein um die Ereignisse der Revolution Jehus geht.

Die weitere Erzählung (2 Kön 9,14ff.) entfaltet dann detailliert die einzelnen Stadien des Aufstandes. Elischa und die *bᵉnê hannᵉbî'îm* werden nicht mehr erwähnt; im Vordergrund steht jetzt das Handeln des designierten Königs Jehu.

Jehu schaltet zunächst alle für ihn greifbaren männlichen Nachkommen der Omriden aus; ein Vorgehen, das nicht über das hinausgeht, was bei solchen Usurpationen im Alten Orient üblich war[194].

Innerhalb des Textes wird die zentrale Legitimation für das Handeln Jehus in dem Dialog zwischen Jehu und Jonadab, dem Sohn Rechabs, deutlich. In dieser Szene (10,15–17), die vom Misstrauen Jonadabs gegenüber dem Angehörigen der militärischen Elite geprägt ist, betont Jehu seinen „Eifer für Jhwh" (10,16). Diese religionspolitische Legitimation des Aufstandes hat sich schon vorher in dem gegenüber Isebel erhobenen Vorwurf der „Hurereien und Zaubereien" (9,22)

---

[194] Erschreckend bleibt die Konsequenz und Perfidie, mit der Jehu dieses Blutbad anrichtet; für den Autor scheint dies aber kein wichtiger Aspekt gewesen zu sein; zur positiven Charakterisierung Jehus durch den Autor der Grundschrift s. Mulzer, *Jehu*, ATSAT 37, 1993, 338f.; vgl. auch Minokami, *Jehu*, GTA 38, 1989, 136.143, der Jehu als „Gesalbten Jhwhs" dargestellt; eine eher negative Charakterisierung Jehus glaubt Barré, *Rhetoric*, CBQ.MS 20, 1988, 56–98, zu erkennen; zentral ist dabei die Verbindung mit 2 Kön 11. Von der Zusammengehörigkeit mit 2 Kön 11 sieht Barré einen Kontrast zwischen der mit großem Blutvergießen verbundenen Usurpation Jehus und der kaum mit Blutvergießen verbundenen Beseitigung der Herrschaft Ataljas in Juda durch das Wirken des Priesters Jojada. Eine ursprüngliche Verbindung mit 2 Kön 11 ist aber nicht anzunehmen; als eine „Aporie der Macht" bezeichnet Crüsemann, *WuD* 25 (1999), 61–76, 2 Kön 9–10.

gezeigt und wird nochmals in der abschließenden Vernichtung der
Baalverehrer und des Baaltempels in Samaria erkennbar (10,18ff.).
Die Erzählung schließt mit dem Satz, dass Jehu den Baal aus Israel
ausgerottet hat (10,28). Betont hervorgehoben wird in dieser Darstel-
lung die religionspolitische Funktion, die eine Verantwortlichkeit des
Königs für die Verehrung Baals erkennen lässt. Traditionsgeschichtlich
verweist diese Funktion auf die Aufgabe des „Retters", wie sie in Ri
6–9* erkennbar wird. Dort geht es nicht nur um die Abwehr der
Feinde Israels; in Ri 6,25–32*; 8,24–27* ist impliziert, dass der
„Retter" auch Verantwortung für die Verehrung Jhwhs im Volk
Israel besitzt, also eine religionspolitische Aufgabe hat. Von daher
wird deutlich, dass Jehu in 2 Kön 9–10* als derjenige gesehen wird,
dessen Aufgabe es ist, die Feinde Jhwhs zu vernichten. Wie das
Königtum Sauls in 1 Sam 9–31* ist das Königtum Jehus in 2 Kön
9–10* auf dem Hintergrund der „Rettertradition" zu verstehen. Von
daher wird das Blutbad, das Jehu anrichtet, als Vernichtung der
Feinde Jhwhs und Israels gesehen und damit in ein für den Autor
positives Raster eingefügt.

Jehu steht damit in der Tradition der vorstaatlichen Retter, an
deren Ideal sich ebenfalls das Bild des Königtums in der SSK orientierte. In 2 Kön 9–10* spiegelt sich dieselbe Auffassung, obwohl Jehu
im Gegensatz zu Saul nicht als Träger des Gottesgeistes gesehen
wird. Ob der Autor auch die Auffassung teilte, dass der Prophet im
Verlauf der weiteren Herrschaft die übergeordnete Instanz gegenüber dem König wie in der SSK darstellt, ist aus unserem Text nicht
zu ersehen, der nur von der Machtübernahme Jehus berichtet.

Im Vergleich zu der Elija-Tradition 1 Kön 17–18* ist eine Änderung
zu vermerken. Dort ist es ausschließlich der Prophet, der in einer
Retter-Funktion (vgl. 18,40) erscheint. Hierbei scheinen die Ereignisse
der Jehu-Revolution vorausgesetzt[195].

In 2 Kön 9–10* wird jedoch die Retterfunktion noch Jehu, d.h.
dem König zugestanden, wie es ebenfalls in der SSK vertreten wird.
Als plausibelste Erklärung für diesen Umschwung legt es sich nahe,
dass auch die Jehuiden den Ansprüchen dieser Konzeption nicht
gerecht wurden. Es wurde deutlich, dass das Königtum eine Retterfunktion im Sinne der prophetischen Gruppen von Gilgal nicht wahr-
nehmen kann. Als Retter kommt nur der נביא selbst in Betracht.

---

[195] Vgl. o. Kapitel II.

4.2. *Prophet und König in 2 Kön 6,24–7,20**

Die Rahmensituation für die Interaktion zwischen König und Prophet ist in dieser Einzelüberlieferung die Belagerung Samarias durch den aramäischen König Ben-Hadad. Elischa bewohnt ein Haus in Samaria, wie es auch in 2 Kön 5* vorausgesetzt ist. Im Gegensatz zu dem aramäischen König bleibt der israelitische König ohne Namen (vgl. 2 Kön 5*; 6,8–23*). Dies gab die Möglichkeit, den Text in die Herrschaftszeit des Omriden Joram einzusetzen. Anzunehmen ist jedoch aufgrund der Rahmenbedingungen, dass es sich um einen König aus der Dynastie der Jehuiden gehandelt hat.

> Für Elischa wird an wenigen Stellen der Titel „Gottesmann" verwendet (7,2.17.18.19). Dieser Titel, der bevorzugt in Verbindung mit den *bᵉnê hannᵉbî'îm* benutzt wird, findet hier neben dem Eigennamen Elischa Verwendung. Eine Verbindung zu Gruppenpropheten wird im Text jedoch nicht erwähnt.

Elischa erscheint in der normalen Funktion eines divinatorischen Spezialisten. Er gibt dem verzweifelten israelitischen König, der ihn aufsucht, die hoffnungsvolle Auskunft, dass die Situation sich schon am nächsten Tag zum Besseren wenden wird. (7,1). Deutlich ist, dass Elischa hier als Sprachrohr Jhwhs fungiert. Dies wird im Text ausgedrückt durch die Verwendung der Aufmerkformel שמעו דבר־יהוה in Verbindung mit der Botenformel[196]. In 7,16, wo der Abschluss der ursprünglichen Erzählung vorliegt, wird wie in 2 Kön 4,44 mit כדבר יהוה auf das Prophetenwort in 7,1 rekurriert.

> Anders als in vielen Elischa-Texten ist Elischa in dieser Überlieferung kein Wundertäter. Die Wende der Not geschieht durch natürliche, nachvollziehbare Ursachen, nämlich den Abzug der Aramäer, die ihre gesamte Habe zurücklassen. Die Andeutung des Wunderhaften findet sich allein in 7,6. Dort wird berichtet, dass Jhwh die Aramäer das Geräusch von Kriegswagen und Pferden hat hören lassen. Dies veranlasste die Aramäer zur Flucht, da sie annahmen, dass Israel Verbündete gefunden hat, die sie nun angreifen werden. Eine Mitwirkung Elischas bei dieser Täuschung der Aramäer wird jedoch nicht erwähnt; sie wird allein als Werk Jhwhs dargestellt. Obwohl es hier um eine militärische

---

[196] Vgl. dazu ausführlich SCHWEIZER, *Elischa*, StANT 37, 1974, 388–393.

Auseinandersetzung Israels mit den Aramäern geht, ist Elischa anders als in 6,8–23* und 13,14ff. nicht als militärisch bedeutsame Größe gezeichnet. Sein Verhalten bewegt sich in dem normalen divinatorischen Rahmen.

Im Unterschied zu anderen Elischa-Überlieferungen ist die Person Elischas stärker in den Hintergrund gedrängt. In ganzen Passagen dieser vielszenigen Überlieferung wird er überhaupt nicht erwähnt und es drängen sich andere Personen wie die beiden Frauen, die in Streit geraten wegen ihrer Söhne, mit denen sie ihren Hunger stillen wollten (6,25–30) oder die Aussätzigen, die die Flucht der Aramäer entdecken, in den Vordergrund (7,3–11). Dennoch bleibt Elischa die zentrale Gestalt dieser Erzählung. Von ihm allein geht Hoffnung auf Hilfe und Veränderung der untragbaren Situation aus. Auf sein Wort kann vertraut werden und er ist der einzige, von dem der verzweifelte König noch Hilfe erwarten kann (6,33). Um ihn scharen sich die Ältesten (6,32*).

In dem Anhang 7,17–20 ist die Autorität Elischas noch gesteigert. Die Person des Gottesmannes Elischa darf nicht in Frage gestellt werden. In 7,16ff. wird der Adjutant des Königs ausdrücklich für seinen Zweifel an der Zuverlässigkeit des Wortes des Gottesmannes bestraft. Er starb nach dem Wort des Gottesmannes, heißt es in V17 (כאשר דבר איש האלהים). Dies erinnert an die Bestrafung der Knaben aus Bet-El in 2,23–24. Übrigens ist in der Antwort Elischas auf die Ungläubigkeit des Adjutanten des Königs in 7,2 eine Bestrafung für den Zweifel nicht zu erkennen. Dort wird lediglich gesagt, dass der Adjutant den Überfluss zwar sehen, aber nicht von ihm essen wird. Erst in 7,17 wird der Tod des Adjutanten ausdrücklich auf das Wort des Gottesmannes bezogen. Der Anhang teilt die Betonung des Wortes des Gottesmannes wie z.B. auch die DKK innerhalb der Elija-Überlieferung. Ebenfalls begegnet die Hochschätzung der Wirksamkeit des Prophetenwortes in anderen Elischa-Texten (2,22; 4; 8,1–6), die dem Prophetenwort eine magische Qualität zuschreiben.

Der anonyme israelitische König wird angesichts der schwierigen Situation, in der sich die Hauptstadt Samaria und damit Israel befindet, eher hilflos dargestellt. Als er mit dem Begehren der Frau, die ihn um Rechtsbeistand bittet, konfrontiert wird, versucht der König zunächst, sich mit dem ironischen Angebot aus der Affäre zu zie-

hen, ob es denn etwas von der Tenne oder von der Kelter sein soll
(6,27). Nachdem die Lage klar ist, zerreißt er seine Kleider (6,30),
eine verständliche Reaktion auf den ungeheuerlichen Vorgang des
Kannibalismus. Durch das Zerreißen der Kleider zeigt sich, dass der
König ein Bußgewand trägt. Er stellt sich damit auf die Seite des
leidenden Volkes, ein Zug, der ihn nicht unsympathisch erscheinen
lässt. Außerdem schließt er sich nicht hinter dicken Mauern ein, sondern sucht offensichtlich den Kontakt mit seinem Volk (6,26). Diese
durchaus sympathischen Züge des Königs können jedoch nicht darüber hinwegtäuschen, dass er keine Antwort auf die Situation weiß
und letztlich hilflos ist. Er kann seiner Sorge für die *personae miserae*,
die ihm als König obliegt, nicht nachkommen[197].

Auch angesichts der Botschaft der Aussätzigen zeigt sich der König
nicht gerade als Herr der Lage. Er sieht eher eine Falle der Aramäer
(7,12); Gott sei Dank hat er vernünftige Leute in seiner Umgebung,
die ihn zu einem angemessenen Handeln führen. In der Darstellung
des Königs liegt nicht gerade eine Karikatur vor wie bei Ahab in 1
Kön 18,2–6*, jedoch ist auch dieser israelitische König der schwierigen Situation nicht gewachsen.

In seiner Verzweiflung sucht er den einzigen Mann auf, der ihm
vielleicht noch Trost und Hoffnung spenden kann: Elischa (6,33).
Hier ist festzuhalten, dass Elischa so etwas wie eine übergeordnete
Instanz ist durch seine Verbindung zu Jhwh. Anweisungen gibt
Elischa dem König zwar nicht; dies kann jedoch auch situationsbe-
dingt sein. Auf jeden Fall zeigt sich eine Übereinstimmung zu der
in der Samuel- wie in der Elija-Überlieferung erkennbaren Sicht des
Verhältnisses von Prophet und König, nach der die Prophetie die
dem Königtum übergeordnete Instanz darstellt, zumindest in Situationen, in denen der König nicht mehr weiter weiß.

4.3. *Prophet und König in der Elischa-Komposition 2 Kön 2–13**

Das Bild Elischas in der Komposition 2 Kön 2–13* ist sehr facet-
tenreich. Elischa werden die Titel נביא und „Gottesmann" zugelegt,
ohne dass der Titel „Gottesmann" — wie bei Elija — einer Bearbeitungsschicht zugeordnet werden kann. Elischa hat Umgang mit
den armen Schichten des Volkes (2,19–22; 4,1–7; 38–44; 6,1–7); er

---

[197] Vgl. schon Gunkel, *Elisa*, 1925, 50.

pflegt aber auch Kontakt zu den begüterten Kreisen (4,8–37*). Mit
den Mächtigen seiner Zeit wie dem israelitischen König hat er eine
enge Verbindung (2 Kön 5*; 6,8–23*; 13,14–17), sogar die Spitze
der aramäischen Gesellschaft wie der Feldherr Naaman sowie König
Ben-Hadad und der zukünftige König Hasael wollen seinen Rat bzw.
suchen Heilung bei ihm (2 Kön 5*; 8,7–15). Elischa gibt Auskünfte,
wirkt Wunder und ist außerdem noch militärisch im Kampf gegen
die Aramäer ein bedeutsamer Faktor.

Dieses komplexe Bild macht es schwer, Elischa in die ansonsten
bekannte Prophetie in Israel einzuordnen[198].

Der vielleicht einschneidendste Unterschied zu anderen prophetischen Gestalten in der Bibel ist darin zu sehen, dass er als Vorsteher
einer Prophetengemeinschaft, den *bᵉnê hannᵉbîʾîm*, fungiert (4,1–7.38–41;
6,1–7). Bedeutet dies, wie H.-C. SCHMITT meint, dass Elischa in Gegensatz zu Elija einem anderen religionsgeschichtlichen Phänomen,
nämlich dem des „gemeinschaftsbildenden Nabitum" zuzuordnen
ist?[199].

Von den verwendeten Titeln her ist zu dieser Frage keine Klärung
zu bekommen, da נביא auch für einzeln auftretende divinatorische
Spezialisten in frühen Texten verwendet wird; der Titel „Gottesmann"
ist als Ehrenbezeichnung zu sehen, dem keine spezifische Funktion
entspricht.

Gegen die These von H.-C. SCHMITT, dass Elischa zu den Gruppenpropheten gehört, spricht jedoch, dass Elischa in einer Vielzahl
von Texten als einzeln auftretender divinatorischer Spezialist begegnet (2 Kön 2,19–24; 4,8–37*; 5*; 6,8–23*; 8,7–15; 13,14–21). Es
kommt hinzu, dass die Prophetengemeinschaften, die Elischa als ihr

---

[198] Vgl. THIEL, „Jahwe", in: HAUSMANN/ZOBEL, *Alttestamentlicher Glaube*, 1992, 93;
OVERHOLT, „Context", in: REID, *Prophets*, JSOT.S 229, 1996, 94–111, macht
im Hinblick auf die bei Elija und Elischa erkennbare Heilungsfunktion auf die
Nähe dieser prophetischen Gestalten zur „conceptual world of shamanism" (104)
aufmerksam.
[199] Vgl. H.-C. SCHMITT, *Elisa*, 1972, 183; MOMMER, „Diener des Propheten", in:
DERS., *Recht als Lebensraum*, 1993, 101 Anm 3, sieht in Elischa einen Vertreter des
eigenen Typus „Gottesmann", der qualifiziert wird als „ein in besonderer Weise
geistbegabter Mensch", bei dem Handlungen im Vordergrund stehen, nicht ein
Gotteswort; als Beispiele älterer Zeit nennt MOMMER Mose, Bileam und Samuel (1
Sam 9–10); er verweist auf KOCH, *Profeten I*, ²1987, 17–47, und HENTSCHEL,
„Propheten", in: WALLIS, *Bileam*, 1984, 80; die Auffassung vom „Gottesmann" als
besonders geistbegabten Typus findet sich schon bei HÖLSCHER, *Profeten*, 1914, 127
Anm 2, der von Geistbesessenheit spricht.

Oberhaupt anerkennen, eine eigene Bezeichnung (*b^enê hann^ebî'îm*) besitzen, die außerhalb des Elischazyklus so gut wie nicht mehr vorkommt, diese Gruppierung demnach als eine Sonderform der Gruppenprophetie angesehen werden muss, die zudem nur eine relativ kurze
Zeit existierte[200].

Die Verbindung Elischas mit den Gruppenpropheten ist am plausibelsten als eine einmalige Verbindung von einem einzeln auftretenden divinatorischen Spezialisten mit Gruppenpropheten zu sehen.
Der historische Hintergrund der ausgehenden Omridenzeit ist dafür
als maßgeblicher Faktor zu sehen. Der Widerstand gegen die Omriden
bedurfte der Koalitionsbildung, um Erfolg zu haben. So kam es, dass
der Offizier Jehu, ohne Zweifel ein Mitglied der militärischen Elite,
mit den Prophetengruppen um Elischa und dem traditionsbewussten
Jonadab, auf den sich die radikalen Rechabiter mit ihrer die Kultur-
landerrungenschaften ablehnenden Lebensweise als ihren Ahnherrn
beriefen (Jer 35), eine Verbindung einging[201].

Mit Elischa und den ihm untergeordneten Gruppenpropheten war
ein neues Problem gegeben. Wenn Elischa der Vorsteher einer
Prophetengemeinschaft war, dann ergibt sich logischerweise das
Problem der Sukzession. In 2 Kön 2* wird dieses Problem aufgegriffen. Elischa wird als Erbe und Nachfolger des Elija dargestellt.
Die Gruppenpropheten erweisen Elischa am Schluss dieser Überlieferung ihre Reverenz (2,15). Mit der Überquerung des Jordan, der
mit Hilfe des Mantels von Elija geteilt wird, so dass trockenen Fußes
das Flussbett durchschritten werden kann, wird auf Mose und Josua
angespielt. Hier wird eine Ahnenreihe konstruiert, die später bei Hos
und im Dtn aufgegriffen wird. Der Grund für den Rückgriff auf
Mose und Josua hängt mit der Aufnahme der Rettertradition zusammen, die — wie noch zu zeigen sein wird — auf den Propheten
Elischa übertragen wird.

Dass Elischa von dem Typus des einzeln auftretenden divinatorischen Spezialisten her zu verstehen ist, zeigt sich darin, dass die
Grundfunktion, Auskunft zu geben über dem normalen Erkenntnisvermögen verborgene Sachverhalte, innerhalb der Komposition öfters
gegeben ist.

---

[200] Vgl. dazu weiter unten Abschnitt 5.2.1.
[201] Anders GUGLER, *Jehu*, 1996, 125–129.

Die Konsultation Elischas ist in 2 Kön 5* und 8,7–15 belegt. An beiden Stellen wird erwähnt, dass mit der Befragung auch eine Entlohnung verbunden ist (2 Kön 5,5; 8,8.9). In 2 Kön 4,23 wird — eher beiläufig — mitgeteilt, dass Elischa bei Sabbat und Neumond auf dem Karmel anzutreffen ist, wo dann die Möglichkeit besteht, ihn zu konsultieren. Aus 2 Kön 4,8–10 geht hervor, dass er feste Routen einhält. Alle diese Angaben zeigen ein Bild, das mit dem Bild Samuels in 1 Sam 9f.* in wesentlichen Punkten übereinstimmt.

Der Gebrauch von ראה im Sinne der Wahrnehmung eines visionären Geschehens ist innerhalb der Komposition 2 Kön 2–13* in 2 Kön 2*; 6,8–23* und 8,7–15 belegt. Visionen und die Verwendung von ראה als terminus technicus für den Empfang einer Vision, sind ebenfalls bei anderen einzeln auftretenden divinatorischen Spezialisten gegeben; für Samuel wird der Titel „Seher" in 1 Sam 9–10* benutzt[202].

In 2 Kön 2,10 ist das Sehen der Entrückung Elijas das Zeichen dafür, dass die Bitte Elischas um den Geist des Elija erfolgreich war. In 2,12 sieht Elischa dann die feurigen Wagen und Pferde, die Elija im Sturmwind in den Himmel entrücken.

Bei der Irreführung der Aramäer in 6,8–23 besänftigt Elischa die Angst seines Dieners, indem er Jhwh bittet, dem Diener die Augen zu öffnen und das sehen zu lassen, was Elischa bereits längst wahrgenommen hat (6,16).

In der Begegnung mit Hasael in 2 Kön 8,7–15 spricht Elischa in V10 davon, dass Jhwh ihn den Tod Ben-Hadads hat sehen lassen; in 8,13 mit demselben Ausdruck (ראה Hi. mit Subjekt Jhwh), dass Hasael König von Aram sein wird[203].

Die zentrale Funktion divinatorischer Spezialisten, die Aufdeckung der dem normalen Erkenntnisvermögen verborgenen Sachverhalte (der Zukunft), zeigt sich in weiteren Texten der Komposition.

In 2 Kön 4,16 kündigt der Gottesmann Elischa der Schunemiterin die Geburt eines Sohnes im nächsten Jahr an, hier ist diese Funk-

---

[202] Zu dem Titel „Seher" s.o. Kapitel I, Abschnitt 4.1.1.
[203] Vgl. H.-C. Schmitt, *Elisa*, 1972, 107, spricht hier von einer Visionsformel; auch B.O. Long, *2 Kings*, FOTL X, 1991, 30.88.103, weist bei den angeführten Stellen auf die Nähe zu den Visionsberichten hin.

tion in eine ausführlichere Geschichte eingebettet, die auch eine
Wunderhandlung Elischas, die Totenerweckung des Sohnes durch
Synanachrosis, einbezieht. Die Erfüllung der Ankündigung Elischas
wird eigens durch den Relativsatz in 4,17 אשר־דבר אליה אלישע
betont hervorgehoben; damit wird die Wirksamkeit des Wortes
von Elischa unterstrichen.

In 2 Kön 6,8–23* wird berichtet, dass Elischa dem israelitischen König Informationen über den Aufenthaltsort aramäischer
Truppen übermittelt. Elischa kann außerdem die Schlafzimmer-
gespräche des aramäischen Königs weitergeben (6,9–12). Es geht
hier wie in 1 Sam 9, wo es um den Aufenthaltsort der Eselinnen
gegangen war, um die Gegenwart, nicht um die Zukunft. In 6,15ff.
ist diese Funktion des divinatorischen Spezialisten mit einem
Wundergeschehen verbunden; diese Verknüpfung ist auch in
4,8–37* gegeben. Elischa wird von einem anonymen Diener begleitet; auch dies entspricht 4,8–37*, dort ist Gehasi als נער mit Namen
genannt.

In 2 Kön 8,1–6, einem Text, in dem Elischa nicht direkt auftritt und der sich auf 4,8–37* zurückbezieht, wird erzählt, dass
Elischa die Schunemiterin auffordert, das Land zu verlassen, weil
Jhwh eine siebenjährige Hungersnot über das Land verhängt hat
(8,1–2). Die Frau entspricht der Aufforderung des Gottesmannes
Elischa (ותעש כדבר איש האלהים) und zieht in das Land der Philister,
bis die Hungersnot vorüber ist.

2 Kön 8,7–15, wo ebenfalls der Titel „Gottesmann" Verwendung
findet, gibt Elischa Hasael, der ihn aufsucht, Auskunft über den
Ausgang der Krankheit des aramäischen Königs Ben-Hadad und
sieht gleichzeitig in einer Vision das Unglück, das Hasael über
Israel bringen wird, der den Thron Arams besteigen wird (8,12f.).
Ein Wundergeschehen ist in diesem Text nicht erwähnt.

Auch im letzten Text der Komposition zeigt Elischa sich als
derjenige, der Auskunft über die Zukunft geben kann. In 2 Kön
13,17 ruft Elischa nach dem Abschießen des Pfeiles aus: „Ein
Siegespfeil von Jhwh, ein Siegespfeil gegen Aram. Du wirst Aram
bei Afek vernichtend schlagen". Hier ist die Auskunft Elischas eingebettet in ein magisches Ritual, das Parallelen vor allem im ägyptischen Bereich hat und das wohl dazu dient, in magischer Absicht
die durch den Ehrentitel Elischas in 13,14 belegte Wirksamkeit
Elischas im Kampf gegen die Aramäer auch über seinen Tod hinaus zu sichern.

Stärker noch als Elija wird Elischa als Wundertäter gezeichnet.

In 2,19–22* „heilt" (רפא Pi.) die Quelle bei Jericho dadurch, dass er sich Salz in einer neuen Schüssel bringen lässt und dieses Salz in das Wasser schüttet. Begleitet wird diese Handlung von einem Wort Elischas, das durch die Botenformel ausdrücklich als Jhwh-Wort gekennzeichnet ist. So schafft Elischa wieder neue Lebensmöglichkeiten. Auf das Wort des Elischa wird in 2,22 noch einmal eigens zurück-gegriffen durch כדבר אלישע אשר דבר.

Elischa hat jedoch nicht nur die Macht, Leben zu ermöglichen. Dies zeigt sich in 2,23–24. Er verflucht (קלל Pi.) die ihn verspotten-den Knaben aus Bet-El „im Namen Jhwhs" und diese Knaben wer-den von Bärinnen zerrissen. In beiden Fällen ist das als Jhwh-Wort gekennzeichnete Wort des Propheten magisch konnotiert. Elischa hat durch seine Verbindung zu Jhwh übermenschliche Fähigkeiten.

In 4,1–7 hilft Elischa auf wunderbare Weise der Witwe eines Gruppenpropheten; dies geschieht einfach durch die Anweisungen, die Elischa der Frau gibt. Vom Vorgang her ist die Darstellung ähn-lich wie bei Elija in 17,8–16*; ein Jhwh-Wort wird jedoch nicht erwähnt und auch das Wort bzw. die Anweisung Elischas wird nicht eigens wie z.B. in 2,22 oder 4,17 hervorgehoben.

In 4,8–37 erweckt Elischa den Sohn der Schunemiterin vom Tode durch den Ritus der Synanachrosis. Hier liegt die Vorstellung kon-tagiöser Magie zugrunde. Abgemildert wird diese magische Handlung durch den Hinweis, dass Elischa zu Jhwh betet (פלל Hitp. 4,33). Magische Vorstellungen zeigen sich in diesem Text auch darin, dass Elischa Gehasi seinen Stab mitgibt. Gleiches gilt für den Mantel des Elija, mit dem dieser und später dann auch Elischa die Wasser des Jordan teilen (2,8.14)[204].

In 4,38–41 wird das Wunder wieder durch eine einfache Handlung bewirkt: Elischa gibt Mehl in den Topf. Wie in 2,19–22* und 6,1–7 benutzt Elischa ganz gewöhnliche Mittel, um ein Wunder zu bewir-ken. Das Wunder geschieht durch einfache Anweisung.

In 4,42–44 dagegen wird das Wort, durch das Elischa genügend zum Essen für alle bewirkt, durch die Botenformel eigens als Jhwh-Wort hervorgehoben. In V44 wird noch einmal ausdrücklich auf das Jhwh-Wort mit כדבר יהוה zurückverwiesen.

---

[204] Vgl. zum Stab und Mantel schon die Bemerkungen bei Gunkel, *Elisa*, 1925, 9f.25f.

Bei der Heilung des aramäischen Feldherrn Naaman vom Aussatz geschieht das Wunder durch eine einfache Anweisung Elischas zum siebenmaligen Waschen im Jordan. Elischa gibt diese Anordnung nicht selbst, sondern lässt sie durch einen Boten Naaman ausrichten. Auf diese Aufforderung des Gottesmannes Elischa wird durch כדבר איש האלהים in 5,14 abschließend zurückverwiesen (vgl. 1 Kön 17,15; 2 Kön 2,22; 4,17; 6,18, 7,17; 8,2).

Die Heilung Naamans könnte ein Hinweis sein auf eine Bedeutung des divinatorischen Spezialisten im medizinischen Bereich. Im näheren zeitlichen und räumlichen Umfeld ist eine Heilungsfunktion bei dem im mesopotamischen Raum belegten *āšipu* bekannt, der ansonsten vorwiegend mit exorzistischen Praktiken befasst ist[205]. In 2 Kön 5 ist jedoch zu sehen, dass diese Heilung eingebettet ist in eine Wundererzählung, der es vor allem darum geht, die Macht des Propheten Elischa über Leben und Tod zu demonstrieren (vgl. 5,7)[206]. Es kommt hinzu, dass eine Krankenheilung durch einen divinatorischen Spezialisten nur äußerst selten in der hebräischen Bibel belegt ist. In 2 Kön 20,7 par, innerhalb der Jesajalegenden, wird König Hiskija von Jesaja durch das Auflegen eines Feigenbreis kuriert. Vorher wurde dem König durch Jesaja der Tod angesagt (20,2). Diese Ankündigung wird jedoch von JHWH zurückgenommen und seine Heilung ausdrücklich angekündigt (20,5). Die Heilung, die Jesaja hier vornimmt, ist demnach eher als eine Ausnahme anzusehen. Gleiches gilt auch für die Heilung der erstarrten Hand König Jerobeams in 1 Kön 13,6 durch den Gottesmann aus Juda. Sie war erstarrt, als der König den Befehl zur Festnahme des Gottesmannes gegeben hatte (13,4). Als der König die Anweisung zurücknimmt und der Gottesmann JHWH besänftigt, ist die Hand wieder funktionsfähig (13,6). Diese wenigen Beispiele lassen nicht erkennen, dass generell mit einer Heilungstätigkeit bei einzeln auftretenden divinatorischen Spezialisten in Israel gerechnet werden muss. Die Heilungsfunktion Elischas in 2 Kön 5* ergibt sich am ehesten aus der Verehrung, die dem Meister in den Wunderanekdoten entgegengebracht wurde.

Die nächste Wundererzählung liegt in 6,1–7 vor. Das Wunder wird vollzogen durch eine Handlung: Elischa wirft ein Stück Holz in das

---

[205] Vgl. dazu M.S. MOORE, *Balaam*, SBL.DS 113, 1990, 33–41, zur Heilungsfunktion 39f.
[206] Vgl. B.O. LONG, *2 Kings*, FOTL X, 1991, 77.

Wasser und bringt damit das Beil zum Schwimmen. Dies entspricht
der Darstellung in 4,38–41 und 2,19–22*.

In 6,8–23* lässt Elischa die aramäischen Truppen mit Blindheit
schlagen, so dass sie nicht wissen, wo sie sind. Ausdrücklich wird
auch hier in 6,18 durch כדבר אלישׁע auf ein Wort Elischas rekurriert. Die magische Konnotation dieses Geschehens wird dadurch
abgemildert, dass Elischa jeweils zu Jhwh betet: 6,17.18.20; verwendet wird als *terminus technicus* wie schon in 4,33 פלל Hitp. In diesem Text wie auch in 2 Kön 5 wird Elischa ausdrücklich als נביא
bezeichnet.

Eine letzte Wunderhandlung vollbringt Elischa schon jenseits der
Todesschranke. Durch die Berührung mit dem Leichnam des Elischa
wird der von Moabitern getötete Israelit wieder lebendig (2 Kön
13,20–21). Wie in 4,8–37* zeigt sich kontagiöse Magie. Von der
Komposition her wird damit deutlich, dass Elischa letztlich Leben
für Israel bedeutet; das Wunder illustriert innerhalb der Komposition
sein Rettungshandeln für Israel.

Die starke Akzentuierung eines Wundercharismas in den mit Elischa
verbundenen Erzählungen könnte als Hinweis verstanden werden,
dass hier ein eigener Typus des divinatorischen Spezialisten in Israel
vorgestellt wird. Sieht man jedoch, dass durch die Verbindung Elischas
mit den Gruppenpropheten eine neue Situation geschaffen wurde,
die ein gesteigertes Interesse an der Person des Leiters der Prophetengemeinschaft mit sich brachte und stellt zudem in Rechnung, dass die
historische Umbruchsituation das Aufbrechen von Wundercharisma
begünstigte[207], so ist angesichts der vielfältigen Verbindungslinien, die
das Auftreten Elischas mit anderen einzeln auftretenden divinatorischen Spezialisten verbindet, eine solche Annahme nicht notwendig.

Die Konzentration auf die Macht des Gottesmannes bzw. des נביא
in den Elischa-Texten rückt Elischa in die Nähe eines Magiers. Er
erbt den Mantel des Elija, mit dem er den Jordan teilen kann
(2 Kön 2,8.14); in 4,29 gibt Elischa Gehasi seinen Stab mit, den er
dem verstorbenen Sohn auf das Gesicht legen soll; eine Prozedur,
die jedoch erfolglos bleibt. Elischa selbst vollzieht dann den magischen Ritus der Synanachrosis. Ebenfalls liegt in 13,14–19 ein magischer Ritus vor. Hinzuzunehmen ist die Macht seines Wortes, das
Leben schenken, aber auch vernichten kann[208]. Innerhalb der Kom-

[207] Vgl. dazu weiter unten Abschnitt 5.2.1.
[208] Vgl. 2 Kön 2,19–24* sowie den ausdrücklichen Hinweis auf das Wort Elischas

position zeigt sich aber die Tendenz, die magischen Verhaltensweisen Elischas in einen stärkeren Zusammenhang mit Jhwh zu bringen. Bei der Jordanüberquerung mit dem Mantel des Elija ruft Elischa ausdrücklich nach Jhwh, dem Gott Elijas (2,14). In 2 Kön 2,19–22* wird die Handlung Elijas durch ein ausdrückliches Jhwh-Wort ergänzt, das mit der Botenformel eingeleitet wird und für die Gesundung des Wassers Jhwh in Anspruch nimmt. Die Verfluchung der Knaben aus Bet-El geschieht „im Namen Jhwhs" (2,24, was allerdings die Schwierigkeiten des heutigen Lesers/der heutigen Leserin mit dieser Anekdote noch erhöht). In 2 Kön 4,27 wird ausdrücklich festgestellt, dass dem Gottesmann nur das offenbar wird, was Jhwh ihm mitzuteilen beabsichtigt. Die Synanachrosis in 2 Kön 4,34f. wird durch ein Gebet zu Jhwh eingeleitet (4,33), ebenso die Blendung der aramäischen Soldaten in 6,18. In 2 Kön 8,10.12 ist es Jhwh, der Elischa sehen lässt (vgl. 4,27). Auch in 13,17 ist es ein „Siegespfeil Jhwhs" (חץ־תשועה ליהוה), den der König abschießt. Dies zeigt deutlich ein Bemühen, das Handeln Elischas nicht als Willkürhandlung eines mit besonderen Fähigkeiten begabten Menschen zu sehen, sondern als Medium, in dem das Handeln und der Wille Jhwhs sichtbar werden[209].

Es ist klar, dass Elischa in der Komposition die zentrale, positiv besetzte Hauptfigur darstellt. Wie verhält es sich nun mit dem israelitischen König bzw. den Königen? Dass es sich um verschiedene Könige handelt, ist anzunehmen, jedoch ist nur in 2 Kön 13,14 der Name eines israelitischen Königs überliefert. Man kann davon ausgehen, dass es sich durchwegs um Könige aus der Dynastie der Jehuiden handelt, mit denen Elischa in Verbindung stand.

Zum erstenmal wird in 2 Kön 4,13 der israelitische König in einer Rede Elischas erwähnt. Elischa macht der Schunemiterin das Angebot, sich beim König (oder dem Obersten des Heeres) für sie zu verwenden. Dies zeigt, dass Elischa Kontakt zum König besitzt und dass er genug Einfluss zu besitzen glaubt, für die Schunemiterin bei dem König etwas erreichen zu können. Danach wird der König in dieser Überlieferung nicht mehr erwähnt. Dieser Satz ist eingefügt worden, um die Szene 8,1–6 vorzubereiten. Dort befindet sich der König

---

bzw. des Gottesmannes in 2,22; 4,17; 5,14; 6,18; 8,2; vgl. auch 2 Kön 7,17 und zu Elija 1 Kön 17,1*.15.

[209] Zur Problematik des Verhältnisses von Prophetie und Magie vgl. die oben S. 248 Anm 380 angegebene Literatur.

im Gespräch mit Gehasi, dem schon aus 2 Kön 4,8–37* bekannten
Begleiter Elischas. Interessiert ist der König an den großen Taten
Elischas; Gehasi berichtet ihm von der Totenerweckung des Sohnes
der Schunemiterin (8,4f.). Als diese dann auftaucht, um vom König
Hilfe bei der Rückgabe ihres Eigentums zu erbitten, kann der König
sie selbst befragen (8,6). Selbstverständlich ist für den Erzähler, dass
der König ihrer Bitte nachkommt und ihr alles wieder verschafft,
einschließlich des ganzen Ertrages ihrer Felder. Elischa ist demnach
ein gefragter Mann bei dem israelitischen König. Dieser ist offensichtlich gerne bereit, der Schunemiterin aufgrund ihrer Beziehung
zu Elischa zu helfen.

In der Erzählung von der Heilung Naamans spielt der israelitische König in 2 Kön 5,5–8 eine Rolle. Der aramäische König gibt
Naaman ein Schreiben an den israelitischen König mit, in dem er
die Heilung seines Aussatzes verlangt. Dass dies vom König verlangt
wird, hängt wohl damit zusammen, dass im Alten Orient die Vorstellung verbreitet war, dass der König eine Heilungsfunktion inne-
hatte[210]. Das Anliegen überfordert jedoch den König. Als Reaktion
darauf scheint ihm das Zerreißen der Kleider, ein Trauergestus, angemessen. Zugleich bricht er in den verzweifelten Ruf aus, ob er denn
ein Gott sei, der töten und zum Leben erwecken kann (5,7). Gleichzeitig
wird sein Misstrauen geweckt, ob hinter diesem Ansinnen des aramäischen Königs nicht der Beginn neuer Auseinandersetzungen zwischen Israel und Aram zu sehen ist. Der israelitische König ist
hilflos und aus dieser Hilflosigkeit kann ihn allein Elischa befreien.
Elischa hört von dem Anliegen Naamans (auf welche Weise, wird
nicht erzählt) und gibt dem König die Anweisung, Naaman zu ihm
zu schicken (5,8). Die Reaktion oder Antwort des Königs wird nicht
geschildert, doch ergibt sich aus dem folgenden Vers, dass er der
Anweisung Elischas nachkam. Der König zeigt sich in seiner Hilflosigkeit auf den Propheten Elischa angewiesen. Dieser Zug entspricht
der Darstellung des Königs in der Samuel- wie auch der Elija-
Tradition.

Noch deutlicher wird die Abhängigkeit des Königs von dem
Propheten in 6,8–23*. Der König braucht Elischa, um sich der aramäischen Raubzüge in Israel zu erwehren. Elischa ist dabei nicht

---

[210] Vgl. H.-C. SCHMITT, *Elisa*, 1972, 173; HENTSCHEL, *2 Könige*, NEB, Lieferung
11, 1985, 23.

nur als Ratgeber tätig (6,8–10), sondern er selbst führt die aramäische Truppe nach Samaria und zeigt seinem Begleiter, dass er von
himmlischen Truppen umgeben ist, die keine Angst aufkommen lassen vor den Aramäern. Als Elischa mit den Soldaten in Samaria
ankommt, fragt ihn der israelitische König ehrerbietig mit der Anrede
„Vater", ob er die Aramäer töten soll. Elischa gibt ihm jedoch die
Anweisung, sie zu beköstigen und dann wieder nach Hause zu schicken. Ohne weitere Rückfrage wird die Anordnung Elischas ausgeführt (6,23).

Ganz aufgelöst zeigt sich der israelitische König in 2 Kön 13,14–19
aufgrund der tödlichen Krankheit Elischas. Er weint, spricht Elischa
wie in 6,21 ehrerbietig mit „Vater" an und bezeichnet ihn als רכב
ישׂראל ופרשׁיו, d.h. als entscheidende militärische Kraft Israels. Offensichtlich hat der König Angst, nach dem Tod Elischas den Aramäern
ausgeliefert zu sein. Dem kann Elischa durch die Anweisung an den
König, ein magisches Ritual durchzuführen, vorbeugen. Allerdings
verhält sich der König nicht ganz nach dem Wunsch Elischas. Elischa
ist darüber verärgert (קצף 13,19). Eindeutig ist hier nicht nur die
Hilflosigkeit und Angewiesenheit des Königs auf Elischa, sondern
auch eine eindeutige Überordnung des Propheten gegenüber dem
König[211]. Elischa wird nicht nur mit „Vater" angeredet, er gibt auch
die Anweisungen, die der König selbstverständlich befolgt. Elischa
ist verärgert wie der Vater bei einem kleinen Kind, das seine Sache
nicht richtig macht. Strukturell zeigt sich demnach in der Elischa-
Komposition 2 Kön 2–13* die gleiche Überordnung des Propheten
gegenüber dem König, wie sie schon in der SSK und in der DKK
erkannt werden konnte.

Noch deutlicher wird die strukturelle Überordnung des Propheten
in der Überlieferung 2 Kön 8,7–15, wo es zu einer Begegnung
zwischen Elischa und dem zukünftigen aramäischen König Hasael
kommt. Hasael bezeichnet den aramäischen König Ben-Hadad
Elischa gegenüber als „dein Sohn" (8,9), was der Anrede „Vater"
im Mund des israelitischen Königs in 6,21 und 13,14 entspricht.
Hasael selbst spricht Elija mit „mein Herr" (אדני) an, er wählt
Elischa gegenüber die Selbstbezeichnung „Knecht" (עבד) bzw.

---

[211] Vgl. auch Asurmendi, *EstB* 53 (1995), 163. Es ist mir nicht nachvollziehbar,
wie Bergen, *Elisha*, JSOT.S 286, 1999, zu der Feststellung kommt: „His role is an
important one, but it never supersedes the royal office" (179).

„Hund" (הכלב) (8,13). Auch der aramäische König nimmt also
Elischa gegenüber eine untergeordnete Stellung ein.

Der Hintergrund dieser Vorstellung wird fassbar in 2 Kön 2*. Sie
zeigt sich in der Geistübertragung und in der militärisch-politische
Funktion, die Elischa in 6,8–23 und 13,14–19 einnimmt und die
sich in dem Ehrentitel רכב ישראל ופרשיו spiegelt (2,12; 13,14). Die
in 2 Kön 2,15 verwendete Geistvorstellung entspricht der Geistvorstellung bei den vorstaatlichen Rettergestalten. Damit ist klar, dass
nicht mehr der König, sondern der Prophet die Aufgabe des Retters
übernommen hat. Anders als noch in 2 Kön 9–10* ist es der Prophet,
der in 2 Kön 2–13* die Feinde Israels abwehrt. Der König hat nur
noch eine untergeordnete Aufgabe. Es reicht, wenn er die Anweisungen
Elischas ausführt. Der König ist es, der Elischa als „Vater" (6,21;
13,14) anredet, was deutlich innerhalb eines patriarchalen Systems
eine übergeordnete Stellung signalisiert. Zwar hilft Elischa dem König
(vgl. vor allem 6,8–23), doch dieser ist nicht mehr entscheidend im
Kampf gegen die Feinde Israels (13,14ff.). Der Prophet, der Gottesmann
Elischa hat seine Funktion übernommen. Damit zeigt sich die Linie,
die schon in der Elija-Überlieferung 1 Kön 17–18* erkennbar war,
noch ein Stück deutlicher ausgezogen. Der Prophet ist die entscheidende Rettergestalt für Israel, nicht der König. Der Gottesmann ist
jetzt, anders als noch in der Samuel-Saul-Überlieferung (1 Sam 11,6),
der Geistträger.

Noch einen Punkt gilt es zu klären. Anders als in der Elija-Tradition
hat sich die Stellung zum König verändert; eine Feindschaft ist nicht
mehr sichtbar. Die plausibelste Erklärung für dieses Faktum ist eine
historische, nämlich dass die durch ihre Religionspolitik verhassten
Omriden sich die Feindschaft eines Teiles der Propheten zuzogen.
Die nun an ihre Stelle tretenden Jehuiden erfreuten sich zwar des
Wohlwollens dieser Kreise, doch konnten auch sie die Erwartungen
nicht erfüllen. Ein „Retter" war Jehu nicht. Bei Hosea zeigt sich ja
auch massive Kritik an dem Haus Jehu (Hos 1,4). Dies führte dazu,
dass in den Prophetenkreisen, die die Elija- und Elischa-Tradition
gestalteten, sich die Erkenntnis durchsetzte, dass von einem König
keine Retterfunktion mehr zu erwarten ist und dass Propheten wie
Elija und Elischa die eigentlichen Rettergestalten für Israel sind. Da
die Rettertradition den Hintergrund für die Gestaltung von 2 Kön
2* abgibt, wird es auch verständlich, dass weder Elija noch Elischa
in diesem Kapitel einen Titel erhalten. Es wird gleichzeitig deutlich,

warum Anspielungen in 2 Kön 2* auf Mose und Josua zu finden sind, die Rettergestalten der Anfangszeit Israels.

5. Datierung, Überlieferungsträger und Historizität

5.1. *Datierung der Elischa-Überlieferungen 2 Kön 9–10*; 6,24–7,20* und 2 Kön 2–13**

Für 2 Kön 9–10* stellt sich die Sachlage relativ klar da. Dass die in 2 Kön 9–10* vorliegende Grunderzählung in der Zeit der Jehuiden im Nordreich verfasst wurde, ist *communis opinio*[212]. Die wesentlichsten Gründe sind:

1. Die Erzählung legitimiert den Staatsstreich des Jehu und ist demgemäß am ehesten in dieser Zeit vorstellbar[213]. Schon bei Hosea (Hos 1,4) zeigt sich eine andere Sicht der Jehuiden, selbst wenn sich die in Hos 1,4 angesprochenen Ereignisse nicht direkt auf die Revolte Jehus beziehen sollten. In der allerdings sehr späten Stelle 1 Kön 19,16 ist das Handeln Jehus in Übereinstimmung mit der negativen Sicht Hos 1,4 als Gerichtshandeln gegen Israel qualifiziert.
2. Die detaillierte und lebendige Darstellung zeigt die Nähe zu dem berichteten Geschehen[214].

---

[212] Vgl. z.B. Steck, *Überlieferung*, WMANT 26, 1968, 32 Anm 2; H.-C. Schmitt, *Elisa*, 1972, 30; Jones, *Kings*, NCBC, 1984, 453f.; Cogan/Tadmor, *2 Kings*, AncB 11, 1988, 118; Barré, *Rhetoric*, CBQ.MS 20, 1988, 52f.140 (Barré rechnet allerdings aufgrund der von ihm angenommenen ursprünglichen Verbindung mit 2 Kön 11* mit einem Verfasserkreis in Juda); Minokami, *Jehu*, GTA 38, 1989, 154; White, *Elijah Legends*, BJSt 311, 1997, 36–41; Beck, *Elia*, BZAW 281, 1999, 210f. Anm. 224; S. Otto, *Erzählung*, BWANT 152, 2001, 249f.; W. Dietrich, *ThZ* 57 (2001), 129–134.

[213] Vgl. vor allem Minokami, *Jehu*, GTA 38, 1989, 154; H.-C. Schmitt, *Elisa*, 1972, 29–31; eine andere Tendenz der Grundschrift sieht Würthwein, *Bücher der Könige*, ATD 11,2, 1984, 339f., doch beruht dessen Sicht auf einer literarkritischen Position, die oben zurückgewiesen wurde; auch Crüsemann, *WuD* 25 (1999), 61–76, erkennt aufgrund der deutlich zu Tage tretenden grausamen Handlungsweise Jehus keine legitimierende Tendenz. Es bleibt jedoch bestehen, dass Jehu durch einen Gruppenpropheten im Namen Jhwhs beauftragt wird und auch keine explizite Kritik an dem Handeln Jehus erkennbar ist. Allerdings gibt die Darstellung Jehus Anlass, die Zuordnung zu einem höfischen Überlieferungskreis in Frage zu stellen, s. dazu weiter unten Abschnitt 5.2.

[214] Vgl. vor allem H.-C. Schmitt, *Elisa*, 1972, 31; aber auch Minokami, *Jehu*, GTA 38, 1989, 154, der eine Entstehungszeit noch zu Lebzeiten Jehus für möglich hält.

3. Es sind Anspielungen im Text wie 9,22 vorhanden, die innerhalb des Textes nicht weiter erklärt werden, die aber auch nicht aus einer redaktionellen Sicht abgeleitet werden können. Somit ist die plausibelste Erklärung, dass zumindest eine grobe Kenntnis der Zeitsituation bei den Adressaten vorausgesetzt wird. Gleiches gilt für die Gestalt des Jonadab ben Rekab, demgegenüber Jehu seinen Eifer für Jhwh betont (10,16), ohne dass die Anliegen Jonadabs deutlich beschrieben werden.

Es kommt hinzu, dass sich in 2 Kön 9–10* bei der hier angenommenen Grundschicht eine Konkurrenz zwischen Jhwh und Baal spiegelt, wie es ebenfalls in der Elija-Überlieferung 1 Kön 17–18* und in 2 Kön 1* vorausgesetzt wird. Dabei ist zu erkennen, dass die Elija-Überlieferung 1 Kön 17–18* schon die Kenntnis der Jehu-Erzählung in der Übertragung der Abschlachtung der Baalspropheten auf Elija am Bach Kischon (1 Kön 18,40) voraussetzt[215]. Die Konkurrenz zwischen Jhwh und Baal im 9. Jahrhundert im Nordreich Israel ist unter historischen Gesichtspunkten nach wie vor als gesichert anzusehen[216].

Schwieriger ist die Einzelüberlieferung 6,24–7,20* zu beurteilen. In der Erzählung spiegelt sich die Bedrohung des Nordreiches Israel durch die Aramäer, die mit der Vernichtung der aramäischen Kleinstaaten durch die Assyrer nicht mehr gegeben war.

Das gute Verhältnis zwischen Elischa und dem israelitischen König deutet auf die Zeit der Jehuiden. Es spricht deshalb alles dafür, die Entstehungszeit dieser Erzählung nicht allzu weit von dieser Zeit zu entfernen[217]. Es kommt hinzu, dass auch für diese Erzählung eine Entstehung im Kreis der *bᵉnê hannᵉbîʾîm* anzunehmen ist, auf jeden Fall geht der Nachtrag in 7,17–20 auf diese Kreise zurück. Somit ist als *terminus ad quem* für die Entstehung dieser Überlieferung einschließlich des Nachtrags in 7,17–20 die Zerstörung des Nordreiches anzunehmen.

Für die Elischa-Komposition gilt, dass für viele Einzeltexte eine Entstehung im Nordreich nicht zu bestreiten ist. Vor allem ist dies

---

[215] Vgl. auch MINOKAMI, *Jehu*, GTA 38, 1989, der meint, „dass die Elischa-Legenden in ihrem literarischen Entstehungsprozeß unsere Erzählung voraussetzen". (132); er bezieht sich dabei besonders auf die Formulierung des Anfangs von 4,29, wofür er auf 9,1 verweist; ebenso für 2 Kön 5,6–7* auf 2 Kön 10,2*.7*.

[216] Vgl. dazu oben Kapitel II, Abschnitt 5.3.

[217] Vgl. dazu vor allem H.-C. SCHMITT, *Elisa*, 1972, 52–59.

für die Erzählungen anzunehmen, die im Milieu der *bᵉnê hannᵉbîʾîm*
spielen (4,1–7.38–44; 6,1–7), da diese Gruppierung nach dem
Untergang des Nordreiches nicht mehr existierte[218].

Die Texte, die Elischa als Helfer der Jehu-Dynastie im Kampf
gegen die Aramäer zeigen bzw. die Gefahr durch die Aramäer wider-
spiegeln (5,1–14*; 6,8–23*; 8,7–15; 13,14–19), lassen sich am ehesten
aus einer Zeit herleiten, in der noch die Aramäergefahr in lebendi-
ger Erinnerung war[219].

Gilt eine Datierung in der Zeit des noch existierenden Nordreiches
auch für die Komposition der Elischa-Überlieferung in 2 Kön 2–13*?
Diese Frage entscheidet sich an 2 Kön 2*.

H.-C. SCHMITT hat die übliche Frühdatierung von 2 Kön 2,1–15
in Frage gestellt[220].

Ausgangspunkt seiner Argumentation ist, dass in der ursprünglichen Elischa-Tradition dessen Prophetsein sich durch die Wundertaten selbst legitimiert. Ein Hinweis auf Elija als Legitimationsinstanz
für Elischa, wie sie in 2,1–15 begegnet, sei deshalb als Weiterentwicklung der Elischa-Überlieferung anzusehen. Zur Stützung
seiner These untersucht H.-C. SCHMITT die in 2 Kön 2,1–15 verwendeten Motive:

1. Die in 2 Kön 2,1–15 begegnende Vorstellung der Entrückung
   sei ansonsten sicher nur noch in Gen 5,24 (P) belegt, einem
   Text, der aus Jerusalemer Priesterkreisen stammt. Dagegen ist
   jedoch festzuhalten, dass die Entrückungsvorstellung ein gemein-
   orientalisches Motiv darstellt, das von altsumerischer Zeit an
   belegt ist[221]; es taugt daher kaum als sicheres Indiz für die
   Datierung eines Textes.

2. Für die Vorstellung von himmlischen Wagen und Rossen findet H.-C. SCHMITT eine Parallele in Sach 6,1–8, einem nachexilischen Jerusalemer Propheten. Jedoch ist hier keine Rede
   von feurigen Pferden, so dass die Parallele nicht so eng ist,
   wie H.-C. SCHMITT suggeriert. Außerdem ist in der Sacharjastelle
   nicht von einem kriegerischen Geschehen die Rede, ein Kontext,

---

[218] Vgl. dazu weiter unten Abschnitt 5.2.
[219] Zu 5,1–14; 8,7–15 und 13,14–19 vgl. die überzeugenden Überlegungen bei
H.-C. SCHMITT, *Elisa*, 1972, 107–108.
[220] Vgl. zum folgenden H.-C. SCHMITT, *Elisa*, 1972, 109–119.
[221] Vgl. dazu A. SCHMITT, *Entrückung*, FzB 10, 1973, 4–45.

der durch den Ehrentitel Elischas in 2 Kön 2* vorauszusetzen ist. Für beide Bilder ist ein altorientalischer Hintergrund anzunehmen; eine enge Beziehung von 2 Kön 2 zu der Sacharjastelle ist jedoch nicht erkennbar.

3. Die Parallelen für die רוח — Vorstellung von 2 Kön 2,1–15 findet H.-C. Schmitt in Num 11,25f. und Jes 11,2. In der Tat zeigt sich in diesen Texten dieselbe Formulierung (Verwendung des Verbum נוח). Entscheidend ist jedoch, dass hier die Geist-Vorstellung aufgegriffen wird, wie sie bei den vorstaatlichen Rettergestalten erstmals vorliegt, als Ermöglichungsgrund für außergewöhnliche Taten (Ri 6–9*; 13–16*). Num 11 greift dagegen die Geist-Vorstellung auf, wie sie charakteristisch für die Gruppenprophetie im Nordreich war, als Trance-Zustand mit dem Verlust der Selbstkontrolle (vgl. 1 Sam 10; 19). Der Text dürfte spät sein[222].

Bei Jes 11,2 zeigt sich dieselbe Geist-Vorstellung wie in 2 Kön 2. Dieser Text ist allerdings in der Datierung umstritten. Vor allem aber ist er singulär in seiner Aussage für einen davidischen König nach David. Die Geist-Vorstellung weist eher auf das Nordreich hin, dessen Vorstellung möglicherweise auf die Ausformung von Jes 11 eingewirkt hat.

Die von H.-C. Schmitt aufgezeigten Vorstellungsparallelen sind demnach nicht in der Lage, eine Entstehung im Südreich wahrscheinlich zu machen. H.-C. Schmitt übersieht außerdem die grundlegende Intention dieses Textes, Elischa als Nachfolger des Elija zu zeichnen und somit als legitimes Oberhaupt der *b^enê hann^ebî'îm*, wie aus 2 Kön 2,15 hervorgeht. Dass dazu die Notwendigkeit bestand, ergibt sich aus der Verbindung Elischas zu der Gruppenprophetie. Von daher verweist diese Erzählung auf die Gruppierung der *b^enê hann^ebî'îm*, die nur im Nordreich existierte[223].

---

[222] Vgl. dazu weiter unten Abschnitt 5.2.

[223] Vgl. auch A. Schmitt, *Entrückung*, FzB 10, 1973, 132f., der 2 Kön 2 wie insgesamt die Elischa-Überlieferung ins 9. Jhd. einordnet. Dies dürfte zu früh sein, da mit der Komposition Negativerfahrungen mit den Jehuiden vorausgesetzt werden müssen, die dazu führten, dass dem Königtum die Retterfunktion nicht mehr zugestanden wurde; doch ist der Entstehung im Nordreich zuzustimmen; die Endzeit des Nordreiches nimmt jetzt auch S. Otto, *Erzählung*, BWANT 152, 2001, 250f. als Entstehungszeit für die von ihr angenommene „Elisa-Biographie" an.

Das Entstehen einer so umfangreichen Komposition, die viele Einzelüberlieferungen über Elischa zusammenfasst, setzt jedoch einen längeren Traditionsprozess voraus[224].

Es kommt hinzu, dass die Aussage der Komposition im Hinblick auf das Verhältnis von König und Prophet eine Weiterentwicklung der noch in 2 Kön 9–10* erkennbaren Darstellung ist. Sie entspricht jedoch 1 Kön 17–18*. Nimmt man an, dass Elischa um 800 v. Chr. gestorben ist[225], so ist eine Entstehung in der Mitte des 8.Jhds. — noch im Nordreich —, die wahrscheinlichste Annahme. Die Komposition greift die Retter-Überlieferung auf, wie sie für das Königtum im Nordreich von Prophetenkreisen in Gilgal entwickelt wurde und überträgt sie nun — wie schon in der DKK — auf den Propheten als den eigentlichen Retter.

5.2. Überlieferungsträger

Weitgehende Übereinstimmung herrscht darüber, dass die Gruppenpropheten um Elischa an dem Prozess der Ausbildung und weiteren Tradierung der Elischa-Überlieferung beteiligt sind[226], doch ist es fraglich, ob alle Texte in der Komposition 2 Kön 2–13* sowie die Einzelüberlieferung 2 Kön 6,24–7,20* und 2 Kön 9–10* auf diese Gruppierung zurückgeführt werden können.

---

[224] Vgl. dazu Rofé, *Stories*, 1988, 42–45.

[225] Vgl. H.-C. Schmitt, *Elisa*, 1972, 190; Rofé, *Stories*, 1988, 73.

[226] Vgl. z.B. Steck, *Überlieferung*, WMANT 26, 1968, 144–147; H.-C. Schmitt, *Elisa*, 1972, 153–172; Gray, *1 & 2 Kings*, OTL, ³1977, 465–471; De Vries, *Prophet*, 1978, 53f.; Seebass, Art. „Elisa", *TRE IX*, 1982, 507; Rehm, *Buch der Könige 2*, 1982, 24; Jones, *Kings*, NCBC, 1984, 68–73; Würthwein, *Bücher der Könige*, ATD 11,2, 1984, 368; Rofé, *Stories*, 1988, 20–22 (Rofé spricht den *b^enê hann^ebî'îm* eine Rolle bei der Ausformung und Weitergabe der Elischa-Tradition zu, sieht aber in dieser Gruppierung keine Prophetengemeinschaft); Thiel, „Gemeinsamkeiten", in: Zmijewski, *Botschaft*, 1990, 360; Ders., „Jahwe", in: Hausmann/Zobel, *Alttestamentlicher Glaube*, 1992, 93 (erweitert um „volkstümliche Kreise"); Mommer, „Diener des Propheten", in: Ders., *Recht als Lebensraum*, 1993, 101; vorsichtig Whitelam, Art. „Elisha", *ABD V*, 1992, 472. Lemaire, „Joas", in: Brekelmans/Lust, *Studies*, BEThL 94, 1990, 245–254, sieht die Rolle der Gruppenpropheten und namentlich Gehasis, in der mündlichen Weitergabe der Elischa-Erzählungen (2 Kön 8,1–6), die Sammlung und schriftliche Fixierung ortet er am Königshof in Samaria, wobei er aufgrund von 2 Kön 13,14–19 Elischa eine Erzieherfunktion für König Joahas zuschreibt. Unterschiedliche Interessen, die auf eine soziale Krise in Nordisrael zurückzuführen sind, sehen Hoover-Renteria, „Elijah/Elisha Cycle", in: Coote, *Elisha*, 1992, 75–126 und Bergen, „Alternative", in: Coote, *Elisha*, 1992, 127–137, in den Elischa-Überlieferungen ausgedrückt, wobei insgesamt der Elija-Elischa-Zyklus mit der in demselben Sammelband veröffentlichten Arbeit von Todd, „Elijah Cycle", in: Coote,

5.2.1. *Die Überlieferungsträger der Elischa-Komposition 2 Kön 2–13**

Dass die Wunderanekdoten, die Elischa im Kreis der Prophetengemeinschaft als Wundertäter zeigen (2 Kön 4,1–7.38–44; 6,1–7), auf diese
Gruppe zurückzuführen sind, ist evident. Hierfür spricht schon die
Form der Wunderanekdote, deren zentrales Anliegen die Darstellung
der außergewöhnlichen Fähigkeiten des Wundertäters ist. Außerhalb
der Elija- und Elischa-Traditionen ist diese Form kaum vertreten[227].
Bemerkenswert ist das deutliche Hervortreten der Wundertheologie
im Bereich der Elija- und Elischa-Überlieferung. Der am häufigsten
gebrauchte Titel für Elischa innerhalb der Wunderanekdoten ist der
des „Gottesmannes", mit dem unterstrichen wird, dass in der Person
des Elischa das Wirken Gottes sichtbar wird. Mit der Form der
Wunderanekdote wie überhaupt mit der Wundertheologie ist die
Person des Wundertäters in den Mittelpunkt des Interesses gerückt.
Dem entspricht, dass die jeweiligen Gegenüber des Wundertäters
meist ohne Namen bleiben (1 Kön 17,10–16*; 2 Kön 2,19–24*;
4,1–7.38–44; 6,1–7). Wort (2,19–22.23–24; 4,1–7.42–44; vgl. auch
1 Kön 17,10–16*) und Handlung (2,19–22*; 4,38–41; 6,1–7) des
Wundertäters stehen im Vordergrund, wobei manchmal auf das Wort
des Wundertäters formelartig abschließend verwiesen wird (vgl. 2
Kön 2,19–22*) bzw. durch die Botenformel auf Jhwh hin transparent gemacht wird (2 Kön 2,19–22*; 4,42–44).

Elisha, 1992, 1–35, als Legitimation der Jehu-Revolution gesehen wird, also die
Interessenlage der herrschenden Schicht dokumentiert. In einzelnen Erzählungen
zeigen sich jedoch Elija und Elischa als „local Yahwistic leaders who gained support from various disenfranchised groups of Israelite, particularly women from both
the rural elite and the peasantry, as well as peasant men". (so Hoover Renteria,
a.a.O., 126); diese Sicht ist überzogen und hat wenig Anhalt am Text, vgl. schon
die Auseinandersetzung von R.D. Moore, *God*, JSOT.S 95, 1990, 121–128 mit der
ähnlichen Auffassung der Elischa-Überlieferungen 6,8–7,20 als „Klassenkonflikt" bei
LaBarbera, *CBQ* 46 (1984), 637–651. B.O. Long, *2 Kings*, FOTL X, 1991, 30.34.
u.ö. verzichtet auf nähere Angaben zur Herkunft der Elischa-Überlieferungen, da
diese Texte grundsätzlich unterschiedlichen sozialen „settings" zugeordnet werden
können und somit sichere Aussagen nur bezüglich des „literary setting" möglich
sind; S. Otto, *Erzählung*, BWANT 152, 2001, 220–246, ist der Auffassung, dass
der Verfasser der „Elisa-Biographie" auf den Kreis der Prophetenjünger zurückzuführen ist, ebenso die „unpolitischen Wundergeschichten" (mit Ausnahme von 2
Kön 4,8–37*), während die „politischen Wundergeschichten" in „höfischen Prophetenkreisen" entstanden seien. 2 Kön 4,8–37* sei dagegen im „Oberschichtmilieu"
anzusiedeln.

[227] Hinzuweisen ist hier auf einzelne Texte in der Mose-Tradition wie Ex 15,22–27;
17,1–7; bei denen jedoch möglicherweise ein Einfluß der Elischa-Elija-Überliefer-
ung vorauszusetzen ist.

Auch dort, wo das Milieu der *bᵉnê hannᵉbî'îm* nicht sichtbar ist, wie in 2,19–24*, gibt es keinen Grund, an einer Entstehung in diesem Kreis zu zweifeln, zumal diese Anekdoten literarisch mit 2 Kön 2,1–15 verbunden sind. Das Interesse der *bᵉnê hannᵉbî'îm* an Elischa als ihrem Oberhaupt erklärt die Ausbildung und die Weitergabe solcher Wunderanekdoten[228]. Dabei bilden Erfahrungen und Probleme des Alltagslebens den Hintergrund in den Anekdoten, wobei der Wundertäter schließlich eine nicht zu erwartende Wende durch sein Wort oder Handeln erzeugt.

Wie verhält es sich aber mit den Texten, in denen Elischa nicht nur als Wundertäter auftritt, allein agiert oder sich vor allem im politischen Raum betätigt?

In 4,8–37* zeigt sich Elischa zunächst in einer normalen divinatorischen Funktion: Er kündigt der Schunemiterin die Geburt eines Sohnes an (4,16f.). Später erscheint er dann auch als Wundertäter. Der Form nach unterscheidet sich diese Überlieferung durch einen komplexeren Aufbau von den kurzen Wunderanekdoten[229]. Eine magische Komponente ist durch den Stab, den Elischa Gehasi mitgibt und den Ritus der Synanachrosis unverkennbar. Dieses magische Ambiente unterstreicht wie in den Wunderanekdoten die außergewöhnlichen Fähigkeiten Elischas. Von daher weist auch diese Überlieferung auf die *bᵉnê hannᵉbî'îm* als Überlieferungsträger. Hierfür spricht ebenso die Verwendung des Titels „Gottesmann". In die gleiche Richtung deutet, dass Elischa hier von dem נער Gehasi begleitet wird. In 2 Kön 9,1–4 wird klar, dass ein נער aus dem Kreis der *bᵉnê hannᵉbî'îm* stammen kann[230].

---

[228] Im Stadium der Schriftlichkeit wurden diese zunächst mündlich überlieferten Erzählungen gekürzt, vgl. ROFÉ, *Stories*, 1988, 18f.

[229] Vgl. ebd., 27–33; ROFÉ stuft diesen Text als „literary elaboration" der mündlich überlieferten einfachen „legenda" ein.

[230] Anders MOMMER, „Diener des Propheten", in: DERS., *Recht als Lebensraum*, 1993, 113–115, der Gehasi als Vertreter der reichen, grundbesitzenden Schicht sieht und damit in einem Gegensatz zu den *bᵉnê hannᵉbî'îm*. Die Anhaltspunkte für eine solche Einordnung Gehasis sind jedoch zu dürftig; vgl. das andere Bild Gehasis bei LEMAIRE, „Joas", in: BREKELMANS/LUST, *Studies*, BEThL 94, 1990, 247f.; s. auch ROFÉ, *Stories*, 1988, 120. Gegen die Auffassung von S. OTTO, *Erzählung*, BWANT 152, 2001, 229f., spricht, dass auch hier die Person Elischas im Vordergrund steht und das Kennzeichen „Wundertheologie" auf die *bᵉnê hannᵉbî'îm* weist. Ansonsten würde es bedeuten, dass zeitgleich in unterschiedlichen Milieus eine Wundertheologie entwickelt wurde. Außerdem ist auch darauf hinzuweisen, dass „Wundertheologie" ein Kennzeichen vor allem der unteren Schichten ist, s.unten. Es kommt hinzu,

H.-C. Schmitt vertritt die Auffassung, dass diese Erzählung erst
nachträglich mit Elischa verbunden worden sei[231]. Er begründet
dies damit, dass der in 4,8–37 auftretende Gottesmann als eine
Einzelgestalt geschildert wird, die auf dem Karmel die feste Funktion
eines „Sehers, Zauberers" ausübe und dem Volk für Konsultationen
in den kleinen und großen Schwierigkeiten des Alltags zur Verfügung
stehe. Der ursprüngliche Haftpunkt der Elischagestalt sei dagegen
Gilgal und Samaria[232]. Doch wird man bei Elischa wie auch sonst
bei den einzeln auftretenden divinatorischen Spezialisten mit einer
Tätigkeit rechnen müssen, die nicht nur auf einen bestimmten Ort
fixiert ist[233]. Gerade 4,23 gibt in Verbindung mit 4,8–10 deutlich
zu erkennen, dass mit Elischa nur zu bestimmten Zeiten auf dem
Karmel zu rechnen ist. Es gibt demnach keinen Anhaltspunkt
dafür, in 4,8–37* keine originäre Elischa-Tradition zu sehen. Eine
Notwendigkeit, mit anderen Überlieferungsträgern für 4,8–37*
rechnen zu müssen, ist nicht vorhanden, zumal auch terminologische Verbindungen zwischen 4,30 und 2 Kön 2,2.4.6 bzw. 4,34
und 6,17.18.20 vorhanden sind. Wie in 2 Kön 2,22 wird in 4,17
ausdrücklich auf das Wort Elischas zurückverwiesen.

Eine andere Wundererzählung liegt in 5,1–14 vor, die ebenfalls wie
4,8–37 eine komplexere Form besitzt. Sie überschreitet den privaten
Bereich der Wundererzählung 4,8–37* und der Anekdoten. Der
König von Israel ist hier involviert, bei dem Heilungsuchenden handelt es sich um einen aramäischen Feldherrn, kurz, der politisch-
gesellschaftliche Kontext der Auseinandersetzung zwischen Israel und
Aram spielt eine Rolle. In dieser Überlieferung wird der Titel נביא
benutzt, daneben begegnet aber auch der Titel „Gottesmann"[234].
Elischa wird in Samaria wohnend vorgestellt, wie auch noch in
13,14ff. und 6,24ff. Die Prophetengemeinschaft der b^{e}nê hann^{e}bî'îm
spielt keine Rolle; der Überbringer der Anweisung an Naaman wird
nicht als נער bezeichnet, sondern als מלאך. Die Funktion Elischas als
Wundertäter, die Art seines Eingreifens, die gekennzeichnet ist durch

---

dass die Schunemiterin ohne Namen bleibt, was bei einer Entstehung in dem Oberschichtmilieu, dem sie zweifelsfrei zugehört, verwunderlich wäre.
   [231] Vgl. H.-C. Schmitt, *Elisa*, 1972, 153–156; Stipp, *Elischa*, ATSAT 24, 1987,
445.
   [232] Vgl. H.-C. Schmitt, *Elisa*, 1972, 154.158.
   [233] Vgl. dazu oben Kapitel I, Abschnitt 4.1.1.
   [234] Das Ausscheiden des Titels „Gottesmann" durch Stipp ist nicht nachvollziehbar; H.-C. Schmitt rechnet 5,1–14 zu der Gruppe der „Aramäererzählungen", für
die er einen anderen Überlieferungskreis annimmt.

Anweisungen wie z.B. in 4,1–7, weist neben dem Titel „Gottesmann"
jedoch auf die Gruppe der *beê hannebî'îm* als Überlieferungsträger.
Eine Verbindungslinie stellt auch der abschließende Rückgriff in 5,14
auf das Wort des Propheten dar. Der politisch-gesellschaftliche Kontext
zeigt sich auch in 2 Kön 9–10*; dort ist Elischa mit den *beê hannebî'îm*
verbunden. Ein Mitglied der Prophetengemeinschaft vollzieht im
Auftrag Elischas die Salbung an Jehu. Deutlich zeigt sich in der
Erzählung 2 Kön 5 die Überlegenheit des נביא gegenüber dem König,
wie sie auch schon in der demselben Überlieferungskreis zuzuschreibenden Elija-Tradition 1 Kön 17–18* sichtbar geworden ist. Der
König verzweifelt an der Anfrage des aramäischen Königs und betont,
dass er doch kein Gott sei, der über Leben und Tod entscheiden
kann (5,7). Es gibt demnach keinen Grund, für 2 Kön 5,1–14 einen
anderen Überlieferungskreis annehmen zu müssen[235].

Der politische Kontext der Auseinandersetzung zwischen Israel und
Aram steht im Mittelpunkt der Erzählung 2 Kön 6,8–23*. Hier sind
die Verbindungslinien zu den anderen Elischa-Texten noch deutlicher. Elischa zeigt sich in einer Doppelfunktion als jemand, der
Auskunft gibt über verborgene Sachverhalte (6,8–12) und ebenso als
Wundertäter wie schon in 4,8–37*; 5,1–14. Er wird begleitet von
einem anonymen Diener; vergleichbar mit 4,33 wird die Wunderhaftigkeit abgemildert durch das Beten zu Jhwh (6,17.18.20). In 6,18
wird wie in 2,22; 4,17; 5,14 das Wort des Elischa eigens betont.
Elischa wird in Übereinstimmung mit 13,14ff. eine militärische Bedeutung im Kampf gegen die Aramäer zuerkannt. Im Vordergrund
steht der Titel נביא, doch wird auch die Bezeichnung „Gottesmann"
verwendet[236]. Alle diese Elemente stehen mit einer Entstehung dieser Überlieferung im Kreis der *beê hannebî'îm* in Einklang. Das
Verhältnis zwischen König und Prophet entspricht der Überlieferung 5,1–14 und bestätigt somit die Zuordnung zu einem identischen
Überlieferungskreis.

---

[235] Gegen H.-C. SCHMITT, *Elisa*, 1972, 173; DERS., *ZThK* 74 (1977), 261, der für
die Aramäererzählungen „volkstümliche Kreise" verantwortlich machen will, was
außerdem eine wenig erhellende Beschreibung des Überlieferungskreises darstellt.
Auch die Zuordnung zu „höfischen Prophetenkreisen" durch S. OTTO befriedigt
nicht, da das Verhältnis zwischen König und Prophet auf eine Überordnung des
Propheten hinausläuft und der König oft in einer hilflosen Position dargestellt wird
(s.o. Abschnitt 4.3). Diese Art der Darstellung wäre in einem dem Königshof zuzu-
ordnenden Kreis mehr als verwunderlich.
[236] Für H.-C. SCHMITT, *Elisa*, 1972, 155f. ist Elischa erst sekundär in diese Erzählung

Auch in 2 Kön 8,7–15 steht die Auseinandersetzung zwischen
Israel und Aram im Hintergrund. Elischa hält sich in der Nähe von
Damaskus auf. Er erscheint hier in einer rein divinatorischen Funktion,
d.h. er gibt Auskunft über den Ausgang einer Krankheit, der des
aramäischen Königs Ben-Hadad. Ein Wundergeschehen wird nicht
berichtet. Als Titel begegnet in diesem Text allein „Gottesmann",
was auf die *b^{e}nê hann^{e}bî'îm* als Überlieferungsträger verweist. Der
Kontext der Auseinandersetzung Israels mit den Aramäern (5,1–14;
6,8–23*) und das Eingreifen in politische Abläufe (9,1–13) bestätigen
diese Einordnung.

Elischa verwendet hier die Formel מות יומת wie Elija in 2 Kön
1*. Auch wenn die Aura des Wunderhaften fehlt, so besteht dennoch kein Grund, andere Überlieferungsträger anzunehmen. Außerdem
zeigt sich die Unterordnung auch des aramäischen Königs gegenüber dem „Gottesmann" Elischa. Er wird als „Sohn" im Verhältnis
zu Elischa bezeichnet. Die Unterordnung im Hinblick auf den israelitischen König ist ebenfalls in 5,1–14 und 6,8–23 gegeben. Alle diese
Gründe konvergieren dahingehend, dass auch diese Überlieferung in
den Kreisen der *b^{e}nê hann^{e}bî'îm* entstanden ist[237].

In einer normalen divinatorischen Funktion zeigt auch die Überlieferung 2 Kön 13,14–22 Elischa. Klar für den Überlieferungskreis
der *b^{e}nê hann^{e}bî'îm* als Verfasser spricht die Wunderanekdote 13,20–22
und die Verwendung des Titels „Gottesmann" in 13,18f.[238]. Aber
auch das Ausüben eines magischen Rituals, das die Wirksamkeit
Elischas im Kampf gegen die Aramäer über seinen Tod hinaus
sichern soll, zieht eine Verbindungslinie zu dem Handeln Elischas
in den Wunderanekdoten wie auch zu 4,8–37*; 6,8–23* und 2 Kön
2,1–15. Ebenso entspricht die Darstellung des Verhältnisses zwischen
König und Prophet der Darstellung in 2 Kön 5,1–14 und 2 Kön
6,8–23*. Es gibt demnach keinen Grund, diese Überlieferung einem
anderen Trägerkreis zuzurechnen.

Die von dem Kompositor gestaltete Eingangserzählung 2 Kön 2
verweist durch die Wunderhaftigkeit und die magische Vorstellungswelt

---

eingetragen worden, das Hauptargument dafür ist der von Gilgal und Samaria
abweichende Handlungsort Dotan.

[237] Für eine Entstehung in Prophetenkreisen spricht sich auch RUPPRECHT, *VT*
28 (1978), 73–82, aus.

[238] Eine terminologische Verbindung zeigt sich in Verwendung von גדוד in 13,20
wie in 2 Kön 5,2; 6,23, vgl. H.-C. SCHMITT, *Elisa*, 1972, 92 Anm 97.

(Mantel!) sowie durch den Hintergrund des Milieus der *bᵉnê hannᵉbî'îm*
das in 2,2–6 aufscheint, und die Verehrung Elischas als legitimen
Nachfolger Elijas durch die Mitglieder der Prophetengemeinschaft
(2,15) ebenfalls als Verfasser auf die *bᵉnê hannᵉbî'îm*. Das gilt auch für
das Problem der Sukzession, das sich bei einer Konstellation wie der
organisatorischen Verbindung des Elischa mit den *bᵉnê hannᵉbî'îm* stellen muss.

Für 2 Kön 8,1–6, das ebenfalls von dem Kompositor gestaltet ist,
ist keine andere Herkunft wahrscheinlich zu machen, zumal auch
hier das Wort des Elischa (8,1f.) betont hervorgehoben wird.

Zusammenfassend lässt sich festhalten, dass die Elischa-Komposition
in den Reihen der *bᵉnê hannᵉbî'îm* entstanden ist. Auch für die zugrun-
deliegenden Einzelüberlieferungen gibt es keine Notwendigkeit, eine
andere Herkunft anzunehmen.

Wer waren nun die *bᵉnê hannᵉbî'îm* und wie lassen sie sich in die
auch andernorts erkennbaren Zeugnisse der Gruppenprophetie einordnen?

Nach 2 Kön 2; 4,38 gab es diese Gruppen in Bet-El, Jericho und
Gilgal. Elischa ist mit diesen Gruppen auch organisatorisch fest verbunden; er ist ohne Zweifel der Leiter (2 Kön 6,1–7). Die Bezeichnung
bᵉnê hannᵉbî'îm ist auf den Elischa-Zyklus sowie 1 Kön 20,35 und Am
7,14 beschränkt. Damit deutet sich an, dass wir es hier mit einer
eigenen Ausprägung des vielschichtigen Phänomens „Prophetie" zu
tun haben.

> Koch charakterisiert die *bᵉnê hannᵉbî'îm* folgendermaßen: „Vermutlich
> handelt es sich bei diesen unter armseligen Bedingungen zusam-
> menlebenden Gruppen um Kultprofeten, die bei Festbegehungen
> am Heiligtum sich in Ekstase steigern und dann bedeutungsschwere
> Rufe ausstossen"[239]. Rofé dagegen sieht in den *bᵉnê hannᵉbî'îm* keine
> prophetische Gruppierung, sondern „circles of disciples", denen
> erst in den späteren Texten 1 Kön 20,35; 2 Kön 2,1–15; 9,1 eine
> prophetische Funktion zugeschrieben wird[240]. 2 Kön 9,1 und auch

---

[239] Vgl. Koch, *Profeten I*, ³1995, 97; ähnlich schon Gunkel, *Elisa*, 1925, 7; ebs.
Jeremias, *ThLZ* 116 (1994), 489; Ekstase als Kennzeichen der Gruppenpropheten
um Elischa sieht auch H.-C. Schmitt, Art. „Prophetensöhne", *NBL III*, Lieferung
11, 1997, 196.

[240] Vgl. Rofé, *Stories*, 1988, 21f. (Zitat 22); auch Hobbs, *2 Kings*, WBC 13, 1985,
25–27 sieht in den *bᵉnê hannᵉbî'îm* „lay supporters", hält sich aber alle Türen offen,
wenn er abschließend feststellt: „They were scattered throughout the country and

2 Kön 2,1–15 sind jedoch im Hinblick auf die Zeichnung der *bᵉnê hannᵉbî'îm* als durchaus glaubwürdig einzustufen; es wird auch nicht ersichtlich, was den Anlass für eine spätere Übermalung dieser Gruppen als prophetische Gruppen geboten hätte. Im übrigen spricht auch das Element נביאים in der Namensgebung gegen diese Auffassung.

Von der grammatikalischen Form des Namens בני הנביאים allein her wäre es möglich, dass durch vorangestelltes בן bzw. בני einfach ein (mehrere) Mitglied(er) der Gruppe der נביאים benannt würden, ähnlich wie in Neh 3,8 בן־הצרפים — einer der Goldschmiede oder בן־הרקחים — einer der Salbenmischer oder in Neh 12,28 die בן־המשררים — Sänger²⁴¹. Das würde bedeuten, dass die בני הנביאים sich von den נביאים nicht unterscheiden würden und nahtlos in die nordisraelitische Gruppenprophetie einzufügen wären²⁴². Doch widerspricht dieser Auffassung das insgesamt seltene und im Bereich der Elischa-Überlieferung konzentrierte Vorkommen. Zudem wird das einzelne Mitglied nicht als נביא bezeichnet, sondern als איש אחד מבני הנביאים (1 Kön 20,35; 2 Kön 9,1; vgl. auch 2 Kön 4,1). In Am 7,14 wird zwar die Form בן־נביא verwendet, jedoch wird diese gesondert neben dem נביא erwähnt. Diese Gründe führen dazu, den Begriff בני הנביאים genau wie בני ישראל als eine eigene soziologische Größe zu verstehen²⁴³.

Die Eigenständigkeit dieser Gruppierung bedeutet jedoch nicht, sie jeglicher Kontinuität zu entheben. Das Phänomen der Gruppenprophetie und das Element נביאים in der Namensgebung zeigen eindeutig einen Zusammenhang mit dem auch ansonsten bezeugten Phänomen der Gruppenprophetie auf. Für eine Kontinuität spricht ebenso, dass sowohl bei den prophetischen Gruppen, die die Samuel-Überlieferung tradierten, als auch bei den בני הנביאים die Ortslage Gilgal eine Rolle spielt.

Das erste Zeugnis von Gruppenprophetie im Nordreich ist innerhalb der Samuel-Saul-Komposition in 1 Sam 10,5–6.10–12 greifbar.

---

associated with Elisha to varying degrees, some even assuming the rare function of prophecy". (27). CUMMINGS, „House", in: LIVINGSTONE, *Studia Biblica I*, 1979, 119–126, konstruiert auf dem Hintergrund von 2 Kön 6,1–7 einen wenig überzeugenden Gegensatz zwischen den *bᵉnê hannᵉbî'îm* und den Rechabitern.

²⁴¹ Vgl. VAN DEN OUDENRIJN, *Bib.* 6 (1925), 165–171; JUNKER, *Prophet*, 1927, 26f. Anm 7; H.-C. SCHMITT, *Elisa*, 1972, 163; MULZER, *Jehu*, ATSAT 37, 1993, 57 Anm 119.

²⁴² So H.-C. Schmitt, Art. „Prophetensöhne", *NBL III*, Lf. 11, 195.

²⁴³ Vgl. auch PORTER, *JThS* 32 (1981), 423–429.

Dort wird auf der Textstufe der SSK als Zeichen der Bestätigung der Einsetzung Sauls zum נגיד die Begegnung Sauls mit einem חבל נביאים (10,5.10) von Samuel angekündigt; die Ausführung wird dann in 1 Sam 10,10–12 geschildert[244]. Damit verknüpft wird die Entstehung des Sprichwortes הגם שאול בנביאים (10,11f.). Dieses Sprichwort wird ebenfalls in 1 Sam 19,18–24 erwähnt, wo Saul bei der Verfolgung Davids wiederum mit נביאים zusammentrifft.

> Es stellt sich zunächst die Frage des Verhältnisses der beiden Texte. 1 Sam 19,18–24 gehört in den Kontext der David-Über-lieferungen, deren Intention die Legitimierung des Übergangs der Herrschaft von Saul auf David ist[245]. Nun ist auffällig, dass David in diesem Kontext nur hier mit Samuel zusammentrifft, abgese-hen von seiner Salbung, die in 16,1–13 geschildert wird. Dabei handelt es sich wohl um ein Textelement, das — wie auch 1 Sam 16,1–13 — nachträglich in den Zusammenhang der David-Über-lieferungen zur Korrektur von 1 Sam 10,10–12 eingesetzt wurde[246]. Dabei wurde aus judäischer Perspektive Saul disqualifiziert bei gleichzeitiger Aufwertung Davids[247].

Es ist demnach am sinnvollsten, von 1 Sam 10,5–6.10–12 auszuge-hen. Dass es sich um Gruppenpropheten handelt, ist durch die Bezeichnung חבל נביאים gesichert[248]. Von ihnen wird gesagt, dass sie von einer Kulthöhe (במה) in Gibeat-Elohim hinabsteigen (ירד). Vor ihnen (לפניהם) werden Musikinstrumente gespielt; der Zustand, in dem sie sich befinden, wird mit נבא Hitp. angegeben. Aufgrund der Beziehung zur Kulthöhe und der Erwähnung der Musikinstrumente hat Junker die Gruppenpropheten als Kultpropheten angesehen, die im normalen kultischen Geschehen mit Musik und Tanz engagiert sind[249]. Doch lässt sich dies noch keineswegs aus diesem Text heraus-lesen. Dass sie von einer Kulthöhe kommen, heißt noch nicht, dass sie im Sinne von Kultfunktionären an diesem Heiligtum kultische

---

[244] Zur Einordnung dieses Textes s. oben Kapitel I.

[245] Vgl. dazu Crüsemann, *Widerstand*, WMANT 49, 1978, 128–142.

[246] Vgl. W. Dietrich, *Königszeit*, BE 3, 1997, 248.

[247] Vgl. Mommer, *BN* 38/39 (1987), 60.

[248] Vgl. dazu Fabry, Art. „חבל", *ThWAT II*, 1974–1977, 700.706; Bouzon, *Prophetenkorporationen*, 1968, 11f. Die an sich seltene Bezeichnung für eine Gruppe ist durch eine ugaritische Parallele gesichert.

[249] Vgl. Junker, *Prophet*, 1927, 22–35; Bouzon, *Prophetenkorporationen*, 1968, 17.

Funktionen ausübten, genausowenig wie Elischa durch 2 Kön 4,23 als Kultfunktionär am Karmel-Heiligtum erwiesen ist.

Der Zustand, in dem sich die נביאים befinden, ist am sinnvollsten als Trance-Zustand zu bezeichnen[250]. Dieser Zustand hat eine kontagiöse Wirkung, so dass Saul bei der Begegnung mit diesen נביאים ebenfalls in diesen Zustand gerät (10,6.10.11).

PARKER hat nun die These aufgestellt, dass es sich hier um ein Phänomen handelt, das von der durch ein Medium vermittelten Prophetie zu trennen ist; die Personen, denen Saul begegnet, „were not 'prophets' (seers, diviners, or mediums of any kind) but simply a group in a possession trance"[251]. Der Schwierigkeit, dass נבא im Ni und im Hitp. mit Sicherheit auch prophetisches Reden beinhaltet, und dass für die Bezeichnung des Trance-Zustandes dieses Verb gewählt wurde, erklärt PARKER durch einen weit ausholenden überlieferungsgeschichtlichen Prozess. Der „possession trance" kam nach Israel durch phönizischen Einfluss. „But if possession trance was first known to Israel from Phoenicia, where its function was mediumistic (vgl. Wen-Amun), it would be natural for the Israelites to refer to it by the same word with which they referred to mediumistic activity in their own culture, namely *nb'* — even though its function in Israel was generally unrelated to prophecy". (274). Die Anhaltspunkte für diese Konstruktion sind zu dürftig, um überzeugen zu können. Dagegen spricht vor allem 1 Kön 22 im Kontext der Befragung nach dem Ausgang des Kriegszuges, wo ebenfalls eine Zustandsbeschreibung mit נבא gegeben ist, außerdem ist die Verwendung von משגע in Jer 29,26; 2 Kön 9,11; Hos 9,7–9 als Kennzeichnung des נביא wohl vor allem auf ein auffälliges Verhalten gemünzt[252]. Wichtiger ist noch, dass der Weg, den PARKER zeichnet, kaum wahrscheinlich zu machen

---

[250] Problematisch ist die Bezeichnung „Ekstase", da sie nicht genau den Zustand wiedergibt; einen Überblick über neuere Beiträge zu dem Phänomen „Ekstase" geben WILSON, *JBL* 98 (1979), 321–337; MICHAELSEN, *SJOT* 2 (1989), 28–54. Trance-Zustände können unterschiedlich sein; PARKER, *VT* 28 (1978), 271, unterscheidet zwischen „visionary trance" und „possession trance".

[251] PARKER, VT 28 (1978), 269–; Zitat 274; ihm stimmt PETERSEN, *Roles*, JSOT.S 17, 1981, zu.

[252] PARKER sieht natürlich auch diese Schwierigkeit und sucht sich dadurch zu retten, dass משגע im Hinblick auf Propheten nie als neutraler, beschreibender Terminus gebraucht wird. „Rather, it is used as a derogatory term in invective and levity . . ." (283).

ist. Weil dieses Phänomen durch phönizischen Einfluss nach Israel gelangt sein soll, wo es ein mit Divination verbundenes Phänomen war, ist es in Israel mit dem Verb für mediale Aktivitäten belegt worden, obwohl es gerade in Israel ein Phänomen bezeichnen soll, das keine durch ein Medium vermittelte Divination beinhalten soll. Dies ist nicht nachvollziehbar.

Verstanden wird der Trance-Zustand in diesem Text als Einwirkung des Gottesgeistes (אלהים/יהוה רוח)[253]. Aufgrund der ausdrücklichen Erwähnung der Musikinstrumente ist es am wahrscheinlichsten, dass dieser Zustand durch Musik induziert wurde[254]. Hierfür spricht auch die kontagiöse Wirkung, die vor allem bei rhythmischer Musik gut vorstellbar ist.

Auf einen sozial minderen Status der נביאים verweist die Frage in 1 Sam 10,12: Wer ist denn schon deren Vater? In 1 Sam 9,1 wird deutlich, dass Saul über einen umfangreichen und angesehenen Stammbaum verfügt; für die נביאים gilt das nicht. Angesichts der Bedeutung der Herkunft lässt sich daraus klar erkennen, dass die נביאים nicht zu den gesellschaftlich angesehenen Gruppen in Israel gehörten und die Verbindung Sauls mit diesen Gruppen demnach Verwunderung auslöste, die sich in dem *māšāl* widerspiegelt[255].

Damit zeigt sich die Struktur einer Gruppenprophetie, die gekennzeichnet ist durch einen mit נבא ausgedrückten Trance-Zustand, der verursacht wird durch den Geist Gottes bzw. den Geist Jhwhs. Induziert wird dieser Zustand durch Musik. Es handelt sich um Gruppen, die einen sozial minderen Status besitzen, deren Beziehung zu dem König Saul, der aus einer angesehenen Familie stammt, zur Bildung des *māšāl* הגם שאול בנביאים führte.

---

[253] Ausgedrückt wird das Überwältigtwerden durch die Wendung צלח + על + ePP + רוח יהוה in 10,6; in 10,10 steht die Cstr.-V. רוח אלהים. In 1 Sam 19 wird die Wendung היה על gebraucht, als Gottesname begegnet durchgängig אלהים (19,20.23).

[254] Vgl. auch Lemaire, „Les groupes prophétiques", in: *L'ancien Proche-Orient et les Indes*, StOr 70, 1993, 47.

[255] Die Frage nach dem „Vater" kann demnach nicht für die Bezeichnung des Leiters dieser Prophetengruppe ausgewertet werden; davon ist in 1 Sam 10 keine Rede; anders Phillips, „Father", in: Ackroyd/Lindars, *Words ans Meanings*, 1968, 190, der in dem „Vater" der Prophetengruppen nicht nur den Leiter dieser Gruppe sieht, sondern auch denjenigen, der die Äußerungen der Ekstatiker verständlich macht; ihm stimmt auch Lindblom, *ASTI* 9 (1974), 34 Anm 7 zu; zur Beurteilung des *māšāl* durch Eppstein, *ZAW* 81 (1969), 287–304 (ekstatische Prophetie als eine degenerierte Erscheinung) und Sturdy, *VT* 20 (1970), 206–213 (Saul ist kein נביא) vgl. überzeugend Lindblom, *ASTI* 9 (1974), 30–41.

1 Sam 19,18–24 bestätigt dieses Bild in den Grundzügen. Auch
hier ist ein Trance-Zustand erkennbar, der auf die רוח אלהים zurückgeführt wird und der auf andere ansteckend wirkt. Die ansteckende
Wirkung ist im Hinblick auf Saul sogar gesteigert. Von ihm wird in
19,23 gesagt, dass er bereits auf dem Weg zu dem נוית in prophetische Verzückung geriet. Ausführlicher als in 10,10–12 werden auch
die Auswirkungen dieses Trancezustandes beschrieben. Von Saul wird
in V24 berichtet, dass er sich seiner Kleider entledigte und dass er
einen Tag und eine Nacht nackt vor Samuel lag. Die Absicht dieser Mitteilung ist deutlich. Sie soll Saul herabsetzen[256]. Dennoch
besteht kein Grund zu der Annahme, dass hier ein Zug berichtet
wird, der nicht vertrauenswürdig ist. Es passt durchaus in das Bild,
das von dem Trancezustand gezeichnet wird. Vielleicht muss dies
nicht immer vorausgesetzt werden, aber sicherlich kann angenommen werden, dass Nacktsein und Erschöpfung mit diesem Trancezustand verbunden sein konnten. Auf jeden Fall wird damit ein Zustand
geschildert, in dem die Selbstkontrolle verloren geht (vgl. auch 1 Sam
18,10).

Die Gruppe der נביאים wird — anders als in 1 Sam 10 — in 1
Sam 19,20 als להקת הנביאים bezeichnet, ein Begriff, der nur hier
begegnet. Meist wird er — aufgrund der alten Übersetzungen als
קהלת gelesen[257]. Auf jeden Fall ist mit diesem Lexem eine Gruppe
gemeint. Unklar ist נוית (19,19.22.23). Die Deutungen schwanken
hier zwischen einer Ortsangabe und der Wiedergabe mit „Prophe-
tenhaus"[258].

Das Verhältnis zwischen Samuel und den נביאים wird jedoch anders
als in 1 Sam 10 dargestellt, wo keine direkte Verbindung Samuels
mit den Gruppenpropheten zu erkennen ist. Von Samuel wird in

---

[256] Vgl. dazu MOMMER, *BN* 38/39 (1987), 58 mit Verweis auf Gen 9,20ff.; 2 Sam
6; evtl. Klgl 1,8; 4,21. W. DIETRICH, *David*, BWANT 122, ²1992, 57; L. SCHMIDT,
Erfolg, WMANT 38, 1970, 108. Dies entspricht dem Gebrauch von נבא Hitp. in 1
Sam 18,10, wo Saul unter Einwirkung des bösen Gottesgeistes einen Speer nach
David schleudert; der Zustand wird mit נבא Hitp. wiedergegeben.

[257] Vgl. MOMMER, *BN* 38/39 (1987), 54; BOUZON, *Prophetenkorporationen*, 1968, 24f.

[258] Vgl. MOMMER, *BN* 38/39 (1987), 54f.; BOUZON, *Prophetenkorporationen*, 1968,
22–24; RINGGREN, Art. „נוה", *ThWAT* V, 1984–1986, 296; W. DIETRICH, *David*,
BWANT 122, ²1992, 58 Anm 7, lässt die Frage offen. Ein Versammlungsraum von
Gruppenpropheten ist in 2 Kön 6,1–7 bezeugt; auch der Raum, in dem die Inschrift
von Deir ʿAlla gefunden wurde, wird in diesem Sinne gedeutet, vgl. WENNING/ZENGER,
ZAH 4 (1991), 192f.

V20 gesagt, dass er עמד נצב עליהם. Aufgrund von 1 Sam 22,19 ist hierin eine Vorsteherfunktion zu sehen[259]. Doch wird von Samuel nicht gesagt, dass er sich ebenfalls in einem Trancezustand befindet. Samuel kommuniziert nur mit David (19,18). Als Saul nackt daliegt, wird berichtet, dass er vor Samuel liegt, von den נביאים ist keine Rede (19,24). Dies lässt eher darauf schließen, dass der Verfasser dieser Ergänzung keine genaue Vorstellung von der Beziehung zwischen Samuel und den Gruppenpropheten hatte. Aufgrund dessen, dass die Samuel-Überlieferung in diesen Kreisen weitergegeben wurde, hat er wohl eine engere Verbindung zwischen Samuel und den נביאים angenommen, womöglich kannte er die Verbindung von Elischa mit den Gruppenpropheten[260]. Da die übrige Samuel-Überlieferung keine organisatorische Verbindung mit den Gruppenpropheten kennt, ist 19,20 nicht als historische Notiz zu verstehen[261].

Ein weiteres Beispiel von Gruppenprophetie findet sich in 1 Kön 22. Dort ist die Rede von 400 Propheten. Sie werden zusammengerufen, um dem israelitischen König ein Orakel über den Ausgang des Feldzuges gegen die Aramäer um Ramot-Gilead zu geben. Bei der Bestimmung der Grundschicht in 1 Kön 22 kann im wesentlichen der Analyse von STIPP gefolgt werden[262], mit kleineren Modifikationen. Meines Erachtens wird der Grundtext nach V30* erst mit V34 fortgesetzt. Außerdem ist zwischen V6 und V9 die Annahme eines Textausfalles unnötig. Die Bestätigung von divinatorischen Auskünften durch andere Instanzen oder Personen ist — wie z.B. die Mari-Texte zeigen[263] — ein normaler Vorgang und bedarf keiner eigenen Begründung. Außerdem gibt es keinen überzeugenden Grund, den Abschluss des Grundtextes schon in V37 zu sehen. Der ursprüngliche Abschluss liegt in 22,38 vor, der die Einfügung 1 Kön 21,19 in die Nabot-Überlieferung ausgelöst hat. Demnach liegt die Grundschicht in V3.6.9.15–17.29*.30*.34.36–38 vor. In ihr ist die originäre Überlieferung von Micha ben Jimla zu sehen, der entgegen dem Votum der נביאים mit seiner Aussage über den Ausgang

---

[259] Vgl. MOMMER, *BN* 38/39 (1987), 55.
[260] Vgl. dazu BOUZON, *Prophetenkorporationen*, 1968, 18–34, der die Verhältnisse der Elischa-Zeit hier wiederfindet; außerdem PLÖGER, *Prophetengeschichten*, 1937, 6f.; ähnlich EPPSTEIN, *ZAW* 81 (1969), 287–304.
[261] So auch BOUZON, *Prophetenkorporationen*, 1968, 21f.
[262] Vgl. dazu STIPP, *Elischa*, ATSAT 24, 1987, 152–229.
[263] Vgl. z.B. AÉM I/1, Text 217, vgl. PARKER, *VT* 43 (1993), 65; vgl. auch JEREMIAS, *ThLZ* 119 (1994), 485.

456   KAPITEL III

des Krieges und das Schicksal des israelitischen Königs Recht behält. Micha ben Jimla wird hier ohne Titel vorgestellt, doch ist klar, dass er ein divinatorischer Spezialist ist. Von der Textkonstellation her stehen sich nicht der israelitische König und der Prophet gegenüber, sondern Micha ben Jimla und die Gruppenpropheten.

Als eine erste Bearbeitung der Grundüberlieferung in 1 Kön 22 hat Stipp die „Zidkija-Bearbeitung" bestimmt, die die Verse 11–12.13–14.24–28a umfasst. Diese Bearbeitung ist jedoch noch umfangreicher. Hierzu gehören meines Erachtens noch 22,1–2*.31. Auf dieser Überlieferungsstufe wird die Auseinandersetzung zwischen Micha und den נביאים sowie zwischen Micha und dem israelitischen König akzentuiert. Deutlich hervorgehoben wird der Gehorsam Michas gegenüber JHWH (22,14). Die hier verwendete Formel חי־יהוה begegnet auch in 1 Kön 17,1 im Munde Elijas. Die Spannung zum Königtum ist größer geworden (V26f.), jedoch zeigt die Gefangennahme Michas, dass es der König ist, der über Machtmittel verfügt. Auf dieser Textebene ist die Verbindung zwischen 1 Kön 20,1–34 und 1 Kön 22 geschaffen worden.

Die These von Stipp, dass dieser Zusammenhang erst durch den Verfasser von 20,35–43 hergestellt worden sei, überzeugt nicht[264]. Es stellt sich die Frage, warum dieser Verfasser, der in 20,43 geschickt zu 1 Kön 21 überleitet, keinen eleganteren Übergang in 22,1–2 gewählt hat, sondern nahtlos an 1 Kön 20 anknüpft. Aber auch das inhaltliche Argument von Stipp, der eine grundverschiedene Einstellung zum Königtum in 1 Kön 20 und 22 erkennt, stimmt so nicht. Anders als bei dem נביא in 20,35–43 zeigt sich in 22,17–19 kein Drohwort, das an den König adressiert ist. Die Aussage geht allein dahin, dass Israel diesen Kampf verlieren wird. Der Konflikt zwischen König und Prophet steht hier nicht im Vordergrund; eher ist Micha ben Jimla eine Haltung zuzusprechen, die sich nur notgedrungen, weil er gerufen wird, in diese politischen Angelegenheiten involvieren lässt. Im Vordergrund steht die Richtigkeit des Seherwortes gegenüber den Auskünften der Gruppenpropheten. Von daher gibt es keinen Grund, die Verbindung von 1 Kön 20 und 22 erst einem Verfasser zuzuschreiben, der bereits am DtrG arbeitet.

---

[264] Vgl. Stipp, *Elischa*, ATSAT 1987, 418–420.

Die nächste Bearbeitungsstufe ist die Joschafat-Bearbeitung, die nach STIPP 22,2b.4.5.7–8.10.18.29*.30a.32–33 umfasst[265]. Dass diese Bearbeitung in Juda erfolgt, ist evident. Sie ist wahrscheinlich denselben priesterlichen Kreisen zuzuschreiben, die auch 2 Kön 3 gestalteten[266]. Dass diese Arbeit erst am DtrG erfolgt sein soll, wie STIPP annimmt, hat gegen sich, dass eine solche Hochschätzung des judäischen Königs, wie sie in 1 Kön 22 und 2 Kön 3 begegnet, nicht gut in einer Zeit vorstellbar ist, die auf das judäische Königtum als eine vergangene Größe zurückblickt. Demnach ist hier die Annahme eines identischen Überlieferungskreises sinnvoller als rein literarische Arbeit an einem schon sehr komplexen literarischen Werk.

Umgekehrt bedeutet dies, dass die Grundschicht und die Zusammenfügung mit 1 Kön 20,1–34* durch die Zidkija-Schicht noch im Nordreich anzusiedeln sind, wogegen auch keine inhaltlichen oder sprachlichen Gründe sprechen[267].

Auf der Stufe der Zidkija-Bearbeitung fungiert Zidkija als Sprecher der נביאים (22,11–12), der seinen Orakelspruch durch eine symbolische Handlung noch unterstreicht (22,11).

Die Aussage in 22,12: כל־הנביאים נבאים כן ist wohl kaum so zu verstehen, dass jeder seinen Orakelspruch einzeln ablieferte. Am sinnvollsten ist diese Angabe so zu deuten, dass diese große Anzahl von נביאים sich in einen Trancezustand versetzten und das Orakel des Zidkija bestätigten. Dann ist das Handeln dieser נביאים ähnlich wie in 1 Sam 10*; 19,18–24. In 22,24 wird mitgeteilt, dass Zidkija sich mit der Berufung auf die רוח יהוה legitimiert; dies ist ebenfalls ein Zug, der mit 1 Sam 10; 19 übereinstimmt.

---

[265] Vgl. ebd., 228; wenig überzeugend ist die Vorordnung der zweiten Vision vor die Joschafat-Bearbeitung (ebd. 228.366). Hier liegen späte Verbindungen zu Jer, Ez und den Klgl vor, s. HOSSFELD/MEYER, *Prophet*, BB 9, 1973, 32–34; ebenso wenig überzeugt die Zuordnung des Namens Joahas zur Grundüberlieferung und der Zidkija-Bearbeitung, vgl. THIEL, *BZ NF* 34 (1990), 304–306.

[266] Zu 2 Kön 3 s.oben Abschnitt 2.2. Der Vorgang ist so vorstellbar, dass die Sammlung 1 Kön 20*; 22* in Juda in einem priesterlichen Archiv — wohl mit Schulbetrieb — landeten. In diesem Archiv entstand auch die Elischa-Überlieferung 2 Kön 3*; zusammen sind diese Texte dann später — durch den Autor von 1 Kön 20,35–43 ? — in DtrG eingefügt worden; zu den literatursoziologischen Fragen vgl. LOHFINK, „Bewegung" (1995), in: *Studien III*, SBAB 20, 1995, 65–142.

[267] Vgl. STIPP, *Bib.* 104 (1997), 510f., nimmt einen in Prophetenkreisen des Nordreiches verankerten Kern von 1 Kön 22 an; S. OTTO, *Erzählung*, BWANT 152, 2001, 217, sieht nur die literarkritisch nicht mehr fassbaren Traditionen noch im Nordreich; die Grundschicht 1 Kön 22,2b–3.5–6.9–15a.17.24–28bα.36–37 sei in der Endzeit des Südreiches Juda entstanden.

Dass der König in 22,6 diese Propheten so einfach versammeln
kann, verdeutlicht, dass sich um den Königshof solche Gruppen
sammelten; wieweit der Bindungsgrad an das Königtum gediehen
ist, kann allerdings aufgrund von 1 Kön 22 nicht beantwortet
werden.

Vorbehalte gegenüber den Auskünften dieser נביאם werden in 22,6
erkennbar; es wird wohl vorausgesetzt, dass das Orakel dieser
Gruppenpropheten nicht sehr zuverlässig ist. Der Vorwurf, den der
Südreichprophet Micha gegen die נביאם erhebt, ist auch hier wohl
im Hintergrund zu sehen (Mi 3,5–8). Sie stehen unter dem (berech-
tigten) Verdacht, dem Motto „Wes Brot ich ess, des Lied ich sing"
zu huldigen und sich nicht an Jhwh zu orientieren. In dieser Beurteilung spiegelt sich sicher auch ihre soziale Stellung, die entsprechend
den Gruppenpropheten in 1 Sam 10; 19 nicht hoch einzuschätzen
ist. Micha ben Jimla, der wohl eine Sehergestalt war, wird ihnen ja
auch entgegengesetzt als derjenige, auf dessen Auskunft Verlass ist.
In 1 Kön 22 ist erkennbar, dass ein Teil der Gruppenprophetie
im Nordreich sich stärker um den Königshof sammelte. Diese
Entwicklung hat möglicherweise schon unter den Omriden eingesetzt
(s. unten zu 1 Kön 18). Unter den Jehuiden setzte sich dieser Trend
dann fort. Vielleicht hat die Beteiligung eines Teils der Gruppenpropheten unter Elischa an der Jehu-Revolution die Tore geöffnet;
bei dem israelitischen König in 1 Kön 22 ist ursprünglich am ehesten eine Herkunft aus der Dynastie der Jehuiden anzunehmen.
1 Kön 22 macht deutlich, dass es neben der als Sonderentwicklung
anzusehenden Gruppenprophetie um Elischa weiterhin Gruppenpropheten im Nordreich gab, die wohl auch Orakel im Trancezustand
verkündeten und sich auf den Geist Jhwhs beriefen. Eine anstek-
kende Wirkung zeigt sich jedoch nicht mehr. Die Gruppenpropheten
orientierten sich wohl stärker zum Hof hin, wie weit, lässt der Text
leider nicht erkennen. Vorbehalte gegenüber diesen Divinatoren scheinen jedoch weiterhin zu gelten, so dass auch ihre Nähe zum Hof
die gesellschaftlich schlechtere Stellung nicht überwinden konnte.

Von daher ordnet 2 Kön 9,11 auch das Mitglied der *bᵉnê hannᵉbî'îm*
als einen der „Verrückten" ein, was am ehesten auf dem Hintergrund des bei den Gruppenpropheten geübten Trance-Zustandes
zu verstehen ist.
    Auch die parallel neben נביא stehende Bezeichnung איש הרוח
in Hos 9,7 zeigt, dass der נביא als derjenige gesehen wurde, der

sein Orakel auf den Geist Jhwhs stützte. Anzunehmen ist, dass mit dieser Bezeichnung auf die Gruppenpropheten angespielt wird.

Möglicherweise ist bei den Gegnern Elijas in 1 Kön 18 auch an israelitische Gruppenpropheten zu denken. Zwar werden die Gegner Elijas als „Baalpropheten" bezeichnet, jedoch zeigt 1 Kön 18,20, dass es sich durchaus auch um „normale" israelitische Gruppenpropheten gehandelt haben kann. Vom Thema her geht es darum, welcher Gott als der Wirkmächtige angesehen werden kann. Übereinstimmende Züge der Gruppenprophetie zeigen sich im Handeln; der „Geist" spielt jedoch keine Rolle. In 18,28 werden Selbstverwundungspraktiken geschildert, die Hos 7,14 entsprechen. Dort dienen sie dazu, Fruchtbarkeit und Segen zu erlangen. Für diese Selbstverwundungsriten ist ein Trance-Zustand vorauszusetzen. Allerdings wird hier nicht erwähnt, wodurch dieser Zustand hervorgerufen wird. Es ist also durchaus möglich, dass die Gruppenpropheten sich in diesem Bereich an den Kulthöhen engagierten und vielleicht aufgrund ihrer magischen Kompetenz eine Rolle bei Fruchtbarkeitsriten übernommen haben. Selbstverwundungsriten sind auch bei den נביאים in Sach 13,2–6 vorauszusetzen. Wahrscheinlich ist die Grenze zwischen Jhwh und Baal auf den verschiedenen Ebenen der Religion zu dieser Zeit nicht sehr groß gewesen. Es bestand wohl die Gefahr, dass Baal durch den diplomatischen Synkretismus und die Astralisierung der Götter in dieser Zeit auch in die offizielle Religionsebene eindrang und dass das Vehikel dazu die Gruppenpropheten darstellten, mit denen Elija dann die Auseinandersetzung suchte[268].

In der Überlieferung von der Revolution Jehus werden nur einmal in 2 Kön 10,18 „Baalpropheten" erwähnt, ansonsten wird im Text immer von Baaldienern gesprochen. Ein deutlicheres Bild dieser Baalpropheten ist nicht zu erkennen.

Eine übereinstimmende Struktur wie in 1 Sam 10; 19; 1 Kön 22 zeigt sich noch in Num 11. נבא ist als ein Trancezustand geschildert[269]. רוח spielt wiederum die Rolle als Ermöglichungsgrund eines Zustandes, der mit נבא bezeichnet wird, auch hier hat dieser Zustand eine kontagiöse Wirkung.

---

[268] Diese Funktion würde auch gut der Grundbedeutung von נבא als desjenigen, der Gott anruft (vgl. FLEMING, *CBQ* 55 (1993), 217–224) entsprechen.
[269] Anders CRÜSEMANN, *Tora*, 1992, 112, der נבא in Num 11 als prophetisches Reden verstehen will. Das spezifisch Ekstatische sei in Num 11 kaum betont.

Eine zeitliche Einordnung des Textes bereitet jedoch Schwierigkeiten. Offensichtlich dient diese Erzählung als Ätiologie für das Institut der 70 Ältesten. Dabei ist jedoch unklar, wo diese Institution angesiedelt werden kann.

Es kommt hinzu, dass der Geist Jhwhs oder Gottes durch Mose vermittelt ist. Num 11 ordnet sich also in eine Traditionslinie ein, die bei Hosea greifbar wird. Sie sah in Mose das Urbild des נביא.

Dies alles führt dazu, dass dieser Text immer später datiert wird[270]. Insbesondere die Darstellung des Mose als Ermöglichungsgrund der Prophetie dürfte eine Auffassung wie Dtn 18,9ff. schon voraussetzen. Demnach ist diese Erzählung eher in der Nähe von Joel 3,1 anzusiedeln; Num 11,29 formuliert das entsprechende Anliegen, dass das ganze Volk zu Propheten werden soll. Der auf Mose zurückgeführte prophetische Geist soll nicht nur in den 70 Ältesten, sondern auch darüber hinaus wirken[271]. Für die nordisraelitische Prophetie trägt dieser Text nichts aus, er zeigt aber immerhin, dass diese Vorstellungen eine lange Wirkungsgeschichte hatten.

Der Überblick über die anderen Zeugnisse der Gruppenprophetie im Nordreich hat ergeben, dass für die Gruppenprophetie ein mit נבא umschriebener Trance-Zustand charakteristisch ist, der mit dem Verlust der Selbstkontrolle verbunden ist und der kontagiös wirkt. Zurückgeführt wird dieser Zustand auf die Einwirkung der רוח יהוה bzw. der רוח אלהים. Wie fügen sich die *bᵉnê hannᵉbîʾîm* in dieses Bild ein?

H.-C. SCHMITT hat die Behauptung aufgestellt, das Kennzeichen der Gruppenprophetie um Elischa sei die Kollektivekstase[272]. Er stützt dies auf die Angaben in 1 Sam 19,18–20,1, worin sich seiner Ansicht nach Verhältnisse einer späteren Zeit spiegeln sollen,

---

[270] Vgl. z.B. CRÜSEMANN, *Tora*, 1992, 111ff.; BUCHHOLZ, *Älteste*, GTA 36, 1988, 51f.; AURELIUS, *Fürbitter*, CB.OT 27, 1988, 176–186; SCHMID, *Jahwist*, 1976, 70–75; s. auch SEEBASS, *Numeri*, BK IV/1, 1993, 27–56 vgl. schon FRITZ, *Israel*, MThSt 7, 1970: Die Erzählung von der Anteilgabe des Geistes entstammt kaum einer der alten Quellen; er weist auf die Beziehung zu Ex 33,7–11 hin (a. gleiche Vorstellung vom Amt des Mose b. Zelt der Begegnung als Stätte göttlichen Erscheinens c. Bezeichnung Josuas als Diener des Mose; gegen eine Zuordnung zu E vgl. PERLITT, *EvTh* 31 (1971), 602. PERLITT sieht in Mose hier schon mehr als einen Propheten (vgl. Num 12,6–8).

[271] SEEBASS, *Numeri*, BK IV/1, 1993, 39f. denkt für 11,25b–29 an eine sehr späte Redaktion (nach R^JEP); vgl. auch BLUM, *Studien*, BZAW 189, 1990, 194, der allerdings einen einheitlichen Text annimmt.

in der das Nabitum Anerkennung gefunden habe; dies sei erst seit
der Jehu-Revolution möglich gewesen. Deshalb müssen dort die
gleichen Verhältnisse anzutreffen sein, wie sie bei den *bᵉnê hannᵉbîʾîm*
herrschten[273]. Bei der Suche nach Belegen für ekstatische Phänomene kann H.-C. SCHMITT jedoch nur auf die in 4,38; 6,1 begegnende Wendung יֹשֵׁב לִפְנֵי verweisen und auf die Bezeichnung מְשֻׁגָּע
in 2 Kön 9,11. Die Deutung von יֹשֵׁב לִפְנֵי als ekstatisches Phänomen
widerspricht jedoch dem normalen Sprachgebrauch[274]; auch vom
Kontext her ergibt sich für diese Deutung keine Notwendigkeit.

Die Bezeichnung des von Elischa gesandten Gruppenpropheten in 2
Kön 9,11 als „meschugge" im Mund eines Offiziers aus der Umgebung
Jehus kann ebenfalls kaum als Beleg für einen Trance-Zustand angesehen werden. Aus 2 Kön 9,1–13 ist jedenfalls kein Hinweis darauf
zu entnehmen. Die abschätzige Bemerkung charakterisiert eher den
engen Horizont dieses Offiziers, der wohl keine klare Vorstellung
von Propheten und speziell dieser Gruppierung besitzt.

Wichtiger in diesem Zusammenhang ist jedoch, dass der Begriff
der רוּחַ als Ermöglichungsgrund für Trance-Zustände wie in 1 Sam
10*; 19*; 1 Kön 22* bei den *bᵉnê hannᵉbîʾîm* keine Rolle spielt. In 2
Kön 2,1–15 wird die רוּחַ verwendet im Sinne der Geistbegabung
der Retter, die zu unterscheiden ist von der Geistvorstellung wie sie
bei den Gruppenpropheten vorherrschte. In 1 Kön 18,12 und 2 Kön
2,16–18 liegen späte Ergänzungen vor, die vom Ezechielbuch beeinflusst sind. Demzufolge ist festzuhalten, dass in der Überlieferung,
die *bᵉnê hannᵉbîʾîm* zuzuschreiben ist, das für die bisher bezeugte
Gruppenprophetie charakteristische Element eines Trance-Zustandes
nicht nachgewiesen werden kann[275].

Wie erklärt sich diese Veränderung? Zunächst ist festzuhalten, dass
die *bᵉnê hannᵉbîʾîm* sich auf ein prophetisches Oberhaupt bezogen

---

[272] Vgl. H.-C. SCHMITT, *Elisa*, 1972, 164; vgl. zum folgenden insgesamt 162–169.

[273] Als außerbiblisch vergleichbare Erscheinung verweist H.-C. SCHMITT auf die
Derwische; vgl. auch LINDBLOM, *Prophecy*, ³1965, 69f.; ausdrücklich dagegen HENTSCHEL,
„Propheten", in: WALLIS, *Bileam*, 1984, 76–78; BOUZON, *Prophetenkorporationen*, 1968,
22–32.82–84, sieht ähnlich wie H.-C. SCHMITT in 1 Sam 19,18–24 einen Organ-
isationsgrad, der dem der Gruppen um Elischa entspricht. Beide Forscher gehen
davon aus, dass die *bᵉnê hannᵉbîʾîm* kein eigenständiges Phänomen darstellen.

[274] Vgl ³KBL, 424.

[275] So auch WESTERMANN, Art. „Propheten", *BHHW III*, 1966, 1500; RENDTORFF,
Art. „προφήτης", *ThWNT VI*, 1959, 799; WILSON, *Prophecy*, 1980, 141; COGAN/TADMOR,
2 Kings, AncB 11, 1988, 31.

wissen, Elischa. Er ist die herausragende Autorität dieser Gruppierung(en). Sie sitzen vor ihm (2 Kön 4,38; 6,1) und bauen sogar eigens einen neuen Raum für die Versammlungen mit Elischa, weil der alte zu eng geworden ist (2 Kön 6,1–7); Elischa verteilt Aufträge (2 Kön 9,1). In ihm begegnen die *bᵉnê hannᵉbî'îm* — wie die Form der Wunderanekdote belegt — dem Einbruch des Göttlichen in diese Welt. Dafür spricht auch die Verwendung des Titels „Gottesmann" in den Wundererzählungen.

Mit dieser Führungsrolle Elischas ist jedoch nicht die Bezeichnung „Vater" verbunden[276]. Denn diese Anrede begegnet nur in 2 Kön 6,21; 13,14 im Munde israelitischer Könige, in 2 Kön 8,9 wird diese Anrede auch bei dem aramäischen König Ben-Hadad erkenntlich, der von Hasael gegenüber Elischa als „dein Sohn" bezeichnet wird. Elischa wird nie von einem der *bᵉnê hannᵉbî'îm* mit „Vater" angeredet. Die einzige Stelle, die auf einen solchen Titel hinweisen könnte, ist 2 Kön 2,12, wo Elischa dem scheidenden Elija nachruft: „Mein Vater, mein Vater . . ." Abgesehen davon, dass diese Anrede zusammen mit dem Ehrennamen Elischas aus 2 Kön 13,14 hier in die Sukzessionsgeschichte übernommen worden ist, zeigt der Kontext, dass Elischa sich als Erbe des Elija versteht. In diesem Text wird die dtn Erbschaftsformel (Dtn 21,17) verwendet. Von daher ist es logisch, dass Elischa Elija als seinen „Vater" im Sinne einer geistigen Vaterschaft anreden kann. Ein Rückschluss auf einen Titel, der bei den *bᵉnê hannᵉbî'îm* oder generell bei den Gruppenpropheten Verwendung für den Leiter dieser Gruppe fand, legt sich nicht nahe. Auch 1 Sam 10,12 kann die Beweislast für eine Verwendung des Titels „Vater" nicht tragen. Der Hinweis auf die „Väter" der נביאים ist auf die sozial minder geachtete Stellung der נביאים im Vergleich zu Saul gemünzt, der in 9,1 mit einer ausführlichen Genealogie vorgestellt wird. Hinzuweisen ist in diesem Zusammenhang auch auf die abwertend gemeinte Bezeichnung des Usurpators Hasaels als „Sohn eines Niemand" in assyrischen Quellen[277]. Demzufolge ist אב nicht als Titel des Leiters der *bᵉnê hannᵉbî'îm* zu verstehen, sondern als

---

[276] Vgl. z.B. WILLIAMS, *JBL* 85 (1966), 344–348; PHILLIPS, „Father", in: ACKROYD/LINDARS, *Words ans Meanings*, 1968, 183–194; s. auch LINDBLOM, *Prophecy*, ³1965, 69f.183f.; WILSON, *Prophecy*, 1980, 177 Anm 68.
[277] Vgl. dazu TIMM, *Dynastie Omri*, FRLANT 124, 1982, 192.

allgemeiner Würdetitel, der das Autoritätsverhältnis zwischen König und Elischa kennzeichnet[278].

Bei der Behandlung der Elischa-Überlieferung ist deutlich geworden, dass das Wirken Elischas nicht auf seine Leiterrolle bei den *b'nê hann'bî'îm* zu beschränken ist. Er kommt nicht aus der Gruppenprophetie, sondern entspricht dem Typ des einzeln auftretenden divinatorischen Spezialisten, der auch bei Bileam, Samuel, Elija, Ahija und Micha ben Jimla erkennbar ist. Aus 2 Kön 6,1–7 geht jedoch eindeutig eine organisatorische Verbindung zu den Gruppenpropheten hervor, die wohl an verschiedenen Orten (vgl. 2 Kön 2,2–6) anzutreffen waren[279]. Da bei diesen Sehern keine Trancezustände festzustellen sind, die dem „possession trance" der Gruppenpropheten entsprechen[280] und vor allem keine Berufung auf die רוח zu erkennen ist, lässt sich das Zurücktreten dieses Elementes bei den *b'nê hann'bî'îm* am plausibelsten durch die organisatorische Verbindung mit Elischa erklären.

Dadurch wuchs auch das soziale Renommée dieser Gruppenpropheten. In der Omridenzeit gewann so die religiös und sozial begründete Opposition gegen die Omriden eine neue Durchschlagskraft, die letztlich zum Sturz der Omriden und zu der Machtergreifung der Jehuiden führte (2 Kön 9f.).

Der erfolgreiche Staatsstreich des Jehu und die Vernichtung des Baaltempels in Samaria und der ausdrücklichen Baalverehrer, womit die ersten Ziele des Staatsstreiches erfüllt waren, führte dazu, dass die *b'nê hann'bî'îm* ihre soziale Stellung verbesserten. Gehasi, der wohl aus dem Kreis der *b'nê hann'bî'îm* stammt[281], wird in 8,1–6 im *small*

---

[278] Vgl. auch A. Schmitt, *Entrückung*, FzB 10, 1973, 113; Galling, *ZThK* 53 (1956), 130; Porter, *JThS* 32 (1981), 424f.

[279] Für die Annahme von Williams, *JBL* 85 (1966), 345, dass die *b'nê hann'bî'îm* schon unter Elija entstanden seien, gibt es keine Anhaltspunkte.

[280] Wohl jedoch andere Trancezustände; vgl. schon Hölscher, *Propheten*, 1914, 6–16, der zwischen exaltierter Ekstase, ekstatischem Kulttanz und apathischer Ekstase unterscheidet, wobei letztere Form in der Regel bei visionärem Erleben vorkomme; Lindblom, *Prophecy*, ³1965, 1–46 unterscheidet den „orgiastic type" vom „lethargic type"; eine Beschreibung dieses Erlebens findet sich in Jes 21,3–4; Ijob 4,12–15; zur „Ekstase" vgl. vor allem Michaelsen, *SJOT* 2 (1989), 28–54; Wevers, *BCSMS* 23 (1992), sieht das ekstatische Erleben als ein Verbindungselement zu den „literary prophets" an.

[281] Vgl. dazu Lemaire, „Joas", in: Brekelmans/Lust, *Studies*, BEThL 94, 1990, 247f.; Ders., „Les groupes prophétiques", in: *L'ancien Proche-Orient et les Indes*, StOr 70 1993, 45–48; anders Mommer, „Diener des Propheten", in: Ders., *Recht als*

talk mit dem König dargestellt. Außerdem waren die *bᵉnê hannebî'îm* in der Zeit der Aramäerbedrohung zu den „staatstragenden Kräften" zu rechnen, denen die Könige der Jehu-Dynastie verpflichtet waren (vgl. auch 4,13–15). Doch zeigt sich in der Übertragung der Rettervorstellung auf Elija und Elischa, dass diese Verbindung nicht von Dauer war, obwohl sich die Gründe für die Entfremdung nicht mehr im einzelnen erkennen lassen.

Ein wesentliches Element der Überlieferung der Gruppenprophetie um Elischa ist die Zeichnung Elijas und Elischas als Wundertäter. Wie ist dieses Aufbrechen des Wunderglaubens zu verstehen?

G. THEISSEN hat in einer Untersuchung der urchristlichen Wundergeschichten einen Weg eingeschlagen, bei dem sich eine Reihe von Berührungspunkten mit den Elija-Elischa-Erzählungen ergeben. THEISSEN sucht den hermeneutischen Konflikt, der sich aus der Aufdeckung historisch-sozialer Bedingungen in Konfrontation mit der Auslegung des Selbstverständnisses der Wundergeschichten ergibt, durch eine funktionale Analyse zu überwinden; die Texte begreift er dabei als „symbolische Handlungen". Die funktionale Analyse fragt nach den Bedingungen der historisch-sozialen Situation und auch nach den Intentionen, „vor allem aber danach, inwiefern sie eine objektive Aufgabe, die Gestaltung menschlichen Daseins im weitesten Sinne, bewältigen"[282]. Die Ergebnisse, zu denen THEISSEN kommt, werfen einiges Licht auch auf Erzählungen der Elija- und Elischa-Texte. Bei der Analyse der sozialen Bedingungen für das Auftreten von Wundertätern zeigt THEISSEN auf, dass das Auftreten von Wundercharismatikern im Gegensatz zu anderen magischen und divinatorischen Praktiken seinen Ort in einer Umbruchsituation hat. „Wundercharisma entfaltet sich in einer sozialen Dynamik, in der ein Umbruch in Religion, Lebensgefühl und Gesellschaft unter Konflikten vor sich geht"[283]. Dabei dient das Wundercharisma legitimierend und motivierend zur Durchsetzung einer neuen Lebensform, „wobei diese neue Lebensform stärker religiös oder stärker politisch orientiert sein kann; säuberlich trennen lässt sich beides meistens nicht"[284].

Lebensraum, 1993, 113–115, der meint, dass Gehasi aus der reichen, grundbesitzenden Schicht stamme; einen Beleg dafür liefert MOMMER jedoch nicht.

[282] THEISSEN, *Wundergeschichten*, StNT 8, 1974, 35–38 (Zitat 37f.)
[283] Ebd., 1974, 241f.
[284] Ebd., 1974, 255.

Auch die Zeit eines Elija und Elischa zeigt sich religiös und sozial als Zeit des Umbruchs, deren Spannungen sich dann in der Jehu-Revolution entluden. In dieser Situation weisen die Wunderanekdoten und -erzählungen auf Elija und Elischa hin, in deren Wirken deutlich wird, dass JHWH alle Lebensbereiche bestimmte[285].

THEISSEN hat außerdem nachgewiesen, dass die Wundertheologie vor allem Ausdrucksform unterer sozialer Schichten ist, was sich aus der einfachen Erzählweise, der Schlichtheit der Theologie sowie der durch konkrete Notlagen gekennzeichneten Thematik ergebe[286]. Die mindere soziale Stellung ist bei den *bᵉnê hannᵉbî'îm* wie insgesamt wohl bei der Gruppenprophetie zu bestätigen, vielleicht mit Ausnahme der ersten Zeit der Jehu-Dynastie. In 2 Kön 4,1–7 wird deutlich, dass die Witwe eines der Gruppenpropheten ihre Schulden nicht bezahlen kann, es droht die Schuldsklaverei. Die Axt in 6,1–7 ist geliehen[287].

Als soziale Intention hat THEISSEN die Mission erkannt[288]. Dass die *bᵉnê hannᵉbî'îm* missionarisch gewirkt haben, ist nicht belegt. Jedoch sind einige Indizien erkennbar, die erkennen lassen, dass der Glaube an den israelitischen Gott JHWH die Grenzen Israels in der Vorstellung dieser Gruppenpropheten überschritt. Sowohl Elija als auch Elischa wirken außerhalb Israels.

Die phönizische Witwe aus Sarepta vertraut Elija und damit JHWH (1 Kön 17,10–16*), die Schilderung ihrer Not in V12 wird

---

[285] Bei Elischa zeigt sich das Problem, dass von ihm kein Kampf gegen Baal überliefert ist, mit Ausnahme von 2 Kön 9f. In den Wunderanekdoten und -erzählungen spielt Baal keine Rolle, jedoch zeigen die Bereiche, in denen sich manche Wunder ereignen, starke Berührungspunkte zu dem Funktionsbereich Baals, auf die L. BRONNER aufmerksam gemacht hat, die die Elija-Elischa-Überlieferung auf dem Hintergrund der ugaritischen Texte als „polemics against Baal-worship" interpretiert. Überzogen ist die Position von FOHRER, der der Auffassung ist, dass mit Elija JHWH erstmals als Spender des Regens und damit der Fruchtbarkeit überhaupt angesehen worden ist, vgl. dazu HENTSCHEL, *Elijaerzählungen*, EThSt 33, 1977, 247f.310. Die wahrscheinlichste Erklärung ist, dass mit der Jehu-Revolution die JHWH-Opposition den Sieg davongetragen hat. Dies hatte zur Folge, dass eine offene Verehrung Baals wohl in den Hintergrund gedrängt wurde. Bei Hosea wird natürlich deutlich, dass damit das Problem nicht gelöst ist. Hosea greift gerade Bet-El, einen der Orte, an denen es die *bᵉnê hannᵉbî'îm* gab, an.

[286] Vgl. THEISSEN, *Wundergeschichten*, StNT 8, 1974, 247–251.

[287] Vgl. auch RENDTORFF, Art. „προφήτης", *ThWNT VI*, 1959, 799, und VON RAD, *Theologie II*, 35, der die Vermutung äußert, dass es sich um Opfer des kanaanäischen Bodenrechtes handelt. Doch lässt sich diese Behauptung nicht belegen; W. DIETRICH, *Israel*, SBS 94, 1979, 71, spricht von „Randsiedlern".

[288] Vgl. THEISSEN, *Wundergeschichten*, StNT 8, 1974, 247–251.

eingeleitet mit dem Schwur חי־יהוה, wobei Jhwh ausdrücklich als
Gott des Elija bezeichnet wird.

Elischa begibt sich in 2 Kön 8,7–15 in die Nähe von Damaskus.
Er sieht dort Hasael, der ihn im Auftrag des aramäischen Königs
Ben-Hadad aufsucht, als zukünftigen König über Aram. Der aramäische König sucht sich nicht nur der divinatorischen Fähigkeiten
des Elischa zu bedienen, er schickt auch seinen Feldherrn Naaman
nach Israel, damit er dort geheilt wird (2 Kön 5,1–14). In diesen
Texten wird deutlich, dass Jhwh als der allein wirkmächtige Gott
angesehen wird. Die Aussage von 1 Kön 18,39 יהוה הוא האלהים
schwingt hier im Hintergrund mit. Nicht zu unterschätzen ist in
diesem Zusammenhang auch die Formulierung in 2 Kön 5,1aβ:
כי־בו נתן יהוה תשועה לארם, in der deutlich wird, dass Jhwh auch
die Geschicke Arams lenkt. Angestoßen durch die Entwicklungen
in der Omridenzeit, zeigen sich die *benê hannebî'îm* als Speerspitze
einer exkludierenden Jhwh-Monolatrie[289], obwohl ein ausdrückli-
cher Gegensatz zu Baal in den Elischa-Texten nicht mehr greifbar wird.

Elischa wie Elija wird durch den Ehrentitel רכב ישראל ופרשיו (2 Kön
2,12; 13,14) eine Rolle im Kriegsgeschehen zuerkannt. Im Hintergrund
steht die Retter-Tradition. Im Hinblick auf die Vernichtung der
Feinde ist jedoch im Vergleich zu der Samuel-Tradition ein Unterschied
zu bemerken. Die von außen eindringenden Aramäer werden nicht
mehr verstanden als diejenigen, die es auf jeden Fall zu vernichten
gilt. Hier ist eher Toleranz angesagt (2 Kön 6,21–23). Vernichtet
werden müssen dagegen nach wie vor die Baalverehrer; von ihnen
darf keiner entkommen (1 Kön 18,40; 2 Kön 10,24f.).

Etwas Licht auf die Lebensweise dieser Gruppenpropheten wirft
2 Kön 4,1–7. Sie waren verheiratet und wirtschafteten offensichtlich in eigener Verantwortung. Ihren Lebensunterhalt sicherten
sie wohl als Bauern ab. Wahrscheinlich ist, dass sie im engeren
oder weiteren Umfeld von Kultstätten (Bet-El, Gilgal) eine eigene
Siedlung bildeten; nur so ergibt der Bau eines Versammlungsraumes,

---

[289] Vgl. dazu W. Dietrich, „Über Werden und Wesen", in: Ders./Klopfenstein,
Gott allein, OBO 139, 1994, 23; Hossfeld, „Einheit", in: Böhnke, *Gespräch*, 1985,
57–74, spricht von einer intoleranten Monolatrie; s. auch Lang, „Jahwe-allein-
Bewegung", in: Ders., *Geburt*, 1980, 58–63, der allerdings den Gegensatz zu einem
ansonsten polytheistischen Israel überzeichnet.

von dem in 2 Kön 6,1–7 die Rede ist, einen Sinn. 2 Kön 6,1–7 macht zugleich deutlich, dass sie Versammlungsstätten besaßen, in denen ihre eigenen Traditionen gepflegt wurden. Dieses Bild spricht dagegen, sie als Kultfunktionäre anzusehen. Dennoch stellt sich die Frage, warum sie durchwegs in der Nähe von Kultstätten anzutreffen sind. Dies macht es doch wahrscheinlich, dass sie in irgendeiner Weise in das Geschehen am Kultort involviert sind.

Einen Anhaltspunkt für ihre Tätigkeit lässt sich meines Erachtens in den Elija- und Elischa-Überlieferungen erkennen. Elija und Elischa vermitteln in einigen Texten die Segenszuwendung Jhwhs in Notsituationen, sei es durch einen nicht versiegenden Mehltopf und Ölkrug (1 Kön 17,10–16*; 2 Kön 4,1–7) oder dadurch, dass sie für ausreichende Nahrung sorgen (2 Kön 4,42–44). Auf der anderen Seite wird speziell von Elischa berichtet, dass er schädliche Einflüsse abwehrt (2 Kön 2,19–22*; 4,38–41) und sogar Menschen heilt (2 Kön 5,1–14) bis hin zur Totenerweckung (2 Kön 4,8–37; 13,20–21). Verbindet man diese Praktiken mit der Etymologie von נביא als demjenigen, der die „Götter" anruft, so ist bei den bᵉnê hannᵉbîʾîm wie auch ansonsten bei den Gruppenpropheten damit zu rechnen, dass sie mit bestimmten Riten (Tanz, Selbstverwundung) den Segen Jhwhs herabflehten bzw. für die Abwehr schädlicher Einflüsse sorgten. Innerhalb der divinatorischen Funktionen, die sie sicher auch ausübten, dürfte der Akzent ihres Wirkens am ehesten im heilenden und exorzistischen Bereich zu suchen sein. Vom eigentlichen Kultpersonal dürften sie eher skeptisch betrachtet worden sein. Jedenfalls lässt sich von daher die Funktion von Priestern als Aufseher über die נביאים (Am 7,10–17; Jer 29,26) verstehen.

Gruppenpropheten, die in Gilgal ihr Zentrum hatten, waren auch diejenigen, die die Samuel-Saul-Komposition 1 Sam 9–31* geschaffen haben. Offensichtlich konnten die einzeln auftretenden divinatorischen Spezialisten wie Samuel oder auch Elija so etwas wie eine Leitgestalt oder „Patron" dieser Gruppen werden. Folgt man der Deutung des Raumes in Deïr ʿAlla als eines Versammlungsraumes von Gruppenpropheten, für die spricht, dass die dort gefundenen Texte Wandinschriften waren[290], so liegt auch außerbiblisch eine parallele Entwicklung vor, da nicht erkennbar ist, dass der historische

---

[290] Vgl. dazu WENNING/ZENGER, *ZAH* 4 (1991), 188–193.

Bileam eine persönliche Beziehung zu Deïr ⁽Alla hatte. Der Text wird ausdrücklich als *spr bl⁽m* (DAT I,1) bezeichnet; hier zeichnet sich zum ersten Mal die später in Israel aufkommende Textsorte "Prophetenbuch" ab.

5.2.2. *Die Überlieferungsträger der Jehu-Erzählung 2 Kön 9–10**

Die Erzählung über die Revolution des Jehu ist als eigenständiger Text erkannt worden, der nicht zur Elischa-Komposition 2 Kön 2–13* gehört. Bei der Frage der Überlieferungsträger ist die Forschung mehrheitlich der Auffassung, dass dieser Text in Kreisen entstanden ist, die dem Königshof nahestehen bzw. zur näheren Umgebung Jehus zu rechnen sind[291]. Abgelehnt wird es, dabei an prophetische Kreise bzw. an die Gruppenpropheten um Elischa zu denken[292].

Die Gründe dafür sind scheinbar einleuchtend: In 2 Kön 9,11 wird das von Elischa gesandte Mitglied der Prophetengemeinschaft als משגע bezeichnet, was eine negative Wertung beinhaltet und auch der Ausdruck שיחו – „sein Gerede" im Munde Jehus klingt abschätzig. Dies sei kaum einem Verfasser aus dem prophetischen Milieu zuzutrauen. Der weitere wichtige Grund für die Ablehnung einer prophetischen Verfasserschaft ist der, dass von Elischa und von anderen Propheten im Verlauf der weiteren Überlieferung nach der Salbungsszene (9,1–15) keine Rede mehr ist; auch auf die Salbung wird nicht mehr zurückgegriffen[293].

Diese Gründe gilt es zu überprüfen. Die Kennzeichnung des Gruppenpropheten als „meschugge" ist eine Aussage im Mund eines Militärs und stellt nicht unbedingt die Meinung des Autors dar. Gegen die Meinung, dass die negative Bewertung des Gruppenpro-

---

[291] Vgl. STECK, *Überlieferung*, WMANT 26, 1968, 47, denkt an Kreise der Beamtenschaft oder des Militärs um Jehu; H.-C. SCHMITT, *Elisa*, 1972, 31, spricht allgemein von Kreisen, die der neuen Dynastie positiv gegenüberstanden; MINOKAMI, *Jehu*, GTA 38, 1989, sieht in 2 Kön 9–10* „Literatur der herrschenden gesellschaftlichen Schicht". (154); JONES, *Kings*, NCBC, 1984, denkt an einen Kreis, „that took a positive attitude towards this new dynasty". (454); BARRÉ, *Rhetoric*, CBQ.MS 20, 1988, 52–54, nimmt „court scribes" (allerdings in Juda) an; S. OTTO, *Erzählung*, BWANT 152, 2001, 249f., sieht „Hoftheologen" am Werk und in der Erzählung eine „Propagandaschrift".

[292] Vgl. hierzu wiederum STECK, *Überlieferung*, WMANT 26, 32f. Anm 2; H.-C. SCHMITT, *Elisa*, 1972, 31 Anm 78; MINOKAMI, *Jehu*, GTA 38, 1989, 124; COGAN/TADMOR, *2 Kings*, AncB 11, 1988, 119.

[293] Dies hat dazu geführt, dass manche Forscher eine Prophetenerzählung 9,1–13 abgrenzen wollen; vgl. dazu vor allem MULZER, *Jehu*, ATSAT 37, 1993, 222–224.

pheten die Auffassung des Autors zeigt, spricht die Reaktion Jehus auf die Eröffnung des Gruppenpropheten, dass er ein Wort (דבר) für ihn habe sowie die sofortige Königserhebung Jehus, als dieser den anderen die Salbung durch den Gruppenpropheten mitteilt. Mit einer Geringschätzung des Gruppenpropheten durch den Verfasser dieses Textes lässt sich diese Darstellung meines Erachtens kaum vereinbaren[294]. Aus den abschätzigen Äußerungen ist demnach ein Ausschluss prophetischer Verfasserschaft von 2 Kön 9–10* nicht abzuleiten.

Das weitere gewichtige Argument gegen eine Verfasserschaft in prophetischen Kreisen ist, dass die Salbung im weiteren Textablauf keine Rolle mehr spielt und eine (anonyme) prophetische Gestalt nur noch einmal, in 9,25f., erwähnt wird. Es bleibt jedoch festzuhalten, dass 9,1–13 den Auftakt der Jehu-Revolution bilden und literarkritisch nicht vom folgenden Geschehen zu trennen sind.

Jehu zeigt ganz deutlich, dass ein zentrales Ziel dieser Revolution die alleinige Verehrung Jhwhs ist. Dies entspricht auch dem Ziel der Elija-Überlieferung 1 Kön 17–18*. Erkennbar wird diese Intention des Jehu-Aufstandes auch in 9,22 und der ausführlichen Schilderung der Ermordung der Königinmutter Isebel (9,30–37), der allein religiöse Vergehen zur Last gelegt werden. Dies zeigt auch der Abschluss der Überlieferung 2 Kön 9–10*, der mit der Vernichtung der Baalverehrer und der Zerstörung des Baaltempels in Samaria endet. Überdies bezeichnet Jehu sein Handeln selbst als „Eifer für Jhwh" (10,16). Die religionspolitische Zielrichtung der Jehu-Revolution entspricht demnach der Zielsetzung der Elija-Überlieferung. Es ist davon auszugehen, dass diese Zielsetzung von den Gruppenpropheten um Elischa geteilt wird.

Jehu zeigt sich als die Rettergestalt, die Israel gegen seine Feinde und darunter sind hier diejenigen zu verstehen, die nicht Jhwh allein verehren, verteidigt. Die Konzeption des Königtums steht in der Rettertradition, wie sie ebenfalls in der Samuel-Saul-Komposition 1 Sam 9–31* für den König aufgegriffen wird. Der König ist der durch einen Propheten designierte Retter. Diese Auffassung ist entwickelt worden in Prophetenkreisen in Gilgal[295].

---

[294] Vgl. MULZER, Jehu, ATSAT 37, 1993, 223.241; außerdem HENTSCHEL, Elijaerzählungen, EThSt 33, 53f. Anm 190; CAMPBELL, Prophets, CBQ.MS 17, 1986, 22 Anm 8.
[295] S. oben Kapitel I die Analyse der Samuel-Saul-Texte.

Dabei ist zu sehen, dass 9,1–13 in der Salbungsszene einen geprägten Ablauf aufweist[296]. Eine Salbung durch den Propheten war nicht
das Übliche und es ist auch klar gegen ALT festzuhalten, dass von
einem charismatischen Königtum als Verfassungswirklichkeit im Nordreich Israel keine Rede sein kann. Von daher ist es durchaus möglich,
dass ein prophetischer Autor diese Überlieferung gestaltet hat, wenngleich hier nicht die gleiche Sicherheit zu erreichen ist wie für die
anderen Elischa-Traditionen. Er hat die auch historisch anzuneh-
mende Beteiligung Elischas und der *bᵉnê hannᵉbîʾîm* an dieser Revolution
in eine Form gegossen, die den Anspruch der prophetischen Kreise
auf die Mitbestimmung bei der Königsinstallation untermauert.

Es ist außerdem zu erkennen, dass bei aller positiven Wertung
Jehus in diesem Text das Handeln Jehus nicht beschönigend dargestellt wird. Jehu handelt unerbittlich, er kennt keine Gnade und keine
Versöhnung[297]. Bei einer Verfasserschaft in Hofkreisen wäre eine
andere Darstellung Jehus zu erwarten, die eher versöhnliche Töne
anschlagen würde. Es ginge dann ja darum, die Herrschaft Jehus zu
festigen und womöglich auch die Gegner von einst gegenüber den
Jehuiden milder zu stimmen. Ein Beispiel hierfür ist die Darstellung
des Verhaltens von David gegenüber den Sauliden in der der Aufstiegsgeschichte Davids zugeordneten Texten, während das historische
Handeln Davids sich eher in einem Text wie 2 Sam 21 widerspiegelt.

Demnach spricht die überwiegende Zahl der Gründe dafür, doch
eine Verfasserschaft von 2 Kön 9–10* in den Kreisen der Gruppenpropheten um Elischa anzunehmen[298].

5.2.3. *Die Überlieferungsträger von 2 Kön 6,24–7,20**

Ebenfalls bei der außerhalb der Elischa-Komposition liegenden Überlieferung 2 Kön 6,24–7,20* lässt sich nicht so ohne weiteres auf die
bᵉnê hannᵉbîʾîm als Überlieferungsträger schließen. Es fehlt fast gänzlich die Aura des Wunderhaften, Elischa erscheint hier nicht als
Wundertäter. Die Bezeichnung Elischas als „Gottesmann" ist mit
Ausnahme von 7,2 konzentriert in dem Anhang 7,17–20 und damit

---

[296] Vgl. dazu vor allem WÜRTHWEIN, *Bücher der Könige*, ATD 11,2, 1984, 329f.;
HENTSCHEL, *2 Könige*, NEB, Lieferung 11, 1985, 41.

[297] Vgl. dazu jetzt CRÜSEMANN, *WuD* 25 (1999), 61–76.

[298] Vgl. auch PLÖGER, *Prophetengeschichten*, 1937, 26f.; MONTGOMERY/GEHMAN, *Critical
and Exegetical Commentary*, ICC, 1951, 399, und CAMBELL, *Prophets*, CBQ.MS 17, 1986,
22–23.99–101, für den 2 Kön 9–10* der Abschlußtext seines „Prophetic record" ist.

möglicherweise auf eine Bearbeitung zurückzuführen (s. oben). Außerdem zeigt Elischa sich nur hier von Ältesten umgeben; Gruppenpropheten werden nicht erwähnt.

Allerdings sind auch Übereinstimmungen erkennbar. Elischa wird hier wie in 2 Kön 5 in einem Haus in Samaria wohnend vorgestellt. Die Infragestellung der Autorität des Gottesmannes durch den Adjutanten des Königs wird bestraft, was an 2 Kön 2,23–24 erinnert. Wichtiger ist noch, dass auch hier die Überlegenheit des Elischa gegenüber dem König deutlich zum Tragen kommt. Der König ist hilflos und verzweifelt an JHWH. Es ist Elischa, der mit einem durch die Botenformel gekennzeichneten Wort deutlich macht, dass Hoffnung besteht und das Ende der Hungersnot nahe ist. Außerdem ist es der König, der in seiner Verzweiflung den Propheten aufsucht, wie es auch in 13,14ff. geschieht. Dies ist keine Selbstverständlichkeit, sondern setzt ein bestimmtes Autoritätsgefälle zwischen König und Prophet voraus, wie es für die den Prophetenüberlieferungen zuzurechnenden Texte der Samuel- und der Elija-Tradition charakteristisch ist.

Deutlich zeigt sich auch in 6,24–7,20* eine Hochschätzung des Wortes des Elischa, vor allem in 7,16ff., wie es auch bei vielen Texten der Elischa-Komposition vorhanden ist, genauso wie in der Elija-Überlieferung (17,1.15).

Die Gründe konvergieren dahingehend, dass auch hier ein Verfasser aus dem Prophetenmilieu anzunehmen ist. Elischa steht eindeutig im Vordergrund des Interesses, der König ist in Abhängigkeit von ihm zu sehen. Dabei ist der israelitische König nicht unsympathisch gezeichnet. Ursprünglich dürfte es sich um einen König aus der Dynastie der Jehuiden gehandelt haben, wofür die große Bedrängnis Samarias durch die Aramäer spricht, die erst gegen Ende der Omridenzeit einsetzte.

5.3. *Historizität*

In diesem Abschnitt geht es nicht darum, alle Überlieferungen auf ihren historischen Gehalt hin zu überprüfen. Vor allem zwei Fragen sollen behandelt werden. War Elischa in die Jehu-Revolution involviert und wie ist die Verbindung zwischen Elija und Elischa unter historischen Gesichtspunkten zu beurteilen?

Die Beteiligung Elischas an der Jehu-Revolution wird in 2 Kön 9,1–13 durch den Salbungsauftrag Elischas an das Mitglied der Prophetengemeinschaft behauptet. Die dann erfolgte Salbung Jehus in Ramot-Gilead stellte das Signal dar, mit dem Aufstand zu beginnen. Ist diese Nachricht historisch glaubwürdig?

Zunächst ist darauf hinzuweisen, dass 9,1–13 ein integrierender Bestandteil der Überlieferung 2 Kön 9–10* darstellt, die nicht lange nach den geschilderten Ereignissen entstanden ist. Im Zusammenspiel mit der weiteren detaillierten Zeichnung der Ereignisse spricht dies eher für die historische Zuverlässigkeit dieser Darstellung. Bei genauerem Hinsehen ist jedoch zu erkennen, dass gerade die Salbungsszene 9,1–13 einen geprägten Ablauf aufweist und die Vorstellung widerspiegelt, die in Prophetenkreisen über das Königtum im Nordreich entwickelt worden ist. Dies hat bei WÜRTHWEIN, der allerdings diese Szene DtrP zuschreibt, zu einer entschiedenen Ablehnung der Beteiligung Elischas an der Jehu-Revolution geführt: „Geschichtlicher Wert in dem Sinne, dass Elischa bei der Machtergreifung Jehus beteiligt gewesen sei, ist ihr nicht beizumessen ... In der folgenden Darstellung der Jehu-Revolution wird nie mehr auf die Salbung durch Jahwe zurückgegriffen und die Mitwirkung Elischas erwähnt, auch da nicht, wo man sie zur Entschuldigung der grausigen Bluttaten Jehus erwarten würde"[299]. Es stellt sich jedoch die Frage, ob der geprägte Charakter der Salbungsszene wirklich ausreichend ist, die Beteiligung Elischas an der Jehu-Revolution zu bestreiten. Klar dürfte allerdings sein, dass es die so geschilderte Szene der Salbung Jehus in historischer Hinsicht nie gegeben hat.

Für eine Beteiligung der Gruppenpropheten um Elischa spricht die bewusst religionspolitische Ausrichtung der Jehu-Revolution, die in der weiteren Darstellung deutlich wird. Sie zeigt sich in dem gegen Isebel erhobenen Vorwurf in 9,22 ebenso wie in dem Hinweis auf den Spruch des anonymen Propheten in 9.25f.; sie zeigt sich außerdem im Hinweis auf den Eifer Jehus für JHWH (10,16) sowie in der Vernichtung der Baalverehrer in Samaria. Dies spricht historisch für die Beteiligung von Kräften, deren Anliegen eher religiös motiviert ist[300].

Durch die Inschrift von Tell Dan mit der darin von Hasael reklamierten Ermordung der Omriden stellt sich das Problem der Beteiligung

---

[299] WÜRTHWEIN, *Bücher der Könige*, ATD 11,2, 1984, 329; ablehnend auch ROFÉ, *Stories*, 1988, 82; AHLSTRÖM, *History*, JSOT.S 146, 1993, 590.592; MINOKAMI, *Jehu*, GTA 38, 1989, 162f. und HENTSCHEL, *2 Könige*, NEB, Lieferung 11, 1985, 41, lassen die Frage offen.

[300] So auch W. DIETRICH, *ThZ* 57 (2001), 129–134; anders GUGLER, *Jehu*, 1996, 267–271.

der Aramäer an diesen Entwicklungen[301]. Es ist wohl damit zu rechnen, dass Kontakte zwischen oppositionellen Gruppen in Israel und den Aramäern bestanden, so dass die Vernichtung der Omriden mit einem gewissen Recht von Hasael für sich beansprucht wird. Ob man jedoch so weit gehen kann wie S. Otto, die — ausgehend von der Überlieferung 2 Kön 8,7–15 — es für möglich hält, dass Elischa bzw. die Gruppenpropheten um Elischa Kontakte zu Hasael hatten und das Verbindungsglied zu Jehu darstellten[302], sei dahingestellt. Ohne weitere Quellen sind nur spekulative Vermutungen möglich.

Geht man von einer historischen Beteiligung Elischas und der ihn umgebenden Gruppen aus, so wird auch die Nähe zum Königshof in Samaria verständlich, die in 4,12–15; 8,1–6; 6,8–23; 13,14–19 aufscheint, ebenso in der Einzelüberlieferung 6,24–7,20*. Dabei ist insgesamt die Situation in der Zeit der Jehuiden vorauszusetzen.

Hierfür spricht auch, dass Elija und Elischa so eng aneinander gebunden werden, dass Elischa als Diener und als Nachfolger des Elija erscheint, eines Mannes, der als entschiedener Gegner der Omriden und als Kämpfer für eine exklusive Jhwh-Verehrung dargestellt wird. Diese ganzen Einzelzüge sind schwerlich allein der überlieferungsgeschichtlichen Konstruktion zuzuschreiben. Gegenüber allgemeinen quellenkritischen Betrachtungen ist festzuhalten, dass das religiöse Symbolsystem Israels geschichtliche Erfahrungen verarbeitet und demnach ein Bezug zur geschichtlichen Realität vorausgesetzt werden kann[303]. Zudem weist nichts darauf hin, hier erst dtr Autoren am Werk zu sehen.

Auch die Einbeziehung Jonadab ben Rechabs, demgegenüber Jehu seinen Eifer für Jhwh betont, und der wohl als Vertreter eines konservativen Jhwh-Ideals angesehen werden kann[304], macht deutlich, dass die Jehu-Revolution durch eine Bündelung und Koalition von Kräften ausgelöst wurde, die die Jhwh-Verehrung durch die Omriden bedroht sahen. Angesichts der nicht zu bestreitenden Erfolge der

---

[301] Zur Inschrift von Tell Dan vgl. Biran/Naveh, *IEJ* 43 (1993), 82–93; Dies., *IEJ* 45 (1995), 1–18; W. Dietrich, *ThZ* 53 (1997), 17–32; Kottsieper, „Inschrift", in: M. Dietrich/Kottsieper, *Mose*, AOAT 250, 1998, 475–500; Lemaire, *JSOT* 81 (1998), 3–14; Ders. „Prophètes", in: Ders., *Prophètes et rois*, LeDiv Hors Série, 2001, 86–93 (Lit.).

[302] Vgl. S. Otto, *Erzählung*, BWANT 152, 2001, 102f.

[303] Vgl. oben Kapitel I, Abschnitt 5.3.

[304] Vgl. dazu Jer 35; nähere Informationen über Jonadab werden in 2 Kön 9f. leider nicht gegeben.

Omriden im Hinblick auf die Beziehungen zu den umliegenden
Staaten und der militärischen Schlagkraft Israels war es unumgänglich, das Militär bzw. Teile des Militärs in die oppositionelle Koalition
mit einzubeziehen.

Als Fazit lässt sich ziehen, dass die Beteiligung Elischas an der
Jehu-Revolution insgesamt auch aus historischer Sicht die plausiblere
Lösung darstellt[305]. Ansonsten bleibt unerklärt, was einen Militärführer
wie Jehu dazu bewogen hat, eine Revolution anzuzetteln, die eine
wesentlich religionspolitische Ausrichtung besaß. Damit ist nicht bestritten, dass auch andere Faktoren, die im außenpolitischen Bereich zu
suchen sind, eine Rolle spielten[306].

In 3 Texten, 1 Kön 19,19–21; 2 Kön 2 und 2 Kön 3,11, die keine
literarische Verbindung miteinander besitzen, wird eine direkte Verbindung zwischen Elija und Elischa überliefert. Dennoch stellt sich
die Frage, wie die Verbindung zwischen Elija und Elischa unter historischen Gesichtspunkten zu beurteilen ist.

In 19,19–21 wird erzählt, dass Elischa durch Elija aus seinen bisherigen Lebenbezügen herausgelöst wird und dass er Elija nun
diente. Diese Erzählung ist Teil einer Elija-Tradition, die in 1
Kön 19 enthalten ist und die auf die *b^enê hann^ebî'îm* zurückzuführen ist. Die Bedeutung des Mantels (אדרת) verbindet diesen Text
mit 2 Kön 2, außerdem wird in 2 Kön 2 eine Verbindung zwischen Elija und Elischa vorausgesetzt, die zunächst einem Dienstverhältnis entspricht. Die Gruppenpropheten in 2 Kön 2 bezeichnen
Elija als den „Meister" Elischas (2 Kön 2,3.5). Die Entstehung im
gleichen Milieu könnte ein Hinweis sein, dass es hier um theologische Konstruktion geht, zumal das Problem der Sukzession sich
aus der Situation der *b^enê hann^ebî'îm* gut erklären lässt.

Auch in 2 Kön 3,11 wird — eher beiläufig — berichtet, dass
Elischa Elija „Wasser über die Hände gegossen hat". Der Hintergrund dieser Aussage ist nicht ganz klar[307]. Jedoch wird deutlich,
dass eine enge Beziehung zwischen Elija und Elischa angedeutet

---

[305] Vgl. auch STECK, *Überlieferung*, WMANT 26, 1968, 32; H.-C. SCHMITT, *Elisa*,
1972, 139f.189; S. OTTO, *Erzählung*, BWANT 152, 2001, 97–104.

[306] Vgl. dazu SOGGIN, *Einführung*, 1990, 146–148.

[307] Vgl. SCHWEIZER, *Elischa*, StANT 37, 1974, 178f., der darauf hinweist, dass
keine weiteren Parallelen zu dieser Aussage gibt, die Fälle Lev 14,15.26 seien nicht
vergleichbar.

ist, wahrscheinlich auch so etwas wie ein Dienstverhältnis. Nun ist diese Überlieferung erst im Südreich entstanden und kann so verstanden werden, dass die Vorstellung einer Verbindung zwischen Elija und Elischa, wie sie bei den Gruppenpropheten im Nordreich ausgebildet wurde, dem priesterlichen Verfasser dieser Überlieferung bekannt gewesen sein kann.

In 2 Kön 2,1–15, der Eröffnungserzählung der Elischa-Komposition, wird schließlich erzählt, dass Elischa Erbe und Nachfolger des in den Himmel entrückten Elija wird. Diese Überlieferung ist ebenso wie die Grundschicht von 1 Kön 19* im Kreis der *b^enê hann^ebî'îm* entstanden. Durchaus einsichtig ist es demnach, dass die Beziehung zwischen Elija und Elischa ein überlieferungsgeschichtliches Konstrukt darstellt[308].

Der gemeinsame Kampf gegen die Omriden und das Eintreten für eine exklusive Jhwh-Verehrung machen es jedoch wahrscheinlich, dass Elija und Elischa auch auf historischer Ebene miteinander zu tun hatten. Die für die Jehu-Revolution vorauszusetzende Entwicklung, dass die Jhwh-treuen Kräfte sich sammelten und Verbündete im Kampf gegen die Omriden suchten, spricht dafür, dass Elija, der schon zur Zeit der Herrschaft der Omriden ein Exponent der Jhwh-treuen Kräfte war und Elischa, der an der Jehu-Revolution beteiligt war, Kontakt miteinander hatten. Bestätigt wird dies durch die eher beiläufige Notiz in 2 Kön 4,23, wo Elischa mit dem Karmel in Verbindung gebracht wird, dem Ort, an dem Elija den Sieg über die Baalpropheten erringt. Auch hier lässt sich das Fazit ziehen, dass eine Verbindung Elijas mit Elischa auf historischer Ebene die Ausbildung der Überlieferung besser erklärt als eine rein überlieferungsgeschichtliche Konstruktion.

---

[308] Vgl. z.B. H.-C. Schmitt, *Elisa*, 1972, 183–187.

ZUSAMMENFASSUNG

In den Samuel-, Elija- und Elischa-Überlieferungen wurde das Bild
einer Prophetie erkennbar, die sich schon in ihrer vorklassischen
Ausprägung mit der gesellschaftlichen Situation in Israel beschäftigt.
Als Katalysator ist hierbei die umstrittene Einführung des Königtums
in Israel zu sehen.

In den Samuel-Saul-Überlieferungen, für die eine zusammenhängende Komposition 1 Sam 9–31* (SSK) nachgewiesen werden konnte,
lässt sich eine intensive Auseinandersetzung mit der Institution des
Königtums erkennen. Zu datieren ist diese Komposition am ehesten
in die Zeit kurz nach der Trennung des Nordreiches von den
Davididen. In dieser Zeit bestand die Notwendigkeit, die Konzeption
eines eigenen Nordreichkönigtums zu entwickeln. An diesem Prozess
beteiligten sich die Gruppenpropheten in Gilgal, die ihre Vorstellungen
in der SSK (1 Sam 9–31*) zum Ausdruck brachten.

Die zentrale Gestalt dieser Komposition ist Samuel, bei dem es
sich um einen einzeln auftretenden divinatorischen Spezialisten handelt. Als historischer Ausgangspunkt ist die Beteiligung Samuels an
der Einführung des Königtums in Israel zu sehen, die bei aller berech-
tigten Skepsis gegenüber der Historizität der Darstellung in den
Einzelüberlieferungen die Traditionsentwicklung besser erklärt als die
Annahme, dass Samuel an dem Prozess der Einführung des Königtums
in Israel überhaupt nicht beteiligt war.

In der Einzelüberlieferung 1 Sam 9–10* wird deutlich, dass es in
Israel eine weitverbreitete divinatorische Praxis gab (1 Sam 9,5f.), die
neben Priestern und „weisen Frauen" (vgl. 2 Sam 14; 20; 1 Sam 28)
auch in den Händen von divinatorischen Spezialisten lag. Als Titel
begegnet für Samuel neben der als Ehrenbezeichnung einzustufenden
Bezeichnung „Gottesmann" der Titel הראה, der insgesamt nur spärlich bezeugt ist. Die strukturellen Übereinstimmungen wie Befragung
und Bezahlung sowie die grundlegende Funktion der Offenlegung
der dem normalen Erkenntnisvermögen verborgenen Sachverhalte
lassen es nicht zu, aufgrund des Titels unterschiedliche Typen von
einzeln auftretenden divinatorischen Spezialisten zu unterscheiden[1].

---

[1] S. oben Kapitel I, Abschnitt 4.1.1.

Als gängige Praxis wurden diese Spezialisten in den unterschiedlichsten privaten Krisensituationen (z.B. in 1 Sam 9–10* die Suche nach den Eselinnen) in Anspruch genommen. Sie waren nicht fest an einen Ort gebunden, sondern wanderten — wahrscheinlich auf festen Routen (vgl. 2 Kön 4,8–10) — umher. Ihre gesellschaftliche Position ist als angesehen zu kennzeichnen. Dies zeigt in 1 Sam 9–10* die Rolle, die Samuel bei der Durchführung des זבח — Mahles einnimmt. Mit dem Mahl wird nicht begonnen, bevor Samuel es gesegnet hat. Rückhalt hatten diese divinatorischen Spezialisten offenbar in der begüterten Vollbürgerschicht (vgl. 2 Kön 4). Nicht zuletzt war dies ökonomisch erforderlich, um den Lebensunterhalt zu sichern.

Wie sich ebenfalls aus 1 Sam 9–10* erheben lässt, waren diese divinatorischen Spezialisten auch in den Familien- oder Regionalkult involviert, ohne dass sie jedoch als Kultpersonal einzustufen sind. Die Beteiligung am kultischen Mahl, für das kein religiöser Spezialist erforderlich war, beschränkte sich wohl auf besondere Gelegenheiten.

Die grundlegende divinatorische Funktion, die wichtig war für viele Alltagssorgen, ist offensichtlich im Zusammenhang der Einführung des Königtums im Hinblick auf eine stärkere Einflussnahme auf politisch-gesellschaftliche Entwicklungen erweitert worden. Der Seher Samuel designiert Saul zum נגיד und damit zum künftigen König in Israel. Ziel der Einzelüberlieferung war es, die neue Institution „Königtum" in das religiöse Symbolsystem Israels zu integrieren und die Beteiligung Jhwhs an der Bestimmung des Königs festzuschreiben. Dabei kommt dem „Seher" Samuel die Schlüsselrolle zu, was sicherlich auch in dem Zusammenhang zu sehen ist, dass damit prophetische Kreise ihren Anspruch auf Einfluss im Hinblick auf die neue Institution Königtum geltend machen wollten. Es ist dabei wichtig, sich vor Augen zu halten, dass dies die Vorstellung einer bestimmten Gruppierung in Israel war. Das „charismatische Königtum" im Sinne einer Verfassungswirklichkeit hat es in Nordisrael nicht gegeben.

Auf der Textebene der Komposition zeigt sich dann, dass die Einflussnahme des Sehers Samuel nicht nur auf die Bestimmung der Person des Königs begrenzt ist. Die Institution Königtum wird in ihren Funktionen deutlich begrenzt. Als historischer Hintergrund ist hier der Bruch mit den Davididen anzusehen, denen ein unerträglicher Zugriff der Zentralinstanz Königtum auf die Israeliten vorgeworfen wurde (1 Kön 11f.). Bei der Konzeption des Königtums wurde jetzt angeknüpft an die Tradition der „Retter" in der vorstaatlichen

Zeit, deren zeitlich beschränkte Aufgabe die Abwehr der äußeren Feinde Israels war. Die Abwehr der Feinde Israels wurde gleichzeitig als Kampf für Jhwh gesehen; prägnant zeigt sich diese Auffassung in dem alten Schlachtruf in Ri 7,18.20: „Für Jhwh und Gideon" beim Kampf Gideons gegen die Midianiter. Auf diesem Hintergrund wurde die Konzeption eines Königtums entwickelt, das im wesentlichen nur eine „außenpolitische" Funktion besaß und sich aus innergesellschaftlichen Entwicklungen möglichst heraushalten sollte. Deutliches Kennzeichen für ein so verstandenes Königtum ist der Umgang Sauls mit den Königsgegnern in 1 Sam 10,26f.; 11,12f., denen Saul die Hand zur Versöhnung hinstreckt. In diesem Zusammenhang ist auch noch einmal daran zu erinnern, dass Saul nach erfolgter Inthronisierung nach Hause geht. Als ihn der Hilferuf der Leute von Jabesch-Gilead erreicht, kommt er gerade mit Rindern vom Feld.

Dennoch eignet dem König auch eine religiös begründete Dignität, die sich — wie bei den vorstaatlichen „Rettern" — in der Vorstellung des Königs als Geistträger zeigt (1 Sam 11,6). Die Verbindung der unterschiedlichen Konzeptionen des Geistbesitzes, wie er bei den in 1 Sam erwähnten Gruppenpropheten Verwendung fand (1 Sam 10,5f.10–12; 19,18–24) und des punktuell begrenzten Geistbesitzes bei den Rettergestalten (1 Sam 11,6) signalisiert, dass die Geistbegabung bei dem König jetzt als eine ständige Geistbegabung angesehen wurde.

Eine strukturelle Neuerung wurde eingeführt, die darin bestand, dass der divinatorische Spezialist, der als die „Stimme Jhwhs" gesehen wurde, zur Befehlsinstanz für den König avancierte. Dies geht weit über das hinaus, was z.B. an Kritik an königlichen Entscheidungen im sonstigen Alten Orient sichtbar wird[2]. Der König wird in einer Abhängigkeit von dem Propheten gesehen.

---

[2] Vgl. vor allem Nissinen, „Falsche Prophetie", in Veijola, *Deuteronomium*, SASJ 62, 1996, 172–195, der deutlich gemacht hat, dass in der neuassyrischen Prophetie das Kriterium der herrschenden Königsideologie die Trennlinie zwischen wahrer und falscher Prophetie ist sowie auch Pongratz-Leisten, *Herrschaftswissen*, SAAS 10, 1999, 71–95.150–154.189–201, die darauf aufmerksam macht, dass die divinatorischen Spezialisten der Loyalitäts- und Berichtspflicht unterliegen. Zu berücksichtigen ist allerdings die unterschiedliche Überlieferungssituation. Bei den altorientalischen Analogien haben wir Zeugnisse, die im wesentlichen aus königlichen Archiven stammen. Dass es auch zu feindlichen Äußerungen gegen die Herrschenden kommen konnte, zeigt der Brief ABL 1217+, vgl. dazu Nissinen, „Falsche Prophetie", in Veijola, *Deuteronomium*, SASJ 62, 1996,., 182ff.; Ders., *References*, SAAS VII, 1998, 108ff.

Die nächste Stufe der Entwicklung dieser Konzeption ist dann in der Einzelüberlieferung 2 Kön 9f.* zu finden, die die Ereignisse während der Revolution Jehus wiedergibt. Der נבִיא Elischa beauftragt ein Mitglied der bᵉnê hannᵉbî'îm mit der heimlichen Salbung Jehus in Ramot-Gilead. Diese Salbung stellt das Signal für den Staatsstreich Jehus dar. Die Überlieferung endet in 10,28 mit der Feststellung, dass Jehu den Baal in Israel ausgerottet hat. Zentrale Motivation für den Staatsstreich ist der Kampf gegen die Verehrung Baals, bzw. für die alleinige Verehrung JHWHs. Dies zeigt sich in dem gegenüber Isebel erhobenen Vorwurf der „Zaubereien" und „Hurereien" (9,22) sowie in der Vernichtung der Baalverehrer in Samaria (10,18ff.). Ausgesucht als König wurde Jehu, der als „Eiferer für JHWH" (2 Kön 10,16) auftritt. Jehu vernichtet die Feinde JHWHs, in dieser Hinsicht setzt er demnach die Aufgabe eines „Retters" fort. Allerdings kommen diese Feinde nicht von außerhalb, sondern sie befinden sich innerhalb Israels. Der Kampf, den die Rettergestalten der vorstaatlichen Zeit gegen die Feinde Israels und damit auch JHWHs führten, wird jetzt zu einer Auseinandersetzung innerhalb Israels. Aus der eher militärischen Aufgabe des „Retters" wird eine stärker religionspolitische Auseinandersetzung, die allerdings mit der derselben Intransingenz geführt wird: Die Gegner JHWHs müssen vernichtet werden (9,30ff.; 10,18ff.). Der König wird demgemäß verstanden als derjenige, der die Feinde JHWHs zu vernichten hat. Ihm wird nach wie vor die Funktion eines „Retters" zugeschrieben. Er hat — im Auftrag des Propheten — diese Aufgabe wahrzunehmen. Von einer Geistbegabung des Königs ist allerdings — anders als in der SSK — bei Jehu keine Rede mehr.

Diese Überlieferung ist den bᵉnê hannᵉbî'îm um Elischa, die eine Sonderform der Gruppenprophetie darstellen, zuzuschreiben. Einer der Hauptorte dieser Gruppierung ist Gilgal. Die Entstehungszeit von 2 Kön 9–10* ist nicht allzu weit von den geschilderten Ereignissen zu entfernen.

Die weitere Fortentwicklung ist dann in der DKK (1 Kön 17–18*) und in der Elischa-Sammlung 2 Kön 2–13* zu erkennen.

Die vor allem religionspolitisch gesehene Aufgabe des „Retters" zeigt sich auch in der DKK (1 Kön 17–18*). Allerdings kommt die Retterfunktion in diesem Text nicht mehr dem König zu. Übereinstimmend mit 1 Sam 9–31* zeigt sich die Überordnung des Divinators gegenüber dem König. Erst nachdem der König sich Elija gebeugt hat und seinen Anweisungen 1 Kön 18,20.41f. gefolgt ist, kann die Dürresituation überwunden werden. Dass die Problematik des Verhältnisses zwischen Prophet und König hier wieder aufbricht, ist einsichtig angesichts dessen, dass mit den Omriden historisch erkennbar ein Ausbau der Zentralgewalt einsetzt, der sich vor allem im Bau der neuen Hauptstadt Samaria und im Ausbau des Streitwagenkorps manifestiert. Souveräner Akteur in der DKK ist Elija, der König ist demgegenüber zweitrangig. Er erscheint in 18,3–6 eher als die Karikatur eines tatkräftigen Herrschers, entgegen dem geschichtlich erkennbaren Handeln der Omriden. Es ist jetzt der Prophet, der die Baalverehrer vernichtet, nicht der König. Eine sakrale Dignität kommt dem König nicht mehr zu. Elija schlachtet die Baalspropheten am Bach Kischon ab (1 Kön 18,40). Der Schauplatz Kischon macht dabei deutlich, dass es um einen ähnlichen Existenzkampf geht wie bei der Debora-Schlacht (Ri 4f.), die ebenfalls am Kischon situiert ist. Elija übernimmt mit der Tötung der Baalpropheten eine Funktion, die eigentlich dem König zukommt. Wie schon in 2 Kön 9f.* werden die Feinde Jhwhs als Feinde Israels gesehen. Elija steht mit seinem Kampf gegen Baal in der Tradition des Retters Gideon (Ri 6,25ff.) und auch Samuels, der in 1 Sam 15,31ff. das Werk Sauls vollendet. Allerdings ist die Situation auch verändert. Die Bedrohung Israels kommt nicht mehr von außen, sondern von innen. Die Rolle des Königs bleibt damit allerdings äußerst blass. Er ist nur noch derjenige, der die Anweisungen Elijas auszuführen hat.

Auch diese Überlieferung ist in dem Kreis der b^enê hann^ebî[,]îm entstanden, die für die Ausformung der Elija- und Elischa-Tradition verantwortlich sind.

Obwohl es nicht zu einer direkten Begegnung zwischen Elija und dem König kommt, ergibt die Einzelüberlieferung 2 Kön 1* ein entsprechendes Bild. Elija verurteilt den König wegen dessen Inanspruchnahme des Baal-Zebul von Ekron zum Tode. Hier zeigt sich die gleiche Intransigenz wie in der DKK gegenüber der Verehrung fremder Götter. Außerdem wird auch vorausgesetzt, dass der Prophet eine gegenüber dem König befehlsgebende Instanz ist. Deutlich akzentuiert ist die Mittlerrolle Elijas durch die Verwendung der Botenformel. Es ist klar, dass Elija im Namen Jhwhs spricht.

Die Überordnung des Propheten gegenüber dem König, die schon bei Samuel und Elija erkennbar war, zeigt sich ebenso in der Elischa-

Komposition 2 Kön 2–13*. Der König redet Elischa als „Vater" an
(6,21; 13,14ff.); selbst der aramäische König von Damaskus bezeichnet sich als „Sohn" Elischas (2 Kön 8,9).

2 Kön 2–13* machen deutlich, dass die „Rettertradition" in der
Elischa-Komposition wiederum aufgegriffen und umgestaltet wird. Der
נביא und Gottesmann Elischa wird auch im außenpolitisch-militäri-
schen Bereich zur entscheidenden Retterfigur stilisiert (2 Kön 6,8–23;
13,14ff.). Mit ihm steht oder fällt Israel im Kampf gegen die Aramäer.
Deutlich wird dies vor allem in dem Ehrentitel Elischas in 2 Kön
13,14. Die Retterfunktion, in die Elija mit der Tötung der Baalpropheten am Bach Kischon schon eingetreten ist, wird bei Elischa noch
ausgeweitet. Er ist die entscheidende Kraft im Kampf gegen die
Aramäer.

Der Endpunkt dieser Entwicklung zeigt sich in 2 Kön 2,1–15,
dem Eröffnungstext des Elischa-Zyklus. Elischa wird hier als legiti-
mer Nachfolger Elijas dargestellt. Diese Sukzession ist einerseits ein
Reflex der historischen Verbindung Elischas mit Elija (Karmel!), andererseits aber auch eine Antwort auf die aufgrund der organisatorischen Verbindung Elischas mit den Gruppenpropheten sich stellende
Frage nach der Legitimität des Leiters der Prophetengemeinschaft.
Elischa erhält als Erbe Elijas seinen Geist. Die Geistvorstellung, die
hier aufscheint, ist nicht die der Gruppenprophetie, sondern die
Geistvorstellung, die sich bei den Rettern im Richterbuch und auch
noch bei Saul und David zeigt. Anders ausgedrückt bedeutet dies:
Nicht mehr der König ist die Rettergestalt, sondern der Prophet.
Das Königtum spielt eigentlich keine entscheidende Rolle mehr, es
ist seiner sakralen Bedeutung gänzlich entkleidet.

An diese Tradition, die in der Gruppenprophetie in Gilgal entwickelt wurde, kann der einzige aus dem Nordreich stammende und
dort auch wirkende Schriftprophet, Hosea, anknüpfen.

ABKÜRZUNGSVERZEICHNIS

Die in dieser Arbeit verwendeten Abkürzungen richten sich nach der zweiten Auflage des Internationalen Abkürzungsverzeichnis für Theologie und Grenzgebiete von S. Schwertner (IATG, ²1992).

Für die biblischen Bücher und Eigennamen wird das „Ökumenische Verzeichnis der biblischen Eigennamen nach den Loccumer Richtlinien", Stuttgart ²1981, benutzt.

Darüber hinaus werden folgende Abkürzungen verwendet:

ABD	Anchor Bible Dictionary, New York 1992
AÉM I/1	Archives Épistolaires des Mari I/1, publiées par Jean-Marie DURAND, Paris 1988 (= Archives Royales de Mari XXVI)
BCSMS	Bulletin Société Canadienne des Études Mésopotamiennes
BE	Biblische Enzyklopädie
BrSyn	BROCKELMANN, Hebräische Syntax, Neukirchen-Vluyn 1956
DKK	Dürre-Karmel-Komposition (1 Kön 17–18*)
EPP	Enklitisches Personalpronomen
ETAT	SIGRIST, S./NEU, R. (eds.), Ethnologische Texte zum Alten Testament, Neukirchen-Vluyn, Band I, 1989, Band II, 1997
GesK	GESENIUS, W., Hebräische Grammatik, völlig umgearbeitet von E. KAUTZSCH, Leipzig ²⁸1909, Nachdruck Darmstadt 1977
HThKAT	Herders Theologischer Kommentar zum Alten Testament
KS	Kleine Schriften
MT	Masoretischer Text
NIBC	New International Bible Commentary
LMB	Le Monde de la Bible
LXX	Septuaginta
PN	Personenname
SBLSS	Society of Biblical Literature. Symposium Series
SBThS	Sources for Biblical and Theological Study
SHCANE	Studies in the History and Culture of the Ancient Near East

SSK   Samuel-Saul-Komposition (1 Sam 9–31*)
TCRPOGA   Travaux du Centre de recherche sur le Proche-Orient
               et la Grèce antiques
WBC   World Biblical Commentary Waco/Texas

LITERATURVERZEICHNIS

ABOUD, J., *Die Rolle des Königs und seiner Familie nach den Texten von Ugarit*, FARG 27, Münster 1994

ACKERMANN, S., „The Queen Mother and the Cult in Ancient Israel", *JBL* 112 (1993), 385–401

ACKROYD, P.R., *The First Book of Samuel*, CNEB, Cambridge 1971

AHLSTRÖM, G.W., *The History of Ancient Palestine from the Palaeolithic Period to Alexander's Conquest, with a contribution by G.O. Rollefson, edited by Diana Edelman*, JSOT.S 146, Sheffield 1993

ALBERTZ, R., *Religionsgeschichte Israels in alttestamentlicher Zeit 1*, GAT 8/1, Göttingen 1992

——, Art. „Magie, II. Altes Testament", *TRE 21*, 1993, 691–695

——, „Der Ort des Monotheismus in der israelitischen Religionsgeschichte", in W. DIETRICH/KLOPFENSTEIN (eds.), *Gott*, 1994, 77–96

——, „Rez. zu N.P. Lemche, The Canaanites and Their Land, JSOT.S 110, Sheffield 1991", *BZ NF* 39 (1995), 109–112

——, *Die Exilszeit. 6. Jahrhundert v. Chr*, BE 7, Stuttgart 2001

ALBRIGHT, W.F., „Samuel and the Beginnings of the Prophetic Movement", in: *Interpreting the Prophetic Tradition. The Goldenson Lectures* 1961, 149–167

ALLEN, R.B., „Elijah the Broken Prophet", *JETS* 22 (1979), 193–202

ALT, A., „Die literarische Herkunft von 1 Reg 19,19–21", *ZAW* 32 (1912), 123–125

——, „Staatenbildung" (1930), *KS II*, 1953

——, „Das Gottesurteil auf dem Karmel" (1935), *KS II*, München 1953, 135–149

——, „Das Königtum in den Reichen Israel und Juda" (1951), *KS II*, München 1953, 116–134

——, „Der Stadtstaat Samaria" (1954), *KS III*, München 1959, 258–302

——, „Der Anteil des Königtums an der sozialen Entwicklung in den Reichen Israel und Juda" (1955), *KS III*, München 1959, 348–372

ÁLVAREZ BARREDO, M., *Las narraciones sobre Elías y Eliseo en los libros de los reyes. Formación y teología*, Murcia 1996

AMIT, Y., *Book of Judges*, BIS 38, Leiden 1999

AP-THOMAS, „Elijah on Mount Carmel", *PEQ* 92 (1960), 146–155

——, D.R., „Saul's ‚Uncle' ", *VT* 11 (1961), 241–245

ARAMBARRI, J., *Der Wortstamm „hören" im Alten Testament. Semantik und Syntax eines hebräischen Verbs*, SBB 20, Stuttgart 1990

ARNOLD, P.M., *Gibeah. The Search for a Biblical City*, JSOT.S 79, Sheffield 1990

ASURMENDI, J., „Eliseo, Justicia y Politica, y el Relato Ficticio", *EstB* 53 (1995), 145–164

AULD, A.G., „Prophets through the Looking Glass: Between Writings and Moses", *JSOT* 27 (1983), 3–23

——, „Prophets and Prophecy in Jeremiah and Kings", *ZAW* 96 (1984), 66–82

AURELIUS, E., *Der Fürbitter Israels. Eine Studie zum Mosebild im Alten Testament*, CB.OT 27, Lund 1988

BAEHR, K., *Die Bücher der Könige, Theologisch-homiletisches Bibelwerk, Teil 7*, Bielefeld und Leipzig 1868

BALTZER, K., *Die Biographie der Propheten*, Neukirchen-Vluyn 1975

BARDTKE, H., „Samuel und Saul. Gedanken zur Entstehung des Königtums in Israel", *BiOr* 25 (1968), 289–302

BARRÉ, L.M., *The Rhetoric of Political Persuasion. The Narrative Artistry and Political Intentions of II Kings 9–11*, CBQ.MS 20, Washington 1988

BARSTAD, H.M., „No Prophets? Recent Developments in Biblical Prophetic Research and Ancient Near Eastern Prophecy", *JSOT* 57 (1993), 39–60

——, „Lachish Ostracon III and Ancient Israelite Prophecy", *ErIs* 24 (1993), 9–12

BARTELMUS, R., „Forschung am Richterbuch seit Martin Noth", *ThR* 56 (1991), 221–259

BARTHÉLEMY, D., *Critique textuelle de l'Ancien Testament. 1. Josué, Juges, Ruth, Samuel, Rois, Chroniques, Esdras, Néhémie, Esther. Rapport final du Comité pour l'analyse textuelle de L'Ancien Testament hébreu institué par l'alliance Biblique Universelle*, établi en coopération avec Alexander Hulst +, Norbert Lohfink, William D. McHardy, H. Peter Rüger, coéditeur, James A. Sanders, coéditeur, OBO 50/1, Göttingen 1982

BAUER, J.B., „Inter genua deposito capite (Apul. Met. 4,24,I)", *Hermes* 87 (1959), 383–384

BAUMGART, N.C., *Gott, Prophet und Israel. Eine synchrone und diachrone Auslegung der Naamanerzählung und ihrer Gehasiepisode (2 Kön 5)*, EThSt 68, Leipzig 1994

——, „Zwölf Steine gemäss der Zahl der Stämme der Söhne Jakobs". Theologische Integrationsarbeit und Identitätsbeschreibung im Eliazyklus 1 Kön 16,29–19,21", in: PITTNER, B./WOLLBOLD A. (eds.), *Zeiten des Übergangs. Festschrift für Franz Georg Friemel zum 70. Geburtstag*, EThSt 80, Leipzig 2000, 23–41

BECK, M., *Elia und die Monolatrie. Ein Beitrag zur religionsgeschichtlichen Rückfrage nach dem vorschriftprophetischen Jahwe-Glauben*, BZAW 281, Berlin 1999

BECKER, J., „Historischer Prophetismus und biblisches Prophetenbild", in: ZMIJEWSKI (ed.), *Botschaft*, Stuttgart 1990, 11–23

BECKER, U., „Der innere Widerspruch der deuteronomistischen Beurteilung des Königtums" (am Beispiel von 1 Sam 8), in: OEMING, M. et al. (eds.), *Altes Testament und christliche Verkündigung, Festschrift. A.H.J. Gunneweg zum 65. Geburtstag*, 1987, 246–270

——, *Richterzeit und Königtum. Redaktionsgeschichtliche Studien zum Richterbuch*, BZAW 192, Berlin 1990

BECKING, B., *Een magisch Ritueel in Jahwistisch Perspectief. Literaire structuur en Godsdiensthistorische achtergronden van 2 Koningen 4:31–38*, Utrecht 1992

——, „‚Touch for Health . . .' Magic in II Reg 4,31–37 with a Remark on the History of Yahwism", *ZAW* 108 (1996), 34–54

BEGG, C., „Unifying Factors in 2 Kings 1.2–17a", *JSOT* 32 (1985), 75–86

BEN-BARAK, Z., „The Status and Right of the gebîrâ", *JBL* 110 (1991), 23–34

BEN ZVI, E./FLOYD, M.H. (eds.), *Writings and Speech in Israelite and Ancient Near Eastern Prophecy*, SBLSS 10, Atlanta 2000

BENZINGER, I., *Die Bücher der Könige*, KHC 9, Tübingen 1899

BERGEN, W.J., „The Prophetic Alternative: Elisha and the Israelite Monarchy", in: COOTE, *Elisha*, 1992, 127–137

——, *Elisha and the End of Prophetism*, JSOT.S 286, Sheffield 1999

BERGES, U., *Die Verwerfung Sauls. Eine thematische Untersuchung*, FzB 61, Würzburg 1989

BERNHARDT, K.-H., *Das Problem der altorientalischen Königsideologie im Alten Testament*, VT.S 8, Leiden 1961

——, „Der Feldzug der drei Könige", in: DERS., (ed.), *Schalom. Studien zu Glaube und Geschichte Israels, Festschrift A. Jepsen*, Stuttgart 1971, 11–22

BETTENZOLI, G., „Samuel und das Problem des Königtums", *BZ NF* 30 (1986), 222–236

——, „Samuel und Saul in geschichtlicher und theologischer Auffassung", *ZAW* 98 (1986), 338–351

BEYERLIN, W., „Das Königscharisma bei Saul", *ZAW* 73 (1961), 186–201

BIČ, M., „Saul sucht die Eselinnen (1 Sam IX)", *VT* 7 (1957), 92–97

BICKERT, R., „Die Geschichte und das Handeln Jahwes. Zur Eigenart einer deuteronomistischen Offenbarungsauffassung in den Samuelbüchern", in: GUNNEWEG, A.H.J./KAISER, O. (eds.), *Textgemäß. Aufsätze und Beiträge zur Hermeneutik des Alten Testaments. Festschrift für Ernst Würthwein zum 70. Geburtstag*, Göttingen 1979, 9–27

BIRAN, A./NAVEH, J., „An Aramaic Stele Fragment from Tel Dan", *IEJ* 43 (1993), 82–98

——, „The Tel Dan Inscription. A New Fragment", *IEJ* 45 (1995), 1–18

BIRCH, B.C., „The Choosing of Saul at Mizpah", *CBQ* 37 (1975), 447–456

——, *The Rise of the Israelite Monarchy. The Growth and Development of 1 Samuel 7–15*, SBL.DS 27, Missoula 1976

BLENKINSOPP, J., *Geschichte der Prophetie in Israel*, 1998 (engl. 1984, 2. Aufl 1996)

BLOCH-SMITH, E., *Judahite Burial Practices and Beliefs about the Dead*, JSOT.S 123, Sheffield 1992

BLUM, E., *Studien zur Komposition des Pentateuch*, BZAW 189, Berlin 1990

——, „Der Prophet und das Verderben Israels: Eine ganzheitliche, historisch-kritische Lektüre von 1 Regum XVII–XIX", *VT* 47 (1997), 277–292

——, „Die Nabotüberlieferungen und die Kompositionsgeschichte der Vorderen Propheten", in: KRATZ, R.G./KRÜGER, T./SCHMID, K. (eds.), *Schriftauslegung in der Schrift. Festschrift für Odil Hannes Steck zu seinem 65. Geburtstag*, BZAW 300, Berlin 2000, 111–128

BOECKER, H.J., *Die Beurteilung der Anfänge des Königtums in den deuteronomistischen Abschnitten des ersten Samuelisbuches*, WMANT 31, Neukirchen-Vluyn 1969

——, *Recht und Gesetz im Alten Testament und im Alten Orient*, Neukirchen-Vluyn 1976

BOHLEN, R., *Der Fall Nabot. Form, Hintergrund und Werdegang einer alttestamentlichen Erzählung (1 Kön 21)*, TThSt 35, Trier 1978

——, „Zur Sozialkritik des Propheten Amos", *TThZ* 95 (1986), 282–301

BOTTÉRO, J./HAAS, V., Art. „Magie, A. In Mesopotamien", *RLA VII*, Berlin 1988, 200–234

BOUZON, E., *Die Prophetenkorporationen in Israel und im Alten Orient. Ein Beitrag zur Geschichte der nebiistischen Bewegung*, Diss. Päpstliches Bibelinstitut Rom 1968–69

BOYD BARRICK, W., „Elischa and the Magic Bow: A Note on 2 Kings XIII 15–17", *VT* 25 (1985), 355–363

——, „Saul's Demise, David's Lament, and Custer's Last Stand", *JSOT* 73 (1997), 25–41

BRATSIOTIS, N.P., Art. „אִישׁ", *ThWAT I*, 1970–1973, 238–252

BRAULIK, G., „Das Deuteronomium und die Geburt des Monotheismus", in: HAAG, E. (ed.), *Gott*, QD 104, 1985, 115–159

——, „Die Ablehnung der Göttin Aschera in Israel. War sie erst deuteronomistisch, diente sie der Unterdrückung der Frauen?" in: WACKER, M.-T./ZENGER, E. (eds.), *Der eine Gott und die Göttin. Gottesvorstellungen des biblischen Israel im Horizont feministischer Theologie*, QD 135, Freiburg 1991, 106–136

——, *Die deuteronomischen Gesetze und der Dekalog. Studien zum Aufbau von Deuteronomium 12–26*, SBS 145, Stuttgart 1991

——, „Die Theorien über das Deuteronomistische Geschichtswerk («DtrG»)", in: ZENGER, *Einleitung*, Stuttgart ³1998, 180–190

BREKELMANS, C./LUST, J. (eds.), *Pentateuchal and Deuteronomistic Studies: Papers Read at the XIIIth IOSOT Congress Leuven 1989*, BEThL 94, Leuven 1990

BREYTENBACH, A., „Who is behind the Samuel Narrative?", in: DE MOOR/VAN ROOY, *Past, Present, Future*, OTS 44, 2000, 50–61

BRIEND, J., *Dieu dans l'Écriture*, LeDiv 150, Paris 1992

BRIEND, J./THALMANN, J.P., Art. „Sarepta", *DBS 11*, 1991, 1414–1420

BRIQUEL-CHATONNET, F., *Les relations entre les cités de la côte phénicienne et les royaumes d'Israël et de Juda*, OLA 46, Louvain 1992

BRODIE, THOMAS L., *The crucial Bridge. The Elijah-Elisha narrative as an interpretive synthesis of Genesis-Kings and a literary model of the gospels*, Collegeville 2000

BRONGERS, H.A., *Koningen I/II*, Nijkerk 1967

BRONNER, L., *The Stories of Elijah and Elischa as Polemics against Baal Worship*, POS VI, Leiden 1968

BUBER, M., „Die Erzählung von Sauls Königswahl", *VT* 6 (1956), 113–173

BUCCELLATI, G., „1 Re 18,20", *BeO* 5 (1963), 10.13

BUCHHOLZ, J., *Die Ältesten Israels im Deuteronomium*, GTA 36, Göttingen 1988

BUDDE, K., *Die Bücher Samuel*, Kurzer Hand-Commentar zum Alten Testament VIII, Tübingen 1902

BUIS, P., *Le Livre des Rois*. SBi, Paris 1997

BURNEY, C.F., *Notes on the Hebrew Text of the Books of Kings with an Introduction and Appendix*, Oxford 1903

CAMP, L., *Hiskija und Hiskijabild. Analyse und Interpretation von 2 Kön 18–20*, Diss. Münster 1990

CAMPBELL, A.F., „Yahweh and the Ark: A Case Study in Narrative", *JBL* 98 (1979), 31–43

——, *Of Prophets and Kings: A Late Ninth-Century Document (1 Samuel 1–2 Kings 10)*, CBQ. MS 17, Washington 1986

CAMPBELL, A.F./O'BRIEN, M., *Unfolding the Deuteronomistic History. Origins, Upgrades, Present Text*, Minneapolis 2000

CAQUOT, A., „La divination dans l'ancien Israël", in: DERS./LEIBOVICI, M., *La divination*, Bd I, Paris 1968, 83–113

——, Art. „Samuel (Livres de)", *DBS* 11, 1991, 1048–1098

CAQUOT, A./DE ROBERT, P., *Les Livres de Samuel*, CAT VI, Genève 1994

CARLSON, R.A., „Élie à l'Horeb", *VT* 19 (1969), 416–439

CARROLL, R., „Prophecy and Society", in: R.E. CLEMENTS (ed.), *The World of Ancient Israel. Sociological, Anthropological and Political Perspectives*, Cambridge 1991, 203–225

CHARPIN, D., „Prophètes et rois dans le Proche-Orient Amorrite", in: LEMAIRE, *Prophètes et rois*, LeDiv Hors Série, 2001, 21–53

CLINES, D.J.A./MCKAY, H.A. (eds.), *Of Prophet's Visions and the Wisdom of Sages. Essays in Honour of R. Norman Whybray on his Seventieth Birthday*, JSOT.S 162, Sheffield 1993

CODY, A., *A History of Old Testament Priesthood*, AnBib 35, Rom 1969

COGAN, M., „The Road to En-Dor", in: WRIGHT, D.P./FREEDMAN, D.N./HURWITZ, A. (eds.), *Pomegranates and Golden Bells. Studies in Biblical, Jewish, and Near Eastern Ritual, Law, and Literature in Honor of Jacob Milgrom*, Winona Lake, 1995, 319–326

——, *1 Kings*, AncB 10, New York 2001

COGAN, M./TADMOR, H., *2 Kings*, AncB 11, New York 1988

COHEN, M.A., „In all Fairness to Ahab. A Socio-Political Consideration to the Ahab-Elijah Controversy", *ErIs* 12 (1975), 87–94

COHN, R.L., „The Literary Logic of 1 Kings 17–19", *JBL* 101 (1982), 333–350

——, *2 Kings, Berit Olam. Studies in Hebrew Narrative & Poetry*, Collegeville 2000

CONRAD, J., „2 Kön 2,1–18 als Elija-Geschichte", in: AUGUSTIN, M./SCHUNCK, K.D. (eds.), *Wünschet Jerusalem Frieden*, BEAT 13, Ffm 1988, 263–271

COOTE, R.B. (ed.), *Elijah and Elisha in Socioliterary Perspective*, Atlanta 1992

CORTESE, E., „Theories concerning Dtr: A Possible Rapprochement", in: BREKELMANS/LUST, *Studies*, BEThL 94, 1990, 179–190

COUFFIGNAL, R., „Le récit du règne de Saul (1 Samuel 9–31)", *ETR* 73 (1998), 3–20

CROSS, F.M., *Canaanite Myth and Hebrew Epic*, Cambridge/MA 1973

——, „The Ammonite Oppression of the Tribes of Gad and Reuben: Missing Verses from 1 Samuel 11 Found in 4QSamuel^a", in: Tov, E. (ed.), *The Hebrew and Greek Texts of Samuel. Proceedings of the IOSCS 1980*, Jerusalem, 105–119

CRÜSEMANN, F., *Der Widerstand gegen das Königtum. Die antiköniglichen Texte des Alten Testaments und der Kampf um den frühen israelitischen Staat*, WMANT 49, Neukirchen-Vluyn 1978

——, *Die Tora. Theologie und Sozialgeschichte des altestamentlichen Gesetzes*, München 1992
——, *Elia — die Entdeckung der Einheit Gottes. Eine Lektüre der Erzählungen über Elia und seine Zeit*, Gütersloh 1997
——, „Aporiendarstellung. Der Beitrag von Jehugeschichte und Thronfolgeerzählung zur biblischen Sicht von Gott und Geschichte", *WuD* 25 (1999), 61–76
CRYER, F.H., *Divination in Ancient Israel and its Near Eastern Environment. A Socio- Historical Investigation*, JSOT.S 142, Sheffield 1994
CUMMINGS, J.T., „The House of the Sons of the Prophets and the Tents of the Rechabites", in: LIVINGSTONE, E.A. (ed.), *Studia Biblica I. Papers on Old Testament and Related Themes. Sixth International Congress on Biblical Studies Oxford 3–7 April 1978*, JSOT.S 11, Sheffield 1979, 119–126
DAY, J., „Bedan, Abdon or Barak in 1 Samuel XII 11?" *VT* 43 (1993), 261–264
DAY, J. (ed.), *King and Messiah in Israel and the Ancient Near East. Proceedings of the Oxford Old Testament Seminar*, JSOT.S 270, Sheffield 1998
——, „The Canaanite Inheritance of the Israelite Monarchy", in: DERS., *King*, JSOT.S 270, 1998, 72–90
DE JONG ELLIS, M., „Observations on Mesopotamian Oracles and Prophetic Texts: Literary and Historiographic Considerations", *JCS* 41 (1989), 127–186
DE MOOR, J.C./VAN ROOY, H.F. (eds.), *Past, Present, Future. The Deuteronomistic History and the Prophets*, OTS 44, Leiden 2000
DENNISON, J.T., „Elijah the Tishbite: A Note on 1 Kings 17:1", *WThJ* 41 (1978/79), 124–126
DENTAN, R.C., *I & II Kings, I & II Chronicles*. The Layman's Bible Commentaries, London 1972
DE PURY, A., „Le Raid de Gédéon (Juges 6,25–32) et l'histoire de l'exclusivisme yahwiste", in: RÖMER, T. (ed.), *Lectio difficilior probabilior? Mélanges offertes à Françoise Smyth-Florentin*, DBAT Beiheft 12, Heidelberg 1991, 173–205
DE PURY, A./RÖMER, T., „L'historiographie deutéronomiste (HD). Histoire de la recherche et enjeux du débat", in: DIES./MACCHI, *Israël*, LMB 34, 1996, 9–120
—— (eds.), *Die sogenannte Thronfolgegeschichte Davids. Neue Einsichten und Anfragen*, OBO 176, Göttingen 2000
DE VRIES, S.J., *Prophet against Prophet. The Role of the Micaiah Narrative (I Kings 22) in the Development of Early Prophetic Tradition*, Grand Rapids 1978
——, *1 Kings*, WBC 12, Waco/Texas 1985
DHORME, P., *Les livres de Samuel*, EtB, Paris 1910
DIETRICH, M./DIETRICH, W., „Zwischen Gott und Volk. Einführung des Königtums und Auswahl des Königs nach mesopotamischer und israelitischer Anschauung", in: DIETRICH, M./KOTTSIEPER, *Mose*, AOAT 250, 1998, 215–264
DIETRICH, M./KOTTSIEPER, I. (eds.), *Und Mose schrieb dieses Lied auf. Studien zum Alten Testament und zum Alten Orient. Festschrift für Oswald Loretz zur Vollendung seines 70. Lebensjahres*, AOAT 250, Münster 1998
DIETRICH, W., *Prophetie und Geschichte. Eine redaktionsgeschichtliche Untersuchung zum deuteronomistischen Geschichtswerk*, FRLANT 108, Göttingen 1972
——, *Israel und Kanaan. Vom Ringen zweier Gesellschaftssysteme*, SBS 94, Stuttgart 1972
——, *David, Saul und die Propheten*, BWANT 122, Stuttgart ²1992
——, „Über Werden und Wesen des biblischen Monotheismus. Religionsgeschichtliche und theologische Perspektiven", in: DERS./KLOPFENSTEIN, *Gott allein*, OBO 139, 1994, 13–30
——, „The ‚Ban' in the Age of the Early Kings", in: FRITZ/DAVIES, *Origins*, JSOT.S 228, Sheffield 1996, 196–210
——, *Die frühe Königszeit in Israel. 10. Jahrhundert v. Chr.*, BE 3, Stuttgart 1997
——, Art. „Samuel- und Königsbücher", *TRE 30*, 1998, 5–20
——, Art. „Deuteronomistisches Geschichtswerk", *RGG⁴ II*, 1999, 689–692
——, „Prophetie im dtrG", in RÖMER (ed.), *Future*, BEThL 147, 2000, 47–65

——, „Jehus Kampf gegen den Baal von Samaria", *ThZ* 57 (2001), 115–134

DIETRICH, W./KLOPFENSTEIN, M.A. (eds.), *Ein Gott allein? JHWH-Verehrung und biblischer Monotheismus im Kontext der israelitischen und altorientalischen Religionsgeschichte*, OBO 139, Göttingen 1994

DIETRICH, W./NAUMANN, T., *Die Samuelbücher*, EdF 287, Darmstadt 1995

DION, P.-E., *Les Araméens à l'âge du fer: histoire politique et structures sociales*, Paris 1997

DONNER, H., *Die Verwerfung des Königs Saul*, Sitzungsberichte der Wissenschaftlichen Gesellschaft an der Johann Wolfgang Goethe — Universität Frankfurt am Main, 19/5, 1983

——, *Geschichte des Volkes Israel und seiner Nachbarn in Grundzügen, Teil 1: Von den Anfängen bis zur Staatenbildungszeit*, GAT 4/1, Göttingen 1984

DREYTZA, M., *Der theologische Gebrauch von RUAH im Alten Testament. Eine wort- und satzsemantische Studie*, Basel ²1992

DRINKARD, J.F., „'Al PĚNĚ as East of", *JBL* 98 (1979), 285–288

DUHM, B., *Israels Propheten*, Tübingen ²1922

DURAND, J.-M., „Le mythologème du combat entre le dieu de l'orage et la mer en Mesopotamie", *MARI* 7 (1993), 41–61

——, „Les prophéties de Mari", in: HEINTZ, *Oracles*, TCRPOGA 15, 1997, 115–134

EDELMAN, D., „Saul's Rescue of Jabesh-Gilead (1. Sam 11,1–11): Sorting Story from History", *ZAW* 96 (1984), 195–209

——, „Saul's Battle against Amaleq (1 Sam 15)", *JSOT* 35 (1986), 71–84

——, „Saul's Journey through Mt. Ephraim and Samuel's Ramah (1 Sam 9:4–5; 10,2–5)", *ZDPV* 104 (1988), 44–58

——, „The Deuteronomist's Story of King Saul: Narrative Art or Editorial Product?", in: BREKELMANS/LUST, *Studies*, BEThL 94, 1990, 207–220

——, *King Saul in the Historiography of Judah*, JSOT.S 121, Sheffield 1991

EGGER, W., *Methodenlehre zum Neuen Testament. Einführung in linguistische und historisch-kritische Methoden*, Freiburg 1987

EICHHORN, J.G., *Allgemeine Bibliothek der biblischen Litteratur*, Leipzig 1792

EISSFELDT, O., *Die Bücher der Könige*, HSAT(K), Band I, Tübingen ⁴1922

——, *Die Komposition der Samuelisbücher*, Leipzig 1931

——, „Die Komposition von I Reg 16,29 — II Reg 13,25" (1967), in: *KS V*, Tübingen 1973, 22–30

——, „Bist du Elija, so bin ich Isebel" (1 Kön XIX 2) (1967), in: *KS V*, Tübingen 1973, 34–38

——, „Nachträge zu ,Adrammalek und Demarus' und zu ,Bist du Elia, so bin ich Isebel'" (1969), in: *KS V*, Tübingen 1973, 39–42

——, „Noch ein Nachtrag zu ,Bist du Elia, so bin ich Isebel' (1 Kön XIX 2)" (1971), in: *KS V*, Tübingen 1973, 43–44

ELLERMEIER, F., *Prophetie in Mari und Israel*, Göttingen ²1977

EMERTON, J.A. (ed.), *Proceedings of the 13th Congress of the IOSOT, held in Louvain, Belgium, Aug. 27.–Sept. 1., 1989*, VT.S 43, Leiden 1991

EPPSTEIN, V., „Was Saul also among the Prophets?", *ZAW* 81 (1969), 287–304

ESLER, P.F., „The Madness of Saul: A Cultural Reading of 1 Sam 8–31", in: EXUM, J.C./MOORE, S.D. (eds.), *Biblical Studies/Cultural Studies. The Third Sheffield Colloquium*, JSOT.S 266, 1998, 220–262

ESLINGER, L.M., *Kingship of God in Crisis. A Close Reading of 1 Samuel 1–12*, Sheffield 1985

EXUM, J.C., *Tragedy and Biblical Narrative. Arrows of the Almighty*, Cambridge 1992

EYNIKEL, E.M.M., *The Reform of King Josiah and the Composition of the Deuteronomistic History*, OTS 33, Leiden 1996

——, „The Relation between the Eli Narratives (1 Sam. 1–4) and the Ark Narrative (1 Sam 1–6; 2 Sam 6:1–19)", in: DE MOOR/VAN ROOY, *Past, Present, Future*, OTS 44, 2000, 88–106

FABRY, H.-J., Art. „הבל", *ThWAT II*, 1974–1977, 716–720

——, Art. „רוח", *ThWAT VII*, 1990–1993, 385–425

FAUTH, W., „Hethitische Beschwörungspriesterinnen — israelitische Propheten. Differente Phänotypen magischer Religiosität in Vorderasien", in: M. DIETRICH/KOTTSIEPER, *Mose*, AOAT 250, 1998, 289–318

FENSHAM, F.C., „A few Observations on the Polarisation between Yahweh and Baal in I Kings 17–19", *ZAW* 92 (1980), 227–236

FENTON, T.L., „Deuteronomistic Advocacy of the *nābî*': 1 Samuel ix 9 and Questions of Israelite Prophecy", *VT* 47 (1997), 23–42

FICHTNER, J., *Das erste Buch von den Königen*, BAT 12/1, Stuttgart 1964

FINKELSTEIN, I., „The Emergence of the Monarchy in Israel: The Environmental and Socio-Economic Aspects", *JSOT* 44 (1989), 43–74

FISCHBACH, S., *Totenerweckungen. Zur Geschichte einer Gattung*, FzB 69, Würzburg 1992

FISCHER, S., „1 Samuel 28: The woman of Endor — who is she and what does Saul see?", *OTE* 14 (2001), 26–46

FITZMYER, J.A., *The Aramaic Inscriptions of Sefire*, Rom ²1995

FLANAGAN, J.W., „Chiefs in Israel", *JSOT* 20 (1981), 47–73

FLEISCHER, G., *Von Menschenverkäufern, Baschankühen und Rechtsverkehrern. Die Sozialkritik des Amosbuches in historisch-kritischer, sozialgeschichtlicher und archäologischer Perspektive*, BBB 74, Frankfurt/Main 1989

FLEMING, D.E., „The Etymological Origins of the Hebrew *nābî*': The One Who Invokes God", *CBQ* 55 (1993), 217–224

FOHRER, G., *Elia*, AThANT 53, Zürich ²1968

——, *Die Propheten Israels. Prophetenerzählungen*, Bd. VII, Gütersloh 1977

FOKKELMANN, J.P., *Narrative Art and Poetry in the Books of Samuel. A Full Interpretation Based on Stylistic and Structural Analyses, Volume II: The Crossing Fates (1 Sam 13–31 & II Sam 1)*, Assen 1986

——, *Narrative Art and Poetry in the Books of Samuel: a full Interpretation Based on Stylistic and Structural analyses, Vol. IV: Vow and Desire (1 Sam 1–12)*, Assen 1993

FORESTI, F., „Il rapimento di Elia al cielo", *RivBib* 31 (1983), 257–272

——, *The Rejection of Saul in the Perspective of the Deuteronomistic School. A Study of 1 Sam 15 and Related Texts*, Rome 1984

FREVEL, C., *Aschera und der Ausschließlichkeitsanspruch YHWHs*, BBB 94 1/2, Weinheim 1995

FRICK, F.S., *The Formation of the State in Ancient Israel. A Survey of Models and Theories*, SWBAS 4, Sheffield 1985

FRICKE, K.D., *Das zweite Buch von den Königen*, BAT 12/2, Stuttgart 1972

FRITZ, V., „Die Deutungen des Königtums Sauls in den Überlieferungen von seiner Entstehung", *ZAW* 88 (1976), 346–362

——, *Das erste Buch der Könige*, ZBK 10.1, Zürich 1996

——, *Das zweite Buch der Könige*, ZBK 10.2, Zürich 1998

FRITZ, V./DAVIES, P.R. (eds.), *The Origins of the Ancient Israelite States*, JSOT.S 228, Sheffield 1996

FUHS, H.F., *Sehen und Schauen. Die Wurzel hzh im Alten Orient und im Alten Testament. Ein Beitrag zum prophetischen Offenbarungsempfang*, FzB 32, Würzburg 1978

GALLING, K., „Der Gott Karmel und die Ächtung der fremden Götter", in: EBELING, G. (ed.), *Geschichte und Altes Testament. Albrecht Alt zum 70. Geburtstag*, Tübingen 1953, 105–125

——, „Der Ehrenname Elisas und die Entrückung Elias", *ZThK* 53 (1956), 129–148

GARBINI, G., „„Narrativa della successione' o „storia dei re'?", *Henoch* 1 (1979), 19–41

GERSTENBERGER, E.S., „«Apodiktisches» Recht «Todes» Recht?" in: MOMMER, *Recht als Lebensraum*, 1993, 7–20

GESE, H., *Die Religionen Altsyriens, Altarabiens und der Mandäer*, RM 10,2, Stuttgart 1970

——, „Zur Bedeutung Elias für die biblische Theologie", in: ÅDNA, J. et al. (eds.),

Evangelium-Schriftauslegung — Kirche. Festschrift für Peter Stuhlmacher zum 65. Geburtstag, Göttingen 1997, 126–150

GIESELMANN, B., „Die sogenannte josianische Reform in der gegenwärtigen Forschung", *ZAW* 106 (1994), 223–242

GITAY, Y., „Reflections on the Poetics of the Samuel Narrative: The Question of the Ark Narrative", *CBQ* 54 (1992), 221–230

—— (ed.), *Prophecy and Prophets. The Diversity of Contemporary Issues in Scholarship,* Atlanta 1997

GLEIS, M., *Die Bamah,* BZAW 251, Berlin 1997

GNUSE, R., „Israelite Settlement of Canaan: A Peaceful Internal Process", *BTB* 21 (1991), 56–66.109–117

GÖRG, M., *Richter,* NEB, Lieferung 31, Würzburg 1993

GORDON, R., „From Mari to Moses: Prophecy at Mari and in Ancient Israel", in: CLINES/McKAY, *Of Prophet's Visions,* JSOT.S 162, 1993, 63–79

GOTTWALD, N.K., *The Tribes of Yahweh. A Sociology of the Religion of Liberated Israel 1250–1050 B.C.E.,* New York 1979

GRABBE, L.L., „Prophets, Priests, Diviners and Sages in Ancient Israel", in: CLINES/McKAY, *Of Prophet's Visions,* JSOT.S 162, 1993, 43–62

——, *Priests, Prophets, Diviners, Sages,* Valley Forge/PA 1995

GRAHAM, M.P./McKENZIE, S.L. (eds.), *The History of Israel's Traditions, The Heritage of Martin Noth,* JSOT.S 182 , Sheffield 1994

GRAY, J., *I & II Kings. A Commentary,* OTL, London ³1977

GREENFIELD, „The Aramaic God *Rammân/Rimmôn",* *IEJ* 26 (1976), 195–198

GRESSMANN, H., *Die älteste Geschichtsschreibung und Prophetie Israels,* SAT II/1, Göttingen ²1921

GRØNBAEK, J.H., *Die Geschichte vom Aufstieg Davids (1. Sam 15–2. Sam 5). Tradition und Komposition,* Acta Theologica Danica X, Copenhagen 1971

GROSS, W., „Syntaktische Erscheinungen am Anfang althebräischer Erzählungen: Hintergrund und Vordergrund", in: EMERTON, J.A. (ed.), *Congress Volume Vienna 1980,* VT.S 32, Leiden 1981, 131–145

GROSS, H., Art „לכד", *ThWAT IV,* 1982–1984, 573–576

GRÜNWALDT, K., „Elia zeitgeistlich — eine kleine Forschungsgeschichte", in: DERS./SCHROETER, *Elia,* 1995, 17–26

GRÜNWALDT, K./SCHROETER, H. (eds.), *Was suchst du hier, Elia? Ein hermeneutisches Arbeitsbuch,* Hermeneutica 4, Rheinbach-Merzbach 1995

GUGLER, W., *Jehu und seine Revolution. Voraussetzungen, Verlauf, Folgen,* Kampen 1996

GUNKEL, H., *Elias, Jahve und Baal,* Religionsgeschichtliche Volksbücher 8, Tübingen 1906

——, *Geschichten von Elisa. Meisterwerke hebräischer Erzählkunst,* Berlin o.J. (1925)

GUNN, D.M., *The Fate of King Saul. An Interpretation of a Biblical Story,* JSOT.S 14, Sheffield 1980

HAAG, E. (ed.), *Gott, der einzige. Zur Entstehung des Monotheismus in Israel,* QD 104, Freiburg 1985

HALLEVY, R., „Man of God", *JNES* 17 (1958), 237–244

HALPERN, B., *The Constitution of the Monarchy in Israel,* HSM 25, New York 1981

HALPERN, B./VANDERHOOFT, D.S., „The Editions of Kings in the 7th–6th Centuries B.C.E.", *HUCA* 62 (1991), 179–244

HALPERN AMARU, B., „The Killing of the Prophets: Unravelling a Midrash", *HUCA* 54 (1983), 153–180

HASEL, G.F., Art. „נגיד", *ThWAT V,* 1984–1986, 203–219

HAUSER, A.J./GREGORY, R., *From Carmel to Horeb. Elijah in Crisis,* JSOT.S 85, Sheffield 1990

HECKE, K.H., *Juda und Israel. Untersuchungen zur Geschichte in vor- und frühstaatlicher Zeit,* FzB 52, Würzburg 1985

HEINTZ, J.-G. (éd.), *Oracles et prophéties dans l'antiquité. Actes du colloque de Strasbourg 15–17 juin 1995*, TCRPOGA 15, Paris 1997

——, „La «fin» des prophètes bibliques? Nouvelles théories et documents sémitiques anciens", in: DERS., *Oracles*, TCRPOGA 15, 1997, 195–214

HEISING, A., „Exegese und Theologie der alt- und neutestamentlichen Speisewunder", *ZKTh* 86 (1964), 80–96

HENTSCHEL,G., *Die Elijaerzählungen*, EThSt 33, Leipzig 1977

——, „Die geschichtlichen Wurzeln der Elijatradition", in: REINDL, J. (ed.), *Alttestament-liche Aufsätze*, Leipzig 1981, 33–57

——, „Die Heilung Naamans durch das Wort des Gottesmannes (2 Kön 5)", in: RUPPERT, *Künder*, 1982, 11–21

——, „Die Propheten Elija, Micha und Elischa", in: WALLIS, *Bileam*, 1984, 64–83

——, *1 Könige*, NEB, Lieferung 10, Würzburg 1984

——, *2 Könige*, NEB, Lieferung 11, Würzburg 1985

——, „Elija und der Kult des Baal", in: HAAG, E. (ed.), *Gott*, QD 104, 1985, 54–90

——, *1 Samuel*, NEB, Lieferung 33, Würzburg 1994, 29–160

HERRMANN, S., *Die prophetischen Heilserwartungen im Alten Testament. Ursprung und Gestalt-wandel*, BWANT 5, Stuttgart 1965

——, *Ursprung und Funktion der Prophetie im alten Israel*, Opladen 1976

——, *Geschichte Israels in alttestamentlicher Zeit*, München ²1980

——, *Jeremia. Der Prophet und das Buch*, EdF 271, Darmstadt 1990

——, „‚Realunion' und ‚charismatisches' Königtum. Zu zwei offenen Fragen der Verfassungen in Juda und Israel", *ErIs* 24 (1993), 44*–103*

HERTZBERG, H.W., *Die Samuelbücher*, ATD 10, Göttingen ⁵1973

HOBBS, T.R., *2 Kings*, WBC 13, Waco/Texas 1985

HÖFFKEN, P., „Einige Aspekte des Textes ‚Elia am Horeb' — 1 Kön 19", *BZ NF* 42 (1998), 71–80

HOFFMANN, H.-D., *Reform und Reformen. Untersuchungen zu einem Grundthema der deutero-nomistischen Geschichtsschreibung*, AThANT 66, Zürich 1980

HOFTIJZER, J./VAN DER KOOIJ, G. (eds.), *The Balaam Text from Deir 'Alla Re-Evaluated. Proceedings of the International Symposium held at Leiden 21–24 August 1989*, Leiden 1991

HÖLSCHER, G., *Die Profeten. Untersuchungen zur Religionsgeschichte Israels*, Leipzig 1914

——, „Das Buch der Könige, seine Quellen und seine Redaktion", in: *ΣΥΧΑΡΙΣΤΗΡΙΟΝ. Studien zur Religion und Literatur des Alten und Neuen Testaments I. Hermann Gunkel zum 60. Geburtstag*, Göttingen 1923, 158–213

HOLSTEIN, J.A., „The Case of ,ʾīš hāʾelōhīm' Reconsidered: Philological Analysis ver-sus Historical Reconstruction", *HUCA* 48 (1977), 69–81

HONOR, L.L., *The Book of Kings I. A Commentary*, The Jewish Commentary for Bible Readers, New York 1962

HOOVER-RENTERIA, T., „The Elijah/Elisha Stories: A Socio-cultural Analysis of Pro-phets and People in Ninth-Century B.C.E. Israel", in: COOTE, *Elisha*, 1992, 75–126

HOSSFELD, F.-L., *Untersuchungen zu Komposition und Theologie des Ezechielbuches*, FzB 20, Würzburg 1977

——, „Die Sinaiwallfahrt des Propheten Elija. Gedanken zu 1 Kön 19,1–18 anläß-lich der Sinaiexkursion des Studienjahres der Dormition Abbey 1978/79", *EuA* 54 (1978), 432–437

——, „Einheit und Einzigkeit Gottes im frühen Jahwismus", in: BÖHNKE, M. (ed.), *Im Gespräch mit dem Dreieinen Gott. Elemente einer trinitarischen Theologie, Festschrift Wilhelm Breuning*, Düsseldorf 1985, 57–74

HOSSFELD, F.-L./MEYER, I., *Prophet gegen Prophet. Eine Analyse der alttestamentlichen Texte zum Thema wahre und falsche Propheten*, BB 9, Fribourg 1973

HUFFMON, H.B., „Priestly Divination in Israel", in: MEYERS, C.L./O'CONNOR, M. (eds.), *The Word of the Lord Shall Go Forth*, Festschrift D.N. FREEDMAN, Winona Lake 1983, 355–359

——, Art. „Prophecy (ANE)", *ABD V*, 1992, 477–481

——, „The Expansion of Prophecy in the Mari Archives: New Texts, New Readings, New Information", in: GITAY, *Prophecy*, 1997, 7–22

——, „A Company of Prophets: Mari, Assyria, Israel", in: NISSINEN, *Prophecy*, SBLSS 13, 2000, 47–70

HUMPREYS, W.L., „The Tragedy of King Saul. A Study of the Structure of 1 Samuel 9–31", *JSOT* 6 (1978), 18–27

——, „The Rise and Fall of King Saul: A Study of an Ancient Narrative Stratum in 1 Samuel", *JSOT* 18 (1980), 74–90

——, „From Tragic Hero to Villain: A Study of the Figure of Saul and the Development of 1 Samuel", *JSOT* 22 (1982), 95–117

HUTTER, M., „Religionsgeschichtliche Erwägungen zu אלהים in 1 Sam 28,13", *BN* 21 (1983), 32–36

HYLANDER,I., *Der literarische Samuel-Saul-Komplex (I Sam 1–15) traditionsgeschichtlich untersucht*, Uppsala 1932

ISHIDA, T., *The Royal Dynasties in Ancient Israel. A Study on the Formation and Development of Royal-Dynastic Ideology*, BZAW 142, Berlin 1977

JACOBSON, H., „The Judge Bedan (1 Samuel xii 11)", *VT* 42 (1992), 123–124

——, „Bedan and Barak Reconsidered", *VT* 44 (1994), 108–109

JEFFERS, A., *Magic and Divination in Ancient Palestine and Syria*, SHCANE 8, Leiden 1996

JENNI, E., „Zwei Jahrzehnte Forschung an den Büchern Josua bis Könige", *ThR* 27 (1961), 1–32.97–146

JEPSEN, A., *Nabi. Soziologische Studien zur alttestamentlichen Literatur und Religionsgeschichte*, München 1934

——, „Israel und Damaskus", *AfO* 14 (1941/44), 153–172

——, *Die Quellen des Königsbuches*, Halle 1953

——, „Ahabs Buße. Ein kleiner Beitrag zur Methode literarhistorischer Einordnung", in: KUSCHKE, A./KUTSCH, E. (eds.), *Archäologie und Altes Testament. Festschrift K. Galling*, Tübingen 1970, 145–155

——, Art. „אמת", *ThWAT I*, 1970–1973, 313–348

——, „Elia und das Gottesurteil", in: GOEDICKE, H. (ed.), *Near Eastern Studies in Honour of William Foxwell Albright*, Baltimore 1971, 291–306

——, *Von Sinuhe bis Nebukadnezar. Dokumente aus der Umwelt des Alten Testaments*, Stuttgart 1975

JEREMIAS, J., *Kultprophetie und Gerichtsverkündigung in der späten Königszeit Israels*, WMANT 35, Neukirchen-Vluyn 1970

——, Art „נביא", *THAT II*, 1976, 7–26

——, *Theophanie. Die Geschichte einer alttestamentlichen Gattung*, WMANT 10, Neukirchen-Vluyn ²1977

——, *Der Prophet Hosea*, ATD 24/1, Göttingen 1983

——, „Das Proprium der alttestamentlichen Prophetie", *ThLZ* 119 (1994), 484–494

JIRKU, A., „Das Haupt auf die Knie legen", *ZDMG NF* 28 (1953), 372

JOBLING, D., „Saul's Fall and Jonathan's Rise: Tradition and Redaction in 1 Sam 14:1–46", *JBL* 95 (1976), 367–376

——, *The Sense of Biblical Narrative I*, JSOT.S 7, Sheffield 1978

——, *1 Samuel. Berit Olam. Studies in Hebrew Narrative and Poetry*, Collegeville/Minnesota 1998

JOHNSON, A.R., *The Cultic Prophet in Ancient Israel*, Cardiff ²1962

JONES, G.H., *1 and 2 Kings*, NCBC, Grand Rapids 1984

JUNKER, H., *Prophet und Seher in Isarel. Eine Untersuchung über die ältesten Erscheinungen des israelitischen Prophetentums, insbesondere der Prophetenvereine*, Trier 1927

——, „Der Graben um den Altar des Elias", *TThZ* 69 (1960), 65–74

KAISER, O., „David und Jonathan. Tradition, Redaktion und Geschichte in I Sam 16–20", *EThL* 66 (1990), 281–296

——, *Grundriß der Einleitung in die kanonischen und deuterokanonischen Schriften des Alten Testaments, Bd 2: Die prophetischen Werke*, Gütersloh 1994

KAMMERER, S., „Die mißratenen Söhne Samuels", *BN* 88 (1997), 75–88

KAMPHAUSEN, A., *Die Bücher der Könige*, HSAT (K), Tübingen ³1909

KEEL, O., *Wirkmächtige Siegeszeichen im Alten Testament. Ikonographische Studien zu Jos 8,18–26; Ex 17,8–13; 2 Kön 13,14–19 und 1 Kön 22,11*, OBO 5, Göttingen 1974

——, *Monotheismus im Alten Israel und seiner Umwelt*, BB 14, Fribourg 1980

——, „Fern von Jerusalem. Frühe Jerusalemer Kulttraditionen und ihre Träger und Trägerinnen", in: HAHN, F. (ed.), *Zion. Ort der Begegnung. Festschrift Laurentius Klein*, BBB 90, Bodenheim 1993, 439–502

——, „Sturmgott — Sonnengott — Einziger. Ein neuer Versuch, die Entstehung des judäischen Monotheismus historisch zu verstehen", *BiKi* 49 (1994), 82–92

KEEL, O./UEHLINGER, C., *Göttinnen, Götter und Gottessymbole. Neue Erkenntnisse zur Religionsgeschichte Kanaans und Israels aufgrund bislang unerschlossener ikonographischer Quellen*, QD 134, Freiburg 1992

KEGLER, J., *Politisches Geschehen und theologisches Verstehen. Zum Geschichtsverständnis in der frühen israelitischen Königszeit*, CThM 8, Stuttgart 1977

KEINÄNEN, J., *Traditions in Collision. A Literary and Redaction-Critical Study on the Elijah Narratives 1 Kings 17–19*, SESJ 80, Helsinki 2001

KEIL, C.F., *Die Bücher der Könige*, Biblischer Commentar über das Alte Testament, Bd. II/3, Leipzig 1865

KESSLER, R., *Staat und Gesellschaft im vorexilischen Juda. Vom 8. Jahrhundert bis zum Exil*, VT.S 47, Leiden 1992

——, *Micha*, HThKAT, Freiburg 1999

KETTER, P., *Die Königsbücher. Die Heilige Schrift für das Leben erklärt*, Herders Bibelkommentar, Freiburg 1953

KILIAN, R., „Die Totenerweckungen Elias und Elisas — eine Motivwanderung?", *BZ NF* 10 (1966), 44–56

KISSLING, P.J., *Reliable Characters in the Primary History. Profiles of Moses, Joshua, Elijah and Elisha*, JSOT.S 224, Sheffield 1996

KITTEL, R., *Die Bücher der Könige*, HK I/5, Göttingen 1900

KLEIN, R.W., *1 Samuel*, WBC 10, Waco/Texas 1983

KLEINER, M., *Saul in En-Dor. Wahrsagung oder Totenbeschwörung? Eine synchrone und diachrone Analyse von 1 Sam 28,3–25*, EThSt 66, Leipzig 1995

KLOSTERMANN, A., *Die Bücher Samuelis und der Könige. Kurzgefaßter Kommentar zu den heiligen Schriften Alten und Neuen Testaments sowie zu den Apokryphen*, Nördlingen 1887

KNIERIM, R., „The Messianic Concept in the First Book of Samuel", in: TROTTER, T. (ed.), *Jesus and the Historian*, Philadelphia 1968, 20–52

——, „Die Messianologie des ersten Buches Samuel", *EvTh* (1970), 113–133

KNOPPERS, G.N., *Two Nations under God. The Deuteronomistic History of Salomon and the Dual Monarchies, Volume 1: The Reign of Solomon and the Rise of Jeroboam*, HSM 52, New York 1993

——, *Two Nations under God. The Deuteronomistic History of Solomon and the Dual Monarchies, Volume 2: The Reign of Jeroboam, the Fall of Israel, and the Reign of Josiah*, HSM 53, New York 1994

KNOPPERS, G.N./McCONVILLE, J.G. (eds.), *Reconsidering Israel and Judah. Recent Studies on the Deuteronomistic History*, SBThS 9, Winona Lake 2000

KOCH, K., *Was ist Formgeschichte? Neue Wege der Bibelexegese*, Neukirchen-Vluyn, ³1974

——, *Die Profeten I*, Stuttgart ³1995

——, Art. „Propheten/Prophetie", *TRE 30*, 1997, 477–499

KOSMALA, H., Art. „נבר", *ThWAT I*, 1970–1973, 901–919

KOSTER, M., „The Historicity of the Bible: Its Relevance and its Limitations in the Light of Near Eastern Archaeology — From Catalyst to Cataslysm", in: DE MOOR/ VAN ROOY, *Past, Present, Future*, 2000, 120–149

KOTTSIEPER, I., „Die Inschrift vom Tell Dan und die politischen Beziehungen zwischen Aram-Damaskus und Israel in der 1. Hälfte des 1. Jahrtausends vor Christus", in: M. DIETRICH/DERS., *Mose*, AOAT 250, 1998, 475–500

KREUZER, S, „‚Saul war noch zwei Jahre König . . .‘ Textgeschichtliche, literarische und historische Beobachtungen zu 1 Sam 13,1" *BZ NF* 40 (1996), 263–270

——, “. . . und der Herr half David in allem, was er unternahm". Die Davidgeschichte in ihrem inneren Zusammenhang und im Licht der westsemitischen Königsinschriften", in: GRAUPNER, A. et al. (eds.), *Verbindungslinien. Festschrift für Werner H. Schmidt zum 65. Geburtstag*, Neukirchen-Vluyn 2000, 187–205

——, „War Saul auch unter den Philistern? Die Anfänge des Königtums in Israel", *ZAW* 113 (2001)

KUAN, J.K., „Was Omri a Phoenician?", in: GRAHAM, M.P. (ed.), *History and Interpretation. Essays in Honour of John H. Hayes*, JSOT.S 173, Sheffield 1993, 231–244

KUTSCH, E., *Salbung als Rechtsakt im Alten Testament und im alten Orient*, BZAW 87, Berlin 1963

KÜHLEWEIN, J., Art. „נבה", *THAT I*, 1971, 398–402

KUENEN, A., *Historisch-kritische Einleitung in die Bücher des alten Testaments hinsichtlich ihrer Entstehung und Sammlung*, Leipzig 1890

LAATO, A., *History and Ideology in the Old Testament Prophetic Literature. A Semiotic Approach to the Reconstruction of the Proclamation of the Historical Prophets*, CB.OT 41, Stockholm 1996

LABARBERA, R., „The Man of War and the Man of God: Social Satire in 2 Kings 6:8–7:20", *CBQ* 46 (1984), 637–651

LAMBERT, W.G., „Kingship in Ancient Mesopotamia", in: DAY, J., *King*, JSOT.S 270, 1998, 54–70

LANG, B., Art. „זבח", *ThWAT II*, 1974–1977, 520–531

——, „Die Jahwe-allein-Bewegung", in DERS., *Gott*, 1980, 43–83

——, *Der einzige Gott. Die Geburt des biblischen Monotheismus*, München 1980

——, *Wie wird man Prophet in Israel?* Aufsätze zum Alten Testament, Düsseldorf 1980

——, „Prophet I (AT)", *NBL III* (1997), 172–184

LANGE, J., „Die Gleichniserzählung vom Mordfall Nabot", *BN* 104 (2000), 31–37

LANGLAMET, F., „Les récits de l'institution de la royauté (1 Sam, VII–XII), De Wellhausen aux Travaux Récents", *RB* 77 (1970), 167–200

LEMAIRE, A., „Vers l'histoire de la rédaction des livres des Rois", *ZAW* 98 (1986), 221–236

——, „Joas, roi d'Israel et la première rédaction du cycle d'Élisée", in: BREKELMANS/LUST, *Studies*, BEThL 94, 1990, 245–254

——, „Hazaël de Damas, roi d'Aram", in: CHARPIN, D./JOANNÈS, F. (éds.), *Marchands, diplomates et empereurs. Études sur la civilisation mésopotamienne offertes à P. Garelli*, Paris 1991, 91–108

——, „Les groupes prophétiques dans l'ancien Israël", in: *L'ancien Proche-Orient et les Indes. Parallélismes interculturels religieux*, StOr 70, Helsinki 1993, 39–55

——, „Les textes prophétiques de Mari dans leurs relations avec l'ouest", in: DURAND, J.M. (éd.), *Amurru I. Mari, Ébla et les Hourites, dix ans de travaux I*, Paris 1996, 427–438

——, „The Tel Dan Stela as a Piece of Royal Historiography", *JSOT* 81 (1998), 3–14

——, „Traditions Amorrites et Bible: le Prophétisme", *RA* 93 (1999), 49–56

——, „Le herem dans le monde ouest-sémitique", in: NEHMÉ, *Guerre et conquête*, 1999, 79–92

——, *Prophètes et rois. Bible et Proche-Orient*, LeDiv Hors Série, Paris 2001

——, „Achab, l'exil d'Élie et les Arabes", in: DERS., *Prophètes et rois*, LeDiv Hors Série 2001, 133–144

——, „Prophètes et rois dans les inscriptions ouest-sémitiques (IXᵉ–VIᵉ siècle av. J.C.)", in: DERS., *Prophètes et rois*, LeDiv Hors série, 2001, 85–115

——, „Épilogue: La fin des prophétes", in: DERS, *Prophètes et rois*, LeDiv Hors Série, 2001, 299–301

LEMCHE, N.P., „The Judges — Once More", *BN* 20 (1983), 47–58

——, *Early Israel. Anthropological and Historical Studies on the Israelite Society Before the Monarchy*, VT.S 37, Leiden 1985

——, *The Canaanites and Their Land. The Tradition of the Canaanites*, JSOT.S 110, Sheffield 1991

——, „Kann von einer israelitischen Religion noch weiterhin die Rede sein? Perspektiven eines Historikers", in: DIETRICH, W./KLOPFENTSTEIN, *Gott allein*, OBO 139, 1994, 59–75

LEVIN, C., „Erkenntnis Gottes durch Elija", *ThZ* 48 (1992), 329–342

LINDBLOM, J., *Prophecy in Ancient Israel*, Oxford ³1965

——, „Saul inter Prophetas", *ASTI* 9 (1974), 14–22

LIPIŃSKI, E., „Nāgīd, der Kronprinz", *VT* 24 (1974), 497–499

——, *The Aramaeans. Their Ancient History, culture, religion*, OLA 100, Leuven 2000

LIWAK, R./WAGNER, S. (eds.), *Prophetie und geschichtliche Wirklichkeit im alten Israel. Festschrift für Siegfried Herrmann zum 65. Geburtstag*, Stuttgart 1991

LOHFINK, N., „Enthielten die im Alten Testament bezeugten Klageriten eine Phase des Schweigens?", *VT* (1962), 260–277

——, „Die Sicherung der Wirksamkeit des Gotteswortes durch das Prinzip der Schriftlichkeit der Tora und durch das Prinzip der Gewaltenteilung nach den Ämtergesetzen des Buches Deuteronomium (Dt 16,18–18,22)" (1971), in: DERS., *Studien I*, SBAB 8, 1990, 305–323

——, „Beobachtungen zur Geschichte des Ausdrucks יהוה עם" (1971), in: DERS., *Studien*, SBAB 16, 1993, 99–132

——, Art. „חרם", *ThWAT III*, 1977–1982, 192–213

——, „Kerygmata des deuteronomistischen Geschichtswerkes" (1981), in: DERS., *Studien II*, SBAB 12, 1991, 125–142

——, „Die segmentären Gesellschaften Afrikas als neue Analogie für das vorstaatliche Israel", *BiKi* 38 (1983), 69–72

——, *Rückblick im Zorn auf den Staat*, Frankfurt 1984

——, *Das Deuteronomium. Entstehung, Gestalt und Botschaft*, BEThL 68, Leuven 1985

——, „Zur Geschichte der Diskussion über den Monotheismus im Alten Israel", in: HAAG, *Gott*, QD 104, 1985, 9–25

——, „Zur neueren Diskussion über 2 Kön 22–23" (1985), in: DERS., *Studien II*, SBAB 12, 1991, 179–207

——, „Die Kultreform Joschias von Juda. 2 Kön 22–23 als religionsgeschichtliche Quelle" (1987), in: DERS., *Studien II*, 1991, 209–227

——, „Der Begriff des Gottesreiches vom Alten Testament her gesehen" (1987), in: DERS., *Studien*, 1993, 152–205

——, „Rez. zu U. Rüterswörden, Von der politischen Gemeinschaft zur Gemeinde, BBB 65, Frankfurt/Main 1987", *ThLZ* 113 (1988), 425–430

——, „Der ‚heilige Krieg' und der ‚Bann' in der Bibel", *IKaZ* 18 (1989), 104–112

——, „Welches Orakel gab den Davididen Dauer?: Ein Textproblem in 2 Kön 8,19 und das Funktionieren der dynastischen Orakel im deuteronomistischen Geschichtswerk", in ABUSCH et al. (eds.), *Lingering over Words: Studies in Ancient Near Eastern Literature in Honor of William L. Moran*, HSS 37; Atlanta/GA 1990, 349–370

——, *Krieg und Staat im alten Israel*. Beiträge zur Friedensethik 14, Leipzig 1992

——, „Die Stimmen in Deuteronomium 2", *BZ NF* 37 (1993), 209–235

——, „Die Ältesten Israels und der Bund. Zum Zusammenhang von Dtn 5,23; 26, 17–19; 27,1–9f. und 31,9", *BN* 67 (1993), 26–42

——, „Gab es eine deuteronomistische Bewegung?" (1995), in: DERS., *Studien III*, 1995, 65–142

Long, B.O., „Reports of Visions Among the Prophets", *JBL* 95 (1976), 353–365

――, *1 Kings with an Introduction to Historical Literature*, FOTL IX, Grand Rapids/ Michigan 1984

――, *2 Kings*, FOTL X, Grand Rapids 1991

Long, V.P., *The Reign and Rejection of King Saul. A Case for Literary and Theological Coherence*, SBL. DS 118, Atlanta/Georgia 1989

Lundbom, J.R., „Elijah's Chariot Ride", *JJS* 24 (1973), 39–50

Lust, J., „The Mantic Function of the Prophet", *Bijdr.* 34 (1973), 234–250

――, „On Wizards and Prophets", in: *Studies on Prophecy*, VT.S 26, Leiden 1974, 133–142

――, „A Gentle Breeze or a Roaring Thunderous Sound? Elijah at Horeb: 1 Kings xix 12", *VT* 25 (1975), 110–115

Mach, R./Marks, J.H., „The Head upon the Knees. A Note to I Kings 18,42", in: *The World of Islam Studies*, London 1960, 68–73

Macholz, G.C., *Untersuchungen zur Geschichte der Samuelüberlieferungen*, Diss. theol. Heidelberg 1966

――, „Psalm 29 und 1. Könige 19. Jahwes und Baals Theophanie", in: Albertz, R. et al. (eds.), *Werden und Wirken des Alten Testaments, Festschrift Claus Westermann*, Göttingen 1980, 325–333

Madl, H., *Literarkritische und formanalytische Untersuchungen zu 1 Sam 14*, Diss. Bonn 1974

Magnus, E.S., *Die Divination. Ihr Wesen und ihre Struktur*, Diss. Hannover 1975

Malamat, A., *Mari and the Early Israelite Experience. The Schweich Lectures of the British Academy 1984*, Oxford 1989

――, „A New Prophetic Message from Aleppo and its Biblical Counterparts", in: Auld, A.G. (ed.), *Understanding Poets and Prophets. Essays in Honour of George Wishart Anderson*, JSOT.S 152, Sheffield 1993, 236–241

Margalit, B., „Ninth-Century Israelite Prophecy in the Light of Contemporary NWSemitic Epigraphs", in: M. Dietrich/Kottsieper, *Mose*, AOAT 250, 1998, 515–532

Martin-Achard, R., „La vigne de Naboth (1 Rois 21) d'après des études récentes", *ETR* 66 (1991), 1–16

Marx, A., „Mais pourqoi donc Élie a-t-il tué les prophètes de Baal (1 Rois 18,40)?", *RHPhR* 78 (1998), 15–32

Masson, M., „L'expérience mystique du prophète Élie: QOL DEMAMA DAQQA", *RHR* 208 (1991), 243–271

――, *Élie ou l'appel du silence*, Paris 1992

――, „Rois et prophètes dans le cycle d'Élie", in: Lemaire, *Prophètes et rois*, LeDiv Hors série, 2001, 119–131

Mayes, A.D.H., „The Rise of the Israelite Monarchy", *ZAW* 90 (1978), 1–19

――, *The Story of Israel Between Settlement and Exile. A Redactional Study of the Deuteronomistic History*, London 1983

Mazar, A., *Archaeology of the Land of the Bible 10000–586 B.C.E.*, New York 1990

McCarter, P.K., *I Samuel. A New Translation with Introduction, Notes & Commentary*, AncB 8, New York 1980

――, *II Samuel. A new Translation with Introduction, Notes & Commentary*, AncB 9, New York 1984

――, „Books of Samuel", in: Graham/S.L. McKenzie, *History*, JSOT.S 182, 1994, 260–280

McKenzie, J.M., „The Four Samuels", *BR* 7 (1962), 3–18

McKenzie, S.L., „The Prophetic History and the Redaction of Kings", *HAR* 10 (1985), 203–220

――, *The Trouble with Kings. The Composition of the Book of Kings in the Deuteronomistic History*, VT.S 42, Leiden 1991

——, „Cette royauté qui fait problème", in: DE PURY/RÖMER/MACCHI, *Israël*, LMB 34, 1996, 267–295

——, „The Divided Kingdom in the Deuteronomistic History and its Scholarship on it", in: RÖMER, *Future*, BEThL 147, 2000 , 135–145

MEDÉBIELLE, A., *Les Livres des rois*: La Sainte Bible, Bd III, Paris 1955, 563–800

METTINGER, T.N.D., *King and Messiah. The Civil and Sacral Legitimation of the Israelite Kings*, CB.OT 8, 1976

MICHAELSEN, P., „Ecstasy and Possession in Ancient Israel. A Review of Some Recent Contributions", *SJOT* 2 (1989), 28–54

MIKOLLAJCZAK, M., „Il viaggio di Elia nel deserto (1 Re 19,1–18)", *CoTh* 69 (fasciculus specialis) (1999), 5–23

MIDDLETON, J., Art. „Magic", *EncRel(E) IX*, 1987, 81–89

MILDENBERGER, F., *Die vordeuteronomistische Saul-Davidüberlieferung*, Diss. theol. Tübingen 1962

MILLARD, A.R., „Israelite and Aramaean History in the Light of Inscriptions", *TynB* 41 (1990), 261–275

MILLER, J.M., „The Elisha Cycle and the Accounts of the Omride Wars", *JBL* 85 (1966), 441–454

——, „Saul's Rise to Power: Some Observations Concerning 1 Sam 9:1–10:16; 10,26–11:15 and 13:2–14,46", *CBQ* 36 (1974), 161–174

MINOKAMI, Y., *Die Revolution des Jehu*, GTA 38, Göttingen 1989

MOENIKES, A., „Zur Redaktionsgeschichte des sogenannten Deuteronomistischen Geschichtswerkes", *ZAW* 104 (1992), 333–348

——, *Die grundsätzliche Ablehnung des Königtums in der Hebräischen Bibel*, BBB 99, Weinheim 1995

MOMMER, P., „Ist auch Saul unter den Propheten? Ein Beitrag zu 1 Sam 19,18–24", *BN* 38/39 (1987), 53–61

——, *Samuel. Geschichte und Überlieferung*, WMANT 65, Neukirchen-Vluyn 1991

——, „Der Diener des Propheten. Die Rolle Gehasis in der Elisa-Überlieferung", in: DERS., *Recht als Lebensraum*, 1993, 101–116

——, (ed.), *Gottes Recht als Lebensraum. Festschrift für Hans Jochen Boecker*, Neukirchen-Vluyn 1993

——, Art. „Samuel", *TRE 30*, 1998, 1–5

MONTGOMERY, J.A./GEHMAN, H.S., *A Critical and Exegetical Commentary on the Books of Kings*, ICC, Edinborough 1951

DE MOOR, J.C./VAN ROOY, H.F. (eds.), *Past, Present, Future. The Deuteronomistic History and the Prophets*, OTS 44, Leiden 2000

MOORE, R.D., *God Saves. Lessons from the Elisha Stories*, JSOT.S 95, Sheffield 1990

MOORE, M.S., *The Balaam Traditions. Their Character and Development*, SBL.DS 113, Atlanta 1990

MULDER, M.J., *De Naam van de afwezige God op de Karmel*, Leiden 1979

MÜLLER, H.-P., Art. „נבא", *ThWAT V*, 1984–1986, 140–163

MULLEN, E.T., „The ‚Minor Judges': Some Literary and Historical Considerations", *CBQ* 44 (1982), 185–201

MULZER, M., *Jehu schlägt Joram. Text-, literar- und strukturkritische Untersuchung zu 2 Kön 8,25–10,36* ATSAT 37, St. Ottilien 1993

NA'AMAN, N., „The Pre-Deuteronomistic Story of King Saul and Its Historical Significance", *CBQ* 54 (1992), 638–658

——, „Prophetic stories as sources for the histories of Jehoshaphat and the Omrides", *Bib.* 78 (1997), 153–173

NAPIER, B.D., „The Omrides of Jezreel", *VT* 9 (1959), 366–378

NELSON, R.D., *The Double Redaction of the Deuteronomistic History*, JSOT.S 18, Sheffield 1981

——, *First and Second Kings*. Interpretation: A Bible Commentary for Teaching and Preaching, Louisville 1987

NENTEL, J., *Trägerschaft und Intentionen des deuteronomistischen Geschichtswerks. Untersuchungen zu den Reflexionsreden Jos 1; 23; 24; 1 Sam 12 und 1 Kön 8*, BZAW 297, Berlin 2000

NEU, R., *Von der Anarchie zum Staat. Entwicklungsgeschichte Israels vom Nomadentum zur Monarchie im Spiegel der Ethnosoziologie*, Neukirchen-Vluyn, 1992

NEU, R./SIGRIST, C., *Ethnologische Texte zum Alten Testament Band I. Vor- und Frühgeschichte Israels*, Neukirchen-Vluyn 1989

——, *Ethnologische Texte zum Alten Testament Band II. Die Entstehung des Königtums*, Neukrichen-Vluyn 1997

NIEHR, H., *Herrschen und Richten. Die Wurzel špt im Alten Orient und im Alten Testament*, FzB 54, Würzburg 1986

——, *Rechtssprechung in Israel*, SBS 130, Stuttgart 1987

——, Art. „שפט", *ThWAT VIII*, 1994, 408–428

——, „Buch der Richter", in: ZENGER, *Einleitung*, ³1998, 196–202

NIEMANN, H.M., *Herrschaft, Königtum und Staat. Skizzen zur soziokulturellen Entwicklung im monarchischen Israel*, FAT 6, Tübingen 1993

NIHAN, C., „L'injustice des fils de Samuel, au tournant d'une époque", *BN* 94 (1998), 26–32

——, „Du voyant au prophète. Royauté et Divination en Israel selon 1 Samuel 9,1–10,16", *FV* 98 (1999), 7–25

——, „Le(s) récit(s) dtr de l'instauration de la monarchie en 1 Samuel", in: RÖMER, *Future*, BEThL 147, 2000, 147–177

NISSINEN, M., „Die Relevanz der neuassyrischen Prophetie für die alttestamentliche Forschung", in: DIETRICH, M. (ed.), *Mesopotamica-Ugaritica-Biblica, Festschrift für Kurt Bergerhof zur Vollendung seines 70. Lebensjahres am 7. Mai 1992*, AOAT 232, Neukirchen-Vluyn 1993, 217–258

——, „Falsche Prophetie in neuassyrischer und deuteronomistischer Darstellung", in: VEIJOLA, T. (ed.), *Das Deuteronomium und seine Querbeziehungen*, SESJ 62, Helsinki 1996, 172–195

——, *References to Prophecy in Neo-Assyrian Sources*, SAAS VII, Helsinki 1998

——, „The Socioreligious Role of the Neo-Assyrian Prophets", in: DERS., *Prophecy*, SBLSS 13, 2000, 89–114

—— (ed.), *Prophecy in its Ancient Near Eastern Context*, SBLSS 13, Atlanta/GA 2000

NOCQUET, D., „Une manifestation «politique» ancienne de Yhwh: 1 R 18,17–46 réinterprété", *Transeuphratène* 22 (2001), 169–184

NOORT, E., *Untersuchungen zum Gottesbescheid in Mari. Die ‚Mariprophetie' in der alttestamentlichen Forschung*, AOAT 202, Neukirchen-Vluyn 1977

NORDHEIM, E.v., „Der Prophet kündigt sein Amt auf ", *Bib.* 59 (1978), 153–173

——, *Die Selbstbehauptung Israels in der Welt des Alten Orients. Religionsgeschichtlicher Vergleich anhand von Gen 15/22/28, dem Aufenthalt Israels in Ägypten, 2 Sam 7, 1 Kön 19 und Psalm 104*, OBO 115, Göttingen 1991

NOTH, M., *Überlieferungsgeschichtliche Studien. Die sammelnden und bearbeitenden Geschichtswerke im Alten Testament*, Darmstadt ³1967

O'BRIEN, M.A., *The Deuteronomistic History Hypothesis: A Reassessment*, OBO 92, Göttingen 1989

——, „Judges and the Deuteronomistic History", in: GRAHAM/MCKENZIE, *History*, 1994, 235–259

——, „The Portrayal of Prophets in 2 Kings 2", *ABR* 46 (1998), 1–16

OEMING, M., „Naboth, der Jesreeliter. Untesuchungen zu den theologischen Motiven der Überlieferungsgeschichte von 1 Reg 21", *ZAW* 98 (1986), 363–382

——, „Das Alte Testament als Buch der Kirche? Exegetische und hermeneutische Erwägungen am Beispiel der Erzählung von Elija am Horeb (1 Kön 19), alttestamentlicher Predigttext am Sonntag Okuli", *ThZ* 52 (1996), 299–325

OLLEY, J.W., „YHWH and his zealous prophet. The presentation of Elijah in 1 and 2 Kings", *JSOT* 80 (1998), 25–51

OTTO, E., Art. „Gilgal", *TRE 13*, 1984, 268–270

——, „Gibt es Zusammenhänge zwischen Bevölkerungswachstum, Staatsbildung und Kulturentwicklung im eisenzeitlichen Israel?", in: KRAUS, O. (ed.), *Regulation, Manipulation und Explosion der Bevölkerungsdichte. Vorträge gehalten auf der Tagung der Joachim Jungius Gesellschaft der Wissenschaften Hamburg am 15. und 16. November 1985*, Göttingen 1986, 73–87

——, Art. „פסח", *ThWAT VI*, 1987–1989, 659–683

OTTO, S., *Jehu, Elia und Elisa. Die Erzählung von der Jehu-Revolution und die Komposition der Elia-Elisa-Erzählungen*, BWANT 152, Stuttgart 2001

OTTOSON, M., „The Prophet Elijah's Visit to Zarephath", in: BARRICK, W.B./SPENCER, J.R. (ed.), *In the Shelter of Elyon. Essays on Ancient Palestinian Life and Literature in Honor of G.W. Ahlström*, JSOT.S 31, Sheffield 1984, 185–198

OTZEN, B., Art „טל", *ThWAT III*, 1977–1982, 344–352

OVERHOLT, T.W., *Prophecy in Cross-Cultural Perspective: A Sourcebook for Biblical Researchers*, SBL Sources for Biblical Studies 17, Atlanta 1986

——, *Channels of Prophecy, The Social Dynamics of Prophetic Activity*, Minneapolis 1989

——, „Prophecy in History: The Social Reality of Intermediation", *JSOT* 48 (1990), 3–29

PARKER, S., „Possession Trance and Prophecy in Pre-Exilic Israel", *VT* 28 (1978), 271–285

——, „Jezebel's Reception of Jehu", *Maarav* 1 (1978), 67–78

——, „Official Attitudes toward Prophecy at Mari and in Israel", *VT* 43 (1993), 50–68

PARPOLA, S., *Assyrian Prophecies*, SAA IX, Helsinki 1997

PEAKE, A.S., „Elijah and Jezebel. The Conflict with the Tyrian Baal", *BJRL* 11 (1927), 296–321

PECKHAM, B., „The Deuteronomistic History of Saul and David", *ZAW* 97 (1985), 190–209

PERLITT, L., „Mose als Prophet", *EvTh* 31 (1971), 588–608

——, „Sinai und Horeb", in: DONNER, H. (ed.), *Beiträge zur alttestamentlichen Theologie. Festschrift für Walter Zimmerli zum 70. Geburtstag*, Göttingen 1977, 302–322

PETERCA, V., „Der Bruch zwischen Samuel und Saul und seine theologischen Hintergründe (1 Sam 15,24–31)," in: BREKELMANS/LUST, *Studies*, BEThL 94, 1990, 221–225

PETERSEN, D.L., *The Roles of Israel's Prophets*, JSOT.S 17, Sheffield 1981

——, „Rethinking the nature of Prophetic Literature", in: GITAY, *Prophecy*, 1997, 23–40

——, „Defining Prophecy and Prophetic Literature", in: NISSINEN, *Prophecy*, SBLSS 13, 2000, 33–44

PETZOLDT, L., *Religion und Magie. Beiträge zu einer Theorie der Magie.* WdF 337, Darmstadt 1978

PHILLIPPS, A., „The Ecstatic's Father", in: ACKROYD, P.R./LINDARS, B. (eds.), *Words and Meanings, Essays Presented to David Winton Thomas*, Cambridge 1968, 183–194

PISANO, S., *Additions and Omissions in the Books of Samuel. The Significant Pluses and Minuses in the Masoretic, LXX and Qumran Texts*, OBO 57, Göttingen 1984

PITARD, W.T., *Ancient Damaskus: a historical study of the Syrian city-state from earliest times until its fall to the Assyrians in 732 B.C.E.*, Winona Lake 1987

PLÖGER, O., *Die Prophetengeschichten der Samuel- und Königsbücher*, Diss. theol Greifswald 1937

POLZIN, *Samuel and the Deuteronomist*, St. Louis 1989

PONGRATZ-LEISTEN, B., *Herrschaftswissen in Mesopotamien. Formen der Kommunikation zwischen Gott und König im 2. und 1. Jahrtausend v. Chr.*, SAAS 10, Helsinki 1999

POPOVIĆ A., „Saul's Fault in 1 Sam 13,7b–15a. Why has the First Israelite King Fallen?", *Anton.* 68 (1993), 153–170

——, *The Election-Rejection of Saul (1 Sam 9,1–11,15; 13,7b–15a; 15,1–35; 28,3–25). Extractum dissertationis ad consequendum gradum doctoratus in re Biblica*, Rom 1994

PORTER, J.R. „בְּנֵי־הַנְּבִיאִים", *JThS* 32 (1981), 423–429

PRESS, R., „Der Prophet Samuel. Eine traditionsgeschichtliche Untersuchung", *ZAW* 56 (1938), 177–225

PRESTON, Th.R., „The Heroism of Saul: Patterns of Meaning in the Narrative of the Early Kingship", *JSOT* 24 (1982), 27–46

PREUSS, H.D., *Verspottung fremder Religionen im Alten Testament*, BWANT 92, Stuttgart 1971

——, „Zum deuteronomistischen Geschichtswerk", *ThR* 58 (1993), 229–264.341–395

PROVAN, I.W., *Hezekiah and the Books of Kings. A Contribution to the Debate about the Composition of the Deuteronomistic History*, BZAW 172, Berlin 1988

——, *1 and 2 Kings*, NIBC, Peabody/MA 1995

RAD, G.V., *Theologie des Alten Testamentes, Bd II: Die prophetischen Überlieferungen*, München 1960

RADJAWANE, A.N., „Das deuteronomistische Geschichtswerk. Ein Forschungsbericht", *ThR* 38 (1973), 177–216

RAMSEY, G.W., Art. „Samuel (Person)", *ABD* V, 1992, 954–957

REHM, M., *Das erste Buch der Könige. Ein Kommentar*, Würzburg 1979

——, *Das zweite Buch der Könige. Ein Kommentar*, Würzburg 1982

REINDL, J., Art. „נצב", *ThWAT* V, 1984–1986, 555–565

REINHOLD, G.G.G., *Die Beziehungen Altisraels zu den aramäischen Staaten in der israelitisch-judäischen Königszeit*, EHS.T 386, Ffm 1989

REIS, P.T., „Eating the Blood: Saul and the Witch of Endor", *JSOT* 73 (1997), 3–23

REISER, W., „Eschatologische Gottessprüche", *ThZ* 9 (1953), 321–338

RENDTORFF, R., Art „προφήτης", *ThWNT* VI, 1959, 796–813

RENGER, J., „Untersuchungen zum Priestertum der altbabylonischen Zeit. 2. Teil", *ZA* 59 (1969), 104–230

RENTROP, J., *Elija aus Tischbe. Eine literarkritische und redaktionsgeschichtliche Untersuchung von 1 Kön 17–19*, Diss. Bonn 1992

RENZ, J./RÖLLIG, W., *Handbuch der althebräischen Epigraphik. Bd II/1*, Darmstadt 1995

RICHTER, W., *Traditionsgeschichtliche Untersuchungen zum Richterbuch*, BBB 18, Bonn 1963

——, „Die nāgīd-Formel. Ein Beitrag zur Erhellung des nagid-Problems", *BZ NF* 9 (1965), 71–84

——, „Zu den ‚Richtern Israels'", *ZAW* 77 (1965), 40–71

——, *Die sogenannten vorprophetischen Berufungsberichte. Eine literaturwissenschaftliche Studie zu 1 Sam 9,1–10,16, Ex 3f. und Ri 6,11b–17*, FRLANT 101, Göttingen 1970

RINGGREN, H., Art. „נורה", *ThWAT* V, 1984–1986, 293–297

ROBERTS, J.J.M., „Blindfolding the Prophet: Political Resistance to First Isaiah's Oracles in the Light of Ancient Near Eastern Attitudes toward Oracles", in: HEINTZ, *Oracles*, TCRPOGA 15, 1997, 135–146

ROBERTS, K.L. „God, Prophet, and King: Eating and Drinking on the Mountain in First Kings 18:41", *CBQ* 62 (2000), 632–644

ROBINSON, B.P., *The First Book of Kings*. The Cambridge Bible Commentary, Cambridge 1972

——, „Elijah at Horeb, 1 Kings 19,1–18: A Coherent Narrative?" *RB* 98 (1991), 513–536

ROBINSON, G., *Let Us Be Like the Nations: A Commentary on the Books of 1 and 2 Samuel*, Grand Rapids 1993

ROFÉ, A., „The Acts of Nahash according to 4Q Samᵃ", *IEJ* 32 (1982), 129–133

——, *The Prophetical Stories. The Narratives about the Prophets in the Hebrew Bible. Their Literary Types and History*, Jerusalem 1988

——, „Rez.: L.M. BARRÉ, Rhetoric, 1988", *Bib.* 71 (1990), 260–262

——, „The Vineyard of Naboth — The Origin and Message of the Story", *VT* 38 (1988), 81–104

ROLIN, P., „La Nuit chez la Sorcière", *FV* 98 (1999), 27–43

RÖMER, T., (ed.), *The Future of the Deuteronomistic History*, BEThL 147, Leuven 2000

——, „La fin de l'historiographie deutéronomiste et le retour de l'Hexateuque?", *ThZ* 57 (2001), 269–280

RÖMHELD, K.F.D., „Von den Quellen der Kraft (Jdc 13)", *ZAW* 104 (1992), 28–52

RONCACE, M., „Elisha and the Woman of Shunem: 2 Kings 4:8–37 and 8:1–7 Read in Conjunction", *JSOT* 91 (2000), 109–127

RÖSCH, G., „Elias. Eine Studie", *ThStKr* 65 (1892), 551–572

RÖSEL, H.N., „Die ‚Richter Israels'. Rückblick und neuer Ansatz", *BZ NF* 25 (1981), 180–203

——, „2 Kön 2,1–18 als Elija — oder Elischa-Geschichte?", *BN* 59 (1991), 33–36

——, *Israel in Kanaan: zum Problem der Entstehung Israels*, BEAT 11, Frankfurt 1992

——, *Von Josua bis Jojachin. Untersuchungen zu den deuteronomistischen Geschichtsbüchern des Alten Testaments*, VT.S 75, Leiden 1999

——, „Wie einer vom Propheten zum Verführer wurde. Tradition und Rezeption der Bileamgestalt", *Bib.* 80 (1999), 506–524

RÖTTGER, H., *Mal'ak Jahwe — Bote von Gott. Die Vorstellung von Gottes Boten im hebräischen Alten Testament*, RSTh 13, Frankfurt/Main 1978

ROGERSON, J.W., „Was Early Israel a Segmentary Society?", *JSOT* 36 (1986), 17–26

ROST, L., „Die Überlieferung von der Thronnachfolge Davids" (1926) in: DERS., *Das kleine Credo und andere Studien zum Alten Testament*, Heidelberg 1965, 119–253

ROWLEY, H.H., „Elijah on Mount Carmel", *BJRL* 43 (1960), 190–219

——, „The Nature of Old Testament Prophecy in the Light of Recent Study", in: DERS., *The Servant of the Lord*, ²1965, 97–134

RUDMAN, D., „The Commissioning Stories of Saul and David als Theological Allegory", *VT* 50 (2000), 519–530

RÜTERSWÖRDEN, U., *Die Beamten der israelitischen Königszeit. Eine Studie zu śr und vergleichbaren Begriffen*, BWANT 117, Stuttgart 1985

RUPPERT, L. et al. (eds.), *Künder des Wortes. Beiträge zur Theologie der Propheten, Festschrift J. Schreiner*, Würzburg 1982

RUPPRECHT, E., „Entstehung und zeitgeschichtlicher Bezug der Erzählung von der Designation Hasaels durch Elisa (2 Kön viii 7–15)", *VT* 28 (1978), 73–82

ŠANDA, A., *Die Bücher der Könige I*, EHAT 9/1, Münster 1911

——, *Die Bücher der Könige II*, EHAT 9/2, Münster 1912

——, *Elias und die religiösen Verhältnisse seiner Zeit*, Münster 1914

SASSON, J., „About ‚Mari and the Bible'", *RA* 92 (1998), 97–123

SATTERTHWAITE, P.E., „The Elisha Narratives and the Coherence of 2 Kings 2–8", *TynB* 49/1(1998), 1–28

SCHÄFER-LICHTENBERGER, C., *Stadt und Eidgenossenschaft im Alten Testament. Eine Auseinandersetzung mit Max Webers Studie „Das antike Judentum"*, BZAW 156, Berlin 1983

——, „,Josua' und ‚Elischa' — eine biblische Argumentation zur Begründung der Autorität und Legitimität des Nachfolgers", *ZAW* 101 (1989), 198–222

——, „Bedeutung und Funktion von Herem", *BZ NF* 38 (1994), 270–275

——, „Sociological and Biblical Views of the Early State", in: FRITZ/DAVIES (eds.), *Origins*, JSOT.S 228, Sheffield1996, 78–105

SCHEARING, L.S./MCKENZIE, S.L. (eds.), *Those Elusive Deuteronomists. The Phenomenon of Pan-Deuteronomism*, JSOT.S 268, Sheffield 1999

SCHEFLER, E., „Saving Saul from the Deuteronomist", in: DE MOOR/VAN ROOY, *Past, Present, Future*, OTS 44, 2000, 263–271

SCHLÖGL, N., *Die Bücher der Könige*, Wien 1911

SCHMID, H.H., *Der sogenannte Jahwist. Beobachtungen und Fragen zur Pentateuchforschung*, Zürich 1976

SCHMID, H., „Das Königtum Ahabs als deuteronomistische Botschaft", *BN* 104 (2000), 95–105

SCHMIDT, B.B., *Israel's Beneficent Dead. Ancestor Cult and Necromancy in Ancient Israelite Religion and Tradition*, FAT 11, Tübingen 1994

——, „The ‚Witch‘ of Endor, 1 Samuel 28, and Ancient Near Eastern Necromancy", in: MEYER, M./MIRECKI, P. (eds.), *Ancient Magic and Ritual Power*, Leiden 1995, 111–129

SCHMIDT, L., *Menschlicher Erfolg und Jahwes Initiative. Studien zu Tradition, Interpretation und Historie in Überlieferungen von Gideon, Saul und David*, WMANT 38, Neukirchen-Vluyn 1970

SCHMIDT, W.H., Art. „Monotheismus II. Altes Testament", *TRE 23*, 1993, 237–248

SCHMITT, A., *Entrückung — Aufnahme — Himmelfahrt. Untersuchungen zu einem Vorstellungsbereich im Alten Testament*, FzB 10, Würzburg 1973

——, „Die Totenerweckung in 2 Kön 4, 8–37. Eine literaturwissenschaftliche Untersuchung", *BZ NF* 19 (1975), 1–25

——, „Die Totenerweckung in 1 Kön. XVII 17–24. Eine form- und gattungskritische Untersuchung", *VT* 27 (1977), 454–473

SCHMITT, H.-C., *Elisa. Traditionsgeschichtliche Untersuchungen zur vorklassischen nordisraelitischen Prophetie*, Gütersloh 1972

——, „Das sogenannte vorprophetische Berufungsschema. Zur ‚geistigen Heimat‘ des Berufungsformulars von Ex 3,9–12; Jdc 6,11–24 und I Sam 9,1–10,16", *ZAW* 104 (1992), 202–216

——, Art. „Prophetensöhne", *NBL III*, Lieferung 11, 1997, 195–196

SCHMOLDT, H., „Elijas Botschaft an Ahab. Überlegungen zum Werdegang von 1 Kön 21", *BN* 28 (1985), 39–52

——, „Zwei ‚Wiederaufnahmen‘ in I Reg 17", *ZAW* 97 (1985), 423–426

——, „Elijas Begegnung mit Jahwä (1 Kön 19,9–14)", *BN* 43 (1988), 19–26

SCHNIEDEWIND, W.M., „History and Interpretation: The Religion of Ahab and Mannasseh in the Book of Kings", *CBQ* 55 (1993), 649–661

SCHROER, S., *Die Samuelbücher*, Neuer Stuttgarter Kommentar Altes Testament 7, Stuttgart 1992

SCHÜPPHAUS, J., *Richter- und Prophetengeschichten als Glieder der Geschichtsdarstellung der Richter- und Königszeit*, Diss. theol. Bonn 1967

SCHULT, H., „Naemans Übertritt zum Yahwismus (2 Kön 5,1–19a) und die biblischen Bekehrungsgeschichten", *DBAT* 9 (1975), 2–20

SCHUNK, K.-D., *Benjamin. Untersuchungen zur Entstehung und Geschichte eines israelitischen Stammes*, BZAW 86, Berlin 1963

SCHUNCK, K.-D., „Falsche Richter im Richterbuch", in: LIWAK/WAGNER, *Prophetie*, 1991, 364–370

SCHWAB, E., „Das Dürremotiv in I Regum 17,8–16", *ZAW* 99 (1987), 329–339

SCHWEIZER, H., *Elischa in den Kriegen. Literaturwissenschaftliche Untersuchung von 2 Kön 3; 6,8–23; 6,24–7,20*, StANT 37, München 1974

SEEBASS, H., „I Sam 15 als Schlüssel für das Verständnis der sogenannten königsfreundlichen Reihe I Sam 9,1–10,16; 11,1–15 und 13,2–14,52", *ZAW* 78 (1966), 148–179

——, „Die Vorgeschichte der Königserhebung Sauls", *ZAW* 79 (1967), 155–171

——, „Elia und Ahab auf dem Karmel", *ZThK* 70 (1973), 121–136

——, *David, Saul und das Wesen des biblischen Glaubens*, 1980

——, Art. „Elia", *TRE 9*, 1982, 498–501

——, Art. „Elisa", *TRE 9*, 1982, 506–509

——, *Numeri*. BK IV/1, Lieferung 1, Neukirchen-Vluyn 1993

SEGAL, M.H., *The Pentateuch. Its Composition and its Authorship*, Jerusalem 1967

SEIDL, T., „Mose und Elija am Gottesberg. Überlieferungen zu Krise und Konversion der Propheten", *BZ NF* 37 (1993), 1–25

SEKINE, M., „Literatursoziologische Beobachtungen zu den Elisaerzählungen", *AJBI* 1 (1975), 39–62

——, „Elias Verzweiflung — Erwägungen zu 1. Kön XIX", *AJBI* 3 (1977), 52–68

SEYBOLD, K., „Elia am Gottesberg. Vorstellungen prophetischen Wirkens nach 1. Könige 19", *EvTh* 33 (1973), 3–18

——, Art. „מלך", *ThWAT IV*, 1982–1984, 933–956

——, Art. „משח", *ThWAT V*, 1984–1987, 46–59

SIGRIST, C., *Regulierte Anarchie. Untersuchungen zum Fehlen und zur Entstehung politischer Herrschaft in segmentären Gesellschaften Afrikas*, Hamburg ³1994

SIMON, U., „Saul at Endor. The Narrative Balance between the Pitiless Prophet and the Compassionate Witch", in: Ders., *Reading Prophetic Narratives*, 1997, 73–92

——, „Elijah's Fight against Baal Worship: The Prophet's Role in Returning Israel to Its God", in: Ders., *Prophetic Narratives*, 1997, 155–226

——, *Reading Prophetic Narratives*, Indianapolis 1997

SLOTKI, I.W., *Kings. Hebrew Text and English Translation with an Introduction and Commentary*, SBBS, London – Bournemouth 1950

SMELIK, K.A.D., *De Voorstelling van Israels eerste koning in de Masoretische tekst van het Oude Testament*, Amsterdam 1977

——, „Das Kapitel 2. Könige 5 als literarische Einheit", *DBAT* 25 (1988), 28–47

——, „The Literary Function of 1 Kings 17,8–24", in: BREKELMANS/LUST, *Studies*, BEThL 94, 1990, 239–243

——, *Converting the Past: Studies in Ancient Israelite and Moabite Historiography*, OTS 28, Leiden 1992

SMEND, R., „Der biblische und der historische Elia", in: *Congress Volume Edinburgh 1974*, VT.S 28, Leiden 1975, 167–184

——, „Das Wort Jahwes an Elia. Erwägungen zur Komposition von 1 Reg. XVII–XIX", *VT* 25 (1975), 525–543

——, „The Deuteronomistic Elijah: A Contribution to the Old Testament Portrayal of the Prophets", in: BURDEN, J.J./LE ROUX, J.H., *Old Testament Essays IV*, Pretoria 1986, 28–45

SMITH, H.P., *A Critical and Exegetical Commentary on the Books of Samuel*, ICC, Edingburgh ³1912

SMITH, M.S., *The Early History of God. Yahweh and the Other Deities in Ancient Israel*, San Francisco 1990

SNAITH, N.H., *The First and Second Book of Kings*, IntB III, New York 1954

SOGGIN, J.A., *Einführung in die Geschichte Israels und Judas. Von den Ursprüngen bis zum Aufstand Bar Kochbas*, Darmstadt 1991

SPRONK, K., „2 Koningen 2. Een onderzoek naar ontstaan en opbouw van de tekst en naar de achtergrond von de daarin vermelde tradities", *GerefTTs* 88 (1988), 82–97

STADE, B. & SCHWALLY, F., *The Books of Kings. Critical Edition of the Hebrew Text*, SBOT IX, Leipzig 1904

STAUBLI, T., *Das Image der Nomaden im Alten Israel und in der Ikonographie seiner sesshaften Nachbarn*, OBO 107, Göttingen 1991

STECK, O.H., „Die Erzählung von Jahwes Einschreiten gegen die Orakelbefragung Ahasjas", *EvTh* 27 (1967), 546–556

——, *Israel und das gewaltsame Geschick der Propheten: Untersuchungen zur Überlieferung des deuteronomistischen Geschichtsbildes im Alten Testament, Spätjudentum und Urchristentum*, WMANT 23, Neukirchen-Vluyn 1967

——, *Überlieferung und Zeitgeschichte in den Elia-Erzählungen*, WMANT 26, Neukirchen-Vluyn 1968

——, „Bewahrheitungen des Prophetenworts. Überlieferungsgeschichtliche Skizze zu 1. Könige 22,1–38", in: GEYER, H.-G. et al. (eds.), *Wenn nicht jetzt, wann dann? Aufsätze für Hans-Joachim Kraus zum 65. Geburtstag*, Neukirchen-Vluyn 1983, 87–96

STEINMANN, J., „La geste d'Élie dans l'Ancien Testament", in: *Élie le prophète I: Selon les Écritures et les traditions chrétiennes*, EtCarm 35, Tournai 1956, 93–115

STERN, Ph.D., „I Samuel 15: Toward an Ancient View of the War-Herem", *UF* 21 (1989), 413–420

STERNBERG, M., *The Poetics of Biblical Narrative. Ideological Literature and the Drama of reading*, Bloomington 1985

STIPP, H.-J., *Elischa — Propheten — Gottesmänner. Die Kompositionsgeschichte des Elischazyklus und verwandter Texte, rekonstruiert auf der Basis von Text- und Literarkritik zu 1 Kön 20.22 und 2 Kön 2–7*, ATSAT 24, St. Ottilien 1987

——, „Ahabs Buße und die Komposition des deuteronomistischen Geschichtswerkes", *Bib.* 76 (1995) 471–497

——, „Traditionsgeschichtliche Beobachtungen zu den Kriegserzählungen der Königsbücher", *RB* 104 (1997), 481–511

——, „Vier Gestalten einer Totenerweckungserzählung (1 Kön 17,17–24; 2 Kön 4,8–37; Apg 9,36–42; Apg 20,7–12)", *Bib.* 80 (1999), 43–77

STIRRUP, „Why has Yahweh defeated us today before the Philistines? The Question of the Ark Narrative", *TynB* 51 (2000), 81–100

STOEBE, H.J., „Noch einmal die Eselinnen des Kis (1 Sam 4)", *VT* 7 (1957), 362–370

——, *Das erste Buch Samuelis*, KAT VIII/1, Gütersloh 1973

——, *Das zweite Buch Samuelis*, KAT VIII/2, Gütersloh 1994

STOLZ, F., *Jahwes und Israels Kriege. Kriegstheorien und Kriegserfahrungen im Glauben des alten Israel*, AThANT 60, Zürich 1972

——, „Monotheismus in Israel, in: O. KEEL (ed.), *Monotheismus*, 1980, 143–184

——, *Das erste und zweite Buch Samuel*, ZBK.AT, Zürich 1981

——, *Grundzüge der Religionswissenschaft*, Göttingen 1988

——, *Einführung in den biblischen Monotheismus*, Darmstadt 1996

STRAUSS, H., „Über die Grenzen? Exegetische Beobachtungen zu 1 Sam 28,3–25 auf dem Hintergrund bestimmter Strömungen im Rahmen des sogenannten ‚New Age‘", *BN* 50 (1989), 17–25

STURDY, J., „The original meaning of „Is Saul also among the Prophets?," (1 Samuel X 11,12; XIX 24), *VT* 20 (1970), 206–213

TÅNGBERG, K.A., „A Note on Ba'al Zĕbūb in 2 Kgs 1,2.3.6.16", *SJOT* 6 (1992), 293–296

THEISSEN, G., *Urchristliche Wundergeschichten. Ein Beitrag zur formgeschichtlichen Erforschung der synoptischen Evangelien*, StNT 8, Gütersloh 1974

THENIUS, O., *Die Bücher der Könige*. KEH IX, Leipzig 1849, ²1873

THIEL, W., *Die deuteronomistische Redaktion von Jeremia 1–25*, WMANT 41, Neukirchen-Vluyn 1973

——, „Zur Komposition von 1 Könige 18. Versuch einer kontextuellen Auslegung", in: E. BLUM, E. et al. (eds.), *Die hebräische Bibel und ihre zweifache Nachgeschichte. Festschrift für Rolf Rendtorff zum 65. Geburtstag*, Neukirchen-Vluyn 1990, 215–223

——, „Sprachliche und thematische Gemeinsamkeiten nordisraelitischer Propheten-Überlieferungen", in: ZMIJEWSKI, *Botschaft*, 1990, 359–376

——, „Zur Lage von Tischbe in Gilead", *ZDPV* 106 (1990), 119–134

——, „Rez. zu H.-J. Stipp, Elischa — Propheten — Gottesmänner, 1987", *BZ* 34 (1990), 304–306

——, „Deuteronomistische Redaktionsarbeit in den Elia-Erzählungen", in: EMERTON, J.A. (ed.), *Proceedings of the 13th Congress of the IOSOT, held in Louvain, Belgium, Aug. 27.–Sept. 1., 1989*, VT.S 43, Leiden 1991, 148–171

——, „Jahwe und Prophet in der Elisa-Tradition", in: HAUSMANN, J./ZOBEL, H.-J. (eds.), *Alttestamentlicher Glaube und biblische Theologie. Festschrift für Horst Dietrich Preuß zum 65. Geburtstag*, Stuttgart 1992, 93–103

——, „Die Erkenntnisaussage in den Elia- und Elisa-Überlieferungen" (1995), in: DERS., *Gelebte Geschichte*, 2000, 204–217

———, „Das ‚Land' in den Elia- und Elisa-Überlieferungen", in: *Landgabe. Festschrift für Jan Heller zum 70. Geburtstag*, Prag 1995, 64–75

———, „Zu Ursprung und Entfaltung der Elia-Tradition", in: GRÜNWALDT/SCHROETER, *Elia*, 1995, 27–39

———, „Der Todesrechtsprozeß Nabots in 1 Kön 21", in: BEYERLE, S./MAYER, G./ STRAUSS, H. (eds.), *Recht und Ethos im Alten Testament. Gestalt und Wirkung. Festschrift für Horst Seebass zum 65. Geburtstag*, Neukirchen-Vluyn 1999, 73–81

———, „Erwägungen zur aramäisch-israelitischen Geschichte im 9. Jh. v. Chr." (1994), in: DERS., *Geschichte*, 2000, 189–203

———, *Gelebte Geschichte. Studien zur Sozialgeschichte und zur frühen prophetischen Geschichtsdeutung Israels. Herausgegeben von Peter Mommer und Simone Pottmann*, Neukirchen-Vluyn 2000

———, *Könige*, BK IX/2, Lieferung 1, Neukirchen-Vluyn 2000

———, *Könige*, BK IX/2, Lieferung 2, Neukirchen-Vluyn 2002

TIMM, S., *Die Dynastie Omri. Quellen und Untersuchungen zur Geschichte Israels im 9. Jahrhundert vor Christus*, FRLANT 124, Göttingen 1982

TODD, J.A., „The Pre-Deuteronomistic Elijah Cycle", in: COOTE (ed.), *Elisha* 1992, 1–35

TOSATO, A., „La colpa di Saul (1 Sam 15, 22–33)", *Bib.* 59 (1978), 251–259

TROMP, N.J., „Water and Fire on Mount Carmel. A Conciliatory Suggestion", *Bib.* 56 (1975), 480–502

TROPPER, J., *Nekromantie. Totenbefragung im Alten Orient und im Alten Testament*, AOAT 223, Neukirchen-Vluyn 1989

TSEVAT, M., „Was Samuel a Nazirite?", in: FISHBANE, M./TOV, E. (eds.), *Shaʿarei Talmon: Studies in the Bible, Qumran, and the Ancient Near East Presented to Shemaryahu Talmon*, Winona Lake 1992, 199–204

TSUKIMOTO, A., „Emar and the Old Testament. Preliminary Remarks", *AJBI* 15 (1989), 2–24

TSUMARU, D.T., „Bedan, A Copyist's Error? (1 Samuel XII 11)", *VT* 45 (1995), 122–123

UFFENHEIMER, B., *Early Prophecy in Israel*, Jerusalem 1999

UTZSCHNEIDER, H., *Hosea. Prophet vor dem Ende. Zum Verhältnis von Geschichte und Institution in der alttestamentlichen Prophetie*, OBO 31, Göttingen 1980

VAN DEN BORN, *Koningen uit de grondtekst vertaald en uitlegd*, BOT IV/2, Roermond en Masseik 1958

VAN DEN OUDENRIJN, M.A., „L'expression ‚fils des prophètes' et ses analogies", *Bib.* 6 (1925), 165–171

VAN DER DAM, C., *The Urim and Thummim. A Means of Revelation in Ancient Israel*, Winona Lake 1997

VAN DER TOORN, K., „From Patriarchs to Prophets. A Reappraisal of Charismatic Leadership in Ancient Israel", *JNWSL* 13 (1987), 191–218

———, „L'oracle de victoire comme expression prophétique au Proche Orient Ancien", *RB* 94 (1987), 63–97

———, „Saul and the Rise of Israelite State Religion", *VT* 43 (1993), 519–542

———, „From the Oral to the Written", in: BEN ZVI/FLOYD, *Writings*, SBLSS 10, 2000, 219–234

VANNOY, J.R., *Covenant Renewal at Gilgal: A Study of I Samuel 11:14–12,25*, New York 1978

VANONI, G., *Literarkritik und Grammatik. Untersuchung der Wiederholungen und Spannungen in 1 Kön 11–12*, ATSAT 21, St. Ottilien 1984

———, „Beobachtungen zur deuteronomistischen Terminologie in 2 Kön 23,25–25,30", in: LOHFINK, *Deuteronomium*, BEThL 68, 1985, 357–362

VAN SETERS, J., *In Search of History. Historiography in Ancient World and the Origins of Biblical History*, New Haven 1983

VEERKAMP, T., *Die Vernichtung des Baal. Auslegung der Königsbücher (1.17–2.11)*, Stuttgart 1983

VENTURINI, S., „1 Sam 10,27–11,1: Testo masoretico e 4Qsamᵃ. La posizioni di alcuni autori e un tentativo di soluzione", *RivBib* 44 (1996), 397–425

VEIJOLA, T., *Die ewige Dynastie. David und die Entstehung seiner Dynastie nach der deuteronomistischen Darstellung*, AASF 193, Helsinki 1975

——, *Das Königtum in der Beurteilung der deuteronomistischen Historiographie. Eine redaktionsgeschichtliche Untersuchung*, AASF 198, Helsinki 1977

——, *Verheißung in der Krise. Studien zur Literatur und Theologie der Exilszeit anhand des 89. Psalms*, AASF 220, Helsinki 1982

VILLARD, P., „Les prophéties à l'époque néo-assyrienne", in: LEMAIRE, *Prophètes et rois*, LeDiv Hors Série, 2001, 55–84

VINCENT, J. M., „Aspekte der Begegnung mit Gott im Alten Testament: Die Erfahrung der göttlichen Gegenwart im Schauen Gottes", *RB* 103 (1996), 5–39

VORNDRAN, J., „Elijas Dialog mit Jahwes Wort und Stimme (1 Kön 19,9b–18)", *Bib.* 77 (1996), 417–424

WALLIS, G., „Eine Parallele zu Richter 19,29ff. und 1 Sam 11,5ff. aus dem Briefarchiv von Mari", *ZAW* 64 (1952), 57–61

——, *Geschichte und Überlieferung. Gedanken Über alttestamentliche Darstellungen der Frühgeschichte Israels und der Anfänge seines Königtums*, AzTh II,13, Stuttgart 1968

—— (ed.), *Von Bileam bis Jesaja. Studien zur alttestamentlichen Prophetie von ihren Anfängen bis zum 8. Jahrhundert v. Chr.*, Berlin 1984

WALSH, J.T., „Methods and Meanings: Multiple Studies of 1 Kings 21", *JBL* 111 (1992), 193–211

——, *1 Kings. Berit Olam. Studies in Hebrew Narrative & Poetry*, Collegeville/Minnesota 1996

WASCHKE, E.-J., *Der Gesalbte. Studien zur alttestamentlichen Theologie*, BZAW 306, 2001

WEINFELD, M., „Ancient Near Eastern Patterns in Prophetic Literature", *VT* 27 (1977), 178–195

WEIPPERT, H., „Die ‚deuteronomistischen' Beurteilungen der Könige von Israel und Juda und das Problem der Redaktion der Königsbücher," *Bib.* 53 (1972), 301–339

——, „Das deuteronomistische Geschichtswerk. Sein Ziel und Ende in der neueren Forschung", *ThR* 50 (1985), 213–249

——, *Palästina in vorhellenistischer Zeit*. Handbuch der Archäologie. Vorderasien II, Bd. I, München 1988

WEIPPERT, H.+M., „Die Vorgeschichte Israels in neuem Licht", *ThR* 56 (1991), 341–390

WEIPPERT, M., „Aspekte israelitischer Prophetie im Licht verwandter Erscheinungen des Alten Orients", in: MAUER, G./MAGEN, U. (eds.), *Ad bene et fideliter seminandum. Festgabe für Karlheinz Deller*, AOAT 220, Neukirchen-Vluyn 1988, 287–319

——, „Synkretismus und Monotheismus. Religionsinterne Konfliktbewältigung im alten Israel", in: ASSMANN, J./HARTH, D. (eds.), *Kultur und Konflikt*, Frankfurt 1990, 143–179

——, Art. „Prophetie im Alten Orient", *NBL III*, Lieferung 11, 1997, 196–200

WEISER, A., „I Samuel 15", *ZAW* 54 (1936), 1–28

——, *Samuel. Seine geschichtliche Aufgabe und religiöse Bedeutung, Traditionsgeschichtliche Untersuchungen zu 1. Samuel 7–12*. FRLANT 81, Göttingen 1962

WEISMAN, Z., „Anointing as a Motif in the Making of the Charismatic King", *Bib.* 57 (1976), 378–398

WELLHAUSEN, *Prolegomena zur Geschichte Israels*, Berlin ⁶1905

——, *Die Composition des Hexateuchs und der historischen Bücher des Alten Testaments*, Berlin ⁴1963

WÉNIN, A., *Samuel et l'instauration de la monarchie (1 Sam 1–12). Une recherche littéraire sur le personnage*, EHS XXIII/342, Frankfurt 1988

WENNING, R./ZENGER, E., „Heiligtum ohne Stadt — Stadt ohne Heiligtum. Anmerkungen zum archäologischen Befund des Tell Dēr ʿAllā", *ZAH* 4 (1991), 171–193

Westermann, C., „Die Begriffe für Fragen und Suchen im Alten Testament", *KuD* 6 (1960), 2–30

——, Art. „Propheten", *BHHW III*, 1966, 1496–1512

——, *Grundformen prophetischer Rede*. Beiträge zur evangelischen Theologie 31, München ⁵1978

——, *Genesis*, BK I/2, Neukirchen-Vluyn 1981

——, *Die Geschichtsbücher des Alten Testaments. Gab es ein deuteronomistisches Geschichtswerk?*, ThB 87, Gütersloh 1994

Wevers, J.W., „Exegetical Principles Underlying the Septugint Text of 1 Kings II 12–XXI 43", *OTS* 8 (1950), 300–322

——, „Ecstatic vs Literary Prophets in Ancient Israël", *BCSMS* 23 (1992), 9–13

White, M., „Naboth's Vineyard and Jehu's Coup: The Legitimation of a Dynastic Extermination", *VT* 44 (1994), 66–76

——, *The Elijah Legends and Jehu's Coup*, BJSt 311, Atlanta/Georgia 1997

Whitelam, K.W., Art. „King and Kingship", *ABD IV*, 1992, 40–48

——, Art. „Elisha", *ABD II*, 1992, 472–473

Wildberger, H., „Samuel und die Entstehung des israelitischen Königtums", *ThZ* 13 (1957), 442–469

——, Art. „אמה", *THAT I*, 1971, 177–209

Willi-Plein, I., *Opfer und Kult im alttestamentlichen Israel. Textbefragungen und Zwischenergebnisse*, SBS 153, Stuttgart 1993

Williams, J.G., „The Prophetic ‚Father'. A Brief Explanation of the Term ‚Sons of the Prophets'", *JBL* 85 (1966), 444–448

Willis, J.T., „Samuel Versus Eli. I Sam 1–7", *ThZ* 35 (1979), 201–212

Willmes, B., „Eine folgenreiche Begegnung (I Reg 19,19–21)", *BN* 60 (1991), 59–93

Wilpert, G. v., *Sachwörterbuch der Literatur*, Stuttgart ⁶1979

Wilson, R.R., „Prophecy and Ecstasy. A Reexamination", *JBL* 98 (1979), 321–337

——, *Prophecy and Society in Ancient Israel*, Philadelphia 1980

Winter, U., *Frau und Göttin. Exegetische und ikonographische Studien zum weiblichen Gottesbild im Alten Israel und in dessen Umwelt*, OBO 53, Göttingen ²1987

Wolff, H.W., *Dodekapropheton 1. Hosea*, BK XIV/1, Neukirchen-Vluyn ³1976

——, *Dodekapropheton. Micha*, BK XIV/4, Neukirchen-Vluyn 1982

Wonneberger, R., *Redaktion. Studien zur Textfortschreibung im Alten Testament, entwickelt am Beispiel der Samuel-Überlieferung*, FRLANT 156, Göttingen 1992

Würthwein, E., *Die Bücher der Könige. 1. Könige 1–16*, ATD 11,1, Göttingen 1977

——, *Die Bücher der Könige. 1. Kön. 17–2. Kön. 25*, ATD 11,2, Göttingen 1984

——, „Naboth-Novelle und Elia-Wort" (1978) , in: Ders., *Studien*, BZAW 227, 1994, 155–177

——, „Die Erzählung vom Gottesurteil auf dem Karmel" (1962), in: Ders., *Studien*, BZAW 227, 1994, 118–131

——, „Elijah at Horeb: Reflections on 1 Kings 19.9–18", in: Ders., *Studien*, 1994, 140–154

——, „Zur Opferprobe Elias I Reg 18,21–39", in: Ders., *Studien* 1994, 132–139

——, „Tradition und theologische Redaktion in I Reg 17–18", in: Ders., *Studien* 1994, 102–117

——, *Studien zum Deuteronomistischen Geschichtswerk*, BZAW 227, Berlin 1994

Zapff, B.M., „Da stand ein Prophet auf wie Feuer (Sir 48,1). Zur Redaktionsgeschichte und Theologie des Opferwettstreits auf dem Karmel in 1 Kön 18,19–40", in: Diedrich, F./Willmes, B. (eds.), *Ich bewirke das Heil und erschaffe das Unheil (Jesaja 45,7). Studien zur Botschaft der Propheten. Festschrift für Lothar Ruppert zum 65. Geburtstag*, FzB 88, 1998, 527–551

Zenger, E., „Rez. zu O.H. Steck, Überlieferung und Zeitgeschichte in den Elia-Erzählungen, WMANT 26", *Bib.* 51 (1970), 138–144

——, *Das Buch Exodus*, Geistliche Schriftlesung, 1978

——, „‚Durch Menschen zog ich sie . . .' (Hos 11,4). Beobachtungen zum Verständnis des prophetischen Amtes im Hoseabuch", in: RUPPERT, *Künder*, 1982, 183–201

——, *Das erste Testament. Die jüdische Bibel und die Christen*, Düsseldorf ⁴1994

——, *Einleitung in das Alte Testament*, Stuttgart ³1998

ZIMMERLI, W., *Ezechiel*, BK XIII/1, Neukirchen-Vluyn ²1979

ZMIJEWSKI, J. (ed.), *Die alttestamentliche Botschaft als Wegweisung, Festschrift H. Reinelt*, Stuttgart 1990

ZOBEL, H.-J., Art. „מטר", *ThWAT IV*, 1982–1984, 827–843

——, „Die Anfänge des Prophetentums im Alten Testament", in: G. WALLIS (ed.), *Bileam*, 1984, 32–63

ZUESSE, E.M., Art. „Divination", *EncRel(E) IV*, 1987, 375–382

ZWICKEL, W., „I Sam 31,12f. und der Quadratbau auf dem Flughafengelände bei Amman", *ZAW* 105 (1993), 165–174

BIBELSTELLENVERZEICHNIS IN AUSWAHL

1 Kön 1,45	146	1 Kön 16,15–22	330
1 Kön 3,2–4	112	1 Kön 16,17	331
1 Kön 2,3–4	127	1 Kön 16,21f.	331
1 Kön 4,7	174	1 Kön 16,24–26	334
1 Kön 5	339	1 Kön 16,29ff.	273
1 Kön 5,6.8	338	1 Kön 16,29–33	252,257,381
1 Kön 5,15	146	1 Kön 16,29–34	177,192
1 Kön 5,21	339	1 Kön 16,29.32	283
1 Kön 5,22	338	1 Kön 16,31	334
1 Kön 5,23.25	339	1 Kön 16,32	341,408
1 Kön 5,32	339	1 Kön 17–19	4,258,260,265
1 Kön 8,25	127	1 Kön 17–18	4,240,265,416,
1 Kön 8,60	235f.		424,480
1 Kön 9,4–5	127	1 Kön 17,1	260,267,390,
1 Kön 11–12	338,478		456,471
1 Kön 11,1–8	342	1 Kön 17,2–5	258
1 Kön 11,29ff.	39,86	1 Kön 17,2	258
1 Kön 11,29–40	4	1 Kön 17,8–16	363,432
1 Kön 11,29–31	61,86	1 Kön 17,10–16	272,380,444,
1 Kön 11,29	4		465,467
1 Kön 12–14	177	1 Kön 17,12	376
1 Kön 12,15	191	1 Kön 17,14	410
1 Kön 12,21–24	3,132	1 Kön 17,15	380,433,471
1 Kön 12,22	132	1 Kön 17,16	271
1 Kön 13	1,4,132,371	1 Kön 17,17–24	4,118,253,258,
1 Kön 13,4	433		267,271,419
1 Kön 13,6	433	1 Kön 17,18	271
1 Kön 13,18	132	1 Kön 17,24	118
1 Kön 13,7–8	140	1 Kön 18	4,158,243,266,
1 Kön 14	4,135,403		381,458f.
1 Kön 14,2	4	1 Kön 18,2–6	427
1 Kön 14,3	140	1 Kön 18,3–6	481
1 Kön 14,4	137	1 Kön 18,3–4	179f.,243,257
1 Kön 14,7	144	1 Kön 18,4	251
1 Kön 14,7–11	259	1 Kön 18,7–16	178
1 Kön 14,10–11	264	1 Kön 18,7.8	374
1 Kön 14,18	4	1 Kön 18,10–11	240
1 Kön 14,30	332	1 Kön 18,12–15	243,257
1 Kön 15f.	406	1 Kön 18,12	271,377,390,461
1 Kön 15–16	177	1 Kön 18,13	251
1 Kön 15,7	332	1 Kön 18,15	390
1 Kön 15,16–22	332	1 Kön 18,17–40	1,5
1 Kön 15,16	332	1 Kön 18,17f.	264
1 Kön 15,25–32	4	1 Kön 18,17	264
1 Kön 15,19	333	1 Kön 18,18	257
1 Kön 15,29	191	1 Kön 18,19	241,257
1 Kön 16,29		1 Kön 18,20ff.	139
– 2 Kön 10	177	1 Kön 18,20	459
1 Kön 16	403	1 Kön 18,28	459
1 Kön 16,1–4	259,264	1 Kön 18,21–39	389
1 Kön 16,1–9	4	1 Kön 18,20.41f.	481
1 Kön 16,2	144	1 Kön 18,22	4,252
1 Kön 16,8–14	330	1 Kön 18,2–6	427
1 Kön 16,11	330	1 Kön 18,26	382

2 Kön 2,16	218,284	2 Kön 6,5	340
2 Kön 2,19	312,361	2 Kön 6,8–23	6,295,425f.,482
2 Kön 2,19–22	203,271,278,	2 Kön 6,12	319
	285,325	2 Kön 6,15	296
2 Kön 2,21f.	312	2 Kön 6,17	296
2 Kön 2,22	426	2 Kön 6,21	319,482
2 Kön 2,23–24	1,292,426,471	2 Kön 6,24ff.	446
2 Kön 2,23–25	209,271,278	2 Kön 6,24–7,20	6,135,295
	350	2 Kön 6,30	318
2 Kön 3	135f.,138,268,	2 Kön 6,31	6
	284,296	2 Kön 6,32	137,139
2 Kön 3,1	272	2 Kön 6,33	319
2 Kön 3,5	268	2 Kön 7,1	271,325
2 Kön 3,11	178,357,474	2 Kön 7,16f.	271
2 Kön 3,13	225	2 Kön 7,17	433
2 Kön 3,13–15	6	2 Kön 8,1–6	143,257,284,
2 Kön 3,14	197,290		340,350,426
2 Kön 3,15	284	2 Kön 8,4	6,296
2 Kön 4	6,111,257,351,	2 Kön 8,7–15	135f.,138,196,
	357,426,478		253,282,294,
2 Kön 4,1–7	278,340		423
2 Kön 4,1	450	2 Kön 8,8	140
2 Kön 4,8–37	135,139,143,	2 Kön 8,9	482
	196,206–210,	2 Kön 8,11–12	295
	212,253,290	2 Kön 8,13	294
	340	2 Kön 8,16–24	359
2 Kön 4,8–10	139,478	2 Kön 8,18	333,359
2 Kön 4,12	296	2 Kön 8,20–22	359
2 Kön 4,13	6,143	2 Kön 8,20	371,417
2 Kön 4,17	380	2 Kön 8,25	405
2 Kön 4,23	136f.,139,351	2 Kön 8,25–29	360
2 Kön 4,25	296	2 Kön 8,27	360
2 Kön 4,28	209	2 Kön 8,28	333,360,383,
2 Kön 4,38	168,215,296		402
2 Kön 4,38–41	278,325	2 Kön 8,29	295
2 Kön 4,42–44	271,278,285	2 Kön 8,30	360
	325	2 Kön 9–10	6,196,235,253,
2 Kön 4,44	425		257,287,294f.,
2 Kön 5	6,135,323,425,		297,342,344,
	471		480
2 Kön 5,1	423	2 Kön 9f.	263,266,274,
2 Kön 5,5	140		282,340f.,353,
2 Kön 5,7	319		369,463,480f.
2 Kön 5,9	137,139	2 Kön 9	242,252
2 Kön 5,15–27	140	2 Kön 9,1–10,28	360f.
2 Kön 5,16	197,290	2 Kön 9,1	450,462
2 Kön 5,17	318	2 Kön 9,1–4	445
2 Kön 5,20	296	2 Kön 9,1–14	39
2 Kön 5,22	296	2 Kön 9,1–13	6,149,294
2 Kön 5,27	271	2 Kön 9,3.6.12	147
2 Kön 6–7	136	2 Kön 9,4	296
2 Kön 6	350	2 Kön 9,2	39
2 Kön 6,1–7	6,168,278,	2 Kön 9,5f.10f.	39
	325,340	2 Kön 9,6	147,294

Hos 12,14	7,300
Hos 13,10	125
Hos 14,5	312

Joël
| Joël 3,1 | 460 |

Amos
Am 2,3	125
Am 4,4	168
Am 5,5	168
Am 7,10–17	7,467
Am 7,12	140
Am 7,14	450

Micha
Mi 1,1	191
Mi 3,5–8	458
Mi 3,11	140
Mi 5,6	195
Mi 6,16	192

Nahum
| Nah 1,1 | 191 |

Sacharja
Sach 6,1–8	441
Sach 7,3	138
Sach 13,2–6	459
Sach 13,4	326

SUPPLEMENTS TO VETUS TESTAMENTUM

2. POPE, M.H. *El in the Ugaritic texts.* 1955. ISBN 90 04 04000 5
3. *Wisdom in Israel and in the Ancient Near East.* Presented to Harold Henry Rowley by the Editorial Board of Vetus Testamentum in celebration of his 65th birthday, 24 March 1955. Edited by M. NOTH and D. WINTON THOMAS. 2nd reprint of the rst (1955) ed. 1969. ISBN 90 04 02326 7
4. *Volume du Congrès* [international pour l'étude de l'Ancien Testament]. *Strasbourg 1956.* 1957. ISBN 90 04 02327 5
8. BERNHARDT, K.-H. *Das Problem der alt-orientalischen Königsideologie im Alten Testament.* Unter besonderer Berücksichtigung der Geschichte der Psalmenexegese dargestellt und kritisch gewürdigt. 1961. ISBN 90 04 02331 3
9. *Congress Volume, Bonn 1962.* 1963. ISBN 90 04 02332 1
11. DONNER, H. *Israel unter den Völkern.* Die Stellung der klassischen Propheten des 8. Jahrhunderts v. Chr. zur Aussenpolitik der Könige von Israel und Juda. 1964. ISBN 90 04 02334 8
12. REIDER, J. *An Index to Aquila.* Completed and revised by N. Turner. 1966. ISBN 90 04 02335 6
13. ROTH, W.M.W. *Numerical sayings in the Old Testament.* A form-critical study. 1965. ISBN 90 04 02336 4
14. ORLINSKY, H.M. *Studies on the second part of the Book of Isaiah.* — The so-called 'Servant of the Lord' and 'SuVering Servant' in Second Isaiah. — SNAITH, N.H. Isaiah 40-66. A study of the teaching of the Second Isaiah and its consequences. Repr. with additions and corrections. 1977. ISBN 90 04 05437 5
15. *Volume du Congrès* [International pour l'étude de l'Ancien Testament]. *Genève 1965.* 1966. ISBN 90 04 02337 2
17. *Congress Volume, Rome 1968.* 1969. ISBN 90 04 02339 9
19. THOMPSON, R.J. *Moses and the Law in a century of criticism since Graf.* 1970. ISBN 90 04 02341 0
20. REDFORD, D.B. *A Study of the Biblical Story of Joseph.* 1970. ISBN 90 04 02342 9
21. AHLSTRÖM, G.W. *Joel and the Temple Cult of Jerusalem.* 1971. ISBN 90 04 02620 7
22. *Congress Volume, Uppsala 1971.* 1972. ISBN 90 04 03521 4
23. *Studies in the Religion of Ancient Israel.* 1972. ISBN 90 04 03525 7
24. SCHOORS, A. *I am God your Saviour.* A form-critical study of the main genres in Is. xl-lv. 1973. ISBN 90 04 03792 2
25. ALLEN, L.C. *The Greek Chronicles.* The relation of the Septuagint I and II Chronicles to the Massoretic text. Part 1. The translator's craft. 1974. ISBN 90 04 03913 9
26. *Studies on prophecy.* A collection of twelve papers. 1974. ISBN 90 04 03877 9
27. ALLEN, L.C. *The Greek Chronicles.* Part 2. Textual criticism. 1974. ISBN 90 04 03933 3
28. *Congress Volume, Edinburgh 1974.* 1975. ISBN 90 04 04321 7
29. *Congress Volume, Göttingen 1977.* 1978. ISBN 90 04 05835 4
30. EMERTON, J.A. (ed.). *Studies in the historical books of the Old Testament.* 1979. ISBN 90 04 06017 0
31. MEREDINO, R.P. *Der Erste und der Letzte.* Eine Untersuchung von Jes 40-48. 1981. ISBN 90 04 06199 1
32. EMERTON, J.A. (ed.). *Congress Volume, Vienna 1980.* 1981. ISBN 90 04 06514 8
33. KOENIG, J. *L'herméneutique analogique du Judaïsme antique d'après les témoins textuels d'Isaïe.* 1982. ISBN 90 04 06762 0

34. BARSTAD, H.M. *The religious polemics of Amos.* Studies in the preachings of Amos ii 7B-8, iv 1-13, v 1-27, vi 4-7, viii 14. 1984. ISBN 90 04 07017 6
35. KRAŠOVEC, J. *Antithetic structure in Biblical Hebrew poetry.* 1984. ISBN 90 04 07244 6
36. EMERTON, J.A. (ed.). *Congress Volume, Salamanca 1983.* 1985. ISBN 90 04 07281 0
37. LEMCHE, N.P. *Early Israel.* Anthropological and historical studies on the Israelite society before the monarchy. 1985. ISBN 90 04 07853 3
38. NIELSEN, K. *Incense in Ancient Israel.* 1986. ISBN 90 04 07702 2
39. PARDEE, D. *Ugaritic and Hebrew poetic parallelism.* A trial cut. 1988. ISBN 90 04 08368 5
40. EMERTON, J.A. (ed.). *Congress Volume, Jerusalem 1986.* 1988. ISBN 90 04 08499 1
41. EMERTON, J.A. (ed.). *Studies in the Pentateuch.* 1990. ISBN 90 04 09195 5
42. McKENZIE, S.L. *The trouble with Kings.* The composition of the Book of Kings in the Deuteronomistic History. 1991. ISBN 90 04 09402 4
43. EMERTON, J.A. (ed.). *Congress Volume, Leuven 1989.* 1991. ISBN 90 04 09398 2
44. HAAK, R.D. *Habakkuk.* 1992. ISBN 90 04 09506 3
45. BEYERLIN, W. *Im Licht der Traditionen.* Psalm LXVII und CXV. Ein Entwicklungszusammenhang. 1992. ISBN 90 04 09635 3
46. MEIER, S.A. *Speaking of Speaking.* Marking direct discourse in the Hebrew Bible. 1992. ISBN 90 04 09602 7
47. KESSLER, R. *Staat und Gesellschaft im vorexilischen Juda.* Vom 8. Jahrhundert bis zum Exil. 1992. ISBN 90 04 09646 9
48. AUFFRET, P. *Voyez de vos yeux.* Étude structurelle de vingt psaumes, dont le psaume 119. 1993. ISBN 90 04 09707 4
49. GARCÍA MARTÍNEZ, F., A. HILHORST and C.J. LABUSCHAGNE (eds.). *The Scriptures and the Scrolls.* Studies in honour of A.S. van der Woude on the occasion of his 65th birthday. 1992. ISBN 90 04 09746 5
50. LEMAIRE, A. and B. OTZEN (eds.). *History and Traditions of Early Israel.* Studies presented to Eduard Nielsen, May 8th, 1993. 1993. ISBN 90 04 09851 8
51. GORDON, R.P. *Studies in the Targum to the Twelve Prophets.* From Nahum to Malachi. 1994. ISBN 90 04 09987 5
52. HUGENBERGER, G.P. *Marriage as a Covenant.* A Study of Biblical Law and Ethics Governing Marriage Developed from the Perspective of Malachi. 1994. ISBN 90 04 09977 8
53. GARCÍA MARTÍNEZ, FFF., A. HILHORST, J.T.A.G.M. VAN RUITEN, A.S. VAN DER WOUDE. *Studies in Deuteronomy.* In Honour of C.J. Labuschagne on the Occasion of His 65th Birthday. 1994. ISBN 90 04 10052 0
54. FERNÁNDEZ MARCOS, N. *Septuagint and Old Latin in the Book of Kings.* 1994. ISBN 90 04 10043 1
55. SMITH, M.S. *The Ugaritic Baal Cycle. Volume 1.* Introduction with text, translation and commentary of KTU 1.1-1.2. 1994. ISBN 90 04 09995 6
56. DUGUID, I.M. *Ezekiel and the Leaders of Israel.* 1994. ISBN 90 04 10074 1
57. MARX, A. *Les oVrandes végétales dans l'Ancien Testament.* Du tribut d'hommage au repas eschatologique. 1994. ISBN 90 04 10136 5
58. SCHÄFER-LICHTENBERGER, C. *Josua und Salomo.* Eine Studie zu Autorität und Legitimität des Nachfolgers im Alten Testament. 1995. ISBN 90 04 10064 4
59. LASSERRE, G. *Synopse des lois du Pentateuque.* 1994. ISBN 90 04 10202 7
60. DOGNIEZ, C. *Bibliography of the Septuagint – Bibliographie de la Septante (1970-1993).* Avec une préface de PIERRE-MAURICE BOGAERT. 1995. ISBN 90 04 10192 6
61. EMERTON, J.A. (ed.). *Congress Volume, Paris 1992.* 1995. ISBN 90 04 10259 0

62. SMITH, P.A. *Rhetoric and Redaction in Trito-Isaiah*. The Structure, Growth and Authorship of Isaiah 56-66. 1995. ISBN 90 04 10306 6
63. O'CONNELL, R.H. *The Rhetoric of the Book of Judges*. 1996. ISBN 90 04 10104 7
64. HARLAND, P.J. *The Value of Human Life*. A Study of the Story of the Flood (Genesis 6-9). 1996. ISBN 90 04 10534 4
65. ROLAND PAGE JR., H. *The Myth of Cosmic Rebellion*. A Study of its Reflexes in Ugaritic and Biblical Literature. 1996. ISBN 90 04 10563 8
66. EMERTON, J.A. (ed.). *Congress Volume, Cambridge 1995*. 1997. ISBN 90 04 106871
67. JOOSTEN, J. *People and Land in the Holiness Code*. An Exegetical Study of the Ideational Framework of the Law in Leviticus 17–26. 1996. ISBN 90 04 10557 3
68. BEENTJES, P.C. *The Book of Ben Sira in Hebrew*. A Text Edition of all Extant Hebrew Manuscripts and a Synopsis of all Parallel Hebrew Ben Sira Texts. 1997. ISBN 90 04 10767 3
69. COOK, J. *The Septuagint of Proverbs – Jewish and/or Hellenistic Proverbs?* Concerning the Hellenistic Colouring of LXX Proverbs. 1997. ISBN 90 04 10879 3
70,1 BROYLES, G. and C. EVANS (eds.). *Writing and Reading the Scroll of Isaiah*. Studies of an Interpretive Tradition, I. 1997. ISBN 90 04 10936 6 (*Vol.* I); ISBN 90 04 11027 5 (*Set*)
70,2 BROYLES, G. and C. EVANS (eds.). *Writing and Reading the Scroll of Isaiah*. Studies of an Interpretive Tradition, II. 1997. ISBN 90 04 11026 7 (*Vol.* II); ISBN 90 04 11027 5 (*Set*)
71. KOOIJ, A. VAN DER. *The Oracle of Tyre*. The Septuagint of Isaiah 23 as Version and Vision. 1998. ISBN 90 04 11152 2
72. TOV, E. *The Greek and Hebrew Bible*. Collected Essays on the Septuagint. 1999. ISBN 90 04 11309 6
73. GARCÍA MARTÍNEZ, F. and NOORT, E. (eds.). *Perspectives in the Study of the Old Testament and Early Judaism*. A Symposium in honour of Adam S. van der Woude on the occasion of his 70th birthday. 1998. ISBN 90 04 11322 3
74. KASSIS, R.A. *The Book of Proverbs and Arabic Proverbial Works*. 1999. ISBN 90 04 11305 3
75. RÖSEL, H.N. *Von Josua bis Jojachin*. Untersuchungen zu den deuteronomistischen Geschichtsbüchern des Alten Testaments. 1999. ISBN 90 04 11355 5
76. RENZ, Th. *The Rhetorical Function of the Book of Ezekiel*. 1999. ISBN 90 04 11362 2
77. HARLAND, P.J. and HAYWARD, C.T.R. (eds.). *New Heaven and New Earth Prophecy and the Millenium*. Essays in Honour of Anthony Gelston. 1999. ISBN 90 04 10841 6
78. KRAŠOVEC, J. *Reward, Punishment, and Forgiveness*. The Thinking and Beliefs of Ancient Israel in the Light of Greek and Modern Views. 1999. ISBN 90 04 11443 2.
79. KOSSMANN, R. *Die Esthernovelle – Vom Erzählten zur Erzählung*. Studien zur Traditions- und Redaktionsgeschichte des Estherbuches. 2000. ISBN 90 04 11556 0.
80. LEMAIRE, A. and M. SÆBØ (eds.). *Congress Volume, Oslo 1998*. 2000. ISBN 90 04 11598 6.
81. GALIL, G. and M. WEINFELD (eds.). *Studies in Historical Geography and Biblical Historiography*. Presented to Zecharia Kallai. 2000. ISBN 90 04 11608 7
82. COLLINS, N.L. *The library in Alexandria and the Bible in Greek*. 2001. ISBN 90 04 11866 7

83,1 COLLINS, J.J. and P.W. FLINT (eds.). *The Book of Daniel*. Composition and Reception, I. 2001. ISBN 90 04 11675 3 (*Vol.* I);
ISBN 90 04 12202 8 (*Set*)

83,2 COLLINS, J.J. and P.W. FLINT (eds.). *The Book of Daniel*. Composition and Reception, II. 2001. ISBN 90 04 12200 1 (*Vol.* II); ISBN 90 04 12202 8 (*Set*).

84. COHEN, C.H.R. *Contextual Priority in Biblical Hebrew Philology*. An Application of the Held Method for Comparative Semitic Philology. 2001. ISBN 90 04 11670 2 (In preparation).

85. WAGENAAR, J.A. *Judgement and Salvation*. The Composition and Redaction of Micah 2-5. 2001. ISBN 90 04 11936 1

86. McLAUGHLIN, J.L. *The* Marzēaḥ *in* s*the Prophetic Literature*. References and Allusions in Light of the Extra-Biblical Evidence. 2001. ISBN 90 04 12006 8

87. WONG, K.L. *The Idea of Retribution in the Book of Ezekiel* 2001. ISBN 90 04 12256 7

88. BARRICK, W. Boyd *The King and the Cemeteries*. Toward a New Understanding of Josiah's Reform. 2002. ISBN 90 04 12171 4

89. FRANKEL, D. *The Murmuring Stories of the Priestly School*. A Retrieval of Ancient Sacerdotal Lore. 2002. ISBN 90 04 12368 7

90. FRYDRYCH, T. *Living under the Sun*. Examination of Proverbs and Qoheleth. 2002. ISBN 90 04 12315 6

91. KESSEL, J. *The Book of Haggai*. Prophecy and Society in Early Persian Yehud. 2002. ISBN 90 04 12368 7

92. LEMAIRE, A. (ed.). *Congress Volume, Basel 2001*. 2002. ISBN 90 04 12680 5

93. RENDTORFF, R. and R.A. KUGLER (eds.). *The Book of Leviticus*. Composition and Reception. 2003. ISBN 90 04 12634 1

94. PAUL, S.M., R.A. KRAFT, L.H. SCHIFFMAN and W.W. FIELDS (eds.). *Emanuel*. Studies in Hebrew Bible, Septuagint, and Dead Sea Scrolls in Honor of Emanuel Tov. 2003. ISBN 90 04 12679 1

95. VOS, J.C. DE. *Das Los Judas*. Über Entstehung und Ziele der Landbeschreibung in Josua 15. ISBN 90 04 12953 7

96. LEHNART, B. *Prophet und König im Nordreich Israel*. Studien zur sogenannten vorklassischen Prophetie im Nordreich Israel anhand der Samuel-, Elija- und Elischa-Überlieferungen. 2003. ISBN 90 04 13237 6

97. LO, A. *Job 28 as Rhetoric*. An Analysis of Job 28 in the Context of Job 22-31. 2003. ISBN 90 04 13320 8